U0572148

栾丰实考古文集

(二)

栾丰实　著

文物出版社

第二册目录

中国考古学产生和发展简史

在世界考古学的发展历程中，中国考古学产生的时间相对较晚，而且是随着西学东渐而由西方传入的。但在现代考古学传入中国之前，从比较早的时期开始，不同时代的文人学者就对本土的古代遗存，特别是古代文物进行了收集和初步研究。不过，这些研究古代器物的学问虽然在一定程度上丰富了中国古代历史的研究，但是最终并没有直接演变为现代考古学。

一　金石学和考古学的传入（1921年以前）

（一）金石学的产生和发展

古人在追寻自己的历史时，很早就开始注意到埋藏于地下的古迹和古物。根据对古器物的收集方式和研究深度，这一时期又可以划分为前后两个阶段。

1. 零星发现和研究阶段

北宋金石学产生之前，人们对地下出土的古器物和古文字资料虽然比较重视，但在研究方面并没有形成规模和气候。

距今两千多年以前的西汉时期，司马迁在《史记》中多次引用他实地调查到的古迹材料。如在《春申君列传》中提到考察春申君故居的情况："吾适楚，观春申君故城，宫室盛矣哉！"他也曾"南游江、淮，上会稽，探禹穴，窥九疑，浮于沅、湘；北涉汶、泗，讲业齐、鲁之都，观孔子之遗风，乡射邹、峄；厄困鄱、薛、彭城，过梁、楚以归"[1]。

汉武帝时，曾有人得宝鼎于山西汾水，献于汉武帝，故将此年改元为"元鼎元年"（公元前116年）。所献宝鼎实际上就是商周时期的青铜鼎。

汉宣帝神爵四年（公元前58年），"美阳（治在陕西武功县西北）得鼎，献之"（《汉书·郊祀志》）。好古文字的张敞对这件"尸臣"鼎的铭文进行过考释。

东汉时期，许慎在撰写《说文解字》时，曾注意收录和参考郡国山川出土的钟鼎彝器之上的前代之古文。

西晋太康二年（281年），汲郡人盗掘魏王墓，出土了大批竹简，后经过荀勖、束皙等人多年的整理、释读和考订，最终编次为《纪年》《易经》《国语》《穆天子传》等十几种古书共七十五

---

[1]　司马迁：《史记·太史公自述》，中华书局，1959年，卷130，第3293页。

篇。这些古书被后人统称为《汲冢书》。

北魏时期，郦道元撰写的《水经注》，其中对各地的古城、陵墓、寺庙、碑碣以及其他史迹多有记述，许多现在已经损毁不存，这些记载具有较高的史料价值。其后，唐代的《括地志》和《元和郡县图志》，也调查和记载了许多古遗址、古墓葬和古寺观等遗迹。

综上所述，自两汉以来，虽然一直有人在零星地调查、收集和研究古代遗存，但从总体上说，还没有形成一种专门的学问。

2. 金石学的产生和发展

北宋时期，随着史学和书学的发达和拓墨术、印刷术的发明，首先开始了收藏、著录、研究古代铜器和石刻的风气，从而逐渐形成一门具有学术系统的金石学。

金石学，它是在没有科学发掘的情况下，以零星出土的古代铜器和石刻为主要研究对象，偏重于著录和考订文字资料，以证经补史的一门学问。

首开金石学风气的是北宋仁宗时的史学家、经学家刘敞，他将自家收藏的11件古器物，摹写铭文，绘画图像，刻之于石，名为《先秦古器图碑》。他还在《先秦古器记》中开创了金石著作的体例。嘉祐八年（1063年），欧阳修完成的《集古录》是第一部真正意义上的金石学专著。该书收录了上千件铜器和石刻，涉及的时代和内容极其广泛。

现存最早的金石学著作是北宋哲宗元祐七年（1092年）吕大临撰写的《考古图》10卷，共收入青铜器、石刻、玉器等古器物234件。也是文献史上第一次出现与当今意义相近的"考古"一词。北宋徽宗宣和五年（1123年）成书的《宣和博古图》（王黼编纂），集中了宋代皇室收藏的历代青铜器800余件。每类器物有总说，每件器物有摹绘图、铭文拓本、释文以及尺寸、重量与容量，有的甚至还记述有出土地点和收藏，是宋代金石学的代表作。

此外，还有一些重要的金石学著作流传下来，如赵明诚和李清照的《金石录》、薛尚功的《历代钟鼎彝器款式法帖》等。

宋代学者在金石学方面的成就，主要体现在以下几个方面：一是收录古代各种金石文物，并使之逐渐成为专门的学问；二是创造了传拓铭文和绘制图像的方法，从而保留下来一批珍贵的资料；三是考释和研究，包括对金石的时代和真伪、碑刻文字和内容、对经史记载的修正等；四是确定了一批古代器物的名称，并且一直沿用到现在。然而，宋代从皇帝到士大夫阶层对金石学的崇尚，一定程度上助长了盗掘古墓的风气。

元明两代，金石学的成就不多。代表性著作有《河朔访古记》《古玉图》等。前者重视野外考察，拓展了金石学的研究方法；后者专门收录玉器，开辟了一个新的研究领域。

到清代，由于社会政治环境的变化以及受乾嘉学派影响等原因，金石学又重新发展起来，并很快达到其鼎盛时期。乾隆年间御撰的《西清古鉴》《宁寿古鉴》《西清古鉴续鉴甲编·乙编》，收录了清廷的大量藏品，从而推动了清代古物研究和金石学的迅速发展。像顾炎武的《金石文字记》、程瑶田的《考工创物小记》、阮元的《积古斋钟鼎彝器款识》、吴式芬的《捃古录金文》、吴大澂的《愙斋集古录》、王昶的《金石萃编》、冯云鹏和冯云鹓的《金石索》等书，不仅从不同的方面反映了这一时期金石学的发展，并且均具有较高的学术水准。

这一时期金石学的研究范围，从以青铜彝器和石刻为主扩展到造像、画像石、墓志、铜镜、兵符、钱币、玺印、砖瓦、封泥甚至明器等领域。到清代末期，商代甲骨文和汉代简牍的发现，进一步扩大了金石学的研究范围。罗振玉和王国维是这一时期金石学收藏和研究的集大成者。

据容媛《金石书目录》统计，从北宋到清代乾隆时期的700余年之间，流传下来的金石学著作仅有67种，而乾隆到民国初年200年间，金石学著作的数量就达到了906种之多，可见金石学在清代发展之快。

金石学产生于宋代，鼎盛于清中后期至民国，在学术史上占有重要地位。但与现代考古学相比，它们之间存在着巨大差异：首先是研究目的不同，金石学以证经补史为研究目的，而考古学则力图研究和复原古代社会历史；其次是研究的对象不同，金石学主要以零星出土和传世的遗物为研究对象，而考古学研究的是以科学发掘所得为主的各种古代遗存；第三是获取资料的手段和研究方法不同，考古学是采用科学的考古调查和发掘等手段来获取资料，并有专门的研究方法，如地层学和类型学等，而金石学则完全不同。两者关系好像"炼丹学之与现代化学，采药学之与现代植物学，炼丹采药，自有它们在学术史上的价值，然而绝没有人说它们就是化学或植物学"[1]。所以，中国的现代考古学不是也不可能从传统的金石学中生长出来。

（二）考古学传入中国（1895～1921年）

19世纪末和20世纪初，随着西学的传入，考古学也被介绍到中国。如章太炎和梁启超等人在其著述中，都提到过考古学对于研究历史的重要性。梁启超在其1901年发表的《中国史叙论》中，曾经引述欧洲学者提出的"所谓史前三期"（石刀期、铜刀期、铁刀期），并与中国的古史进行比附。

这一时期，在西方列强侵略和瓜分中国的历史背景下，一批外国学者开始到中国来开展田野考古工作。从这些考古工作的性质和涉及的地域，大体上可以归纳为三个方面。

1. 西方学者在西北地区的一系列考古调查和发掘活动，主要内容是对古遗址（包括城址）、古墓葬和石窟寺进行考察和发掘

受俄国学士院的派遣，D.A.克列缅茨率领的探险队，于1898～1899年到新疆吐鲁番进行了古代城址的考古发掘。稍后，S.A.赫定到新疆考察罗布泊（1901年），意外发现并大规模发掘了楼兰古城遗址，揭开了从人们记忆中消失千年之久的楼兰古城的神秘面纱。

英国人A.斯坦因三次（1900～1915年）到中国西北地区"考察"，调查和发掘了多处古遗址。他两次到敦煌莫高窟，掠夺走各类文物1万余件，其中大部分收藏于伦敦大英博物馆。法国汉学家伯希和在西北地区考察并发掘过多处遗址（1906～1907年），期间从敦煌莫高窟掠走大量各种文书和唐代绘画与幡幢、织物、木制品、木制活字印刷字模等。

这期间，部分德国人、日本人、俄国人也多次到西北地区，掠走各遗址出土的大量文书、壁画和各种文物，其中包括敦煌莫高窟的经卷。

---

[1] 李济：《现代考古学与殷墟发掘》，《安阳发掘报告》第二期，京华印书局，1930年，第405页。

此外，法国传教士、地质古生物学者桑志华在天津创建了北疆博物院（1922年）。同时，他还在黄河流域中上游地区进行了多次科学考察，发现了宁夏水洞沟、内蒙古萨拉乌苏等一系列重要的旧石器时代遗址。

2. 日本学者在东北和台湾地区的考古活动

19世纪末至20世纪初，在日本军国主义侵略中国东北和台湾的历史背景下，日本人开始涉足这些地区的考古工作。

1895年、1905年和1908年，日本第一代考古学家鸟居龙藏先后三次在中国东北的辽东半岛地区进行考古调查，发现多处新石器时代和历史时期遗址，这是中国境内开展时间最早的近代考古工作[1]。综合三次调查成果的《南满洲调查报告》（日文版），于1910年在日本出版。后两次调查时，鸟居龙藏还把他的考古调查工作延伸到了蒙古草原地区，著名的赤峰红山后遗址就是此时发现的。

在上述调查的基础上，1909年，鸟居龙藏在辽东半岛南端的老铁山发掘了4座积石墓。1910年，滨田耕作在同一地点进行了第二次发掘，发现了包括龙山文化白陶在内的一些随葬遗物。同时，还在旅顺刁家屯等地进行汉墓的调查发掘。此后，日本学者在包括内蒙古在内的东北地区进行了一系列的考古调查和发掘工作。

台湾地区的早期考古工作也是日本人主导进行的。自1896年田中正太郎在台北发现石器开始，不断有人在台湾开展考古调查。据鸟居龙藏统计，至1911年台湾就发现各类遗址169处。

3. 安特生在中国的考古活动

安特生（1874～1960年）是瑞典著名地质学家，曾任瑞典国家地质调查所所长。1914年，中国北洋政府聘请安特生来华担任北洋政府农商部矿政司顾问。后来，由于环境的变化，其兴趣逐渐转移到了考古学方面，最终成为研究中国的著名史前考古学家。

安特生于1918年首先发现北京西南郊周口店龙骨山化石地点，并促成了后来的周口店遗址的考古发掘。1921年，安特生先后主持发掘了辽宁锦西县（今辽宁葫芦岛市）沙锅屯遗址和河南渑池县仰韶村遗址，其中仰韶文化的发现和确立，被多数学者视为中国现代考古学的开端。

为了寻找仰韶文化彩陶的来源，安特生于1923～1924年赴甘青地区进行了一系列的考古调查和发掘工作，发现了马家窑、半山、马厂、齐家、辛店、寺洼、沙井、卡约等一批新石器时代和青铜时代的古代遗存。之后，安特生的主要精力转向了中国史前史的研究，他利用考古资料来研究中国上古史，取得了前所未有的成就。主要论著有《中华远古之文化》（1923年）、《甘肃考古记》（1925年）、《黄土的儿女》（1934年）、《中国史前史研究》（1943年）等。

安特生是中国现代考古学的开拓者，他利用考古资料研究中国早期历史，取得了一系列成就。但是，由于方法论方面存在的问题和当时工作及考古资料本身的局限性，他在研究中也出现过一些错误，如支持中国文化西来说、甘青地区的考古分期也不准确等。不过，他晚年对自己的一些错误观点进行了一定程度的修正。

---

[1] 1902～1903年，鸟居龙藏还赴中国西南地区进行过为期7个多月的民族学和考古学调查。

二　诞生和初步发展时期（1921～1949年）

这一时期中国考古学的发展，大体可以分为诞生期和初步发展期两个阶段。

（一）中国考古学的诞生期（1921～1931年）

安特生发掘仰韶村遗址并确立仰韶文化之后，中国学术界的各种考古活动日益活跃，与现代考古学相关联的考古研究机构和学术团体相继建立起来。1922年，北京大学研究所国学门设立考古学研究室，马衡担任研究室主任。1923年成立的古迹古物调查会，翌年改为北京大学考古学会。1925年，清华大学成立国学科（研究院），李济受聘为该院的人类学讲师。1926年，北京大学考古学会与日本东亚考古学会在北京合组"东方考古学协会"，后来中国学者陆续退出，该协会解体[1]。

1928年，中央研究院成立的历史语言研究所（以下简称"史语所"）内设考古组，聘李济为首任组长。作为中国政府的考古学研究机构，在此后的一段时间内，史语所考古组主持和引领了早期中国考古学的发展。随后在北平地质调查所成立的新生代研究室，是中国第一个专门从事新生代地质学、古生物学和古人类学研究的专门机构，主导了周口店的多次发掘和中国其他地区的旧石器时代考古调查、发掘和研究工作。大体同时，在北平研究院成立的史学研究会中设立了考古组，也是当时开展田野考古工作的一支队伍。

这一时期，除了前述安特生在河南、辽宁、甘肃、青海等地的调查和发掘之外，中国境内其他地区的田野考古工作也陆续开展起来。

任教于清华大学国学院的李济主持了山西汾河流域的考古调查，并发掘了夏县西阴村遗址（1926年），在晋南地区首次发现仰韶文化遗存。

1927年起，北平地质调查所开始在北京郊区的周口店遗址进行连续发掘，这一工作先后由李捷、B.步林、杨钟健、裴文中、贾兰坡等主持，发现了著名的北京人及其文化遗存。

1927～1928年，"东方考古学协会"在大连地区先后发掘了貔子窝（即单砣子）、高丽寨和牧羊城遗址。同年，北京大学考古学会与瑞典探险家S.A.赫定合组"西北科学考察团"，在新疆等地开展了以历史时期考古为主的田野调查工作。

1928年，中央研究院历史语言研究所董作宾到安阳殷墟开展发掘工作，这是中国学术机关独立进行科学发掘的开端。此后至1937年抗战爆发，史语所对殷墟共进行了15次大规模发掘，工作先后由董作宾、李济、郭宝钧、梁思永和石璋如等主持，发现和发掘了宫殿区和王陵区以及周边的近十处新石器时代和商周时期遗址。

同年，吴金鼎调查发现济南附近的历城县（今山东章丘市）城子崖遗址，并促成了1930年和1931年中央研究院史语所考古组两次发掘该遗址，发现和确认了一种全新的考古学文化——龙山文化。

1930年，从美国哈佛大学学成归来的梁思永加入史语所考古组，翌年春主持了安阳后冈遗址

---

[1]　桑兵：《东方考古学协会述论》，《历史研究》2000年第5期。

的第二次发掘。这次发掘结束了自安特生和李济以来在田野考古工作中采用地质学的水平层划分层位的方法,开启了按文化堆积的实际情况划分文化层的新方法,发现了仰韶、龙山和小屯"三叠层",从而标志着中国考古学度过了其诞生期,开始步入一个较为成熟的新阶段。

这一时期,疑古学派关于"层累地造成的中国古史"的观点在学界十分流行,原本言之凿凿的完整上古史,变得虚无缥缈。这一巨大变动引导着人们把探求一个真实的中国上古史的希望寄托于考古学,产生了从地下发现新史料来重建中国上古史的迫切要求。在这样的时代背景下,才会在以上短短十年时间内成立这么多的考古研究机构和进行各种田野考古的尝试;才会有傅斯年"上穷碧落下黄泉,动手动脚找东西"这样直白的名言,并且把它作为国家学术机构的宗旨[1]。

关于中国考古学诞生的具体时间,学术界尚未形成统一的认识,目前主要有两种基本观点:一是把1921年安特生发掘仰韶村遗址,进而确立了仰韶文化作为中国现代考古学诞生的标志[2];二是把1928年中央研究院史语所考古组第一次正式发掘安阳殷墟作为中国考古学的开端[3]。考虑到发掘工作开展的时间早晚、内容以及对中国考古学的影响等因素,我们认为,把安特生发现和确立仰韶文化作为中国考古学的开端比较符合中国考古学发展历史的实际。

(二)起步和初步发展时期(1931～1949年)

由安阳后冈遗址"三叠层"确定的仰韶、龙山和小屯(商)文化之间的相对年代关系,标志着中国田野考古开始走上了科学发展的轨道。之后短短几年,发掘工作延伸到黄河流域、长江下游和其他地区。而这一时期中国田野考古的主阵地当之无愧地属于北京周口店和安阳殷墟的发掘。

继1929年发现第一个北京人头骨化石之后,周口店发掘的新成果不断涌现,如北京人制作和使用的石器、用火遗迹的确认,更多的北京人化石的发现,属于晚期智人阶段的山顶洞人及其文化的发现和确立等。这些重大成果在国际古人类学界引起极大反响,吸引着一批又一批来自世界各地的学者。周口店的发掘工作一直持续到1937年夏天抗日战争全面爆发,前后连续进行了15次。其成果改写了中国乃至世界早期人类的历史。

较之周口店,安阳殷墟的发掘工作在国内具有更大的影响力。殷墟的考古发掘工作也持续到抗战全面爆发,前后也进行了15次,中间除了受中原战争影响而停工一年多,发掘工作基本连续进行。殷墟的发掘面积更大,动用的人力物力更多,不仅揭露出商王朝的宫殿区和王陵区及大片的祭祀遗存,而且出土了以青铜器为代表的大量珍贵遗物和有确切单位的甲骨文。就单个遗址的收获而言,迄今为止尚无可以与殷墟相媲美的考古发现。同时,殷墟的发掘还培养出了一支业务精干、研究水平高超的专业队伍,从而使史语所和考古组享誉中外。这从中央研究院首届28名人文社科组院士中有3人(李济、梁思永和董作宾)来自殷墟发掘队伍可见一斑。从某种意义上说,史语所考古组

---

[1] 傅斯年:《历史语言研究所工作之旨趣》,《中央研究院历史语言研究所集刊》第一本第一分,1928年10月。

[2] 李济:《华北新石器时代文化的类别、分布和编年》,《李济考古学论文选集》,文物出版社,1990年,第180页;严文明:《纪念仰韶村遗址发现65周年》,《仰韶文化研究》,文物出版社,1989年,第16～35页。

[3] 王世民:《中国考古学简史》,《中国大百科全书·考古学》,中国大百科全书出版社,1986年,第690页;徐苹芳:《中国现代考古学的诞生》,《中国历史考古学论集》,上海古籍出版社,2012年,第482页。

主持的殷墟发掘和研究，从整体上影响了中国考古学的发展和走向。

这一时期城子崖发掘资料的公布和龙山文化的确立，以及史语所考古组在豫北、鲁东沿海、豫东皖北等地一系列龙山文化遗址的发掘，如大赉店（1932年）、高井台子（1932年）、刘庄（1933年）、两城镇（1936年）、造律台和黑堌堆（1936年）等，不仅增加了大量新资料，更重要的是确立了一个和殷墟商文化在年代和文化属性上较之仰韶文化更为接近的新文化——龙山文化。此外，还发掘了辛村（1932～1933年）、山彪镇（1935年）和琉璃阁（1935～1937年）等重要的两周墓地。

除了史语所考古组主导的系列考古发掘之外，其他学术团体和研究机构也广泛开展了田野考古工作。如北平研究院等在河北易县燕下都燕国都城遗址的考古调查和发掘（1929～1930年），在陕西渭河流域的考古调查以及对宝鸡斗鸡台遗址的发掘（1933～1937年）；西湖博物馆施昕更在余杭良渚的调查和发掘（1936年），开启了良渚文化考古的先河。

1937年之后，随着抗日战争的全面爆发和东部大片国土的沦陷，较大规模的田野考古工作基本处于停滞状态，只有史语所考古组等单位在西南和西北地区进行了零星的考古调查和发掘工作。例如：吴金鼎等在云南苍洱地区的调查和发掘工作（1938～1940年）以及对四川彭山汉墓（1941年）和成都王建墓（1943年）的发掘；1942～1948年，史语所、中央博物院和中央地质调查所等单位，对甘肃为主的西北地区进行了三次较大规模的考古调查和发掘，其内容既包括历史时期的城址、墓葬、寺庙，也涉及新石器和青铜时代的遗存。特别是夏鼐踏着安特生的足迹，调查和试掘了一些当年安特生工作过的遗址，由寺洼山和阳洼湾等遗址新的发掘资料为依据，纠正了安特生关于甘青地区远古文化分期方面的错误。

日本学者在包括内蒙古地区在内的中国东北地区开展田野考古工作，如大连地区营城子汉墓（1931年）、羊头洼贝丘遗址（1933年）、双砣子遗址（1934年）、四平山积石冢（1941年）、文家屯贝丘遗址和积石冢（1942年）等，黑龙江地区上京龙泉府遗址（1933年）、顾乡屯遗址（1933、1937年）等。此外，他们染指中国考古的行为进一步延伸到了华东和华北地区。这期间，他们还出版了一些考古调查和发掘报告。

这一时期中国考古学的发展还表现在资料发表和研究方面。首先，史语所创立了《中国考古学报》（最初为创立于1929年的《安阳发掘报告》，出版4期后改为《田野考古报告》），专门刊发田野考古发掘资料和研究性论文。一些重要的田野考古资料还出版有专刊，如《城子崖》《良渚》《云南苍洱境考古报告》等。其次，撰写出一批重要的早期研究成果，如梁思永对龙山文化的研究、刘燿（尹达）对龙山文化与仰韶文化关系的研究、吴金鼎对中国史前陶器的研究、李济对殷墟陶器和青铜器的研究、董作宾对殷墟甲骨文字的研究、夏鼐对甘青地区早期文化年代的研究、苏秉琦对宝鸡斗鸡台周代墓地陶鬲的研究等。

以安阳殷墟为代表的这一阶段的田野工作和考古研究，走过了中国考古学的最初阶段，其收获和成果是多方面的，以下两个方面对中国考古学的发展具有重要影响：一是建立了中国考古学特别是以田野考古为代表的基本知识体系，探索并获得丰富的实践经验和知识积累；二是造就和培育了一支中国早期的考古学者队伍，为后来考古事业的发展奠定了良好的基础。

三　发展和壮大时期（1950年～20世纪80年代前期）

1949年新中国成立之后，来之不易的和平和统一客观上为中国考古学的发展提供了良好的大环境。而随着国家大规模基本建设的展开，又为考古学的振兴创造了前所未有的机遇。这一时期，考古工作在经过短暂的恢复之后，逐渐进入了一个波浪式的发展阶段。

（一）考古研究机构的完善和考古队伍的壮大

首先是考古研究机构的建立和逐渐完善。新中国成立之初的1950年夏，即在中国科学院设立了考古研究所，由史语所留在大陆的专业人才梁思永和夏鼐担任副所长来主持所务，并于当年就奔赴豫北开展田野考古工作。此后，又陆续在中国科学院建立古脊椎动物与古人类研究所和直属于国家文物局的中国文物研究所（2007年更名为中国文化遗产研究院）。各省市区和有条件的地市也陆续建立起自己的专业考古机构，最初多在博物馆内设立考古部或文物工作队，多数后来独立为省市级的文物考古研究所。随着考古学的发展，1979年以后，中央和地方相继成立了各级民间考古学术组织，即中国考古学会和各省市级的考古学会，为促进中国考古学事业的发展和研究工作的深入开展发挥了积极作用。

其次是人才培养。考古学是一个专业性和科学性都极强的专业，并且特别强调理论与实践的结合和动手能力。所以，非经专业学校的正规培养，自学成才的难度远大于其他专业。因此，在大学教育中创建考古专业关系到学科未来的发展。

中国大学中创立最早的考古学专业有两个，即台湾大学考古人类学系（1949年）和北京大学历史系考古专业（1952年）。由于海峡两岸长期分隔，台湾大学培养的少量考古学人才对大陆的考古事业没有产生影响。1952年开始在北京大学连续举办的四期"考古工作人员训练班"及同年成立的考古专业，为中国的考古事业培养了一大批急需和后备人才，他们在相当长时间内担负着全国各地考古管理工作和考古研究的双重任务，为中国考古事业的发展做出了不可磨灭的贡献。

随着考古事业发展的需要，1972年以来，教育部又陆续在十多所综合性大学里设立了考古专业，有的高校还设置了文物博物馆学和文物保护等专业。在20世纪80～90年代，每年经大学培养的考古专业人员在100～150名之间。1979年，国家恢复了研究生教育，目前在多数设立考古专业的高校都建立起考古学本科、硕士和博士以及文物博物馆学专业硕士的完整考古学人才培养体系。

（二）考古管理工作的逐渐规范化

考古管理机构的建立和不断完善。新中国成立之后，首先在中央政府内设立了文物局（最初为社会文化事业管理局）。目前，全国省、市（地级）、县三级都设置有文物局、文物处和文物管理所等专门的文物行政管理机构。

相关法规的制定。《中华人民共和国文物保护法》等各种法律法规的相继出台，特别是《田野考古工作规程》的颁布，从法律法规层面规范了各类考古工作的有序进行。而年度田野考古发掘项目的申报、批准并颁发证照和汇报程序，则是加强管理的具体体现。

在多年实践的基础上，国家文物局启动了对国内各单位的团体考古发掘资格和个人考古领队资格的认定，并颁发相应的证书。这是一项通过制订准入标准来提高田野考古发掘水平的重要举措。

（三）田野考古规模和范围的扩大与发掘水平的提高

这一时期的田野考古工作规模不断扩大，最近一二十年，每年报批的发掘项目都在数百处。有的遗址经累年发掘，面积达数千甚至上万平方米。

田野考古工作涉及的范围也越来越广，空间上遍及全国各地，时代跨度从旧石器时代一直延续到明清时期。同时，也开展了专业性更强的水下考古、航空考古和实验室考古。

田野发掘水平的不断提高，既是中国考古学发展的重要成就，也是开展考古研究工作的基础。从1950年夏鼐在河南辉县辛村遗址成功剔剥出完全腐朽的马车开始，提高中国考古学的田野发掘质量，一直是学科发展的核心问题。为此国家文物局在20世纪80年代举办了田野考古领队培训班，颁发团体和个人领队资格，制订田野考古的准入标准和检查制度，并每两年举行一次田野工作汇报会等。这些举措对于从整体上提高中国的田野考古工作质量具有明显的促进作用。

（四）田野考古资料和研究成果的出版

田野考古资料的出版和研究成果的发表是考古学发展的重要内容和标志。20世纪50年代以来，先后创办的文物考古类期刊多达20余种。其中除了《考古学报》继承自上一阶段的《中国考古学报》之外，余者均为新创。像《考古》《文物》等重点专业杂志，目前在国际上也具有较大影响。

数量庞大的各种综合性和专题性田野考古报告、不同类别的文物考古研究文集和考古学教材以及翻译出版的外国考古学书籍的出版数量，呈现快速增长的趋势。这一状况既是中国考古学研究成果的具体体现，也昭示着中国考古学的繁荣和发展。以河南省文物考古研究所为例，1952～1980年近40年间出版的考古学专刊仅有8部，之后的10年间有10部，而1991～2012年则达到了54部。

（五）中国考古学体系的基本建立

经过几代考古学人的不懈努力，到20世纪80年代，中国考古学的体系基本建立起来。

年代最为久远的旧石器时代，在前期所知周口店、萨拉乌苏等少数遗址的基础上，发展到全国各省市区均发现有不同时期的旧石器遗存，如元谋人及其文化、匼河文化、蓝田人及其文化、大荔人及其文化、许家窑人及其文化、峙峪人及其文化等。进而初步建立起距今200万年以来的旧石器时代考古学编年体系。

农业产生之后的新石器时代，成就更为卓著。随着各地考古工作的全面开展，发现和发掘了大量新遗址，其成果直接导致了中华古代文化单一起源的传统观点被多元一体的新思想所取代。在苏秉琦"区、系、类型"思想指导下，结合碳-14测年数据，逐步梳理和归纳出距今万年以来中国新石器文化发展的基本架构和文化谱系。

与青铜时代相对应的夏商周时期，在殷墟晚商文化这个确定点的基础上，向前追溯，先后发现了二里冈早商文化、与夏代相当的二里头文化和新砦期文化；向后延伸，则在周王朝及众多诸侯国的统辖区域开展了卓有成效的考古工作。这些工作及后续研究，基本建构起夏商周三代文化的纵横时空关系。

在构建中国考古学体系的同时，围绕着古代社会的发展开展了一系列的研究工作，其中早期人类及其文化的产生与发展、农业的起源及其类型和发展、文明的起源、形成和发展，是中国古代社会研究中经久不衰的课题，均获得稳步推进并不断有新的突破。

四 快速发展和转型时期（20世纪80年代后期至今）

20世纪80年代，曾被称为中国考古学的黄金时代。之所以如此说，大约有两个原因：一是随着"文化大革命"的结束，思想文化领域以阶级斗争为主线的时期已经过去，学者们可以不受或少受政治因素的影响而潜心于学术研究，这一点在考古学科中表现得较为突出；二是由于经济建设的恢复和快速发展，田野考古的规模迅速扩大，各类重大考古成果和新发现层出不穷，而前一时期各大学纷纷开办考古专业，培养的大批专业人员则较好地适应了这一新形势。所以，这一时期的考古学界，学者们心情舒畅，奋发努力，专心于田野发掘和考古研究，获取丰硕成果是自然而然和水到渠成的事情。

随着黄河和长江流域以及邻近地区新石器至青铜时代早期文化发展序列的基本建立，这一时期的中国考古学研究开始出现一些新的迹象。

首先，随着考古材料的增加，特别是能够反映社会分化和社会结构变迁的墓葬资料大量被发现，以文明起源和形成研究为代表的古代社会研究逐渐成为考古学研究的主流。如陶寺龙山文化墓地，红山文化的坛、庙、冢，良渚文化的祭坛和贵族墓地等遗存的发现和研究，在前期讨论大汶口文化社会性质和夏文化的基础上，开始在考古学上提出探索中国文明起源和形成的问题[1]。这一问题是此后20多年考古学研究中国早期社会的一个中心性学术课题，涉及范围之广、参与人数之多、投入力量之大，可以说是盛况空前。

其次，在改革开放的大环境背景下，中外学术交流日益频繁和密切。考古学是其中开展较早并且受国外影响较大的学科。一方面是一些国外学者到中国来访问甚至讲学，如张光直1984年在北京大学和山东大学的专题演讲；另一方面是一部分中国考古学者或留学生到国外访问和学习，实地接触到国外考古学的发展现状，特别是接触到国外的新考古学及其在近些年的发展。两者相加，20世纪80年代后期至90年代初，在考古学界兴起了一个不大不小的讨论热潮，中心议题是如何评估中国考古学的现状、目前处在世界考古学史上的哪一个阶段和应该向什么方向发展。1991年8~9月，国家文物局在山东兖州举办的"中青年考古学理论研讨会"，集中展现了这一时期中国考古学的各种思潮。

以上各种观点的讨论和碰撞，虽然在当时并未立即改变中国考古学的发展方向，但其影响也是确确实实存在的。同时，随着时间的推移和考古学的发展，许多考古学人也在反思中国考古学及其发展路径与走向。

---

[1] 夏鼐：《中国文明的起源》，文物出版社，1985年；苏秉琦：《辽西古文化古城古国——兼谈当前田野考古工作的重点或大课题》，《文物》1986年第8期。

在上述学术积淀的基础上，大约从20世纪90年代中期开始，中国考古学开始步入转型的阶段。所谓转型，就是考古学研究的重心，由前述的以年代学为主的文化史研究占主导地位，逐渐向全面研究古代社会的方面转变。之所以这样概括，有以下一些变化作为依据。

在考古学研究中，方法是达到目的的手段。在建构中国新石器至青铜时代早期的文化序列和发展谱系的过程中，最重要的方法是考古地层学和考古类型学（文化因素分析可以包含在类型学之中）。换言之，运用上述两种基本方法就可以达到这一目标。所以，不少学者将地层学和类型学看作是考古学的基本理论和方法。到文化序列和发展谱系基本建立起来之后，考古学的研究重心转向古代社会时，客观上要求与之相适应的新研究方法，这就是聚落考古的方法。其实，聚落考古在中国产生并不算晚，不仅早期就有过自己的实践，至迟在1984年就由张光直系统地介绍到中国。但因为全面实施的客观条件尚不具备，直到20世纪90年代中期以来才慢慢在考古学界普及开来。而这一普及过程，与中外合作考古的开展关系密切。再如中国文明起源研究，在研究方法上就经历了两个大的阶段。最初是先设定一些文明产生和形成的标准或要素，如文字、城市、青铜器等文明三要素或再增加一些其他要素，然后采用对号入座的方法进行比对，以确定是否进入文明社会。在发现这一方法的局限性和行不通之后，转而采用聚落考古的方法，从古代社会发展的复杂化进程中来探索和解决文明起源和形成的问题，从而取得明显进展。

上述变化还表现在对考古资料的需求方面。把现代自然科学技术运用到考古学之中，可以获取更多的资料和信息，现在已经成为考古学的常识，但以前并非如此。比如在20世纪80年代，我们想知道古人吃的什么，每类食物各占多大比例，这些食物是怎么生产出来的等，不知道从何处下手。利用各种现代科学技术手段，最大限度地从考古遗存中获取更多的有用信息，已经成为当今考古学的基本内容之一。于是，地质地貌学、土壤学、植物学、动物学、医学、人类学、化学、物理学、材料学、GIS和VR技术、航空遥感技术等，都可以为考古学研究古代社会提供多方面的有用资料和技术支撑，从而使我们在了解、研究和认识古代的人类与社会、环境、资源及其相互关系的道路上，达到了前所未有的广度和深度。对各种新资料、新信息的需求和对获取它们的新技术、新手段的掌握和运用，正是随着考古学研究的转型而提出来并逐步实现的。

历史地看，中国的现代考古学本来就是从西方传入的，而早期阶段的一些重要考古工作，如仰韶文化的确立、西阴村的发掘、周口店北京人及其文化的发现等，都带有中外合作的性质。只是后来由于政治方面的原因，这一类合作中断了40余年。1991年颁布的《中华人民共和国考古工作涉外管理办法》，从法律层面开启了开展中外合作考古的大门。之后，每年都有数项中外合作考古。如山东大学与美国耶鲁大学、芝加哥菲尔德自然历史博物馆合作开展的山东日照沿海地区区域系统调查（1995～2013年）和两城镇遗址的考古发掘（1998～2001年），中国社会科学院考古研究所和澳大利亚拉楚布大学合作开展的河南伊洛河流域区域系统调查（1997～2002年），内蒙古文物考古研究所等和美国匹兹堡大学合作开展的内蒙古赤峰地区的区域系统调查（1998～2001年）等。这些合作项目对于采用聚落考古的田野工作方法，研究特定区域古代社会的复杂化进程，均具有指导性的意义。中外合作考古的迅速开展，大大加快了中国考古学走向世界并逐渐地融入世界考古学的步伐。

（原载《考古学概论》，高等教育出版社，2015年）

考古地层学及其运用

一 考古地层学在中国的运用和发展

和中国近代考古学是从西方传播进来的一样，作为考古学的基本方法之一的地层学也是从西方引进的。

20世纪初，英国人斯坦因曾在新疆地区进行过一些发掘，因那里的特殊地理环境和他所做工作的性质，对中国考古学没有什么影响。

1909年，日本学者鸟居龙藏在对辽东半岛开展考古调查的基础上，选择老铁山积石墓进行了发掘，翌年，梅原末治又做清理发掘。这些材料一直没有完整的公布。联系到日本学者后来在辽东半岛地区的考古发掘工作，可以说其对中国田野考古工作中地层学的引进和发展，基本上没有产生什么作用和影响。

1921年夏秋，瑞典学者安特生分别主持发掘了辽宁省锦西县沙锅屯遗址和河南省渑池县仰韶村遗址，同时，还在仰韶村周围调查发现了一批史前文化遗址。依据这些工作，安特生提出了仰韶文化的命名。这是在中国考古学史上有着非常大的影响的一次考古发掘工作。以致不少学者越来越倾向于把这一年作为中国近代考古学诞生的标志。安特生是一个著名的地质学家，他来中国的初衷是帮助寻找和开采矿藏资源。但在短短的几年野外实践中，他的兴趣却逐渐地转移到了考古学方面。因此，安特生在中国开展的一系列考古工作，就地层学而言，采用的基本上还是地质学中的地层学原理，其显著标志就是按人为设定的水平层来进行发掘。当然，在具体运用中也有所区别，如注意了人类活动的各种遗迹。并且，在实际发掘工作中，安特生十分重视各种绘图资料的测绘和准确记录每一件出土遗物。这些做法都为后来的中国考古学所继承。

1926年，李济在山西夏县西阴村遗址的发掘是中国学者第一次主持开展的田野发掘工作。西阴村的发掘在方法上有许多改进，如采用了边长2米的探方，注意了土质土色的变化等。但总体上仍然是采用水平层进行发掘。1928年开始的安阳小屯殷墟和1930年进行的山东历城城子崖遗址的发掘中，虽然在一些细节有所改进，但总体上仍然沿袭了这种水平层的发掘方法。

1930年，梁思永由美国学成回国。当年秋，他主持了黑龙江昂昂溪细石器遗址的发掘。翌年春，又主持了安阳后冈遗址的发掘，发现和确认了仰韶、龙山和小屯三个时期的堆积相互叠压的层位关系，即著名的"后冈三叠层"。后冈遗址的发掘收获，不仅为黄河流域的史前文化奠定了年代学基础，更重要的是，在现代考古学传入中国后用较短的时间就结束了以往以人为的水平层来划分地层、指导发掘的这种国际上曾经十分流行的做法，采用了按文化层区分文化堆积的科学方法。从而，使中国考古学走上了一条健康发展的道路，开始了考古学史上一个新的时期。

20世纪30年代以后，经过几十年的探索，地层学原理在中国考古学实践中的运用日益成熟。20世纪70年代末以后，随着考古从业人员队伍的迅速扩大和教育层次的不断提高，以及对外开放政策的实施，学术界逐渐重视对考古学理论、方法和技术的探讨，开始注意对几十年来中国考古学的实践经验的归纳和总结，考古地层学就是讨论和研究的重要对象之一。

二 考古地层学的基本内容

所谓考古地层学，是指地层堆积和遗迹之间的相互关系的研究，即在考古发掘中判明地层和遗迹的相对年代关系。

尽管考古学中的地层学最初来自地质学，并且它们在堆积层次相互叠压的基本原理上也是相通的，但两者的形成原因不同，内涵和存在方式也不相同，因而区别也是极为明显的。地质学中的地层堆积是由自然力量所形成的，尽管在某些特殊情况下也有倒装、反转、塌陷等现象出现，但毕竟规律性较强，因而判断起来也相对较为容易。而考古学中的堆积则系人类有意无意活动而形成的，其间存在着大量人类各种活动遗留下来的庞杂遗迹和文化堆积，由于人类活动的频繁和多种多样，其形成的堆积的复杂性也显而易见。因此，在分析和处理的方式上与地质学中的地层学具有根本区别。

从基本原理上来讲，考古地层学主要有先后关系和共时关系两种基本情况。此外，也有一些需要注意和讨论的问题。

（一）先后关系

所谓先后关系，是指考古遗存中的堆积和遗迹在时间上有先有后，并且这种先后关系是可以明确判断的。

在进行地层学研究时，首先碰到的是文化层的概念。那么什么是文化层呢？一般说来，凡是包含有人类活动遗存的堆积层，都可以称为文化层。由于人类活动的复杂性，所以文化层也是各种各样的。例如，人类有意或无意动过的土和抛弃的各种垃圾等。这样形成的堆积都是文化层。在文化层内，或多或少存在一定数量的文化遗物，其间往往还会有各种遗迹。未经人类活动扰动的土则为生土。

在同一地点，直接的先后关系主要表现为两种情况，即叠压关系和打破关系。

1. 叠压关系

人类在一个地点居住的时间长了，就会形成若干层内涵有差别的堆积，它们通常以相互叠压的形式出现。在废弃遗迹的堆积中也会有这种情形。如果一个地点人类的居住不连续，有时候会在文化层之间形成不包含人类活动遗存的自然层，但这种情况比较少见。两个或两个以上文化层相互重叠，这种关系就是叠压关系。在正常情况下，同一地点较晚的堆积叠压较早的堆积，即较早时期形成的堆积在下，较晚时期形成的堆积在上。反过来说，在一个有多层文化堆积的遗址，位置靠下的堆积一定早于位置靠上的堆积，这是考古地层学的基本原则之一。据此，可以确定考古遗存之间的相对年代关系。至于具有叠压关系的堆积的具体年代关系，其形成时间既可能比较接近，在期别上属于同一时期，也可能相距较远，分属于不同的时期，这种情况是普遍存在的。因此，具有叠压关系的层位之间的具体年代跨度，依靠地层学一般无法解决，而是需要通过文化层内的包含物的类型学分析并结合有关测年方法加以确定。

叠压关系又可区分为直接叠压关系和间接叠压关系两种情况。直接叠压关系是文化层和遗迹之间的直接重叠，而间接叠压关系表示的是文化层和遗迹之间并不直接重叠，而是经过第三者的过渡而间接发生关系。如A叠压B，B叠压C，A和C之间就形成一种间接叠压关系，A必晚于C。在实际的考古学研究中，间接叠压关系也被广泛地运用于层位关系的研究之中。

2. 打破关系

在人类的生存过程中，总是在不断地从事建造房屋和窖穴、挖坑取土、掘沟凿井、埋葬死者等各种活动，从而对原有的堆积造成不同程度的破坏。在一个经过较长时期居住的区域内，晚期的遗迹往往会破坏早期的文化层和遗迹，从而形成文化层和遗迹之间的打破关系。因此，在具有打破关系的遗迹单位中，打破别的单位的单位相对较迟，而被打破的单位相对较早，这是考古地层学的又一个基本原则。据此可以依据打破关系来确定考古遗存的相对年代关系。与叠压关系一样，打破关系所表示的年代幅度也不一致，有时甚至更大。如一组具有打破关系的遗迹，两者的年代可能相隔数百年甚至数千年，也可能只有极短的时间间隔。因此，在打破关系中又有同时期打破和不同时期打破的差别。一般说来，跨文化的打破关系在考古学研究中的意义不大，而我们应重视时间比较接近的遗迹和文化层之间的打破关系。打破关系也有直接打破关系和间接打破关系之别。其应用范围较叠压关系要窄，只限于较小的空间之内。

打破关系的表现形式有一定规律，因而也较易于辨认。在一般情况下，较晚时期形成的遗迹的形状通常比较完整，而时代较早的遗迹或文化层往往容易受到破坏。因此，在同一层面不同遗迹的口部平面关系中，被打破的遗迹或文化层往往呈不完整的残破状态，而打破者的形状一般比较完整和规则。当然，在一些特殊情况下，在开口的部位并没有发现相互打破，而在下部却出现打破现象。如口小底大的灰坑（通常所说的袋状灰坑）、墓葬和洞室、隧道等。

（二）共时关系

所谓共时关系，是指考古遗存中的遗迹之间（也包括文化堆积）在一定时间内具有同时并存关系，并且这种共时关系通过分析后是可以确认的。共时关系既适用于同一个聚落遗址，也适用于不同的聚落遗址。考古遗存的共时关系是考古地层学研究的重要内容之一，以往的研究多未给予充分的重视。随着聚落考古研究的展开，地层学中的共时关系的研究就显得越来越迫切，其作用与地层学中的先后关系同等重要。

共存于一个活动地面上的遗迹是否具有共时关系，需要加以分析方能确定。一般说来，它们之间的关系有三种可能。

1. 绝对共时

即遗迹之间是同时形成并同时废弃的。这种情况要看对同时的界定，也就是说在什么样的时间尺度内可以算是同时，例如，是同一年、同一月、同一天，抑或是同一代人、同一文化期。如果尺度宽一些，这种情况可能会较多，而如果尺度较小，则这种情况就可能比较少。

2. 相对共时

即遗迹之间在一个相对宽泛的时间内具有共存关系。在一个活动地面上的遗迹，它们不一定是同时形成的，也不必是同时废弃的，但相互之间在一定的时间跨度内曾经同时存在。这种情况可以认为是相对共时。仔细分辨遗迹之间的这种相对共时关系，对于进一步开展聚落形态研究极为重要。

3. 属于不同时期

尽管是在同一活动地面上的遗迹，但由于年代互不衔接而分属于不同的文化或不同的文化期，不属同时并存的聚落遗存。这种现象在考古发掘中也是经常可以见到的，如在早期人活动的地面上，后来人继续开展各种活动所形成的遗迹。

在确定同一活动地面上的遗迹是否为共时关系时，除了在层位关系上进行揭示之外，还应该分析遗迹之间的布局、技术和工艺水平及对所包含的文化遗物进行类型学研究。据人类学的经验可知，现代农业社会的聚落总是在缓慢地发生变化，但在一定的时间内又基本上处于一个相对稳定的状态。由于大规模的变化而导致聚落形态和结构发生根本改变，多与自然和非自然的突发性事件、人为行政因素等密切相关。这些情况只要发生一种，人类活动的地面必随之产生相应变化。如旧有房屋被大肆破坏和对聚落进行大规模地改建、重建等，居住区的地面也往往会出现一定程度的升高。

三 考古地层学中的几个问题

由于文化层是错综复杂的，因而在考古发掘中进行地层学研究，还会碰到各种各样的问题。对这些问题的处理往往会直接影响到考古发掘工作的质量，故应该给予注意。

1. 文化层不一定是水平的

在居住遗址中，各层文化堆积不一定是水平的。人们通常都要在一个层次的表面进行活动，各种遗迹都会出现在这个活动面上，这个活动面可能是较为平整的，有时也可能是倾斜的，其上必定会有一些坑坑洼洼的现象。形成这种不水平情况的原因是多方面的，其中既有自然方面的因素，如遗址立地在丘陵坡地或坑洼不平的地面上、水土流失等，也有人为方面的因素，如当代的各种活动、后代人的破坏等。因此，位于同一深度的遗存不一定属于同一层位，即地层层位和地层的绝对深度之间没有必然的联系。这也是各国考古学逐渐成熟之后都摒弃了按水平层进行发掘的方法的原因所在。同时，即使出土遗物有精确的三维空间的位置关系，如果层位关系不清楚，也会造成混乱，如早年安特生在仰韶村的发掘中就是这样操作的。

2. 关于文化层形成的原因

文化层主要是人为形成的，由于人类行为的多样性而导致了文化层堆积的成因也比较复杂。在考古发掘中常可以发现，有时一个文化层堆积的时间较短，一个文化期往往可以包含有几个小的文化层堆积；有时一个文化层堆积延续的时间较长，一个文化期只有一层文化堆积。因此，按文化层的厚度来估定其年代的做法是不科学的，因而也是不恰当的，这种现象仍然在一些研究文章和考古报告中存在，需要引起注意。

关于文化层的形成原因，归纳起来主要有两种基本情况。一种是一次形成论，一种是逐渐形成论。

一次形成论的观点认为，文化层是因为某些特殊原因而在短时间内一次形成的。如房屋坏了之后推倒重建，旧房子墙体等摊平后就形成了新的文化层堆积，如果同时（或大体同时）重建的房屋较多，就会形成范围较大的时代相同的文化层，当然在一般情况下，是不会出现一个聚落所有的房屋都推倒重建的现象的，而会因房屋的间断性重建产生交替叠压的文化堆积。在特殊情况下也会形成较大范围内的统一文化堆积，如由于自然或战争等原因将旧有聚落（甚至是城市）完全毁坏，新来的居民在旧地重建新的定居点。再如较大规模的搬运铺垫等活动，也可以在较短时间内一次性形成新的文化层堆积。由此看来，这种一次性形成的文化层堆积，不管其厚度如何，其代表的时间一般是较短的。新的文化堆积形成之后，往往会保持一个较长的相对稳定时期，其表层在这一个时期中没有大的变化，或在局部形成小范围的堆积，或不断有各种遗迹打破堆积本身，这种现象可以持续到下一个较普遍的新堆积的形成。因此，在这种情况下要把一个遗址的考古遗存排成连续不断的发展序列，主要任务应是对各种各样的遗迹进行连接，地层只是显示较大的阶段性变化。

文化层逐渐形成的观点认为，文化堆积是日积月累逐渐形成的。在日常生活中，人类总是在不断地生产一些废弃物，如灰烬、垃圾、腐烂的植物及损坏的日用品等，这些东西大都是不加处理地随意抛弃。所以，在一定的时间内，就会在局部地段内或某些废弃的遗迹内形成颜色不同的文化层堆积。此外，在居住区及其周围，也会因为自然淤积或根据需要而进行人为垫土产生地面不断加高的现象。这些都可以看作是在一个遗址内逐渐形成新的文化层的过程。

因此，我们认为文化层的形成是比较复杂的，既有短期一次形成的情况，也有较长时期逐渐形成的现象。至于发掘对象属于哪一种情形，需视具体情况分析确定。一般地说，大范围内较为一致的堆积，其一次性形成的可能性较大，而局部和废弃遗迹内的堆积则可能是逐渐形成的。

3. 次生堆积和断层

人们在开挖沟渠、修筑广场和建造其他大型工程时，往往需要搬动大量的土石。如果在已生成文化层的区域挖土、取土或削高填低，就会破坏旧的文化层堆积（实际上这种小规模的破坏活动无所不在），形成次生堆积，从而使原有文化层内的遗物产生位移现象。当然，在某些情况下自然因素（如洪水等）也可以产生包含有文化遗物的次生堆积，这种情况在一些岗丘和坡地遗址低洼处常有发现。如果发掘面积较小，一时可能会被这种情况所迷惑，如果发掘面积较大或者透过次生堆积之后，这种现象还是比较容易区分的。

由于自然力或人为因素的原因，有时会使正常的文化层堆积产生断裂、错位，形成断层。自然力包括地震、洪水等，这些原因导致的文化层断裂因规律性较强而易于辨认。人为因素的影响较多，常见的主要是塌陷。例如，文化层之下有较大的洞穴，洞穴塌陷造成上部文化层依次向下位移；文化层下有较大较深的遗迹，如果遗迹内填土较松软，并且与其上文化层形成的时间相隔不久，也会由于遗迹内堆积下沉而造成其上文化层的断裂下陷，出现文化层错位现象。

4. 关于"扰乱层"问题

在一些发掘简报和报告中，经常出现"扰乱层"这一名词，往往是指耕土层之下的经后代活动形成的堆积层，有时也指包含有不同时代文化遗物的堆积层。在一个存在连续文化层堆积的遗址里，由于较晚时期的人们总是在较早时期人们形成的文化层和遗迹的基础上开展挖沟修路、建造房屋和取土等活动，其势必会破坏前人留下来的文化堆积。于是，在其自身生成的文化堆积中不可避免地会夹杂有早期的遗物，在某些情况下早期的遗物会占到相当数量，如果把早期的文化堆积翻动的较深，还会出现几个时期的遗物混杂于同一文化层中的现象。这些情况在多层文化堆积的遗址中是极为常见的，我们绝不能因为某一层中存在着不同时期的遗物而将其称为"扰乱层"，而是应按照确定文化层或遗迹时代的原则，即以其中最晚的遗物的时代作为该文化层或遗迹的时代，把这些文化层确定为相应时代的堆积。

5. 遗迹本身有形成、使用和废弃三个年代

在考古发掘中揭露的遗迹，从理论上讲都有形成、使用和废弃三个年代，这三个年代的具体延续时间，因性质的不同而存在相当大的差别。

从开始建造到最终完工可以投入使用为止，这一期间是遗迹的形成年代。不同性质的遗迹其形成年代有相当大的差别，如普通的房屋、墓葬等，其建造时间通常较短，可能需要几天或十几天，最长也不过几十天，一个简单的窖穴、灰坑可能短到只需要几个小时的时间，而大型的宫殿、陵墓等的建造时间则比较长，可能长达几年甚至几十年。

从建成使用到废弃不用为止是遗迹的使用年代。不同性质的遗迹的使用年代也有相当大的差别，如房屋、水井的使用时间一般较长，而窖穴等则可能较短，有的甚至是一次性的。比较复杂的遗迹，在使用期间还往往伴随着修葺、改造和扩建增建等活动，因而会有不同的建筑风格和不同时期的遗物出现在同一遗迹之中的现象，这是在研究遗迹的使用时间时需要注意的。

从废弃不用到遗迹被填满为止是遗迹的废弃年代。一般说来，在考古发掘中所清理出来的房屋基址、灰坑、水井、陶窑等遗迹，都是该遗迹废弃以后的形态。而新建成的房屋和陶窑、刚挖好的水井和窖穴等，除了极为特殊的情况外，是不会立即废弃掉的，通常都在使用了一定的时间之后才予以废弃。遗迹内的废弃堆积，在时间尺度上也有一定的伸缩性。在连续居住区域内的废弃遗迹，可能在废弃后很短时间内就被填满或夷为平地，因此，这样的废弃堆积与遗迹的废弃时间是大体相同的。有的情况下可能相差较大，如战争、瘟疫等原因造成遗迹的废弃，可能经过一定时间后才有人来居住，并逐渐把它们填满，这样废弃堆积的时间就明显晚于遗迹的废弃时间。由于废弃遗迹的填埋既有人为行为也有自然因素，所以在发掘时就应该给予明确的判断。

利用层位关系可以卡住遗迹、文化层堆积之间的相对年代关系。如开口于第③层表面的H1打破同一层面上的M1，H1被第②层所叠压，并和M1共同打破第③层，因此，它的相对年代关系可以表

示为：②→H1→M1→③（图一）。除了依据层位
关系判断遗迹、文化层堆积之间的相对年代关系
外，比较准确的具体年代则主要是通过文化堆积
内出土遗物的类型学研究和自然科学方法测年而
得出。这里就存在一个问题，即这些废弃堆积内
的包含物在年代上是晚于遗迹的建成和使用年代
的。当然，在许多情况下，由于遗迹的建成、使
用年代距离废弃年代较近，并且，通过出土物的
类型学研究所得出的年代也只能精确到几十年。
于是，人们往往把遗迹废弃堆积内包含物的年代
看作是遗迹的年代。但是，对于它们之间的这一

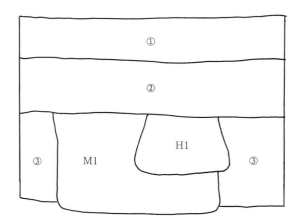

图一　文化层和遗迹之间的层位关系示意图

年代差研究者应有清醒的认识，特别是那些使用时间较长的遗迹，如大型房屋，其使用时间有的可
以长达一二百年，有的甚至会更长，显然在时间上是跨期、跨段的，这就需要专门加以研究和探
讨。因此，人们平常所指的聚落内与居住相关的遗迹的年代，绝大多数可能是废弃年代，个别为使
用年代，极少为建造年代。

　　墓葬的情况与其他遗迹有所不同，它不存在废弃年代，并且一般墓葬的建造和下葬间隔的时间
很短，多数可能在几天之内，个别情况例外，如帝王陵墓等。所以，墓葬内随葬品的年代基本上可
以说就是墓葬的年代。应该注意的是墓葬填土内遗物的年代一般要早于墓葬本身的年代，这是一条
很重要的地层学原则，1944年夏鼐先生在甘肃省宁定县阳洼湾齐家文化墓葬的发掘中，就是根据这
一原则订正了安特生关于甘青地区原始文化编年的错误[1]。

6. 关于层位关系问题

　　考古地层学中的地层单位，指的并不仅仅是文化层本身，它还包括文化层以外的各种遗迹，
如房屋、窖穴、灰坑、墓葬、陶窑、水井……，等等。不仅如此，这些遗迹中的一部分还可以进一
步划分为不同的地层单位。如一座房屋有建筑堆积、使用期间形成的堆积（如修补整葺堆积等）和
废弃堆积等。同时，考古地层学中的地层关系，并不能只局限于文化层之间的相对年代关系，把各
种遗迹附属于文化层中。而正确的认识是，每一遗迹（包括其中的小单位）都是一个相对独立的地
层单位。因此，在分析文化层、遗迹之间错综复杂的关系时，决不能只把眼光盯在文化层上，某些
时候遗迹的作用更为重要。因此，在田野考古发掘中正确把握和解读文化层与文化层、文化层与遗
迹、遗迹与遗迹之间的相互关系，无论是对田野考古学，还是对以后的考古学研究，都是极其重要
的。基于此，有的学者认为地层关系的概念已不能清楚地表述以上复杂的关系，应更名为层位关系
似更为确切，并且，也应该把以往所称谓的地层学易名为层位学更为恰当[2]。

　　[1]　夏鼐：《齐家期墓葬的新发现及其年代的改定》，《中国考古学报（即田野考古报告）》第三册，1948年。
　　[2]　张忠培：《关于考古学研究的几个问题》，《文物研究（第5辑）》，黄山书社，1989年；张忠培：《中国考古学：实践·理
论·方法》，中州古籍出版社，1994年。

四 考古地层学的运用

　　明确了考古地层学的基本原理之后，就需要运用这些原理来指导田野考古发掘工作。进行田野考古发掘必须具备基本的操作技能，这一技能是要在考古学理论和方法的指导下并经过一定时期的实践培养才能够获得的。

　　田野考古发掘工作主要包括三个方面的基本内容，即用地层学原理指导发掘工作、全面而系统地采集蕴涵着各种信息的资料和对所有资料做科学的记录。

（一）用地层学原理指导田野考古发掘工作

　　区分文化层和辨认遗迹是考古发掘中首先碰到的问题，它是做好发掘工作的基础。因此，在地层学原理的指导下开展田野考古发掘工作需要遵循以下原则。

1. 依据堆积的土色、土质和包含物来划分文化层和遗迹

　　自1931年安阳后冈遗址的发掘之后，中国的田野考古就摒弃了按水平层进行发掘的方法，转而采用按文化堆积的自然分布分层揭露的科学发掘方法，即所谓的按土质土色划分文化层。70年来，随着田野发掘经验的积累和考古学研究要求的提高，文化层和遗迹的划分逐渐向精细化的方向发展，对此，只要把20世纪70年代以前和80年代以后的考古发掘报告加以简单的比较，就可以看出这一变化是多么的显著。

　　就目前的认识而言，划分文化层和遗迹主要依据堆积的颜色、质地、结构、砂砾等成分的含量和包含物等因素。土质土色差别明显的文化层和遗迹是较容易区分、辨认的，如时代相差较远或性质不同的文化堆积、填土明显不同的遗迹等。而在许多时候文化层和遗迹的土质土色差别不甚明显，有时甚至极为接近，在这种情况下划分文化层和辨认遗迹就比较困难，如颜色相似的文化堆积、在灰层内开挖的灰坑或墓葬等。

　　对文化层颜色的观察往往会受多种因素的影响。如光线明暗的影响，阴天和晴天、早晚和中午以及从不同的方向观察，有时会有不同的结果。再如湿度的影响，湿度较大时文化层的颜色一般较深，质地也相对较软一些，层次比较容易区分，而干燥了的文化层的颜色往往变浅发白，硬度加大，较难区分层次，在后一种情况下可以采用喷洒水的方法加以处理。又如文化层的土壤有时会产生化学变化，灰色的还原文化层一经接触空气，就会由于氧化而逐渐变黄，其变化在较短的时间内就可能比较明显。在这种情况下，同一文化层会因为发掘的时间不同而形成不同的颜色，进而将同层堆积划分为不同的文化层。

　　质地、结构、粒度和包含砂砾及其他杂质等因素也是区分文化层和遗迹的重要依据。观察文化层主要靠眼睛，但有时看起来没有什么差别的堆积，凭手铲刮面时的手感则可以体验到其差别，进而划分为不同文化层。仔细观察砂砾、炭屑、烧土颗粒、云母等物质在土层中的有无和数量的多少，也可以帮助分别文化层和遗迹。

　　尽管区分文化层和遗迹主要是依据以上叙述的内容，但注意包含遗物的细微变化有助于正确划

分文化层和遗迹。一般说来，有一定时间间隔的文化层或具有打破关系的一组遗迹，其包含物必定有所不同和差别，在这种情况下，如果土质土色的差别又不是很明显，那么，注意包含物的变化对于正确区分层位关系就显得十分重要。当然，能够发现包含物已发生了变化，除了细心观察之外，还需要对发掘对象的文化特征（主要是日常生活用具的陶器、瓷器等）有比较深入的了解。

在一般情况下，文化层的划分不应过厚（特殊情况例外），至少在野外操作期间应该如此。如果文化层划分得太厚，有时会把属于不同期别甚至不同文化的堆积划为一层之中，如1958年发掘的徐州高皇庙遗址，厚达9米的堆积仅仅分为三层[1]，其中下层就包含了大汶口文化、龙山文化和岳石文化三个时代，从而使一些关键性的学术课题丧失了早日解决的机遇。因此，在文化堆积的土质土色等比较接近而难于区分的情况下，可以在同一层之内按10厘米的平均厚度划分开来，并给予临时编号，以记录相关内容和出土遗物，留待室内统一分析整理时取舍。

2. 平剖面结合，将文化堆积和遗迹置于立体的空间内分析研究

我国目前普遍采用探方法或探沟法进行野外考古发掘，其中探方法使用的范围更广泛一些。一个遗址内的文化层堆积和遗迹是随着时间的推移而慢慢积累起来的，它本身具有相当的时间深度。因此，在一个地点由于长时间的活动而逐渐形成的文化层和遗迹就构成了一个立体的堆积空间。在考古发掘中，无论是采用探方还是探沟的方法，在挖开之后都会出现东西南北壁四个剖面和底部平面这五个面。随着文化层和各种遗迹的出现并不断地被清理和发掘，我们就开始置身于一个立体的空间之内了。从理论上讲，五个面上出现的所有界线（包括文化层和文化层、遗迹和遗迹及文化层和遗迹之间的界线）都必须是闭合的，各种界线可以被打断而改变方向，但不能在不相交的情况下停顿。因此，在考古发掘中一定要在立体的空间内来研究文化层堆积和遗迹之间的层位关系。

平面上的土如果呈现不同的颜色和质地，并且相互之间有较为明确的界线，其性质的归属一般有三种可能。

第一种可能是分属于不同的文化层。由于文化层并不都是水平的，相互之间就有倾斜叠压的现象，于是不同的文化层就会在同一平面上出现。这种情况下的界线往往不甚规则，并且会延伸到探方之外，一般根据壁上的走向和趋势就可以判断其早晚关系及性质。

第二种可能是刚开口的遗迹。因为遗迹都有一定的形状，其填土与遗迹外文化层的土又有差别，所以其界线的形状往往较为规则，或呈圆形、椭圆形，或呈方形、长方形。如果与另外的遗迹有打破关系，较晚的遗迹界线形状通常比较完整，而被打破者则不完整。如有多重打破关系，则这些界线的图形就显得较为支离破碎，需要仔细地加以分析，一一判断它们的先后关系，以便按先后顺序进行清理发掘。

第三种可能是在某一文化层或遗迹内夹杂的少量不同颜色、质地的土。因为文化层和遗迹内土的来源可能不同，常常会在同一文化层或遗迹内出现不同颜色和质地的土，这种土的界线有时也比较清楚，但其特点是形状比较凌乱，面积一般甚小。初学者在刮平的平面上，往往把那些细微差别都划出来，有时反而干扰了视线，影响了对整体的认识和把握。当然，有时也可能是不规则的遗迹

[1]　江苏省文物管理委员会：《徐州高皇庙遗址清理报告》，《考古学报》1958年第4期。

（如灰坑）开口或新的文化层露头，但它们在形状、范围大小方面还是有所区别的。

以上三种情况是从考古发掘实践中总结出来的，不管是哪一种情况，都应与剖面结合起来分析，不仅需要判断在同一平面上的遗存之间的早晚关系，还要分析研究它们和已发掘层位的关系。只有在平面上准确地掌握文化层或遗迹的分布范围，从剖面上分清其相对年代关系，按要求采集并记录好各种资料，才能把文化层和遗迹揭示清楚，圆满地完成考古发掘工作的任务，达到既定的学术目的。在实际发掘工作中，因某些层位的划分可能存在问题，有的同志往往把四壁剖面线刮掉重划，这样做尽管可能纠正了发掘中的某些失误，但由于无法和探方内的平面分布关系相结合，并且也打乱了原有的出土遗物的记录和层序，因而这是一种不可取的做法。

3. 田野发掘操作必须遵循由晚及早的原则，逐层予以揭露

由于较晚时期形成的文化层或遗迹一般位居堆积的上部，较早时期形成的文化层或遗迹一般偏下，堆积是由早至晚逐渐形成的，所以在进行考古发掘时，必须遵循先发掘清理晚期遗存后发掘清理早期遗存的原则。只有这样，才能依次把不同时代和不同期别的遗存按其保存状况揭示出来。

在一个平面上，如果同时划出了遗迹和文化层，因为一个面上的遗迹一般都是打破文化层的，所以就应该先清理遗迹，然后再发掘文化层堆积。如果是互相有打破关系的遗迹，就应该先清理最晚的遗迹，即形状完整者，完毕后再由晚及早依次清理其他的遗迹。

探方内文化层的发掘工作，因为不了解地面以下文化堆积的情况，故一般不宜全探方一次性往下发掘，而应先进行局部解剖，如采用先挖四分之一的方法。这个四分之一面积的位置，可以在某一角，也可以在某一边，目的是先行了解下面的文化堆积情况，以做到心中有数，然后可以更准确地发掘其他四分之三的面积。

遗迹也不要一下子全部揭露，而是应按要求先挖一部分，至于先挖多大面积，应视遗迹的种类和性质而定。如果是较小的灰坑和柱洞一类遗迹，可以先挖一半，留下剖面加以观察。如果是较大的灰坑或房屋基址等，就应该先挖四分之一，搞清楚各种关系之后再挖对角的四分之一，最后挖余下的部分。层位的划分应尽量从细要求。如一个中等规模的灰坑，可以先挖二分之一，这一部分应在灰坑内单独分层编号记录和采集遗物，发掘另一半时，因为已有剖面对照，并且很可能和前一半有所不同，故应继续独立分层编号并采集遗物，最后在系统分析了全部出土遗物之后再决定两个部分的合并问题。

国外的考古发掘采用的探方和国内往往不同，总体上说是要小一些，他们认为这样可以做得更仔细、清楚。但也有缺点，就是容易把完整的遗迹割成小块，如果不留隔梁，则剖面不易控制。我们看到的这些问题也可能和多年来形成的习惯有关。国外的考古学家一般不主张在四壁剖面上划线，而是采用插小旗或钉布条的方法予以标记，并在其上写明层位及编号等需要记录的内容。这种方法也是一种习惯，它也存在一些在我们看起来成问题的方面，例如，一个探方往往需要工作很长时间，当土壤晒干后颜色和质地都会产生较大变化，相互间的界线就会变得比较模糊，特别是那些比较接近的堆积，很难找到它们之间准确的分界线。如果在刚刚发掘时划上轻微的细线，就不会出现这一问题。所以，在中外合作考古时，往往要为是否划线问题讨论很长时间。

在设定的考古发掘范围之内，各个探方应协同一致，尽可能地依共时关系按堆积层揭露。随着

中国考古学研究内容逐渐向多元化方向发展，聚落考古日益受到学术界的重视，聚落单元和聚落布局关系的揭示成为首先要解决的问题。因此，考古发掘中如何揭示考古遗存在平面上的连接，即揭示房屋、水井、陶窑、道路、窖穴等的共时关系就成为发掘中的重点和难点。为了达到这一目的，最好的考虑是：加大一次发掘所揭露的面积，并且尽可能地使各个探方的进度保持一致，按层位依次揭露。这样做有利于对各个时期的聚落及其立地地貌做统一的观察，并且对各个房屋之间及与其他遗迹的相互关系可以做直观的观察和研究，这比各个探方各自为战，最后在室内整理时再行拼接的办法要好得多。此外，有发掘经验的人都知道，有些遗迹的分布范围较大、文化层的空缺（堆积的不连续）、特殊的堆积现象等，在小范围内不容易做出正确判断，有时甚至很难搞清楚，如果放到较大的空间之内就会迎刃而解。

（二）最大限度地收集各种资料

考古发掘中各种标本的采集，无论是种类还是数量都有一个不断增多的过程，而且在不同的发掘工地对标本采集的要求并不完全一致，其中既有客观原因，也有主观因素。在中国考古学的早期阶段，标本的采集只限于人工制品。随着考古学研究的不断发展，日益要求考古发掘能够提供越来越多的研究资料。同时，发掘管理工作也逐渐规范化，1984年由中华人民共和国文化部颁布的《田野考古工作规程（试行）》规定，"地层及遗迹单位的遗物应全部采集"，同时要求"注意采集碳-14、热释光、古地磁等年代测定标本，注意采集孢子花粉等反映当时自然环境的标本"。此后，标本的采集工作逐渐走向规范化和科学化的轨道。

自然科学技术水平的日益提高和考古学研究的发展对考古资料的信息量需求不断增大，从而使田野考古作业中采集出土标本的种类和数量不断增多。自然科学史学者直接介入到考古发掘中来，特别是专门从事科技考古的研究机构的建立，使各种自然科学研究所需资料的采集方法也趋于科学化和系统化。

1. 按最小单位采集并存放遗物

按单位分层采集标本是必须严格遵守的一条考古发掘规则。在田野考古发掘过程中，我们总是把每一个探方的文化堆积分解成不同的堆积单位，如文化层、房屋、陶窑、水井、灰坑和墓葬等。文化层又有大层和小层之分，遗迹内部也可以进一步细分，房屋有建筑堆积、修葺堆积、废弃堆积等，房屋的废弃堆积和灰坑内的填土等亦可分层。像文化层中的小层和遗迹中的最小构成部分等就是考古发掘中的最小单位。在考古发掘中采集的遗物必须以最小的堆积单位为存放起点，如H5②、F2垫土③等。

考古发掘中都会遇到这样的情况，在两个文化层的临界处，如果不是剥离出很好的活动面往往对文化层的划分没有十分的把握，这种时候采集标本的存放单位就成为问题。在以往工作中通常的做法是将其归入上层堆积之中[1]，因为按地层学原理是允许晚期堆积中存在早期遗物的，并且这种做

---

[1] 在有关考古地层学的论著中，多主张采用这样的处理方法。参见俞伟超：《关于"考古地层学"问题》，《考古学文化论集（一）》，文物出版社，1987年；严文明：《考古遗址发掘中的地层学研究》，《走向21世纪的考古学》，三秦出版社，1997年。

法也是为了避免把晚期遗物混入早期之内。随着田野考古学的发展，我们认为这一小层的出土物最好给一个临时编号单独存放，留待室整理时进行研究。这是因为，如果放到下层有把晚期遗物混入早期的可能，而放到上层则可能把早期遗物人为地混入晚期。并且从理论上讲，介于两层堆积的之间即下层堆积的层面，也可以看作是一个独立的层位。因为两层堆积只要是确实存在过的，之间必有一个时间上的间隔，如果在这个层面发现有遗物，这些遗物既不属于上层也不属于下层，而是属于一个单独的单位。同时，采集某些曾是人们的活动面上的遗物，对于了解人们的行为会比文化层本身具有更为重要的价值和意义。这个道理就像房内地面上的遗物一样，既不能归入地面以下的堆积，也不能放到地面以上的废弃堆积之中。

2. 采集遗物的内容

田野考古发掘中需要采集的出土物是极为繁杂的，牵涉到方方面面，并且有许多是考古学家本身所不熟悉的。归纳起来主要有以下几个方面。

（1）人工遗物

在田野考古发掘中，凡是人工遗物都要进行采集。由于时代的不同或所从事的生产活动和采取的生活方式的不同，不同时代、不同地区和不同族群的人工遗物是有极大差异的。如石器时代生产工具的主体是石器，而随着铁器的出现石器就在大部分地区退出了生产工具领域，而在个别偏远地区，其一直延续到近代。其他如陶器、铜器、瓷器等莫不如此。从性质上区分人工遗物可以分为两大类，即人工制成品和废料。

制成品包括各种质料的遗物及其损坏后的残片。在旧石器时代的人工制品以石器为主，而新石器时代数量最多的则是陶器和陶片。在发掘现场采集遗物时，一般遗物可以按最小的堆积单位进行采集，完整或者可以复原的遗物和某些重要的遗物（如有刻符或特殊纹样的陶片等）应作为小件来单独采集，并记录其出土坐标（北、东、深）。如果发现某些残片聚集在一个较小的范围之内而属于一个有可能复原的个体，也应该予以单独采集存放，这样会给以后的室内拼对工作提供很大的便利，并且会知道其准确的出土位置。一些起取难度较大的遗物，如漆器、竹木制品、丝纺织品等，则应采取特殊的方法处理，有条件的话可以请有经验的专业技术人员帮助起取，并采用适当措施加以保护[1]。

在制作石器、骨角器、蚌器等器物时，往往会产生一些废料，如崩落的石片、骨角碎块和碎屑等。在早期的发掘工作中，这些遗物大都被作为无用之物而弃之不取。随着考古学研究的深入，这些遗物成为研究人类加工石器、骨角器的方法、复原古代手工业技术程序和人们的生产行为的重要依据。因此，张光直先生把这一类遗存作为田野考古所获得的五种主要材料之一[2]。

（2）人体骨骼标本

在考古发掘中常常可以发现人类的遗体，由于年代的久远，人类遗体的软组织和衣服等不易保存的部分绝大多数都已腐烂，而保存下来的主要是骨骼和牙齿，有的还形成了化石。人体骨骼对于

---

[1] 此类遗物的起取难度较大，其具体操作方法可参见王振江等：《出土物的清理和修复》，《考古工作手册》，文物出版社，1982年。

[2] 张光直：《考古学专题六讲》第三讲，文物出版社，1986年。

研究古代社会的价值和作用是多方面的，如通过墓地的人骨资料来研究古代社会的性质，由性别的鉴定来了解古代居民的社会分工，由骨骼测量数据的比较而研究古代居民的种族类型和体质特征，通过各种人工变形的辨认和男女性别的鉴定而了解某些已经消失了的特殊习俗，以及古病理研究、DNA分析等。因此，重视人体骨骼的采集和保护是田野考古发掘中的一项重要任务。

《田野考古工作规程（试行）》规定："人骨架应做性别、年龄及体质人类学等鉴定。保存较好的人骨架要全部取回。保存较差的，要尽量取回头骨、盆骨、肢骨和牙齿。"人骨标本的鉴定最好在田野考古现场进行。因为骨骼保存情况不一，经过搬动之后不可避免地会受到不同程度的损坏，对于一些特殊的骨骼，如有被击打、刀砍痕迹，或有拔牙和骨骼变形现象，或属于二次葬等特殊葬法的人骨等，现场分析鉴定和搬运回室内再做鉴定得到的信息是有相当差别的。人体骨骼的起取应视其保存状况而采用不同的方法，有的需要进行特殊加固，如一般采用麻纸或锡纸等加固，甚至需要用石膏等加固处理[1]。

（3）动、植物遗存

动、植物遗存是考古学研究的重要内容之一，它在研究和复原人类的生产活动、生活状况和古环境及测定年代等方面有着不可替代的作用，新兴的环境考古学主要是在这一类遗存研究的基础上建立起来的。

在一般情况下，能够保存下来的动物遗存主要是骨骼、牙齿、角、甲壳和鳞等不易腐朽的部分，有的甚至被制成了生产工具、武器、礼仪用具、生活用具和装饰品。考古发掘中多数凭眼睛就可以观察到，有些细小的个体，如一些小兽类、鸟类和小鱼的骨骼等，则需要进行筛选甚至水洗才能够发现。动物骨骼有家畜家禽和野生动物之分，后者的范围更广泛，包括的种类也多。如鱼类、两栖类、爬行类、鸟类、哺乳类及各类软体动物，无所不包。家畜家禽对于了解家畜饲养业的发展，野生动物对于分析渔猎经济在社会经济活动中的地位和作用以及研究古代的生态环境等，均有着重要的价值和意义。

植物遗存主要包括两大方面。一是农业发生以后人工驯化的植物，除了粟、黍、稻、麦、菽等农作物之外，还有蔬菜的种籽、果品的核等。二是野生的植物，如植物的种籽、果核、炭化的植物标本以及孢子花粉、植物硅酸体等。在考古发掘中，除了少量保存较好的较大个体可以凭肉眼观察采集外，多数需要做特殊的处理方可获取。如水洗、浮选和在实验室进行观察分析等，对此有专门介绍[2]。这些资料所蕴含的信息是无比丰富的，大部分需要通晓考古学的植物学专家的介入才能予以充分的发掘和揭示，测试年代的标本则需要送交相关实验室分析处理。它们的作用和价值与动物遗存同等重要。

（4）其他遗物

除了以上所述部分之外，剩下来就是土壤和石块了，它们也有进行研究的价值。对遗址土壤类型、土壤成分和土壤微形态结构的分析，就是要通过遗址土壤的采样然后在实验室内加以检测和分析。其他的土壤标本，如红烧土块等也需要做适量的采集，以供室内分析和研究，如有些植物的壳

[1] 韩康信、潘其风：《人骨鉴定》，《考古工作手册》，文物出版社，1982年。

[2] 栾丰实、方辉、靳桂云：《考古学理论·方法·技术》第七章，文物出版社，2002年。

和茎杆就是从红烧土中发现的。再如工具痕迹，是分析研究工具的用途和使用方法及人类生产活动内容的重要途径之一。

按新的要求，文化层和遗迹之内的自然石块也要全部采集，以便在实验室内进行仔细地观察、鉴定和称量，做出统计和分析。

（三）做好资料的记录工作

资料的记录是考古发掘工作十分重要的环节，其意义正如英国著名考古学家F. 皮特里所说："经过发掘之后，被发现的遗存只存在于纸上，一个考古学者的义务，就是记录考古发掘中所见的一切东西，因为以后只能依靠记录，才能凭想象去重建那些遗存和使过去的生活具体化。"[1]因此，发掘水平的高低、质量的优劣最终是要通过各种记录来具体体现的。田野考古发掘记录的最高要求是，人们根据各种发掘记录就能够重建遗址的原貌，复原发掘前的堆积情况。

资料的记录主要有文字记录、影像记录和测量绘图记录三大类。又分为遗物记录和文化层、遗迹记录等两个门类。

1. 遗物的记录

普通遗物和采集的分析标本应记录其出土单位及层位。所谓普通遗物是指不能够复原的陶片、石块或废料、动植物标本等。因为这一类遗物的数量较多，通常采用特制的布袋、塑料袋等封口保存，最好是将记录的内容写在袋子外表的显眼处，并把记有同样内容的标签置于袋内。为了防止纸质标签遇水或受潮腐烂，应置于密封的小塑料袋内保存。

出自文化层或一般遗迹（如灰坑）内的重要遗物、完整或近似完整或可复原的遗物等，应收为小件遗物单独存放。小件遗物的记录除了需要标明出土单位及层位等要项之外，还应增加准确的出土位置（坐标），一般以探方的西南角为基点，量出纵、横、深三个数据，如果有条件的话，可以使用全站仪统一测绘，保存于电脑之内，以进行各种分析和处理。有的还需要摄像记录。

特殊重要的遗物或遗物群，应把出土遗物连同所在遗迹一起，加以详细的记录，内容包括文字、影像和绘图，旨在表现和反映遗物和遗物、遗物和遗迹的关系。如河北武安磁山遗址发现的若干组石磨盘、石磨棒及其他遗物，它们都出自较小范围的同一平面之上，相互间必有内在联系。类似这种情况的现象就应做以上详细记录。

2. 文化层和遗迹的记录

文化层的记录主要采用绘图和文字描述，反映在四壁上的剖面应有影像记录。绘图资料主要表现文化层堆积的平面分布范围、走向，并用剖面来反映其厚度的情况及变化。文字记录应较详细，包括的内容有：深度，厚度；土质土色，粒度和分选，包含杂质情况；堆积的分布范围；各种出土物的种类和数量；文化层的成因及特点的分析；相对年代和绝对年代的推定；存在问题等。

---

[1] 转引自俞伟超：《关于"考古地层学"问题》，《考古学文化论集（一）》，文物出版社，1987年。

　　因为遗迹的种类繁多，并且同类遗迹在不同的时代所表现的形式也不完全相同，所以，这一类记录应因遗迹而异，各有不同的要求和格式。但都要做文字、绘图和影像三个方面的记录则是一致的，详细情况可参照文化部颁布的《田野考古发掘规程（试行）》。

　　总结几十年来中国田野考古发掘工作的经验并参照国外田野考古发掘记录的成果，最近几年在一些大学的考古发掘工地，开始采用一种表格式的记录形式。即把需要记录的文化层堆积和各种遗迹设计成内容极为详细的不同表格，发掘者在现场就可以随时将表格中的内容予以填写，有些还需要现场观察、比较和分析。如土色，过去都是根据各人的观察而确定，这种记述往往是模糊的，对同一文化层不同的人所定的土色可能是不同的，而现在逐渐在采用色谱进行比对并加以记录，这样确定的土色就比较客观。再如粒度和分选、土质是黏性还是砂性等情况，均需在现场的发掘过程中确定。这样，对田野工作的要求就更加细致和严格，有利于田野考古发掘工作向精细化发展。

　　（原载《考古学理论·方法·技术》，文物出版社，2002年）

考古类型学及其运用

一　考古类型学在中国的运用和发展

中国近代考古学起步于20世纪初叶，类型学方法的使用可以说是与其同步的。

在中国考古学研究中首先使用类型学方法的是安特生。20世纪20年代，安特生在其中国早期考古生涯中，不仅发现和发掘了一批新石器时代和青铜时代的遗址，而且在基本器类的划分和定名、仰韶文化的确立和甘青地区史前文化的分期等方面的研究中，均采用了可以认为是类型学的方法，为类型学方法在中国考古学的运用做出了开创性的贡献[1]。

比较早地系统分析中国新石器时代陶器的学者是从哈佛大学归来的梁思永。他在发表于1930年的《山西西阴村史前遗址的新石器时代的陶器》中，综合分析陶片的质料、颜色、纹饰等，按三层符号五个级别进行了分类。在器物形态的分类上，他把陶片的口沿、器底、柄和把分别给予一定的符号，然后用四层符号来表示它们的区别。例如口缘，第一层是口唇部的角度变化，第二层是内敛还是外敞，第三层是口唇的厚度，第四层是唇部加厚的方向[2]。这种在陶器分析中的细致分类，是我国学者运用类型学的开端，并为后来类型学的形成奠定了基础。

李济在西阴村遗址的陶片分析中，把质地、颜色、纹饰等内容混合起来，分为12小类，并运用类型学原则对西阴村与仰韶村及甘青地区的史前文化进行了比较。在后来进行的殷墟陶器和铜器的分类中，李济结合人类学的方法，在城子崖发掘报告陶器分类的基础上[3]，提出了一套"序数法"的具体的类型学分类方法。他主张按门、目、式、型的次序来对陶器和铜器分类。门是相对于非容器的容器类；目是以器物最下部的形态来划分并给以序数，属第二等级，如圆底目、平底目、圈足目、三足目、四足目等；目下分式，是第三等级，按器物上部形态（口径与器体的比例、器物的深浅、周壁与底部的角度等）确定次序亦给以序数；式内分型，以表示其他形制上的变化，如最大腹径的位置，耳、把、鼻、柄、嘴、流等附着品的有无等，在前面的序数之后加罗马字母，以分辨型别[4]。对这种分类方法的评价，正如俞伟超先生所说，虽然"可以很好地区分器别，但难以记录和表达同一器别内形态差别的复杂和细微之处，从而不便于寻找及表示器物的形态变化过程，更不易于

---

[1]　陈星灿：《中国史前考古学史研究》，生活·读书·新知三联书店，1997年。

[2]　梁思永：《山西西阴村史前遗址的新石器时代的陶器》，《梁思永考古学论文集》，科学出版社，1959年。

[3]　城子崖报告的陶器分类中，采用了门、式、类的划分方法。门分为容器和非容器两门，式以三位数字代表之。在容器门中，第一位数字表示容器或非容器，第二位数字表示口之大小，第三位数字表示足之有无多寡，式之下为类，直接标出器名。城子崖报告的陶器部分据署名系由董作宾和郭宝钧撰写，而其分类意见不知是否为李济先生所提出。下文所述李济在20世纪40年代所作殷墟陶器和铜器分类方法，显然是在城子崖的陶器分类基础上加以调整而形成的。

[4]　李济：《记小屯出土之青铜器》，《中国考古学报（即田野考古报告）》第三册，1948年。

记忆。"[1]对此，李济先生曾说过，"这样分目排列的办法，只具有一个极简单的目的：便于检查。至于由这个排列的秩序是否可以看出形态上的关系出来，却是另外的问题。"[2]因为这种方法把记录器物形态的差别和寻找器物形态的逻辑演化序列完全割裂开来，并且也过于繁琐，所以，20世纪60年代以后在中国考古学界就很少有人再继续使用这种分类方法。

20世纪40年代，国内利用类型学方法进行研究的工作增多，如吴金鼎对云南苍洱史前遗址出土遗物的研究[3]、李济对殷墟出土陶器和铜器的研究、裴文中对陶鬲陶鼎的研究[4]、苏秉琦对瓦鬲的研究等[5]，其中以苏秉琦的贡献和影响最大。苏秉琦在整理宝鸡斗鸡台墓葬及出土遗物的过程中，发现不同形态的陶鬲存在着不同的演化轨道，从而将其区分为不同的类型，在每一类型内探寻其发展演化过程，并按其顺序给予不同的符号。如他根据陶鬲的器形、外表和制法的差别，特别是足部的特征，把斗鸡台出土的40件陶鬲分为袋足类、折足类和矮脚类等三大类，袋足类内又分为锥形脚和铲形脚两小类。然后依据各类鬲在形态、附饰和制作方面的特征，对每一类鬲进行分组，亦即分期。这样，类表示形态演化的轨道，组为早晚关系，实际上就是今天所说的型和式。在此基础上，苏秉琦还把全部墓葬分解为105项、234目，再以墓为单位进行综合分析，最终将整个墓群划分为三大组（瓦鬲墓、屈肢葬墓、洞室墓）十一期。他"根据形制及制法对器物进行类（型）、小类（亚型）、组（式）的划分以及根据这种划分再利用与之共存器物从而对整个墓葬群进行分期的方法揭示了器物之间有规律可循的复杂的演变关系，这种方法及其叙述方式（A.a.b.c; B.a.b.c.）对于后来的类型学研究影响很大，现在我国一般对类型学方法的认识即建立在这种分析的基础上。"[6]

20世纪50年代以后，随着田野考古规模的扩大，大量的考古资料需要通过类型学分析来确定其文化性质和年代。我们看到，多数人仍然走着一条探索的道路。整理资料的方法，"首先是确定各种器物的器别，再比较每一种器别内部存在的形态差别，把形态基本一致的东西定为一个式别（也往往称为型别），个别较特殊的、不宜与其他东西划为一个式别的，订为异式（或异型）。各式别的号码次序，有的是表现一个形态的演化顺序，有的则是任意的。"[7]这种现象一直持续到20世纪80年代初期。此后，国内许多学者依据中国考古学的实践，开始对考古类型学进行系统而深入的探讨和总结，如苏秉琦、俞伟超、严文明、张忠培等的专题论文[8]，这对于推动考古类型学在中国考古学界的普及具有重要意义。

同时，20世纪50年代在洛阳中州路东周墓葬的研究中，苏秉琦把对器物的类型学分析方法扩展到了墓葬等较大的遗迹单位。从而为进一步的文化性质和社会结构、社会面貌分析奠定了基础。这种做法实际上在斗鸡台墓葬的分析中已初见端倪。20世纪70年代，苏秉琦在研究仰韶文化的区域类型的基础上，提出了考古学文化研究中的"区、系、类型"问题，加快了在中国更大的范围内建立新石器和青铜时代文化的时空框架和发展谱系的步伐。

[1]　俞伟超：《关于"考古类型学"的问题》，《考古学是什么——俞伟超考古学理论文选》，中国社会科学出版社，1996年。

[2]　李济：《记小屯出土之青铜器》，《中国考古学报（即田野考古报告）》第三册，1948年。

[3]　吴金鼎等：《云南苍洱境考古报告》，《国立中央博物院专刊乙种之一》，中央博物馆筹备处，1942年。

[4]　裴文中：《中国古代陶鬲及陶鼎之研究》，《裴文中史前考古学论文集》，文物出版社，1987年。

[5]　苏秉琦：《斗鸡台沟东区墓葬》，北平研究院史学研究所，1948年。

[6]　陈星灿：《中国史前考古学史研究》，生活·读书·新知三联书店，1997年，第325、326页。

[7]　俞伟超：《关于"考古类型学"的问题》，《考古学是什么——俞伟超考古学理论文选》，中国社会科学出版社，1996年。

[8]　苏秉琦、殷玮璋：《地层学和器物形态学》，《文物》1982年第4期；张忠培：《地层学与类型学的若干问题》，《文物》1983年第5期；严文明：《考古资料整理中的标型学研究》，《考古与文物》1985年第4期；俞伟超：《关于"考古类型学"的问题》，《考古学是什么——俞伟超考古学理论文选》，中国社会科学出版社，1996年。

二 类型学的基本原理

类型学或称为标型学、器物形态学，它是通过对考古遗存的形态排比，以探求其变化规律、逻辑发展序列和相互关系，是考古学的基本方法之一。世界上的一切事物总是在不断发展和变化的，作为考古遗存的形态也在不断发展和变化，并且这种变化是有规律可循的。在考古学的资料整理和基础研究中，一般采用类型学的方法将这一发展变化的过程和规律予以揭示。

作为历史学组成部分的考古学，首先要解决的问题就是考古遗存的年代关系，如果研究对象的年代关系不清楚，其他一切问题都无从谈起。大家知道，运用地层学的方法可以断定文化层、遗迹及存在于其中的遗物的相对年代关系。但这种方法无法使我们确切地获知这些文化层、遗迹及遗物相互之间在年代上间隔的距离，更不用说那些相互之间没有发生联系进而无法确定相对年代关系的遗存。因此，要解决考古遗存的具体年代学问题及其发展变化的规律等，必须运用类型学的方法。因为类型学是对考古遗存的形态进行分析比较，所以，凡是具有一定形态并且又延续了一定时间的考古遗存，都可以采用类型学方法进行分析和研究。反之，如果没有形态的遗存则无法进行类型学研究。

（一）类型学所研究的遗存，必须属于同一类别

一般说来，只有同一类的遗存才有规律可循，进而可以进行形态的比较。这里所说的"同一类"遗存，是指质地、用途和外在形态相同或相似，相互之间可以进行比较的。例如，同类的房屋建筑，同类的墓葬，同类生产工具，同类生活器皿等，但是不能把房屋和陶窑、石斧和石镞、陶鼎和陶杯等放在一起进行比较，因为它们不是同一类遗存。但是在有的情况下，一些质地不同但用途一致并且形态相近的遗存，可以放在一起进行分析排比。如陶罍和铜罍，陶鼎和铜鼎，石镞和骨镞，等等。此外，某类遗存的某些部分的形态、因素也有规律可循，可以进行分析比较。如龙山文化器物的把手、不同器形的袋足和许多考古学文化中绘于不同器形上的彩色图案等。

当然，这里所说的同类遗存可以进行类型学分析，并不是不受限制的，它还要受时间的间隔和空间的分布方面的制约。时间和空间中任一个方面超过了一定的限度，在进行类型学分析时就要慎重，甚至无法运用这一方法。

总之，对于同一类遗存是否可以进行比较，要通过具体分析方能确定。

（二）考古遗存的类型学研究应从层位关系入手，最终要经过层位关系的检验

考古发掘中所发现的遗存绝大多数都存在于一定的层位关系之中，这种层位关系无非是先前说过的两种情况，即先后关系和共时关系。在一般情况下，出在具有先后关系的单位中的遗存，其年代可能有早有晚；而出在属于共时关系的单位中的遗存，其年代可能是同时的。但是，由于人类活动的复杂性决定了上述结论也不尽然，这就要求我们在进行类型学分析时加以特别注意。那么，在依据层位关系进行类型学研究时，以下几个方面的问题是需要加以考虑的。

1. 确定遗物的年代关系需要有多处层位关系的验证

考古学研究中确定遗物的相对年代，多要依托该遗物所在的地层单位来进行，而某一遗物出现于某一地层单位之中又有一定的或然性，特别是那些人们无意置弃于地层单位中的遗物。例如，一个文化层的堆积来源是很复杂的，既可能是当时形成的堆积，也可能是破坏了旧有的文化层所形成的堆积，遗迹也是如此。这种现象在考古发掘实践中屡见不鲜，如在邹平丁公遗址，商代遗迹中出土的遗物有时会以属于龙山文化者居多。另外，遗物的形态是由制作时决定的，而我们所看到的某件遗物出在某一地层单位，往往是该遗物损坏之后才加以埋藏的。这样，同时生产的物品，因为使用的时间有长有短，其所埋藏的地层单位可能就有先后之别，甚至出现相反的现象。如1970年制作的一件器物，使用30年损坏，它会被埋藏在2000年形成的地层单位中，而1985年制作的另一件器物，只使用了10年就予以废弃，它应该出现在1995年的地层单位之中。于是，就产生了形态较早的遗物反而出现在较晚的地层单位中的情况，并且这种现象是合理的，也很容易理解。如果仅有一组层位关系，这种或然性的可能就比较大，如果有多组层位关系加以证明，这种或然率就会大大降低，以至于消失。

不仅遗物的先后关系，其共时关系也是如此。确定各种遗物的共时关系，同样不能靠一组层位关系就匆忙加以确定，要排除其或然性也需要它们在不同的地层单位甚至不同的遗址多次重复出现。蒙特柳斯当年曾提出，不同物品的共存关系要重复出现30次以上，才能由可能性转变为现实。虽然在今天的考古学研究中一般不再需要重复这样多的次数，但由此足以看出在不同的地层单位和不同的遗址多次重复出现对于判定遗物共时关系的重要意义。同时，器物群的数量对于确定共时关系也有重要作用。如果只有一两种器物，要求重复的次数自然要多，而器物群的数量越多，其可靠性就越高，对重复出现次数的要求自然就可以少一些。

2. 每件遗物都有制作、使用和废弃三个时段

与遗迹有建造、使用和废弃三个年代一样，每件遗物也有制作、使用和废弃三个时间段。众所周知，一件物品的形态是在其制作时确定的，其使用时间越短，在类型学研究中的可靠性就越高。这是因为我们在考古发掘中所获得的遗物，其埋藏时间大部分是在它们废弃之际（少数是在其使用期间或刚制作出来时，如墓葬的随葬品等），在实际研究中，对从制作到废弃这段时间通常忽略不计。这样，在分析不同质料、不同类别、不同性质的遗物时就应有所区别。例如：

玉器、铜器等耐用品使用的时间可能较长，其在时间上的伸缩性就会较大，仅仅据层位关系来确定其制作年代，误差就要大一些；而陶、瓷器等易损物品的使用时间相对较短，据层位关系来求证其制作年代，误差显然比前者要小得多。

贵重品（如礼乐品等）和普通品（日用生活器皿等）、实用器和明器，相互之间都存在着类似于上述的那种关系。使用这些材料时，需要将这种在时间上可能发生颠倒的可能性考虑进去，以免产生错误或不确切的结论。

3. 不同类别的地层单位在类型学分析中是有差别的

对于出自某一地层单位的遗物的共时性，不同类别的地层单位的可靠性程度有所不同，有的差

别甚至相当大。根据田野考古工作的经验，一般可以把地层单位划分为以下四个等级。

A．突然废弃的作坊遗址

如前所述，器物的形态是在其制作时确定的，如果在考古发掘中发现突然废弃的作坊遗址，这里存在的各种遗物的共时性最强。作坊遗址除了因突发原因而保留下来的成品遗物之外，由于经年生产，还会有大量的残次废品丢弃在作坊附近。据现代制陶作坊的调查，陶器烧制过程中的残次品率是5%左右。因此，废弃堆积中同一层次的遗物的共时性也是很强的。

B．废弃的房屋和墓葬

房屋是人们居住的场所，正常情况下房屋的拆毁和翻新，屋内不会有还可使用的生活用品。但在特殊情况下（如火灾、战争等）突然废弃的房屋，屋内往往还存在数量不一的日用生活器皿，这些器具生产的时间虽然不一定是同时的，但因为它们曾被同时使用，其共时性是显而易见的。墓葬随葬品的情况与房屋相仿而略为复杂，多数情况是使用新制作的器物与日常用品，其共时性是较强的。但也有使用不同时代或时间跨度较大的器物随葬的现象，或属于二次葬、多次葬人的墓葬，每次埋葬之间有一定的时间间隔，故其随葬品也就有了差别，这样的墓葬如果作为一个地层单位来认识，其共时性显然要大打折扣，这是需要加以注意的。

C．灰坑和水井等

灰坑是一般考古发掘中发现数量最多的遗迹，它不仅在形制上有很多种类，用途和性质也相差很大，如窖穴、祭祀坑、垃圾坑和取土坑等。因此，灰坑内共存物品的性质也很不相同。如窖藏，其所埋藏的物品既可能是同时的，也可能属于不同时代，像广汉三星堆、扶风庄白村的铜器窖藏和许多宋代钱币窖藏就属于后者；实际中大量存在的还是普通的灰坑，灰坑中遗物的来源是复杂的，因填土的性质不同而有所区别，一般说来其时间跨度不大，可以认为是大体同时的，但也确实有一些灰坑内包含物的时间跨度较大，属于不同的文化期甚至是不同的考古学文化。水井一般不宜作为一个地层单位看待，至少应该把水井使用时期的堆积和废弃后的堆积区分开来，作为不同的地层单位加以分析处理。

D．文化层堆积

文化层的情况更复杂一些。首先，如果文化层是逐渐堆积起来的，其延续的时间势必较长，层内包含物的时代也自然较长；如果文化层是在较短时间内大规模动土活动而形成的，因其破坏了不同时期的堆积，之中必然包含不同时期的文化遗物。因此，文化层堆积内出土遗物的共时性相对较差一些。当然还有以下将述及的另外原因。

以上是从遗迹本身的特点将其划分为共时性有所差异的几类。在实际工作中，第一类一般不易发现，故其在考古学研究中的意义不大。后三类较为常见，数量也较多，因为文化层堆积包含物的时间差可能较大，故在类型学研究使用时应予以注意，并尽量使用墓葬、房屋、灰坑等共时性较强的资料。以上讲的是客观因素，另外还有主观方面的因素，即墓葬、房屋、灰坑、水井等遗迹都有比较明确的范围，形状也比较规则，内外土色往往差别较大，其边界相对比较容易区分，在实际发掘操作过程中一般不易出错；而文化层则有所不同，由于其堆积本身的复杂性，发掘中把握起来难度较大，不仅是初学者，即使是有经验的发掘者也很难保证不出错误。

（三）遗存形态的发展具有一定的逻辑序列

如果看一下我们今天使用的日用生活器皿、穿着衣服、各种装饰，甚至居住的房屋，都在发生着快慢不一和程度不同的变化。这种变化看似没有一定规律，其实则不然，它们都是在遵循着一定的方向发生变化。人类历史上生产过的所有物品，都是社会因素（如历史文化传统、社会意识、人文环境、技术水平、审美观念等）和自然因素（如资源、生态、气候、地理环境等）的双重制约和影响下的产物，而上述因素的变化，又会导致遗存形态或多或少地产生相应变化。而新遗存的产生和旧遗存的消失大约也都是如此。

某类遗存的形态由一种形制转变为另一种形制，当中既有突变也有渐变，据观察，这种转变多数情况下表现为渐变。其渐变的过程可以描述为一系列的中间环节，这些中间环节就是类型学中划分的式别，渐变过程本身表现为一种内在的逻辑发展序列。同时，不同的遗存或同一类遗存的不同形态，还存在着不同的发展轨道，这些不同的发展轨道，就是类型学研究中所划分的型。

当然，考古遗存形态的发展变化序列与生物学上的进化是不同的。生物的进化受自然条件的制约，并且主要受自然规律的支配（自然选择和适者生存），而考古遗存形态发展的逻辑序列虽然也受自然环境因素的影响，但主要还是受社会因素的制约，其本身不可能不受约束地自由发展。用类型学方法所揭示的形态发展的逻辑序列，只是描述了其已经存在的演化过程，这当中并不存在演化的必然性和由量变到质变的规律。虽然我们有时也使用"规律"一词来表示遗存形态变化的逻辑序列，但与事物发展规律意义上的"规律"不同，这一点应该加以注意。

既然遗存形态之间客观存在着一定的逻辑发展序列，那么，类型学本身就应该具有相对的独立性。在某些时候和情况下，即使是没有层位关系，也仍可以采用这种方法进行分析和研究。这里要提到的是桥联法和横联法。

桥联法　如果根据层位关系确定了某类遗存发展序列中的两个点（或者是更多的点），那么，可以将一些过渡环节排列在这两点之间或之前、之后。例如，我们根据层位关系确定了矮颈背壶较早，高颈背壶较晚，那么即使是没有层位关系也可以依逻辑发展关系把中等程度颈的背壶排列在两者之间。

横联法　对发现于同一遗址不同位置或不同遗址的遗存，可以进行横联排比，以确定它们的共时关系。例如，H1出有2式鬶、3式罐、2式杯、1式盒、2式盆、2式瓮，H2出有2式鬶、1式盒、1式盆、3式瓿、2式盘、2式豆、B型器盖。这样，由于两者都出土了2式鬶、1式盒、1式盆，那么可以认为两者是基本同时的，从而两个单位中的另外器形（3式罐、2式杯、2式瓮和3式瓿、2式盘、2式豆、B型器盖）也具有了同时并存的关系。采用这种方法就可以把同一时期的器物群建构和完善起来，形成一个完整的器物群。这种横向串联的方法，在类型学研究中运用得十分广泛。

（四）祖型和遗型

所谓祖型，是指遗存产生时的最初形态。蒙特柳斯最先提出这一概念，他称为原型（prototype），指的是具有原始性或单纯而自然的形式者。因为是遗存的最初形态，故也有人称之为母型。

任何一类遗存都有产生、发展和消亡或转化为别类遗存的过程，换言之，任何遗存的存在都有一定的时间性。按一般规律，祖型是最先产生的形态，应该是比较原始和简单的形式，这应该没有疑问。但是，事物的发展又是不平衡的，在高级复杂的物品产生之后，许多低级原始的物品仍然存在着，这种情况比比皆是。例如，哺乳动物是最进步的高级脊椎动物，而鱼类是最原始的低级脊椎动物，前者是由后者进化来的，从这一点上讲，无疑鱼类是祖型。但在哺乳动物占据统治地位之后，鱼类仍然与其同时大量存在。

物品也是如此，就制陶技术而言，轮制法是进步的，而手制法较为原始，轮制法的产生是手制法逐渐发展的结果。但是，在轮制技术普遍流行之时，仍然有手制陶器的存在。而且，在轮制技术相当发达之后，在某个时期，手制方法又可以成为制陶技术的主流，这种情况在从龙山文化向夏代过渡期及其以后，曾经在比较广泛的范围内出现过。当然，这种现象就不能解释为祖型，并且也不能认为它的年代比轮制技术早。

提出祖型的概念，可以帮助我们了解文化的传播关系。就考古学上观察到的情况而言，可传播的内容是多方面的，从社会习俗（如拔牙、埋葬方式等）、建筑遗存到器物及其花纹，几乎无所不包。比较容易观察的还是器物及花纹，一般说来，某些比较复杂的器物往往是先在一个地区产生出来，然后随着文化交流传播到其他地区。这里所谓的其他地区，既可以是同一文化、类型的分布区之内，也可以是别的考古学文化，甚至是另外的文化区域。在同一文化区域内，这种传播的速度是很快的，往往从类型学的分期研究上不易观察出来，而在不同的考古学文化和文化大区之间，原生地和传播区就区分得比较清楚，传播路线也是可以探明的。例如海岱地区史前文化中的陶鬶，就是阐述上述传播关系的绝好说明。

文化传播问题是极为复杂的，既可以是原物的照搬，甚至是原件交流，也可以是对原物加以消化改造，而加以改造的情况是普遍现象。某种器物从甲地传播到乙地，由于适应了乙地的环境、技术等原因，形态与甲地时相比多有一定程度的变化，其变化的方向甚至可以与原产地有所不同，如长江流域的陶鬶就是这样。在有些时候，由于受外来器形的影响和启发，会创造出来一种新的器类，如中原地区龙山时代的陶斝，就是在东方地区陶鬶的影响和启发之下产生出来的一种具有地方特色的新器类，并且作为自身文化特征而长期保留了下来，对夏商周文化有着重要影响。

至于遗型，一般认为是一种退化体或失效体，其本意是指器物的某些部位，如把手、钮、流、足及附加装饰等部件，因用途转变或技术等原因，渐渐地退化为附属品，失去了原有的效用，而只是象征性地保留原来的形状。因此，凡是保留遗型的器形，其年代一般应比保留有效用部件的器形为晚。当然，这种情况还应做具体的分析，不能一概而论。

与此相关的是，某些器物部件的构造和花纹也有一个简化的过程，这种简化了的部件和花纹也可以认为比原型晚，如龙山文化陶鬶的把手，最初是绞丝状，后来简化为象征性的绞丝状，那么后者就应该比前者晚。再如仰韶文化半坡类型的鱼纹、庙底沟类型的植物花叶纹等，都存在相类似的问题。当然，某种部件、花纹是简化形态还是原始形态，是要进行周密分析，并需要层位关系方面的证据加以支持。如大汶口文化早期的觚形杯，底部外缘有三个小泥突，如果仅仅根据形态，有可能认为是某种部件的退化体，但其实际上是后来三足觚形杯足的滥觞，恰恰是最初的祖型；再如甘青地区齐家文化的彩陶，当年安特生曾据其式样、技法之简单，认为是甘青史前文化彩陶的初始形态，而将有着绚丽多彩的发达彩陶的马家窑文化排在齐家文化之后，后来证明这一结论是错误的。

不仅是器物的部件和花纹，器形本身也有退化的现象。器形的退化多表现为实用器向明器的变化，就是某种器物已经不再作为实用器来使用，而只是在某些特定场合（如随葬、祭祀等）出现。如大汶口文化晚期阶段末期的背壶、陶瓶、高足杯等，殷墟晚期墓葬中随葬的陶觚、陶爵等，都是器形退化的实例。

三　类型学的作用

明确了类型学的基本原理和原则之后就会知道，类型学的方法对于考古学的基础研究具有十分重要的意义，其作用主要表现在以下几个方面。

（一）确定考古遗存的相对年代并进行遗址和文化的分期

通过类型学的分析和研究，可以把考古遗存形态发展变化的逻辑序列揭示出来。如果考古遗存的形态发展变化序列搞清楚了，那么，某些特定的遗存在这一序列中的位置也就明确了，从而其相对年代自然得以确定。

在考古学研究中，可以运用类型学方法对某些典型遗存进行分析，总结它们的变化规律，找出其变化的逻辑序列，再延伸到器物组合和器物群的整体，从中发现阶段性的变化，根据这些阶段性变化的速率和等级，就可以进行遗址和文化的分期工作。当然，所划分的阶段是期、段，还是表示更大的时间跨度（如大期、发展阶段等），就需要视其变化的大小和研究目的的要求而定。

应该予以注意的是，在运用类型学的方法进行相对年代的断定时，即使是总结出了某类遗物的逻辑序列，而要确定某一件具体遗物的年代时，也还是要采取慎重的态度。因为，物品的新旧形态的交替有一个过程，并且两种式样的替代不是可以用刀切直的，总是呈现一种交错的形态。即在旧的型式仍然占据主导地位时，新的型式可能已经萌芽；当新的型式已经上升为主流时，旧的型式还在相当范围内被使用着，并且具有一定数量，它甚至会延续很长一段时间。这种实例不胜枚举。在研究某一批材料时，其往往只是发展过程中的一个片断，上述现象就会突出地显示出来。但只要我们把握住类型学的要旨，在做出判断时注重器物组合和器物群的共存关系，就会得出正确的认识。

（二）探讨同一谱系考古学文化产生、发展、消亡的过程及其规律

揭示同一谱系诸考古学文化的产生、发展和消亡的过程并探索其演化规律，是考古学研究的重要任务之一。在这一研究过程中，首先要探明每一考古学文化的基本内涵和文化特征。考古学文化是考古学研究的基本内容，它是代表同一时代的、集中于一定地域之内的、有一定地方性特征的遗迹和遗物的共同体。要确定一类考古遗存是否属于同一支考古学文化，就是要通过分析它们的基本文化内涵和文化特征的共性和个性的途径来实现。在分析的内容上，除了进行社会经济、社会习俗

等方面的考察，最主要的还是要分析人们制造和使用的各种物品及其形态，而要把握这些物品的形态特征，必须依靠类型学的方法。

其次，可以探讨同一考古学文化或同一谱系考古学文化遗存的发展变化规律。每一支考古学文化或同一谱系的考古学文化，都有一个产生、发展、鼎盛并逐渐衰亡的过程，这是由事物发展的客观规律决定的。那么，在了解某一考古学文化或某一谱系考古学文化的产生直到消亡的过程时，必须从"文化"的各个方面入手进行分析，而每一类考古遗存的分析，都离不开类型学的方法。

考古遗存在自身的发展过程中，既有渐变也有突变，一般情况下是以渐变最为常见。渐变表现了遗存的平稳发展过程，突变则显现遗存发展的阶段性。同样，各种文化因素组合到一起，便使我们看到文化整体的渐变与突变，只不过这种渐变表现得更为丰富，划分突变的线条比个别遗迹和遗物更粗和更为笼统一些。于是，由各种文化因素体现的这种文化上的突变，可能就表示了考古学文化的变更。在这种意义上，文化的突变也可以理解为质的变化。

（三）研究不同谱系考古学诸文化之间的异同及其相互关系

作为考古学研究，既要把握一支考古学文化和同一谱系诸考古学文化的文化内涵和文化特征，从而搞清楚一支考古学文化和同一谱系诸考古学文化的产生、发展和消亡的历史进程。也要研究不同谱系的考古学文化之间的各种性质的文化联系。在没有文字记载的史前时期，这种文化间的相互关系主要保存在考古遗存之中。因此，要揭示清楚各文化之间的联系，必须运用类型学的方法。

例如，在大汶口文化早期阶段的彩陶中，由圆点、弧边三角和其他图形组合成的几种图案较为常见。这种图案在本谱系文化中找不到更早的来源，而相邻的中原地区时代相若的仰韶文化庙底沟类型中十分流行这种纹样，并且其产生、发展的脉络也很清晰。因此可以认为，大汶口文化的这种彩陶纹样与庙底沟类型的同类彩陶纹样有着内在的渊源关系。

再如，在长江下游地区以外的南起广东，北到山西和山东等广大区域之内，都发现有为数不多的重要玉器——琮，其式样虽有变化，但基本形制相同，并且在当地都找不到来源。人们发现，在环太湖地区的良渚文化之中，不仅玉琮的数量多、式样复杂，而且出现也早、源流关系十分清楚。因此，我们有理由相信，各地发现的玉琮都与环太湖地区的良渚文化有着密切关系。

又如，中原地区仰韶文化晚期到庙底沟二期文化时期的遗址中，除了经常发现背壶、高足杯等典型的大汶口文化遗物之外，还在不少地点发现一些埋葬习俗、随葬品组合及其形态与大汶口文化完全相同或基本相同的墓葬，这些墓葬的分布已深入到中原地区的腹地。据此可以认为，大汶口文化与中原地区同期文化间的联系，已不仅仅限于人工制品的交流，而是发展到了人员的迁徙和往来等更高的层面。

上述这些现象，不仅告诉不同谱系考古学文化之间的年代对应关系，更为重要的是，它们表明不同谱系考古学文化之间早就存在着各种性质不同的文化联系。

（四）研究生产技术、生产工艺的发展过程，从而了解社会生产状况和社会关系

类型学的功能就其基本点而言，是研究考古遗存的形态变化，而形态变化的背后往往隐含着生

产技术、生产工艺的发展和变化，进而反映了生产力水平的发展。因此，要研究古代生产技术、生产工艺的发展变化情况，类型学能够提供切实而有效的帮助。

例如，我国黄河中下游地区新石器时代的房屋建筑结构，大体上经历了深穴半地下式、浅穴半地下式、平地起建式（或称地面式）和筑台建筑式（或称台基式）等几个阶段，这一变化过程是这一地区房屋建筑发展的主脉。如果再把地面、墙壁、门道、柱洞、灶坑、开间等内容考虑进去，就会使房屋建筑的发展进程变得更加丰富多彩。这一变化过程，至少反映了建筑技术和工艺的不断进步；人们居住条件的不断改善；生产力水平的不断提高。

再如，陶窑的变化就是与陶器烧制技术、工艺水平的发展和提高紧密相关。从平地堆烧、横穴窑到竖穴窑的发展，就是围绕着对陶器火候要求的不断提高、充分利用热能并节省燃料等展开的。

又如，各类遗物的生产技术、生产工艺也可以用类型学的方法进行揭示。如陶器，从制作技术和工艺上讲，经历了泥片贴塑、泥条盘筑、慢轮修整到快轮拉坯成型等几个阶段；从烧制技术和工艺上讲，经历了褐色陶、红陶、灰陶、黑陶等阶段。这些都是可以观察到的，反映了生产技术和生产工艺不断进步的过程。其他种类的物品，如铜器、铁器、石器、玉器、骨器、蚌器、漆器、瓷器等，无不如此。

（五）为古代社会研究奠定基础

类型学的研究可以为深入、全面研究古代社会问题准备好基础性材料，奠定坚实的基础。如果没有这些基础性的工作，要研究和复原已经消失了的古代社会特别是没有文字记载的史前时期，则无从谈起。一个丰满的古代社会包括的内容很多，择其要者如：社会组织结构、社会性质、社会生产、生活方式、社会信仰和习俗、文化传统、自然地理环境，等等。

例如，通过聚落形态、墓地墓葬关系的分析研究，可以探索当时社会的组织结构、所有制形式、婚姻家庭关系的发展变化等。新石器时代的聚落形态由平等的聚落、出现社会分层的中心聚落到社会分化为阶级和出现国家的早期城市，就是通过聚落形态演变来研究古代社会。埋葬制度也是一样。

不过，就其本身的功能而言，类型学只能对聚落和墓地的布局形态等进行比较，寻找它们之间的异同和演化规律，为进一步的研究提供基础资料和创造条件。类型学本身并不能直接追寻上述现象与演化规律的内在原因及其他方面的社会问题，而这些研究应该结合历史学等相关学科来进行，这是应该予以说明的。

四 类型学的运用

类型学的运用领域十分广泛，可以说凡是有形态的遗存都可以作为类型学研究的对象，所以它所研究的内容也无所不包。在以往的研究中多是以遗址或考古学文化的分期研究最为常见。以下将从类型学研究的一般步骤、居址和墓葬的分期和一种典型器物的谱系研究等三个方面予以论述。

（一）类型学研究的一般步骤

对考古遗存进行类型学分析，有着大体一致的程序。这里以对出土遗物的分析为例来予以说明。

1. 确定出土遗物的共存关系

共存关系对于类型学研究的意义重大。如前所述，对于单个出土的物品，要断定其年代，因为得不到和其他物品具有共存关系的证明，得到的结论往往是不严密的，或者说其可信度相对较低。如果是一群物品，可以从确定的多条发展序列中相互印证，其可靠程度就大大提高了。因此，搞清楚出土遗物的共存关系，是关系到所得出的结论的正确程度的基础。这就是我们为什么在进行类型学研究中不仅仅是关心某一种器物，而是特别强调成组物品（器物组合）并注重它们的共存关系的原因所在。

类型学的集大成者蒙特柳斯在进行类型学研究时，曾特别重视共存关系，并且认为各种物品的共存次数应该重复出现30次以上，只有在这种情况下，共存关系才由可能性转变为必然性。俞伟超结合中国考古学研究的实践经验，提出"真正共存和偶然出在一起的比例，大致不会超过10∶1。所以如果没有见到相反的例子，重复出现四五次以上，其共存关系的确定性已经是相当大的了。"[1]而现在不少从事类型学研究的学者，不太注意共存关系出现的次数问题，这不能不说是类型学研究中的一个问题。

强调共存关系出现的次数问题，是因为任何物品都有制作、使用和废弃三个时间段，而其形态是在制作时就确定了的，而我们得到的发掘品的情况比较复杂，既有制作好就埋入地下的情况，也有经过一段时间的使用或废弃后才埋入地下的，使用的时间长短不一，有的甚至会是前代的古董。因此，共存并不等于同时。如在华县的汉墓中曾发现仰韶文化的石斧，衡阳的汉墓中曾出有商周铜瓿，洛阳的晋墓中曾出土战国的鼎、豆、壶，等等。尽管这些例子有些极端，但它表明在一些具有共存关系的单位中，出土遗物的时代并不完全同时，晚期遗存中往往会有早期的遗物。当然，产生这种情况的原因是多方面的，但这些现象一般不会多次重复出现。因此，只有在不同地点多次重复出现的共存关系，才可视为是同时的。这就是为什么在确定共存关系时要强调重复出现次数的原因。

上述例证是人们的有意行为造成了非共时的共存关系，此外，还有人们无意识造成非共时的共存关系的情况。主要有：

A．在具有多个文化层堆积的遗址中，晚期的人们往往有意或无意破坏了早期堆积，从而使早期遗物混入晚期单位之中。

B．由于受发掘者水平的限制，有时会把地层关系搞错，如地层划分不当，或把具有打破关系的两个遗迹做成了一个，等等。

此外，不同的地层单位，其共存关系同时性的程度是有差别的。在类型学研究的实践中，我们把墓葬和房屋列为共时性较强的地层单位，把文化层堆积列为共时性较差的地层单位，把灰坑和水井等放在两者之间。对此，在前一部分中曾专门予以论述过，此不赘述。

---

[1] 俞伟超：《关于"考古类型学"的问题》，《考古学是什么——俞伟超考古学理论文选》，中国社会科学出版社，1996年。

2. 把地层单位分组并排序

如果一个遗址经过一定面积的发掘工作，势必会有数量较多的地层单位。这样，就可以在确定器物组合的共存关系的基础上，把可供比较的地层单位，按组合关系的异同程度划分为若干组。所谓组合关系，就是指在一个遗址（或更大的范围内）的某一时期内，某些器物经常配套共存出现，相互间形成较为稳定的关系。这样，就可以把较多的地层单位归结为简单明了的若干组，每组之间既有差别，也会有一定的联系。需要注意的是，分组时应从大处着眼，就基本要素展开分析比较。

在分组的基础上，再依据层位关系，将所划分的组别按时代早晚进行排序。如果一个遗址延续了较长的时间，必然会有一定数量的叠压、打破关系。在对地层单位进行早晚顺序的排列过程中，可以按先后关系把这些单位一组一组予以排列，如果有矛盾的现象，就需要对层位关系做认真的校核和仔细的分析，找出产生矛盾的原因并予以修正。最后，再把没有直接的叠压、打破关系的地层单位组，按逻辑发展序列适当地插入其中，安排到各自相应的位置。这样，就可以把在一个遗址的发掘中所获得的庞大的地层单位群，按组别排列成一个系列。对于那些出土物极少或者根本就没有出土遗物的地层单位，需要做具体分析。有的可以依据层位关系将其归并到一些相应的组别之中，如H2，它打破H3又被H1打破，而H1和H3又同属于一组，这样，虽然H2没有任何出土遗物可供分析比较，完全可以将其划分到H3、H1组中去；而在另外一些情况下，如房屋和墓葬，根据布局和排列特点有时候也可以划分到相应的组别之中；当然，有的地层单位是无法归并的，这时，可以将它们暂时搁置起来，不必强作安排，这也是符合类型学原则的。

3. 选择典型器物

在一个遗址或墓地中，一定会出土很多种类的器物或其残片，这些器类都是当时人们日常生产、生活所使用的器具。在这数量众多的器物类别中，各类器物之间在存有数量和它们的作用、地位等方面都存在着一定差别。因此，我们应该首先选择那些典型的、重要的器类进行分析排比。那么，哪些器类是典型器物呢？一般认为在挑选典型器物时应从以下几个方面进行考虑。

A. 出土数量多

在选择典型器物时应首先考虑那些出土数量多、出现频率高的器类。这是因为，按一般概率，出土数量多的器类势必也是当时使用频率高的器物，其自然应具有代表性；而且在一个地点的发掘面积总是有限的，数量少和偶尔出现的器类无法做系统的分析排比，故不应将其作为分期研究的典型器类。

B. 易损器类

易损器类的存在时间一般较短，这样的器物使用时间不长，从制作到废弃之间所历时间较短，在共存关系中同时性的可靠程度自然就高。以此标准衡量，类型学分析的最佳对象是陶器，其使用期一般较短，其次是瓷器，铜器和其他类别也可入选，但由于使用期较长，分析时应该慎重，并且最好能参照陶器的研究成果。

C. 变化速率快

在一个遗址或一个考古学文化的器物群（指同一时期各种器物的总和）的发展变化过程中，各种器形的发展变化速度并不一致，有的快些，有的则慢些。同时，每一类器物在不同时期的变化速度也并不一致。于是，在类型学研究中应尽量挑选那些比较敏感、变化速度较快的器类，从而有利于掌握其变化节拍和形态特征。

D．变化幅度大

在器物的发展变化过程中，器物各个部位的变化也不相同，特别是那些形态构造比较复杂的器物，有的部位变化非常敏感，而另外一些部位则可能变化得较为缓慢。因此，应当选择那些变化部位多变化幅度大的器类作为典型器物。一般说来，形态结构比较复杂的器物易于满足这一条件，如陶器中鼎、甗、鬶、鬲、斝、豆等，铜器中的鼎、簋、爵等。

典型器物的数量应视具体情况而定，不同的时代和不同的文化其数量有所差别。一般说来，应由器物组合和器物群的数量来决定。新石器时代早中期，器物种类还相对较少，可以少选几种，新石器时代晚期及其以后，器物种类明显增多，所选的数量就可以相对多一些。同时，还要考虑所研究对象的实际情况。

4．对选定的典型器物分型定式

选好典型器物之后，就可以开展排比工作。首先，应该从一种器物的分析入手，经过认真仔细的观察，找出其变化的逻辑序列。对于同一类器物，要注意观察它是具有继承发展的先后关系，抑或是平行发展的并列关系。如果是并列发展的，就可以确定为不同的发展轨道，将其划分为不同的型。在中国目前的考古学研究中，一般用型来表示某一种器物之内的小类，小类和小类之间是具有并列发展关系的不同演化轨道，多用A、B、C、D等大写字母表示。在有些情况下，小类之内还可以划分为不同的小型，一般将其称为亚型，多采用a、b、c、d等小写字母附在大写字母之下的形式表示，如Aa型、Ab型、Ac型等。型与型之间虽属不同的演化轨道，但因同属一类器物而多存在密切的关系。如有时一条演化轨道由于发展的原因而出现分杈，从而变成了两列；有时两条演化轨道在发展过程中又合成了一条。同时，一种器物之内的型与型之间，往往某些类同部分在演化关系上有着同步性。

确定了演化轨道之后，在演化轨道内部实际上就形成了不同的演化链条，而链条的前后顺序是由层位关系来确定的。对于链条上的不同环节，可以根据变化的幅度定为若干式别，式与式之间具有内在传承关系。一个完整的发展链条，就是某一型器物的发展谱系。式一般用罗马数字表示如Ⅰ式、Ⅱ式、Ⅲ式等，有时为了方便也可以用阿拉伯数字表示，如1式、2式、3式等。为了与型的代码相区别，现在一般不再用大写字母来表示式别。

然后可以对选定的典型器物依次进行分析排比，做出型和式的划分。如果两种器物的演化存在矛盾的现象，就应该仔细分析，查找产生矛盾的原因，看问题出在什么地方，并进行相应的校正，以求各种器物的演化顺序畅通而和谐。

如果是综合性的研究论文，只需要选择典型器物分型定式就可以了，由此得出的结论一般是比较可靠的。如果是考古发掘报告，那么就需要对所有的器类进行分析排比，分析的方法是相同的。

在分析排比过程中，难免会遇到一些特殊的器类和器形，无法将它们归入演化关系清楚的型、式之中。对这一类器物既不能强行排比，也不要采取割舍的回避态度，而可以将它们置于同类器物的各型之后，或者将它们另立一类予以公布，并做相应的描述，以备后来研究之用。这样做，本身就是一种科学的态度。

5．分期和分段

器物的形态变化一般是一个渐变的过程，但往往也有突变的关节，而渐变过程本身也会表现出一个一个小的变化关节。于是，在对各种典型器物进行全面的综合平衡和比较之后，就可以开展期别的划分工作。一般说来，如果全部或多数器物都产生了一定程度的变化，并且这种变化能够为人们所掌握，就可以做时间段的划分了。至于划分单位的大小，即是期还是段，则要从整体上予以考虑才能决定。就目前的研究情况而言，大家一般把时间间隔较短、年代跨度较小的定为"段"，向上可依次将若干段归并为一期，将若干期归并为一个大期或发展阶段。在最高一级的划分上，除了看器物的变化之外，还要求对各种遗存进行全面的分析比较，甚至包括隐含在各种遗迹和遗物之后的社会关系的变化。

应该注意的是，单个遗址的分期和一支考古学文化或类型的分期之间既是相通的，也存在一定差别。遗址的分期是考古学文化或类型分期的基础，而考古学文化或类型的分期又是对同一文化不同遗址分期结论的归纳和概括。因此，考古学文化或类型的分期在年代跨度上要大于单个遗址，前者的分期线条相对粗一些，而单个遗址的分期线条则要细一些。

对于文化的分期研究，通常是从个别的典型遗址入手，将若干个典型遗址的分期成果用类型学比较的方法串连起来，并加以归纳和概括，就得出了一个文化的分期。在这里，对典型器物的分析比较，要抓住共同特征，归纳出具有普遍意义的特征性变化。

（二）墓葬和居址的分期

在运用类型学方法整理发掘资料时，最常见的对象是墓葬和居住遗址。大家都知道，墓葬和居址的出土物之间存在一定差别，这是因为：

墓葬是人们有意识行为的产物，其随葬品多半是当时使用或新制作的器物，共存关系的同时性较强；而居址中保留下来的遗迹往往受到不同程度的破坏，形状多不完整，所获遗物也以损坏后随意扔弃者为主。

墓葬的随葬品一般成组成群，并且多为完整器或可复原；而居址中的出土遗物不仅多为残片，而且组合关系往往很不完备。

因此，在进行墓葬和居址的类型学分期研究时，尽管原理和方法相同，在具体做法上存在一定差别。总的来说，墓葬的分期相对简单而容易进行，而居址的分期工作则要复杂一些。

1．墓葬的分期

墓葬的分期主要是通过对墓葬随葬器物的分期而获得的，对没有随葬品的墓葬，除了少数可以利用层位关系卡住之外，一般无法进行分期。对墓葬随葬器物进行分期，主要有两种在程序上略有差异的方法。

A．墓葬分组法

就是从墓葬的分组入手进行分析。首先从具有叠压、打破关系的墓葬入手，在相互比较的基础上将它们划分成若干组，并按层位关系排列出各组先后顺序，从而形成一个墓葬组的先后序列。其次，把没有层位关系的墓葬一座一座与这个序列中的各组墓葬进行比较，结果，它们有的可以归到序列中的某一组之中，有的则与任何一组都有差别，则可以根据相近程度分别插到序列之中，单列为一组，从而将全部可以比较的墓葬排成一个完整的序列。最后，根据器物形态和器物组合的变化幅度通盘考虑，如有的一组就是一段甚至一期，而有的则是若干组合并为一段或一期，从而把这一序列中的各组墓葬划分为若干的段和期。

B．典型器物法

就是从典型器物入手进行分析。首先要选择典型器物，典型器物的标准已如前述，即数量多、地位重要、形制特征明显、变化的速度快和幅度大等。其次是先分析比较其中一种器物，按其形制特征的差异总结出演化的轨道，再依据层位关系或其他可以确定年代的方法来确定这一演化轨道的先后顺序。这种演化轨道既可以是一条，也可以是若干条，每条为一型，型与型之间往往会有所交错。在此基础上将其分型定式。第三，依照此法，依次对其他的典型器物一一进行分析排比并注意相互间的横向联系，确定型式的划分。第四，对完成的器物发展序列进行检验核对。这一工作应从两个方面进行：一是器物群的变化序列是否与层位关系发生矛盾，如有矛盾则要分析查找其原因，不外是型式划分有误，或是层位关系可能有问题，确定后予以纠正；二是器物的共存关系与在序列中位置是否相吻合，如果个别器物出现一些参差，可能是反映了器物形态变化的参差不齐，这是允许的，也可以解释通。例如，在一座墓葬中出现同型两式器物，可理解为前式正在流行而后式则刚刚出现，或前式接近尾声而后式已比较流行，这都是可以的。如果出现颠倒现象，则要仔细分析，无非是型式划分有误，予以适当调整或纠正即可。也有可能是后代使用了个别前代的物品随葬，这种现象总是个别的，不会是普遍存在的现象，但可以作为一种思路来考虑。最后，按照器物组合和器物群的整体变化情况，适当地做期、段的划分。随葬器物的期别明确了，每座墓葬的期别也就自然而然地确定了。

2．居址的分期

居住遗址，特别是那些经过较大面积发掘的居住遗址，情况比墓葬要复杂得多。对居址进行分期研究，同样可以从两个方面入手，即地层单位或典型器物。下面将着重讨论前者。

如果一个遗址的地层单位数量庞大，叠压、打破关系又十分复杂，那么首先应该对地层单位进行选择，选择的标准大致是：

A．出土遗物较为丰富，如果是没有出土物的单位则无法进行类型学分析。

B．该地层单位的堆积形成时间较短，即出土遗物的共时性比较强，前已述及，以废弃的房屋和灰坑等较好，年代跨度可能较长的文化层堆积相对较差。

C．工作做得比较准确的地层单位。一般说来，房屋和灰坑等遗迹较为容易辨认和清理，而文化层的难度相对较大。

D．层位关系明确。除了突然废弃的房屋可能留存使用时期的遗物之外，居址内地层单位的堆积多属于废弃性质，堆积内的包含物也以随意扔弃者居多。在晚期的地层单位中往往包含有数量不一的早期的遗物，因此，这些出土遗物尽管具有共存关系，但在共时性方面较之墓葬的随葬品有一定差距。于是，在整理居址地层单位的资料时，应当尽量把那些不属于该地层单位形成时的物品予以剔除或搁置，以免把那些本来不属于同一时期的遗物作为同期遗物进行分析排比，从而影响了所得结论的正确性。

　　严文明先生曾举了这样一个例子来说明如何做最初的器物排队[1]。假如选定H1打破H2，H2又打破H3这样一组层位关系，并且它们都出土比较丰富的遗物，在进行类型学分析时，应先把最早的H3出土的器物排成一横排，如A1、B1、C1、D1等等，它们分别代表一类器物，而实际上A类（或者B、C、D类）之内也很可能还有型的区别。接着可以分析H2的出土遗物，一般可以把H2的出土遗物分为三小群：a群，与H3完全相同的器形；b群，与B1、C1、D1同型而略有变化的器形；c群，新出现的器形或原有器形的新形制。如此，则应当把a群搁置，这一类既可能是把早期遗物扰到了较晚时期的堆积之中，也有可能是一些旧的式样还在继续使用。b群可以相应地排在B1、C1、D1之后，标记为B2、C2、D2等。c群因为是新出现的，需要给予新编号排在后边。最后再分析H1，方法与分析H2时相同，并将其结果依次排在H2之后（表一）。

表一

单位	典　　型　　器　　物					
H3	A1	B1	C1	D1		
H2		B2	C2	D2	E1	F1
H1			C3	D3	E2	F2	G1

　　由于出土遗物变化的复杂性和实际发现的偶然性，分析时还应注意以下几个问题。一是要随时注意器物的共存关系，注意器物组合和器物群的整体变化；二是要注重实际，实事求是，并不是所有具有叠压、打破关系的地层单位都分属于不同的期、段，最近二十年以来，随着田野考古工作精细化程度的提高，在一些地区的史前文化遗址中，甚至很难找到整齐划一的文化层堆积，而整个堆积主要是由各种遗迹构成的。在这种情况下，相当多的具有叠压、打破关系的地层单位，已经不再具备分期意义；三是每类器物的变化速度并不一致，有的快一些，在一个时间段内可以有两个式甚至三个式，而另外一些则可能慢一些，在一个时间段内只有一个式，甚至两个时间段内显示的变化也不是太大，因此，在进行式的划分时不要削足适履，强求划一；四是要求得研究结论的准确，应该尽可能地对全部单位的出土遗物进行系统比较，从而可以最大限度地排除掉偶然因素的干扰，寻求出其本身的演化规律。

　　经过上述工作之后，对选定的地层单位进行分组并按层位关系排序。然后再对所有地层单位进行分析比较，尽可能将其归入或插入这一序列之中，使之成为一个完整的发展序列。最后依据各组之间的变化幅度进行期、段的划分，并归纳和概括每一期、段的基本特征。

　　一个墓地或居址只是一支考古学文化或一个文化类型的组成部分，在墓地和居址分期的基础上，可以进行考古学文化和类型的综合分期，其基本方法前已述及。

---

[1]　严文明：《考古资料整理中的标型学研究》，《考古与文物》1985年第4期，又收入《走向21世纪的考古学》，三秦出版社，1997年。

（三）一种典型器物的谱系研究

对某一种典型器物或花纹，从宏观和微观两个方面结合起来进行类型学研究，不仅能够理清楚一种器物或花纹的发展谱系，而且对于同一考古学文化内部的发展变化轨迹、不同文化之间的文化交流和影响等，均有着重要的价值和意义。因此，在以往的考古学研究中，学者们十分重视对典型器物进行系统分析和研究。如苏秉琦对瓦鬲、高广仁和邵望平对陶鬶、严文明对陶支脚、林沄对青铜短剑、安志敏对石刀等的研究，就是对某一种典型器物进行深入分析和研究的代表。

无论是什么器物，也不管它多么重要、多么典型，它本身都是某一文化或类型的器物组合和器物群中的一员，为当时人们所制作并具有某种特定的用途。因此，对一种器物的研究，又离不开对器物组合、器物群和整个考古学文化的研究。从一般意义上讲，对某种器物的研究也是上述研究的一个组成部分。

研究一种器物的谱系，可大致按照以下的程序进行。

1. 调查该种器物的出土地点、数量和分布范围

在研究某一种器物的发展谱系时，首先要从已有的考古调查、发掘资料中，查清楚这种器物所有的出土地点及每个地点发现的数量，并在相应比例的地图上绘制其分布图，为了查阅方便和便于读者检核，还应该将这类器物的出土地点、数量、型式、所属文化、年代和资料出处等项内容制成表格，加以记录。

其次是通过对它的分布区域和区域内不同小区出现的频率的分析，找出其分布的密集区，而这个密集区很可能就是它的中心分布区。当然，在分析它的一般分布区和中心分布区时，要考虑到考古工作开展得不平衡性的人为主观因素，并排除可能是由于这一原因的影响而带来的不确定因素。

第三，要注意该类器物是分布在某一种考古学文化之内，如龙山文化的蛋壳陶高柄杯、红山文化的玉猪龙等；还是仅仅分布于一支考古学文化内的某些狭小的区域，如半坡类型的人面鱼纹彩陶、大汶口文化的獐牙勾形器等；抑或是在更大的范围内都有分布，这里所说的更大范围可能是某一大文化区内的不同考古学文化，也可能是不同的文化大区，像陶鬶、陶鬲、陶大口尊（缸）、玉琮等，有些甚至分布到了不同的国家和地区，如玉玦，不仅在中国的北方和南方出土较多，就连日本和东南亚地区也有发现。

2. 搞清楚它们在各出土地点的层位关系和年代

如果一种器物比较重要，必然会在许多不同的遗址被发现。那么，就需要对每一个出土地点的具体情况做详细了解，它是调查采集品还是发掘品。如果是发掘品，要搞清它的准确层位关系及其出土层位的年代。在确定年代时，可以借助于自然科学方法的测年数据，但越来越多的事实表明，即使是比较可靠的碳-14测年技术，也存在相当多的问题，它只能告诉我们一个大致的年代范围，所以我们切不可陷于迷信的泥潭。而更重要的是要与共存器物群的分析比较结合起来，以便进行横向比较，特别是在做不同遗址的年代关系对比研究时，这一点是必不可少的，况且多数地点没有测年数据，并且它还存在上述问题和不足。

通过对各个出土地点考古遗存的年代学研究，就可以发现该类器物在哪一个遗址或哪一些遗址或某一区域的出现较早，在哪一些遗址或哪一些区域出现较迟，其在各地区消失的时间也可能有先有后。再结合类型学分析研究的结果，就可以有效地追溯该类器物的产生、传播和消亡的轨迹。

3. 进行类型学的分析和排比

作为研究对象的典型器物如果分布的范围较广，发现的数量也多，就应该先选择一部分层位关系明确、出土数量较多并且延续时间较长的遗址，逐个遗址进行分析排比，把它发展变化的逻辑序列揭示出来。然后再把各个地点的结果进行对比研究，形成一个该类器物的初步发展谱系，这一谱系可以由不同的发展轨道（型）和每一轨道中前后连接的链条（式）来表示，即我们通常所说的分型定式。

在上述基础之上，用这个初步的发展谱系去对每一个遗址和地点的出土物进行定位，看它们可否在这一发展序列中找到自己的位置。这个过程本身也是验证以上得出的发展谱系是否具有普遍意义，并在这一工作中不断完善该类器物的发展谱系，最终形成其完整的演化序列，而以上所做的型式划分也需要做出相应的调整。

在分析排比过程中，还需要注意以下几个方面的问题。

A．某种器物可能是从一个中心区域首先产生出来的，也可能是在许多地区大体同时出现的。即使是前者，因为传播时间较快和考古学遗存微观时间的敏感性相对较差，所以在考古学上也往往较难分辨出来。

B．首先产生的区域可能消失得较早。已有多方面的证据证明存在这种可能性，如我国史前时期流行的拔牙习俗就是如此，陶鬶的研究结论也证实了这一点。

C．当一种器物或花纹传播到其他地区之后，由于加进了当地的文化因素，形体和式样会产生变异，甚至会演化出新的器物，如中原地区的庙底沟二期文化的陶斝，有的学者就认为是在海岱地区陶鬶的直接影响下产生出来的。

4. 综合分析其产生、发展和消亡及向分布区域之外传播的过程

在进行了以上几项工作之后，我们对某一种器物的分布范围、出现频率及中心分布区、逻辑发展序列及年代关系等，就有了一个基本的了解。把这些因素综合起来加以分析，就可以进一步来探讨研究对象的产生、发展和扩散、衰退和消亡的进程。

在这一基础之上，分析该类遗物在另外的考古学文化或文化区内的分布、出土数量、年代等基本情况，就可以对其向外传播的方向、传播的区域、传播的路线及传播性质做出判断，并有可能进一步分析和研究其传播的背景及原因等。

例如，弧边三角、圆点、勾叶、花瓣等仰韶文化庙底沟类型的典型彩陶纹样，在庙底沟类型的分布区域之外相当广阔的范围内被发现，经分析研究知道，它们在海岱地区、长城两侧的燕辽地区、长江中游的江汉地区等邻近地区的出现，基本上属于直接传播，而在辽东半岛南部地区和长江下游的环太湖地区等遥远地区的出现，则属于间接传播的性质。

再如，海岱地区发明陶鬶以后，陶鬶曾在不同的地区的史前文化中被发现。通过类型学的分析

比较并结合其他背景材料，我们发现，在中原地区的仰韶文化晚期和庙底沟二期文化时期，陶鬶是伴随着东方大汶口居民的到来而出现的，其型式可以与海岱地区的陶鬶直接比较。但在这之后的陶鬶，则与海岱地区同时期陶鬶在形制上产生较大变化，这种现象应是陶鬶在当地自然发展和演化的结果。

因为器物形制有简单和复杂、存在的区域有广阔和狭小、流行的时间有长有短等方面的区别，所以在进行这一类遗存的分析和研究时，其难易程度是有一定差别的。形制比较简单、使用时间较短、存在的区域较为狭小的器物，进行此类研究时相对较为容易，但其意义和价值也可能小一些。而形制比较复杂、流行时间较长、存在区域较为广阔的器物，分析起来就要复杂得多，但其意义和价值可能较大。因为它们不限于某一文化或类型，还延伸到了不同的考古学文化和文化区，进而可以通过它们来对不同区域的考古学文化进行比较研究。

（原载《考古学理论·方法·技术》，文物出版社，2002年）

关于考古学文化及相关问题

一　什么是考古学文化

作为今天我们所熟知的考古学文化，是一个近代考古学专用术语，它是随着考古学研究发展到一定时期和水平才出现的概念。在19世纪，考古学研究是以期的划分为基本索引的，如法国著名旧石器考古学家莫尔蒂耶关于欧洲旧石器时代的分期方案曾被广泛接受，而考古类型学的集大成者蒙特柳斯在欧洲青铜时代的考古研究中也是以期为基本单位。这种以期代表发展阶段的观点，是与进化论思想的出现和普及相适应的。

20世纪初，随着新的考古发现不断增多和研究工作的逐渐深入，人们越来越认识到，具有完全不同特征和组合的考古遗存，原以为是在时间上前后衔接的不同时期的文化，而实际上是共存的，所以仅仅使用纵向的阶段概念远远不够，具有文化类型含义的阶段观念逐渐渗透到考古学研究中来。于是，学术界开始用民族学、人类学中的文化圈概念来阐释史前史。20世纪20年代，英国著名考古学家戈登·柴尔德在《欧洲文明的曙光》中，对考古学文化的概念进行了较为严密的界定，从而逐渐推广和普及了考古学文化的概念。

英国考古史学家格林·丹尼尔认为，阶段概念是地质学方法在史前史研究中的运用，而文化的概念则体现了人类学的方法，两者仅仅是一种概念工具。同时，考古学上的文化是有特定含义的，与社会科学领域里的文化概念全然不同。因此，有的学者不同意对考古遗存特征的组合使用易于混淆的"文化"这一名词。

与阶段相比，考古学文化是一种具有时间、空间和考古遗存群体特征的三位一体的基本单位，并且与族的社会单位联系在了一起，这样就赋予了其社会历史的含义。因此，考古学文化的提出和迅速普及，是考古学研究进入一个新阶段的标志。

在文化圈概念的基础上，戈登·柴尔德等学者提出了考古学文化的概念。柴尔德认为，"一定型式的遗物、遗迹——陶器、工具、装饰品、埋葬礼仪、家屋形制等经常共存。这种稳定共存的诸文化因素复合体可称为文化集团或简称为文化。"这种在考古学上称为文化的集合体，应是民族的人们共同体的物质表现形式。

考古学文化的概念可以说是与近代考古学一起传入中国的。起初，人们对考古学文化的认识缺乏界定的标准（当然，这一问题直到今天也不能说得到圆满解决），因而出现了"细石器文化""彩陶文化""黑陶文化"等内涵和外延都不严谨的名称。到新中国成立后的20世纪50年代，随着配合经济建设的大规模田野考古工作的开展，新的考古发现迅速增多，由于受传统思想的束缚和对考古学文化缺乏理论上的认识，出现了不同考古学文化相互混淆甚至越划越乱的现象。基于此，夏鼐在接受柴尔德和前苏联学者基本观点的基础上，于1959年专门就考古学文化及其定名问题进行了阐述。他指出，文化在考古学上有其特定含义，"是某一社会（尤其是原始社会）的文化在物质方面遗留下来可供我们观察到的一群东西的总称。"这种考古学遗存的共同体是由具有共同传统的社会遗留下来的。具体说，就是"我们在考古工作中，发现某几种特定类型的陶器和某类型的石斧和石刀以及某类型的骨器和装饰品，经常地在某一类型的墓葬（或某一类型的住宅遗址）中共同出土。这样一群的特定类型的东西合在一起，我们叫它为一种'文化'"[1]。夏鼐的意见很快被考古学界所接受，并成为中国学者命名考古学文化的依据。此后数十年间，在中国各地发现和命名了代表不同时期的若干支新的考古学文化，考古学文化的划分和命名逐渐进入一个比较成熟的时期。

目前，学术界对考古学文化概念的认识比较统一，即"指考古发现中可供人们观察到的属于同一时代、分布于共同地区、并且具有共同的特征的一群遗存"[2]。

在明确了考古学文化的概念和定义之后，就是在实践中如何识别和区分考古学文化。我们注意到，所谓的同一时代和共同地区都是相对的，究竟多长的时限为同一时代，共同地区的范围又有多大，这是需要对最后一项内容的研究之后加以界定的。因此，在这一定义的三项要素中，最重要的和起决定性作用的还是"具有共同的特征的一群遗存"这一项。在上段摘录的引文中，夏鼐提出确定一个考古学文化要考虑多方面的因素，如陶器等生活用具、石骨器等生产工具、装饰品、墓葬和住宅等。严文明表述得更为严密一些，他把从新石器时代到早期铁器时代的考古学遗存划分为五大门类，即"一是聚落形态，包括聚落内的房屋、窖穴、水井、作坊等各种遗迹的形态；二是墓葬形制，包括墓地结构及单个墓葬的结构、墓坑、葬具、葬式等方面；三是生产工具和武器；四是生活用具；五是装饰品、艺术品和宗教用品等。"他认为分析和综合以上五个方面的特征，就可以作为识别和界定一支考古学文化的依据[3]。

在考古学研究中，学者们多半是按照以上所述内容来认识和确定考古学文化的。但在实际的考古发现和研究中，由于工作开展得不平衡性等方面的原因，在认识和命名一支新的考古学文化时，更多的是从最能反映文化面貌和文化特征的陶器等生活、生产用具方面着眼予以考虑。不说中国考古学初创时期命名的仰韶文化和龙山文化，就是后来发现和确立的一些考古学文化，也极少有等到这五个方面的资料都积累到一定程度时才给予命名。如已被学术界所广泛接受的岳石文化，虽然从正式命名到现在已有20年的时间了，但迄今为止还没有发现可靠的墓葬资料，聚落形态也不清楚，而对其分布区域、延续时间和基本文化内涵和特征的认识，主要是依靠陶器、石骨器等遗物资料建立起来的。这样建构起来的考古学文化往往存在标准不统一的问题，实际上也很难找到一个统一的标准。正如有的学者所指出的那样：黄河和长江流域的新石器文化划分的主要标准是器物组合和器物群，而同样以筒形罐为主的东北地区，却划分出了若干支不同的考古学文化。这种现象在中国考古学文化的划分中并不少见[4]。

[1] 夏鼐：《关于考古学上文化的定名问题》，《考古》1959年第4期。
[2] 安志敏：《考古学文化》，《中国大百科全书·考古学》，中国大百科全书出版社，1986年。
[3] 严文明：《关于考古学文化的理论》，《走向21世纪的考古学》，三秦出版社，1997年。
[4] 赵辉：《关于考古学文化和对考古学文化的研究》，《考古》1993年第7期。

二　关于考古学文化的命名问题

在明确了考古学文化的基本内容之后，那么，在什么情况下或者说具备了怎样的条件就可以命名一支新的考古学文化呢？1959年，针对当时中国考古学界命名考古学文化缺乏统一标准的情况，夏鼐先生提出了以下三个方面的条件。

必须具有区别于他种文化的一系列特征，伴出一系列有特征的器物，而这些具有一定特征的器物不只一次共存出现；

具有同样特征的遗址不只一处；

人们对这一有共同特征文化的内容有了相当充分的了解之后。

具备了这三个条件，一般就可以命名一支新的考古学文化。就中国考古学发展的实际情况而言，在20世纪80年代以前，考古学文化的命名相对较迟滞，往往把属于不同考古学文化的遗存归入到一个考古学文化。如20世纪60年代以前的龙山文化，20世纪80年代以前的青莲岗文化等。20世纪80年代以后，事情开始向相反的方向发展，出现了一种急于命名新的考古学文化的倾向，如仅仅发现了少数几个遗址，或者大家对某类遗存并不太了解就抢先命名，甚至还有一支考古学文化出现两个或两个以上名称的怪现象，人为地造成了混乱。这些都很不利于考古学文化的研究。

在考古学文化的具体命名方法上，过去曾出现过几种不同的情况。

1.　以典型文化特征来命名

如在中国考古学曾出现过的"细石器文化""彩陶文化""黑陶文化""印纹陶文化"等。这种情况在国外也同样产生过，如欧洲的"手斧文化""巨石文化"、日本的"绳文文化""古坟文化"等。这种命名方法的局限性在于，某些典型特征往往并不为某一种考古学文化所独有。譬如"彩陶文化"，不仅仰韶文化存在彩陶，而且几乎所有的新石器时代文化都或多或少制作和使用过彩陶，有的文化（如马家窑文化等）甚至比仰韶文化的彩陶更为发达。因此以彩陶为特征来命名某一特定文化，容易造成误解，显然是不合适的。故目前学术界已基本上不再采用这种命名文化的方法。其他也是一样，只不过有的为了尊重历史或为了避免造成混乱，虽然保留了过去的名称，但往往给予了补充说明。像日本的绳文文化，实际上就是日本新石器时代的代称，指的已不是一般意义上的考古学文化了。

2.　以首次发现某种考古学文化的典型遗址的小地名来命名[1]

这是一种在中国乃至世界范围内被广泛使用的考古学文化命名方法。如中国的"仰韶文化""龙山文化""二里冈文化"等，国外的"特里波列文化""弓山文化""弥生文化"等。这种命名法的优点是不会形成名称的重复，但需要对其基本文化内涵和特征进行归纳和概括。所谓典型遗

---

[1]　这是一种国际通行的命名方法，夏鼐主张此法，他曾提出，"文化的名称如何命名，似乎可以采用最通行的办法，便是以第一次发现的典型遗迹（不论是一个墓地或居住遗址）的小地名为名。"见《关于考古学上文化的定名问题》，《考古》1959年第4期。

址[1]，就是指它应该出土一群能够代表该文化基本文化特征的遗迹和遗物，所处的地理位置最好在这一文化的中心地带，延续的时间能够包括该文化的主要发展阶段。对某一文化的文化内涵的了解和认识一般有一个过程，不是一朝一夕的事情。经常有这样的情况，某一文化的被认识是在该类遗存已经被发现了许多年之后，在命名这一类文化时，就出现两种不同的方法。一是以后来发现的典型遗址来命名，如大汶口文化，其实属于同一文化的花厅遗址在1952年就被发现并进行过一定规模的发掘，二里头文化也是如此；二是尽管后来才被认识，但仍使用最初发现的遗址的小地名来命名，如岳石文化、红山文化等就是如此。夏鼐生前主张把在偃师塔庄一带发现的商城称为"尸乡沟商城"而不赞成叫"偃师商城"，也是依据以小地名来命名的原则。此外，也有人不赞同采用典型遗址命名的方法，认为典型遗址和首次发现的遗址是两个不同的概念[2]。

此外，在以小地名命名的基础上还出现加前缀或后缀的命名方法。加前缀的如"中原龙山文化""海岱龙山文化""甘肃仰韶文化"等，为了避免混淆，许多这一类名称已改用当地典型遗址的小地名来命名，如"湖北龙山文化"改为"石家河文化"、"浙江龙山文化"改为"良渚文化"等；加后缀的往往是因为某一典型遗址有两个以上考古学文化的遗存，为了表示区别，就在遗址的小地名之后缀上期别或层次，如"庙底沟二期文化""夏家店下层文化"等。实际上极少有一个遗址只有一个时期或文化的遗存，如仰韶村、城子崖、二里头等，无不是包含两种或两种以上考古学文化遗存，只要加以说明，大家自然明白其所指，无需再添足。

3. 以时代、朝代或国家、古族的名称来命名

像旧石器时代文化、新石器时代文化、铜石并用文化、青铜时代文化一类，不能等同于一般意义上的考古学文化，其属于泛指，故不在考古学文化之列。进入历史时期以后，考古学文化的命名和界定均不甚严格，甚至存在一些混乱的现象。关于夏文化与目前发现的考古学文化的对应问题，学术界分歧尚大，故"夏文化"本身不是一个考古学文化的名称。按理说，商文化、周文化、汉文化及其以后也应该是如此，譬如说周文化，已远不是以上所论述的一个考古学文化的内涵所能包容的，况且还有一个其是否包括各诸侯国文化的问题。秦文化、汉文化、唐文化等都是指一个时代文化成就的总和，而不仅仅是一个考古学文化。至于有的学者建议把史前时期考古学文化的名称改为历史传说中族群的名称，如把大汶口文化命名为"少昊文化"，把下七垣文化叫做"先商文化"等，至少在目前都是不可取的。历史时期更小范围的族群或国家，人们往往直接以其族名或国名来命名，如齐文化、晋文化、楚文化、秦文化、吴越文化、巴蜀文化等，这其中还存在许多需要探讨的问题。例如，分布地域相邻、相互关系密切的小国或族群，在考古遗存上很难将它们分开，这就出现一个考古学文化之内可能包含有几个甚至更多国家的文化遗存的可能，设想西周时期山东省境内还有五六十个小的国家存在，而同一时期同一地区的考古遗存怎么可能划分出几十个考古学文化呢？而另外一些较大的共同体，如巴和蜀，无论是分布区域，还是文化渊源均不相同，文化面貌也

---

[1]　张忠培曾为典型遗址提出三条标准，即"（一）反映古代居民的活动具有一定的规模以及遗存的保存情况较好；（二）遗存在年代及地域上具有质的相对稳定性，而不是那些过渡性遗存；（三）考古工作有一定的质量及规模。"见《研究考古学文化需要探索的几个问题》，《文物与考古论集》，文物出版社，1986年。

[2]　张国硕：《论考古学文化的命名方法》，《中原文物》1995年第2期。

有相当差异，如果把巴蜀文化作为一个考古学文化来看待，显然不合适[1]。

　　基于考古学文化的划分标准和命名原则上存在的诸多问题，为了避免造成新的分歧和不必要的麻烦，有的学者在夏鼐和尹达的意见的基础上，提出考古学文化"命名确认"程序的建议，即命名一支新的考古学文化时，要通过一个"命名确认"程序，这一工作由国家级学术机构组织实施。研究者有权提出命名建议，未经通过不能随意使用自己的命名[2]。

三　关于区系类型

　　中国的陆地面积有960万平方千米，幅员辽阔，不同区域之间的地理地貌和自然环境存在着相当大的差别。中国现有56个民族，人口众多，每一个民族都有一部产生和发展的历史。因此，中国的古代历史，就是一幅悠久的人文传统在不同的自然环境背景下交织出来的丰富多彩的立体画面。

　　距今2000多年以前，强大的秦汉帝国从政治、经济、文化等方面统一了现今中国的大部分地区，各地区在文化上的一致性空前加强[3]。在这之前，社会历史的发展则经历了一个由多元逐渐走向一体的过程，故有的学者认为，中国古代文明和国家的产生、发展是"多元一体"的模式。这一模式在中国史前文化和早期青铜时代考古学研究中得到验证，与苏秉琦先生倡导的"区、系、类型"有密切关系。

（一）区、系、类型的提出

　　对中国史前考古学文化做分区和分期的研究工作，自20世纪30年代就已经开始了。无论是梁思永和尹达的仰韶文化、龙山文化东西二元对立说，还是梁思永关于龙山文化的分区研究，都是力图来发现和分辨当时所知文化的区域差异。

　　到20世纪50年代后半期，随着各地区田野工作的普遍展开，考古资料迅速增多，人们已经认识到中原地区的仰韶文化和东方地区的龙山文化是属于不同系统的古代文化，并进而追寻出仰韶文化经庙底沟二期文化发展为中原地区的龙山文化（河南龙山文化、陕西龙山文化），而东方地区的龙山文化则应另有来源。同时，在长江下游地区有良渚文化等，长江中游地区有屈家岭文化，黄河上游地区有马家窑文化等，东北地区有红山文化等。因此，在这时及其以后的一些关于中国新石器时代文化的论著中，往往是分区域来论述中国的新石器时代文化的。

　　例如，关于龙山文化的研究，安志敏在20世纪50年代中后期就采用先分区，再划分类型的方法论述的。他首先把龙山文化或具有龙山文化因素的遗存分为四区，即沿海地区、中原地区、江浙地区和甘青地区，其中把资料丰富的中原地区又区分为庙底沟二期文化、河南龙山文化、陕西龙山文化三个类型，并指出以上各区龙山文化的来源不同[4]。这一观点，从方法上讲，就是依据基本文化特

---

　　[1]　参见严文明：《关于考古学文化的理论》，《走向21世纪的考古学》，三秦出版社，1997年；安志敏：《关于考古学文化及其命名问题》，《考古》1999年第1期。

　　[2]　王仁湘：《考古学文化的命名原则与程序问题》，《文物季刊》1999年第3期。

　　[3]　这里所说的"文化"和考古学上的文化即"考古学文化"不是一个概念，其所包含的范围较之考古学上的某一文化要宽泛得多。

　　[4]　安志敏：《试论黄河流域新石器时代文化》，《考古》1959年第10期。

征和文化发展的源流关系两个方面的分析，最后做出区（文化）和类型的两级划分，这是对梁思永龙山文化分区思想的一个发展，也影响了后来的研究。这一认识收入了随后出版的《新中国的考古收获》一书[1]，直到今天，这一划分所形成的龙山时代诸文化的基本格局仍有一定影响。

20世纪60年代，关于仰韶文化的考古资料空前增多，其分布范围涉及整个黄河中上游及周围地区，并且发掘了一大批内涵丰富、文化面貌特征有相当差别的遗址，如半坡、庙底沟、泉护村、元君庙、西王村、后冈、大司空等。苏秉琦从半坡类型和庙底沟类型的特征性器物、彩陶纹样的分析入手，最后把仰韶文化分为从洛阳到陇东这样一个东西狭长的中心区及其外围地区。无论是中心还是外围都可以依据区域性特征再划分为不同的类型[2]。

20世纪70～80年代，苏秉琦把对仰韶文化进行的分区研究扩大到整个中国新石器时代文化，提出中国新石器文化（包括一部分青铜文化）的区系类型问题。最初分为十个块块，后来提出主要有六个大区。即陕豫晋邻境地区；山东及邻省一部分地区；湖北和邻近地区；长江下游地区；以鄱阳湖－珠江三角洲为中轴的南方地区；以长城地带为重心的北方地区。每个大区之内，又各可以划分为若干个小的区系[3]。

区系类型的研究是以准确地认识、划分和归纳考古学文化和类型为基础的。区是表示横的关系，是空间分布，是块块；系则是纵的关系，是时间的垂直关系，是条条；类型是分支，所以整体又可以称为"条块"说[4]。两者往往交织在一起，它们的划分是经过反复的比较和研究才逐步获得的。

（二）区、系、类型的内容

由以上论述可知，考古学文化的区系类型是指中国新石器时代文化（包括一部分青铜文化）横纵两个方面的关系，即文化的空间分布和在时间上的延续及各种复杂的相互关系。区的划分主要是依据各个区域内在的基本文化特征和文化发展的源流关系，而产生不同文化特征的基本原因则是地理自然环境、人文环境和各自不同的文化传统[5]。文化区内的区域性差异，表现为各自存在数量不一的分支，也就是类型，在这些分支中，有中心区域和外围区域之分，它们之间的发展是不平衡的。文化区之间和区内的分支之间在空间分界上都存在不甚清晰的连接地带，主要是因为受整体人文环境的左右，即不同区系之间的文化渗透、交流和影响所致。

苏秉琦在20世纪70～80年代提出区系类型观点时，将中国主要区域划分为六大区系。

（1）以燕山南北长城地带为重心的北方

北方是一个广大的区域，东起辽东，向西直到甘、青、宁地区，又分为西北、北方和东北三大块，而后两者为中心区系。东北地区以辽河为界，辽东、辽西各为区系，仅就辽西而言，又有辽宁

[1]　中国科学院考古研究所：《新中国的考古收获》，文物出版社，1961年。

[2]　苏秉琦：《关于仰韶文化的若干问题》，《考古学报》1965年第1期。30多年之后，他又把仰韶文化系统地划分为三个区系，分称为东中西三支，大体上是原来仰韶文化中心分布范围东、中、西三个区域，又不完全相同。

[3]　苏秉琦、殷玮璋：《关于考古学文化的区系类型问题》，《文物》1981年第5期。

[4]　苏秉琦：《中国文明起源新探》，（香港）商务印书馆，1997年，第28页。

[5]　严文明认为，影响考古学文化形成的原因是自然环境、人文环境和共同的文化传统这三个因素（参见《关于考古学文化的理论》，《走向21世纪的考古学》，三秦出版社，1997年）。把它推广到更高一级的文化区和延伸到考古学文化内部的类型，我认为也是基本适用的。

朝阳、内蒙古昭乌达盟（赤峰市）、京津和河北张家口四块。在内蒙古中南部地区，西部的河套地区和东部的河曲地带也各为不同的区系。

（2）以山东为中心的东方

山东半岛在自然地理、人文条件方面既有内向的一面，又有外向的一面，因而山东地区的古文化也不仅是一个整体。最初分为以泰山为中心的鲁西南地区和以莱州湾沿海地区为中心的胶东地区两个区系，20世纪80年代中期以后，随着资料的增多，又增加了以胶州湾附近地区为中心的古青州地区。鲁西南地区大汶口文化、龙山文化遗存分布密集，是中国一个重要的古文化区。胶东地区不仅与周围同步发展，而且作为中国腹地与中国东北部及东北亚之间的重要通道，其地位并不次要。

（3）以关中、晋南、豫西为中心的中原

中原地区是考古工作开展最早、资料最为丰富的地区，而文化面貌也最为复杂。东起郑州西至宝鸡是仰韶文化的中心地带，这一范围至少可以划分为东西两个区系：西支约在宝鸡至陕县之间，是仰韶文化的核心区，又包括半坡和庙底沟两个类型；东支在洛阳到郑州之间；而位于洛阳和陕县之间（包括黄河以北地区），则可能自成一系。

（4）以环太湖为中心的东南部

这一地区包括长江下游的浙江、江苏、安徽各一部和上海市，较为明确的有太湖流域和宁镇地区两个区系，而洪泽湖及淮河下游和浙南地区也可能存在不同的区系。太湖流域又可以分为三个小的区系，即苏松地区（苏南）、杭嘉湖地区（浙江北部）和宁绍平原（浙江东北部）。

（5）以环洞庭湖和四川盆地为中心的西南部

环洞庭湖的江汉平原和四川盆地是中国西南地区两个古文化中心，其分别与楚和巴蜀密切相关联。环洞庭湖地区也可以分为许多不同的小区系，而四川地区的考古工作刚刚开始，也不只是一巴一蜀。

（6）以鄱阳湖－珠江三角洲一线为中轴的南方

以鄱阳湖－赣江－珠江三角洲为中轴的一线，是几何印纹陶分布的核心地区，而赣北和粤北又有所不同，渊源和发展道路各不相同，属于不同的区系。

以上比较详细地引述了苏秉琦关于六大区系的划分意见。在1997年新出版的《中国文明起源新论》中，苏秉琦用近五分之二的篇幅重新阐释了区系类型，与1981年初次发表时相比，虽然六大块基本没有变化，但其中内容则有许多重要变化，故这里的转述以后出为准。

区系类型学说公布之后，在国内考古学研究中起到了积极作用。多数人在进行考古学基础研究时，开始由不自觉到自觉地把自己的研究纳入区系类型研究之中[1]。同时，对区系的划分和区系关系等问题，不少人进行了认真的思考，出现一些新的观点和意见，其中包括不同意甚至反对区系类型提法的见解。

关于区系的划分，严文明提出了不同的六区，即中原文化区、山东文化区、长江中游区、江浙文化区、燕辽文化区和甘青文化区[2]。孙祖初采用四分法，即中原历史文化区、长江历史文化区、山

---

[1] 这里所说的"区系类型"，并不一定与上述苏秉琦的六大区系吻合，但基本思想是一致的。

[2] 严文明：《中国史前文化的统一性与多样性》，《文物》1987年第3期。

东历史文化区和东北历史文化区[1]。而向绪成则提出八分法，即黄河中上游文化区、黄河下游文化区、长江中游文化区、长江下游文化区、东南文化区、西南文化区、东北文化区和西北文化区[2]。此外，还有各种不同的划分意见。不过，从总体上看，一些最基本的文化区，如中原、东方、东南、长江中游、燕辽地区等，则没有大的分歧意见。

考古学文化的纵横关系比较清楚、分布区域比较明确、内在联系比较密切的目前只有五区，即以黄河中游为主的中原地区、以黄淮下游为主的海岱地区、以长江下游和钱塘江流域为主的环太湖地区、以长江中游为主的江汉地区和以燕山南北、辽河上下为主要分布区的燕辽地区。除此之外，以川渝为主的西南地区，近年来随着三星堆、成都平原一系列龙山时代城址的重要发现和三峡地区考古工作的大规模开展，考古学文化的谱系关系逐渐清晰起来，应是一个相对独立的文化区。而其他地区，如西北地区、华南地区等，至少在目前还不能与以上几区相提并论[3]。

关于考古学文化区的含义和性质，张忠培基于"共同文化"内涵的广度和深度有所不同、形成"共同文化"的原因有所不同，提出"历史－文化区"和"亲族考古学文化区"两种不同的文化区概念[4]。这种观点被有的学者认为是"标志着考古学界对谱系研究的层次性有了突破性的认识"[5]。

张光直则从另外的角度提出了同一个问题。他把中国新石器时代分为三个大的阶段，即公元前7000～前6000年、公元前5000年和公元前4000～前3000/2000年。最初，不同地区的不同文化互相分立，因为互相没有多少联系，所以他认为"实在没有什么特别的理由把这几处文化放在一起来讨论"。而后两个阶段情况就产生了变化，特别是最后一个阶段，即从公元前4000年起，一个"持续一千多年的有力的程序的开始"，从而使不同文化彼此密切联系起来，表现在考古学上的共同成分把它们带入一个大的文化网，形成新石器文化的相互作用圈[6]。显然，这是中国古代文明由多元走向一统的另一种表述方式。

同时，有的学者对区系类型提出了自己不同的看法。认为"考古学文化的分区和系统，是考古学研究中的常用手段，并不具有什么新的含义"，而且"把中国史前文化分成固定的'六大文化区系'的见解，并不符合目前考古学文化的发展实际"。同时，还认为"那种以'六大文化区系'为基础的'区系'观点，往往束缚人们的进一步思考"[7]。

区系类型被许多人称为考古学理论。客观地讲，区系类型是运用类型学方法来分析和研究考古学文化的，所以，从方法论上讲，它仍然是考古类型学研究方法的延伸。不可否认，区系类型的提出，推动了考古学基础研究的发展进程，在短短的十几年的时间内，使得黄河、长江流域等主要地区新石器时代至青铜时代考古学文化的发展谱系和年代序列逐渐完善起来，为考古学研究的深入开展奠定了坚实的基础。同时，由此而建立起来的中国新石器文化的总框架和总谱系所反映的中国早

[1] 孙祖初：《考古类型学的中国化历程》，《文物季刊》1998年第4期。
[2] 向绪成：《中国新石器时代考古》，武汉大学出版社，1993年。
[3] 栾丰实：《东夷考古》，山东大学出版社，1996年。
[4] 张忠培：《中国北方考古文集·编后记》，文物出版社，1990年。
[5] 孙祖初：《考古类型学的中国化历程》，《文物季刊》1998年第4期，第51页。
[6] 张光直：《中国相互作用圈与文明的形成》，本文为 The Archaeology of Ancient 第四版（1987年）第五章，译文最先见于《庆祝苏秉琦考古五十五年论文集》，文物出版社，1989年。又收入《中国考古学文集》，生活·读书·新知三联书店，1999年。在该文中，张光直也把中国新石器文化划分为若干大小不同的考古文化区，基本观点与以上提到的几种划分没有本质区别。
[7] 安志敏：《论环渤海的史前文化——兼评"区系"观点》，《考古》1993第7期，第609页。

期文化、文明的发展进程，彻底打破了中原一统的中国文化和文明单源说，阐明了中国古代文明由多元逐渐走向一统的历史进程。

四　考古学文化研究中的层次划分

随着考古资料的不断积累和考古学研究的深入，人们逐渐认识到对考古学文化需要做不同层次的研究。一般说来，考古学文化是最基本的研究对象和层次，根据研究目的和分层次把握考古遗存的需要，在考古学文化之间和考古学文化内部可以做更高的综合和更细的分解研究。考古学文化之内可进一步划分为若干不同的类型，而类型之下还可以划分为不同的文化小区（或称为亚型、子型），随着研究的深入，小区之下还可以进一步细分，从理论和逻辑上讲，可以一直划分到聚落直至最低一级社会组织。同时，在考古学文化之间可以做相应的归并和综合，文化区就是比考古学文化高一个层次的研究单位。其实，文化区之上还可以进一步做不同层次的综合和归并。

（一）关于考古学文化的类型问题

在考古学文化内部，一般还可以进一步划分为不同的类型，在以往的研究和划分中，类型的使用主要有两种基本情况。一是主要用来表示因时间早晚而造成的差别。这种意义的划分在中国考古学研究的较早阶段使用较多，如20世纪50年代划分的仰韶文化半坡类型、庙底沟类型，甘青地区的马家窑类型、半山类型、马厂类型，20世纪60年代苏北地区的青莲岗类型、刘林类型和花厅类型，20世纪70年代马家浜文化的马家浜类型和崧泽类型，等等。这种划分方法现在使用得越来越少，而以上提到的那些所谓的类型，一部分升级为考古学文化，一部分则成为一支考古学文化内的不同期别。二是反映地域性差异，即在考古学文化内部因分布的地域不同而形成的区域性特征，这种情况又多称为地方类型。如裴李岗文化的裴李岗类型、贾湖类型，海岱龙山文化的城子崖类型和尹家城类型，二里头文化的二里头类型、东夏冯类型，等等。最近十几年来考古学文化内部的类型研究基本是以这种地方类型为主。至于先分期再分类型的方法，所划分的类型也是地方类型。

划分类型的依据与划分考古学文化大体相同，只是程度有所不同。在海岱地区考古学文化研究中，我们曾提出划分地方类型所基于的几个方面，即：

（1）文化内涵上的地域性差异，即各个区域在文化上具有一定的自身特色。

（2）对历史文化传统的继承和发展。

（3）自然地理位置的相对独立性，各自成为小的地理单元。

（4）由于外来文化的影响所产生的新的文化因素。

（5）古史传说中古国或古国群的分布[1]。

第（1）、（2）两条属于共同的文化传统的范畴；第（3）条则是自然地理环境方面的因素；第（4）条则是人文环境，所谓外来文化，也可以理解为来自不同地区的文化交流；第（5）条是新石

---

[1] 栾丰实：《海岱龙山文化的分期和类型》，《海岱地区考古研究》，山东大学出版社，1997年。

器时代较晚时期或进入三代时期才有条件参考的内容。至于一支考古学文化可以划分为几个类型，需要看具体情况并经过认真的研究后方可确定。

在划分类型的方法上，又有两种不同的做法。一是把一支考古学文化按上述因素（主要是自身的特征性内容）划分为若干不同的区域，每一个区域即为一个地方类型。二是先对考古学文化进行纵向分期，然后再按期划分横向的地方类型。严文明在考古学文化的研究中，基本上是按照这一思路来做地方类型的划分，如他将仰韶文化分为四期，然后每期又划分为四至六个地方类型[1]。赵辉对龙山文化的研究也是如此[2]，安志敏不赞同这种划分类型的方法，认为这样做是"把类型作为分期的从属，不仅同习惯的用法不合，也无法解决类型和分期之间的矛盾"[3]。

以上两种方法各有其适用的方面，至于使用哪一种方法，应根据研究对象来确定。如果考古学文化延续的时间很长，如仰韶文化，即使不包括庙底沟二期文化在内也经历了长达两千年左右的时间，如果划分为纵贯始终的地方类型显然不恰当，所以先分大期，再按期来划分类型是符合客观实际的。而一些延续时间较短的考古学文化，像龙山文化，前后只有五六百年，如果将其划分成若干期，每期又划分为数量不一的类型（如有人将龙山文化划分为17个类型[4]），就会不胜其烦，也看不出有什么必要。

如果说考古学文化的界定和研究是第一个层次，考古学文化内部的地方类型属于第二个层次，那么，每一个类型内部还可以做第三个层次的划分，或称之为小区或亚型、子型。划分依据如同类型，只是程度更低，着眼点也有所不同，除了文化面貌有一定特色之外，不同小区在遗址的空间分布上有无分界也是划分时要考虑的重要因素。至于划分方法也有在类型内直接划分和先分期再按期划分两种意见。

小区之内还可以做第四、五甚至第六个层次的划分，这就和聚落形态研究有一定重合，只是两者的方向相反，一个是由高到低一步一步分解，一个是由低到高不断地连接和聚合。如果将两种分析、研究方法结合起来，就找到了一条复原古代社会组织结构和社会历史面貌的有效途径。当然，要接近和实现复原古代社会历史的目标，绝非一日之功，这之中有大量细致而纷繁的工作，需要文物考古界同仁长时期坚持不懈地努力。

（二）关于文化区的问题

与考古学文化内部有多级层次一样，在考古学文化之上也存在不同的级别和层次。经过宏观的分析比较可以发现，有些区系考古学文化之间的关系较为密切，它们之间当有深层的内在联系。至于这种联系的原因，目前只能做一些推测，如有共同的来源（或部分的共同祖先），文化的交流和传播，等等。后者包括的形式和种类很多。张忠培提出的"亲族考古学文化区"和"历史－文化

[1] 严文明：《关于考古学文化的理论》，《走向21世纪的考古学》，三秦出版社，1997年；严文明：《略论仰韶文化的起源和发展阶段》，《仰韶文化研究》，文物出版社，1989年。

[2] 赵辉：《龙山文化的分期和类型》，《考古学文化论集（三）》，文物出版社，1993年。

[3] 安志敏：《关于考古学文化及其命名问题》，《考古》1999年第1期。张学海也曾表示过，这样划分法不符合区系类型的思想。

[4] 李权生把山东龙山文化（不包括鲁西南、豫东和皖北地区的龙山文化）划分为五期，每期分为2～5个不等的类型，合计17个之多，见李权生：《山东龙山文化の编年と类型》，（日）《史林》第75卷第6号，1992年。

区"可能也是基于这样的考虑。

考古学文化之上是文化区（叫文化圈[1]也未必不可）。一般说来，文化区的规模并不一致，而是有大有小，每一个文化区的范围也不是固定不变的。文化区在不同时期的数量也不相同，往往随着时代的变化而有所变化。在文化区的变化过程中，有时可能是由几支考古学文化逐渐地融合为一支考古学文化，也有可能是一支考古学文化随着社会政治、经济、文化的发展和人口的增殖裂变为两支甚至几支考古学文化。如在马家浜文化阶段，太湖文化区的宁绍平原和环太湖地区分布着河姆渡文化和马家浜文化两支考古学文化，到了良渚文化时期，这两个文化经崧泽文化阶段的融合逐渐走到了一起，从而使宁绍平原成为良渚文化的一个地方类型。中原文化区也是如此，在庙底沟阶段，中原地区仰韶文化的文化面貌达到空前的统一，而其前和其后，文化面貌则有相当大的差异，如裴李岗文化阶段，至少有两支或更多的考古学文化，而到龙山文化阶段也是如此，关中、晋南、伊洛河济等地区，应属于不同的考古学文化，而到二里头文化时期，各区又逐渐走向统一。

文化区和地方类型一样，都是基于考古学文化的研究，一个综合，一个分解，代表着研究的两个方向。中国的新石器时代和青铜时代初期，如前所述，比较清楚的文化区有五或六个，而有一定线索的在十个左右，实际上可能远不只此数。搞清文化区的分布和各自的文化面貌、内涵，应是21世纪中国考古学的重要任务之一。

在文化区的划分和名称上，学术界也有不同的意见。例如，是把文化区和区内的小区系贯通下来，即先划分大的文化区，再在文化区内分区系，或是先分小区系，再把区系归并为文化区；还是先进行全面的纵向分期，然后按大的期别来划分文化区（或文化群）。这两种意见与前面所讲的考古学文化内部的类型划分一样，也是源自方法上的差别。

文化区之间的关系也有亲疏之别。如地处黄淮下游地区的海岱文化区和长江钱塘江流域的太湖文化区，共性的东西相对较多，相互关系就自然密切一些。所以苏秉琦又把中国史前文化分为两大部分，即"面向海洋的东南部地区和面向亚洲大陆腹地的西北部地区。"[2]当然，中国的新石器时代文化不仅仅只有上述两大部分，而且在做更高层次的划分时也不应当局限在现今中国的版图之内。如东北亚地区就是一个突出的例证。在这里，以刻划之字纹的筒形罐为特征的一系列文化遗存，其分布就包括了中国东北、朝鲜半岛和东西伯里亚在内的广大地区。东南沿海及太平洋一些岛屿的情况也是如此。

至于更高的层次，就是把视野转移到全世界的范围，在文化上又有东方和西方的区别。关于从史前社会发展到文明时代的途径，张光直曾高度概括为两种基本方式，即：一个是世界式的或非西方式的，主要代表是中国，其重要特征是连续性的；一个是西方式的，其特征是突破式的，在人与自然环境的关系上，经过技术、贸易等新因素的产生而造成一种对自然生态系统束缚的突破[3]。

当然，也有另外的划分意见，如按经济类型。严文明曾提出，中国从旧石器向新石器时代的过渡有三种途径，进而在中国形成了三个各有特色的经济文化区，即：南方（包括长江流域、珠江流域、东南沿海和云贵高原地区）以稻作农业为特色的文化区；北方（包括黄土高原、华北平原、山

[1]　俞伟超：《关于"考古类型学"的问题》，《考古类型学的理论与实践》，文物出版社，1989年。

[2]　苏秉琦：《略谈我国东南沿海地区的新石器时代考古》，《文物》1978年第3期，第40页。

[3]　张光直：《考古学专题六讲》第一讲，文物出版社，1986年。

东丘陵和铁岭以南的东北平原地区）以旱地农业为主的文化区；东北、西部（包括东北北部、蒙新高原和青藏高原地区）以狩猎和采集为特征的文化区[1]。当然，如果从以经济类型角度分析，前两者都属于农业经济，只是因为自然环境的不同而种植了不同种类的农作物。

（原载《考古学理论·方法·技术》，文物出版社，2002年）

---

[1]　严文明：《中国史前文化的统一性与多样性》，《文物》1987年第3期。

聚落考古学

一 聚落考古学的产生

在考古学研究中，由于研究的目的不同，对研究对象的基本单位的划分就会有所差别。如单件的遗物和成组的遗物，单个的遗迹或组合成类的遗迹，遗址和遗址群等。考古学研究中的聚落考古是以聚落遗址为单位来开展工作和进行考古学研究的一种方法。这一名称是最近20年才从国外引入的，称谓并不一致，多数人将其称为聚落考古或聚落形态研究。

不同的研究者对聚落考古的定义也不相同。最早把聚落考古作为考古学方法论来加以实施并取得巨大成功的美国学者戈登·威利（Gordon R. Willey），是这样来定义聚落考古的：

> 人类将他们自己在他们所居住的地面上处理起来的方式。它包括房屋的安排方式，并且包括其他与社团生活有关的建筑物的性质与处理方式。这些聚落要反映自然环境，建造者所实用的技术水平，以及这个文化所保持的各种社会交接与控制的制度。因为聚落形态有一大部分为广泛保有的文化需要所形成的，它们提供了考古文化的功能性的解释的一个战略性的出发点。[1]

布鲁斯·炊格尔（Bruce G. Trigger）的用语较为简明，他将聚落考古定义为"用考古学的材料对社会关系的研究"[2]。张光直则把上述定义改成："聚落考古学是在社会关系的框架之内来做考古资料的研究。"[3]

聚落考古学在西方逐渐成为一种被普遍接受的考古学方法，是和考古学的发展及研究目的的转变联系在一起的。

20世纪30年代以前，西方考古学的重点集中在发现新材料，并以此来研究文化的分期、年代序列、起源和发展、相互关系等所谓文化史的工作方面。到20世纪30年代后期，一些考古学者（特别是年轻的学者）对上述研究方法和内容产生了不同看法，他们要求改变这一局面，认为考古工作者不仅要研究"物"，而且要研究"人"，研究人类社会。较早提出这一问题的是英国著名考古学家戈登·柴尔德（V. Gordon Childe），在美国则有斯特朗、斯特瓦德、克拉孔[4]等。比较全面地评判考古学研究现状并提出自己看法的是哈佛大学年轻的博士生瓦特·泰勒（Walter W. Taylor）。

---

[1] 转引自张光直：《考古学专题六讲》，文物出版社，1986年，第75页。原文见 Gordon R. Willey, "Prehistoric Settlement Patterns in the Viru Valley, Peru". Bulletin 155, Bureau of American Ethnology, Smithsonian Institution, 1953, P.1.

[2] 转引自张光直：《考古学专题六讲》，文物出版社，1986年，第84页。原文见 Bruce G. Trigger, "Settlement Archaeology—its goals and Promise", Amirican Antiquity 32 (1967), P.151.

[3] 张光直：《考古学专题六讲》，文物出版社，1986年，第86页。

[4] 张光直认为最早向美国传统文化史派考古学开炮的是柯莱德·克拉孔（Clyde Kluckholn），参见张光直：《从俞伟超、张忠培二先生论文谈考古学理论》，《考古人类学随笔》，生活·读书·新知三联书店，1999年。

他在1943年向哈佛大学人类学系提交的博士论文《考古学研究》（该书到1948年才公开发表）中，不仅尖锐地批评了以当时的考古学大师阿福瑞·基德（Alfred V. Kidder）为代表的美国传统考古学派文化史的研究路线，同时也提出一种新的研究方法——"缀连法的研究方式"（Conjunctive Approach），即位置联系和功能研究的方法。把考古发现的所有现象有机地联系起来进行研究，把年代学和功能联系起来，把不同的人工物及特征的研究联系起来[1]。

在上述历史背景下，戈登·威利在秘鲁的维鲁河谷采用了一种新的方法，即聚落考古的方法开展调查、分析和研究。1953年发表的《维鲁河谷聚落形态之研究》，成为美洲考古学史上一个划时代的里程碑。此后，聚落考古的方法被越来越多的人所接受和实践，适用的研究领域越来越宽，如社会结构与功能、史前人口、社会组织、科学、宗教、政府等等。

大体同时，在前苏联考古学界也发生了重要变化。一批年轻的考古学者，提出用马克思主义思想来指导考古学研究。他们批评器物形态研究是先入为主的偏见，是单纯的器物观，而类型学则产生以生物学观点来解释历史的资产阶级进化论，强调考古学要研究人和人类社会[2]。位于乌克兰境内的特里波列文化遗址的大面积发掘和重新研究，就一定程度上采用了聚落考古的方法，这是前苏联考古学研究的一项重要的代表性成果。

严文明这样评价美苏两国聚落考古的异同："苏联的聚落考古是在马克思主义社会发展史理论的框架下进行的；而美国的聚落考古则是在新进化论和文化人类学理论的框架下进行的，所以经常采用人文地理学和民族学关于聚落研究的模式来解释考古资料。两者不尽相同而又有相通的一面。"[3]

二 聚落考古学在中国的运用和发展

聚落考古在中国的系统开展相对较晚。1984年8～9月，张光直应邀先后在北京大学和山东大学做考古学专题讲座时，第一次把西方考古学中的聚落形态研究方法系统地介绍给中国考古学界。而在这之前半个多世纪的考古发掘和研究中，也曾对一些聚落遗址进行过较大面积的揭露。所以，部分学者认为中国的聚落考古开展得并不甚晚。对此，应该有一个正确的估价和基本的认识。

20世纪30年代发掘的殷墟宫殿区和王陵区，曾揭露出成组成片的宫殿基址和墓葬，或认为这是中国考古学发展过程中聚落考古的开始。

新中国刚刚建立的20世纪50年代初期，中国全面学习苏联的经验。表现在考古学方面是学习和借鉴特里波列发掘中大面积揭露的考古发掘方法，其直接体现就是用这一方法来指导西安半坡遗址的发掘。1954至1957年，半坡遗址的发掘工作持续了近四年的时间，在发掘中，主持者意识到这是一处保存较好的原始氏族公社的聚落遗址，作为最终成果的发掘报告的副标题就是这样标明的[4]。因此，多数学者认为半坡遗址的发掘可以看作是中国考古学中聚落考古的开始（图一）。正如有的学者所指出的那样，半坡是一个经历了很长发展时间的多层聚落遗址，从聚落的历史演变角度看，

---

[1] 杨建华：《外国考古学史》，吉林大学出版社，1999年。

[2] B.A. 布尔金等著、刘茂译：《苏联考古学的成就和问题》，《史前研究》1985年第4期。

[3] 严文明：《聚落考古与史前社会研究》，《文物》1997年第6期，第28页。

[4] 中国科学院考古研究所等：《西安半坡——原始氏族公社聚落遗址》，文物出版社，1963年。

图一 西安半坡仰韶文化聚落遗址发掘现场

它不仅仅是只包含一个聚落的聚落遗址。尽管如此，半坡遗址的发掘在中国新石器时代考古的历史上仍然具有划时代的重要意义，以后的一些发掘和研究工作，如宝鸡北首岭、华县元君庙、临潼姜寨、兖州王因、汤阴白营等，都可以看作是这种方式聚落考古的延续和发展。

20世纪80年代以后，随着中国考古学界对考古学理论与方法问题讨论的深入和西方聚落考古方法的传入中国，采用聚落考古的方法开展考古发掘和研究，进而探讨和解决古代社会方方面面的问题，特别是探索中国文明起源等重大课题，其作用逐渐被人们所认识。这一时期开展的一些考古工作，或者一开始就是主动的，或者由被动转变为主动，从主观要求上开始采用聚落考古的方法。如长岛北庄、敖汉兴隆洼、蒙城尉迟寺、邓州八里岗等，都是采用聚落考古方法开展工作并取得相当成效的实例。

20世纪90年代以来，由于《中华人民共和国涉外考古工作管理办法》的出台和实施，除了国内学者独自进行的工作之外，一些考古单位开始和国外的考古研究机构及学者合作，采用聚落考古学的方法开展考古调查、发掘和研究工作。如山东大学和美国耶鲁大学、芝加哥菲尔德博物馆等在山东日照地区开展的区域系统调查和聚落考古研究；中国社会科学院考古研究所和澳大利亚拉楚比大学、美国哈佛大学等在河南巩义地区进行的区域系统调查和研究；内蒙古自治区文物考古研究所等和美国匹兹堡大学等在内蒙古赤峰地区开展的区域系统调查和研究等。这些工作在一定程度上促进了聚落考古方法的推广。

三 聚落考古学的基本内容

关于聚落考古学的内容，不同学者的看法不尽相同。张光直认为聚落形态的考古学研究包括以下几个步骤[1]：

（1）聚落单位的整理；

（2）聚落布局；

（3）同时诸聚落在较大区域内之联接；

（4）聚落形态的变迁；

（5）聚落资料与其他资料关系的研究。

20世纪80年代中期以来，严文明一直在中国新石器时代考古的研究中运用着聚落考古的方法。1993年初在广东召开的全国考古工作汇报会上，他在《考古学的聚落形态研究》的讲演中，比较全面地论述了聚落考古及其在中国的实践和运用前景，在与会者中引起较大反响。他认为聚落考古一般应包括以下三个方面的内容[2]：

（1）单个聚落形态和内部结构的研究；

（2）聚落分布和聚落之间关系的研究；

（3）聚落形态历史演变的研究。

最近，张忠培在简略论及聚落考古时，对聚落考古的内容提出了自己的看法[3]，他认为聚落考古应包括五个方面的内容，即：

（1）单一聚落形态、布局及结构的个案研究；

（2）同一考古学文化同时期聚落的分布及其相互关系的探讨；

（3）同一考古学文化不同时期或同一谱系不同时代的诸考古学文化的聚落形态、布局、结构和聚落分布的分析；

（4）不同谱系同时期诸考古学文化的聚落的相互关系、以及这类聚落形态、布局、结构和它们的异同的探索；

（5）聚落与生态环境的关系。

综合以上各家的主要意见，我们认为聚落考古的内容可以从以下几个方面展开论述。

（一）聚落组成单位的界定和研究

在聚落遗址中，遗迹的种类很多，并且不同性质的聚落遗址内的遗迹也有相当大的差别。常见的遗迹有房屋、单独的灶坑、窖穴、灰坑、沟、水井、道路、活动场地、牲畜圈栏、宗教遗迹、作坊、水利设施、防御设施和墓葬等。这些遗迹是人们各种活动的产物，并且总是同具有一定关系的人群相联系，所以它们通常是相互匹配存在于聚落遗址之中，从而形成一些小而全的单位，我们称

---

[1] 张光直：《考古学专题六讲》，文物出版社，1986年。

[2] 严文明：《聚落考古与史前社会研究》，《文物》1997年第6期。

[3] 张忠培：《聚落考古初论》，《中原文物》1999年第1期。在1994年由中州古籍出版社出版的《中国考古学：实践·理论·方法》一书的序言中，作者也曾简要提及聚落考古研究问题，并着重强调了揭示发掘对象中同期诸单位的平面布局的重要性，见该书第4、5页。

之为聚落组成单位。

聚落组成单位的大小并非固定不变。在一般情况下，可以做这样的理解，如果一个聚落遗址代表着一个大一点的社会组织（氏族、宗族或其他），那么，构成这个组织的基层或基本单位（如家庭、家族或其他）的考古遗存，就应该是通常认为的最小的聚落组成单位。下面首先来分析这种最小的聚落组成单位。

聚落组成单位是一个小的考古遗存集合体，它除了有房屋基址之外，还可能包括窖穴、各种性质的灰坑（取土坑、垃圾坑、祭祀坑等）、动植物加工场地、手工加工场地等。此外，各种作坊遗存、水井、城墙、壕沟、排水系统、道路系统、墓葬等，都可以看作是聚落的构成单位。

聚落组成单位的大小因时代和空间的不同而有所差别。如果社会的基本单位是核心家庭，那么，一个核心家庭规模的考古遗存就构成一个聚落组成单位；如果社会的基本单位是家族，则与一个家族相联系的考古遗存就是一个聚落组成单位。所以在确定聚落组成单位时，应从考古发现的具体情况出发，并与当时的社会结构和社会组织关系联系起来考虑。

同时，确定一个聚落组成单位考古遗存的种类，又必须与人及人的行为相联系。所以，它不仅有供人居住的房屋，当还有其他与人的活动相关联的遗存，如储藏各种物品的窖穴、饲养家畜家禽的遗存、弃置垃圾的灰坑、供人通行的道路、平时进行各种活动（包括制作工具、武器、加工粮食、屠宰动物等）的场地等等。以上遗存的全部或一部分如果具有内在的联系，符合空间上具有连续性、功能上具有互补性、时间上具有共时性这三个标准，那么，就可以将其看作是一个聚落组成单位[1]。

所谓空间上的连续性是指，聚落组成单位的所有遗存存在于同一个活动范围之内，它们在空间上是相连的。如一座（或一排）房屋前面的庭院，屋旁饲养牲畜、家禽的圈栏，屋后储存食物的窖穴，屋外通往其他区域的道路，等等。这些空间上连续的遗存如果符合其他要素的要求，就共同构成了一个聚落组成单位。同样，如果相距较远、在空间上不连续，即使符合其他要件，也很难将其作为一个聚落组成单位来对待。

所谓功能上的互补性，则是指这些空间相连接的遗存在功能上互补，它们相互结合可以在一定程度上反映人们的必要活动。譬如一个烧制陶器的作坊，加工原料的场地，制作陶坯、存放陶坯陶器和供人休息的房屋，晾晒陶坯的场地，水源，烧制陶器的窑，以及各种相应的工具等，它们从不同的方面体现和反映了制作陶器的功能，从这一意义上讲，这些遗存的功能是互补的。

时间上的共时性对于界定聚落组成单位最为重要，也是在考古实际操作中较难把握的一项指标。严文明在充分肯定半坡遗址发掘成就的同时，也指出了发掘者的失误，即半坡遗址代表了几个前后相继的聚落而不仅仅是一个聚落。即使在空间上是连续的遗存，它们是否属于同一个聚落组成单位，关键是取决于是否在一个允许的时间跨度之内。张光直曾举过这样的例子来说明这个问题：一排相连的房间，多是聚落的一部分，因此多半是一个单独单位的要素。但如果一排房间中的一部分建造得较早，而另一部分建造得较晚，较早建造的房间被一种文化的人们所占据，而较晚建造的

---

[1]　张光直曾将其表述为"形态上的连续性、功能上的一致性以及时间上的共时性"，参见张光直著，胡鸿保、周燕译：《考古学中的聚落形态》，《华夏考古》2002年第1期。

房间则为另一种文化的人们或同一文化的较晚而且差别极大的文化期的人们所占据，那么，这一排房间就应该属于两个单位。同样，两个分开的房间也是如此，如果它们是由两种文化的人们建造并占据，显然是分属于两个单位，如果它们是被同时占据，并且在功能上是密切相联的两个部分，那就应看作是同一单位。

在实际工作中，不少人把遗址等同于聚落，即一个遗址就是一个古代的聚落，这种看法至少可以说是不确切的。中国的古遗址多半都是长期居住而形成的，如果它们中间有间断或者虽然没有间断但曾发生过重大变化，那么，一个遗址可能是两个甚至更多的不同期的聚落。只有在使用期较短并且是同一文化的人们连续居住的情况下，才可以把一个遗址看作是一个聚落。同理，聚落组成单位也是如此。于是，如何确定考古遗存的共时性就成为聚落考古中的一个关键性问题。这里有两个问题需要解决：一是什么是共时性？二是如何在实际考古操作中确定这种共时的遗存。后一个问题将有专门的讨论，现在主要分析前一个问题。

聚落和聚落组成单位的共时性，是一个比较复杂的问题。无论是一个家庭、家族，还是一个更大一些的社群组织，它们总是在不断发展和变化的，因而表现在聚落形态上就不会是一成不变的。所以，聚落形态无时不在发生着程度不一的变化。这些变化包括房屋的改建、扩建和增建，其他与人的行为有关的遗存的增加和减少等。一般说来，只要是考古遗存所反映的聚落形态的格局没有发生重大变化，就可以认为是一个聚落或聚落组成单位。在分析考古遗存共时性的问题时，张光直引入了时间段的概念，他是这样表述的：

> 考古学的共时性（contemporaneity）可被接受的有意义的范围是什么呢？……一个考古学的共时单位（synchronic unit）是这样一个单位：在相当长时期内不发生变化、并且不打乱整个文化要素组合的前提下，在其中产生变化。它是一种定态，在这种状态下，从其中的大部分或最重要的部分中归纳出来的行为和方式可以适用于其全体[1]。

这里所谓的定态是指一种暂时性的时间范围。人类复杂的行为所形成的历史表现为一个不断变化和发展的时间顺序，人们所创造的遗存也是一样。在实际的考古工作中，我们不可能把这种像流水一样的时间顺序如实地揭示出来。如果大多数或主要的考古资料显示出质的变化，或可以称之为重大变化，那么，我们所看到的考古遗存便由一个时间段进入了另一个时间段。而在同一个时间段里面，可以假设所有发生的事情都是同时而非连续的，这就是所谓的定态。但是对那些非本质性变化也不是视而不见，应该着力去观察和捕捉，进而掌握具有共时性的单位内部变化的意义和发展趋向。如郑州大河村F1~F4，整体上看是属于一个聚落组成单位，即它是共时的，但实际上这些房屋并不是同时建造的，而是随着人口的增加或其他什么原因而逐渐扩建形成的（图二）。如果每一个或多数构成单位都产生了这样的变化，那么就应该对聚落和聚落组成单位有新的考虑和认识。

上面所说的质的变化或重大变化，其实也很难有一个明确而统一的标准。并且，对这些变化在量上如何把握，很大程度上还取决于我们的研究目的。所以，张光直说"时间段是分层分级的"。着眼点高一些，时间段的级差就长一点，考古资料所显示的变化就比较大。相反，时间段的级差就

[1] 张光直著，胡鸿保、周燕译：《考古学中的聚落形态》，《华夏考古》2002年第1期。原文见 Chang, K.C.（1967）. Rethinking Archaeology. New York: Random House.

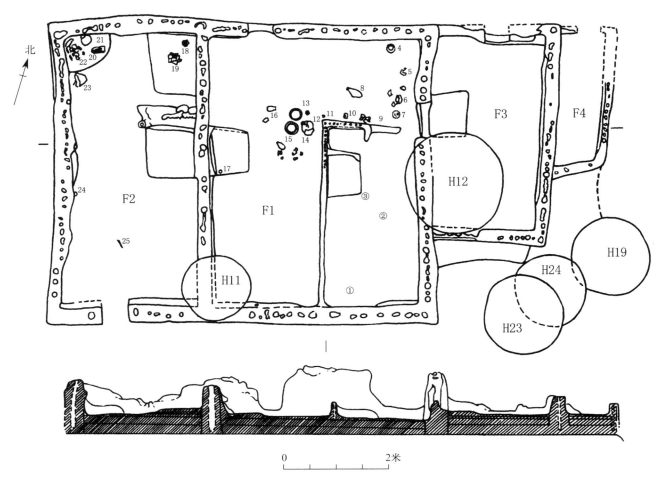

图二　仰韶文化第三期大河村F1～F4平、剖面图

1～3. 柱洞　4～7、9、10、12. 夹砂陶鼎　11、17. 石球、陶球　13. 泥质灰陶鼎　14. 彩陶钵　15、18. 彩陶壶　16. 彩陶双连壶　19. 泥质灰陶罐　20. 砺石　21. 灰陶罐　22. 泥质陶缸　23. 夹砂灰陶罐　24. 陶弹丸　25. 骨尖状器

短一些，而考古资料所显示的变化就可能比较小。在把级差定得较大的情况下，如把一个考古学文化的年代跨度定为一个级差，那显然是比较容易掌握和区分的。但这样做往往不能充分揭示聚落形态的变迁，与研究的初衷不符。那么在一个考古学文化内确定几个时间段，相当程度上是来自研究者的主观判断，于是，研究者的素质又成为一个重要因素。

（二）聚落布局和内部结构的研究

聚落布局往往与聚落的内部结构密切相关。聚落的内部结构因时代的不同而存在相当大的差别。在旧石器时代和新石器时代早期，社会的整体发展水平较低，聚落的结构也相对比较简单。随着社会的发展，聚落的内部结构趋于复杂化，不仅是原始时期的村落与文明时代的城市差别巨大，即使同为一般聚落，时代不同结构也不完全相同。

一般聚落的布局，通常可以从功能和组织结构两个方面来加以区分。

从功能上看，不少聚落遗址可以划分为具有不同职能的区域，如居住区、手工业生产区、宗教活动区、防御设施区、埋葬区……。例如人们所熟悉的姜寨一期仰韶文化聚落遗址，聚落布局比较严整（图三）：居住区占据了围沟以内的大部分空间；制作陶器的生产区主要分布在遗址西南部靠近临河沿岸一带；防御设施以围沟的形式出现，环绕在居住区的周围，部分地段还有突出的哨所；埋葬区则位于居住区之外，目前已经揭露的三大片主要分布在居住区的东部和东南部[1]。姜寨史前聚落规划设计的巧妙之处在于，他把聚落与自然环境比较和谐地结合在了一起。如聚落址选在临河岸边，既解决了人畜用水问题，又增加了一道天然屏障，省却了不少挖环壕的劳作之苦。同时，把用水量较大的制陶作坊安排在河边一带，更是出于因地制宜的考虑。当然，像姜寨这样功能区划比较清楚的聚落遗址，在目前的中国考古学资料中毕竟还是少数。并且，布局这么严整的聚落在中国早期遗址中，是具有普遍意义的现象，拟或是一种区域性特点，还有待于今后的聚落考古加以揭示和研究。

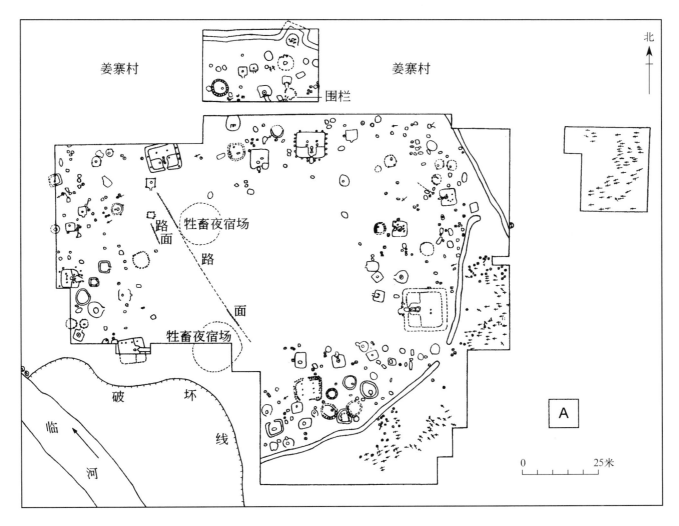

图三　临潼姜寨仰韶文化早期聚落遗址平面图

---

[1]　半坡博物馆等：《姜寨——新石器时代遗址发掘报告》，文物出版社，1988年。

　　一般而言，聚落居住区内以房屋为主的各种遗迹的排列方式，可以看作是当时聚落内不同层面社会组织和亲属制度的具体体现，关键在于我们如何去解读。这里，细致、清醒、准确的田野操作是各种后续研究的基础。在发掘中，单独的房子、灰坑、活动面、文化堆积等遗存都是我们经常碰到的对象，这些遗存只有从时间、空间和功能三个方面进行衔接，组成有意义的、不同层次的聚落组成单位，才具有复原古代社会组织结构和亲属制度方面的意义。

　　可以再举姜寨的例子。姜寨一期居住区内以房屋为主的各种遗存分为五大组，每组之内有大、中、小三种类型的房子，大型房子只有一座，中型房子则有两三座，小型房子有一二十座不等，大、中、小型房子在数量上呈金字塔状分布。综合分析后可以发现，在姜寨仰韶文化聚落内部至少还存在两三个层次的聚落组成单位：即以一座大型房子为中心的各组是几个层次较高的聚落组成单位；每组之内以中型房子为中心的各组是层次较低的聚落组成单位；小型房子是否构成一级聚落组成单位，要看它的内部结构和功能以及与其他遗迹的匹配情况而定，如果各种现象表明它构成了一个基本的生产单位或消费单位，就可以成为一级聚落组成单位，否则就不是。当然如果仅据屋内设置有灶塘就断定它是独自炊爨的消费单位就未必正确，这样的房屋有可能让走婚的年轻男女在一起过夜，而灶塘是用来烧水或冬天取暖的，因为民族志中就有类似的情况。如果把小型房子及其相关遗迹作为一级聚落组成单位，那么在姜寨仰韶聚落中就存在四级结构，即小型房子－中型房子组－大型房子组－整个聚落。

　　邓州八里岗遗址仰韶文化的聚落布局与姜寨完全不同，它是由成排的房子构成的。细分之，在聚落内部也存在三个层次的聚落组成单位（图四）：以排为单位的各组房子是层次较高的几个聚落组成单位；每排房子之内又分成相对独立的几栋房子，每栋房子就是一个层次较低的聚落组成单位；每栋房子又分为几个前后分隔的套间，每个套间内有自己的火塘，性质与姜寨的小型房子相似。如果把一个套间房子作为最小的聚落组成单位，八里岗仰韶聚落中也存在着四级结构，即一个套间－一栋房子－一排房子－整个聚落[1]。虽然聚落布局不同，但反映的社会结构与姜寨极其相似。

　　经过对考古资料做这样逐级的详细分析和研究，并结合墓葬资料和出土遗物的综合研究，再来讨论当时的社会结构和组织关系，所得出的结论的可靠性和说服力就会大得多。

　　墓地的情况也是如此。单个的零星墓葬在复原古代社会的组织结构和亲属制度中不能说完全没有意义，至少是意义不大。在聚落遗址的外围或者内部往往存在或大或小的墓地，如果它们属于同一时期，就势必与居住区内的某个部分相对应。毫无疑问，埋葬在同一个墓地内的人们较之埋葬在不同墓地的人们之间生前有着更为密切的关系，他们或属于同一氏族，或属于同一宗族，或同属于一个较高、较低的集团。即使在一个墓地内部，从墓葬的排列方式、相互关系、埋葬习俗和人骨鉴定结论等方面进行综合分析研究，对于复原古代社会组织结构和亲属制度也是至关重要的。因为墓葬挖在地下，一般不易被破坏或全部破坏，整个墓地可以保存得较为完整，而房子建在地上，并且往往因为连续居住而进行规模不等的改建、扩建和重建，旧有的聚落极易遭受破坏，较难得以完整保存。当然，最好是像姜寨遗址那样，既有较为完整的居址，也有保存很好的墓地，两者结合起来分析研究，结论自然就更可靠一些。

　　[1]　赵辉：《长江中游地区新石器时代墓地研究》，《考古学研究（四）》，科学出版社，2000年。

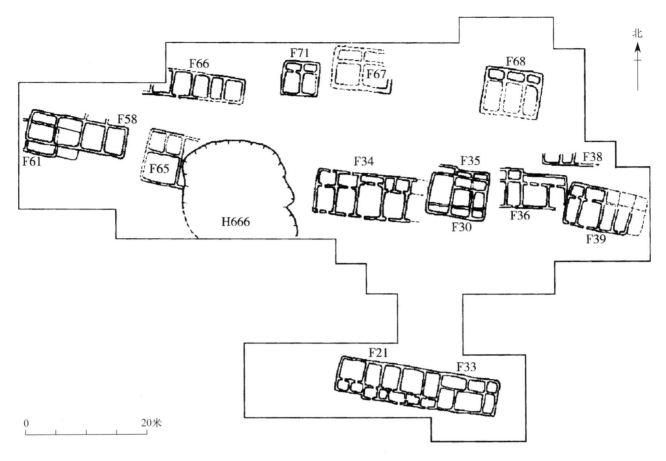

图四　邓州八里岗仰韶文化房址平面图

　　聚落布局通常是比较复杂的，有的聚落经过严格的规划和设计，显得比较整齐划一；有的聚落则没有什么规划，是在发展中自然形成的，可能就比较凌乱；另外一些聚落可能开始时有规划，后来随着发展又打破了原有的秩序；而有的聚落可能开始时没有什么规划，随着的发展的需要，可能又加入了人为的干预和控制因素。后两种聚落可能就显得既不那么整齐，又好像有规律可循。总之，各种情况的认定，都是需要在实际操作中仔细地加以分析和区分[1]。

　　西方考古学对古代和史前聚落布局的研究，则主要集中在房屋的布局和器物特征布局两个方面。前者以张光直的研究为代表，他认为一个村落式遗址内出现的房屋或灶塘遗迹可以分为四类：有计划的、无计划的、分组的和独立家屋式的。鉴于聚落布局是研究古代社会组织关系的一条重要线索，所以他曾建议把聚落布局称之为"社区形态"（community patterns）[2]。此外，西方有不少学者还从器物的细部特征在聚落单位内的空间分布关系方面着手，来研究古代社会的社会关系问题，也有重要的发现[3]。

　　[1]　严文明：《聚落考古与史前社会研究》，《文物》1997年第6期；又见《走向21世纪的考古学》，三秦出版社，1997年。

　　[2]　Chang, K.C. (1958). Study of the Neolithic social grouping: examples from the New World. *American Anthropologist*, 60:298-334.

　　[3]　Deetz, James (1965). The Dynamics of Stylistic Change in Arikawa Ceramics. Urbana: University of Illinois Press. *Illinois Studies in Anthropology*, No.4. Longacre, William A. (1970). Archaeology as Anthropology: A Case Study. *Anthropological Papers of the University of Arizona*, No.17. Hill, James (1970). Broken K: a Prehistoric Society in Eastern Arizona. *Anthropological Papers of the University of Arizona*, No.18.

（三）聚落的空间分布及其相互关系的研究

如果说聚落内部结构的研究是微观的聚落形态研究，那么，在较大的空间范围内探讨聚落的相互关系，就是一种宏观聚落形态研究。关于聚落的空间分布及其相互关系研究的目的，张光直认为主要有三，即：

（1）把聚落单位集聚成为有某种意义的更大的单位；

（2）辨认这更大单位之中各个聚落单位之间的关系的规则性；

（3）对这种规则性加以解释[1]。

上述归纳比较全面地概括了聚落形态研究这一方面的内容和目的，但中外学者在理解上又各有不同。张光直这里所说的更大的单位有六种类型：季节性的聚落群；共生区域；自给自足的村落；在较高水平上的大范围联结（或称为高级聚落群）；城乡连续体；考古学上的"文化"。以上内容中的相当部分是和民族志资料相结合建立起来的。

季节性聚落群是张光直1962年依据北极圈的民族志资料提出来的聚落形态类型，它包括两大类若干小类，即：

（1）年度聚落——占据一年之内全部主要的生存活动能够在此类聚落内完成

永久性聚落：永久性地占据一个点。

半永久性聚落：占据一年或数年之后放弃，原因是该地点的生态潜能耗尽，占据者不能使其复原。

（2）**季节性聚落群——由分布在年生存区的一群人在一年当中的不同季节轮流占据的季节性聚落网**

定居的季节性聚落——一群定居者的永久性年生存区。

a．带永久性基地的：主要的季节性聚落的地点永远不变动。

b．带瞬时性基地的：各季节性聚落地点在占据一年或数年后发生变化，但群体的整个年生存区保持不变。

临时的季节性聚落——由于整个地区的生态潜能耗尽，占据者又不能使其复原，因此在占据一年或数年后，一群人不得不将占据地从一个年生存区迁往另一个年生存区。

共生区域是不同文化的人群同时占据的不同聚落所组合而成的。在这个共生区域中，各个大体同时的聚落往往与不同的自然资源相结合，并形成一种贸易伙伴关系。张光直认为这种共生区域往往出现在文明的边缘地带，其中共生的成员便是农人和牧人。

自给自足的村落相当于考古学上常见的聚落遗址，在实际上还多与卫星营盘（环绕在聚落周围的季节性居址和临时营地）相配合。

更高一级的聚落群则是以共享一个专门化的重要场所相联系，当然，在不同的层面会有不同的场所。在经济层面是一个市场，在宗教层面是一座庙宇或仪式中心，在宗教和社会组织层面是一个墓地，在工业和商业层面是一个工场。而殖民式的村落群，则是由一个主村和若干个分支村落组成。

城乡连续体是一种级别更高、范围更大的聚落形态。在这里城市是自给自足的，它包括了行政

---

[1]　张光直：《考古学专题六讲》，文物出版社，1986年，第90页。

中心、居住区、市场、仪式中心、工场等，它们互补而构成一个整体。乡村则不是自给自足的，它离开城市不能独立维持。

文化包括聚落单位及它们联结成的系统，它拥有一种共同的风格，以区别于其他文化的单位和系统[1]。国内学者一般把这一项内容表述为聚落空间分布及其相互关系，聚落的空间分布较容易理解，关键是根据聚落分布的状况和规律来探讨其相互关系。关于后者，一般解释为依据相互间的内在联系而把若干单个聚落集聚成更大的单位，通常称之为聚落群（或遗址群）。张光直所说的第一和第三种聚落形态，大约相当于不同类别、不同性质的聚落内部结构，其范围不超出一个聚落。第二种则是一种特殊情况下产生的聚落形态。第四、五种是高度发展了的聚落形态，前者大约是史前社会发展到较高阶段的形态，而后者则已进入了文明时代。从总体上讲，这五种聚落形态和社会的发展阶段有相当程度的联系。

无论是聚落群还是更大范围的聚落组合关系，首先要考虑共时聚落的空间分布。只有把某一时间段之内的聚落遗址全部或基本上普查出来，才有可能按其原貌来划定聚落群或是更大的聚落实体。如果某一区域有100个聚落遗址，而实际上只发现了它的十分之一或五分之一，这样显然很难做进一步分析，或者勉强进行了分析和研究，其结论的正确性也就可想而知。因此，目前最好并且最实用的方法就是有计划有目的地开展区域系统调查。所谓区域系统调查法（Systematic Regional Survey），或称为全覆盖式调查（Ful-Coverage Survey），我们通俗地称为拉网式调查。调查分调查前的准备、野外调查和室内分析等几个步骤。调查人员一般由5～8人组成，调查时平行站成一排，相互之间保持30～50米的距离，对拟调查的区域实行无遗漏的徒步踏查。为了准确地断定遗址的年代及期别，要尽可能多地采集地表遗物，并将在遗址的不同位置采集的遗物单独编号存放，并在图纸上加以标记。调查所获得的所有资料要在现场落到大比例的地形图上（1：10000或者更大比例）。室内工作主要是整理、分析采集的遗物和绘制各种图表。经过五六年来在山东省日照市两城地区的亲身实践，证明这是进行聚落形态研究的一种行之有效的方法，值得在中国大力推广[2]。

至于聚落群如何组合，则要在对每一个聚落遗址基本内涵和结构及周围的地理地貌、自然环境有尽可能多的了解的基础上分析确定。张光直认为，聚落单位是固定不变的，而它们组合起来的更大单位——聚落群是可以变动的，关键是看划定聚落群的标准。如前所述，在不同的层面，即经济的，宗教的，社会组织的等，划分出来的聚落群可能相同也可能不同。

聚落的空间分布多半与地理位置、地貌类型、自然环境以及经济类型等密切相关。如北方地区的史前聚落遗址多数沿古河道的两岸分布，具体形状取决于河流的走向和河流两侧资源的容量。山前的聚落遗址一般沿山脚分布，大约在相差不大的海拔高度上，沿海的聚落与其相似。在平原地区，较早时期散点式分布的现象较多，而随着社会的发展聚落遗址的数量不断增多，则集合成聚落群。以农耕为主和以采集渔猎为主的聚落分布规律显然有所区别，即使同是以渔猎采集为主，经营着海洋捕捞采集和内陆渔猎采集的不同作业在聚落的分布上也有明显反映。

[1] 张光直著，胡鸿保、周燕译：《考古学中的聚落形态》，《华夏考古》2002年第1期；张光直：《考古学专题六讲》，文物出版社，1986年。

[2] 中美两城地区联合考古队：《山东日照地区系统区域调查的新收获》，《考古》2002年第5期；方辉：《对区域系统调查法的几点认识与思考》，《考古》2002年第5期。

聚落遗址的大小及数量与社会政治、经济、文化的发展变化、人口的增减等因素紧密地联系在一起。以海岱地区现有资料为例，后李文化时期，已发现的聚落遗址只有十余处，它们之间相距较远，基本上是沿丘陵区的边缘分布；北辛文化时期增至近百处，其分布的区域有所扩大，并从丘陵边缘向平原地带发展；到大汶口文化阶段，聚落遗址的数量超过了600处，并且出现成群分布的现象，聚落分化已开始发生，最大的大汶口聚落面积近百万平方米，而一般的聚落遗址只有数万乃至不足一万平方米；龙山文化时期，聚落遗址的数量急剧增多，达到创记录的1200余处（实际上可能更多），在聚落形态上开始出现大中小三级甚至四级的差别，特别是城址像雨后春笋般地诞生和发展起来，这些不同等级的聚落遗址在数量关系上呈现出一种金字塔状分布；龙山之后的岳石文化时期，聚落遗址的数量显著减少，目前只发现300余处，文化的发展处于低潮时期；而到商代，聚落遗址的数量虽略有增加，但也不过500余处；而到周汉两代，遗址的数量都超过了2000处。

要研究聚落之间的关系，首先要明确的问题是共时性问题。只有确定为大体共时的聚落，才能进一步探讨它们之间各种各样的关系。如何确定聚落遗址的共时性，还是一个有待于探讨的问题。

聚落的空间分布和年代清楚了，就可以进一步研究聚落之间的相互关系。聚落之间的关系因性质和类别的不同可以有多种，从最基本的归类考虑，不外是社会关系和经济关系这两种关系。

聚落之间的社会关系比较复杂，既有政治的，军事的，文化的，也有血缘的，宗教信仰的。就政治关系而言，不同时代聚落关系的性质也很不相同，较早时期保持着基本平等的聚落关系，逐渐向不平等的隶属关系发展变化，最终进入文明社会，产生国家，形成统治与被统治的关系。如在仰韶时代晚期和龙山时代，开始出现具有一层至三层决策机构的两级、三级乃至四级聚落等级，或称其为"都、邑、聚"式的社会结构体系[1]。当然，这是依据不同的理论所做出的不同解释。应该注意的是，不同区域之间聚落关系发展的不平衡性也是十分突出的。

经济关系在最初的自给自足的自然经济阶段可能比较简单，但也不能排除简单的交换关系的存在。到仰韶时代和龙山时代，在手工业发展的基础上，贸易也发展起来了。以市场或制作各种产品的作坊为中心的经济关系网络逐渐形成。像龙山文化的制陶业、良渚文化的制玉业等，都在相当广阔的区域间形成了贸易交换关系，而小范围小区域的贸易活动可能更多。

（四）聚落形态的历史演变

研究聚落形态的变迁对于考古学来说有着得天独厚的优势，因此，在历史发展过程中分期考察聚落形态的变迁，研究其发展演变的规律，并进一步探讨导致聚落形态发生变化的原因和动力，就成为聚落形态考古学研究的主要内容之一。因为聚落形态的变迁是同等的聚落单位（遗址、小区、文化区乃至更大的范围）社会、文化变迁的具体表现，这一研究的意义不言自明。

聚落形态的变迁从空间范围上讲可以区分为两大部分。

---

[1] 刘莉：《龙山文化的酋邦与聚落形态》，《华夏考古》1998年第1期；张学海：《城子崖与中国文明》，《纪念城子崖遗址发掘60周年国际学术讨论会文集》，齐鲁书社，1993年；栾丰实：《日照地区大汶口、龙山文化聚落形态之研究》，《中国考古学跨世纪的回顾与前瞻（1999年西陵国际学术研讨会文集）》，科学出版社，2000年。

1. 单个聚落遗址内部的变迁

如前所述，一个聚落遗址内部可以分解为若干个层级不同的聚落组成单位，而完整的聚落则是这些不同层级的聚落组成单位的集合。

当一个遗址经过了长时期的连续发展，势必会形成较厚并且分层的堆积，如果把各个层位的聚落形态加以比较，就会发现其有无变化。如果没有变化或变化不大，自然就属于同一聚落。如果有了变化，无非是两种基本情况：一种是取代关系，即晚来的不同人群取代了较早时期的人群，因文化的变化而导致聚落形态产生质的变化；另一种则是同一谱系的人们在同一聚落内祖辈居住，表现为同一文化的连续发展过程。前一种情况因为不同层次的聚落差别较大，故区分起来相对容易，而后一种情况则要复杂得多。

张光直在讨论同一文化连续占据一个遗址时，提出了"永久性"的概念，并且认为这是一个为各家所关注的焦点。他指出，"一个人群只有在占据一个地点达到了一个有意义的时间段时，才算得是永久性定居；一个地点只有在一个有意义的时间段里被同一人群所占据才算得是永久性聚落。"[1]在这里，人群、时间段和地点（或称空间）是三个最重要的基本因素，因为其复杂性，故在考古学的具体实践中需要加以精心研究才能决定。

严文明曾简单地勾画了中国史前聚落结构的发展模式，提出"从凝聚式统一体到向心式联合体再到主从式结合体"的发展轨迹。即裴李岗时代的聚落结构是以大房子为中心的凝聚式统一体，仰韶时代则变为内部有分化的向心式联合体，到龙山时代，聚落内部的房屋明显有高级和一般的区别，相互关系发生了变化，可称为主从式的结合体[2]。这些研究与其说是解决了中国史前文化的聚落结构的发展变化，倒不如说是仅仅提出了问题。这是因为中国史前文化分布的区域极为辽阔，文化传统、地理环境、生态和气候、经济类型和生存方式等都存在巨大差别，特别是以往的考古学研究较少采用系统的聚落考古的研究方法，大量的细致研究尚未开始。就目前的情况而言，尽管不少单位和个人已经开始进行这一方面内容的探索，但还没有一个成功的研究范例可供我们模仿或借鉴，需要考古学界同仁进行思考、实践和总结及这一程序的反复进行。

聚落组成单位的变迁也是研究的重点内容之一。并且，这一类研究恐怕是今后历时聚落形态研究的基础。在实际工作中，随着考古发掘工作的越来越精细化，面对一个数万平方米乃至更大面积的聚落遗址，每次发掘的面积只能是局限在非常有限的范围之内。以山东省邹平丁公遗址的发掘为例，该遗址面积约16万平方米，自1985年以来前后进行过七次发掘，揭露面积2500平方米，不足总面积的六十分之一。记得1993年春张忠培先生来丁公考察发掘工作时曾对我们说：丁公是一处非常重要且保存较好的遗址，既发现了城址又发现了文字，丁公遗址的发掘你们应有一个长期的工作计划，我看需要几代人，至少要60年。当时在场的许多人不以为然，或觉得不可理解，今天看来确实如此。如果要全部揭露恐怕需要更长的时间。因此，现在进行的大部分发掘工作，从整体了解聚落结构的角度讲只能算是一种解剖性的发掘，当然选定少量典型遗址进行大面积揭露也是十分必要的。

---

[1] 张光直著，胡鸿保、周燕译：《考古学中的聚落形态》，《华夏考古》2002年第1期。

[2] 严文明：《聚落考古与史前社会研究》，《文物》1997年第6期。

2. 区域聚落形态的变迁

所谓区域聚落形态的变迁，是指比单个遗址更大范围内的聚落形态的发展演变。张光直从文化生态学角度把一个地区定义为一个自然空间，各种资源可以互补，以使其居民在生存方面可以自给自足。他列举了几种重要的组织方式：

一个单独的社群在一个季节性聚落群内组织起来。

几个群体在几个季节性聚落群中组织起来。

几个群体各自居住在一个生态小区内，并且结成共生关系。

一种共生聚落和季节性聚落的联合体。

张光直认为一个地区内聚落形态的变迁，从季节性聚落和聚落群到聚落共生，从核心聚落到离散聚落，或者从任何一种形态到另一种形态，都体现了生存形态的变化和人、动植物、土地三者之间关系的变化[1]。这种带有人文生态学特点的划分，可能对史前社会特别是较早时期的聚落形态研究更有意义。

国内学者在理解区域聚落形态时，所指的区域是包括一连串从小到大的范围，其依次是：

在一个较小的范围内由若干个聚落遗址构成的聚落群，现在许多人习惯称之为文化小区。

由若干个聚落群即文化小区组成的地方类型。

同一考古学文化或同一谱系的考古学文化。

由几支具有内在联系的考古学文化合成的文化区，如中原文化区、海岱文化区、燕辽文化区等。

再大的区域就是整个中国乃至全世界的范围了。就史前文化的聚落形态研究而言，最重要的是聚落群一级和再上一级的聚落形态。当然，这种情况是中国史前时期社会和文化发展到一定阶段才出现的。在这之前的区域聚落形态则不甚明了，或可以前述张光直的论述为参考。

由于资料的不足，大家在研究时多从宏观角度加以概略分析，主要着眼于中国史前时期聚落形态的演化道路和发展的阶段性。王震中认为中国新石器时代聚落形态演变经历了三个大的阶段："即由大体平等的农耕聚落形态发展为含有初步分化和不平等的中心聚落形态，再发展为都邑国家形态。"[2] 在最近出版的另一部著作中，他把第二阶段聚落形态的表述修正为"初步分层与分化的中心聚落"形态[3]。严文明经过对中国新石器时代聚落形态的考察，把它的发展演变表述为聚落遗址的发生、聚落遗址的扩大、聚落遗址的发展、聚落遗址的分化和早期城址的出现这样一个连续的过程[4]。后来，又将其变化轨迹明确地归纳为三个发展阶段，即"从平等的聚落到初级中心聚落再到城市性聚落"[5]，与王震中的看法基本一致，但在起止时间上略有不同。

（原载《考古学理论·方法·技术》，文物出版社，2002年）

---

[1] 张光直著，胡鸿保、周燕译：《考古学中的聚落形态》，《华夏考古》2002年第1期。

[2] 王震中：《中国文明起源的比较研究》，陕西人民出版社，1994年，第8页。

[3] 李学勤主编：《中国古代文明与国家形成研究·第一篇》，云南人民出版社，1997年。

[4] 严文明：《中国新石器时代聚落形态的考察》，《庆祝苏秉琦考古五十五年论文集》，文物出版社，1989年。

[5] 严文明：《聚落考古与史前社会研究》，《文物》1997年第6期，第34页。

关于聚落考古学研究中的共时性问题

就利用考古学资料来研究古代社会和社会关系而言，聚落考古提供了一条其他方法所不能比拟的了解和走入古代社会的途径。所以，张忠培说："在不同类别的考古学研究中，聚落考古规模最大，能提供数量较多、质量更高的信息，从而能拓宽研究者的视野，提高研究人员的洞察力和能增进学者的以物论史、透物见人的能力。因此，聚落考古在考古学研究中处于较高的层次或层面。"[1]

聚落考古研究所涉及的内容很多。如果要得到系统的资料和理想的结果，这一研究工作应该从筹划田野工作时开始，或者说根据一些切实可行的构想来组织包括各种调查和发掘在内的田野考古工作。而在资料的收集和整合方面，最重要并且难度最大的是以下两个问题，即聚落内部考古遗存的共时性和不同聚落在时间上的共时性的确定。下面来讨论这两个问题。

一　聚落内各类遗存共时性的确定

聚落内部结构的研究是聚落形态研究的基本内容，又是空间聚落形态和历时聚落形态研究的基础。因此，对单个聚落进行深入的个案研究的重要性是不言而喻的。

要了解一个聚落的内部结构和平面布局，关键是确定一系列相应遗存的共时性问题。因为我们知道，只有同时存在的东西它们相互间才会发生直接的关系，而它们很可能就反映了性质不同的社会关系。确定考古遗存的共时性，这是一个说起来容易做起来难的事情。我们认为，确定考古遗存的共时性，需要考虑以下三个问题。

第一，采用什么方法来确定一组遗存或整个聚落遗址所有遗存的共时性，即把具有共时性的遗存在局部或整体上集合起来。

就目前学科的发展水平，解决遗存的共时性仍需要采用地层学和类型学两种传统的方法。诚然，自然科学技术在考古学上运用的深度和广度以前所未有的速度在发展着，并越来越为人们所乐于接受，其中的测年技术更是如此。但是，如果要利用自然科学的测年技术在一个较小的年代范围内把考古发掘获得的每一种遗存的年代都确定下来，且不说是否都能采集到合适的测试标本，测年技术本身似乎也达不到这一要求。因此，利用地层学和类型学方法来确定考古遗存的共时性，仍然是相当长时间内必须采用的有效方法，但应当结合聚落考古研究的需要，加以发展和创新。综合前人和当代的实践，有以下几种具体的操作方法可供考虑。

一是根据各种遗存的层位来确定其共存关系。在一个遗址的发掘中，我们往往把文化堆积按

---

[1]　张忠培：《聚落考古初论》，《中原文物》1999年第1期，第31页。

土质土色等因素的差别划分为不同的层次。于是，自下而上随着层次的递变，其所代表的时间也由早及晚发生着变化。由于人们在不断地进行各种活动，多半会在两层之间出现各种人为活动的遗存（特殊情况除外，如自然堆积、瞬时间堆积等），这些遗存之间如果没有打破关系（即使局部有打破关系有时也不影响其共存），我们一般就认为它们具有共存关系。这样，以具有普遍意义[1]的层面为界线，就可以把聚落遗址的各种遗存以层面为基准从平面上凸现出来。如果一个聚落遗址有三个普遍性的堆积层次，那么我们可以首先将其区分为三个共存关系单位，然后再做进一步的分析研究。其中存在一些需要澄清的问题。

其一，共存并不等于共时。这里说的共存，只是我们今天打开尘封的文化层之后，在同一个层面上发现的现象，也只是说，它们在今天所保存着的层面上具有共存关系。这些共存于某一层面上的遗存，有可能是非共时的，并且造成这种非共时的共存的原因有多种。针对这种依据层位无法解决的问题，可以用别的方法加以补救，如采用类型学的方法分析不同单位内遗物的年代关系，分析其建筑技术、结构、功能的异同，等等，以进一步确定其是否属于大体一致的时代。如泗水尹家城遗址，曾在生土面上发现了7座墓葬和8座半地穴式的房子，相互之间均无叠压和打破关系[2]，从层位关系上看它们共存于同一个面上，如果房内和墓内均没有出土遗物的话，我们仅凭层位关系就很难断定它们是共时还是非共时的。通过对这些单位内出土遗物的类型学分析后发现，其他大部分墓葬的时代早于房子。墓葬又有三个时期，最早的1座属于大汶口文化时期，而最晚的1座小墓与房子的时代相当，其他大部分时代相同，早于房子一个阶段。而房内出土遗物的特征和房子的形制及建筑风格均基本一致，并且都有一定数量的遗物留在房内，还有火烧迹象。据此，我们认为这8座房子至少在一定时间内具有共时关系，它们分属于南北两大组，可能是因为特殊原因遭火焚毁而同时废弃。这样，我们就把尹家城最下层的这批遗迹按时间顺序分为依次的三个时间段，即大汶口晚期的1座墓葬、龙山第一期的5座墓葬和龙山第二期的8座房子及1座小墓。

其二，现在保存的层面不一定是其原貌（如果在一个层面上有许多性质不同的遗存，它可能经过人们的长期居住，这个层面的原貌就表现为人为活动面），不少情况下可能是一个被后代破坏所余的残缺面。这种层面上的遗迹，肯定遭受过不同程度的破坏，甚至有些遗迹已经荡然无存。同时，也完全可能存在上述第一种情况。在这种情况下，我们要对各种遗存的整体分布和排列方式做全面分析，如果大多数遗存尚在，还是可以作为一个聚落来分析研究的；如果多数或相当多的遗存已被破坏无存，整个聚落面目已非，则这个界面上的聚落只能作为研究的参考。

二是从寻找承载人们开展各种活动的"地面"入手，以确定各种遗存的共时性。人类的各种活动，都是依托在一个实实在在的"地面"上展开的，因此，把聚落遗址中的每一层地面及其地面所承载的人们各种活动的遗存按顺序完整揭露出来，是真实地再现聚落遗址原貌的有效方法和途径，故被称为聚落考古的一把钥匙[3]。

地面是一个包含内容广泛的概念，简单地说它是人类各种活动赖以进行的承载体，其既有自

---

[1]　有效的层次的表述不一定恰当，它是指一个聚落遗址中文化堆积普遍（而非局部）产生了变化，被一种新的堆积所取代。这样的堆积我称之为有效层次。

[2]　山东大学历史系考古专业教研室：《泗水尹家城》，文物出版社，1990年。

[3]　赵辉：《遗址中的"地面"及其清理》，《文物季刊》1998年第2期。

然形成的，也有人为特意加工的，但其上必留有人的活动痕迹才有意义。粗略分之有居住面（如房屋）、一般活动面（如广场）、工作面（如加工、制作的遗迹）、路面、农田的耕作面……以上列举的若干面当中，就对我们揭示聚落布局和判断考古遗存共时性的作用而言，最重要的当属路面。供人居住的房屋与另外的房屋、水源地、各种公共活动场所、作坊、农田、墓地等，都必须通过道路来加以连通，所以道路是联结人们各种活动场所的纽带。一个保存好的聚落遗址，通过路面就可以大体确定各种遗存的共时性。另外，道路的表层经过人们长期践踏，一般比较坚硬并呈薄层状，在发掘中也相对易于辨认。

其次就是活动面。活动面的外延较宽泛，凡是有人活动过的地面都可以称为活动面。其实在考古学中，较有意义且易于揭露的是人们频繁活动场所的活动面。如作坊范围内的地面、收打加工粮食的场所、基层的家庭或家族范围的居住区等。通过活动面的连接，可分析出有意义的人类行为。聚落组成单位就特别适合采用活动面的分析方法作业。

由于地面概念的引入，就对传统的地层学内容带来一些冲击。地面既是一个客观实在又是一个在许多时候无从捕捉的东西，其中的许多问题刚刚提出，需要深入讨论和不断地实践、总结，如地面与地层的关系，地面与层面的关系，地面的年代如何断定，地面的含义及解释，地面的发掘清理如何进行，怎么建立一套科学的记录标准，等等。这里特别重要也是难度最大的就是如何发掘清理地面。

三是在层位的基础上，主要通过各个单位出土遗物的类型学分析，确定它们的年代关系。在实际操作中，通常是先通过出土遗物的类型学分析，确定各地层单位的相对年代关系，进而把它们划分成不同的期、段，按期、段的时间跨度来整合各种遗存。这种方法在以往的研究中运用较多，比较适合于墓地的分析。一个墓地内部的层位关系，可能主要表现为一部分墓葬之间的打破关系，和在某一层面上展开的共存关系，而我们一般无法依据这种层位关系将其按不同的时间段划分开来。因此，要解决其共时性的问题，目前切实可行的方法就是在层位关系的基础上，通过类型学分析的方法来实现。众所周知的大汶口墓地，无论是发掘报告划分的早、中、晚三期[1]，还是以后的研究者划分出更多的期段[2]，都是在层位关系的基础上主要依靠类型学方法分析得出的。当然，如果是埋葬规律性较强的墓地，也可参照墓葬的排列次序等因素。

采用类型学分析方法确定考古遗存的共时性存在很大的局限性。首先，没有遗物或出土遗物不具有分期意义的地层单位，除去个别可以靠特殊的层位关系加以确定外，一般无法在年代上与其他单位连接。这种情形不仅表现在墓葬当中，在居址中也比比皆是。如在发掘中我们经常发现没有出土物的遗迹，特别是那些仅存基槽、柱洞等基础部分的房屋，其年代关系就成为困扰我们的一个问题。其次，即使有一定数量遗物的地层单位，确定其共时性时可能存在一定的随意性。不同类别不同形态的出土遗物本身的时间敏感性在程度上有相当差别，这是客观存在的，而研究者的学识、熟练程度也因人而异，会存在一些差别，这又是主观的。两种情况合并，就会出现一定的随意性。当然，随意性这个词汇不一定恰当，但这种现象是客观存在的。微小的差异一般是不会影响研究结论

[1] 山东省文物管理处、济南市博物馆：《大汶口——新石器时代墓葬发掘报告》，文物出版社，1974年。
[2] 对大汶口墓地作分期研究的文章很多，如山东省博物馆：《谈谈大汶口文化》，《文物》1978年第4期。

的，因为时间段的划分本身有伸缩性，如果超过一定限度，其后果就不言而喻。

第二，在考古实践中如何结合各种活动的地面来实施发掘工作。

既然人们已经认识到地面特别是道路和各种活动面是人类活动的依托，那么如何将其贯彻到考古发掘的实践之中，就成为一个重要的课题。

十几年以前，在国家文物局考古领队培训班兖州西吴寺的发掘工地上，俞伟超就曾有过采用大面积分层同时向下发掘，进而把每一时期的层面揭示出来的设想。后来，他又在全国考古工作汇报会上强调过这一点，并在垣曲古城遗址的发掘中采用先开贯通遗址的十字形长探沟的方法，以探明层次，然后再逐层揭露，意在搞清布局。这种思路无疑是具有启迪性的。但在中国考古学的实践中，并未得到推广。究其原因，主、客观两个方面都有。其中主要是中国考古学研究尚未攀升到迫切要求按上述方法提供发掘资料这一高度。当然，中国的聚落遗址是发掘难度较大的软遗址，土中找土，特别是在人口密集区域，长时期的连续居住使各个时期的堆积都受到相当程度的破坏，发掘中往往很难清理出一个范围较大的活动面。这不能不说是另一个重要原因。

令人欣喜的是，近年来不少学者都注意到这一问题，并开始付诸实践。如北京大学在这一方面就做了许多工作[1]。综合目前各种意见，大家在以下三个方面具有共同认知。

一是在发掘区各个部分中实施逐层向下清理的方法，力求在进度上保持一致。采取这种方法的目的在于，把一个具有连续堆积的遗址的不同时期的活动面及相应遗迹揭示出来，便于我们在现场分析、讨论和解决聚落布局、结构等问题。这样，就可以改变以往那种回到室内从图纸上拼接、串连各种遗迹，进而研究聚落布局和结构的作业程序，使许多疑问在现场就能够提出并得到解决。为了使一次能够观察到足够大范围的聚落结构，应提倡对遗址实施大面积或较大面积的揭露，并且不刻意追求进度，也不必一定要求每次都发掘到生土层。同时，只要能有效地把握并记录清楚的层位关系，探方之间的隔梁就可以随时去掉，以便更好地观察和分析遗迹之间的关系。

大面积逐层揭露是开展聚落考古研究的理想发掘方法，但在实际作业中问题多多。这种方法对发掘工地的领队和各探方负责人有更高的要求，特别是工地领队，需要有较高的学术素养、较强的现场观察判断能力和较好的组织协调能力，还需要有大局观。此外，也需要较多的经费投入。

二是引入活动面的概念。各种活动面在一个连续堆积中存在于两层堆积之间，所以，它既不属于上层也不属于下层，是一个独立的单位。这是因为，在许多情况下，文化堆积是由于大规模活动而在较短时间内形成的，而在新的平稳活动时期，人们活动所依托的地面并没有什么明显变化，在下一次大的活动来临之前保持着相对稳定的状态。这样，在一个连续的堆积层次中，堆积本身在时间上只是一些断续的过程，而两个堆积层之间的地面所代表的时间可能是漫长的。对此，只要观察一下周围的环境就可以明白，我们居住在一个地方，很长时间地面并没有随着时间的推移而不断升高。因此，从纵向上看，是这些活动面从时间上把文化层堆积连接成一个连续的过程。从横向的空间分析，活动面是人类活动的承载体，它与某一个时间段内所有的遗迹又是共时的，所以赵辉说它是"包括了许多地层单位的单位"。[2]活动面的性质取决于人的活动的类别，如居住面、路面、窖穴

---

[1]   赵辉：《聚落考古工作方法的尝试》，《中国考古学跨世纪的回顾与前瞻（1999年西陵国际学术研讨会文集）》，科学出版社，2000年。

[2]   赵辉：《聚落考古工作方法的尝试》，《中国考古学跨世纪的回顾与前瞻（1999年西陵国际学术研讨会文集）》，科学出版社，2000年。

地面、广场地面，等等。于是，我们在具体的发掘中就应该根据活动面上遗留下来的各种人为迹象判断其性质。

清理好活动面上的迹象是发掘的重点，也是关键所在。因为活动面是一个独立的单位，所以活动面上的遗存就是我们判断其性质的根据。如果活动面上散落有较多的小石片，这里就可能是制作石器的场所；如果在一定范围的活动面上有较多炭化农作物籽粒，这里有可能是加工粮食的场地。有些细小的东西往往凭肉眼难于发现，需要在发掘中过筛。某些特殊场所，如地面和类似上述的活动面，应将其表层土全部收集起来进行水选，相信会有意想不到的收获。

既然活动面是一个独立的单位，那么在发掘中必须给予单独的编号和记录。以往发掘中对于两个层次之间或把握不准层次的出土遗物，为了保险，一般采取归入上层的做法，这种处理方法在聚落考古中应该予以彻底摒弃。结合文化堆积的形成过程和各种遗迹的建造程序，把地层单位缩小到了所能观察到的最小的构成部分，并采用顺序号的编号方法和规定相应的记录内容，这种方法在国外被称为Context方法。[1]在使用顺序号编号和记录方法时，我们的原则是，对原有的编号和记录体系并不放弃，只是作细化处理，使之更加完善。如一个灰坑，根据其复杂程度，可以有一个顺序号，也可以有若干个顺序号；再如房子，房内废弃堆积有不同的顺序号，地面本身和地面所承载的堆积层也可以是不同的顺序号，其他迹象也是如此。这样，所有的遗迹和遗迹的组成部分，当然包括两层之间有意义的界面，以及重要遗物及其所在位置，都作为一个单独的单位来发掘和记录。当然，在现场就要求搞清楚顺序号所代表的遗存与编号遗迹的关系，处理好局部与整体的关系，并做出相应的记录，以免为日后的室内整理留下麻烦[2]。

由于活动面所承载的人的行为是有差别的，所以活动面又可以区分为不同的等级。那些长时期承载着人们大量活动的地面，对于了解聚落结构、复原当时人的行为和社会关系具有重要价值，这就是我们所说的重要活动面或关键地面。

三是要有完整的科学记录。记录的形式基本上还是文字、测绘和影像三种。为了与资料的计算机处理相匹配，可以在以往的基础上加以改进。如文字记录以表格的形式为主，既有利于输入计算机进行处理，又保留了原有记录方法的优点；应引进测量精度较高的全站仪进行测绘，以便准确定位，图纸记录的比例，应放弃传统的1∶50而采用1∶20的比例，使细部特征显示得更清楚，增加遗迹和地层的海拔高程和遗址等高线的测绘，以表现微地貌特征等；影像记录应普及数码相机和数码摄像机的使用，及时把相关资料输入计算机处理，保证各种影像资料的万无一失。

第三，如何划定时间段，即在一个连续使用的聚落遗址中划分出有意义的不同时期的聚落。

这里讲的时间段是针对聚落形态的变化而言的。我们说，遗址和聚落的概念在含义上并不完全等同，指的是一个遗址可能是一个聚落，而更有可能代表着几个不同时期的聚落。如果一个遗址的使用期较短，它只属于一个聚落，问题就比较简单，这样的聚落遗址在发掘中也较易于操作和掌握。如果一个遗址延续的时间较长，问题就比较复杂。这里，划分聚落变迁的标准和尺度以及我们如何来掌握它是问题的关键所在。

---

[1]　关于 Context 方法，参见李浪林：《系统考古单位的定义和运用》，《东南亚考古论文集》，香港大学美术博物馆，1995年；李新伟：《CONTEXT 方法浅谈》，《东南文化》1999年第1期。

[2]　栾丰实：《中美合作两城考古及其意义》，《文史哲》2003年第2期。

一般说来，聚落内部的结构或聚落布局发生了重要变化，表明同一遗址上一个旧聚落的终止和一个新聚落的开始。新旧聚落的交替有以下两种基本情况。

第一种是替代关系。在一个连续使用的遗址中，当外来的不同文化的人群因不同的原因（如战争、移民等）取代了当地原有的人群，从而形成自己的新聚落。或者是新的人群在旧有的废墟上建立起新的聚落。后者因为两个时期人群所形成的聚落之间有中断现象，故最好分辨。而前者因为是不同文化的人群的聚落，相互之间的差别通常较大，也应该较好区分。如大汶口文化中晚期，来自东方海岱地区的人们占据了豫东和皖西北一带，在土著人和大汶口人堆积重叠的遗址，必然代表着在时间上有先后关系的两个聚落。在人口迁徙比较频繁的地区，这种性质的聚落遗址可能比较多见。

第二种是连续发展的文化内部发生重要变革，进而使聚落形态产生相应变化。因为社会内部总是在不断发展变化的，所以，作为社会关系物质表现形式的聚落形态也总处在变动之中，这种变化通常表现为量变的过程。如人口增多了要建造新的住宅，旧房子的翻新，有的人富裕了要造新房或扩大居住面积，战争的频繁发生需要防御设施，执掌权力的人不仅要住大的房子，死后还要建造较大的墓葬，等等。这些变化有的是一般变化，有的则属于重要变化。当然，变化也有层次和等级的不同，这要看我们的研究目的。所以，我们主张探讨聚落形态的变化要从微观入手，从不同层级的变化中寻找其发展变化的轨迹，然后结合人的行为方式和过程总结其阶段性变化的特点和规律。要区分聚落遗址在发展过程中产生的重要变化，应对产生重要变化的原因加以考虑。分析起来，其原因不外是以下几种：社会结构产生变化；经济类型产生变化；朝代或文化更替；其他因素。

一个遗址是否由一个聚落转变为另一个聚落，需要从总体上观察和分析。如果一个遗址最初只是一个普通的聚落，后来在聚落周围挖掘出壕沟，最后又修筑了围墙，这样就为我们提供了易于把握的尺度，如聚落内部也产生了相应的变化，那么，这一聚落遗址就可以区分为连续发展的三个聚落。同样，如果一个聚落最初基本上都是半地穴式建筑，后来多数变成了地面式或台基式建筑，就要考虑其是否区分为两个聚落。举一个现代的例子，最近几年我们在山东省日照地区进行区域系统调查，徒步进出300多个村庄，发现这里每个村庄的房屋都整齐划一，街道纵横通达，宽窄有序。询问后发现，这种现象是最近二十年来才形成的，而在这之前，大部分不能说是杂乱无章，基本上比较凌乱。如果我们在一个地点发掘出这样两个层面，显然应该将其区分为两个聚落。究其原因，既有改革开放后人们逐渐富裕而有钱修新房子的因素，也有地方政府以行政权力来推行统一规划的原因。

每一期聚落的时间跨度有的可能较长，有的可能较短，不能一概而论，要根据具体情况具体分析。我们在实际操作中，既不能把一个考古学文化甚至几个考古学文化所经历的时期，归结为一个聚落，也不能只要有些变化就视为一个新的聚落。

二　不同聚落的共时性的确定

普查出某一区域内的所有聚落遗址，并确定这些位于不同地点的聚落遗址在年代上的共时和非共时关系，是进行区域聚落考古研究的基础和前提。在一个特定区域之内，同时存在的聚落遗址的数量和内涵对于古代社会各个方面（如人口数量、对资源的利用、社会关系、贸易关系、结合方式等）的研究具有极为重要的作用和意义。例如，在一个区域内发现100处良渚文化遗址，如果这100处遗址都是贯串良渚文化的始终；或者其中50处有早期遗存，70处有晚期遗存；或者其中50处有早期遗存，70处有中期遗存，而40处有晚期遗存，相信我们得出的结论是大不一样的。

如果说同一聚落遗址内部的各类遗存可以依据共同的活动地面来进行连接，主要运用地层学方法来确定它们相互之间的共时或非共时关系，那么，在空间上不相连接的聚落遗址的共时性的确定，就需要采用与前者不同的方法。初步考虑应从以下几个方面入手。

第一，对特定区域的考古学文化谱系和编年要有精确研究。

聚落形态研究是考古学研究发展到一定阶段的产物。要确定分布在不同地点的古代聚落遗址的共时性问题，首先要求对所研究区域内的考古学文化谱系和编年有精确的研究和把握。

自20世纪70～80年代苏秉琦提出"区系类型"学说以来，全国各地以建立考古学文化发展谱系和年代序列为主要目标的考古发掘和研究工作，由被动转向主动，在一个不太长的时期内取得了显著成效。时至今日，可以说在黄河、长江两大流域及邻近地区，如黄河中游为主的中原地区、黄淮下游的海岱地区、长江中游的江汉地区、长江下游和钱塘江流域的太湖地区、华北北部和东北南部的燕辽地区等，基本上建立起了各自的新石器时代至历史时期古代文化的发展谱系和年代序列。在这些区域，不仅考古学文化前后基本衔接，谱系关系比较清楚，而且年代学研究也深入踏实，大体可以排出以百年为基数（时代越早，单位基数年代相对越大一些）的年代序列。这些已有的研究成果，为我们进行聚落考古研究奠定了坚实的基础。

如果我们把眼光放到每一个文化区内进一步审视就会发现，各区域内部考古发现本身的地域间的不平衡性十分突出。以年代关系最为清楚的海岱地区为例。大汶口文化和龙山文化是这一地区发现较早、遗址数量最多、年代关系最为清楚的具有传承关系的两支考古学文化，大汶口文化前后延续了一千五六百年，可分为十余个时间段，龙山文化延续了约600年，可分为近十个时间段。但如果做横向观察，就会发现多数地区都存在相当大的缺环，不能在每一个地方类型内都做到从年代上把文化的发展脉络清楚地揭示出来。正因为如此，我们在进行小区域聚落考古研究时，就会感觉到本区域已有的考古学文化编年不能满足研究工作的需要。

基于上述，在研究和确定某一区域内聚落遗址的共时性问题时，首先要理出适用于该区考古文化的详细编年。诚然，如果局限到一个很小的区域内来进行编年研究，难免会遇到资料不足的问题。因此，在通常情况下可以与周围邻近地区结合起来进行综合分析研究，并且尽可能在相互比较中搞清楚区域内特征性的东西。这一工作做好了，就为进一步确定区域内聚落遗址的共时性奠定了基础。

第二，对研究所涉及的各个遗址的年代和范围要有基本的把握。

区域内文化的发展脉络和编年清楚了，接下来的作业应该是对每一处遗址做具体分析。对每个遗址的基本要求，首先是搞清楚两个问题，即遗址所经历的文化及具体时代和每一个时期遗址的范围及面积，实际上要满足这两个基本要求并非易事。

要把握每一处遗址的具体年代和延续时间，就要求对遗址有详细的了解，这自然需要足够的赖以确定年代的相关材料。一般说来，一个区域涉及的遗址的数量较多，可能多数只是做过地面调查，而只有小部分进行过发掘或勘探。要满足了解遗址的全貌和全部堆积的时代的要求，最好是进行科学发掘工作。如果选到一个堆积丰富的地点进行试掘，可以比较好地达到了解遗址堆积时代的目的，而要准确地把握每一时期遗址的分布范围和面积，则不是一两处小试掘所能解决的。至于只经过调查而未做发掘的遗址就更成问题了。当然，从理论上说可以在每一处遗址都进行相当面积的发掘，以达到对所有遗址都有充分的了解，而这在实际上几乎是不可能做到的。因此，在目前情况下，一般只能是采用细致调查、选点试掘和重点发掘的方法。

细致调查是对一定的区域进行详细的踏查，当然最好是开展区域系统调查。具体到每一个遗址，就是要尽可能多地在遗址的不同位置采集各种标本，同时在相当大比例（最好是1∶10000或者更大比例）的地图上用编号的方式准确标记采集标本的发现位置，并和所采集标本的编号相吻合，以便在进行调查资料的分析研究时，帮助确定遗址的时代及延续时间和各个时期遗址的分布范围及面积。这里有一个假设的前提，即在地面某点采集的标本系从该地点或其周围地下翻动上来的，这个假设显然不是无懈可击的，其中肯定存在误差。但是我们认为只进行调查不做勘探和发掘的情况下，这可能是最接近实际的方法，能做到这一步实属不易。

在调查的基础上，可以随机或有针对性地选择几处遗址进行勘探和试掘。这项工作是以了解遗址的基本情况为目的，勘探的探孔不必过密，5～10米为宜，发掘面积也不必过大，100平方米左右即可。因为是了解面上的情况，所以可以把发掘点定在不同的位置，既可按常规的探方法，也可开设探沟进行发掘，一切可以灵活掌握，不必拘泥于形式，但发掘工作和各种记录必须严格、规范。通过几处遗址的勘探和发掘，既可以取得这些遗址的准确资料，也可以对调查结论做进一步的核实。如把根据调查所确认的年代区间和面积范围与勘探发掘后的得出的结论相比较，计算出误差率，以做到心中有数，必要时，可以进行适当的校正。

重点发掘是指对区域内的关键性遗址进行面积较大的发掘。所谓关键遗址一般是指面积较大的中心遗址或城址，有时也可以选择那些具有特殊功能（政治功能如宗教、经济功能如工场作坊等）的遗址，作为了解中心遗址功能、性质及与其他遗址关系的工作之一。这种发掘旨在通过解剖了解聚落遗址的内部结构和布局、聚落的分期、聚落的演变和聚落的功能等一系列重要问题。

第三，横向比较以确定不同聚落的共时性。

经过上述两项工作之后，我们就可以通过横向比较的方法来研究确定聚落之间的共时性。共时聚落的确定还有一个在时间长度上如何掌握，或可称为划分尺度的问题，一般说来，这个尺度可以受几种因素的制约：一是资料的丰富程度，采集遗物多而典型自然可以分得细一些，如果遗物较少要细分就会很困难；二是对分期和年代把握的准确程度，确定遗址的详细年代是一项很严肃的科学工作，不能似是而非，要求我们对研究对象有深入的研究并有较强的识别陶片时代的能力，这一点前面已经论述过；三是基于研究目的的不同而有不同的要求。

研究一些对时间变化比较敏感的课题和内容，如研究人口数量的变化，时间尺度可能就要短一些，以求从文化的发展过程中总结出人口数量变化趋势。以海岱龙山文化为例，其延续时间是600年左右，假如只划分一个时间段，那么我们统计到的龙山文化人口数量就只有一个，给人一个龙山文化的人口数量没有变化、自始至终都是一个常数的假象，实际上是把本不共时的聚落遗址人为地归并到了同一时期，因而会得出夸大人口数量的结论。如果划分为几个时间段，我们就可以从中发现龙山文化人口数量增加和减少的变化趋势，从而会更贴近于实际，从而增加许多有价值的信息。如我们在日照市两城地区的区域调查中，就是按照大汶口文化晚期、龙山文化早期、中期、晚期、岳石文化、商代晚期、西周、东周、西汉和东汉等10个时期来划分的。

研究一些对时间变化不那么敏感的课题和内容，如社会结构和社会组织、经济形态的变化等，尺度可以相对宽一些。同时，不同历史时期的时间尺度也不相同，就一般情况而言，时代越早，社会发展相对比较缓慢，时间尺度在掌握上可能较宽，而随着社会发展速度的加快，时间尺度就应逐渐变小。

基于上述，区域间聚落的共时性在时间尺度上可以分成不同的层级。如果考古学文化的分期和年代研究能够达到相当高的精度（如以百年为分期单位），我们就可以对每一个聚落遗址的所历年代做出较为准确的判断，进而在横向比较的基础上确定不同层级共时聚落的数量和分布。仍以海岱龙山文化为例，如果采用从早至晚划分为六期的方案，每期延续时间在100年左右。以此为准将要分析的聚落遗址逐一确定期别、年代及每期的范围和面积，然后再根据研究目的的需要来逐层逐级确定共时聚落的数量和分布。如果以百年左右为级差，就需要按六个时间段（一至六期）来分析聚落的数量和分布；如果以二百年左右为级差，就变成了三个时间段（早、中、晚三期）；以此类推，自然也可以按早晚两个时间段或将其视为一个大的时间段。这样，在特定区域内聚落遗址的数量和分布就会有所不同。将上述内容绘于地形图上，就可以把不同层级时间段的聚落遗址的分布及相互位置关系一目了然地表现出来。接下来的工作就是分析和研究区域间聚落形态所反映的古代社会组织结构和各种需要解决的问题。

（原载《考古》2002年第5期）

中美合作两城考古及其意义

　　鲁东南的日照市及其邻近地区，至少从大汶口文化晚期开始，就成为黄淮下游的海岱地区内部一个文化发展水平很高、文化联系十分密切的重要小区，这种现象一直持续到周代的莒国。因此，当1994年美国耶鲁大学人类学系的文德安博士来山东大学商谈在山东地区合作开展史前考古研究的课题时，我们一致选定了这一区域。因为这一地区的两城镇遗址发现最早，并做过正式考古发掘，而且在目前海岱地区发现的一千余处龙山文化遗址中面积最大，曾出土过精美绝伦的玉器和蛋壳黑陶器。所以，我们决定把发掘工作的重点放在两城镇遗址，而调查工作则以两城镇为中心不断向外扩大和延伸，只要条件允许，这一研究将一直持续下去。形成这一共识之后，山东大学与美方学者联合向国家文物局提出调查和发掘的申请。1995年，国家文物局批复同意在两城地区开展区域系统调查，1998年，经国务院特别批准，中美联合考古队开始在两城镇遗址进行为期3年的考古发掘工作。同时，两城考古调查和发掘工作得到了美国国家科学基金会（NSF）、温尼-格林（Wenner-Gren）基金会、路斯（Henry Luce）基金会、山东省文化厅、日照市文化局、日照市博物馆、东港区文化局、山东大学、耶鲁大学和芝加哥自然历史博物馆等单位的积极支持和帮助，使这一研究项目得以顺利开展。

　　基于此，我把在以两城镇为中心的地区所开展的系统考古调查、发掘和研究工作，简称为"两城考古"。

一　两城地区的自然地理环境

　　两城地区有广义和狭义之分。狭义的两城地区，是指潮白河流域及其邻近地区，包括日照市东港区的北半部、五莲县的东南部和胶南市的西南部一带，面积约1000多平方千米。这一地区以著名的两城镇遗址为中心，主要是一个人文地理概念。广义的两城地区则是指整个日照市及其周围的区域，分布范围除了日照市的东港区、莒县和五莲县之外，还有胶南市和诸城市的南部、沂水县和沂南县的东部、莒南县的东北部及江苏赣榆县的北部，总面积约6000平方千米。我们的工作是由狭义的两城地区逐渐向广义的两城地区推进和延伸。

　　两城地区的基本地理地貌是，中部有呈东北-西南走向的泰沂山支脉——五莲山，东部面向一望无垠的黄海。地貌类型以丘陵为主，间有小片的河谷冲积平原。海拔超过500米的山峰只有位于五莲山脉中部的五莲山和河山等少数几座。区内河流分为三组：一是沭河及其支流，自北而南纵贯本区西部，属于淮河的重要支流；二是潍河及其支流，此区西北部河流的流向与沭河相背，向东北汇合于潍河，最后注入渤海的莱州湾，或认为潍河本来就是淮河，至今其上游还称为淮河可以为证；三是众多源自五莲山脉的短促河流，均由西北向东南直接注入黄海，自北向南较大者有横河、吉利河、潮白河、傅疃河、巨峰河、绣针河等，其中以北部的吉利河、潮白河和中南部的傅疃河流域面积稍大，这些河流的下游沿海地区都有范围不大的冲积、侵蚀平原。

从上述三组河流为主干的自然地理地貌和区域内的文化面貌等因素考虑，这一地区可以划分为四个部分：沭河上游地区，包括莒县的大部和东港、五莲、沂南、沂水的近莒边缘地带，此区属沭河水系，中心是中南部的莒县盆地，这里孕育了发达的古代文化，我曾将其称为"陵阳河区"[1]；潍河上游地区，包括五莲中、北部、莒县东北隅和诸城的南部，此区在泰沂分水岭之北，在水系上属于注入渤海的潍河流域，可称为"前寨区"；东部沿海地区，包括东港区大部、五莲东南部和胶南的西南部，此区南北狭长，北部和南部又有所差别。北部以潮白河、吉利河流域为主，包括胶南的西南部和诸城东南隅，可称为"丹土区"。南部以傅疃河流域为主，包括东港区南部至鲁苏交界地区的绣针河流域，可称为"尧王城区"。

二　两城考古的历史回顾

两城地区的考古工作始于20世纪30年代，60多年来，在海岱地区乃至全国有较大影响的工作主要有以下几次。

1934年春，为了进一步了解龙山文化及其他古代文化在山东地区的分布，中央研究院历史语言研究所考古组的王湘、祁延霈持续进行了三个月的野外调查，仅在日照县境内就发现了9处龙山文化遗址。其中以两城镇遗址的面积最大、包含遗物最多，并与此前所知的城子崖遗址有所区别。鉴于此，梁思永、刘燿、祁延霈等于1936年春对两城镇遗址进行了较大面积的发掘，发现了包括50多座龙山文化墓葬和丰富而精美的陶器、玉器在内的龙山文化遗存[2]。后来关于龙山文化甚至中国新石器文化的许多新认识，如龙山文化基本面貌和特征、龙山文化山东沿海区、豫北区和杭州湾区的划分、龙山文化系自东向西发展、仰韶和龙山文化的东西二元对立等，都与两城镇遗址的发掘收获有密切关系。20世纪50年代，山东省文物管理处和山东大学围绕着两城镇遗址在日照地区开展了几次专门的考古调查工作，屡有重要发现，如征集到一些重要的龙山文化玉器等[3]。

1975年，山东省博物馆和山东大学考古专业对日照东海峪遗址的发掘，发现了大汶口文化晚期、过渡期和龙山文化早期依次叠压的层位关系。同时，从陶器的形态演变关系上证实了大汶口文化与龙山文化之间具有一脉相承的传承关系，最终解决了大汶口与龙山文化的关系问题[4]。

1979年，山东省博物馆在莒县盆地发掘了陵阳河和大朱家村等遗址，发现了一批重要的大汶口文化墓葬，并第一次找到了有具体出土单位的陶器刻画图像文字[5]。陵阳河大汶口文化墓葬的发现可以追溯到20世纪60年代，当时山东省博物馆曾在此清理过几座小型大汶口文化墓葬。

[1]　栾丰实：《日照地区大汶口、龙山文化聚落形态之研究》，《中国考古学跨世纪的回顾与前瞻（1999年西陵国际学术研讨会文集）》，科学出版社，2000年。

[2]　尹达：《中国新石器时代》，生活·读书·新知三联书店，1955年；南京博物院：《日照两城镇陶器》，文物出版社，1985年。

[3]　山东省文物管理处：《日照县两城镇等七个遗址初步勘查》，《文物参考资料》1955年第12期；山东省文物管理处：《山东日照两城镇遗址勘察纪要》，《考古》1960年第9期；刘敦愿：《日照两城镇龙山文化遗址调查》，《考古学报》1958年第1期；刘敦愿：《山东五莲、即墨县两处龙山文化遗址的调查》，《考古通讯》1958年第4期。

[4]　山东省博物馆等：《一九七五年东海峪遗址的发掘》，《考古》1976年第6期。

[5]　山东考古所、山东省博物馆、莒县文管所：《山东莒县陵阳河大汶口文化墓葬发掘简报》，《史前研究》1987年第3期。

　　1978年，临沂地区文管会等发掘了日照尧王城遗址，在这里除发掘出与东海峪遗址相同的台基式房屋外，还在山东地区首次发现龙山文化的土坏墙房屋[1]。1992～1993年，中国社会科学院考古研究所山东队又先后两次发掘尧王城遗址，除发现新的台基式建筑和土坏墙建筑之外，还发现了大汶口文化末期的刻画图像文字和浮选出龙山文化的稻米遗存[2]。

　　1995年春，山东省文物考古研究所在五莲丹土遗址的勘探和试掘中，发现了面积达25万平方米的龙山文化城址，这是鲁东南地区首次发现的龙山文化城址[3]。随后几年的发掘，清理出一批龙山文化房屋基址、墓葬等遗迹和大量的文化遗物，并且把城址的始建年代提前到了大汶口文化晚期[4]。

　　为了将聚落考古的方法运用到中国古代文明起源的研究之中，1995年冬起，山东大学和美国耶鲁大学、芝加哥自然历史博物馆等单位组成联合考古队，在两城镇遗址及其周围地区开展考古调查工作。七年来，已调查了潮白河流域及其周围地区，并对两城镇遗址进行了三年发掘，取得令人鼓舞的阶段性成果[5]。

　　此外，20世纪60年代以来，有关市县文物部门还多次对本地区进行了文物普查工作，发现和记录了大量各个时期的遗址[6][7]。以上从点的发掘到面的普查工作，为两城地区考古研究奠定了较好的基础。

三　两城合作考古的新收获

　　经过七年的合作调查、发掘和研究工作，两城考古已取得多方面的成就。在两城地区，区域系统调查的范围已达到800平方千米，涉及三个县区的十几个乡镇，发现各个时期古文化遗址和文物分布点近千处。两城镇遗址的发掘工作已持续进行了三年，基本搞清楚了遗址的分布范围、面积、文化层堆积、年代等基本问题，发现了大批遗迹和遗物，提取了多方面有价值的资料和信息。除上述收获之外，我们着重在探索符合中国特点的考古调查、发掘方法方面进行了努力和实践，因为已有田野考古方法的改进、新方法的探索和借鉴国外较为成熟的方法，进而建立起与聚落考古学相适应的野外考古操作方法，在当前显得更为紧迫和重要，如果做的好，就会从整体上推动中国考古学的发展。下面主要从调查和发掘两个方面进行归纳和总结。

（一）区域系统调查方法的实施

　　区域系统调查法（Systematic Regional Survey），或称为全覆盖式调查法（Full-Coverage Survey），我们将其通俗地称为拉网式调查。这种方法最先是从美洲地区发展起来的。不少美国学

---

[1]　临沂地区文物管理委员会等：《日照尧王城龙山文化遗址试掘简报》，《史前研究》1985年第4期。

[2]　中国社会科学院考古研究所：《尧王城遗址第二次发掘有重要发现》，《中国文物报》1994年1月23日第1版。

[3]　王学良：《五莲县史前考古获重大发现》，《日照日报》1995年7月8日第1版。

[4]　山东省文物考古研究所：《五莲丹土发现大汶口文化城址》，《中国文物报》2001年1月17日第1版。

[5]　中美两城地区联合考古队：《山东日照市两城地区的考古调查》，《考古》1997年第4期；中美两城地区联合考古队：《山东日照地区系统区域调查的新收获》，《考古》2002年第5期；Anne P. Underhill et al, Systematic, Regional Survey in SE Shandong Province, China,. *Journal of Field Archaeology*, Volume 25 Number 4 Winter 1998.

[6]　日照市图书馆、临沂地区文管会：《山东日照龙山文化遗址调查》，《考古》1986年第8期；苏兆庆等编著：《莒县文物志》，齐鲁书社，1993年。

[7]　除见之于报导者之外，在各市县文管所、博物馆还馆藏有大量第一手调查资料。

者利用这一方法对美洲的原住民遗存进行了调查，取得了很好的效果。负责两城地区系统调查工作的芝加哥自然历史博物馆人类部主任费迈教授，曾在墨西哥的奥哈卡地区进行长达20余年的系统区域调查工作，取得了令人瞩目的成果。

中国传统的田野考古调查工作，主要有普查和复查两种形式。普查就是普遍性的调查，发现新遗址并查清遗址的一些基本问题（如位置、面积、时代、保存状况等），记录在案，主要目的是进行文物保护。复查是在普查的基础上开展的一种重点调查，有时还可以配合做一些勘探工作，主要是为重点保护提供资料或为考古发掘做准备。系统区域调查看起来与文物普查类似，但实际上有很大区别。首先是两者的主要目标不同，系统区域调查主要是探讨聚落遗址之间可能存在的各种关系、分布特点和演变规律，它是聚落考古学的基本组成部分；其次是系统区域调查的要求比一般的文物普查更细致，并且系统化，它既重视发现和记录新遗址，也重视特定区域内遗址的分布规律及其与自然地理环境（包括地貌、生态、各种资源等）的关系等多方面的问题，即使没有遗址的地区经过调查加以证实也是一种收获；再次是系统区域调查对构成人员的要求较高，其中既有对调查区域可能存在的文化遗存有深入研究的人员，也有精通制图作业的专业人士，并要求有地貌、岩石、土壤等方面的基本知识和会采集各种标本及样品。

系统区域调查的具体作业主要有以下几个步骤。

1. 准备工作

为了使调查工作能够顺利进行，在调查正式开始之前要做好充分的准备，主要有：了解和熟悉已发表各类古遗址的分布和详细情况；购买预定调查区域精确的大比例地形图，地图的比例最好是1∶10000或更大比例；调查人员的配备以5～8人为宜，其中要有精于制图作业和熟悉当地古代文化遗存（特别是具有较强的辨认陶片时代的能力）的人员；对一次调查要完成的范围和每天的调查区域做周密的计划和安排；准备各种必要的工具和材料，如卫星定位仪（GPS）、简易罗盘、照相机、采集标本的各种袋子（不同质料、不同规格）、探铲、手铲、哨子、手电筒、望远镜、防雨笔记本和笔等；配备适宜的交通工具，以节省时间。当然，与当地文化文物部门取得联系并得到他们的支持和帮助也是在调查开始之前非常重要的工作。

2. 野外调查

每天的工作要按计划进行，调查的起点和终点应有在现场易于辨认的明显标志，如公路、河流、山嶂、村庄等，以免调查时产生重复或遗漏现象。具体的调查方法如下：全体人员以30～50米的间隔排成平行的"一"字形或中部前突的"人"字形，平行前进；持地图的人员居中，其任务和责任最重，既要注意自己所走路线是否有遗存，还要随时观察两侧其他人员有或者没有新的发现，并不断在地图上加以标记，由于近年来基本建设速度甚快，地图的更新总是跟不上实际的变化，因而就需要对地图上的地物加以修改和补画；挑选富有经验的调查人员分居两侧，以准确掌握每次来回折返的位置，以免重复或遗漏；一人发现陶片等遗物后要立即报告持图者，全体人员应暂停前进而在周围徘徊观察，以确定遗物的时代、各时代遗物的分布范围和数量等，搞清楚有无文化层出露及堆积层次特点等详细情况[1]，要特别强调的是，如果出土遗物的范围较大或时代拉得较长，应将采集的遗物分别编号装袋并在地图上标记清楚；此外，对遗址立地的环境、微观地貌以及区域内的岩石种类、山泉水源等，也要做相应的观察和记录。在调查中要尽可能地利用断崖、沟渠等所暴露的文化堆积，以进一步了解遗址的有关信息，并注意分析它们与地表采集遗物之间的关系。

调查开始之前，全体人员要做到对调查路线心中有数，相互保持密切联系，特别是那种沟壑纵横、树木林立的地段，不注意有时会迷失方向，延误调查工作。调查的单程不宜过长，以2～3千米为宜。到达预定地点后，可根据需要大家简单碰头交流情况。折返时采用大回转的形式，以便两侧人员把握调查路线和方向。

调查人员的走位一般情况下是直行，眼睛不断审视两侧及脚下，需集中精力，以随时发现各类遗存。特殊情况下也可以采用灵活的走位方法，如走"之"字形路线等，其前提是做到不遗漏每一小片地块。规范的调查不仅要求走遍一般的野外和村庄，河滩也要观察，因为自然和人为的河流改道现象十分普遍，今天和古代的河床在位置上未必吻合，所以，在新河床内有存在遗址和其他遗存的可能性。

3. 室内整理和分析工作

室内整理工作主要有两方面内容，即采集遗物的整理和绘制各种图表。采集遗物洗刷干净后可做简单的拼对，重点在于逐个地点进行分析，以确定采集品的器形和时代。时间幅度的掌握要根据具体情况而定：如果采集的遗物较多，应尽量细一些，如我们一般把龙山文化分为早中晚三个阶段；遗物较少则只能粗一些，如岳石文化和商代，遗物甚少，只能各作为一个时代；而周汉时期，则可以分为西周、东周和西汉、东汉，东周有时还可以分为春秋、战国两个时期。重要的代表性遗物需要拍照和绘图。绘制图表是室内工作十分重要的一环，包括按考古学文化（有的还可以更细一些）绘制遗址和文物点的分布图、制作各种图表。遗址分布图的数量视需要和原始资料的丰富程度而定，在两城地区的调查中，我们分为大汶口文化、龙山文化、岳石文化、商代、周代、汉代等几个大的时期，其中龙山文化、东周和汉代还可以细分为不同的期别。为了便于比较，需要把现代村庄的大小和分布制成单独的一张图。表的形式有多种，既可以是一般的表格，也可以做成柱状图表、曲线图表等，其基本要求是清楚、直观和准确。

以上工作完成之后，就可以进入对各个时期的聚落形态进行分析研究的阶段。

（二）田野考古发掘方法的改进和探索

考古发掘是田野考古学中最重要的工作。在两城镇遗址的发掘中，我们严格按照中国传统的考古地层学原理进行田野操作，如按土质土色划分文化层和遗迹、按最小的地层单位收集和存放遗

---

[1]　关于记录标准，尚不统一，有的考古队自己设定了这样的标准：50米内如果发现的陶片在3块以下，则不予以记录，而只记录3块及其以上数量的文物分布点。

物、客观准确地做好各种记录，等等。但在具体作业中，我们要求尽量把地层和遗迹做得更细致、更准确，资料收集得更全面、更丰富，记录内容更精确、更详细。同时，尽最大可能吸收不同学科的专家参加两城考古研究，力求做到真正意义上的多学科综合研究。关于田野考古方法的改进，主要体现在以下几个方面。

1. 发掘方法

在常规发掘方法的基础上，我们主要做了四个方面的改进。

（1）布方

由于发掘的要求越来越细，探方的面积太大不利于对各个部分的细致把握，所以经过认真的讨论和研究后，我们把探方由传统的5米×5米改为4米×4米，面积也由25平方米变为16平方米，缩小了近2/5。同时，把隔梁的宽度减至0.5米，有的视需要甚至不留隔梁，一切可以灵活掌握。探方的编号除了传统的方法之外，还增加了坐标法，即以遗址的西南起点为基准，每一探方增加西南点的北、东坐标，这个坐标也就是探方位置，填写时加注在传统的探方号之后。如E4T1205（696N，816E），它表示这个探方的西南点坐标是从总基点向北696、向东816米。在实际操作中，为了从平面上把握遗迹之间的共存关系，要求各个探方在进度上尽可能保持一致，隔梁也可以视需要而随时打掉（或部分打掉）。

（2）最小单位的重新界定

以往我们一般是把一个小的文化层，或一座房基，或一座灰坑，或一座墓葬，作为一个基本的地层单位，当然，有时也在其内部分层。为了更细致地了解文化层或遗迹内部的细小变化，进而分析和把握人类的行为过程，我们把以往的地层单位分解成更小的单位，并采用顺序号码的编号方法加以表示和记录，与所谓 Context 方法[1]类似。例如，发掘一个灰坑，要求先清理一半，清理的堆积至少给一个顺序号，完毕后，绘制剖面图，然后按剖面的实际堆积层次发掘余下的一半，每一小层给一个顺序号。房址、墓葬等遗迹也是一样。地层则按最小的层次编号，如果一个层次较厚而土质土色又看不出什么变化，就自上而下每10厘米划为一层，给予编号。如果在两层之间的地面上发现特殊遗物或采集了样品，则既不归上也不归下，而是单独编号按地面的内容予以记录。

（3）对所有的堆积物进行筛选

筛土的方法在国外运用得较为普遍，而国内使用得不多。筛子的网眼有两种，分别为1/4英寸（约0.64厘米）和1/8英寸（约0.32厘米）。两城发掘是采用了对全部发掘出来的土进行过筛的方法，由于筛土很影响发掘进度，所以是发掘中讨论最多的问题之一。但筛土确实能够发现一些我们以前忽视了的东西，如剥落的小石片、小的动物骨骼等。必要时，还需要采用水洗的方法，这样做能发现更多的细小遗物。就目前情况而言，在国内的发掘中采用全部过筛的方法还有一定困难，但对一些重点单位（如灰坑、房内地面等）进行筛选则很有必要。

（4）关于土质土色的描述

以往我们都是按个人的观察和认识来描述文化堆积的土质土色，因此造成了相互间的种种差

---

[1] 李浪林：《系统考古单位的定义和运用》，《东南亚考古论文集》，香港大学美术博物馆，1995年；李新伟：《CONTEXT 方法浅谈》，《东南文化》1999年第1期。

别，很早国内就有学者呼吁在考古发掘中使用色谱比对确定颜色，以建立客观而统一的土色标准，但一直没有能够实行。在两城考古发掘中，我们对此进行了尝试。首先是采用统一的色谱通过比对来确定土色，并注明干湿程度，同时仍然附上传统方法的描述。其次是从三个方面分析土质状况：分选情况，大体分为粗、中、细三类，每类之下又分为好、中、不好三个级别；土质构成，按土壤学中的三大类土壤进行比对描述，即黏土、淤土和沙，并取许多中间类型；包含杂物情况，如砂粒、红烧土颗粒、草木灰和炭屑等。

2. 记录方法

考古记录仍采用传统的文字、图纸和影像三种基本方法，但应根据学科发展的需要而不断加以改进、补充和完善。

（1）文字记录改为表格化的记录方法

以往的文字记录也包括表格，但相对较为简单。为此，我们专门设计了各种不同的表格，如房址记录表、墓葬记录表、地层和其他遗迹记录表、各种测试样品登记表等。表格记录法的优势在于既面面俱到又简明扼要，记录以顺序号为单位，每一地层或遗迹又有总的记录，可以相互参照。表格要求在现场完成，或在现场记录有关内容，晚上回到驻地填表。

（2）图纸记录

图纸记录的特点是更加细化，主要变动有六：一是在发掘之前测量一张较为精确的地形图，等高线为0.5米，并直接采用海拔高程表示；二是记录系统的坐标均以遗址的西南总基点为起点，而不是原来各自探方的西南点，使所有遗存在遗址中的位置一目了然，不需要再进行换算；三是用全站仪进行定点和测量，所有基线的两个端点和所有出土遗物的中心点，均采用全站仪定点，即距遗址西南角总基点的纵横坐标和海拔高度，全站仪定点的理论误差在0.01厘米，而实际操作误差一般在1～2厘米之内；四是为了更好的表现考古遗存的细部特征，把图纸的比例统一规定为1∶20，个别特殊的遗存可视需要进一步扩大比例；五是除了手工绘图之外，对所有遗迹（包括部分地层）和出土小件遗物，用全站仪单独测量一套图纸资料，直接存入微机，可以在电脑中变换视角进行观察；六是用全站仪测量发掘区的微观地貌，等高线一般为20厘米。

（3）影像记录

仍以传统的拍照和摄像为主，只是增加了数码相机等新的设备，这在国内的考古工地上已经逐渐普及。根据照片的保存情况，拍照以彩色幻灯片为主，配以少量黑白片，而基本上不用一般的彩色片。增加拍照的数量，做到所有的遗迹和出土物均有记录，有的甚至记录发掘过程。

3. 资料收集

收集各种遗物是考古发掘工作的重要一环，随着自然科学技术在考古学中的广泛运用，田野发掘所收集的资料呈现不断增多的趋势。在两城考古发掘中，除了上述对全部堆积物过筛以收集所有人工制品和动植物遗存之外，将资料的收集范围加以扩大，并使其具有系统性和科学性。

（1）收集所有人工及自然的石块和石片

在以往的发掘中，一般只是收集属于人工制品的石器。随着研究的深入，发掘中我们不仅收集各种成品和半成品的石器，而且特别重视对制作石器时剥落下的石片的收集，因为它对石器制作过程的研究具有重要价值。同时，还收集堆积中所有的自然石块，除观察其是否有人工痕迹外，还可鉴定其岩性并称重，分析石器原料的来源及比例关系等。

（2）浮选样品的采集

为了加强对古代社会经济活动的研究，并使分析统计结果具有系统性和科学性，我们在所有的编号单位中随机采集10升或20升土样，个别特殊的单位如房内外保存较好的地面、炉灶等则全部取样，通过水洗法进行浮选。这一工作的系统开展，使我们获得了大量有价值的新资料，如各种炭化植物、细小的动物骨骼和极小的石片等，这些遗物采用一般的发掘方法很难发现。

（3）各种测试土样的采集

除了浮选外，我们还在所有的编号单位中采集一定量的土样，用来做各种检测分析。如植物硅酸体分析、孢粉分析、土壤微形态分析和化学成分分析等。孢粉分析已为大家所熟知，植物硅酸体和土壤微形态分析近年来正在兴起，而化学分析法则刚刚开始出现。特别是植物硅酸体分析，对于古代农业的产生和发展、古代环境的复原和变迁等研究有着极为重要的作用。

此外，还要收集各种可以进行测年的标本，如各种炭化植物标本等。对一些可能有特殊用途或特殊意义的器物，采取仔细起取和密封保护的方法予以处理，以备室内进一步分析研究。如对可能是酒器的容器，就要连土一同起取；一些刃部保存较完整的工具，不但起取后要立即密封保存，而且刃部周围的土样也要采集，以便进行植物硅酸体等分析时加以比较，为确定工具的用途和功能提供证据。

4. 多学科综合研究

在考古学中提倡开展多学科综合研究，特别是自然科学技术的介入，可以说是大势所趋，越来越为国内外学术界所重视。在两城考古发掘中，我们在设计研究课题时就制订了详细的多学科研究计划，尽可能吸收国内外各学科的专业人员参加研究，以最大限度地提取信息和资料，丰富两城考古研究的内容。我们现在已经和十几个方面的专家进行了愉快的合作；使用了地磁仪法探测地下堆积和遗迹分布情况、土壤微形态分析、房屋地面土壤标本的化学分析、炭化植物的鉴定和研究、植物硅酸体分析、孢粉分析、陶器（陶片）的成分分析、陶器制作技术和工艺分析、酒器的化学分析、人骨食谱分析、石器岩性鉴定、石器的统计分析和模拟实验、碳-14和热释光法测年等，其中许多已取得了很好的成果，这些研究将持续进行下去。

为了使各学科研究的科学化和系统化，我们把绝大多数参加研究的学者请到了两城考古工地，使他们能够部分地参与发掘工作。例如：为了进行古代植物的分析研究，我们把长期从事植物考古研究的专家请到工地，亲自给考古队全体人员讲授植物考古研究的方法、基本内容和现状，并示范如何收集浮选土样；进行植物硅酸体分析时，请相关专业研究人员在工地现场给全体人员讲解，使参加考古发掘的人员都能够基本掌握植物硅酸体分析方法的主要内容及其价值，进而做到自觉和准确地采集样品。

四 两城考古的意义

七年来两城地区的合作考古研究已经取得多方面的成果，特别是在田野考古方法的探索和新的科学技术的运用方面，进行了有益的尝试，以上我们所归纳的方方面面，就是对这种探索的初步总结。从有助于中国考古学的发展而言，新的方法、技术的引入和探索，较之一个遗址的具体发现和收获可能具有更重要的作用和意义。

首先，找到了一条研究中国文明起源和古代社会结构、组织及其演变的新的途径。

最近十几年来，学术界逐渐认识到聚落考古方法对于古代社会特别是史前社会研究的重要作用，而在田野工作中如何操作则是正在探索的问题。事实证明，我们不可能简单的利用以往的调查和发掘资料来达到新的研究目的。这是因为，以往调查工作所发现的遗址，只是全部遗址中的一部分，缺乏系统性；发掘工作的目的多数是为了构建古代文化的时空框架和发展谱系，重点不在于社会的研究。同时，也不能总是停留在泛论中国文明起源等问题的阶段，因为那样无助于问题的解决。通过两城考古的实践，我们认为，选择若干个各具特点的小区域，采用系统区域调查的方法开展宏观聚落形态研究，并在此基础上选择重点遗址进行发掘，这种点面结合、宏观和微观相结合的方法，是我们走进古代社会、研究古代社会的有效途径。系统区域调查的关键在于它的系统性，这就要求我们一丝不苟地过滤调查区内每一片土地，用最大的努力把古代遗存尽可能多的记录下来。所以，系统区域调查既不像我们开始时想象得那么复杂，也不是一些人认为得那么简单。它需要宏大的目标，即有明确的研究目的和实现研究目的的方法，也需要具体而近似繁琐的重复工作，即每天徒步跋涉于田野之中，没有露宿，但有风餐，严肃认真的重复发现、采集、辨别、观察、分析、记录等一系列工作，以取得第一手资料。因为每一个小的发现或排除，都是达到研究目的的长链中的一环，不可缺少。这样，我们就会在繁琐的重复工作中得到升华，并乐此不疲。

其次，新方法的探索和新技术的运用，极大地增加了田野考古资料的信息量，并使我们在探索与聚落考古学研究相配套的田野考古发掘方法的道路上前进了一步。

在学术研究中，方法和技术都是为研究目的服务的，考古学也是一样。考古学研究的重点既然逐渐转移到了研究人的行为和研究古代社会方面，那么它必然就要求与之相匹配的收集、提取、处理田野考古资料的方法和技术。实践证明，聚落考古学是利用考古资料来研究古代社会关系行之有效的方法，而传统的做法不能满足这种研究上的需要。因此，我们在两城考古发掘中进行了一些新的探索，如顺序号方法的设立、活动面概念的引进、记录方法的改进等，都取得了较好的效果。当然，这种探索工作刚刚开始，还需要考古学界同仁共同做出更多更大的努力，才能接近我们的理想境界。同时，考古学研究的发展还要求考古发掘提供尽可能多的资料，提高单位发掘面积的信息量。为此，我们进行了一系列新方法的实践，如筛土收集资料的方法、系统采样浮选的方法、系统采样做各种检测分析的方法等，相信这些做法对于推动中国考古学特别是田野考古学的发展会有积极的作用和意义。

第三，真正的多学科综合研究，是可望也可即的。

开展多学科综合研究是考古学研究发展的大趋势，近些年来逐渐受到学术界的重视。不可否认，仍有不少人认为我们国家的科技水平较低、财力有限、相关学科的专业人员太少等，虽然在考古学中推行多学科综合研究好处很多，但现在时机尚不成熟，使这一工作的进展较为缓慢。实际情况并不是完全如此，如近几年我们国家不少单位相继建起了各种专门用于考古资料检测和分析的实验室，如动植物考古实验室、DNA实验室、工具微痕分析实验室、计算机考古实验室，等等。相关的研究人员也在不断增多，研究水平迅速提高。况且，很多项目的检测分析并不需要太多的经费，只要我们认识到多学科综合研究对于考古学的重要性，就完全可以做得更好一些。基于此，我们在两城考古的发掘和研究过程中，自觉地开展多学科综合研究，其涉及的内容包括从发掘前的勘探、发掘中的提取各种标本和样品到室内阶段的各种检测分析。只有这样，我们才可以多角度、全方位地接近和了解已经消失了的古代社会，有效地追寻那个时代人们的行为。

同时，我们还发现，研究结果的科学性亦即可信程度与原始资料是否具有系统性存在密切关系。在以往的研究中已经出现这样的实例，不同学科的检测分析结果相互矛盾，进而造成使用资料时的无所适从或各取所需，影响了研究结论的科学性和客观性。产生这种现象的主要原因有二：一是考古学家和自然科学家之间只是一种送资料和鉴定分析的关系，在研究中存在"两层皮"现象，为了改变这种做法，我们特意聘请科学家走进考古工地，了解考古发掘工作也宣传自己的研究方法和内容，我们则主动接近他们，向他们学习，使两者逐渐走向融合，追求研究成果有机地融为一体的效果；二是采样的问题，这一方面可能产生问题的地方很多，如样品的选择、采样的方法、包装、存储和运输等环节，但最重要的还是采样是否系统和科学的问题。举例说，如果一个遗址的发掘中只是在少数几个单位采样，它可能存在较大的偶然性，与实际情况造成差别的机率就较大，如果在遗址的每一个地层单位内都随机采样进行检测，就具备了系统性，从而可以排除掉因为偶然因素的影响而造成的误差，最大限度地反映了历史的真实。所以，我们在两城镇遗址的发掘中对所有的采样、检测、分析，都要求按系统性的原则进行操作，决不草率从事，以求取得好的结果和经验。

第四，在新的形势下，为中外学者如何开展合作考古研究取得了有益的经验。

中国考古学从诞生之初就带有中外合作的性质，我们对此并不陌生。众所周知，中国考古学史上早期阶段一些著名遗址的田野考古发掘工作，如仰韶村新石器时代遗址、甘青地区一系列新石器时代遗址、周口店北京猿人遗址等的发掘，在性质上都属于中外合作考古。由于各种原因中国考古学和外部世界分隔了很长时间，随着对外开放的发展，特别是《中华人民共和国考古涉外工作管理办法》的颁布和实施，以田野调查和发掘为主的中外合作考古被重新提上了日程，并有了实质性的进展。中美两城合作考古研究也是在这一大背景下实现的。经过七年的实践和磨合，联合考古队逐渐成为一个团结、高效、相互理解、相互补充的研究整体。达到这一步的过程中既有经验也有教训，我认为其中最重要的是双方要具有共同的研究目标和对考古事业的献身精神，互相理解和互相尊重，对各种问题进行充分的交流。对于当代的中国考古学界来说，中外合作考古还是一个新的事物，我们相信这些体会对于推动中国考古事业的顺利发展无疑具有积极意义。

（原载《文史哲》2003年第2期）

聚落考古田野实践的思考

近些年来，随着中国考古学研究的重心由以往的文化序列和发展谱系的建构逐渐向古代社会研究的转移，学术界越来越重视聚落考古研究方法的实践。聚落考古是以聚落为基本的研究单位，据其研究范围和内容，又可以依其涉及的空间范围区分为微观、宏观聚落形态研究两种。前者主要是指单个聚落形态及其内部结构的研究，后者则是区域的空间聚落形态的研究。不管哪一种情况，都会涉及历时变迁问题。聚落考古是研究和认识已经消失了的古代社会的重要途径和方法。

自1995年以来，经国家文物局批准，山东大学与美国耶鲁大学、芝加哥菲尔德博物馆等单位合作，围绕着古代社会复杂化进程的研究目标，在山东日照沿海地区进行了较长时期的区域系统调查和考古发掘工作。在中国传统田野工作的基础上，有选择地采用了一些欧美地区流行的调查和发掘方法。近几年，我们在鲁南的薛河流域、胶东半岛一些地区，也进行了类似的调查和发掘工作。关于这些野外工作的实践，经常听到同行们的各种意见，我们团队内部也存在相同或不同的认识和看法。因此，我认为有必要对聚落考古实践的经验和存在问题进行思考并做出初步的总结，希冀为关心中国聚落考古研究发展的同行提供一些参考。

一　关于区域聚落形态研究

在区域聚落形态研究方面，最近十几年来，国内多个单位或与国外学者合作，或独自组织人力，在选定的特定区域开展了规模大小不等、时间长短不一的区域系统调查工作[1]。以求从宏观角度分析和研究聚落形态横向的空间关系及其纵向的历时演变，进而探讨特定区域古代社会组织、社会结构及其变迁过程。如山东大学和美国耶鲁大学、芝加哥菲尔德博物馆等，1995年以来在山东日照地区的合作调查；中国社会科学院考古研究所和澳大利亚拉楚布大学等，1997年以来在河南伊洛河下游地区的合作调查；中国社会科学院考古研究所、内蒙古文物考古研究所、吉林大学与美国匹兹堡大学等，1998年以来在内蒙古赤峰地区的合作调查；成都市文物考古研究院、北京大学与美国加州大学等，2005年以来在成都平原的合作调查等。此外，国内多家单位也在湖北、湖南、河南、山西、安徽、黑龙江等地开展了规模不等的类似工作，如中国社会科学院考古研究所在河南偃师二里

---

[1]　这是由英文翻译过来的一种称谓。英文为 "full coverage archaeological survey" 或 "systematic regional archaeological survey"，直译为 "全覆盖式调查"，或 "区域系统调查"，也有人译为 "卷地毯式调查"。从字面来看可能如此，但从十几年来的调查实践看，这种调查既做不到 "全覆盖"，也不是 "卷地毯"，倒是称为 "拉网式调查" 最为贴切。所以，我建议以后这种调查的正式中文名称可采用 "区域系统调查"，而通俗的名称则以使用 "拉网式调查" 为好。

头地区的调查等，均取得了引人注目的成绩。鉴于这一工作所取得的成果，国家文物局于2003年冬及时地在北京召开专门会议，由各工作单位介绍情况，并希望在全国各地予以推广和实践[1]。

（一）区域系统调查方法的可行性和优势

田野考古调查是了解不同时期遗址的数量和分布、遗址的内容、性质和时代的基本方法。在教科书中，考古调查又分为普查和复查、一般调查和重点调查、围绕某种特定目标的专题调查等。其基本方法就是通过地面散布的以陶片为主的各种遗物、断面上可见到的文化堆积和各种遗迹等，来确定遗址的范围、内涵和时代。可以说所有的古遗址都是通过野外考古调查而发现的，所以，考古调查是考古学野外工作的基本方法和内容之一。

20世纪80年代后期以来，随着聚落考古研究方法在考古学界得到越来越多的学者的认可，与聚落考古研究配套的区域系统调查方法也从北美引到中国。通过若干年来的实践，尽管这种方法在中国还需要在实践中不断地完善和发展，但可以认为是一种实用价值较高、切实可行、便于操作的野外考古调查方法，并且难度不大、相对花费也不太贵。到目前为止，我们还没有找到比其更好的方法。

区域系统调查和传统的调查既有相同的方面，也存在着较大差别。

两者的基本内容是相同或相近的。例如：通过调查发现和记录遗址，并为后续的发掘、研究和保护工作奠定基础；均采用野外徒步踏查的基本方法；以采集地面陶片等遗物为主，并利用可供观察的文化堆积来确定遗址范围、内涵及其时代；采用文字、照相等手段进行记录；进一步了解需要进行勘探和发掘等。

但两种方法的区别也是明显的。

（1）学术目的有所不同

传统的调查主要是发现和记录遗址，为保护、发掘和研究做准备，而区域系统调查的目的性较强，在调查之前就设计好了特定的学术目标。当前已经开展的工作，多数是从区域的角度研究古代社会组织和社会结构的形态及其发展进程，从个案研究的角度来探索中华文明的起源和形成。

（2）调查的范围不同

传统的调查一般没有特殊的区域限制（专题调查等除外），而区域系统调查则是围绕着特定的学术目的来选择调查区域，多为一个相对独立的地理单元，或是选择一个小流域，或者选择一个面积适中的盆地、小平原，或是围绕着一个大的中心遗址展开等。调查区域的面积通常都在一两千平方千米之内，小的只有数百平方千米。

（3）调查的方法不同

传统的调查尽管也要求走遍区域内每一块土地，但在实施过程中随意性比较强，很多只是走马观花。区域系统调查则不同，必须是按事先确定的规则走位，如所有参与调查的人要一字排开，人和人之间的间距有明确规定，实行无遗漏地拉网式调查。这样调查过的区域，绝大多数遗址是不会

---

[1]　孙秀丽：《检阅中外合作考古成果　探讨考古调查方法——中外合作区域考古调查工作报告会在京召开》，《中国文物报》2003年11月26日第1版。

被漏掉的。效果与传统调查有比较大的差别，从目前开展过此类工作的若干区域看，新发现的遗址在全部遗址中的比例能占到2/3左右，有的甚至更多。所以，单是从为了摸清家底和进行遗产保护的角度，这种方法也是值得提倡和推广的。

（4）采样的方法不同

传统调查的采样多是以遗址为单位，一个遗址内部不再做更细致的划分。而区域系统调查则不然，在遗址内部进一步设定更小的采集区，这样，就可以对长期使用的遗址再按期别细分出各自不同的分布范围。不仅如此，区域系统调查的特点还在于强调系统性，即除了遗址本身的情况之外，还要注意观察遗址所处的环境、地貌、资源情况（如水源、石料、动植物等）等。

（5）记录方面的差别

传统调查的记录相对比较简单，一般多采用简单的表格和文字描述来记录，有的辅之以照片。区域系统调查的记录更细致并有明确要求，如要在现场标出遗物采集点的准确位置（或全部用GPS定位，录入电脑后输到电子地图上），填写专门设计的表格，每个遗址及发现的文化堆积情况都要拍摄其整体和局部的照片，分时间段划分和记录遗址的范围和面积等。

（6）分析和研究方面的差别

传统调查的主要目的是发现和记录遗址，为后续的保护、发掘和确定考古学文化的分布范围等提供基础资料。区域系统调查除了达到上述要求之外，着眼点主要放在调查区域的系统分析和研究上，不同时段区域社会组织和社会结构状况、人们生存的社会与环境状况、资源利用的互动关系、不同区域之间的共性特征和个性差异以及区域的社会发展进程等。

正是因为有了以上各个环节的差别，才可以说区域系统调查是系统的，在后续研究中具有明显的优势。所以，我认为区域系统调查的方法值得更多的人在更多的地区进行实践，并在实施过程中根据中国不同区域的具体情况不断完善和发展，使之成为通过聚落考古的桥梁来研究古代社会的重要方法和技术。

（二）关于聚落遗址的几个问题

目前我们所采用的区域系统调查方法，主要来自美洲。这种方法引入中国之后，是否完全适用？中国幅员辽阔，东西、南北各不同地区的历史文化传统和自然地理区域、地貌环境、气候条件的差别极为悬殊。那么，在采用区域系统调查方法进行野外作业时，是否需要进行相应的调整？这些都是需要我们在实践的基础上做出思考和回答的问题。

区域系统调查是为后续考古研究奠定基础的工作，也是一种和聚落考古研究相配套的田野考古工作方法，其所获资料的真实性和可靠性是后续研究的基础和依据，所以其重要性不言而喻。我们在调查时，是以地面分布着的不同时期的陶片（也包括其他人工遗物）来确定遗址的范围、时代及其性质的。那么，遗址真实性、遗址范围和时代的确定是否准确等，就会直接影响后续研究的结论。

1. 关于遗址的真实性

陶器的出现可以说是人类技术发展史上一个重大发明。陶器作为发现和认识新石器时代以来古遗址的指示性标志是学界的共识。所以，发现遗址和初步确定遗址的延续时间，主要依靠收集散落在地表的陶片来判断。那么，地面有不同时代陶片分布的区域能不能确保都是不同时期的遗址？或者说调查发现的遗址，其真实性和可靠性有多大，这个问题对后续研究可以说是至关重要。如果一个地区实际上有100处聚落遗址，而如果通过调查记录了300处，无疑是夸大了聚落遗址的数量。如果再以这些数据来研究区域的人口状况、资源消费等问题，恐怕就会产生比较大的麻烦。

　　我们在田野调查时，主要是以地面有无陶片等遗物的分布（当然也会注意有没有文化层和遗迹等证据）来发现和确定遗址的。这里有一个假设的前提，就是在某一个地点的地面上发现了陶片（或其他遗物），即认为这一陶片是从相同地点的地下翻动上来的。实际上，有许多时候并非如此。比如，农民在田间管理时，时常会把田中影响耕作的石块和较大的陶片、硬化了的红烧土等拣出来，扔在路边、田头或附近的沟里。这种情况虽然移动了遗物的位置，但由于移动的距离相对有限，对于认识和辨别遗址及其范围所造成的误差不大。所以，这种情况基本上可以忽略不计。但在有些情况下，人们对遗址上的遗物会做比较远距离的搬动，这样的情况就需要慎重对待。例如，过去农村中家家户户都养猪，也有养牛和马等大牲畜的，经常需要从村外运土来铺垫圈栏，而过一段时间，又把圈栏中变成了农家肥的垫土运往自家的农田之中。如果由村外运来的土恰好是遗址中的土，就会把遗址里的文化遗物一同运来，最后又一同运到另外的农田里。这样就会造成遗址中的陶片等遗物人为地远距离移位。不仅如此，建造房屋也会出现类似的情况。过去中国农村大都是用土来做墙体，而用来做墙的土也可能取自遗址的文化层，这种情况在山东日照的两城镇就比比皆是。我们在那里工作时发现，20世纪80年代以前建成的房屋上半部墙体和庭院的围墙绝大多数是夯土墙，墙体中各个时代的陶片随时可见，有的还有石器，大家戏称其为"文化墙"。房屋重建时拆除旧墙，墙土多半也被运到农田里，会出现前述同样的问题。由于中国古代文化发达区域历代人口十分密集，许多遗址往往被压在历史和现代的村庄之下，这种现象在人口稠密的省份和区域比较常见。这样，我们调查时所发现并记录的陶片等遗物分布地点，未必就一定是古代人们居住过的聚落遗址，有些可能是由于不同时代人为移动所形成的。

　　所以，如何有效地解决这一问题，是区域系统调查中不能回避的一个难题，许多人曾对此提出过质疑。

　　要解决这一问题，最理想的办法就是对发现的所有陶片分布地点，全部采用勘探的方法加以鉴别。但实际上，由于陶片分布地点的数量巨大，每一个发现点都经过勘探来确定不太现实，甚至可以说难以做到。所以，在日照做区域系统调查的初期，我自己曾经设想，从遗址的可靠程度上考虑，可以把调查发现的有陶片分布的地点分为四个不同的类别。

　　第一类是在可供观察的断面上发现文化层或明确遗迹的地点，这一类没有疑问应该是古人居住和活动遗留下来的遗址。

　　第二类是虽然没有发现文化层或遗迹，但其周围相当范围内没有同时期的遗址存在，客观上不存在搬运形成的可能性，这样的地点可列为极有可能是古人居住或活动过的遗址一类。

　　第三类是附近有同时期的遗址，但没有证据证明这里的陶片等遗物是从附近其他遗址搬运来的，这是需要进一步做工作加以解决的一类。

　　第四类是附近有明确的同时期遗址，而且有证据证明地面上发现的陶片等遗物是由邻近遗址搬运来的，这一类可以直接排除掉，也可列入可靠性差的黑名单。第四类情况的信息可以通过调查访问当事人或了解情况人员的途径获得。

我们在两城镇遗址周围调查时，在东距两城镇遗址约1千米多的大界牌村南，曾发现面积约20多万平方米陶片分布区，调查时确定为大界牌遗址。后来，我们在两城镇遗址发掘时偶然获悉，两城六村（两城镇驻地共有10个行政村，六村整体位于两城镇遗址的中心部位）在大界牌村南有约200多亩"飞地"，20世纪60~70年代集体耕作时，经常把包含有陶片的农家肥料运到这片土地上。经现场辨认，发现大界牌遗址的范围基本在两城六村的田界之内。如是，就可以排除由于现代人搬运的原因而虚构出来的这一"遗址"。其实这种情况在两城镇遗址南面和其他类似遗址的周围也存在。所以，在调查位于现代村落附近的遗址时，要特别注意是否存在类似的情况。

按以上分类原则，在后面的资料处理上可以区别对待。第一类调查时就可以确定下来，第四类可以通过走访和调查予以排除（但调查的结果还是应该公布），而重点要在第三类和第二类遗址上进一步开展勘探或试掘的工作。如果时间或经费不允许，甚至可以主要做一下第三类，把工作后的结果予以公布。

我们开展调查的初期，团队内部曾经常讨论这一问题。一种观点认为，这些散布在遗址外围的陶片，即使在其位置发现不了文化层和遗迹，也不能完全排除其价值。形成这种现象的原因，既有可能是原来这里有文化层或遗迹，发现时已经完全被破坏了，也可能是当时人的各种野外活动所遗留下来的，恰恰可通过其分布来了解古人的活动足迹。这些说法不能说没有道理，所以，应对调查的原始资料加上补充说明后予以完整公布。

总之，今后在历史上和现代人口密集区开展区域系统调查工作，以上所述是一个需要面对和解决的问题。

2. 遗址范围和面积的界定

这是接着上述内容而来的问题。第一个问题讨论的是遗址的真实性，即遗址的有还是无，而这里要讨论的是遗址的范围和大小，探讨调查所得到的遗址面积和实际的遗址面积之间的误差及其形成原因和解决办法。

首先要说明的是，这一个问题对于开展相关研究也很重要，或者说仅次前面的第一个问题。例如，如果5万平方米的遗址，因为人为或其他原因，将其夸大成10万平方米或20万平方米，那么对于后续研究就会产生很大的不利影响，甚至得出错误的结论。实践证明这个问题确实存在，仍以日照地区调查的一些遗址为例。如调查之后分别做过勘探、发掘工作的两城镇遗址和五莲丹土遗址，两个遗址均有相当部分叠压在现代村庄之下，另外的部分则位于村庄周围。前者调查面积为265万平方米（如果加上周边几个有二次搬运形成嫌疑的遗址面积就更大），勘探后确定的遗址面积不足100万平方米；后者调查面积为164万平方米，勘探后确定的遗址面积只有约20万平方米。不仅大遗址如此，中小型遗址也存在同样问题。如日照大桃园遗址和胶南甲汪墩遗址，两个遗址均位于紧挨着村庄的村北，前者调查面积20万平方米，勘探后的面积只有约4万多平方米，后者调查面积52.06万平方米，勘探面积约3万平方米。由此可知，在人口密集区域，遗址实际面积和调查面积之间存在着相当大的差别，这种误差往往会超过数倍之多。如果用这样的数据来研究古代社会问题，特别是人口数量和规模、资源的消费和利用等敏感问题，无疑会得出与实际情况差别较大的结论。

形成这一现象的原因与第一个问题大体相同。就是因为遗址邻近村庄，人们就近取用遗址里的土，用以积肥、建房、修路、筑墓、平整土地等各种活动。而这些活动都有可能把"文化层"内的陶片等遗物搬运到遗址的外围地带，这样，就会不同程度地扩大遗址实际的分布范围。那么，我们依据地表陶片等遗物计算出来的遗址面积，可能就会不同程度地超过了遗址的实际面积。当然，就像因为各种原因导致地表没有可供我们确定遗址的遗存而无法发现遗址一样，也会有因为埋藏较深（不易破坏）、远离村镇（无人破坏）等原因，造成通过考古调查所得到的遗址面积要小于实际的情况。但是在人口分布比较密集的区域，后一种情况应该大大少于前一种情况。

要解决这一问题，获得比较准确的遗址分布范围和面积。我认为方法只有一个，就是对每一个遗址都要进行实地的勘探工作，就像我们对待不同级别的遗址做四有资料一样，通过勘探确定其实际分布范围和准确面积。当然，这是一项十分费时费力的工作，不是一件短时间内能够完成的任务，要有长期工作的计划。

如果时间和财力等不允许，或者可以考虑采用抽样的方法进行校正。即在调查区域内随机抽取不同层级、不同时代、不同类型和不同地貌区的遗址进行实地勘探，然后与调查所得到的范围和面积做比较，求得两者之间的误差率，最后按误差率进行校正。误差率可以是一个，也可以按类别做出几个，分别进行校正。当然，这只是权宜之计，是一个没有办法的办法，目的是尽可能缩小调查数据的误差。

3. 聚落遗址的分期及各时期范围的确定

中国的古代遗址，其中只有一个时期遗存的现象比较少见，多数遗址经过连续或断续的长期使用，于是就会在同一个遗址上留下不同时期的堆积，有的遗址甚至从新石器时代到历史时期一直有人居住。那么，对于这样的遗址，如何分期和确定其时代，如何确定不同时期聚落遗址的范围和规模，也是一个比较重要并且需要解决的问题。

区域系统调查引入中国之前刊布的考古调查资料，一般是这样处理遗址的时代和范围的：时间上按大的时代来划分，即史前时期按考古学文化区分，历史时期则按朝代区分；至于同一遗址不同时代的范围和规模大小，多数不加任何区分，而是共用一个数据。如果一个遗址的调查面积为10万平方米，包含了五个时代，那么这五个时代都是按10万平方米来统计。这种方法得到的遗址面积多数情况下可能是不准确的。

实施区域系统调查的各个考古队，都按自己的思路在实践中设法解决这一问题，并取得一定程度的进展。日照地区的调查是区分为北辛文化，大汶口文化早、中、晚期，龙山文化早、中、晚期，岳石文化，商代，西周、东周，汉代等12个时期采集数据[1]；伊洛河地区的调查是分为裴李岗文化（公元前6500～前5000年）、仰韶文化（公元前5000～前3000年）、龙山（公元前3000～前2000年）、二里头（公元前1900～前1550/1500年）、商（公元前1600～前1046年）和周（公元前1046～前221年）等6个时期收集资料[2]；赤峰地区的调查则分为兴隆洼文化（公元前6000～前5250

---

[1] 中美两城地区联合考古队：《山东日照市两城地区的考古调查》，《考古》1997年第4期；方辉等：《鲁东南沿海地区聚落形态变迁与社会复杂化进程研究》，《东方考古（第4集）》，科学出版社，2008年。

[2] 陈星灿等：《中国文明腹地的社会复杂化进程——伊洛河地区的聚落形态研究》，《考古学报》2003年第2期。

年）、赵宝沟文化（公元前5250～前4500年）、红山文化（公元前4500～前3000年）、小河沿文化（公元前3000～前2200年）、夏家店下层文化（公元前2200～前1600年）、夏家店上层文化（公元前1000～前600年）、战国～汉时期（公元前600～公元200年）、辽代前后（公元200～1100年）等8个时期进行记录和统计[1]。

日照地区调查结果的年代划分，仅龙山文化就分为早、中、晚三期，每期约200年，相对于前后其他各时期，显得过细，相互之间不对等。以现在的眼光来看，至多分为早晚两期即可。伊洛河地区的工作，其中仰韶文化、龙山文化（包括了庙底沟二期文化和中原龙山文化）和周代，都只是作为一个大的时期来记录和分析，时间范围包含过宽，如果能够各再细分为两到三个时期可能效果更好。赤峰地区的调查，红山文化是该地区古代社会发展的重要阶段，把1500年作为一个时间尺度，会失去从聚落形态变迁中观察当地古代社会复杂化发展进程的机会。

现在多数单位进行的区域系统调查工作是按大的时代来划分的。例如，一个仰韶文化延续了2000年，绝大多数的仰韶文化遗址可能只存在其中某一阶段。所以，按目前的数量统计结果，显然是夸大了一个时期共存的遗址的总数量和总面积。其他时期的遗址也存在同样的问题。况且，从历史发展的角度看，一个遗址甚至一个遗址的一种考古学文化也未必只是一个聚落，有的还可以再划分。

同一遗址不同时期的面积如何确定也是一个需要重视的问题。上面谈过，以往我们是一而概之，现在大家都在想办法对同一遗址不同时期的规模和面积加以区分。实施的方法是在遗址内部再划分出若干更小的遗物采集区，依据这种小区内采集遗物的时间差别来确定不同时期遗存的分布范围，最终可以把连续使用的遗址，按时期区分出各自的不同规模和面积。这里撇开与前述相同的因素不论，就方法本身而言，关键是如何划分采集区。目前的做法已有多种，或者是随机划分采集区，或者是按提前确定的规则划分采集区，如20米×20米、50米×50米或100米×100米不等。而这样的划分是否应该有一个大家都可以接受或约定的规则，则是需要认真讨论和研究的。目前是"八仙过海，各显其能"。这样做的结果，势必会因为各考古队调查过程中采用的采集方法和规则的不同而影响最终的整合研究。所以，按大的环境区域统一采集方法和规则是很有必要的。

二 关于单个聚落遗址的研究

单个聚落遗址的形态和内部结构的研究，在中国开展得比较早，较为典型的是20世纪50年代发掘的西安半坡仰韶文化聚落遗址，后来发掘的宝鸡北首岭、临潼姜寨、长岛北庄、敖汉兴隆洼、蒙城尉迟寺、邓州八里岗等都属于这一类。

从本义上说，聚落考古的目的是研究当时的社会关系。所谓社会关系，我理解其内容是包罗万象的，既要研究聚落所反映的社会组织和社会结构，也要研究人们在聚落内的各种活动，如经济活动、生产技术、交换贸易、日常生活、精神文化等，还要研究社会与环境的互动、人们对资源的利用等。总之，聚落考古研究的是古代社会。因为上述活动或以聚落为单位进行，或以聚落内不同层级的社会组织为单位进行。所以，我们不仅要研究聚落一级的社会组织，也要分析聚落内不同层级

[1] 赤峰中美联合考古研究项目：《内蒙古东部（赤峰）区域考古调查阶段性报告》，科学出版社，2003年。

的社会组织形态，即所谓的聚落组成单位。在这样的认识前提下，看似杂乱无章的聚落遗存，其实都是不同时期严密的聚落组织架构内的组成部分。同时，为了获取更多研究古代社会的信息，在各个环节尽可能地采用各种新方法和新技术，不仅十分必要也很迫切。

正是为了实现上述研究目标，我们十几年前进行的日照两城镇遗址的合作发掘，对传统的发掘方法采取了一系列的改进措施，详细情况已有说明[1]。结合近年来的实践，检视和反思这些做法，将有利于今后的继续探索。

（一）关于发掘面积与聚落布局研究

微观聚落形态是在聚落内部开展，而宏观聚落形态则是进行区域的研究。一般说来，宏观聚落形态研究的基础资料主要来自田野考古调查，而微观聚落形态研究则要以遗址的考古发掘为主导。

聚落布局和内部结构是微观聚落形态研究的着力点之一。过去我们曾认为，要研究一个聚落的布局、内部结构及其变迁，前提条件是要把该聚落遗址的时空关系都搞清楚。那么，要达到这样的程度，就需要对作为研究对象的聚落遗址进行大面积、全方位的系统发掘，进而弄清其空间布局和内部结构以及是否可以划分为不同的聚落。要达到这样的目标，最好就是对一个保存较好的聚落遗址进行完整的揭露，并逐层发掘到底。

就近些年的实践和要求来看，上述想法似乎只是一种理想。要完整地揭露一个普通的聚落遗址，在理论上讲是可以进行的，但在实践上则十分困难。随着发掘观念的更新、技术的进步，特别是需要收集的资料和信息成倍成数十倍的增长，极大地限制了考古发掘的速度和面积。从学科发展的角度讲，这无疑是一件大好事。但我们不得不承认，在现阶段按新观念进行的发掘，要想完整发掘一个哪怕是只有3～5万平方米的小遗址，也必须有长远的发掘计划和长期作战的思想准备。这个长期有可能是十几年甚至几十年，否则几乎是不可能的。如1999～2001年，我们连续三个季度发掘两城镇遗址，每个季度发掘2～3个月，每次发掘有10余人参与。三年下来，实际发掘到底的面积只有500多平方米，而且两城镇遗址发掘部位的文化堆积只有1～1.2米。相对于两城镇这样面积接近100万平方米的遗址，这点发掘面积几乎可以忽略不计。

所以，要研究不同时期不同规模和等级的聚落遗址的整体布局和内部结构情况，如何进行田野操作，采用什么样的方法，是一个需要认真研究的问题。也是基于这一点，我们曾提出"聚落组成单位"的概念，以求在比较小的发掘面积的情况下，仍然可以完全依照聚落考古的思路进行田野发掘和后期的分析研究工作。

（二）地层学和操作层面的探索

1. 关于考古地层学的新认识

过去一般认为，地层学是指导田野考古发掘的方法或技术，而不同地层单位代表的时间尺度，

---

[1] 栾丰实：《中美两城合作考古及其意义》，《文史哲》2003年第2期。

则要靠类型学分析加以解决。现在看来，对于过去解决年代学的分期研究而言，也许是这样，但在上升到聚落形态研究层面的目前，情况则发生了质的变化。依靠类型学方法，划分到50～100年一期就已经算比较细致，要进一步提高年代的分辨率则十分困难。同时，一般的分期很难复原和再现聚落遗址的动态形成过程，而在地层学指导下的精细操作或许可以做到。

地层学认识上的一个发展是"地面"或"活动面"概念的提出并付诸实践。其实在以往的地层学论著中，有的学者已经注意到地面或活动面的作用[1]，但将其与聚落考古的研究目的相结合，作为田野考古操作中的一个重要支撑点而予以强调，则是最近十几年的一个发展[2]。在一个没有中断而连续使用的遗址中，形成多层依次叠压的文化层堆积，以往一般认为这些堆积层在时间上是连续的。"地面"或"活动面"的概念提出来之后，使我们有必要重新认识和评估以往的看法。从理论上说，依次叠压的文化层堆积所代表的时间多数是断续的而非连续。换言之，文化层堆积的形成通常是在较短时间内完成的（特定地段也有持续形成的情况），形成一个稳定的活动空间之后，人们依托地面进行各种活动。就像我们现在周围的情况一样，可能你在一个地方居住了很长时间，周围开展各种活动的地面并没有什么变化。所以，遗址里上下依次叠压的文化层，每一个层次本身形成的时间可能较短，而两个层次之间包含着各种遗存的空间延续的时间很长，是"活动面从时间上把文化层堆积连接成一个连续的过程"[3]。在没有对聚落进行根本性的变革或改造时，尽管在同一个地面上开展的各种活动，包括增加或减少部分建筑遗迹、局部地段的渐次垫高等而导致聚落有一些变化，但仍然应该视为同一个聚落。

把这一新的理念运用到聚落考古发掘的实践之中，就会获得许多新的信息。我们的理想是在田野发掘的操作之中，揭示出一个聚落遗址的形成、发展、变化和最后消失的动态过程。在两城镇遗址的发掘中，我们曾努力进行过这一方面的探索，特别注意以房址为主干的遗迹之间的联系，这种联系有纵横两种情况。

一是在空间上的横向联系。保存较好的房址，户外均有一个大小不一的活动面，应是庭院一类遗存，这个活动面通过门道与房屋内的地面相连接。发掘中发现有的房址的室内地面和户外庭院的活动面经常用土铺垫，从而形成若干个依次叠压的活动面。通过这种铺垫的活动面可以把房内地面与庭院地面以及邻近的其他房址连接起来，它们的共时关系及其动态的变动情况就会比较清晰地展现出来。如两城镇遗址第一发掘区[4]，在生土面上发现土坯墙结构的圆形房址F39，门道向南，门外有庭院，解剖后知庭院地面有10个小层，就是说前后经过10次铺垫。当庭院铺垫到第3层的时候，在其西侧新建一座门道向东、面积略小的圆形房屋（F65），此后与F39共用一个庭院（第4～10层），形成正屋（F39）与西厢（F65）相配合的结构，最后一同废弃。这样，我们就有理由认为F39和F65

---

[1] 俞伟超先生在《关于"考古地层学"问题》中数次提到**地面**，如"修建任何房子、窖穴或是墓葬，一定是在当时的**地面**上实行的，而这种**地面**，在发掘中是应该能够辨认出来的。"《考古学是什么——俞伟超考古学理论文选》，中国社会科学出版社，1996年，第25页。严文明先生在《考古遗址发掘中的地层学研究》一文中，明确提到地层形成的时间和地面，如"事实上，绝大多数地层，不论它的厚薄是如何地不同，本身形成的时间并不很长，有的甚至是一下子就堆成的……一个地层基本形成之后，往往有一个较长的稳定时期……这些地面在相当长时期内都不会有多少堆积。"（《走向21世纪的考古学》，三秦出版社，1997年，第33页）。

[2] 赵辉：《遗址中的"地面"及其清理》，《文物季刊》1998年第2期；赵辉：《聚落考古工作方法的尝试》，《中国考古学跨世纪的回顾与前瞻（1999年西陵国际学术研讨会文集）》，科学出版社，2000年。

[3] 栾丰实：《关于聚落考古学研究中的共时性问题》，《考古》2002年第5期，第68页。

[4] 中美两城地区联合考古队：《山东日照市两城镇遗址1998～2001年发掘简报》，《考古》2004年第9期。

共同构成一个聚落组成单位，居住其内的人当属于一个社会基层单位，从可居住人数上看，可能是一个比核心家庭略大的家庭。同时，也发现有同时建成而先后废弃的例证。

二是在时间上有先后承继关系。如2001年发掘的中部和西部的3座房址，原地经过数次翻建，即把旧房子毁掉后在原址重建，房子的大小、位置和建筑结构或略有变化。这种时间上的延续，或可认为是同一个社会组织（家庭）的先后传承。

如果能够把一个聚落遗址的完整变迁如上述那样揭示出来，从而了解和认识聚落遗址的动态变化过程，这是我们追求的理想境界，其与考古发掘的客观现实之间有相当距离。首先如前所述，照目前的实际情况很难全面揭露一个遗址。其次是绝大多数遗址由于各种原因保存不好，没有范围较大的原始地面保存下来，层与层之间的面多半是被破坏的面，而非原生地面。再次，这样的目标对发掘者的学术视野和田野操作水平要求很高，不仅初学者即使是较为熟练的技工做到也不易。所以，在提高认识的基础上，加强实践，总结出一套聚落考古的田野发掘操作方法是今后一个重要任务。

2. 发掘操作和资料处理

为了获取更多研究古代社会的资料和信息，近年来我们在田野发掘的操作设计中使用了一些新方法和新技术。如探方的设计、文化堆积中土的处理、土样的采集和检测分析、土质土色的描述方法、测年样品的选择、绘图和新测绘仪器的使用、各种堆积的编号问题、表格的设计和记录等等。有些是属于发掘操作过程中的问题，有的是记录和后续分析研究的问题，也有兼而有之者。

从整体上看，考古发掘和记录的具体方法和采用的各种分析技术都属于手段的范畴，毫无疑问，手段是为研究目的服务的。所以，采用什么具体方法和技术要视发掘目的而定。

采用探方法进行发掘，并逐渐地把探方确定为5米×5米或10米×10米的规格，成为田野发掘规程中的一项具体要求。我们在两城镇遗址的发掘时，曾为采用2米×2米还是5米×5米的探方与外方学者有过激烈的讨论，最后的结果是采用了4米×4米的探方、探方之间保留0.5米隔梁的做法。经过几年的实践，从聚落考古的角度考虑，采用探方法进行发掘，固然有便于小范围操作和控制层位关系等有利因素，但也存在明显的缺点。如探方的隔梁把原本相连的遗存人为的分开，除了出现跨方的遗迹如房址或墓葬等情况，一般都是把探方的边界保持到最后。这种做法其实很不利于基于聚落考古的田野操作。特别是在新的测绘仪器如全站仪的广泛使用之后，使遗迹和遗物的测绘可以在全工地统一记录坐标，探方的实际意义越来越小。所以，在现行的发掘工作中，可以像以往一样的设置探方，但应该随时把探方的隔梁去掉，以保持整个发掘区连成一片，进而可以统一地观察包括地面在内的各种遗存的空间分布关系。

对土的处理方式的变化或许最能体现近年来考古发掘在技术上的进步。以往被认为是没有什么资料价值的土，现在通过各种新技术的运用，从中可以获取许多意想不到的新信息和新资料。如孢粉分析、植硅体分析、淀粉粒分析、化学成分分析、土壤微形态分析等，特别是采用了筛土和水洗（浮选）技术之后，可以获取大量肉眼在土中难以发现的新资料，如各种炭化的植物化石、碎小的动物骨骼、剥落的小石片等。其中像加工石器遗留下来的小石片和碎石渣，据其出土位置和形态可以确定石器的具体加工地点和场合，进而为探讨石器生产方式和生产组织提供了第一手资料和证据。当然，限于人力、物力和时间，发掘中又不太可能把全部的土过筛和水洗。并且是否要把发掘的土全部过筛处理，不同地区的情况也不太一样，比如南方地区的土黏且湿度大就很难过筛，同一个遗址的土，一般的地层堆积和墓葬中的填土，是否有必要全部过筛，这些都可以讨论的。水洗也是一样，像田螺山遗址的发掘，全部堆积土均经过水洗，结果发现了大量各类生物遗存，对后续研究的意义自不待言，但也确实需要一般性发掘数倍甚至十数倍的人力物力财力。所以，特殊情况下可以采用全洗的方法，而一般的发掘是否按比例或者固定的量（比如20升）收集土样进行水洗即可，则需要经过实践之后制订出明确的标准和规范。

关于土质土色的描述，是发掘记录中的一项具体内容。以往和现在基本上是凭个人的感性认识来确定。20多年以前就有学者呼吁采用色谱来统一土色的描述，但一直未能实行。对此，我们进行过探索和试验，应该是可行的，但需要有强制性的措施跟上才能普及，一家一户自愿使用则意义不大。

1999年以来我们进行的一些发掘工作，为了与表格的记录方式相匹配，还采用了顺序号的编号方法对遗址的地层单位进行记录。具体做法是一个探方给若干号码，探方的负责人可以根据实际情况自行使用这些号码编号。一个文化层可以编一个号，也可以编若干个号，遗迹也是一样。每个编号都要有相应的表格来记录和绘图来表示。这种方法也是采自国外。实践证明，这种做法的问题一方面把考古遗存划分的过于琐碎，特别是数字编号与遗迹和文化层完全没有内在联系，很不容易记忆。越是在后期的整理中，越显示出其繁琐性。至少目前我们还不适应这种记录方法。而且，我们本身的编号系统和方法如果进一步细化，也可以达到这种数字记录方法的效果。如在一个灰坑内部，可以依次地划分若干小层来表示堆积的连续形成过程，文化层也是一样，似乎没有必要采用枯燥和难以记忆的纯数字来表示。这有点类似早年用数字编号来进行类型学分析一样。

3. 考古发掘与遗产（遗址）保护的关系

随着文化遗产保护的持续升温和日益普及，切实保护考古遗址已经成为我们必须面对的一个现实问题。考古遗址的保护是针对破坏而言的，对遗址的破坏又可以分为两种情况：

第一种情况是人为破坏或自然原因导致遗址受到损坏。前者如在遗址上取土、建房、修路、开挖各种沟渠、修建水利设施等，这种破坏有的是集体行为，有的是个人行为。现在所谓的配合基本建设考古，主要是针对这一部分人为破坏因素的，进而采用法律法规程序来规范这一类行为，对策就是先发掘后建设特别重要的就设法避开。现在的问题是群众个人的一些活动导致的破坏，尚没有好的办法解决。如群众在遗址上取土和进行各种生产活动，积少成多，时间久了也会对遗址造成比较大的损坏。就更不用说在遗址上造房子、挖沟渠、取土烧砖瓦等活动了。自然原因如洪水、地震、海侵、山体滑坡等灾害性事件，这些多数为人力所无法抗拒。

第二种情况就是考古发掘也会对遗址造成破坏，因为古遗址是不可再生的资源，挖掉一块就会少一块。对此，有学者呼吁要尽量减少主动发掘，甚至不同意发掘一些比较重要的遗址，如国家级或省级文物保护单位的遗址。如何理解考古发掘和遗址保护的关系，如何面对和处置这一问题，是需要决策层和从业者认真考虑的。我们认为，考古发掘的破坏和上述第一种行为的破坏，性质完全不同。从最简单的层次设想，如果没有考古发掘工作提供的第一手资料，我们如何评价一个遗址的价值，又怎么能够把它们区分为不同等级的保护单位呢？所以主动发掘仍然是必要的，当然可以提高门槛，要明确要求按聚落考古的方法开展发掘工作。同时，在发掘过程中如果有重要发现，要坚决地予以原地保护，不要轻易进行破坏性发掘。这样做也符合文化遗产保护的理念和要求。

综上，在古遗址的保护方面对个人等行为造成的破坏，应坚决地予以制止并防患于未然；对于具有一定规模的建设行为，要事先开展考古调查和发掘工作，就像目前所做的一样；对自然因素造成的破坏，要尽力使之降低到最低水平；而对于考古研究所需要的主动发掘工作，则应提出明确要求，履行严格的申报和批准制度，提高考古从业者的保护意识，把文化遗产保护的理念贯彻到考古发掘工作之中。

（原载《考古学研究（九）——庆祝严文明先生八十寿辰论文集》（下册），文物出版社，2012年）

田野考古培训和实践的几个问题

一

众所周知，田野考古是近代考古学的基础。中国考古学的诞生比欧美考古学要晚许多，最初只是少量的外国学者在中国从事一些田野考古工作。从20世纪20年代开始，一部分在国外学习考古学的学者先后回国，主持着中国早期田野考古工作和考古学研究。如李济先生1926年对山西夏县西阴村仰韶文化遗址的发掘，梁思永先生对西阴村发掘资料的研究和对殷墟、后冈等遗址的发掘等。综观1950年代以前的中国考古学，在田野考古培训方面，多半是在野外实践工作中进行的，尚未进入正规的学院教育阶段。

1950年代初，北京大学成立考古专业。同时，与文化部文物局、科学院考古研究所合作举办了四期短期的考古培训班。特别是后者，为了适应新中国成立后大规模的基本建设而带动起来的田野考古工作的需要，在较短的时间内，快速培训出一批可以应对配合建设的专门考古工作人员。其中，田野考古的培训是最重要的内容。在这一基础上，并随着以后考古专业本科生的培养，逐渐形成了一套具有中国特色的田野考古培训工作模式。

这一模式的基本内容是：在大学四年（"文化大革命"前为五年）的学习过程中，有两次田野考古培训的经历，第一次为生产实习，多半安排在大学（以四年制为例）三年级的上学期，时间为一个学期或略短。第二次为毕业实习，安排在四年级，情况不尽一致，多半在四年级的上一学期，也有在四年级下一学期安排的现象，时间也可长可短。从总体上说，第一次实习强调的是基础，第二次实习则更多地倾向于专业方向。

由于中国大学考古专业扩展的特殊性，即在1971年以前，除了个别学校试办过考古专业或历史系高年级的考古专门化之外，只有北京大学设置有正规的考古学本科专业。当"文化大革命"快要结束的时候，为了适应考古学发展的需要，1972～1978年，先后在近十所综合性大学中建立了考古专业。而这些大学的师资，相当数量毕业于北京大学或者到北京大学进行过长期进修，而各学校所运用的教材，最初也多采用北京大学的版本，这种情况一直影响到现在。从这一意义上说，中国各大学考古专业的课程设置和田野考古训练，基本上走的是同一条道路，可以称之谓"北京大学模式"。除了在一些方面（如时间的安排等）略有不同，大的方面没有形成不同的风格和特色。所以，我们认为中国大学的考古学教育，包括田野考古的培训工作（包括实习的具体方法），大体都属于同一模式。

20世纪80年代，随着改革开放的深入，国外新的考古学理论和方法不断地被介绍到国内，从而对国内传统的考古学理论和方法产生了一定冲击。但在考古教学上，并没有出现大的改变，即使个别学校组建了人类学系，并把考古专业划归到人类学系里，但考古人才的培养模式和田野考古的培训方法并没有发生根本变化。

20世纪90年代以来，随着中国主要地区新石器时代考古学文化发展谱系的基本建立，考古学研究的重心开始由文化序列和谱系的建构，逐渐向社会、文化、经济、技术、环境、资源以及它们的相互关系方面转移。相应地，这一研究目标对田野考古资料的收集和处理也产生了新的诉求。例如：在原来田野调查的基础上，开始进行区域系统调查；发掘中对遗迹和地层关系的处理方面，不仅要重视先后关系，更需要找出遗存之间的共存关系，进而为研究同时期的社会关系等提供资料和证据；自然科学技术和方法的大量引入，使田野工作期间的采样、记录等工作量成倍增长，后期的实验室处理也同样需要加强；多学科综合研究不再是一句时髦的词汇，而成为田野考古工作中的必然，这样，一个考古发掘项目必须要聘请各个领域的学者参与进来，从客观到主观都要求实现真正的多学科综合研究。由此，可以明确地认为，中国考古学的田野考古培训也处在了一个转型时期，即在传统的基础上，借鉴、改革和创新是发展的必由之路。

二

1949年新中国成立以来，山东大学于1954年开始在历史系高年级中设立考古学通论的课程，当时的田野考古培训只是组织部分对考古学有兴趣的学生开展一些野外考古调查工作。如先后在山东省内的即墨、崂山、日照、胶州、五莲、滕州、曲阜、泰安、历城等进行的大汶口文化、龙山文化遗址的调查工作，采集了不少石骨蚌器和陶器标本，也发表过许多遗址的调查报告。

1972年，山东大学在历史系内正式成立考古专业，学制三年。每届学生的田野考古培训尚未形成固定的模式。如1972级参加了泗水尹家城的发掘实习，时间只有一个多月；1975级刚一入学就参加了日照东海峪遗址的发掘实习。

1978年恢复高考，高等院校的学制由三年改为四年。山东大学考古专业（1996年改为考古学系）的田野考古课程主要有：田野考古学、考古技术和田野发掘实习。田野考古学主要讲授田野考古学方法，考古技术又分为考古测量、考古绘图和考古摄影三个部分。近年来又增加了有关科技考古的课程，如植物考古、动物考古、环境考古等方面的内容。田野考古发掘实习是教学的重点，每一届学生都安排三次田野考古实习。

第一次安排在二年级的上学期，称为"考古见习"，时间7至10天，目的是让学生对田野考古有一个感性的认识。一般安排到正在发掘的考古工地进行参观学习，采用的方式是参与式，每个学生都分配到一个具体的探方内，也做一些简单的发掘操作、绘图和文字记录，以参观学习为主。

第二次安排在三年级上学期，为"生产实习"，时间一个半月到两个月，目的是让学生掌握田野考古发掘的基本技术和技能。发掘实习以学校独立开展的考古发掘工作为主，也采用过与中国社会科学院考古研究所、山东省文物考古研究所和外省考古机构合作的形式。通过这一次田野考古发掘的实践，使学生基本掌握田野考古发掘的方法和操作程序、记录方法和内容、室内整理工作的内容和过程等。

第三次安排在四年级上学期，为"毕业实习"，时间一般为一个学期，个别时候略短一些，但不少于三个月。通过这一次实习，使学生能够独立地从事一个探方的完整发掘和整理工作。同时，对整个发掘工地的运作也有初步的了解，为以后参加考古工作打下基础。发掘仍然是以学校独立开展工作的发掘工地为主，一般与教师的科研题目结合起来。如我们先后在泗水尹家城、新汶郭家泉、济南大辛庄、昌乐后于刘、邹平丁公、长清仙人台、沂源姑子坪、平阴周河、日照两城镇和长清月庄等遗址进行的发掘，都是以学生实习为主开展的项目。邹平丁公和长清仙人台还被评为当年的中国十大考古新发现之一。

进入20世纪90年代以后，高等院校的招生和教学工作出现了三个比较大的变化，这些变化导致了我们对田野考古实习进行了较大的调整。一是研究生的招生数量逐年增多，每届本科毕业生中多数人都要参加硕士研究生的入学考试，由于硕士研究生的入学考试是全国通考，我们以往在第四学年上半年安排的一整学期的田野实习，与研究生的考前复习产生了极大的冲突和矛盾，如果硬性将田野考古实习安排到这一学期，会导致一部分学生不安心，产生负面影响。二是招生制度的改革，即所谓的宽口径、厚基础和弱化专业，新生入学是按大的学科分类，不分具体专业，而是在一年甚至两年以后才开始分为不同的专业方向，这一制度的实施，大大地压缩了考古专业课的讲授时间，再按原来的时间表安排田野考古实习，从时间上就很难处理。三是随着物价的上涨，发掘经费严重不足，原来用1～2万元就可以安排一个整学期的田野发掘实习，到20世纪90年代逐渐地无法维持，在经费方面难以为继。鉴于上述三个基本原因，我们从20世纪90年代初期开始把每届学生的田野考古实习缩减为一次，即保留一个学期的田野考古发掘实习，并且把时间调整到三年级下学期，即在原来的生产实习和毕业实习之间。

目前山东大学考古专业的田野考古教学，主要由三块组成：一是传统的田野考古教学内容，即田野考古学、考古测量（引入了全站仪和GPS等测量手段）、考古绘图和考古摄影；二是相关的科技考古内容，最近几年，我们组建成立考古研究中心之后，建立了第四纪和环境考古实验室，引进了一些专业人才，陆续开设了植物考古、动物考古、环境考古等课程，这些课程的设置，对于学生从宏观上了解考古学的发展和在实习中收集各种检测、分析标本大有益处；三是田野考古实习，即每届学生必须参加为期一个学期的田野考古实习，接受调查和发掘的培训。田野考古实习的内容包括三个部分，一是为期半个月左右的野外考古调查，随着我们在日照地区区域系统调查工作的进展，我们认为，学习、掌握和运用这种方法，是开展聚落考古研究的重要手段。所以，近几年的考古调查训练是以区域系统调查方法为主，如我们在以大辛庄遗址为中心的济南东郊开展的区域系统调查，在长清大沙河流域开展的区域系统调查等，都是与本科生和研究生的田野考古培训结合进行的。二是田野考古发掘，要求每一个学生至少独立地操作一个探方的完整发掘工作，在操作过程中增加了许多新的要求和做法，如全面筛土、提取各种检测分析的样品、记录和绘图的改进等。三是室内的发掘资料整理工作，包括各种资料的统计分析、陶器的拼对修复、绘图及其他方面的训练，以至最后写出发掘实习报告。

研究生的田野考古教学是在本科生的基础上进行的。如果本科阶段是学考古学的研究生，硕士期间的课程，理论方面主要开设考古学理论与方法，然后有一次与自己的毕业论文或研究有关的田野考古实习，时间不少于三个月。

三

区域系统调查是随着聚落考古学的兴起而产生并逐渐完善起来的一种田野考古方法，它是聚落考古学的一个重要环节或组成部分。

随着中外合作田野考古工作的开展，1995年以来，山东大学和美国学者合作，开始在山东日照市两城镇地区进行区域系统调查，这一工作持续至今，已有十二个年头，部分成果已发表于国内外的相关杂志[1]。同时，其他一些单位也先后在内蒙古赤峰[2]、河南巩义[3]、河南安阳、河南偃师、四川成都等地开展了同类区域系统调查。为了总结经验并提倡在国内更多地区开展区域系统调查工作，2003年11月，国家文物局在北京召开了专门的研讨会，介绍和研讨区域系统调查的成果和存在问题，并要求各地将这一工作列入日程，结合本地区的实际进行实践，以推动中国考古学研究和文物保护工作的发展。

区域系统调查与国内以往惯常使用的考古调查方法相比，两者既有相同之处，也存在着相当大的差别。共同之处表现为：调查方法都是以地面踏查为主，以从地面采集的文物标本来确定古代遗址的范围和时代，注意文化层和其他从地面能够发现的文化迹象。不同之处也十分明显，例如：调查的目的或主要目的不同，一般调查主要是为了发现遗址和了解遗址的基本情况，为制订保护规划提供依据，或者为考古发掘做准备，当然也有专题性的调查。区域系统调查是基于特定的学术课题研究而设置的，目的十分明确。所以，两者在调查、测绘、记录和采集标本的方法及要求的细致程度、系统性等方面存在明显差别，特别是对调查区域的地貌特点、环境和资源情况的了解和关注程度以及分析手段和方法等也存在着很大的相同。

中国幅员辽阔，各地区的环境、气候、历史文化传统等都存在着相当大的差别。所以，在引入区域系统调查方法开展野外作业时会出现一些困惑和问题，例如：北方和南方聚落遗址的分布特点和数量存在着明显不同；历史时期和当代农业过度开发的地区，遗址的存在与否、遗址的面积大小等的界定也存在许多疑问；许多区域遗址的延续时间很长，跨文化跨时段的现象极为常见，而如何确定不同时段或文化在每一个具体遗址内的空间范围就成为一个难以解决又必须面对的问题，等等。这些问题需要在区域系统调查和研究的实践中不断地总结经验，找出解决的方法。

同时，由于中外学者的学术传统和学术背景存在比较大的差异，我们在一些具体问题的看法上也有一些分歧意见。如关于遗址的认定和遗址面积的界定，尽管目前调查资料是以陶片的散落和分布作为记录遗址的依据，但由于人口密集区内的各种人为因素，部分"遗址"的陶片是后期人为搬动形成的。所以，从理论上讲，尽管已调查区域内还可能存在未被发现的个别遗址，但这种情况的存在机率是非常之低的。现在的问题主要表现在两个方面：一是部分地面有陶片的地点，可能纯粹是后期人为搬动所致，而不是当时人们居住和其他活动遗留下来形成的遗址，如两城镇地区调查中

[1] 中美两城地区联合考古队：《山东日照市两城地区的考古调查》，《考古》1997年第4期；《山东日照地区系统区域调查的新收获》，《考古》2002年第5期；Anne P. Underhill et al, Systematic, Regional Survey in SE Shandong Province, China,. *Journal of Field Archaeology*, Volume 25 Number 4 Winter 1998；Regional Survey and the Development of Complex Societies in Southeastern Shandong, China, *Antiquity*, Volume76 Number 293 September 2002.

[2] 张忠培、林嘉琳等：《内蒙古东部（赤峰）区域考古调查阶段性报告》，科学出版社，2003年。

[3] 陈星灿、刘莉等：《中国文明腹地的社会复杂化进程——伊洛河地区的聚落形态研究》，《考古学报》2003年第2期。

发现的大界牌（DJP-2）遗址，就属于这种情况[1]；二是一些遗址的占地面积被明显高估[2]，如两城镇遗址的调查面积为265.6万平方米，发掘时勘探的遗址面积只有约100万平方米。第一种情况多半是遗址坐落在现代村落下或附近，人们建房和取土积肥大量使用遗址中包含陶片的土，然后将包含陶片的土搬运至不是遗址的农田中，就会产生本来不是遗址而在地表出现陶片的现象。第二种情况更为复杂一些，破坏比较严重的遗址往往容易产生这种现象。外国学者对上述情况理解不足，故调查中双方对遗址的认识会产生分歧。当然外国学者和国内学者各自内部的看法也不完全一致。这些问题没有妥善解决之前，运用调查资料做特定的研究（如人口数量分析）应该慎重。

既然区域系统调查是目前聚落考古的一种重要方法，那么，我们要不要将其列入到大学的田野考古培训体系之中呢？应该说这是一个新的问题。经过几年来的实践，我们认为，区域系统调查是一种行之有效的田野考古方法，也是聚落考古研究不可缺少的组成部分，其在今后的考古学研究中（包括历史时期考古）将会发挥巨大的作用。既然如此，就有必要让考古专业的本科生和研究生，在校学习期间就接受这种田野考古方法的训练，使他们能够基本掌握区域系统调查方法的内容和操作程序。至于一些过于专业的内容，如遗址时代的判定、调查图表的绘制、采集遗物的分析研究等，本科生只能做一些初步的了解，而具体的分析和研究工作需要相关的专业人员来完成。区域系统调查方法的培训可以安排在田野发掘实习之前或之后进行，在过去传统的调查实习的基础上加以改进即可。研究生阶段，最好能有机会参加这样的田野工作，并且达到能够独立开展田野工作的程度和水平，这就要求掌握如前所述的区域系统调查的专业技能。只有这样，经过一定时间的积累，才能够推动中国考古学田野考古调查工作有一个比较大的发展，进而提高中国考古学的研究水平。

（原载 From Concepts of the Past to Practical Strategies: the Teaching of Archaeological Field Techniques, London: saffron books, Eastern Art Publishing, 2007）

---

[1] 大界牌（DJP-2）遗址面积多达23.5万平方米。据调查，该块土地系两城镇遗址中心所在的两城六村远在大界牌村南的插花地。实地调查发现，出了六村在大界牌村南的土地范围就没有陶片分布。而且村民告诉我们，当年生产队集体生产时，曾将大量夹带遗址陶片的土作为肥料运往那片土地，所以才会出现地表暴露龙山陶片的现象。

[2] 关于遗址面积，也存在被低估的情况。如没有被破坏或破坏程度较低的遗址，地面散布的陶片可能不多，进而产生低估遗址面积的情况。

关于中国文明起源和形成研究的几个问题

　　文明起源和形成研究一直是各国学术界关注的热点问题之一。由于地处东方的中国古代文明在世界古代文明的起源和形成中占有重要地位，所以，中国古代文明起源问题不仅是中国学者普遍关注的重大学术课题，也倍受世界学术界的重视。

　　关于中国古代文明起源问题，实际上是一个古老的学术课题，因为早期文献的缺乏，甚至没有可靠的文献记载，这一问题始终没有也不可能获得解决。近代考古学的诞生和发展，为这一重大课题的研究带来了新的契机。最近二十多年来，关于中国古代文明起源和形成的研究可以说是轰轰烈烈，一直是中国考古学研究中的头等学术课题之一，研究的深度和广度也达到了前所未有的程度，但离问题的基本解决似乎还有一段路程。经过认真的思考和部分实践，我们认为有必要从方法论上来探讨这一问题。

一　关于中国文明起源和形成研究的历程

　　20世纪的中国文明起源和形成研究，大体可以划分为三个阶段。

1. 第一阶段（20世纪70年代后期以前）

　　由于缺乏可靠的早期文献记载，这一时期关于中国文明起源的认识主要表现为两种对立的学术观点。第一种是多数中国学者不能接受的中国文化和文明外来说，其中主要是来自西方的说法。这种观点出现很早，20世纪20年代仰韶文化发现初期，由于仰韶文化彩陶和中西亚地区史前文化彩陶之间存在一些相似因素，从而进一步助长了中国文化和文明西来说。关于这种观点的产生和流行，存在着复杂的历史背景，即使是从纯学术角度考虑，也正如夏鼐先生后来所说，"把近东的两河流域成熟了的文明，整个移植过来，这是主张中国文明西来说者，用最简单的办法来解决中国文明起源这样一个复杂问题"[1]。第二种则是对中国文化和文明西来说表示怀疑或否定的意见，他们寄希望于中国考古学的实践，安阳殷墟的发掘可以看作是从考古学上探索中国文明起源的起点。之后的一些重要发现，如20世纪50～60年代郑州二里冈和偃师二里头的发现，对于探索中国文明起源问题都有着积极而重要的价值和意义。但是，这一时期关于中国文明起源和形成问题的探讨并没有在中国考古学研究中引起普遍重视，究其原因恐怕主要是资料不足。因此，在中国什么时间进入阶级社会的问题上，夏鼐先生在20世纪60年代这样认为："由于我国现下能确定为铜石并用期和早期青铜

---

[1]　夏鼐：《中国文明的起源》，文物出版社，1985年。

文化的遗存发现得不多，所以我们关于这阶段的知识很贫乏，我们对这问题还不能作十分确定的答复。"[1]

2. 第二阶段（20世纪70年代后期至80年代）

由于"文化大革命"的结束和新的治国方略开始实施，这一时期可以认为是继五四运动之后中国现代学术史上又一个重要转变时期。20世纪70年代后期，在中国文明起源和形成问题的研究方面发生过两件重要的事情。一是以大汶口墓地发掘报告的发表为契机，学术界展开了一个讨论大汶口文化社会性质的热潮。在讨论中，唐兰先生于1977年率先提出中国已有6000年文明史的崭新见解，使学术界为之一震[2]。实际上，在大汶口墓地发现之初，人们就发现这里的墓葬之间存在着严重的贫富分化现象，便有人将其列为原始社会的解体时期。二是1977年11月在登封王城岗召开的现场会，会议集中讨论了夏文化问题，此次会议对促进夏文化和中国文明起源问题的探索具有积极意义[3]。20世纪80年代，随着红山文化和良渚文化一系列重大考古新发现的问世，以及对外文化交流的开展，不断出现新的学术观点和引入国外的考古学理论和方法。此后，中国文明起源研究遂成为中国考古学研究中最重要和长盛不衰的主题之一。但在研究方法上，似乎还主要停留在文明要素的对应分析阶段[4]。

3. 第三阶段（20世纪90年代以来）

这一阶段的中国文明起源和形成研究，有四个显著特点或者说重要进展：一是龙山时代的城址被大量发现，其中一个重大转变是由以往的被动发现转向主动寻找而发现，进而初步探查到龙山时代城址的分布规律；二是研究的重点不再局限于文明要素或文明标准，而是从古代文化的发展过程来揭示和认识古代社会的发展进程，由古代社会的文明化进程来分析、研究文明起源和形成问题；三是重视理论和方法的讨论，注意国外同类研究理论和方法的介绍和引进。如苏秉琦先生关于中国国家起源和发展的"古国－方国－帝国"与"原生型""次生型"和"续生型"理论[5]；中国古代文明起源、形成和发展的"多元一体"、"多元一统"模式被越来越多的人所接受；田昌五先生关于中国上古社会结构发展变化的理论[6]；国外学者关于古代社会发展的"游团－部落－酋邦－国家"四阶段学说[7]；聚落考古研究方法的运用和推广，等等。四是开始注意在考古学中（包括中国文明起源和形成研究中）开展真正意义的多学科综合研究。所谓真正意义是指，逐渐改变由考古学者选送部分样品、而相关领域的学者根据对这些样品的分析写鉴定报告的做法，开始了多种学科的学者参与到从考古发掘到室内综合研究的全过程的新局面。

---

[1] 夏鼐：《解放后中国原始社会史的研究》，《历史教学》1963年第4期；又见《夏鼐文集》上，社会科学文献出版社，2000年。

[2] 唐兰：《从大汶口文化的陶器文字看我国最早文化的年代》，《光明日报》1977年7月14日，后收入《大汶口文化讨论文集》，齐鲁书社，1979年。

[3] 会议论文多数收入《河南文博通讯》1978年第1期。

[4] 考古编辑部：《中国文明起源座谈纪要》，《考古》1989年第12期。

[5] 苏秉琦：《中国文明起源新探》，（香港）商务印书馆，1997年。

[6] 田昌五：《中国古代社会发展史论》，齐鲁书社，1992年。

[7] 最早将这一观点介绍到大陆的是张光直先生，参见《从夏商周三代考古论三代关系与中国古代国家的形成》，《中国青铜时代》，生活·读书·新知三联书店，1983年；详细发挥的还是最近十几年，参见谢维扬：《中国早期国家》，浙江人民出版社，1995年。

二 关于中国文明起源和形成研究所涉及的时空范围

这个问题与中国文明社会产生的时间、区域以及中国文明起源的理论倾向密切相关。就传统的看法而言，我国从夏代即考古学上的二里头文化开始进入文明时代，而传说中的夏王朝史迹主要分布在中原地区的中部，即以豫西和晋西南为主的较为狭小的区域之内。因此，或认为探索中国文明起源问题在空间上应限定在这个区域之内。因为二里头文化的历年不足文献中关于夏代积年的记载，所以，在时间上或许可以再向前追溯到早于二里头文化的中原龙山文化晚期。2001年8月，在北京举行的中国古代文明起源与形成国际学术讨论会上，有的学者曾提出，只要大规模地发掘一下中原地区的几个主要遗址（如陶寺遗址），问题就可以获得解决。尽管这种具体看法有些极端，但上述认识却有一定的普遍性。这是一种对中国文明起源和形成研究十分不利的倾向。

中国文明起源和形成这一学术课题应该是一个系统工程，纵观二十多年来的研究历程，这一课题绝不是在较短的时期内所能获得解决的。按中国文明起源、形成和发展的"多元一体"理论，将研究古代文明的起源、形成和发展置于古代社会发展进程中加以把握的研究思路，在中国文明起源研究所涉及的时间和空间上也决不仅仅局限于中原地区和龙山时代。事实证明，仅从中原地区某些段落着手研究就可以解决问题的认识是一种短视行为，正确的做法是应该在与中原地区关系密切、文化发展水平较高的若干个区系中，同时开展具有明确目的的田野考古工作和综合研究。就目前的情况而言，至少以下几个地区应列为探讨的对象：

（1）中原地区

本地区的重要性自不待言，但不能理解为中原地区是探索中国文明起源和形成的唯一地区。

（2）海岱地区

这一地区无论是考古学文化发展的连续性和重要考古发现的种类、数量，还是古史传说资料的丰富记载，以及与中原地区、其他地区相互联系的密切程度等，都是不可忽视的重要区域。本区距今8000多年以来的史前文化谱系已基本建立，纵观8000年来的历史，比较明确的是大约从距今6000年左右开始，社会经济的发展速度明显加快，社会结构也开始发生重要变化。而距今5000年前后是本区发展进程中的一个关键时期。

（3）江汉地区

这一地区从距今8000多年的彭头山文化甚至更早时期出现了稻作农业以来，新石器文化连续发展。本区新石器文化发展的高潮时期——屈家岭文化、石家河文化，社会经济的发展已经达到相当高的水准，社会内部也产生了巨大变革，并对中原地区和其他地区产生过积极而重要的影响，理应进入探索中国文明起源的视野。

（4）环太湖地区

由于上山和跨湖桥早期遗存的发现，使这一地区的新石器时代文化的起始年代又有所提前。随着马家浜文化、河姆渡文化向崧泽文化的发展，文化之间的趋同性不断加强，呈现逐渐融合的趋势。进入良渚文化之后，出现了本区古代文化发展史上的第一个高峰。在目前已知的新石器时代晚期诸文化中，良渚文化可以说是最为耀眼的一支，其一系列重要发现的价值和意义，已得到国内外学者们的普遍认同。因此，这一地区对于探索中国早期文明的重要性是不言而喻的。

（5）燕辽地区

此区位于北方农业区和牧业区的交界地带，多种史前文化在这一区域汇集，并且是我国少数几个文化发展脉络清晰、自成体系的文化区之一。特别是红山文化和后来夏家店下层文化的一系列重要发现，奠定了其在中国文明起源研究中的重要位置。

（6）四川盆地

由于三星堆和近几年成都平原若干座龙山时代城址等重要发现，这一地区也不应该排除在中国文明起源研究的视野之外。

在中国文明起源研究所涉及的时间深度上，且不说认为夏代或者二里头文化时期才进入文明时代只是若干种意见中的一种。即使按这种观点，也不能只是仅仅看重二里头文化或者再上溯到龙山文化时期。考古学发展到今天，只有全方位地揭示古代社会的发展进程，分析和研究社会发展机制和社会组织、社会结构发展的阶段性，才能准确地把握和理解文明的起源、形成和发展。从这一意义上讲，如果把古代社会的演进过程和变化规律揭示清楚了，文明形成的时间等疑问自然就会明了。因此，我认为研究中国文明起源，从目前的实际情况出发，在时间上最好从新石器时代早期开始，至少也应该从社会开始发生分化和分层的时期，即从仰韶时代或更早时期着手开展探索和研究。

三　研究中国文明起源的途径和方法

诚然，文明起源和形成不是一个单一的命题，需要由不同学科的合作研究才能获得最终解决。但从基本面上分析，考古学和历史学是两个最重要的学科。由于当时没有留下文献，后期文献中关于文明起源时期的传说资料也不多，给从历史学解决这一问题设置了不可逾越的障碍。因此，解决中国古代文明起源需要依靠考古学。夏鼐先生曾说，"中国文明起源的问题，像别的古老文明的起源问题一样，也应该由考古学研究来解决。因为这一历史阶段正在萌芽和初创的时代。纵使有文字记载，也不一定能保存下来，所以这只好主要地依靠考古学的实物资料来作证。"[1]当然，这也并不是说完全抛开文献不顾。

如果说学术界能够大体形成考古学是研究和解决中国文明起源问题的基本途径的共识，接下来的问题便是探索中国文明起源的具体方法，即在考古学上能否提出一套具有可操作性的具体方法，来研究和解决中国文明的起源和形成问题。

在以往的研究中，比较通行的方法是提出一些进入文明社会的基本标准，然后拿这些标准来衡量各个时代已有的考古发现，符合标准的即进入文明社会，否则不然。这种方法或可称之为文明要素分析法。

柴尔德最初为"城市革命"提出了十条标准，即大型聚落，不事生产的人口，赋税制的财富集中，巨大的公共建筑，阶级分化，文字，科学，艺术，商品贸易，专门工匠[2]。符合这十条标准，实

---

[1] 夏鼐：《中国文明的起源》，文物出版社，1985年。

[2] 转引自杜正胜：《考古学与中国古代史研究——一个方法学的探讨》，《考古》1992年第4期，原文见 V.G.Childe, The Urban Revolution, The Town Planning Review 21(1): 3-17, 1950.

际上也就是进入了文明社会。但上列标准中有些不那么容易掌握、如赋税制、科学、艺术等，有些不易发现，如文字。为了便于在考古学上予以确认，人们对这些标准进行了简化，产生了所谓以几项最主要的文明要素的具备与否作为判断进入文明社会（国家）的标志。如日本著名考古学家贝冢茂树就提出了进入文明的三条标准，即文字、铜器和城市。夏鼐先生在探讨中国文明起源时，就采用了这样的方法，即由学界所公认的殷商文明入手，从都市、文字和青铜器这三个要素来进行概括分析，同时还兼顾了殷商文明的自身特色。他还认为二里冈文化也达到了这三个标准，并且至少可以向前上溯到二里头文化晚期[1]。后来，有的学者又陆续增加了一些要素，如礼仪建筑或礼制、玉器等。在此基础上，朱凤瀚先生近年提出了"中国早期文明诸社会因素的物化表现"的概念，把这种观点又推进了一步[2]。

这种文明要素分析方法简单明了，具有较强的可操作性，但由于社会是复杂的，用简单的方法来对应复杂的社会产生矛盾是不可避免的。随着研究的不断深入，不少学者认为文明要素分析法有简单化的倾向，并且世界各地进入文明社会的标准并不统一，文明三要素或四要素不是进入文明社会的缺一不可的必备条件[3]。但无论如何，文明要素法所涉及的这些方面，在中国早期社会中确实曾发生过重要作用和影响。所以，又不能完全忽视甚至不理会这些方面。

我认为，探讨中国古代文明的起源和形成，首先应该把古代社会的发展理解或看作是一个过程，并且是一个较为复杂的发展过程，他既有不断进步的渐进，也有表现为跳跃性的突变，有时甚至会出现停顿和倒退。其次，决定古代社会发展水平的是社会生产力，而古代社会的性质则是由社会组织和社会结构来直接体现的。因此，在研究中国古代文明的起源、形成和发展这一问题时，是否可以循着这样的思路来进行探索，即在考虑社会生产力发展的基础上，重点探讨社会组织和社会结构发展变化的渐进和突变，从中归纳发展变化的阶段性。

从考古学上探讨没有或者基本没有文献记载的古代社会的发展进程，聚落考古学是目前最为实用并且有效的方法[4]。从具体的研究上讲，可以考虑从以下三个方面开展工作。

1. 采用聚落考古学方法探讨史前社会结构和社会组织的变迁

首先是选定开展研究工作的区域，即在上述几个主要的文化区（即中原地区、海岱地区、江汉地区、环太湖地区、燕辽地区和四川盆地等区域）中选择若干个具备下列条件的小区：

（1）考古学基础研究工作开展得较好，年代序列清楚。

（2）遗址分布密集且有一定连续性。

（3）进入仰韶、龙山时代之后出现中心聚落或城址。

这样的小区不是孤立存在的。当然，如果能够和古史传说的某些历史事件相联系更好，但不必刻意追求那些不确定的东西。

---

[1]　夏鼐：《中国文明的起源》，文物出版社，1985年。

[2]　朱凤瀚：《试论中国早期文明诸社会因素的物化表现》，《文物》2001年第2期。

[3]　陈星灿：《文明诸因素的起源与文明时代》，《考古》1987年第5期。

[4]　关于聚落考古学方法可以参见张光直：《谈聚落形态考古》，《考古学专题六讲》，文物出版社，1986年；张光直著，胡鸿保、周燕译：《考古学中的聚落形态》，《华夏考古》2002年第1期；严文明：《聚落考古与史前社会研究》，《文物》1997年第6期。

　　具备这种条件的小区很多，如海岱地区的城子崖小区、丁公小区、桐林小区、西朱封小区、两城镇小区、陵阳河小区、尧王城小区、大汶口小区等；再如环太湖地区的良渚小区、福泉山小区、草鞋山小区、赵陵山小区、寺墩小区等。

　　其次，是采用聚落考古学方法在这些选定的小区中开展包括考古调查和发掘在内的各项工作。如果采用聚落考古学方法全面研究古代社会组织和社会结构的变迁，就必须点面结合开展工作。调查是极为重要或者说是必须的一环，我建议采用区域系统调查的方法开展调查工作。近年来在我国许多地区采用了区域系统调查方法开展野外考古工作[1]，这种方法的实施以中外学者合作的方式较多，虽然也有我国学者独立开展的，但没有坚持下来进而形成一套系统的工作方法和分析方法。这种方法对于研究古代社会组织、社会结构发展演变进程的作用和价值，已经得到国外许多地区研究实例的证实。但在中国的实施过程中，对一些具体材料的认识上还存在着分歧，也出现了一些新的问题。如聚落遗址及其分布范围如何界定等。建议由国家权威部门（如国家文物局）牵头举行专题研讨会，通过讨论来评估和确定这种方法的得失、可行性及其意义，形成一套较为规范的操作程序，并且在以后的实践中不断地加以改进和完善。在开展区域系统调查的基础上或过程中，就可以选择重点遗址和有代表性意义的遗址进行试掘和发掘。重点遗址是指中心遗址或者略晚时期的城址，其重要性是不言而喻的。代表性遗址是指不同层级的遗址，以进行多方面的比较研究。同时，也可以利用发掘成果对调查资料（如遗址的时代、每个时代甚至不同期别的面积等）进行检验和修正。

　　当然，许多地区一些重要的中心遗址、城址已经开展了一定规模的发掘工作，人们对这些重要遗址的内涵也有了相当程度的了解。于是，我们可以围绕着这些中心遗址、城址进一步开展尚欠缺的工作，将已有成果纳入系统研究的规划之中。

　　通过以上工作，就可以从不同文化区内总结出古代社会组织和社会结构的发展演变进程，进而细致地区分出社会发展的阶段性并总结各阶段的基本内涵和特点。

2．对夏、商、西周时期文化开展聚落考古研究

　　在开展史前文化聚落考古学研究的同时，也应该选择夏、商、西周时期一些重点区域开展聚落考古学研究。这样，既可以寻找古代社会连续发展的规律，把握社会发展进程的阶段性特点，也便于进行比较。这一研究在方法上应与史前聚落考古研究是相同的，但选择的区域要有针对性。我认为研究的区域至少应该包括两类。

　　第一类是以夏、商和西周时期的都城遗址为中心的区域。如偃师二里头地区、偃师塔庄地区[2]、殷墟地区、周原地区、沣西沣东地区等。这一类地区的中心遗址都开展了程度不一的考古工作，其中多数已经工作了几十年，也有不少重要考古发现面世，但普遍缺乏面上的细致调查工作，也缺乏有计划地对不同层级的遗址的发掘工作。这样，我们势必只是注意到某些重要迹象，也可能是开展

　　[1]　北京大学考古系等：《石家河遗址群调查报告》，《南方民族考古（第五辑）》，四川科学技术出版社，1993年；中美两城地区联合考古队：《山东日照市两城地区的考古调查》，《考古》1997年第4期；中美洹河流域考古队：《洹河流域区域考古研究初步报告》，《考古》1998年第10期；陈星灿、刘莉、李润权：《巩义市聚落考古调查取得丰硕成果》，《中国文物报》1999年5月19日第1版。

　　[2]　塔庄地区和二里头地区的关系比较特殊，塔庄尸乡沟商城的出现应该是由于夏、商王朝的更替而形成的新的政治中心。所以，应该把两个地区合并起来开展工作。实际上，在早商之前，这里都是统属于以二里头为中心的地区，到早商时期，政治中心转移到塔庄，这一地区始终只有一个政治中心。

工作的着眼点就是寻找那些所谓重要的和能够解决问题的遗迹，因而目前缺乏可以全面了解古代社会并进行对比研究的资料。所以，这一类区域内的中心遗址的发掘工作不应该是今后一段时间内的迫切目标，因为我们不可能在短期内把一个都城全部发掘出来，几十年来的事实也证明了这一点。况且，我们现在的科学技术水平还不高，如果急于把重要遗迹都发掘完毕，势必会给后来人留下遗憾。我认为，现在的当务之急是尽快制订出在这一类遗址周围开展区域系统调查和对不同层级遗址进行适度发掘的周密工作计划，然后按计划来分步实施。只有这样，我们才能较快地搞清楚夏、商、西周时期王都及其附近地区的聚落分布规律和特点，进而研究其社会结构和组织关系。

第二类是王都以外的区域。这一类区域一般应离都城较远，其中也应该有中心遗址。如果是在都城的直接控制下，这样区域的中心聚落在王朝的疆域内应是第二个层级的聚落，而在地方区域里又属于最高的一个级别。如果是隶属或臣服于王朝的方国，其中心遗址则是有较大独立性的方国之都。相对于王朝的都城而言也可以看作是第二个层级，而在方国之内则是第一层级。在这两类区域开展工作，采用的方法应该是一样的，也需要从点和面两个方面结合起来开展考古工作，即把区域系统调查和重点发掘、一般发掘、试掘结合起来进行。这样的资料一方面可以帮助我们了解当时完整的各级社会组织和社会结构，另一方面也是用来作为对比研究的基础资料。

3. 将不同时期和不同地区的聚落考古研究成果进行综合分析比较，以确定中国古代社会发展的阶段性

历史地看，中国古代国家的最初产生绝不仅仅是一源，即只是在中原地区甚至其中某一个地方产生并发展壮大，而是在条件基本具备的若干个区域的相互碰撞和竞争中大体同时起源并形成。秦汉统一帝国的形成是经过夏商周三代的过渡发展和不断积聚、扩张、融合的结果。

如果有了上述两个方面的系统资料，我们就可以对不同地区的社会结构、社会组织关系的演变过程和阶段性以及发展道路进行归纳和总结。从中探寻中国古代由平等社会向不平等的分层社会再向古代国家演进的具体历史过程。这里需要探明的问题有：

（1）以上所说若干个主要地区古代社会各具特色的演进过程，并且每个文化区内部是否还存在区域差别。

（2）这些主要地区之间古代社会发展道路的异同，分析产生这些异同的内在、外在原因和机制。

（3）中国古代社会由原始向文明迈进过程中是否存在着不同的类型，如果有的话，各自的内容如何，又是什么原因造成了这种结果。

（4）以上各主要地区社会结构和社会组织关系演进的结果与夏、商、西周时期特别是后两者的关系如何，与后两者的两种情况之间的关系怎样，等等。

以上问题清楚了，相信中国古代社会发展的不同阶段就会展现在我们面前，中国古代文明起源问题也就可能有了一个令人信服的结论。

（原载《长江下游地区文明化进程学术研讨会论文集》，上海书画出版社，2004年）

中国古代社会的文明化进程和相关问题

一 中国史前社会和早期文明进程的阶段性

从世界历史的发展道路来看，文化发展水平较高地区古代社会的演进，无不是循着从简单到复杂、从平等社会向分层社会的路线发展变化。因此，我们可以探索和总结出人类社会发展的规律性。不过，由于世界之大，各个地区的地理环境、自然气候、资源、交通、人文传统等，均存在着相当大的差异，所以在人类自身和所创造的文化的发展过程中，呈现出种种不同的特点和模式，并且在时间上也存在着相当的参差不齐。关于中国古代社会所赖以存在的土地，幅员辽阔，生态环境千差万别，古代社会的发展既有统一性，又具有复杂性和多样性。描述特别是阐释这一进程，是中国考古学乃至社会科学的长期任务。

至20世纪末叶，中国主要地区新石器时代和早期青铜时代考古学文化的发展谱系和文化序列已基本建立起来。除了年代学之外，对不同地区不同时代的文化内涵、特征和社会内部的组织结构及其变化也有了大致的了解，从而可以勾勒出一幅粗线条的早期社会的发展和变迁过程。

从距今1万多年前进入新石器时代之后，到距今4000年前后转变为青铜时代，中国的新石器时代从总体上可以划分为连续的四个时期。

（1）第一期，可称之为前裴李岗时代

绝对年代在距今12000年前后至9000年前后之间。这一时期的遗存南方地区发现较多，北方地区则比较少，目前比较明确的只有河北徐水南庄头和北京市郊区的东胡林等几处遗址。由于这一时期的考古发现甚少，对其文化面貌的认识极不完整，所以学术界还不能提出考古学文化的命名。也有学者把这一阶段称为新石器时代早期。

（2）第二期，可称之为裴李岗时代

绝对年代约在距今9000年前后至7000年之间。这一时期的考古发现迅速增多，像长江中游的城背溪文化（或称为彭头山文化），黄河中游的裴李岗文化、老官台文化（或称为大地湾文化）、磁山文化，黄河下游的后李文化，燕山南北的小河西文化、兴隆洼文化等均属于这一时期。此外，在江浙一带和岭南地区也有这一时期遗存的线索。也有学者把这一阶段称为新石器时代中期。

（3）第三期，可称之为仰韶时代

绝对年代约在距今7000～5000年之间。这一时期全国各地发现的遗址数量成倍增长，不仅是黄河和长江流域，其他地区也有相当数量的发现。不少人认为，中国史前时期的几个主要文化区，如中原文化区、海岱文化区、江汉文化区、太湖文化区、燕辽文化区等，在这一时期均已形成。这一时期是中国史前社会发生重大转折的阶段。也有学者把这一时期称为新石器时代晚期。

　　（4）第四期，可称之为龙山时代

　　绝对年代约在距今5000～4000年之间。这一时期不仅由遗址数量反映的人口数量和密度进一步增加，而社会各个方面的发展更是突飞猛进，如城址的普遍出现、礼仪制度的逐步形成并日趋规范化等。而不同文化区之间的碰撞、交流与融合也达到了前所未有的规模和频率，不同文化区之间的共性因素空前增多。也有学者把这一时期称为铜石并用时代。

　　上述划分又可以进一步归并为前后两大期，以距今7000年为界，之前的第一、二期为新石器时代前期，以后的第三、四期为新石器时代后期。

　　纵观中国史前时期以社会关系和社会内部结构的变迁为代表的社会发展进程，大体可以划分为四个大的阶段。

　　（1）平等社会阶段

　　相当于裴李岗时代及其以前时期，绝对年代大约为距今7000年以前。这一时期的考古发现显示，作为社会基元的聚落，在空间上似乎尚未形成群体的结构，而在聚落内部，无论是人们的社会地位还是个人或不同层级组织对社会财富的占有方面，基本上处于平等的状态。当然，这里所谓的平等也是相对的，不排除在这一时期的后段，一些聚落内部开始出现财富占有上的较小差别，就像兴隆洼文化的兴隆洼遗址居室葬和裴李岗文化的贾湖墓地所显示的那样，而聚落和聚落之间也存在着这种情况。

　　（2）由平等社会向分层社会的过渡阶段

　　相当于仰韶时代前期，绝对年代约在距今7000年至6000/5500年之间。这一阶段，随着人口的增多、社会生产的发展和社会财富的积累，聚落之间和聚落内部的关系开始发生缓慢的变化。主要表现在：聚落遗址的数量增多，小规模聚落群（或将这种小于聚落群的聚落形态称为聚落组）的雏形逐渐产生，聚落之间的差别开始出现；聚落内部的财富分化业已开始，但发展缓慢；氏族、家族、扩大家庭和核心家庭依次递减的社会结构成为聚落内部社会组织的主流。当然，在发展趋势类同的情况下，不同地区之间存在着各自的特点，而起始和结束的时间也不完全相同。

　　（3）分层社会阶段

　　相当于仰韶时代后期，绝对年代约在距今6000/5500年至距今5000年之间。这一阶段，社会生产的发展和财富的积累表现为迅速加快的趋向。在聚落的空间形态上，聚落群开始形成，群内先是出现中心聚落（大聚落）和从属聚落（小聚落）的区别，个别地区甚至发展成为大、中、小三级的聚落形态，各类聚落在数量上表现为金字塔的状态，不同层级的聚落之间的差别表现在各个方面。在聚落内部，财富分化日趋严重，礼仪制度开始萌芽并获得初步发展，并开始在一定程度上承担着规范不同层级社群和个人身份、地位的使命。所以，这一时期的黄河、长江流域各主要地区先后进入分层社会阶段。

　　（4）早期国家阶段

　　相当于龙山时代，绝对年代在距今5000年前后。与前一阶段相比，这一时期中国的几个主要地区社会内部产生了侧重点有所差异的重大变化。作为表层现象，如三级结构的聚落群普遍出现，在一些聚落群的中心遗址上人们开始筑城挖壕，形成了一座座有墙有壕的环壕城址；大规模的祭祀场所如祭坛、庙宇等开始在一些地区出现；战争越来越频繁，成为一种重要的社会现象；社会分化进一步加剧，这种分化表现在聚落与聚落、聚落内部的不同层级社群之间，并且成为一种普遍性的现象；礼仪制度向着规模化、制度化的方向发展，其表现在宫室制度、作为礼仪载体的高档器具的使用制度、棺椁制度等方面。随着三级聚落群内社会高度分化基础上的城址的出现，标志着中国古代社会开始进入早期国家即古国阶段，古国阶段的起点在各个地区虽略有早晚，但大体发生在距今5300～4800年之间。稍后，大约在距今4600年以后，部分发达地区开始形成古国的联合体，率先跨入早期国家的第二个阶段，即方国阶段。这一阶段，是中国史前社会历史上最为动荡的时期，一些曾经显赫无比的若干区域性文化，红山文化、良渚文化和石家河文化等，程度不同地相继衰落下去，等到它们的后身再次兴起，不仅在年代上有了相当的间隔，而且兴起方式和文化内涵也有了很大的差别。

距今4000年前后，中国多数地区相继进入青铜时代，中国主要地区的社会和文化发展格局产生了显著变化。如果不能说中原地区的二里头文化是一枝独秀的话，那么其发展水平至少也是在相当程度上高于其他地区的同期文化。这一时期能够与二里头文化一争高下而且也在当时发生过的，主要是东方海岱地区的岳石文化，而燕辽地区的夏家店下层文化、东南太湖地区的马桥文化等，则基本上处于一种偏居一隅而独自发展并达到了各自的又一个高潮时期。在中原龙山文化基础上发展起来的二里头文化，进行了更大规模的融合和重组，并且利用这种大集团的优势而日益辉煌起来，并开启了中华古代文化走向一统的脚步。故这一时期又被作为中国国家发展进程中的一个重要阶段——王国阶段，这就是中国古史记载中的夏王朝时期，尽管他还只是一个十分弱小的中央王朝，但却开启了一个新时代。这一时期的周边地区，包括夏王朝直接控制区以外的中原地区，多数还处于古国和方国阶段，而夏王朝在本质上也只是一个领土范围较大、人口数量较多和统治力量较强的大方国。

二　关于中国古代文明发展进程的几个问题

以上我们粗线条地勾勒出中国新石器时代的分期框架与早期社会和古代文明发展的阶段性变化。尽管人们对每一个阶段社会的定性还存在着这样那样的看法和意见，但从宏观上表现出来的这种阶段性变化则是毋庸置疑的。那么，在这一变迁过程中存在着哪些共性的内容和独自的特点呢，这是下面需要重点讨论的问题。

（一）关于多元演进与一体化进程

回顾20世纪中国文明起源的考古学研究，大体上经历了三个阶段，即早期的外来说与本土说、20世纪50～60年代的中原中心论（一元论）和70年代以来的多元论。这一过程与考古发现和研究的广度、深度密切联系在一起。现在，考古发现已经证明外来说是没有根据的，所以已经没有人再持或者相信中国古代文明是外来的观点（至少国内是这样），同时，中原单中心的一元论也失去了大部分市场，而多元一体的观点逐渐地得到了多数研究者的赞同。

那么，怎么理解多元一体，而多元和一体的关系又是如何，随着研究的深入，这一问题就需要我们做进一步的思考。

20世纪80年代后期，费孝通提出了关于中华民族形成与发展的多元一体格局理论，认为中国的民族，"主流是由许许多多分散存在的民族单位，经过接触、混杂、联结和融合，同时也有分裂和消亡，形成了一个你来我去、我来你去、我中有你、你中有我，而又各具个性的多元统一体"[1]。大体同时，严文明认为中国史前文化的发展是多元的和不平衡的，并且逐渐形成了一个以中原文化区为中心、周围存在着一种分层次的重瓣花朵式的向心结构[2]。后来，他又把这一过程表述为"逐渐从多元一体走向以中原为核心、以黄河流域和长江流域为主体的多元一统格局"[3]。

综观中国古代文化的发展，远的不说，新石器时代早期文化的产生是多元的，而其后的发展则表现为一个多元演进并逐渐走向一体的历史过程。就文化联系的程度、相互关系和一体化的进程而言，可以分为以下五个时期。

（1）分散的多元文化时期

大体相当于前裴李岗时代，即新石器时代早期阶段。这一时期由于人口的稀少和地域上的间隔，北方和南方各大区域的史前文化基本上是各自独立地发展、演变，相互之间的文化交流、影响和传播只限于较小的空间范围之内，而缺乏较大范围内文化上的联系。

（2）相互联系的多元文化时期

到裴李岗时代，随着生产力水平的提高和人口的增殖，在中国的主要地区发现若干支已经有初步发展的考古学文化，如燕辽地区的小河西文化和兴隆洼文化、黄河流域的裴李岗诸文化和后李文化、长江流域的城背溪文化（或称为彭头山文化）等。它们的分布已经相互衔接，开始出现文化上的交流和联系。当然，不同文化区之间文化联系的疏密程度存在着相当大的差别。如黄河中游地区的裴李岗文化、磁山文化、老官台文化之间的联系就十分密切，共同的文化因素相对较多，而其他区域间的文化联系则较疏远。随着时间的推移，到距今6000多年前的仰韶时代早期，各大文化区之间的文化联系呈现加强的趋势。

（3）一体化进程中的多元文化时期

仰韶时代后期，庙底沟类型仰韶文化的分布区域迅速扩展，其以黄河中游的晋西南、陕东和豫西为中心，北到河套，南达汉水流域，西抵甘青，东至河南省中东部，而庙底沟类型的文化影响所及，则到达了更为遥远的区域。这是中国早期文化历史上第一次较大规模的文化扩散和融合。扩散是以庙底沟类型仰韶文化的文化因素外播为主，同时，其他地区的文化也对庙底沟类型产生了积极的影响；融合的主体则是庙底沟类型仰韶文化，其结果使得各地区的共性文化因素显著增多，为后来的发展奠定了基础。庙底沟类型之后，中原地区的文化影响力下降，周边文化则呈现出此起彼伏的跨跃式发展态势，如东方的大汶口文化、南方的屈家岭文化、东南方的良渚文化、北方的红山文化等，其文化因素的扩散甚至包括人口的迁徙区域远远超出了自身的分布范围。特别是大汶口文化

[1]　费孝通：《中华民族的多元一体格局》，《中华民族多元一体格局》，中央民族学院出版社，1989年。
[2]　严文明：《中国史前文化的统一性与多样性》，《文物》1987年第3期。
[3]　严文明：《文明起源研究的回顾与思考》，《文物》1999年第10期。

和屈家岭文化，其文化因素大范围、广泛地向中原地区汇聚，大有逐鹿中原之气势。这一长达一千多年的扩散与汇聚的文化运动的结果，导致各地区的多元文化开始了不同层级的一体化进程，并取得显著的实质性进展。

（4）以中原地区为中心的多元文化时期

二里头文化早期或再早一些时期，由于种种原因，曾经辉煌繁荣的重要区域文化，如北方地区的红山文化和小河沿文化、环太湖地区的良渚文化、长江中游地区的石家河文化等，相继衰落下去。中原地区的二里头文化（应该包括前些年提出近年得到进一步确认的新砦期文化）则在龙山文化的基础上迅速发展起来，开始了向真正意义上的中心地位发展。此后，经历了商周两代，中原地区作为多元文化中心的地位日益巩固和发展，为最终形成大一统的局面奠定了坚实的基础。

（5）统一的多元文化时期

公元前221年，秦统一中国置三十六郡，结束了东周列国长期分裂战争的历史。经过汉初的发展，到汉武帝时期，文化上的趋同和政治上的统一，使得中国古代进入了统一的多元文化时期，这也是中华民族多元一体的基础。

新石器时代区域文化的多元演进和一体化进程，存在着不同的层级。以上是在中国古代文化的层面所进行的划分。实际上，各个区域内部，也有一个多元发展与一体化的进程问题，并且存在着各自的中心区域。例如东方海岱地区，在仰韶时代早期的北辛文化阶段，泰山南侧、北侧、苏北和胶东半岛地区，文化面貌上差别十分明显。大汶口文化早期，海岱地区内部文化上的一体化进程明显加快，经大汶口文化中晚期的发展，到龙山文化时期，整个海岱地区的文化面貌高度统一。再如环太湖地区，目前所知此区较早的马家浜文化阶段，南有河姆渡文化，中有马家浜文化，北有北阴阳营文化，江淮之间有龙虬庄文化。经过崧泽文化时期的融合和发展，到良渚文化时期，苏沪浙地区的文化面貌达到了高度的统一，其中心区显然在杭州一带。其他地区也经历了类似的发展过程。

（二）关于国家形成的"原生与次生"问题

苏秉琦先生在论述中国国家起源问题时，曾提出了三部曲和三类型的观点，其中所说的三种类型就是国家起源的"原生型""次生型"和"续生型"[1]。从对等的层面或本质上说，国家形成的类别可以归纳为原生和次生两种形态，所谓"续生型"在实质上应该归属于次生类型之中。

所谓原生型的国家，是指在没有受到已经进入国家阶段的区域的影响和传播的情况下，独立地由原始的社会发展到国家阶段的社会。而次生型国家，则是受到已经进入国家阶段的区域的影响和传播，跨越正常的历史发展阶段，产生和形成了与传播源类似的国家。

从世界范围来看，独立地进入国家的地区主要有四个：一是西亚和北非地区，包括两河流域和尼罗河流域；二是南亚次大陆，包括印度和巴基斯坦；三是东亚，主要是中国的长江和黄河流域；四是美洲地区，包括中美洲和南美洲。以上四个地区，从年代上讲，西亚和北非进入国家的时间最早，年代在距今5500年以前，中美洲最晚，只有距今2000多年。但因为这些地区都是在相互隔绝的

---

[1]　苏秉琦：《中国文明起源新探》，（香港）商务印书馆，1997年。

情况下各自独立发展到国家阶段的，所以学界公认这些文明的形成是原生的。

具体到中国，黄河、长江流域主要地区史前社会的发展，都经历了前述的四个发展阶段，而由简单的平等社会向分层社会的过渡到进入复杂的分层社会，粗看起来各个区域大体上是同步发展的。所以，中国新石器时代至早期青铜时代几个主要的文化区系，如黄河中游的中原地区、黄淮下游的海岱地区、长江中游的江汉地区、长江下游的环太湖地区和北方的燕辽地区，至少从裴李岗时代或略晚一点时期就开始了文化上的接触和交流。由于历史传统和环境等方面的原因，它们在社会和文化的发展道路上，又各具特点。如果我们同意良渚文化、红山文化晚期、大汶口文化晚期等已经形成早期国家的观点，那么，这些区域就应该是相互有影响而又相对独立地进入文明和国家阶段，从而它们均属于文明社会或早期国家的原生形态。它们的产生和发展犹如一个巨大的树丛，而不是孤立的一支。从这一层意义上说，这些区域之间似不存在原生和次生之分。

历史进入了夏商周三代，特别是商代及其以后，围绕在王朝周围的不同发展水平的区域文化，在中原地区强势文化的辐射和影响下，模仿中原王朝的国家模式而建立起来的国家，则显然属于次生型国家形态。甲骨文和古代文献中涉及的许多方国，不少可能都属于这一类型。

（三）关于古代文明发展的"连续与断裂"

在世界文明史上，独立地进入文明社会的几个地区，除了中国以外，几乎都在后来的发展中有不同程度的中断现象，即文化和文明没有得到连续地继承和发展。所以，不少学者指出，中国虽然不是世界上最早进入文明时代和国家阶段的地区，但却是唯一在进入文明社会之后文化和族群没有中断而连续发展的文明古国。这种观点，从宏观上讲是正确的，但如果从微观的角度观察分析，情况则有所不同。

如果把文明的连续和断裂问题局限到文明社会的形成前后一段时间，我们会看到一些极富意义的现象。这些现象是，许多已经达到相当高水准的区域性史前文化，有的已经进入早期国家阶段（或即将进入早期国家阶段），但它们并未继续向前发展，而是迅速走向消亡或者明显衰落，例如：

北方地区的红山文化，在其晚期，出现了像牛河梁女神庙、东山嘴祭坛和牛河梁多处大型积石冢等恢宏的石建筑，并伴以精美玉器、人和动物塑像等高等级的遗物。但是，此后红山文化却急转直下地衰落下去，即使是认为与红山文化有一定关系的小河沿文化，其发展水平已无法与红山文化的鼎盛时期相提并论。

东南地区的良渚文化是另一个显著的例证。良渚文化继崧泽文化兴起之后，迅速地达到了社会和文化发展的巅峰状态，高等级的良渚遗址群和福泉山、草鞋山、赵陵山、寺墩等良渚文化区域性中心聚落遗址和贵族墓地，就是良渚文化辉煌历史的见证。但在良渚文化中期之后，它们就很快衰落下去，以至在良渚文化和后来的马桥文化之间形成了一个文化上的断层。

长江中游地区的石家河文化也是一样。屈家岭文化和石家河文化时期的江汉地区，城池林立，由聚落和城址反映的社会等级分明，是该地区史前社会发展的高峰阶段。但石家河文化之后，这一地区的社会和文化由繁荣期迅速滑落，至今我们还不十分清楚江汉地区石家河文化的后续者的整体面貌。

其他地区虽然不像以上所举三地区那样明显，但也存在着一些衰落和变化的迹象。如海岱地区龙山文化与岳石文化之间的传承，由于文化面貌的变化较大，总是给人不那么连续的感觉，特别是岳石文化时期的聚落遗址数量较之龙山文化大大减少，其原因尚待深入探讨。中原地区从中原龙山文化到二里头文化之间的发展过渡，较之其他地区要自然和顺畅得多，文化上确实没有出现大的波动，但也存在着一些变化，如二里头文化阶段聚落遗址的数量较之龙山文化时期显著减少。所以有的学者认为二里头文化与中原龙山文化的关系不属于自然延续和发展，中间存在着一定程度的断裂和飞跃[1]。

分析和研究黄河、长江流域等主要史前文化区系中出现的上述现象，有助于我们理解夏商周三代与史前文化之间的关系，特别是为什么夏商周三代王朝均植根于中原地区，而不是在其他也曾经创造了辉煌史前文化的地区。

（四）关于中国史前社会文明化进程的两种发展模式

中国史前社会的文明化进程是一种模式还是几种模式，早期国家产生的道路是否相同，也是中国早期文明研究中的一个重要问题。苏秉琦先生曾经把中国文明起源归结为三种基本形式，即裂变形式、撞击形式和熔合形式[2]。这三种情况确实存在于中国史前文化的发展过程之中，特别是仰韶时代后期开始的史前文化的一体化进程，撞击和熔合的汇聚形式不仅存在于大的文化区之间，即使是每一个文化区系内部也在频繁地发生。

说到文明化进程的模式，不能不考虑社会经济形态方面的因素。由于中国的幅员辽阔，不同纬度地区的地理地貌、自然气候和生态环境有着巨大的差别。在史前文化时期，农业发明后相当长一段时间内，南北之间的区域差异相当显著。一般说来，长城以北地带以游牧和采集经济为主，个别地区如燕辽地区的旱作农业开发较早，水平也略高；淮河、秦岭以北的黄河流域则以旱作农业为主，龙山时代南方的稻作农业向北扩散，到达了此区的南部和东部沿海一带，成为原有的旱作农业的补充；长江流域的水田稻作农业产生较早，并一直是农业经济的主体，环太湖地区、江汉地区和四川盆地是三个相对发达的区域；南岭以南，由于优良的生态环境，农业产生较迟并且不甚发达，渔猎和采集在社会经济中长期占有重要地位。从现有的考古资料来看，史前社会的文明化进程直到进入文明社会，农业经济的存在和发展是一个不可或缺的基础条件。

从宏观角度考察史前社会的文明化进程，我们认为存在两种基本发展模式或者类型。

（1）**第一种模式以黄河流域的中原地区和海岱地区为代表**

这两个地区同处于黄河流域，属于中纬度地带，气候、环境和经济形态都十分接近。特别是这两个地区的文化联系开始的时间早，联系的方式也丰富多样，既有文化的交流与传播，也有人员的流动甚至族群的迁徙，所以两地关系一直极为密切，前面所说的龙山时代及其以后形成的夷夏东西二元对立，应该是建立在一体基础上的对立。在这样的形势下，就不难理解这两个地区之间在社会经济、社群组织、政治制度等方面存在着较大相似性的特殊现象。

[1]　许宏：《"连续"中的"断裂"——关于中国文明与早期国家形成过程的思考》，《文物》2001年第2期。
[2]　苏秉琦：《中国文明起源新探》，（香港）商务印书馆，1997年。

这种模式的特点为：一是经济、社会和文化持续发展，处于一种平缓地提升社会发展层次的状态。在聚落形态上，表现为由分散聚落、聚落组、二级聚落形态到三级甚至四级聚落形态的递进，依次地由原始向早期国家迈进。社会内部结构的变化也是如此，墓地资料综合反映的占有财富多寡、身份和社会地位的差别、社会分层以及社会分化，其发展也是呈现出一种渐变的趋势，而不是那种急剧膨胀式的变革。即使在进入早期国家或比较成熟的国家的阶段也是如此，如长期以来，人们都认为二里头文化是夏王朝的遗存，但二里头文化的年代又不足文献所记载的夏王朝积年，所以只能把夏王朝的前段与王湾三期文化晚段相对应。而王湾三期文化在文化上又是一个整体，本身有发展但没有质变，由此可见中原地区社会发展的连续性。二是战争在社会质变中具有重要作用。随着人口的增多和社会的发展，对土地和资源的争夺、控制和利用变得日益重要，由此战争成为夺取和保护它们的主要手段。仰韶时代晚期，作为防御工程的城址开始出现，到龙山时代后期，城堡林立，遍及黄河中下游地区。同时，武器从工具中独立出来，成为一个专门的器物类别，则标志着战争的频繁和可能已经成为一种职业，这又和城堡的普遍出现遥相呼应。三是宗教在社会发展中的作用相对较弱。迄今为止，在这两个地区还没有发现明确的类似北方和南方那样的大型宗教遗迹。以棺椁、礼乐等为核心的埋葬制度日益规范化，表明他们更崇拜祖先和注重人事。从这一意义上说，也可以将其称为世俗模式。

（2）第二种模式以环太湖地区和燕辽地区为代表

这两个地区分处长江下游的南方和东北南部的北方地区，气候、环境、植被和经济形态等方面都存在着较大差异。由于中间有海岱地区的间隔，它们在文化上基本上是各自保持着自身传统，相互之间没有或者甚少文化接触和联系。但两个地区却在社会发展的模式上具有惊人的相似之处。

这种模式的特点可以总结为：一是社会和文化呈现跨跃式的发展，并且在达到高峰之后都迅速衰落，形成一个全面的断裂。燕辽地区在红山文化晚期迅速达到一个高峰，此后的小河沿文化就迅速衰落，以至出现了夏家店下层文化之前数百年的断层。环太湖地区的良渚文化亦然，此前的马家浜文化和崧泽文化，总体上还处于一个渐进的发展过程，但一进入良渚文化，就快速膨胀起来，很快达到了环太湖地区史前文化历史上的顶峰。这一段好日子延续的时间不长，就较快地衰落下去，形成了与后续马桥文化互不衔接的替代关系。二是宗教在社会运转中发挥着重要作用，宗教活动和宗教建筑十分发达。红山文化分布的中心地带，在其晚期突然出现了女神庙、祭坛和耗费巨大人力物力的大型积石冢。良渚文化也普遍建造和使用大大小小的祭坛。表明这两个地区存在着大量的神职人员。客观地说，这两个地区的社会经济并不十分发达，特别是燕辽地区，虽然有农业经济，但是其发展水平远远无法与同期的黄河中下游地区相比。在这样的社会经济基础状态下，要维持非生产型社会工程的高投入，必须依靠像宗教这样的非世俗的途径和手段。同时，还要维持庞大的神职人员队伍的生存，这样的社会显然不可以持久，一旦社会的信仰体系出现问题，调控机制崩溃，整个社会的迅速衰落就成为不可避免。这大概就是两地在达到超常的繁荣之后，均迅速衰落并一蹶不振的主要原因之一吧。三是制玉工业发达，玉器在社会中的地位崇高。玉器在两个地区出现的时间均比较早，到红山和良渚时期都达到了各自的高峰，这在长达数千年的中国史前文化发展过程中是一个引人瞩目的闪光点。就目前的发现而言，红山文化的玉器数量虽无法与良渚文化相比，但在制作技术方面则难分伯仲，表明两地均投入了巨大的人力物力来制作玉器。这一现象具有深刻的社会历史背景，这就是两地都存在着浓郁的宗教文化和宗教氛围，这样的社会对弥漫着神秘色彩的法器（玉质的琮、璧等）的需求量是超过常人想象的。所以，这一发展模式或可以称为宗教模式。

江汉地区的情况较为特殊，从一些方面看，有与环太湖地区相似的因素，而从另外一些方面分析，又与海岱地区和中原地区存在着共性。如果资料更充分一些，可能会成为第三种发展模式，但其最终结局则与第二模式是相同的。

（五）关于史前社会组织的演进

社会组织和社会结构的发展状态决定着古代社会的性质。史前社会的文明化进程和早期国家的形成，本质上是与社会组织和社会结构的变革紧密地联系在一起的。而在没有文献记载的史前时期，要在考古学上了解和认识社会组织和社会结构的发展状态，分析、考察聚落形态和墓地结构是最直接和最有效的一条途径。随着考古资料的增多，特别是聚落考古方法的日益推广并成为在考古学界获得共识的基本方法论，关于史前社会组织和社会结构演进的研究日益受到重视。

史前时期的社会变迁，从整体上看有三个显著的特点：一是聚落内部基层社会组织（即担负着基本的生产任务和进行消费的社会单位）的规模趋向于小型化，这一趋势一直持续到很晚时期。基层社会组织承担的任务很多，最基本的任务应该是组织生产活动和进行日常消费，以维系社会的正常运转和发展，所以可以把担负这两项任务的社会组织称为生产单位和消费单位。由于生产力水平的差异和社会发展阶段的不同，生产单位和消费单位作为社会组织有时候并不统一。一般说来，在两者不一致的时候，基本的消费单位要小于基本的生产单位。二是社会组织的宏观联结网络趋于复杂化，如果以聚落为基本的社会组织单位来进行考察，社会组织之间的聚合形式不断地趋向于复杂，从不分级、二级发展到三级直至更多的层级。三是社会经历了由平等的简单社会向分层的复杂社会的发展过程。史前社会变迁的这些特点又与世系关系的变更交织在一起，所以，以往学界所说的史前社会是由母系发展到父系，表面上看是一个世系的更替，许多人也批评了这一划分方法，实际上其背后隐含着深刻的社会历史和文化方面的内涵。

由于资料的原因，前裴李岗时代社会组织情况目前完全不清楚。裴李岗时代，不同的区域之间存在着明显的差异。如燕辽地区的兴隆洼文化和海岱地区的后李文化，普遍流行面积在30平方米以上的宽大房屋，后李文化的房屋内还使用由两三个灶址组成的组合灶，表明当时在一起共同生活的人数相对较多，进而可以确认当时社会最低一级单位的规模显然要大于核心家庭。而另外一些地区，如中原地区的裴李岗文化，社会基层组织的规模则要小一些。在宏观上，高于聚落的社会组织业已产生，部分地区开始出现相互之间有某种联系的聚落组（由两三个或更多一些的聚落组成，规模明显小于聚落群），聚落组内的聚落，既有形成的先后也有同时共存，老的聚落随着人口的增殖而分裂，产生出新的年轻聚落，它们之间是一种母子聚落或兄弟姊妹聚落的关系，这种关系显然是以血缘为纽带的。

仰韶时代开始，核心家庭普遍出现，并很可能是作为消费单位而存在，而主要的生产活动则是以高于核心家庭的家族和氏族为基本单位进行的。关于这一点，我们可以从得到较为完整揭露的临潼姜寨半坡类型仰韶文化聚落遗址中找到证据。烧制陶器的生产活动是以聚落－氏族为单位进行的，大牲畜则可能分属于以中型房子为核心的房子群－家族或者整个聚落－氏族所有。这种生产单位和消费单位相互从属而又不完全重合的现象，直到近代社会的家族经济中依然存在，而人民公社时期农村普遍实行的生产队组织和家庭之间的关系，则是最晚近的实例。聚落之上的社会组织，较之前一个时期有所发展，但进展不明显。

仰韶时代晚期，即距今5500年前后，各个区域相继进入了仰韶文化晚期、大汶口文化中期、屈家岭文化、良渚文化和红山文化晚期。其中除了中原地区的仰韶文化之外，均呈现出一个跨跃式的发展景象。究其原因，我们没有发现生产工具有质的变化，生产技术也没有出现可以观察到的大的进步。所以，我们推定这一时期社会生产关系发生了一定的变革，即家族甚至大家庭取代氏族成为基本的生产单位，家族所有制取代氏族所有制，而相应地，世系的传承也由母系转化为父系，家庭的地位不断提高，特别是父系大家庭经济已开始出现。这一时期的空间聚落形态开始产生质的变化，即由此前的两级聚落形态陆续地向三级聚落形态发展，一些先进地区已经初步显示出金字塔式的聚落形态。与其同时，聚落之间和聚落内部的分化同步发展，金字塔上方人们占有财富和重要社会资源的欲望不断膨胀，他们不仅活着的时候享用，死后也要带走。大汶口中期、良渚早期和红山晚期的墓葬向我们展示了这一新的社会现象。在这样的新形势下，原有氏族制下的平等社会发生分裂，或者可以说是裂变，裂变为不平等的分层社会。而社会结构也从平等的氏族——母系家族发展到不平等的宗族——父系家族，可以说是开了商周宗族社会结构的先河。

龙山时代是中国史前社会的一个大动荡、大分化、大改组和大变革的时期，具有防御功能的城址普遍出现就是这一社会历史大背景的明确标志。在这一社会发展过程中，红山文化、良渚文化、石家河文化相继衰微并被淘汰出局，只有中原和东方两区共荣，从而开启并形成夷夏长时期东西二元对立的新格局。从聚落所反映的社会组织来看，家族和家庭（主要是大家庭）在聚落内部的地位持续加强，这从以往十分流行的大型公共墓地逐渐被小型家族墓地所取代中可以得到证明。但是我们并不能确认这一时期社会基本生产单位已经发展到家庭这个层面，因为核心家庭作为社会基本生产单位得到普及是好久好久以后的事情。在宏观上，三级聚落形态很快成为社会的普遍现象，而发展较快的个别地区，已经产生出四级聚落形态，如山西的陶寺、山东的两城镇等。考虑到这一时期与古史传说中的五帝时代大体相当，所以，认为这一时期进入了早期国家阶段，可以说是有相当根据的。

（原载《东方考古（第1集）》，科学出版社，2004年）

文化交汇与夷夏东西

——淮河东西部地区史前文化发展的历史趋势

淮河是中国自然地理区划的南北分界，从宏观上说，淮河流域是南北气候和环境的交汇地区，无论是由南向北还是由北向南，这里都是一个不折不扣的过渡地带。淮河源于河南省南部的桐柏山区，在东流的过程中，吸纳了数百条大大小小的支流，最终注入黄海。淮河及其支流经过的河南、安徽、山东和江苏地区，形成了一个巨大的冲积扇，这种地貌既为古代的先民提供了丰裕肥沃的大片土地和水域，也留下了易受水灾的隐患。所以，史前时期堌堆形遗址在这一地区的广为流行，可以视为古代先民适应环境和与自然抗争的杰作。

如果我们考察一下逐次汇入淮河的支流就会发现，较大的支流均来自淮河干流的北侧地区，自西而东如汝河、洪河、颍河、西淝河、涡河、浍河、沱河、濉河、泗河、沂河、沭河等，从而形成了一个特有的现象，即淮河北侧的腹地甚大而南侧的流域面积较小。从中国早期历史文化区域的角度审视，可以说淮河流域近三分之二的面积属于史前时期的海岱文化区，而其余地区的史前文化，也与海岱文化区存在着或多或少或亲或疏的血缘和文化方面的联系。

正如淮河流域特殊的自然地理面貌一样，这一地区在文化上也类似于一个南北交汇、东西连接的文化广场。除了自身因素之外，东北的海岱文化区、东南的太湖文化区、西北的中原文化区和西南的江汉文化区，均在淮河流域留下了各自鲜明的区域文化因素，从而使这一地区的文化面貌呈现出南北交汇、东西交融的复杂状态。但从总体上看，以来自海岱文化区的文化影响最大。

距今7000～6100年的仰韶时代早期，至少是淮河下游的泗河、沂河和沭河流域，已属于北辛文化的分布区。而南部的江淮之间、西部的皖北地区，也在一定程度上受到了北辛文化的文化影响。这从江淮之间的龙虬庄文化、皖北的石山子文化、皖中的侯家寨文化等同期遗存中，都程度不等地存在着来自东方的北辛文化因素中可以得到证明。北辛文化的影响和发展也大体到这一带为止，再向西去，如郑洛地区则少见北辛文化的因素存在。而在东方北辛文化的遗址中，则可以发现不少来自中原地区仰韶文化早期的文化因素，这种异域文化的影响甚至可以一直延续到东部沿海地区，如灌云大伊山遗址就发现过与仰韶文化早期类似的瓶形陶器，而北辛遗址使用瓮棺埋葬儿童的习俗，也应与中原地区的影响有关。

距今6100～5500年时期，海岱文化区转变为大汶口文化早期阶段，从各大区系文化发展的态势来看，淮河中下游地区基本上维持着北辛文化时期的格局。但大汶口文化向南向西的影响有所加强。如江苏江淮之间的海安县青墩和高邮市龙虬庄等遗址以及豫东虞城县的马庄遗址，都发现了比北辛文化时期更为浓厚的来自大汶口文化的文化因素。而位置更西的河南中西部地区，则少有发现来自东方的文化因素。相反，以郑州大河村一、二期为代表的仰韶文化，对东方的影响则到达了大汶口文化的腹心地带。如苏北的刘林、大墩子、小徐庄和鲁南的野店、王因、大汶口等遗址中，均发现有庙底沟类型的彩陶装饰纹样等典型来自中原地区仰韶文化的文化因素。

距今5500～5000年之间的大汶口文化中期阶段，在苏北和鲁南地区的大汶口文化遗址中，出现了数量颇为可观的来自东南环太湖地区良渚文化的文化因素。像著名的苏北新沂花厅墓地，因其发现了数量可观的良渚式玉器，或认为这里的大墓墓主就是良渚文化的贵族。而原本属于龙虬庄文化的江淮地区，这一时期已经成为良渚文化的分布区。于良渚文化大力向北方渗透的同时，大汶口文化则加大了向西发展的势头。表现上在考古学上，就是皖北和豫东地区开始发现保留东方特有习俗的大汶口文化墓地，而再往西去，到豫中的郑州一线，也发现有零星的大汶口文化遗存，如郑州大河村遗址就发现过随葬大汶口文化器物的墓葬等。

距今5000年前后，东方和中原先后进入了大汶口文化晚期和庙底沟二期文化阶段。始于前一阶段的大汶口人西进，出现一个前所未有的高潮，进而使皖北、豫东和鲁西南地区成为大汶口文化一个新的分布区。如安徽蒙城尉迟寺和河南鹿邑栾台、郸城段砦、商水章华台和淮阳平粮台等地，或是发现有明确文化堆积的大汶口文化遗址，或是发现确凿的大汶口人墓地。而距离更远的河南省中西部、南部的庙底沟二期文化遗存中，也普遍发现来自东方大汶口文化的文化因素。如平顶山寺岗和偃师滑城等地就发现了零星的大汶口文化墓葬，而禹县谷水河和瓦店、郑州大河村、偃师二里头、上蔡十里铺等遗址，则出土了成批的大汶口文化典型遗物。

距今4600年前后，淮河北侧地区由大汶口文化发展为海岱龙山文化。与大汶口文化晚期相比，应该说龙山文化时期的政治、经济、军事、文化等方面均有了进一步的发展，达到东方海岱文化区历史上的一个高峰。而这一时期的东西方关系较之此前的大汶口文化则产生了一些微妙的变化。大汶口文化西进的势头停顿下来，而中原龙山文化的文化因素有向东蔓延和发展的趋向，如在豫东、皖北和位置偏东的泗河流域，以压印和拍印纹饰为特色的陶器装饰在东方龙山文化中晚期遗存中较为普遍地出现，这种现象甚至在东部沿海的日照、连云港一带也能够看到。这种现象表明中原地区对东方的影响占据了上风，以至有的学者还在坚持豫东皖北地区这一时期的文化属性为中原龙山文化。

龙山文化之后，东方和中原地区分别进入岳石文化和二里头文化时期。综观这两支文化发展的大势，东方岳石文化对中原二里头文化的影响是显而易见的。如不仅是龙山文化时期有争议的皖北豫东地区学术界一致认为其属于岳石文化的分布区，而且作为中原核心的郑州、洛阳地区，也随处可见岳石文化的文化因素。甚至更为遥远的晋南陕东等地，也可以见到岳石文化影响的踪迹。这种影响不仅是普通的遗址，像都城级的二里头遗址，也存在着浓厚的来自东方的岳石文化因素。相反，二里头文化对东方地区的影响，只是局限于豫东、皖北和鲁西南地区，再向东去，则极少发现二里头文化的因素。其实二里头文化时期东西方的政治格局，在龙山文化晚期之末就已经开始了，近两年重新发掘的新密市新砦遗址，就在相当于龙山文化晚期和二里头文化早期之间的新砦期遗存中，发现有大量来自东方龙山文化的文化因素。

从宏观上分析，通过淮河干流北侧地区实现的东西方之间的文化交流，是中国诸史前文化之间碰撞、交汇、融合和一体化进程的重要组成部分。换言之，中国早期社会由史前时期的多元演进到最终形成以中原为中心的多元一统格局，中间是经过了夷夏东西二元对立这样一个发展阶段的。这主要表现在大汶口文化晚期到岳石文化时期，随着周边地区一系列曾经辉煌发达的史前文化的相继衰落，如东南太湖文化区的良渚文化、北方燕辽文化区的红山文化、南方江汉文化区的屈家岭文化和石家河文化等。只有东方的大汶口、龙山、岳石文化一直延续下来，成为与中原文化抗衡的基本力量，进而在中国古代文化一体化进程中发挥了极为重要的作用。

东西方文化交融的发展趋向，存在着明显的主导性和主次关系，这种关系与时代变迁紧密相联。粗线条地划分，可以分为四个时期。在四个时期的依次递进中，东西方文化呈现出一个交替领先、相互交融和逐渐走向统一的历史发展过程。传统史学历来认为中原一方为夏，东方则为夷，所以两个地区之间的关系又可以简括为夷夏东西交相争胜。

北辛文化和大汶口文化早期阶段，中原地区对东方的影响占据上风，并且随着时间的推移，影响的力度有不断加大的趋势。而东方对中原的文化渗透相对较弱，文化之间的交流也只是以文化因素传播的方式进行的。

从大汶口文化中期偏晚时期开始，东西方文化交流的趋向产生了逆转，即东方对中原的影响迅速上升，并很快占据主导地位。由考古学遗存所反映的事实表明，两个地区之间文化交流的方式也产生了重大变化，即除了仍保留着以前的文化因素交流的方式之外，又出现的以人员和族群迁徙为内涵的新形式。由于这种新的形式的实施，文化交流出现一边倒的现象，即原来不属于大汶口文化分布区的皖北、豫东地区，现在改变了文化性质，而中原地区的腹地，如以嵩山为中心的郑州、洛阳一带，也发现零星的大汶口人和浓厚的大汶口文化的文化因素。相反，我们却极少能够在大汶口文化分布区看到来自中原仰韶文化的文化因素。这一现象的历史背景，则可能与太昊部族的西迁密切相关。

上述现象持续了很长时间，到大汶口文化晚期达到高潮，随后则逐渐下降，到距今2400年前后的龙山文化中晚期，情况开始发生变化。中原对东方的文化影响开始有所加强，虽然远没有达到像前一个时期东方对中原的那种程度，但我们也确实看到了海岱文化区的西半部，程度不同地出现了中原龙山文化的文化因素。

以上情况没有延续很长时间，到龙山文化末期和岳石文化早中期，东方地区又重新恢复了对中原地区的文化输出。或认为这与"后羿代夏"的历史记载有关联。这种情形到先商和早商时期又重复出现，并形成一个高潮。郑州南关外中下层等一系列遗存的发现可能就是这一史实的见证。此后，随着以中原为中心的统一步伐的加快，东方渐渐失去了与中原抗衡和争霸的实力和原动力，甚至可以说随着一体化进程的完成和文化的融合，东西方的抗衡已经成为了历史。

（原载《郑州大学学报（哲学社会科学版）》2005年第2期）

试论仰韶时代中期的社会分层

一　中华文明起源研究的新进展

中华文明起源研究是中国考古学20世纪80年代以来经久不衰的研究课题。进入新世纪以来，各地区陆续召开了一系列关于中华文明起源的专题性学术研讨会，取得了一定的进展。"夏商周断代工程"结题之后，举国家之力支持的"中华文明探源工程"这一重大研究项目，从预研究到目前正在开展的第三期研究，前后已逾十年。"探源工程"研究所确定的年代区间为公元前3500～前1500年（距今5500～3500年），区域从最初的中原一隅逐步扩展到全国各主要的文化区系。此项研究目前已经取得了一些积极成果，一定程度上推进了中华文明起源和形成研究的向纵深发展。

最近十年，一些重要考古新发现，如良渚、陶寺等遗址发现的近300万平方米的大型古城，大大深化了我们对龙山时代社会结构和发展水平的认识。而时代更早的一些重要考古新发现，如河南灵宝西坡仰韶文化大型遗址和大型墓葬、江苏张家港东山村崧泽文化大型墓葬等，使得一些学者认为需要重新审视中华文明起源的问题。

西坡和东山村的新资料，在大的时代划分上属于仰韶时代中期，即传统认识中的仰韶文化庙底沟类型阶段。按学术界较为普遍的观点，一般认为仰韶时代中期的绝对年代大约在距今6000～5500年之间[1]，各地的起止年代或略有交错。

西坡特别是东山村的考古发现，激起了一些学者的研究热情。部分学者认为以东山村为代表的崧泽文化，代表了中国新石器文化发展的最高水平[2]。对此，我认为应该将其置于仰韶时代中期中国新石器文化发展的大背景下予以审视和研究。

二　仰韶时代中期主要区系的社会发展状况

如果把中国新石器时代自早至晚依次划分为四个时期，其中与中华文明起源和形成关系最密切的是其后两期，即仰韶时代和龙山时代两个时期。仰韶时代大约在距今7000～5000年之间，龙山时代则在距今5000～4000年前后。如果按照中华文明五千年的观点，龙山时代的中国已经进入早期国家阶段，属于文明社会的初期。那么，这之前的仰韶时代则是文明的起源时期。目前持续开展的"中华文明探源工程"，是从公元前3500年入手来研究中华文明起源的，仰韶时代晚期（公元前

---

[1]　近年来新的测年数据和研究表明，以往学界关于新石器时代年代的认识需要做一些修正，即各阶段的起始和结束年代均有可能比以往的认识晚一些，需要下调200～300年。

[2]　李伯谦：《崧泽文化大型墓葬的启示》，《历史研究》2010年第6期。

3500～前3000年或距今5500～5000年）是其研究的年代上限，而更早的仰韶时代中期则基本没有包括进来。

新材料的冲击力往往比旧材料大，可能是旧的容易被遗忘，在考古学上也是如此。所以，东山村等遗址的新发现，又引导着人们关注时代更早一些的仰韶时代中期。

其实，远在东山村等新材料发现之前，其他几个大文化区系仰韶时代中期的社会，也存在着大体相同的新发展和新变化。我认为，文明社会的启动和迅速发展，在新石器文化发展谱系和序列比较清楚、文化发展水平较高的几个文化区可以说大体是同步的。这一情况和认识的意义在于，它表明文明社会的产生不是孤立的和偶然的，而是在相互交流和竞争的氛围中孕育、诞生和成长起来的。

以下我们分别从中国新石器时代五个主要的文化区，来分析仰韶时代中期在聚落和墓葬两个方面出现的新气象和新变化。

1. 中原地区的仰韶文化中期

地处黄河中游的中原地区，是中国早期王朝——夏商周秦汉赖以产生和发展的中心区域。并且，这里至少从裴李岗文化时期就显示了领先其他区域的实力。经仰韶文化早期的发展，至仰韶时代中期的庙底沟时期，以彩陶等为代表的文化表征，直接和间接扩散、影响的区域，几乎涵盖了半个中国。由此，人们认为庙底沟时期的仰韶文化，其政治、经济、文化实力所折射出来的影响力，是其他区域同时期文化难以比拟的。但长期以来，这一时期的中原地区，却很少有与上述文化发展态势相匹配的考古发现，如显示社会进步和差别的大型聚落、大型建筑遗存、大型墓葬以及高档礼仪用品等。这种状况曾在较长时间内困惑着学术界。

20世纪90年代以来，河南伊川伊阙城遗址仰韶文化晚期使用了棺椁的大型墓葬的发现[1]，为在这一地区寻找时代更早的重要遗存提供了线索。随后在豫西灵宝境内新的调查和发掘资料，如人们所期望的那样使持续了几十年的状况得以改变。通观灵宝地区仰韶文化中期的新资料，具有以下三个显著特点。

（1）区域聚落空间分布上出现了明显的分级分层现象

如位于黄河支流阳平河和沙河之间的灵宝铸鼎塬地区，发现仰韶文化中期遗址19处，按遗址面积和目前的相关考古发现，大体可以区分为特大型、大型、中型和小型等四个层级[2]。其中特大型的北阳平遗址达到了90万平方米，次于北阳平的西坡大型聚落遗址为40万平方米。西坡遗址的东西两侧分别有沙河的两条小支流夫夫河和灵湖河自北向南流过，南北两侧则各有一条人工挖成的东西向壕沟与河流连接，进而将西坡遗址封闭起来。所以这是一处利用自然地形加以人工修筑而形成的环壕聚落，在功能上具有防御性质。第三级的中型遗址有2处，面积为10万平方米左右。小型遗址占绝大多数，面积均在5万平方米以下。由此可见，铸鼎塬地区仰韶文化中期的聚落形态，是典型的社会已经发生明显分化的金字塔状结构。

[1] 洛阳市第二文物工作队：《河南伊川县伊阙城遗址仰韶文化遗存发掘简报》，《考古》1997年第12期。

[2] 河南省文物考古研究所等：《河南灵宝铸鼎塬及其周围考古调查报告》，《华夏考古》1999年第3期。

（2）西坡大型聚落遗址中发现了特大型房址

西坡遗址中心位置发现了2座特大型房屋基址，房屋结构与早年在庙底沟等遗址发现的同期房址相同，与东方海岱地区大汶口文化早期的房址也甚为相似，但面积超大。2001年发掘的F105，基本结构与后述的F106同，只是在外墙的外围有一周柱洞，从而形成一个更大的回廊式空间。包括回廊的F105，基址整体面积达372平方米，房内使用面积为204平方米[1]。2004年发掘的F106，形状大致呈四边形，由外墙、内侧半地穴居住面、四壁小柱洞（直径20～25厘米）和室内大柱洞（直径1米）、圆形灶坑、门道等部分组成。没有发现回廊。该房址的显著特点有二：一是面积特别大，含墙体在内为296平方米，使用面积达240平方米；二是地面经精心铺垫，夯土层达7小层，表面涂朱[2]。这样的房子应该是聚落甚至更高一级社会组织的重要公共活动场所。

（3）位于西坡遗址南侧壕沟外的同时期墓地

共发现34座墓葬，这些墓葬的等级分化十分明显[3]。4座大型墓葬的墓室面积超过了12平方米，均有放置随葬品的脚坑，有的还使用了木质葬具；随葬品的绝对数量不多，但使用了玉钺、彩陶大口尊等重器。而小型墓葬的墓室面积多在2～4平方米之间，多数没有随葬品。

铸鼎塬和西坡遗址的考古新发现至少说明了两个问题：一是从区域聚落形态的结构来看，仰韶文化中期已经形成规模不一的聚落群，其内部的聚落之间出现了具有等级意义的差别，这种差别在铸鼎塬地区已经达到了四级的规模。其中北阳平特大型聚落所辐射和涵盖的范围，应该远远超出目前调查的铸鼎塬小区。二是墓地内的墓葬之间，产生了明显的等级分化。西坡墓地的情况表明，仰韶中期居住在这一遗址的人们，已经出现了4个阶等的层级差别。

综上，铸鼎塬地区从宏观的聚落形态和微观的墓地结构所显示的社会分化，表明仰韶中期（至少是其偏晚阶段）已经进入了比较发达的分层社会阶段。

2. 海岱地区的大汶口文化早期

海岱地区是目前中国新石器文化发展演变关系最为清楚的地区之一，从距今八九千年的后李文化，历经北辛文化、大汶口文化、龙山文化和岳石文化，最后逐渐融入了商周秦汉历史发展的洪流之中。从经济、文化、社会等方面的发展来看，大汶口文化早期之前，海岱地区基本处于分化不明显的平等社会阶段。大汶口文化早期阶段，即距今6100～5500年前后，在一部分较为发达的区域，社会发展的步伐加快，开始了由平等社会向分层社会的转变。下面以大汶口遗址为例予以分析。

位于泰山之阳、大汶河两岸的大汶口遗址，是海岱地区迄今发现的600余处大汶口文化遗址中最具代表性的遗址之一。该遗址曾以大汶口墓地的发现而著称于世。1974、1978年，山东省文物考古研究所在大汶河北岸的发掘中，发现了丰富的大汶口文化早期阶段遗存，其中包括46座墓葬[4]。

大汶口遗址的面积达80万平方米，是海岱地区最大的大汶口文化遗址。目前缺少大汶口周边地区同期聚落遗址分布状况的材料。从与其他区域同时期遗址的比较中，我们可以认识大汶口遗址的

---

[1] 河南省文物考古研究所等：《河南灵宝西坡105号仰韶文化房址》，《文物》2003年第8期。

[2] 国家文物局主编：《河南灵宝西坡遗址发现仰韶文化中期特大房址》，《2004中国重要考古发现》，文物出版社，2005年。

[3] 中国社会科学院考古研究所、河南省文物考古研究所：《灵宝西坡墓地》，文物出版社，2010年。

[4] 山东省文物考古研究所：《大汶口续集——大汶口遗址第二、三次发掘报告》，科学出版社，1997年。

地位和重要性。

　　大汶口遗址的46座大汶口文化早期墓葬，从墓室面积和随葬品数量等可以量化的指标看，规格和富裕程度明显高于同时期并相距不远的邳州大墩子、刘林、邹城野店和兖州王因等遗址。由表一的数据可知，大汶口墓地墓均随葬品是其他4处墓地的3.16～7.80倍，人均随葬品为其他4处墓地的2.42～8.28倍。这种现象应该比较明确地反映了大型中心遗址与中、小型遗址之间的差别。

表一　大汶口文化早期阶段5处遗址墓葬随葬品数量统计表[1]

遗　址	随葬品	墓　葬	墓均数量	人　数	人均数量	备　注
大汶口	904	46	19.65	62	14.58	6座合葬
大墩子	1131	182	6.21	186	6.02	2座合葬
刘　林	991	197	5.03	205	4.83	8座合葬
野　店	240	48	5.00	52	4.62	4座合葬
王　因	2264	899	2.52	1285	1.76	110座合葬
合　计	5530	1372	4.03	1790	3.09	

　　从动态的发展角度分析，随着时间的推移，以随葬品的拥有数量为标志的贫富分化，在不同等级的遗址中均呈现出一种逐渐加快和加大的趋势。如表二所示，大汶口文化早期阶段的3处遗址，后段与前段相比，出现了2倍以上的增幅，随着社会的进步显示出分化加快加大的发展趋势。尤其是大汶口遗址，后段是前段的5倍以上，并且出现了像M2005这样前所未有的大型墓葬。

表二　大汶口文化早期阶段3处遗址不同时间段墓均随葬品数量变化一览表

遗　址	前　段			中　段			后　段		
	墓葬	随葬品	平均	墓葬	随葬品	平均	墓葬	随葬品	平均
大汶口	6	36	6	24	597	24.88	8	267	33.38
野　店	4	9	2.3	17	86	5.1	21	145	6.9
王　因	121	128	1.06	376	702	1.87	402	1434	3.57
合　计	131	173	1.32	417	1385	3.32	431	1846	4.28

　　大汶口M2005，长3.5、宽2.28、深1.13米，墓室面积达8平方米。从墓室结构看，中心部位有内外两个长方形框，外框外侧为熟土二层台，从后期棺椁葬具清楚的墓葬所反映的状况分析，只有存

---

[1]　由于对部分特殊质料的随葬品（如兽牙、小块动物骨骼等）是否计入总数存有异议，所以在不同的文章中计算的各墓地随葬品数量略有差异，这里的统计数字包括了各种质料的全部随葬品。

在木质葬具才会出现这种情况。外框内略偏一侧有一盛放人体的长方形坑，长2.55、宽0.55米，恰似一个棺的大小。由此看来，M2005很可能是一座一椁一棺的墓葬。随葬品多达103件，此外，还有盛放在三足盆、三足钵和豆盘内的牛头、猪下颌骨、猪蹄骨等。所以，M2005的男性墓主当非等闲之辈，应该是当时社会的上层人物。

综上，大汶口文化早期阶段，社会发展速度加快，社会分化已经出现在区域之间、区域内部和聚落遗址所代表的社会各个领域和层面。

3. 环太湖地区的崧泽文化

广义的环太湖地区包括了长江下游及其以南的浙江杭嘉湖平原到宁绍平原一带。这一地区的新石器文化发展序列，如果算上浙江上山、小黄山和跨湖桥等遗存，其产生则可以上溯至距今万年前后。但上述几处遗址的测年时代较早，而文化上又与后来的马家浜、河姆渡文化不能完全衔接，还需要进一步开展研究。距今7000年前开始的马家浜和河姆渡文化，与后续文化之间的关系则是一脉相承的。

马家浜和河姆渡文化时期的环太湖地区，考古发现十分丰富。稻作农业已经产生，木业加工技术相当纯熟和先进，运用也极为普遍。但是在聚落和社会层面，区域之间、聚落的外部和内部差别并不明显。这种情况到崧泽文化时期有了较大改变。

崧泽文化时期是环太湖地区第一次在真正意义上的文化面貌趋向一致。这一时期，不仅是狭义的环太湖周边地区文化面貌高度统一，外围北侧的江淮之间、南侧的宁绍平原，甚至向西到皖中南一带，都受到了崧泽文化的强烈影响，文化面貌出现趋同的现象，这也是一部分学者持大崧泽文化观点的原因和基础。

以往，崧泽文化也有一些重要考古发现，如上海崧泽、江苏草鞋山、浙江南河浜[1]、昆山和普安桥[2]等遗址，都有相当数量的墓葬和其他遗存的发现。从这些遗址的发掘资料中，虽然也可以看到崧泽文化时期社会的一些新变化，如南河浜的祭坛和普安桥有木质棺椁葬具的墓葬等。但从贫富分化所反映的社会分层的层面看，似乎证据尚不明确。近期江苏张家港东山村墓地的发现，使学界对崧泽文化有了新的认识。

2008～2010年，南京博物院等在东山村遗址发掘了36座崧泽文化墓葬，其中9座大型墓葬的发现引人注目[3]。东山村崧泽文化墓地有两个显著特点：

一是大墓和小墓分区埋葬。本次发掘发现的27座中、小型墓葬均位于遗址东部的Ⅰ区，而9座大型墓葬则分布在遗址西部的Ⅲ区，两者相距60～100米。这一现象本身就昭示着社会基层内部，出现了家族甚至宗族级别的差别和分化。富有和掌握权力的家族占据着支配地位，而相对贫穷和处于社会下层的家族则属于被统治的对象。

---

[1] 南河浜遗址发现有崧泽文化的祭坛等遗迹，见浙江省文物考古研究所：《南河浜——崧泽文化遗址发掘报告》，文物出版社，2005年。

[2] 普安桥发现过一棺一椁的崧泽文化墓葬，见北京大学考古学系、浙江省文物考古研究所、日本上智大学联合考古队：《浙江桐乡普安桥遗址发掘简报》，《文物》1998年第4期。

[3] 南京博物院、张家港市文广局、张家港博物馆：《江苏张家港市东山村新石器时代遗址》，《考古》2010年第8期；南京博物院、张家港博物馆：《江苏张家港东山村遗址M91发掘报告》，《东南文化》2010年第6期。

二是分化已经成为当时社会的普遍现象。以墓葬之间的差别为代表的社会分化，既表现在不同墓区之间，也存在于同一墓区内部。东山村Ⅲ区发现的9座大墓，墓室面积一般在5平方米左右，有的使用了木质葬具，随葬品的数量均在30件以上，已经公布资料的3座墓葬，最多69件，最少40件，其中包括有玉器和大件石钺等礼仪用品。而Ⅰ区的27座中、小型墓葬，墓室面积一般在2平方米之内，无葬具，每座墓葬的随葬品平均约为5件。两个不同等级墓区之间的差别一目了然。同一墓区之内的墓葬之间，差别也比较明显。如Ⅰ区的27座中、小型墓葬，随葬品丰富的可达30件之多，并且有玉器和石钺等。随葬品贫乏的只有2、3件。

东山村遗址的墓葬资料表明，在崧泽文化中晚期阶段，社会的各个层面，如遗址和遗址之间、遗址内部的墓区之间、墓区内的墓葬之间，差别的出现和扩大成为常态，社会分化不仅启动而且呈现加快发展的趋势。

东山村遗址位于长江南岸和太湖地区的北部，其地理位置并不在环太湖地区的中心位置。从环太湖地区新石器文化的发展进程角度考虑，我们有理由推测，地处环太湖地区中心位置的湖南（嘉兴、湖州一带）和湖东（苏州和沪西地区），还应该有与东山村相当甚至规格更高的遗址和墓地存在。

地处皖中东南部的凌家滩是仰韶时代中晚期另外一个引人注目的遗址。凌家滩历经5次发掘，除了发现大片红烧土堆积、祭坛等重要遗迹之外，最能反映当时社会结构和分层状况的当属墓地和墓葬资料[1]。凌家滩墓地共发掘出48座墓葬，整体来看，等级很高，应是当时社会上层的贵族墓地。但内部的差别也十分明显。

48座墓葬中随葬玉器的多达40座，仅有8座小墓无玉器随葬。使用玉器的40座墓葬差别也十分明显。从墓室面积、随葬品的数量、玉器的类别等方面综合考虑，凌家滩墓地内的墓葬可以划分为4到5个等级。

特大型墓葬只有1座，即07M23，墓室长3.45、宽2.1米，面积7.25平方米，随葬品总数达330件之多，其中玉器200件，石器97件，陶器31件，其他2件。玉器有钺、璧、璜、龟等重要礼器，其中1件玉猪长72厘米，重达88公斤。

大型墓葬有3座，即87M4、87M15和98M29，墓室长2.5米以上，宽1.4米以上，墓室面积在4平方米左右。随葬品百件左右，其中玉器50件以上。玉石器中包括了钺、璧、璜以及其他器类，如87M4出土有玉龟、刻有图案的玉版等，87M15出土有玉兽面、龙形玉璜、双连璧等，98M29出土有3件玉人、玉鹰、玉戈等。

其他等级的中、小型墓葬占绝大多数。

就墓葬之间的分化状况和大型墓葬的富有程度，凌家滩墓地在当时中原、海岱、环太湖、江汉、燕辽五大区系文化中，占据着相当突出的位置。

4. 江汉地区的大溪文化

以江汉平原和洞庭湖周边为中心的长江中游地区，包括了湖北、湖南大部和三峡东部的广大地区。从目前这一地区发现的新石器文化来看，洞庭湖西侧和汉东地区是长江中游新石器时代两个区

---

[1] 安徽省文物考古研究所：《凌家滩——田野考古发掘报告之一》，文物出版社，2006年；安徽省文物考古研究所：《安徽含山县凌家滩遗址第五次发掘的新发现》，《考古》2008年第3期。

域性中心。如果从本文关注的偏前时期看，以澧阳平原为中心的洞庭湖西侧一带更为重要，这一带的新石器文化产生较早，文化发展序列相对较为完整和清晰，依次为彭头山文化、皂市下层文化、汤家岗文化、大溪文化、屈家岭和石家河文化。大体相当于仰韶时代中期阶段的是大溪文化中晚期。

洞庭湖西侧地区从距今八九千年的彭头山文化，到距今5500年前后的大溪文化之间，先后出现了一些代表较高的文化发展水平的各类资料。如彭头山文化时期八十垱土垅（墙）环壕聚落、高庙文化时期的有纹白陶和祭坛等遗迹以及各个时期稻作农业的发展。这些都为后来该地区文化的成长奠定了坚实的基础。

就目前的资料而言，大溪文化时期的澧阳平原，社会方面出现的重要发展和变化主要体现在聚落形态方面。

首先是聚落遗址的数量迅速增多。如果说此前的彭头山文化至汤家岗文化时期，澧阳平原的聚落遗址数量徘徊在15～20处左右，那么到了大溪文化时期，聚落遗址的数量迅速增加到50处，可以说是有了成倍的增长，这种现象代表着人口数量的增多，其对于社会的发展意义重大。与此同时，更重要的变化体现在聚落之间的明显分化，主要表现为：聚落群的出现；聚落群内结构分化为大、中、小型聚落并呈现金字塔状的分布形态；环壕城址的出现等[1]。城头山大溪文化环壕城址的出现，应该说是一个划时代的事件，此后城头山开始成为澧阳平原的政治中心。

城头山城址内发现的墓葬不少，属于大溪文化时期有200多座。墓葬之间的差别已经开始显现，如属于第二期的M678，墓室长2.5、宽1.1米，面积接近3平方米。随葬品有27件，其中包括2件玉璜，墓主为成年男性。此墓在城头山遗址发现的大溪文化墓葬中是最高等级的，与其他墓室较小、随葬品较少甚至没有的墓葬相对照，表明贫富分化和等级差别已经开始出现[2]。如果联系到城址已经出现以及其他地区的情况，目前的发现似乎不能够代表城头山大溪文化墓葬方面社会分化的真实水平。当然，城头山大溪文化城址的年代较之以上所列举的其他地区可能略早，或许也是原因之一。

长江中游另外一个中心汉东地区，其社会分化的起步可能略晚于澧阳平原。但在仰韶时代中期，聚落群的内部差别已经出现，如天门龙嘴大溪文化城址的发现就是例证。龙嘴遗址地处大洪山南麓向江汉平原过渡的山前平原地带，城址平面近圆形，南北约305、东西约269米，面积约8万平方米。城内发现有房址、灰坑、灶和墓葬等遗迹[3]。龙嘴城址位于汉东史前文化的中心区域，其西北6千米处就是著名的石家河城址，方圆40千米之内还有3座其他史前古城。龙嘴大溪文化城址的发现，为后来石家河等屈家岭文化城址的出现找到了来源，展现了区域文明化的发展进程。

与汉东地区相近的荆门地区，近年来发掘的龙王山墓地，揭露了203座大溪文化晚期至屈家岭文化时期的墓葬。墓葬长度绝大多数在2米以上，最长者达4.3米。出土遗物以陶器为大宗，也有玉器、猪下颌骨等。其中M132，墓室长3.7、宽1.75米，墓室面积6.29平方米。随葬品多达260件，其中陶鼎110件，陶杯130余件，是目前长江中游地区随葬品最多的新石器时代墓葬。从中我们可以捕捉到长江中游地区史前社会分化的例证[4]。

[1] 郭伟民：《新石器时代澧阳平原与汉东地区的文化和社会》，文物出版社，2010年。
[2] 湖南省文物考古研究所：《澧县城头山——新石器时代遗址发掘报告（上）》，文物出版社，2007年。
[3] 湖北省文物考古研究所：《湖北省天门市龙嘴遗址2005年发掘简报》，《江汉考古》2008年第4期。
[4] 湖北省文物考古研究所、荆门市文物考古研究所：《湖北荆门龙王山新石器时代墓地发掘简报》，《江汉考古》2008年第4期。

5. 燕辽地区的红山文化中晚期

包括了辽西、内蒙古东南部、京津和冀东北的燕辽地区，地理位置处于东北亚与黄河流域的连接地带。自距今8000多年以前的小河西文化一直到青铜时代的夏家店下层文化，这一地区古文化的发展基本可以说是连绵不断。

距今七八千前的兴隆洼文化时期，在兴隆洼、白音长汗等遗址就发现了明确的环壕聚落和积石墓。这一时期不仅有了以种植黍为主的旱作农业，兴隆洼和查海等遗址的墓葬随葬品中，还发现了一些用透闪石玉制作的小件玉器。

经过长时期的积聚，到红山文化中晚期，即距今5500年前后，出现了以坛、庙、冢为代表的文化遗存，曾被学界称为文明的曙光。

能够体现贫富分化和社会分层的产生及其发展的当属牛河梁地区的积石冢资料。牛河梁地区先后发现十余处积石冢群，在经过发掘的第二地点、第五地点和第十六地点的积石冢群中，均发现有中心大墓和其他类型的墓葬。

第二地点东西长约150、南北宽约60米，由6个单元组成[1]。中心为祭坛，其他为积石冢群。位于中部偏西的2号积石冢略呈方形，边长约16米，中心大墓的整体为一边长3.6米石砌方台，墓室面积约13平方米，墓室的中心部位有石椁。由于该墓早年被盗，死者和随葬品的情况不详。从同一地点其他积石冢群发现的中、小型墓葬看，墓葬之间的等级差别已经十分明显。

第五地点由3个单元组成，其中第一单元为圆形冢，直径35米，外界为围沟，内有中心大墓（M1）。大墓平面为长方形，断面呈3级台阶状，墓口长3.8、宽3.1、深2.25米，面积接近12平方米。墓室中部有长方形石椁，墓主为老年男性，随葬玉器7件，器形有璧、云纹玉佩和玉龟等[2]。

第十六地点位于牛河梁地区最西部，1979年曾在这里发掘了3座红山文化墓葬，2002年发掘了积石冢群的中心大墓（M4）。大墓凿山为穴，长3.9、宽3.1、深4.68米，面积约12平方米。墓室结构较为特殊，在墓室的北侧有阶状墓道，形制当与第二地点1号积石冢群中的大型墓相同。随葬玉器8件，其中有红山文化目前仅见的大型玉鸟（发掘者认为是玉凤）和玉立人[3]。

仅次于中心大墓的是一侧有台阶的大型墓葬。在第二地点1号积石冢群发掘的25座墓葬中，有3座这一等级的墓葬。M21位于该冢的南北中轴上，东西位置偏南。M21的石椁长2.15、宽0.53米，石椁的规模与其他地点中心大墓的石椁大小相若。该墓出土了20件玉器，是目前红山文化单座墓葬出土玉器最多的墓葬，包括了玉璧、云纹玉佩、玉龟、玉兽面等重要玉礼器[4]。M25位于冢群的东西中轴的东部，墓口较大，向下南侧逐级内收成台阶状，墓底深凿于风化的基岩中。墓口长3.5、宽3.15米，面积11平方米，墓主为成年女性。随葬品7件玉器，其中2件玉箍形器（龟）较为重要。M26位于冢群的东西中轴的西部，与M25遥相对应。形制与M25相同，墓口长3.95、宽3.42米，面积超过13平方米，是目前牛河梁地区面积最大的墓葬。随葬4件玉器[5]。

[1] 辽宁省文物考古研究所：《牛河梁红山文化遗址与玉器精粹》，文物出版社，1997年；辽宁省文物考古研究所、朝阳市文化局：《牛河梁遗址》，学苑出版社，2004年。

[2] 辽宁省文物考古研究所：《辽宁牛河梁第五地点一号冢中心大墓（M1）发掘简报》，《文物》1997年第8期；辽宁省文物考古研究所：《辽宁凌源市牛河梁遗址第五地点1998～1999年度的发掘》，《考古》2001年第8期。

[3] 辽宁省文物考古研究所：《牛河梁第十六地点红山文化积石冢中心大墓发掘简报》，《文物》2008年第10期。

[4] 辽宁省文物考古研究所：《辽宁牛河梁第二地点一号冢21号墓发掘简报》，《文物》1997年第8期。

[5] 辽宁省文物考古研究所：《牛河梁红山文化第二地点一号石棺墓的发掘》，《文物》2008年第10期。

以上牛河梁地区积石冢内发现的大墓，多数位于积石冢群的中心位置，墓室面积多超过10平方米，中心部位有石椁，墓主为男性，墓内随葬品均为玉器。这种高等级并且埋葬于显赫位置的墓葬，墓主生前的地位非同寻常。综合分析积石冢内其他墓葬的规模、随葬品等情况，有学者将全部墓葬划分为5个等级，即"中心大墓、台阶式墓、甲类石棺墓、乙类石棺墓和附属葬墓"[1]。从目前的发现情况看，牛河梁地区积石冢群之内，存在着中心大墓和其以下的若干等级的墓葬，整体上至少可以划分为4或5个等级。如果这些分化明显的墓葬等级代表了不同的社会阶层，那么当时的社会分化已经十分明显。

我们还注意到，在目前发现的十余处积石冢中，相互之间在位置和规模上存在一定差异。如第二地点位于神庙遗址的下方，规模最大，格局比较清晰，中间为祭坛，两侧为积石冢群，规划和布局较为严整。其他地点的规模则相对要小一些。同时，我们发现第十六地点中心大墓的形制和结构，与第二地点1号冢的大型墓葬相同，大小也相若。所以，牛河梁地区的十余处积石冢之间，可能存在着规格和等级上的差异，即有的积石冢的最高等级的中心大墓（如第十六地点的M4），规格和等级大约只相当于第二地点中的第二级别墓葬（如第二地点1号冢中M25、M26等）。如果这一看法成立，对于进一步探讨红山文化的社会组织和社会结构是有重要意义的[2]。

三 中国史前社会发展进程中的转折和加速

与以半坡期仰韶文化、北辛文化、马家浜文化、汤家岗文化、赵宝沟文化和红山早期等区域文化为代表的仰韶时代早期相比，仰韶时代中期（主要是其偏后阶段）明确出现了一些前所未见的新气象和新变化，并且在整体上给人以这一时期社会发生了突变的感觉。总结上述发现，仰韶时代中期可以归纳出以下几个方面的特点或者重要变化。

1. 从宏观角度看，区域聚落形态产生了显著变化

较之仰韶时代早期，仰韶时代中期的聚落数量明显增多。聚落遗址的迅速增多，昭示着社会人口的数量大大增加了。而人口的增加又与社会生产发展水平的提高、社会财富的增长紧密相关。仰韶时代中期宏观聚落形态方面最大的发展和变化是，在一部分地区开始出现了大中小三级聚落结构，其在数量关系上呈现金字塔状排列和分布。这一时期，部分区域处于金字塔顶端的中心遗址开始出现城墙和环壕，表明社会矛盾日益加深，社会关系日趋复杂，需要并开始做出新的变革和调整。大中小三级聚落结构的产生，表明当时的社会组织形态和社会结构开始产生重大变革。长期维持下来的传统平等社会结构已经在局部地区被打破，向分层社会演进逐渐成为社会历史发展进程中不可逆转的潮流，从而为仰韶时代晚期的不断扩展和龙山时代的全面发展（由点到面的发展过程）

---

[1] 郭大顺：《中华五千年文明的象征——牛河梁红山文化坛庙冢》，《牛河梁红山文化遗址与玉器精粹》，文物出版社，1997年，第25页。

[2] 这一问题比较复杂，首先要解决的一个问题是，一侧有台阶的墓葬与普通的中心大墓的年代关系，即是同时还是有先后。因为这些墓葬之内都没有陶器随葬，所以年代关系问题需要通过别的途径来解决。然后才好进一步讨论这种现象所能够揭示的牛河梁及其周围地区的红山社会。

奠定了基础。所以，宏观聚落结构反映的区域社会组织形态的发展变化，从仰韶时代早期、中期、晚期经龙山时代到更晚的夏商时期，是一个整合力度不断加大、统辖区域逐渐扩展、管理体系不断完善和各种权力日益集中的完整发展过程。当然，这一发展变化的基础是社会生产的迅速发展、社会财富的快速增多和积累。

2. 从微观角度看，墓地和墓葬的差别所表现出来的社会分化在原有基础上开始加速

从裴李岗时代（距今9000～7000年）到仰韶时代早期（距今7000～6000年之间），在长达3000多年的发展过程中，由埋葬状况反映的社会分化，虽然有一定发展，但发展速度十分缓慢。这种情况在仰韶时代中期有了极大的改观。由墓葬差别所反映的社会分化，主要体现在三个方面（表三）。一是同时期不同聚落之间，如西坡和庙底沟；大汶口和野店、王因；东山村和崧泽，等等，莫不如此。这一点和同时期的区域聚落结构分化为不同层级甚为吻合，显现了中心聚落与从属聚落之间的分化。二是聚落内部的墓群之间，如东山村东区和西区之间；大汶口一群和二、三、四群之间，由它们所代表的不同家族或宗族之间，分化明显并日益加大；三是墓群内部的墓葬之间，如西坡墓地、大汶口第一墓群、凌家滩墓地、牛河梁每个地点不同的积石冢群内部的墓葬，相互之间的差别可以多达四五个层级。

上述第二节分述的考古资料表明，仰韶时代中期各大区系率先发展起来的小区域，在社会分化的全面发展这一层面，具有相当大的共性，这是一个值得我们注意的重要现象。

3. 特殊遗存的出现和发展

与社会发展关系密切的考古遗存，主要有祭祀遗存、埋葬礼仪、礼仪用器等。

祭祀遗存主要表现为祭祀的场所。专用祭祀场所的出现，是人类文化发展到一定阶段的产物。在新石器时代和原史时期，专门用于祭祀的场合主要有祭坛、祭祀坑、神庙、宗庙等。神庙和宗庙是建筑遗存，在考古学上比较难以辨认和确定，像牛河梁的神庙是比较罕见的例证。而祭坛和祭祀坑遗存的确定相对容易一些。

祭祀遗存出现较早，一些学者认为，距今8000～7000之间的磁山文化、裴李岗文化、兴隆洼文化、高庙文化都出现了与祭祀有关的遗存，如祭坛、祭祀坑和祭祀物品。到仰韶时代中期，祭祀的形式和内容反映了人们的思想信仰和崇拜对象产生了较大变化。这一时期的祭祀遗存，规模扩大，在社会发展中的作用明显提高，在一些地区神权开始成为最重要的权力之一。如南河浜遗址崧泽文化祭坛的出现，就是例证。而牛河梁的神庙、祭坛，则表明当时区域性的统一祭祀中心已经形成，这一现象与社会组织规模的扩大和中心对辖区控制力的提升紧密联系在一起。

埋葬礼仪的发展体现在棺椁的使用和墓室、随葬品的分化方面。仰韶时代中期，埋葬礼制中棺椁的使用与社会分化同步。在少数墓葬有棺（椁）和多数墓葬无棺（椁）的基础上，与更高等级的贵族产生相适应，部分地区的大型墓葬开始出现重棺（一椁一棺）的重要现象。此后，棺椁的使用作为埋葬礼制的重要内容，被各个不同时代继承下来并逐渐成为一种重要的规制。

墓室和随葬品分化的迅速加大已如前述。墓葬随葬品中明器的生产和使用则是一个新现象。在仰韶时代中期以前，为死者陪葬的物品有两个显著特点：一是数量较少，二是为死者在墓葬中放置

表三 仰韶时代中期高等级墓葬一览表

区域	文化	遗址	墓号	长×宽（米）	面积（平方米）	随葬品	其中玉器	葬具	墓 主	备 注
中原地区	仰韶中期	西坡	M27	5.03×3.36	16.9	9	0	有盖板	35岁，男性	陶大口尊
			M17	3.45×3.6	12.42	12	2		成年	玉钺、象牙器
			M8	3.95×3.09	12.21	11	1		40岁左右，男性	玉钺、陶大口尊
			M29	4×3.3	13.2	6	0	有盖板	40～45岁，男性	
海岱地区	大汶口早期	大汶口	M2005	3.5×2.28	8	104	0	疑1椁1棺	成年男性	八角星彩陶豆、觚形杯10、钵形豆18、牛头、猪下颌骨
			M2007	3.3×1.9	6.27	45	绿松石1		6岁，儿童	彩陶盆和釜、觚形杯6、石钺、猪头
			M2009	3.24×1.3	4.21	80	0		35岁，男性	觚形杯8、豆11
			M2019	2.9×1.25	3.63	96	绿松石1		成年男性	觚形杯7、豆10、石钺，猪颚骨
长江中游	大溪中期	城头山	M678	2.5×1.1	2.75	27	2		成年男性	璜、豆7、圈足盘4
		龙王山	M132	3.7×1.7	6.29	260				鼎110、杯130余件
长江下游	崧泽文化	东山村	M91	3.15×1.76	5.54	40	14		成年男性	玉钺、镯、环
			M90	3.05×（1.7～1.8）	5.34	67	19		？	璜、镯、大石钺、大石锛
			M92	3.3×1.26	4.16	49	12		？	璜、镯、大石钺
			M93	2.8×（1.6～1.65）	4.55	37	13		？	璜、镯、环
	凌家滩文化	凌家滩	07M23	3.45×2.1	7.25	330	200	木棺？	？	钺、璧、璜、龟
			98M29	2.7×1.5	4.05	86	52		？	璧、璜、环、玉人、玉鹰、石钺、戈
			87M4	2.75×1.4	3.85	145	103	木棺？	？	钺、璧、璜、龟
			87M15	2.5×（1.34～1.42）	3.45	128	94		？	钺、璜、兽面、双连环
燕辽地区	红山中晚期	牛河梁	2-2M1	3.6×3.6	13	？	？	石棺	？	被盗
			5M1	3.8×3.1	11.78	7	7	石棺	老年男性	璧、佩、环、龟
			16M4	3.9×3.1	12.09	8	6	石棺	成年男性	玉人、鸟、环、绿松石
			2-1M21	？	？	20	20	石棺	成年男性	璧、佩、环、龟、兽面
			2-1M25	3.5×3.15	11.03	7	7	石棺	成年女性	龟、镯
			2-1M26	3.95×3.42	13.51	4	4	石棺	？	双鸮佩、镯

的物品为实用器具，无论是日用陶器和生产工具，还是装饰品，均为死者生前的实用器。这一现象到仰韶时代中期产生了一个极大的变化，就是专门为死者生产和使用的器具开始出现并迅速增多。其中既有日用陶器类，也有生产工具和装饰品等。这一现象应该是人类社会埋葬礼仪的一个重大变化，与财富观念的产生和发展、社会分化密切联系在一起。所以，我们前述各个区域一些大型墓葬所使用的随葬品，其中多为非实用品，不少是专门为死者生产的明器，这在陶器上表现得最为清楚。

伴随着礼仪活动的发展，体现等级规范规制的专用礼器开始出现，从而成为精神文化（认知）领域的一个重要变化。红山文化、崧泽文化、凌家滩文化、大汶口文化、庙底沟期仰韶文化、大溪文化等发现的多数玉器、重要陶器（如彩陶、白陶等）以及其他质料的器具，均具备了礼器的性质。

综上所述，我们认为仰韶时代中期是中华古代文明发展史上一个十分重要的阶段。各大区系内部先行发展起来的小区区域，由三级（或四级）聚落形态所显示的社会组织结构日趋复杂化，墓葬差别表现的社会分化日益加剧，表明社会已经由平等社会开始进入到分层社会阶段。同时，与分层社会相适应的礼制已经诞生。所以，可以认为距今5500前后的仰韶时代中期后段，各大区系的部分地区已经开始进入古国阶段，可将其视为中国文明社会和早期国家形成的开端。

（原载《东方考古（第9集）》，科学出版社，2012年）

试论牛河梁及周边地区的红山文化晚期社会

自1979年发现牛河梁地区第十六地点的红山文化积石冢之后，随着调查和发掘规模的日益扩大，人们对牛河梁地区红山文化积石冢的分布、结构、年代、内涵、性质等问题的认识和讨论也在不断深入，特别是在探讨中华文明起源的过程中，红山文化的坛、庙、冢是一批受到学术界格外关注的重要资料。

2012年，牛河梁地区1983～2003年的考古发掘资料刊布[1]，这就为我们全面认识牛河梁地区的积石冢及其反映的红山文化社会组织和社会结构，提供了一批完整的系统资料。以下拟对牛河梁地区红山文化积石冢所反映的社会组织、社会结构以及红山文化的社会特质等，进行初步的探讨。

一 牛河梁及周边地区红山积石冢的差别和分化

位于大兴安岭余脉——努鲁儿虎山脉南端的牛河梁地区，坐落在建平县和凌源市的交界处，属于大凌河流域的上游。该地带为辽西地区典型的半山地半丘陵地貌，海拔较低的河谷平地，适宜发展农业生产。牛河梁遗址区的南北和东西各有10余千米，区内面积100多平方千米。

牛河梁红山文化遗址群发现之后，相继在其周邻的大凌河上游地区也发现了一些规模较小的红山文化积石冢群。目前的发现大约有3个小区，即牛河梁南的凌源市田家沟积石冢群、牛河梁东北的敖汉旗四家子积石冢群和建平县南沟村东山岗积石冢[2]（图一）。

红山文化晚期积石冢群之间的差别和分化，主要表现在各小区之间和区域内部两个层面。如果说各小区之间的差别属于宏观层面，那么，相应的各小区内部和各积石冢群内部则代表了微观层面。

（一）区域之间的差别和分化

1. 牛河梁积石冢

截至目前，牛河梁地区发现的红山文化遗址已经达到43处，其中有27处积石冢，每处编为一个地点[3]。就积石冢的构成而言，其中既有单一的积石冢，也有由2座及2座以上积石冢组合成的积

[1] 辽宁省文物考古研究所：《牛河梁——红山文化遗址发掘报告（1983～2003年度）》，文物出版社，2012年。

[2] 另外，2006年修筑高速公路时，在牛河梁东北的建平县铁南街道办事处南沟村的东山岗发现一处红山文化里的积石冢，详细的资料尚未发表。

[3] 辽宁省文物考古研究所：《牛河梁——红山文化遗址发掘报告（1983～2003年度）》，文物出版社，2012年，第6页图四。

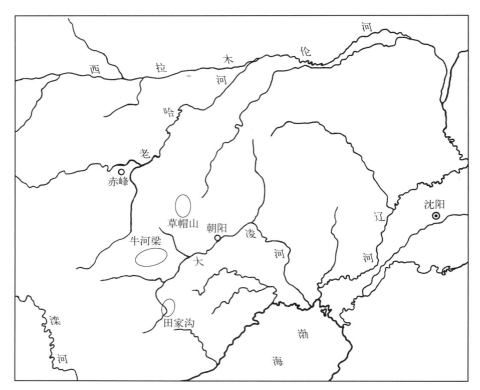

图一　牛河梁及邻近地区红山文化积石冢位置示意图

石冢群（发掘报告称为群冢，义同）。1979年以来先后发掘了其中第二、三、五、十六号地点的积石冢。在经过发掘的4处积石冢中，以第二地点的规模最大，东西长130、南北宽45米，占地面积达5850平方米。冢群内包括了6座规模不等的积石冢，每座积石冢的形制既有圆形，也有方形，有的积石冢内部上下叠压，构成了复杂的叠压、打破关系。积石冢内的墓葬既有时代早晚，也明显存在着规格和等级方面的差别。最小的是第三地点，南北长约29、东西宽约26米，占地面积约为750平方米。第三地点只有1座属于晚期的积石冢，虽然冢内也有中心墓葬，但规模偏小，等级较低。

　　牛河梁地区的积石冢可以划分为早晚两大期，每期可再分为前后两段。从文化发展的角度看，牛河梁地区积石冢的使用期在时间上是连续的。如果把红山文化的发展过程划分为前后两大期，那么，牛河梁地区的积石冢大约属于后期阶段。

　　2. 四家子积石冢

　　位于内蒙古赤峰市敖汉旗四家子镇地区[1]，西南距牛河梁积石冢群60余千米。在大凌河支流老虎山河两岸上下10千米的范围内，发现多处积石冢群。其中四家子镇驻地东侧草帽山后的山梁上，就发现了3处积石冢群。第一地点在突起的山岗上，四周有长方形石墙；第二地点在第一地点的西面，中部隔一条沟，相距500余米；第三地点位于第二地点的西南，在同一条山梁上，两者相距200余米。

---

[1]　邵国田：《草帽山祭祀遗址群》，《敖汉文物精华》，内蒙古文化出版社，2004年，第27～29页。

　　草帽山第二地点经过抢救发掘，在揭露的600平方米范围内，发现1座长方形积石冢，可分为内外两层，外层为长方形，内层近方形（图二）。共发现7座墓葬，均位于积石冢的南侧，这与牛河梁地区第二地点、第十六地点的情况完全一致。墓葬均为小型石板墓，分为一次葬（5座）和二次葬（2座）两种，葬式为头西脚东，其中2座有随葬品，出土了少量玉石器。积石冢的石基外侧发现成排的陶筒形器，有的为彩陶。此外，在积石冢的堆积中还发现4个个体的石雕人像，其中1件头部比较完整。由于详细的资料尚未公布，所以目前还难以与牛河梁积石冢群进行准确的年代比对。但从目前透露出来的信息看，其总体特征与牛河梁积石冢群基本一致，故其年代应在牛河梁积石冢群的年代范围之内。

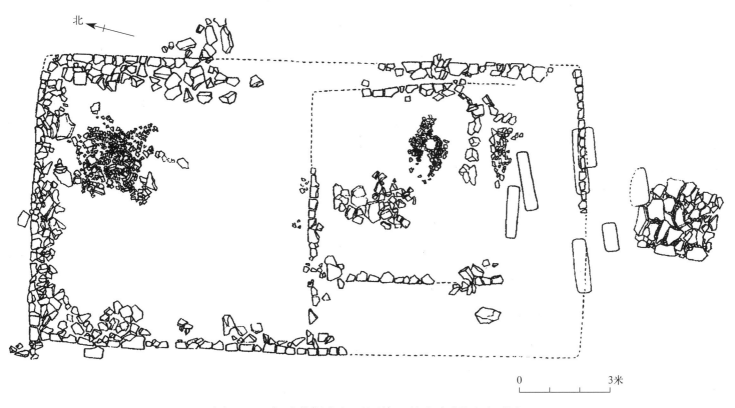

北

0　　　　　　3米

图二　四家子草帽山积石冢第二地点发掘区平面图
（据邵国田，2004）

3. 田家沟积石冢

　　位于凌源市三家子乡河南村田家沟组西、北侧的山梁上，北距牛河梁积石冢群约50千米。在不太大的范围之内发现了4处积石冢群，相互之间的距离均不远，近的只有数百米，每处积石冢的规模都不大。从出土遗物和积石冢的形制分析，田家沟积石冢群的存续时间也在牛河梁地区积石冢的年代范围之内。

　　田家沟积石冢经2009～2011年三次发掘，揭露面积2100多平方米，发现和清理墓葬42座，埋葬人骨46具。其中位于山梁南端较低处的西梁头（第一地点），在100余平方米的范围之内，发现红山文化墓葬7座（图三）。墓葬均有石椁，椁室的垒砌方式为石板平砌和石板立砌交互使用，墓底均为

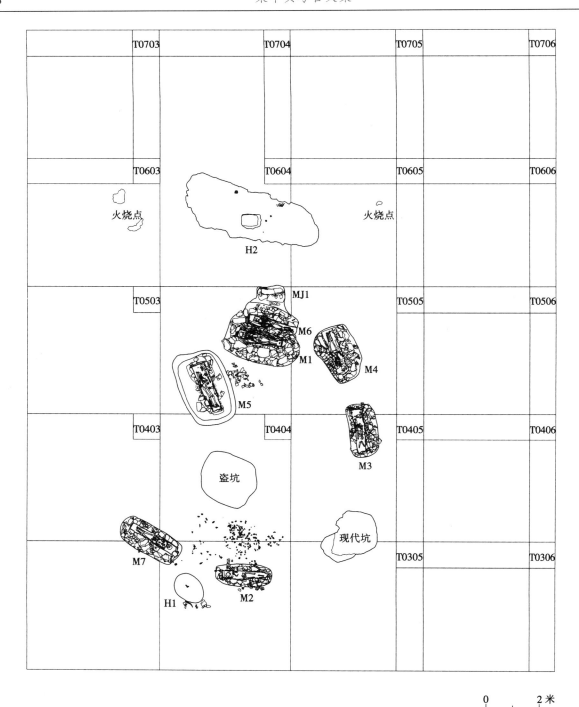

图三　田家沟西梁头积石冢平面图
(据王来柱，2010)

基岩底，上部有盖板。整体上与牛河梁地区积石冢的小型墓葬的结构相同。其中心墓葬（M5）的墓
圹长2.96、宽1.88米，椁室长1.94、宽0.5～0.36米。随葬品为1件玉镯和1件绿松石坠[1]。如果与牛河

---

　[1]　王来柱：《凌源市西梁头红山文化石棺墓地的发掘与研究》，《玉魂国魄——中国古代玉器与传统文化学术讨论会文集
（四）》，浙江古籍出版社，2010年。

梁地区的积石冢比较，田家沟第一地点与牛河梁地区等级最低的第三地点，年代大体相当，规模和等级相近或略低。

比较上述三处积石冢，无论是从积石冢的数量和规模，还是从积石冢的等级和出土玉礼器的数量、类别及质量，均存在着明显的差别。牛河梁地区的积石冢群，规模宏大，结构严整，修筑需要花费巨大的劳动量。积石冢群内明显存在着大、中、小型墓葬，大墓随葬的玉礼器远超其他地区的积石冢。仅就数量而言，牛河梁地区积石冢已发掘墓葬出土的玉器多达140余件，如果加上其他遗迹出土和零星采集的玉器，总数接近200件。其中仅第二地点一号冢的M21一座墓葬就使用了20件玉器，而田家沟4处地点的40余座墓葬仅发现19件玉器。所以，牛河梁地区积石冢不仅是大凌河上游地区最高等级的中心，很有可能也是整个红山文化最高等级的墓葬群。

再看四家子草帽山和田家沟的积石冢群。从规模和数量来说，这两处积石冢的规模相对较小。如草帽山地区在700米的范围之内，发现3处积石冢。而田家沟地区则在不大的范围内发现4处积石冢。这两个地区的积石冢群墓葬数量不多，并且均为中、小型墓葬，随葬的玉器不仅数量少，器形也多为简单的装饰用玉，缺乏大型礼仪用玉。所以其整体发展水平和等级相对较低，大体与牛河梁地区积石冢群中级别较低的第三地点相似。

如果说一个小区的若干积石冢群代表着当时社会的一级特定组织，那么，牛河梁、四家子、田家沟三个小区之间，显然牛河梁地区的社会组织的规模最大，等级最高，区域内部的差别也最大。而四家子和田家沟两个小区积石冢群所对应的社会组织，规模相对较小，等级比较低，积石冢群内部的差别也比较小。

从宏观上看，这些积石冢都属于燕辽地区红山文化的组成部分。四家子和田家沟两区积石冢群与牛河梁地区的积石冢群，在地理位置上互相依存，均分布于大凌河上游地区。如果把大凌河上游地区看作是一个共同区域，并且作为红山文化中晚期阶段一个相对独立的文化小区来对待。那么牛河梁一带就是这个共同区域或文化小区的中心，而与其相距不远的四家子和田家沟等积石冢群，就代表了低一个层次的社会组织。所以在宏观上，大凌河上游地区到红山文化晚期阶段，至少存在着占据控制地位的中心区和处于从属地位的周边地区的差别。

（二）牛河梁地区内部的差别和分化

考察牛河梁地区内部积石冢的分化状况，大体可以从三个层面开展，即各地点之间、各地点内不同冢群之间和各积石冢群内部的墓葬之间。

1. 各处地点之间的分化
牛河梁地区在100余平方千米的范围内，目前已发现积石冢群27处，这些积石冢群之间在规模和等级上存在着显著差别。可以从以下几个方面来加以分析比较。

（1）积石冢群的规模
经过较为全面揭露的第二、三、五、十六等4处地点，以第二地点的占地面积最大，约为5850平方米，内部包括了6座积石冢群，目前已经发掘了47座墓葬。第五地点和第十六地点次之。第五地点的占地面积超过1500平方米，分上下两层积石冢，下层由2座积石冢群组成，上层由3座积石冢群组成，共发现17座墓葬。第十六地点的占地面积超过1200平方米，分为上下两层积石冢群，共发现15座红山文化墓葬。第三地点占地面积最小，约750平方米，只有1座积石冢群，共发现11座墓葬。

（2）中心大墓的规格和等级

第二地点发现的6座积石冢群，其中以二号冢群的规格最高。该冢群早年被盗，中心大墓（M1）内空无一物，但从其超大的规模和别具一格的墓葬结构仍然显示出非同寻常的地位。墓葬由冢台和墓室两个部分构成，冢台为覆斗状方台，位于原地表以上，全部用石块砌成，边长3.6、高0.7米，面积约13平方米。墓室为长方形，一部分在地表以上，一部分在地表以下并深入基岩。挖于原地表以下的部分，用石灰岩块石和石板平砌而成，石椁长2.21、宽0.85、深0.5米，面积约为1.88平方米；地表以上的部分亦用石块砌成，长2.9、宽1.5、高0.2米，面积约为4.35平方米。整个墓葬的结构十分独特和复杂。所以该墓尽管没有随葬品存留下来，但并不影响我们判定该墓是整个牛河梁地区积石冢群中等级和地位最高的墓葬。

位于M1南侧偏东的M2，是一座挖于原地表以下并且南侧有二级台阶的墓葬。墓圹为圆角长方形，长3.1、宽2.8米，墓口面积约为8.68平方米。墓圹内一侧有长方形石椁，四壁采用4～9层石板砌成，底部用石板铺成，无顶盖，石椁长2.1、宽0.4～0.5米，面积0.95平方米。墓主为15岁左右的男性少年，只发现1件玉环。

第二地点一号冢是目前发现墓葬最多的积石冢群，共有25座，没有发现位于积石冢中心的大墓，但在积石冢的东西中轴线两端各发现了1座规格较高的大型墓葬[1]，即M25和M26。M25和M26的形制相同，整体近似方形，南侧有多级台阶内收，底部有长方形石椁，墓主均为成年男性。M25的墓圹长3.5、宽3.15、深2.7米，墓口面积约11平方米；墓圹一侧有长方形石椁，四壁用8～12层板材砌成，底部用石板铺成，无顶盖，石椁长1.96、宽0.48、深0.54～0.62米，面积约为0.94平方米。出土玉器7件。M26的墓圹长3.95、宽3.42、最深1.9米，墓口面积约13.5平方米；墓圹一侧有长方形石椁，四壁用6层石板砌成，底部铺石板，无顶盖，石椁长1.94、宽0.45、深0.42米，面积约0.87平方米。出土4件玉器。

以上分析的第二地点4座大型墓葬，从墓葬形制、墓圹和石椁的结构和大小、随葬品等因素综合考虑，可以划分为两个等级，即二号冢M1为第一等级，二号冢M2和一号冢M25、26（或者可以再加上M21）为第二等级。在第二等级的几座墓葬中，二号冢的M2，墓葬大小和随葬品的数量、质量均偏弱，但墓葬规模和结构基本具备，随葬品较少或许与其未成年有关。

第五地点和第十六地点的上层积石冢各有1座中心大墓。第五地点的M1，位于一号冢的内圈中部，墓圹为圆角长方形，长3.8、宽3.05、深2.25米，墓口面积11.59平方米。该墓在下挖过程中，分两次内收。从墓口至深0.95米处，四面各收出一个阶状平台，再往下0.8米处，内收挖出石椁的外框。墓圹中部的长方形石椁，南北两侧用5～7层石板垒砌，东西两端则用整块大石板立砌，底部用石板铺成，无顶盖。石椁长1.98、宽0.55、深0.45米，面积约1.09平方米。墓主为50岁左右的男性，

---

[1]　M21位于积石冢的正南位置，因为该墓上部已被破坏不存，就其石椁和随葬品的情况看，应该是和M25、M26同等级的墓葬。

出土7件玉器。

第十六地点的M4，位于上层积石冢的中部，墓圹为圆角长方形，长3.9、宽3.1、深4.68米，墓口面积约为12.09平方米。墓圹北侧有二级较斜缓的台阶，石椁位于开凿基岩形成的深井式竖穴中，长方形石椁，四壁用11～17层石板砌成，底部铺一层石板，顶部盖2层石板，石椁长1.9、宽0.5～0.65、深0.57～0.68米，面积约1.09平方米。墓主为成年男性，出土玉器6件，绿松石坠饰2件。

第五地点和十六地点的中心大墓，从墓葬规模、结构、石椁的大小及垒砌方法、随葬玉器的数量和种类等因素综合考虑，所处等级基本相当，与第二地点的第二等级墓葬大体一致。

第三地点的中心墓葬M7，位于积石冢的中心位置，墓圹为圆角长方形，长2.9、宽1.35～1.85米，墓口面积约为4.6平方米。墓圹内有长方形石椁，略偏向一端，四壁用3～4层石块砌成，无铺底和顶盖，椁室长1.79、宽0.46～0.57、深0.31～0.44米，面积约0.92平方米。墓主为45岁左右的男性，出土玉器3件，其中有1件斜口椭圆筒形器（龟形器）。

平衡各个方面的因素，可以看出第三地点的中心墓葬在各个方面均明显低于第五、十六地点的中心大墓，甚至低于第二地点第三个层级和第十六地点第二个层级的墓葬。作为完整积石冢群之间的比较，第三地点的等级应该排在第五、十六地点之后，属于目前所知牛河梁地区红山文化积石冢群中等级最低的一级[1]。

综上所述，在牛河梁地区内部，就目前所知至少存在着三个等级的积石冢群，即最高等级的第二地点，次一等级的第五、十六地点，第三等级的第三地点。其他区域如四家子、田家沟等内部的积石冢群，当也存在着差别，由于资料的原因，目前尚难以进行分析和划分。

2. 各处地点内部的分化

牛河梁地区的20多处积石冢地点，有的地点为2座或2座以上同时并存的积石冢群，这些积石冢群之间也存在着差别和分化。下面以第二地点和第五地点为例分析之。

第二地点共有6座冢群，发现墓葬数量较多的是一、二、四号冢群。一、二号之间的关系已如前述，二号的中心大墓M1，规模和等级明显高于一号冢最大的M25、M26等，而从形制和规模等因素综合考虑，二号冢的第一等级墓葬与二号冢的第二等级墓葬大体属于一级。

四号冢的情况比较复杂，与一、二号冢同时的墓葬大体是四号冢的上层墓葬。四号冢又分为早、晚两段。年代早于一、二号冢的早段，在北半部东西并列着2座圆形积石冢，每个冢各有内、中、外三圈规则的石砌冢墙，墙体由外圈到内圈逐次加高，圈内填满了大大小小的石块。东冢略小，外、中、内三圈的直径分别是15.3、13.4、12米，外圈石墙内侧安放了一圈排列规整的彩陶筒形器。西冢较大，外、中、内三圈的直径分别为19.2、17.4、15.6米。遗憾的是两个积石冢中均未发现墓葬。

与一、二号冢时代相当的四号冢上层晚段是2座方形（或长方形）积石冢。西北部一座较为明确，约占四号冢的四分之一，北、东、南三边尚存在着石砌冢墙。由保存较好的北墙可看出内、中、外三道冢墙，中间一道冢墙的内侧排列着彩陶筒形器。从目前保存的情况看，该积石冢南北长度接近16米，东西长度从可以测算的范围看当不小于此数，由此可知其占地面积当在200平方米以上。

---

[1] 因为第三地点距离第二点地点甚近，也不排除第三地点有可能是一处附属于第二地点的积石冢群。

四号冢的东南部位置局部发现有残断冢墙，破坏十分严重。发掘者认为是东北部圆形积石冢的向南延伸形成的，并名之为"梯形冢体"[1]。经过反复比对，我认为从整体上分析，四号冢东南部的残断石墙应该是另外1座晚于圆形冢的长方形积石冢，理由如下：

一是东侧（包括东南角一带）的外界墙，在中部偏北处与上层前段的东部圆形积石冢外墙连为一体。这在中晚期积石冢的整体结构、布局和东侧圆形积石冢的形状上，给人以不协调的感觉。

二是在M8西侧有一列长约7米多的南北向类似墙的规则砌石[2]（往北似叠压M2后继续向北），从走向看与东侧的内界墙基本平行。这一段类似墙体的遗迹，其北端墙体边线方向发生逆转，南侧为面向东，北侧改为面向西。从相互关系看似为具有叠压关系的上下两层。如果是这样，它们就应该是同一墙体，与东侧的界墙共同构成1座积石冢。

基于上述，我怀疑这是一座遭受严重破坏的另1座晚期长方形积石冢。是否如此，当然还需要结合现场情况进一步探讨。

四号冢中与一、二号主体同时的方形积石冢，未发现中心大墓或者类似于一号积石冢M25、M26那样的大型墓葬，甚至连普通的墓葬也很少。从该积石冢的保存情况及牛河梁地区中心大墓、第二等级大型墓葬的结构看，如果曾有过前两类墓葬就不会存在被完全破坏的可能。所以，我们推测这是一处基本修好但尚未完全投入使用的大型积石冢，其级别当与一号冢类似。

第二地点的五、六号积石冢，时代与一、二号冢大体相同。五号积石冢较为清楚，为1座长方形积石冢，除了发现3具人骨之外，既没有发现中心墓葬，也没有其他墓葬。六号冢受到严重破坏，只发现1座墓葬。就目前资料而言，无法最终确定这两座积石冢的等级。

从以上第二地点积石冢群的分化情况，可以明确它们之间至少存在着2个等级，即二号冢等级最高，一号冢次之。很可能还存在着更低的等级，如五、六号冢。

第五地点上层有2座积石冢，即位于东北端的一号冢和西南端的二号冢。一号冢只发现1座中心大墓，已如前述。二号冢破坏较甚，共发现4座墓葬，均位于南部，没有发现中心大墓。位于4座墓葬中部的M2，平面近圆角梯形，长2.1、宽0.78～1.1、深1米。椁室除足端为一大石板立砌外，余下三壁均采用2～4层石块或石板平砌而成，底部为基岩，顶部用石板与石条封盖。椁室长1.9、宽0.4、深0.22米，面积0.76平方米。出土3件玉器和1件彩陶罐。墓葬的各项要素均无法与一号冢的中心大墓（M1）相比。故二号冢的等级要明显低于一号冢。

综合第二、五地点的积石冢群状况，可以认为牛河梁地区各地点内部的积石冢群之间也存在着明显的等级差别和分化。

3. 积石冢群内部的分化

最低层级的社会分化体现在每座积石冢内部。一座积石冢内，通常会安置多座墓葬，这些墓葬之间也存在着明显的差别和分化。可以第二地点一、二号冢和第十六地点为例予以分析。

第二地点二号积石冢的墓葬数量不多，共发现5座。综合墓葬规模和结构、石椁的规模和结构等

[1]　辽宁省文物考古研究所：《牛河梁——红山文化遗址发掘报告（1983～2003年度）》，文物出版社，2012年，第185、186页。

[2]　发掘报告认为是西北部上层方形积石冢东侧中墙或外墙的南延有关（注6第187页），但它们的方向存在明显差别，并且向南远远超出了南侧外墙的位置，从而无法使两者相对应，故这一推测不能成立。

基本要素，5座墓葬可以划分为五个类别，代表了五个等级。M1为A类，是整个牛河梁地区最为独特的一座中心大墓；M2为B类，是一侧有多级土阶和有石砌石椁的大型墓；M4为C类，是一侧有一级土阶和墓室面积较大的石砌石椁墓；M3为D类，是墓室面积较小的石砌石椁墓；M5为F类，是无石椁的土坑墓。

一号积石冢共发现25座墓葬，是牛河梁地区所有单座积石冢中墓葬最多的一处。如果按照二号积石冢的分类标准，再加上墓葬随葬品的因素，一号积石冢的25座墓葬可以划分为四个类别，代表了四个等级。

B类墓葬有M25和M26，是一侧有多级土阶和有石砌石椁的大型墓。此外，M21保存的只是石椁部分，从其石椁的规模特别是有20件玉器随葬品的情况分析，M21也应该划入B类墓葬之中。

C类墓葬有M22、M23、M24、M27等7座。其中M27南侧有明确的土阶，其他3座，2座基本被破坏殆尽，1座为双石椁，均深入基岩之中，出土3件及以上玉器，并且都使用了"勾云形器"和玉镯，M22还有玉"斜口椭圆筒形器"（龟形器），故归入C类。另外M4、M14、M15等3座石椁墓，虽然在墓葬形制上没有台阶，但每座墓至少有3件玉器随葬，其中包括"勾云形器"或"斜口椭圆筒形器"（龟形器）等重器。另外，这几座墓葬的时代晚于M21等。所以，可以把这3座墓葬也归到C类。

D类墓葬有M1、M2、M5、M7、M8、M9、M11、M13、M16、M17、M20等11座。这些墓葬多数位于一号积石冢南部地表以上，破坏较为严重。

E类，有砌石的小型墓葬，无随葬品，此类墓葬以二次葬居多，有M3、M6、M10、M19等4座。

综合第二地点一、二号积石冢内墓葬的差别，可以统一划分为A类～F类等六个类别，代表了六个等级。

第十六地点的上层积石冢共发现8座墓葬，其中包括1979年发掘的3座。按上述第二地点的分类标准，第十六地点的8座墓葬可以分为4类。

B类墓葬有2座，即M4和79M2。M4的基本情况已如前述，可以确认为第十六地点的中心大墓。79M2不仅墓葬规模仅次于M4，并且结构与M4有诸多相似之处，如墓上的封土封沙层漫出墓葬以外较大范围，石椁的砌筑方式和结构基本一致等。从墓葬的位置图看，79M2南侧应有两级阶梯。79M2出土了9件玉器，就数量而言多于M4，其中包括"勾云形器"、"斜口椭圆筒形器"（龟形器）、方形玉璧、玉镯、玉环、玉鸟等。综合考虑，可以把79M2归入B类墓葬。当然，在第十六地点，M4的规模更大一些，并且出土的玉器数量尽管不如79M2多，但其独有的玉人和大型玉鸟，为牛河梁地区乃至整个红山文化目前所仅见。所以，M4墓主生前的声望和地位应该更高一些。

从层位关系来看，79M2要晚于M4，2座墓葬至少不是同时下葬，甚至不排除两者为前后代人。所以，我认为以下解释似更合理，即能够入葬到积石冢内的，都是当时的社会上层，或者与其关系亲近的人，那么，M4和79M2有可能是前后两代首领式人物。如果把这一观点推广到整个牛河梁地区，第一、二等级的成年墓葬，不排除先后担任过区域最高领导的可能，只是我们目前无法精确地排出这些墓葬死者的先后关系。

C类墓葬有2座，即M14和M15。这2座墓葬从形制上看没有台阶，但使用玉器的数量较多，M15有3件，M14更是多达7件，并且或有"斜筒形器"（龟形器）和龙形玉玦，或有"勾云形器"。所以，其整体情况和第二地点一号积石冢的M4等3座墓葬类似。

D类墓葬有4座，即79M1、79M3、M12和M13。其中79M1骨盆以上完全破坏不存，但还出土了3件玉锥形器，其等级也可能高一些。

由以上第二地点一、二号积石冢和第十六地点上层积石冢内的墓葬分析，由墓葬规模和结构、所处位置和相互关系、随葬品的数量和类别等因素，可以确信红山文化晚期阶段的牛河梁地区，社会顶端内部的差别的分化已经成为一种常态。埋葬在牛河梁地区的人们，至少可以划分为五或六个层次，而这种不同层次在人数上呈现金字塔状态，即顶部或靠近顶部的人数较少，基底或靠近基底的人数较多。面对这样的现象，显然是无法用平等社会来进行解释的。如果这些墓葬的宏大规模代表着权力和地位，精致的玉器代表着权力和财富，那么，红山文化晚期的牛河梁地区，可以说确信无疑进入了分层社会阶段。

二　红山文化晚期社会及其特质

红山文化的分布区包括了辽西、内蒙古东南部及京冀等地在内的整个燕辽地区，就探讨红山文化的社会而言，目前还是以牛河梁地区的墓葬资料最为丰富和集中。所以，以下将从牛河梁地区的讨论开始，进而分析红山文化的社会及其特质。

（一）牛河梁及周边地区红山晚期的社会结构

由上一节的论述可知，地处大凌河上游的牛河梁及其周边地区，红山文化积石冢群的分化表现在不同层面，可以从宏观和微观两个方面进行分析。

宏观方面的差别和分化表现在不同的小区之间。目前所知大凌河上游地区的红山文化积石冢群，可以划分为牛河梁、四家子和田家沟三个小区。如果一个小区代表一个相对独立的红山文化时期的社会，那么，由前述分析可以明确，这三个小区的红山文化积石冢之间，从整体规模、形制、内涵到它们所代表的社会等级均存在着十分明显的差别。总体而言，牛河梁地区的积石冢规模宏大，形制复杂，内涵丰富，特别是出土的玉器数量多，品质优良，其中存在较多的礼仪用玉。如"勾云形器"、斜筒形器（龟形器）、龙形玦、璧及其他动物造型等，尤其是圆雕的玉人和玉鸟，堪称重器。牛河梁地区的积石冢出土玉器组合完备，功能明确，在整体上显现出非常高的等级，至少在目前的红山文化分布区域内尚没有发现可以与之等量齐观者。同时，牛河梁地区还配备有专事祭祀或其他礼仪活动的中心场所（如牛河梁第一地点的女神庙），这也是在其他地区所未发现的重要现象。

再看四家子地区的积石冢。从规模上看，沿老虎山河上下10千米的范围内已发现10余处同类遗址，有的还发现石围墙遗迹。其中草帽山第一、二地点经过发掘，均为长方形积石冢。已公布平面图的第二地点，南北长近20、东西宽约10米，规模、形制、方向均与牛河梁第二地点5号积石冢相近。在南侧内外发现了7座红山文化墓葬。墓葬的规模不大，随葬品中有少量玉石器，器形有璧、环等。目前的资料表明，四家子地区积石冢的分化程度不高，明显要低于牛河梁地区。田家沟地区的积石冢，整体上与四家子地区相近。

概而言之，红山文化晚期的大凌河上游地区，至少同时存在着高低两个层次的文化小区（聚落群）。高层次的为牛河梁地区，内部高度分化，至少存在着三个层次的差别。低层次的为四家子和田家沟两个小区，内部分化已经产生，但程度相对较低。至于两类小区之间的关系，存在两种可能：一是大凌河上游地区构成一个统一体，牛河梁小区是统一体的中心，其他小区隶属于中心之下；二是各自相对独立，不具有隶属关系，只是社会发展水平有高有低，分处于不同的社会发展阶段。

微观方面的差别和分化表现在各小区内部。前述对牛河梁地区积石冢的分析是从三个层级展开的，即小区内部的地点之间、地点内部的积石冢群之间和积石冢群内部的墓葬之间。分析结果表明，牛河梁地区内部社会的差别和分化是全面存在的，即以上三个层次均存在着明显差别和分化。牛河梁地区积石冢的每一个地点，大约各自代表着一个相对独立的小社会。我们可以从纵、横两个方面来看它们之间的关系。

纵向来看，每一个积石冢都有一定的时间长度，换言之，它们各自有一个产生和发展的过程。第五、十六地点，最初没有积石冢，只是普通的聚落遗址，后来发展出下层积石冢。第二地点的早期只发现个别灰坑，之后的下层积石冢主要发现于四号冢。这一阶段开始出现经过规划的墓域，并且采用彩陶筒形器围成一圈（主要见于第二地点四号积石冢），用石板或石块砌筑墓室，形成较原始的石椁，许多墓葬没有随葬品（如第二地点四号冢的M1、M4、M12、M13；第五地点下层一号积石冢的M5、M6，二号积石冢的M7），玉器开始见于墓葬之内，不仅有装饰类的镯、环等，也有礼仪用器如斜口"椭圆筒形器"（龟形器）等[1]。后者主要见于第二地点四号积石冢，表明区域内和积石冢群内的分化均已开始出现，但与后一阶段相比还不是十分显著，或者处于初始阶段。这些基本特征与后来高度分化的上层积石冢之间，显然存在着内在联系，但又有明显差别。对这种现象的解释，大体有两种：一是如报告所说，它们之间在社会关系上产生了突变[2]；另一种是目前发掘工作的规模毕竟很小，牛河梁地区27处积石冢，做过工作的只有四五处，多数尚未发掘，不排除下层积石冢时期也存在分化低于上层，但明显高于目前所知的状况。

从横的方面分析，牛河梁地区各积石冢之间存在着时间差异，如果放在共时的框架下，同时并存的地点并没有目前所知那么多，而只是其中的一部分。如果按早晚两期来看，牛河梁地区早、晚期积石冢的分化明显且层次较为清晰。

早期积石冢阶段，第二地点四号冢的发展水平，无论是墓域的规范程度，还是随葬品中玉器的类别和质量，均优于第三、十六地点。于是，可以认为这一时期，积石冢所代表的社会分化，表现为有一定差别的高低两级的形态。

晚期积石冢阶段，各地点均获得较大发展，各自内部的层次清晰，并可以确立相互之间不同层次的对应关系。即第二地点的二号积石冢等级最高，一号积石冢次之（四号冢应该与二号冢相近）。第五地点的一号积石冢和第十六地点大体与第二地点的一号积石冢规格相当，属第二级。而第三地点则属于更低的第三级。这样，牛河梁地区晚期积石冢阶段，依次存在着从高到低的三个等级的分布形态。从而可以确信，牛河梁地区红山晚期的社会结构已经发展到具有一定水平的分层社会阶段。

---

[1] 第十六地点压在上层积石冢之下的西侧3座墓葬，出土璧、斜筒形器、龟等玉器，时代较晚，与第二地点的一号冢的前段相当。

[2] 辽宁省文物考古研究所：《牛河梁——红山文化遗址发掘报告（1983～2003年度）》，文物出版社，2012年。

（二）牛河梁及周边地区积石冢反映的红山晚期社会特质

从目前已有的调查和发掘资料看，可以认为牛河梁地区的积石冢群代表了红山文化社会的最高发展水平。从这些积石冢群中发现的一些本地区独特的文化内涵，或可称为红山文化社会的特质。

过去我们曾经指出，中国古代社会由原始到文明的发展过程，至少存在着两种以上的发展模式或类型，即以中原地区和海岱地区为代表的"重人事"的世俗模式或类型，和以燕辽地区和环太湖地区为代表的"事鬼神"的宗教模式或类型[1]。

红山文化代表了燕辽地区新石器文化发展的最高水平，其与中原、海岱两地区的差别自不待言。细究之，红山文化和东南地区的凌家滩、崧泽、良渚文化也存在着比较明显的差别。仅从两个地区高等级墓葬所反映的埋葬制度、文化习俗等进行比较，就可以归纳出以下几个方面。

一，红山文化的积石墓葬均位于山岗山脊之上的特定区域内，墓域规划的严谨规范，或圆或方，石墙建筑的整齐规整，逐层收缩升高。积石冢的地表标志极为清楚和明显，流行立石板和石块垒砌的石椁墓，其上再加以封土和积石，缺乏木质葬具[2]。

凌家滩的墓地选择村北高岗的平台上。良渚文化的墓地则多在人工堆积起来的土丘之上，事先亦有规划，因为材料的原因，不像红山文化那么清楚和壮观。墓葬均为土坑墓，流行木质葬具，崧泽文化晚期等级较高的墓葬就开始使用木质的一椁一棺，开后世棺椁制度之先河[3]。

二，燕辽和环太湖地区均具有在墓葬中使用玉石器随葬的制度或习俗。红山文化墓葬的随葬品数量较少，相当数量的墓葬没有随葬品，如牛河梁地区积石冢发掘的90座墓葬，随葬品总数只有150余件。并且随葬品中陶器和玉器一般不共出，特别是等级较高的墓葬，几乎全部以玉石器随葬，陶器极为罕见。

凌家滩、良渚文化墓葬的随葬品数量较多，如凌家滩墓地前三次发掘的44座墓葬，随葬品总数即达到1500件之多[4]，远远超过了红山文化。凌家滩、良渚文化墓葬通常是玉石器和陶器共出。不同等级墓葬的差别较大，小型墓葬以陶器居多，大型墓葬则以玉石器为大宗。

三，同样为较高等级的墓葬，红山文化使用的玉器数量较少。牛河梁地区8座第一、二等级的大型墓葬，出土玉器总数只有50余件，玉器的类别也不多。从牛河梁地区积石冢玉器的数量和出土频率来看，"斜口椭圆筒形器"（龟形器）、"勾云形器"（鸮形器）、璧为礼仪用玉的基本组合，8座大型墓葬半数以上出土这三类玉器。

凌家滩、良渚文化墓葬出土玉器数量之多，与红山文化不可同日而语。如凌家滩前三次发掘的44座墓葬中，有37座使用玉器，总数达到802件。再如反山墓地的11座墓葬，出土玉器总数多达3200余件，其中最大的M12就出土玉器647件（其中还不包括435件玉粒和玉片）[5]。良渚文化玉器的器形多达20余种，大量玉器上雕刻有细如毫发的纹饰和图案。同时，玉器的基本组合明确，已经形成较为固定

---

[1]　栾丰实：《中国古代社会的文明化进程和相关问题》，《东方考古（第1集）》，科学出版社，2004年。

[2]　有的墓葬可能用木板作为盖板来封盖椁室。如第二地点二号冢的M2，在椁室口部位置有明确的厚2厘米的板灰痕迹。

[3]　北京大学考古学系、浙江省文物考古研究所、日本上智大学联合考古队：《浙江桐乡普安桥遗址发掘简报》，《文物》1998年第4期。

[4]　安徽省文物考古研究所：《凌家滩——田野考古发掘报告之一》，文物出版社，2006年。

[5]　浙江省文物考古研究所：《反山》，文物出版社，2005年。

的配置，如琮、璧、钺、冠状饰等。用它们来表示身份和地位的等级高低时，既要看基本组合，也要看上述重要玉器的数量和质量，与后世商周时期用各种青铜重器来区分贵族等级和身份十分类似。

四，牛河梁红山文化墓葬使用的玉器，主要有两大类别。一是礼仪用玉，器形主要有"斜口椭圆筒形器"（龟形器）、构图复杂的"勾云形器"（鸮形器）、各种璧、动物形玦、鸟及其他动物等；二是装饰用玉，器形主要有镯、环、玦、管、珠、臂饰、坠饰等，其中数量最多的是镯和环[1]，在装饰玉中约占80%。

凌家滩、良渚文化除了礼仪用玉和装饰用玉之外，还有数量可观的武器和工具类用玉，后者不见红山文化。凌家滩文化时期，两者在玉人、龟形器、龙形玦等器形上可能存在一定联系，但绝大多数玉器完全不同。如凌家滩数量最多的各种璜、良渚文化最重要的琮、冠状饰（冠徽）等，完全不见于红山文化。而红山文化最为奇特的"勾云形器"（鸮形器），也不见于长江下游地区。

五，牛河梁红山文化墓葬出土的玉器中，有一个十分突出的现象，就是基本不使用钺类器物，甚至也没有其他的武器类遗物，如镞、矛等。在牛河梁地区积石冢历年发掘的90座红山文化墓葬中，只有第二地点一号冢的M9出土过1件石钺[2]。M9位于一号积石冢的东南角，属小型墓葬，从层位和出土的极其简化的"勾云形器"（鸮形器）来看，该墓的时代较晚。红山文化大型墓葬不使用玉石钺随葬，显然不是发掘墓葬数量少等偶然性因素所造成的，其原因当从当时的社会中去分析和寻找。

与红山文化不同，凌家滩、良渚文化的墓葬，特别是高等级墓葬，通常会使用一定数量的石钺来随葬。如凌家滩前三次发掘随葬品最多的98M20和87M4，分别出土22件（其中6件玉钺）和31件（其中3件玉钺）玉、石钺。再如余杭反山良渚文化墓地，11座良渚文化贵族墓葬共使用了85件玉石钺，其中玉钺5件，石钺80件。反山墓地等级最高的M12，不仅出土1件刻有精美神人兽面纹和凤鸟图案的风字形大玉钺，还有5件磨制精致的石钺。瑶山良渚文化贵族墓地，12座墓葬出土玉石钺16件，其中玉钺6件，石钺10件[3]。

如果按学界通常所认为的那样，大型玉石钺（特别是那些没有使用痕迹者）是军权乃至王权的象征。那么，牛河梁地区红山晚期社会的统治者在这一方面是缺乏的。这和同时期中原地区的仰韶文化、东方地区的大汶口文化等均明显不同。

六，牛河梁地区积石冢出土的礼仪用玉中，最重要并且出土频率最高的是"斜口椭圆筒形器"（龟形器）和勾云形器（鸮形器）两类。这两类玉器为红山文化玉器的代表，不见或少见于其他地区同期及前后期的新石器文化。

首先是"斜口椭圆筒形器"（龟形器）。在牛河梁地区积石冢随葬玉器的40座墓葬中，有16座墓葬使用了18件"斜口椭圆筒形玉器"[4]。其中有2座墓葬各自出土2件，一座是第二地点一号积石冢的大墓（M25）。另一座是四号积石冢的M15，该墓出土2件"斜口椭圆筒形器"（龟形器），同时

[1] 红山文化玉镯与玉环的区别较为牵强。据牛河梁地区积石冢全部40座出土玉器的墓葬统计，有19座墓葬出土26件玉镯，其中7座墓葬各出2件，余者皆为1件。15座墓葬出土21件玉环，其中6座墓葬各出2件，余者皆为1件。在全部出玉镯和玉环的34座墓葬中，既出镯也出环的只有3座墓葬（2镯1环，或2环1镯），90%以上墓葬两者并不重合。并且在形制和大小上镯和环基本没有区别，个别内径偏小者，有可能是用于儿童佩戴。

[2] 另外，在第十六地点上层积石冢的表土中采集到1件小玉钺，长7.5、宽4.7厘米，见报告第429页。

[3] 浙江省文物考古研究所：《瑶山》，文物出版社，2003年。

[4] 另外在牛河梁地区各地点还出土或采集到4件，合计有22件。

还出土了1件"斜口椭圆筒形器"的半成品，故该墓主有可能是制作玉器的高级工匠或专职巫师。在8座第一、二等级大墓中，使用"斜口椭圆筒形器"（龟形器）的墓葬有5座。如果扣除第二地点二号积石冢的M1（被盗）和M2（未成年）之外，几乎所有大型墓葬都使用此类玉器。

关于"斜口椭圆筒形玉器"的功能，近年来随着凌家滩大型墓葬（M23）内发现放置玉签的斜口椭圆体玉器，特别是有一件的腹部特别加工成近似龟的腹甲状，为重新认识和确定这类器物的定名、性质和功能提供了一个新的契机[1]。在此基础上，有的学者提出红山文化这种"斜口椭圆筒形玉器"，与凌家滩的同类器物一样，也是龟的简化形态[2]，故可以径直称之为"玉龟形器"。所以，其性质主要为宗教或巫术等活动的法器，用于宗教、巫术、祭祀或其他礼仪等意识形态领域的活动。这一新解释，解决了学术界较长时期猜测"斜口椭圆筒形玉器"的功能和用途，甚至连其名称都无法确定现象。

其次是"勾云形器"。牛河梁地区的积石冢中，有13座墓葬出土了13件"勾云形器"，1墓1件。此外，其他单位和历年在牛河梁地区采集到5件（包括1件残器），合计达18件，接近"斜口椭圆筒形器"（龟形器）的数量。其中8座第一、二类大型墓葬，除去第二地点二号积石冢的M1和M2，其他6座大墓中有4座出此类器物。考虑到第十六地点的中心大墓（M4）出土了1件完整的玉鸟，故其在大型墓葬中的出土频率与"斜口椭圆筒形器"（龟形器）是一样的。

关于"勾云形器"的造型所本，或者说他所表示具象含义，学术界存在着多种多样的解释和看法：或认为是勾云双鸟，或认为是带齿猪龙，或认为是带齿动物面纹，或认为是鹰面形，或认为是鸟兽纹，或认为是神面鸟身，众说纷纭，不一而足。从大的构图意念和形态，我赞同黄翠梅女士的"带爪鹰面勾羽形佩"中"鹰面勾羽"的见解[3]。但在"带爪"和"佩"的细节上，可能还有进一步讨论的余地。

这类器形下侧中部呈齿状排列的部分，究竟是尖喙和趾爪，还是立视的尾羽，似乎还不能完全确定。从胡头沟、东山嘴出土的鸮形动物看（图四，2、4），下部两侧为展开的双翼，中部为立视的尾羽。"勾云形器"的两端，下部为内勾的双翼。较为具象的第二地点一号积石冢M27：2"勾云形器"，两端下部的勾羽各为4片（图四，1），这与上述两例鸮形动物张开的两翼（每翼各有3～4片羽毛）和牛河梁第十六地点M4出土的完整侧视玉鸟闭合的双翼（各为3片略内勾的羽毛，图四，3）基本一致。所以，两端为表示双翼的勾羽应该没有问题。但其演变还有进一步讨论的余地，简单地说，上举牛河梁第二地点一号冢的M27：2，应该是此类器物的较早形态。

至于中部的齿状物究竟代表鸮的哪些部分，还需要进一步探讨。第二地点一号积石冢M26出土的双鸮首玉器，其刻划出来的尖吻十分明确，没有分成双尖状，所以说"勾云形器"下侧正中的双尖形齿为鸟喙，还需要更为充分的证据。将中部两侧的几组双齿释为趾爪，有一定道理。因为牛河梁第十六地点M4：1玉鸟腹之下部偏后位置，就雕琢成双齿和单齿，应该与趾爪有关。这样，两者在表现形式上有相通之处。当然，解释为尾羽也未尝不可，但也有不好圆通之处。此外，"勾云形

[1]　安徽省文物考古研究所：《安徽含山县凌家滩遗址第五次发掘的新发现》，《考古》2008年第3期，第15页图五。

[2]　邓淑苹：《解开红山文化玉箍形器之谜？》，《故宫文物月刊》311，2009年2月；黄翠梅、郭大顺：《红山文化斜口筒形玉器龟壳说——凌家滩的启示》，《玉魂国魄——中国古代玉器与传统文化学术讨论会文集（五）》，浙江古籍出版社，2012年。

[3]　黄翠梅：《红山文化"带爪鹰面勾羽形佩"之形式发展及其余绪》，《古玉今韵——朝阳牛河梁红山玉文化国际论坛文集》，中国文史出版社，2008年。

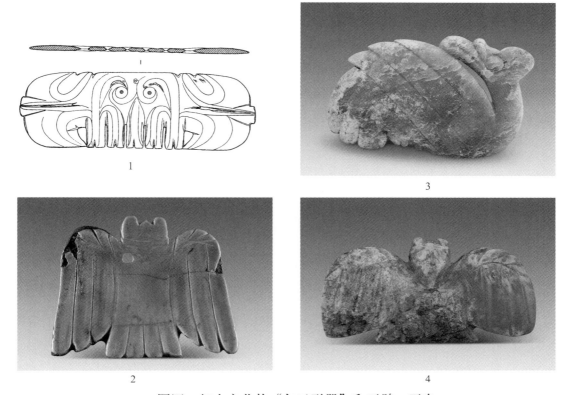

图四　红山文化的"勾云形器"和玉鸮、玉鸟
1. 牛河梁第二地点N1M27：2　2. 东山嘴TC6②：1　3. 牛河梁第十六地点M4：1　4. 胡头沟M1：8

器"显然不是通常意义上的玉佩。所以，将其称为"佩"不妥。这类玉器应该是燕辽地区红山文化居民崇拜的神鸟转化而来，源自于鹰鸮类猛禽，故可以称之为"鸮形器"。人们在自身与自然界关系的发展中逐渐将其神化，进而凝练为玉质神器，成为人们举行宗教、巫术、祭祀或其他礼仪活动时的法器。

牛河梁地区积石冢出土玉器的墓葬，在礼仪用玉的搭配方面有一个明显的特点，即多数墓葬不同时使用龟形器和鸮形器。据统计，在牛河梁地区积石冢24座出土了这两类玉器的墓葬中，只有4座墓葬同时使用了龟形器和鸮形器。这种现象或许表明，龟形器和鸮形器具有不同的功能和用途，至于具体的性质和功能分野，是需要今后关注并进一步深入研究的问题。

综上所述，牛河梁地区红山礼仪用玉器描绘的主要是抽象化动物或写实性动物，其中最重要的是用作宗教、巫术、祭祀或其他礼仪活动法器的龟形器和鸮形器，缺乏其他地区同时期文化中象征着王权和军权的玉石钺。所以，以牛河梁地区高等级墓葬为代表的红山文化社会上层，多数可能是执掌沟通天地大权的巫师或祭司。由此看来，如果认为社会分化达到较高程度的牛河梁地区已经进入了早期国家的行列，那么，这种早期国家的特质或者核心内涵，就是依靠巫术和宗教的力量来贯彻其管理职能。所以，红山文化走向分层社会的发展道路或文明化进程，是与中原、海岱地区完全不同的模式和类型。同时，与环太湖和江汉地区之间既有共性，也存在着显著区别。

（原载《红山文化学术研讨会论文集》，辽宁人民出版社，2013年）

史前棺椁的产生、发展和棺椁制度的形成

从考古发现可知，使用木质葬具（椁或棺）盛敛死者进行埋葬的现象出现较早，逐渐演变为成熟的棺椁制度，成为当时社会礼制的一个重要组成部分。这种做法与史前时期的社会分层存在着同步发展的迹象。因此，系统地考察史前时期棺椁的产生、发展和形成棺椁制度，是研究中国古代社会礼制和社会复杂化的重要内容之一。

中国新石器时代的发展，一般被认为经历了四个发展阶段，即距今8500年前的"前裴李岗时代"（或称为新石器时代早期），距今8500～7000年前后的"裴李岗时代"（或称为新石器时代中期），距今7000～5000年的"仰韶时代"（或称为新石器时代晚期），距今5000～4000年的"龙山时代"（或称为铜石并用时代）。如果从社会复杂化进程的阶段性角度来看中国新石器文化的发展，我们发现，从距今6000年前后的仰韶时代中期开始，一些地区的社会内部明显分化，社会发展的速度也显著加快。所以，一般认为，中国史前时期从平等社会向分层社会的发展，大约是从这一时期开始的。无独有偶，墓葬中使用棺椁的现象也始于这一阶段，并不断发展变化。

作为葬具的棺椁，按质地分有石、陶、木等材料。就中国新石器时代而言，石质和陶质的葬具产生较早，并且一直延续到晚近时期。例如石椁或石棺，在属于裴李岗时代的兴隆洼文化就已经产生，分布也不限于一个地区，在海岱地区的北辛文化、龙山文化和北方地区的红山文化、小河沿文化都有发现。但从整体上看，石棺或石椁始终没有成为中国新石器时代葬具的主流，即使是发现较多的东北地区也是如此。同时，石棺或石椁缺乏发展的连续性和系统性，在反映社会等级差别方面相对较弱。

陶质葬具在新石器时代一般被称为"瓮棺"，其产生也可以追溯到裴李岗时代，如在关中地区的老官台文化中就已经出现。后来，随着仰韶文化的发展，这种习俗不仅被延续下来，而且分布区域也明显扩大。除了中原地区以外，周围的其他地区也有发现。虽然流行瓮棺的区域比较集中，而且基本没有中断地延续到汉代。但是瓮棺主要用于未成年人，不能够全面反映社会内部的层级差异。

木质葬具的出现明显晚于上述两类葬具，而且很可能是受上述两种葬具的影响而产生的。作为葬具来说，三者之间有一定的共性，例如都是活着的人有意识地用它来盛敛死者的尸体，在对待故去亲人的灵魂意识上有共通之处。但它们之间的差别也十分明显。木质葬具产生后，逐渐成为这一领域人们埋葬思想的主流意识，且随着时代的发展而打上了社会分层的烙印，从一个角度体现着社会内部的分化与发展。所以，下文着重分析木质葬具的产生、发展、棺椁制度的形成及其与社会分层的关系。

由于年代久远，加上没有特殊的防腐措施，史前时期的木质葬具极难保存下来。考古发现的木质葬具主要有三种情况：一是有保存较好的木椁或木棺，发掘时这些木质葬具还保存着原状，像凤

翔秦公大墓、随县曾侯乙墓等，但史前时期这种情况极少。二是木椁或木棺虽已腐朽，但板灰痕迹尚存，根据板灰的范围，可以勾勒出木椁或木棺的大体形状，这种情况在史前木质葬具中最多。三是连木板灰痕也不存在，但从墓内下部填土的质地、结构、颜色等方面可以加以区分，这种情况应该不在少数。

上述第一、二种情况比较明确，需要讨论的是第三种情况。第三种墓葬有熟土二层台结构，但未见明确的木质灰痕。由于熟土二层台是与木质葬具相匹配的，所以也可以作为曾经存在木质葬具的一种证据。所谓熟土二层台，是墓室内葬具腐朽后遗留下来的一种特殊现象。一般说来，最简单的下葬程序是先在选定的位置挖出一个有一定形状的墓坑（以长方形或近似长方形最为常见），然后将死者置于坑中，最后填土掩埋。如果不使用葬具，把死者直接（或简单包裹）葬于墓坑之内，随即填土掩埋，则人体空间的填土因人体腐朽后可能变得略为松软，质地可能会稍有差异，其他部分则基本上看不出差别。如果下葬时把人体安放在相对封闭的木质棺或椁之内，然后填土掩埋，就会在墓室内四周，形成一个以椁或棺的周边木板为壁的直边，从而形成熟土二层台。因此，如果墓内存在熟土二层台，一般可以认为是木质葬具腐朽之后遗留下来的特殊形态，并进一步反证木质葬具的存在[1]。至于一些地区存在的生土二层台，由于形成这种结构的原因与熟土二层台不同，所以，难以确定其原初是否存在木质棺椁。不过，从人们的观念意识层次考虑，也可能与棺椁存在着一定联系。

以下我们按时间早晚来考察木质葬具的产生和发展情况。相当于新石器时代第一阶段的前裴李岗时代，墓葬发现得太少，因此还谈不上对葬具的认识和研究。到裴李岗时代，中国主要地区的考古学文化编年初步确立，墓葬也有相当数量，有的遗址还发现了规模可观的墓地。例如河南舞阳贾湖遗址，发现了349座裴李岗文化墓葬，除一座墓葬有生土二层台之外，均无葬具。这一时期的墓葬仅个别地区有石棺（如北方燕辽地区的兴隆洼文化）和瓮棺（如关中地区的老官台文化），迄今尚未发现木质葬具。所以在这一阶段，木质的棺椁似乎尚未出现。

距今7000年前后，各地陆续进入仰韶时代早期。葬具基本上延续了前一时期的情况。除了太湖地区马家浜文化有个别发现之外，其他地区均未发现木质葬具，例如中原地区的仰韶文化半坡类型、海岱地区的北辛文化、燕辽地区的赵宝沟文化和红山文化早期、江汉地区的汤家岗文化和大溪文化早期等。部分地区的此期墓葬中，发现了一定数量的石棺，如属于北辛文化的江苏灌云大伊山墓地，发现的62座墓葬中，61座有石棺。从这些现象分析，仰韶时代早期出现木质葬具的可能性是存在的，需要在今后的考古发掘中予以注意。

距今6000年前后开始的仰韶时代中期，是各地区木质葬具的产生和初步发展时期。在环太湖地区的崧泽文化、中原地区的仰韶文化中期、海岱地区的大汶口文化早期，或者出现了木质葬具，或者出现木质葬具的线索。属于崧泽文化偏晚阶段的上海青浦崧泽墓地，就发现了两座有木质葬具的墓葬（M33和M46）[2]。不过，从报告描述的情况看，尚不能确定是哪种类型的棺或椁，但使用了木质材料铺盖人的遗体是肯定的。浙江嘉兴南河浜是又一处规模较大的崧泽文化墓地，在这里发现的

---

[1] 最近几年，我们在三峡发掘战国时期的巴人墓葬，有时候完全找不到葬具的木质灰痕，所画椁线和棺线，完全是凭对土质土色的辨认和手感，以至有不少人对其产生怀疑。2004年春，我们在这里发掘出一座墓葬，由于使用了较多的青膏泥，而且地下水位较高，所以木椁和木棺保存相当完好，证实了以前发掘时所画的椁线和棺线是基本正确的。

[2] 上海市文物保管委员会：《崧泽——新石器时代遗址发掘报告》，文物出版社，1987年。

92座崧泽文化墓葬中，有少量的墓葬使用了独木舟形木棺[1]（图一）。

　　与崧泽大体同时或略早的大汶口文化，情况则有所不同。属于大汶口文化早期阶段的大汶口遗址早期墓葬中，发现了二层台现象。大汶口遗址的面积达数十万平方米，是一处具有中心性质的遗址。墓葬之间已出现明显的分化，这表明，最初的社会分层已经开始。在大汶口遗址早期墓地中，9座墓葬存在熟土二层台。其中全墓地最大的一座墓葬（M2005），时代为大汶口文化早期最后一个阶段，墓室长3.6、宽2.28米，面积8.21平方米。熟土二层台内的空间长2.74、宽1.3、深0.4米，从规模和范围来看，应该是一个椁室的空间。而在其内部，还有一个向下挖出的长方形小框，长2.55、宽0.45～0.55、深0.15米，人体就安放在这一小框之中（图二）。不仅M2005，同一墓地墓室面积较大的M2007，也有一个安放遗体的长方形浅坑。这种规则的长方形浅坑，其形制、大小均与棺室相仿，这种现象即使无法肯定是棺室，也应该与棺的出现有密切关系[2]。所以，大汶口遗址的早期阶段应该已经出现了使用木质的椁或棺的现象，并且这种木质葬具的出现，是与墓地内墓葬的贫富分化联系在一起的。

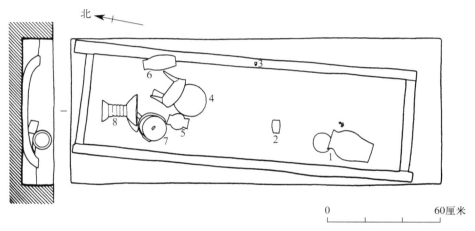

图一　南河浜M14平、剖面图
（据《南河浜——崧泽文化遗址发掘报告》，2005，图八四）

　　中原地区仰韶文化中期阶段的木质葬具发现较少，或许与当地流行用陶容器盛敛尸体有关。如在河南中部的汝州洪山庙遗址，就发现了大量以陶容器为棺的墓葬。2005年在河南灵宝西坡遗址内，发现了22座仰韶文化中期偏晚阶段的墓葬，墓葬的规模可以分为大、中、小型。大型墓长3.05～3.95、宽2.25～3.6米，均未发现木质葬具，但墓葬长边的两侧有生土二层台[3]。

　　北方燕辽地区的红山文化，发现了不少积石冢，冢内分布着大小不一的墓葬，尚未发现木质棺椁。积石冢内的墓葬普遍存在石棺，以牛河梁第五地点中心大墓（M1）为例，底部中心部位有规整的棺室，长1.98、宽0.55、深0.5米左右，大小与棺室相仿。使用石棺并且在墓内、墓外积石，是燕辽文化区的传统，这种现象一直持续到更晚阶段。

　　到仰韶时代晚期，各地使用木质葬具的现象有所增多，数量也明显增加，并且出现了明确的内

[1]　浙江省文物考古研究所：《南河浜——崧泽文化遗址发掘报告》，文物出版社，2005年。
[2]　山东省文物考古研究所：《大汶口续集——大汶口遗址第二、三次发掘报告》，科学出版社，1997年。
[3]　马萧林、李新伟、杨海青：《河南灵宝西坡遗址第五次发掘获重大突破》，《中国文物报》2005年8月26日。

北

0 ——————— 60厘米

图二　大汶口M2005平面图
（据《大汶口续集——大汶口遗址第二、三次发掘报告》，1997，图八）

外相套的两重葬具，即椁内置棺，习称一椁一棺。木质葬具的发展以东方地区最有代表性。

　　在环太湖地区，良渚文化发现的墓葬数量较多，在浙江桐乡普安桥遗址，普安桥晚期（相当于良渚文化偏早阶段）发现了19座墓葬，多数有木质葬具，葬具又分为单棺和一棺一椁两种结构。前者墓室面积一般略小，后者较大。如M19，长3.15、宽1.5米，中部有长近2.2、宽0.9米的箱式棺，外围有长2.75、宽1.1米的"井"字形木椁[1]（图三）。这是中国目前所见时代最早的具有双重木质棺椁的墓葬。时代与普安桥相差不远的余杭瑶山墓地，发现了13座墓葬，其中至少4座（M2、M4、M8、M11）有木质葬具或木质葬具的线索[2]。从瑶山墓葬的墓室面积、随葬品的规格和等级等情况分析，我们推测，这些墓葬不仅应该存在木质葬具，一些大型墓还可能有两重木质葬具，如M2、M9等。类似的情况在反山、福泉山等遗址的墓葬中也有发现，但由于种种原因，不及前述遗址清楚[3]。

　　海岱地区大汶口文化中期阶段，木质葬具的数量明显增多。1959年发掘的大汶口墓地，属于这

　　[1]　北京大学考古学系、浙江省文物考古研究所、日本上智大学联合考古队：《浙江桐乡普安桥遗址发掘简报》，《文物》1998年第4期。

　　[2]　浙江省文物考古研究所：《瑶山》，文物出版社，2003年。

　　[3]　浙江省文物考古研究所：《反山》，文物出版社，2005年，第二章注26。

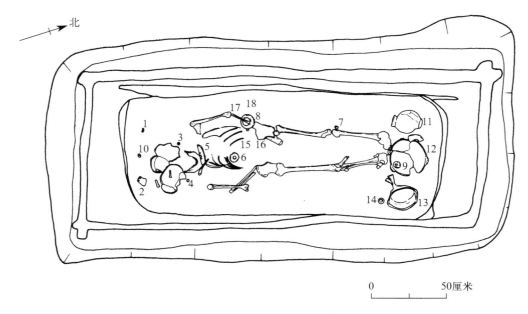

0 ———————— 50厘米

图三　普安桥M19平面图
（据浙江省文物考古研究所，1998，图一〇）

一阶段的M13、M53、M81、M94、M99、M107、M116等，都发现了明确的木质葬具痕迹[1]。在山东邹城野店遗址，发现了9座大、中型大汶口文化中期墓葬，其中M49的墓室长3.5、宽2.9、深3.9米，面积达10.15平方米，墓室内发现有长3.1、宽2.1米的大型木椁[2]。在山东诸城呈子墓地，发现了12座大汶口文化中期墓葬，有9座使用木椁或木棺，其中M7为5人合葬，每个死者都有单独的木椁[3]。此外，江苏新沂花厅、山东枣庄建新早期等墓地也有使用木质葬具的墓葬。

这一阶段发现的木椁和木棺，形制主要有四种类型：第一种平面呈"井"字形，用略加修整的圆木纵横交错，垒叠而成。第二种平面为"Ⅱ"字形，两侧长边或两端短边出头。这种形制的木椁中，有的可能与第一种是一类，因为木椁或木棺全部腐朽，清理时仅凭灰痕来辨认，不同的层次纵横交叠部位的外伸高度不同，所以，有可能将"井"字形误认作"Ⅱ"字形。第三种平面为长方形，有底有盖，或可称为箱式棺，这是最常见的木棺的形制。第四种平面亦为长方形或近似长方形，上下面则为圆弧形，故有人认为，它可能是舟形独木棺，用一段树干剖开、挖空做成。从葬具的名称上来说，前两种形制应该是椁，第三种是典型的棺，第四种则是一类比较特殊的棺。

龙山时代早期，使用木质棺椁的墓葬进一步增多，就葬具的形制而言，基本上延续了早期的前三种形态，只是葬具结构发生了一些新的变化。这些变化在一定程度上体现了发生分化和分层之后的社会现状。这一时期在棺椁的使用上，有两个比较大的变化。

一是内棺外椁的两重葬具数量明显增多。在邹城野店遗址，大汶口文化晚期两座最大的墓葬均使用一椁一棺。其中棺椁最清楚的M51，墓室长3.8、宽2.35米，墓室内有长3.15～3.20、宽1.7～1.75米的"井"字形木椁，椁内置长2.2、宽0.78、存高0.3米的长方形箱式木棺（图四）。其他遗址也

[1]　山东省文物管理处、济南市博物馆：《大汶口——新石器时代墓葬发掘报告》，文物出版社，1974年。
[2]　山东省博物馆、山东省文物考古研究所：《邹县野店》，文物出版社，1985年。
[3]　昌潍地区文物管理组、诸城县博物馆：《山东诸城呈子遗址发掘报告》，《考古学报》1980年第3期。

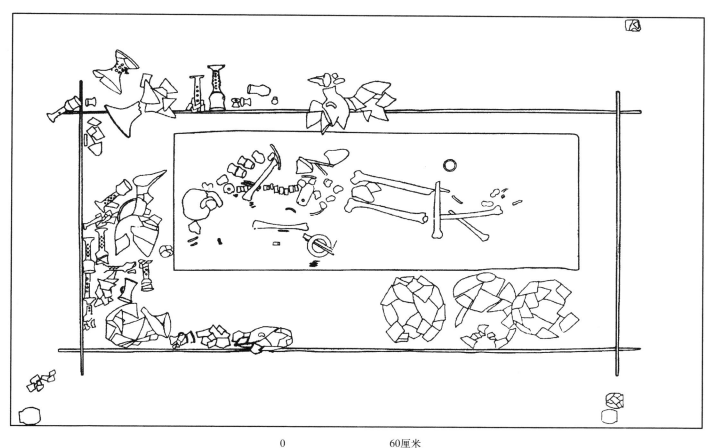

图四　野店M51平面图
(据《邹县野店》，1985，图八六)

存在着数量不一的同类墓葬，如大汶口墓地的M10、M25、M60，山东莒县陵阳河墓地的M6、M17等，距离陵阳河遗址很近的莒县杭头遗址，规模最大的M8也有一椁一棺。同样情况也存在于良渚文化中晚期阶段，如浙江余杭汇观山遗址发现的4座良渚文化墓葬中，最大的M4墓室长4.75、宽2.3～2.6米，内有两重葬具[1]。在浙江桐乡新地里良渚文化遗址，M98长3.28、宽1.65米，发掘者认为，墓内可能存在一椁一棺[2]。

二是棺椁成为身份和地位的标志物之一。我们发现，凡是具有一椁一棺的墓葬，都是那些作为区域中心的最高等级遗址中最大的墓葬，上述所列莫不如此。而使用单层木椁或木棺的墓葬，也是大、中型遗址中较大较富有的墓葬，这种情况绝非偶然。结合墓葬制度中墓室面积大小的分化、随葬品质量和数量的差别，作为丧葬礼制载体之一的棺椁制度，在这一时期开始初步形成。

到距今4600～4000年前后的龙山时代晚期，墓内使用棺椁的现象扩展到了几乎所有地区。原

[1]　浙江省文物考古研究所、余杭市文管会：《浙江余杭汇观山良渚文化祭坛与墓地发掘报告》，《浙江省文物考古研究所学刊》，长征出版社，1997年。

[2]　浙江省文物考古研究所、桐乡市文物管理委员会：《浙江桐乡新地里遗址发掘简报》，《文物》2005年第11期。

来木质葬具使用情况不甚清楚的中原地区，这一时期在墓地内部也出现明显的等级差别。如山西襄汾陶寺墓地，历年发现的墓葬超过1300座，高炜将其分为大中小三型，并细分为八种，这些差别当是当时社会内部分化的具体表现。其中大型墓葬均有木棺，棺底还铺朱砂，中型墓也有木棺，小型墓则墓室狭小且多无木棺。葬具的使用与墓室面积、随葬品的质量和数量等要素，紧密地联系在一起，折射出陶寺聚落社会内部的层级分化[1]。

棺椁演化清楚并且发展水平最高的仍然是东方的海岱地区。较之大汶口文化晚期，龙山文化时期的棺椁使用又有了较大发展，主要表现在以下两个方面。

一是棺椁的等级进一步提高，开始出现两椁一棺以及在椁内置边箱、脚箱的墓葬（图五）。最高等级的墓葬由此前的二重棺椁发展到三重棺椁。在山东临朐西朱封遗址发现的3座龙山文化时期大型墓葬，其中2座为两椁一棺。例如M203，墓室长6.3～6.44、宽4.1～4.55米，面积为27.56平方米。内外椁均为"井"字形，外椁长4.65、宽2.75米，内椁长3.85、宽1.6米，棺为长方形，长2.6、宽0.58～0.6米[2]。

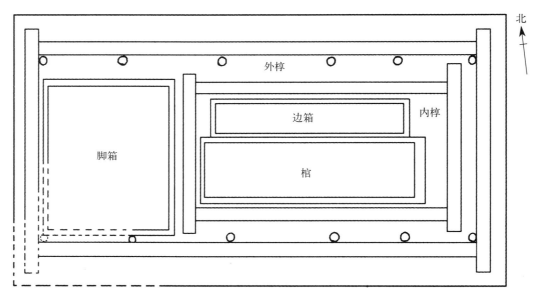

图五　西朱封M1棺椁示意图
（据山东省文物考古研究所，1989，图二）

二是棺椁的使用趋向于等级化、规范化和制度化。如山东泗水尹家城龙山文化墓地的65座墓葬在棺椁的使用方面，可以分为四个等级。最高一级仅1座（M15），墓室长5.8、宽4.36米，面积25.29平方米，使用两椁一棺。第二级有4座（M4、M126、M134、M138），长度在3.5米以上，面积接近或超过10平方米，使用一椁一棺。第三级为一棺墓，第四级为无棺墓[3]。而诸城呈子龙山文化墓地，虽然在等级上要低许多，但墓地内部也呈现出分明的等级差别[4]。所以我们认为，龙山文化时期不仅

[1] 高炜：《试论陶寺遗址和陶寺类型龙山文化》，《华夏文明》第一集，北京大学出版社，1987年。

[2] 中国社会科学院考古研究所山东工作队：《山东临朐朱封龙山文化墓葬》，《考古》1990年第7期。

[3] 山东大学历史系考古专业教研室：《泗水尹家城》，文物出版社，1990年。

[4] 昌潍地区文物管理组、诸城县博物馆：《山东诸城呈子遗址发掘报告》，《考古学报》1980年第3期。

社会分化加剧，透过棺椁制度的等级化和规范化可以看出，维系社会秩序的重要工具——礼制正日渐成熟，并且为三代礼制的进一步发展奠定了基础。

综上所述，中国古代丧葬礼仪中的棺椁制度渊源流长。大约在新石器时代后期阶段的仰韶时代中期，首先在东方的海岱地区和环太湖地区出现木质的棺或椁，并且从一开始，棺椁就与社会内部的分化密切联系在一起。仰韶时代晚期，随着社会分层的发展，棺椁的使用范围有所扩大，数量也不断增多，并且发展出内外相套的两重棺椁，即一椁一棺。单层的木棺与其他材质葬具的含义相似，两重棺椁的使用则显然超越了普通的埋葬含义。龙山时代早期，双重棺椁进一步增多，并且趋于规范化。两重棺椁的增多和规范化，是棺椁制度产生的一个标志，换句话说，龙山时代早期是棺椁制度的初步产生时期。龙山文化时期，随着城址的普遍出现和社会分化与分层，棺椁由两重发展到三重，完全成为地位、权力和身份的指示物，这种现象与商周时期严格的棺椁制度已无本质区别。

如果我们把双重棺椁的出现作为棺椁制度的最初形成的标志，那么，环太湖地区和海岱地区就是目前所知最早产生棺椁制度的地区。龙山文化时期的三重棺椁，甚至更晚时期的多重棺椁，则可以认为是这一制度的发展和进一步的规范化、制度化。许多学者认为，中国商周礼制中的许多内涵来自于东方地区，作为丧葬礼仪的棺椁制度，显然主要是继承了东方海岱地区史前文化的传统。

（原载《文物》2006年第6期）

礼制的产生、发展和社会分层

——以海岱地区史前贵族墓葬为例

一 贵族墓葬的发现与分布

在中国新石器时代几个主要文化区系中，海岱地区是发现史前墓葬比较多的地区之一。据不完全统计，海岱地区已经发现的史前墓葬总数接近4000座，其中北辛文化有100多座，大汶口文化近3000多座，龙山文化近1000座。所以，从总体上看，海岱地区发现的史前墓葬主要集中在大汶口文化和龙山文化两个时期。

所谓贵族墓葬，是随着社会的发展，社会财富开始向一部分人集中和人们的社会地位发生变化，导致社会内部分化为不同的阶层，不同层级社会单位所拥有的社会财富开始发生相当程度的贫富分化，从而出现了代表社会上层富有成员的墓葬。如果着重于考古发现，我们主要可以从三个方面来界定墓葬的等级。

（1）墓葬的大小

具体指标包括墓室长、宽、深和面积，这些数据蕴涵着不等的劳动量，也是社会地位高低的标识之一。综观史前时期较早阶段的墓葬，长度2米左右、宽度小于1米和面积在2平方米以内是一般墓葬的数据。如果有的超过这一范围，并且墓葬之间的差别加大，可以认为是社会分化的结果。综合目前已有的考古发现，本文把墓葬长度3米左右、宽度1.5米左右和墓室面积4平方米，作为社会上层成员或称为贵族墓葬的一个大体标准。

（2）**葬具的有无和多少**

木质棺或椁的出现，是中国史前墓葬发展史上的一个重要里程碑。新石器时代较早时期的墓葬，均不使用木质葬具。后来开始出现一棺或一椁，并逐渐发展出内外相套的一椁一棺甚至更为复杂的形式。历史时期的多重棺椁，无疑是在史前墓葬棺椁的基础上发展起来的。

（3）**随葬品的数量和质量**

在墓葬中使用一定数量的生产工具、生活用具和装饰品陪葬的习俗产生较早。目前所知，早在旧石器时代就已经出现，如周口店山顶洞发现的人骨化石上就有不少石骨牙质的装饰品。这种趋向随着时代的推移有逐渐加剧的倾向。而具有礼器性质的随葬品的出现，则是社会发展到一定阶段的产物，它的有无和多少直接关涉到社会内部结构的发展变化。所以，这一因素是衡量社会分化程度和发展阶段的一项重要指标。

将以上三个方面的基本因素综合起来考虑，就可以大致确定史前时期的社会上层或贵族墓葬的产生和发展水平。应该指出的是，以上三个因素是随着时代的发展而不断地变化的，社会上层墓葬的墓室面积有逐渐加大、葬具有日渐复杂的发展趋势，而随葬品的数量和质量以及礼仪用器的产生和发展，都与社会的发展和时代的变迁密切相关。

按以上标准来考察海岱地区史前时期的墓葬，我们发现，在北辛文化和大汶口文化早期前半段，尽管一些墓地的墓葬之间出现了一定程度的分化，而这种分化也在缓慢的发展，但尚未出现具备上述三项条件的墓葬。而具备上述最低条件的墓葬则始见于大汶口文化早期后半段，并且这一时期也只是在个别墓地出现，目前所知仅有大汶口遗址。大汶口文化中期，达到这一级别的墓葬数量明显增多，其主要表现在两个方面：一是空间分布范围开始扩大，从鲁南扩展到苏北等地，一些等级较高的遗址和墓地也开始出现符合上述条件的贵族墓葬。如除大汶口遗址之外，像野店、花厅等墓地也有不少发现；二是同一墓地之内贵族墓葬的数量有所增加，并且在分布上也极具特色，有的贵族墓葬的分布相对比较集中，如野店中期墓地发现的9座墓葬，均为等级较高的大、中型墓葬，大汶口墓地和花厅北区墓地也存在这种现象。大汶口文化晚期阶段，墓葬的发展变化依然明显，中期的两个特点进一步加强，可以称为贵族墓葬的墓地向东扩大到鲁东南沿海地区，往北则推进到泰沂山系的北侧一带。同时，墓葬的绝对规格和等级又有较大提高，出现了墓室面积超过15平方米、随葬品百件以上的大型墓葬。如果结合聚落遗址之间的分化和分层，墓地和墓葬的这种变化应该引起我们深思。到龙山文化时期，虽然墓葬随葬品的数量明显减少，但贵族墓葬的权威性和独占性则进一步加强，以棺椁和礼器为代表的礼仪制度呈现逐渐规范化的趋向，像尹家城M15、西朱封三座大墓的规格和等级，即使放在后来的二里头文化中也毫不逊色。

二 棺椁的出现与发展

棺椁制度是中国古代社会礼制的重要内容之一。由考古发现可知，使用木质的椁和棺盛敛死者遗体进行埋葬的现象产生较早，并与史前时期的社会分层同步发展，逐渐演变为成熟的棺椁制度，并成为礼制的一个重要组成部分。

1. 大汶口文化中期阶段

明确无误的椁和棺产生于距今5500~5000年之间的大汶口文化中期阶段，不少遗址在这一时期开始出现木质葬具。例如：1959年发掘的大汶口墓地，属于这一阶段的M13、M53、M81、M94、M99、M107、M116等墓葬都发现有明确的葬具痕迹[1]。野店M49是1座大墓，墓长3.5、宽2.9、深3.9米，面积达10.15平方米，墓室内发现有长3.1、宽2.1米的大型木椁，其上有用13根原木搭成的椁盖，椁室空间较大，内部应有木棺[2]（图一）。呈子墓地发现的12座大汶口文化中期墓葬，有9座使用木椁或木棺，其中M7为5人合葬，每人都有单独的木椁[3]。建新墓地早期也有2座墓葬使用木棺[4]。这一

[1] 山东省文物管理处、济南市博物馆：《大汶口——新石器时代墓葬发掘报告》，文物出版社，1974年。
[2] 山东省博物馆、山东省文物考古研究所：《邹县野店》，文物出版社，1985年。
[3] 昌潍地区文物管理组、诸城县博物馆：《山东诸城呈子遗址发掘报告》，《考古学报》1980年第3期。
[4] 山东省文物考古研究所、枣庄市文化局：《枣庄建新——新石器时代遗址发掘报告》，科学出版社，1996年。

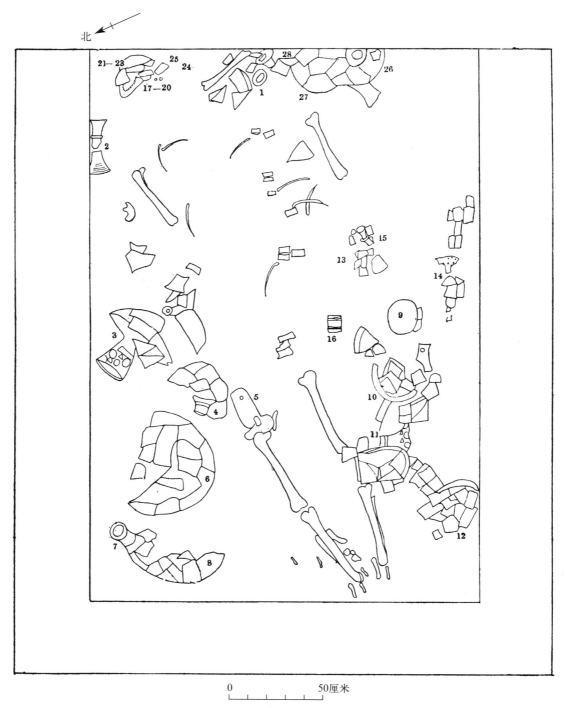

图一　野店M49平面图

阶段发现的木椁和木棺，形制不甚一致，归纳起来主要有三种形状：第一种平面呈井字形，用略加修整的圆木纵横垒叠而成；第二种平面为两侧长边或两端短边出头的"Ⅱ"字形，这种形制的木椁中有的可能与第一种是一类，因为木椁或木棺全部腐朽，清理时仅凭灰痕来辨认，不同的层次纵横交叠部位外伸高度有所不同，所以有可能将井字形认作"Ⅱ"字形；第三种平面为长方形，有底有盖，这是最常见的木棺的形制。从名称上来说，前两种形制应该是椁，最后一种为棺。

2. 大汶口文化晚期阶段

距今5000～4600年的大汶口文化晚期，使用木椁和木棺的墓葬明显增多。就葬具的形制而言，基本上是延续了早期的三种形态，即平面为井字形、Ⅱ字形和长方形。这一时期在棺椁的使用方面产生了两个比较大的变化：一是出现了明确的棺和椁内外相套的重叠葬具，即椁内置棺，习称一椁一棺。野店M51是该墓地的一座大型墓葬，长3.8、宽2.35米，墓室内有长3.15～3.20、宽1.7～1.75米的井字形木椁，椁内置长2.2、宽0.78、存高0.3米的长方形木棺。这是中国目前发现的年代最早的一椁一棺的墓葬。同一墓地的M62，墓室长3.7、宽2.85、残深1.55米。墓内的木棺长2.1、宽0.7米。从从二层台情况看，也应该是一座一椁一棺的墓葬（图二）。其他遗址相当级别的同时期墓地，也存在着数量不一的同类墓葬，如大汶口墓地的M10、M25、M60，陵阳河墓地的M6、M17等。二是棺椁成为身份和地位的标志物之一。我们发现，凡具有一椁一棺的墓葬，都是那些最高等级遗址中最大的墓葬，上述所列莫不如此。而有木质的椁或棺的墓葬，也是最高等级遗址中比较大的墓葬或者是二级聚落遗址中最大的墓葬。这种情况当非偶然，由此看来，作为礼制载体的棺椁制度在这一时期开始形成。

3. 龙山文化时期

距今4600～4000年的龙山文化，棺椁的使用较之大汶口文化晚期又有较大发展，主要表现在两个方面：一是棺椁的等级进一步提高，开始出现两椁一棺和椁内置边箱、脚箱的墓葬。如临朐西朱封遗址发现的3座龙山文化时期大型墓葬，其中2座为两椁一棺。M203，墓室长6.30～6.44、宽4.10～4.55米，面积为27.56平方米，内外椁均为井字形，外椁长4.65、宽2.75米，内椁长3.85、宽1.60米，棺为长方形，长2.6、宽0.58～0.60米[1]。二是作为葬具的棺椁的使用趋向于等级化和规范化。如尹家城龙山文化墓地发现的65座墓葬，在棺椁的使用方面，明显可以分为四个等级：最高一级仅1座，即M15，墓室长5.80、宽4.36米，面积25.29平方米，使用两椁一棺（图三）；第二级有4座，即M4、M126、M134、M138，长度在3.5米以上，面积接近或超过10平方米，使用一椁一棺；第三级为一棺墓；第四级为无棺墓[2]。所以，可以认为龙山文化时期不仅社会分化加剧，而且透过棺椁制度的等级化和规范化可以看出，作为维系社会秩序重要工具的礼制日渐成熟，并且为夏商周三代礼制的进一步发展奠定了基础。

由于年代久远，史前时期的木质葬具极难保存下来，木椁或木棺已全部腐朽，有的连木灰的痕迹都无法辨认，从而给葬具的认定带来了极大的困难和不便。同时，由于早期阶段田野考古发掘的经验不足，有时候连墓坑都难以划分出来，就更不用说腐朽得连痕迹都不好难辨的木质葬具了。所以，在木质葬具的辨认过程中，人为因素的影响也比较明显[3]。

[1]　中国社会科学院考古研究所山东工作队：《山东临朐朱封龙山文化墓葬》，《考古》1990年第7期。

[2]　山东大学历史系考古专业教研室：《泗水尹家城》，文物出版社，1990年。

[3]　最近几年，我们在三峡发掘战国时期的巴人墓葬，有时候完全找不到葬具的木质灰痕，所划椁线和棺线，完全是凭对土质土色的辨认和感觉，以至有不少人对其产生怀疑。后来发掘到一座因特殊原因而保存下来的较为完好的有木椁和木棺的墓葬，证实了前面发掘时所划的椁线和棺线是基本正确的。

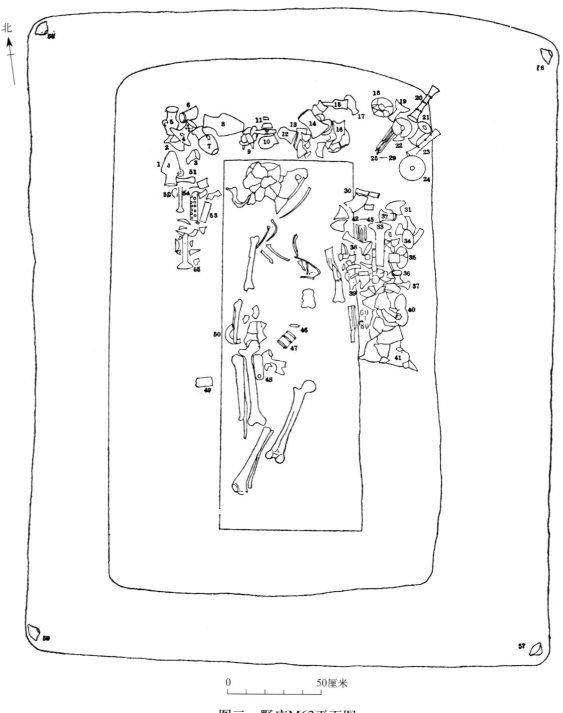

北

0　　　　　　　50厘米

图二　野店M62平面图

　　以上所论各个阶段的墓葬，均有在考古发掘实践中发现的木灰痕迹作为葬具的证据。除此之外，考古发掘中还发现一些具有熟土二层台结构但未见木质灰痕的墓葬。由于形成这种结构的特定属性，该迹象属于一种与木质葬具相匹配的特征，进而也可以作为曾经存在木质葬具的旁证。如果墓葬内存在熟土二层台，一般可以认为是木质葬具腐朽之后遗留下来的特殊形态，并进一步反证木质葬具的存在。

北 ←—

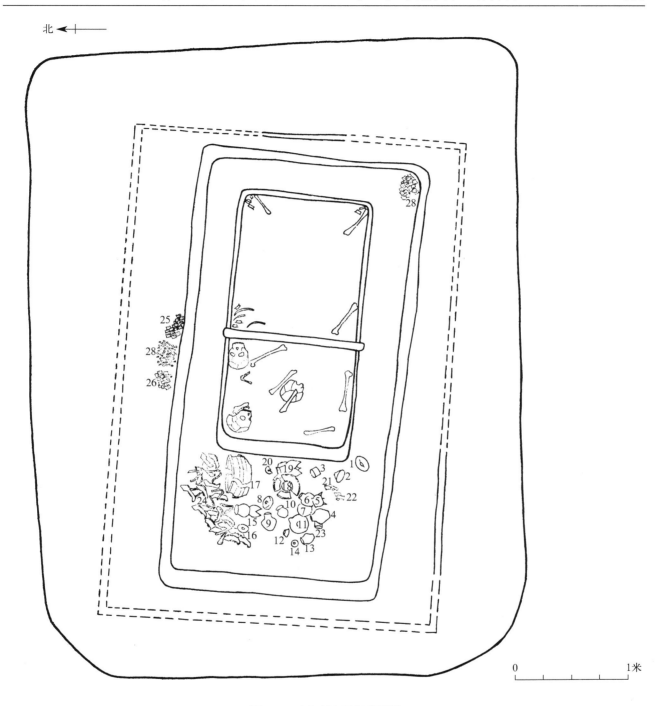

图三　尹家城M15平面图

按上述认识，我们发现，在一些没有发现木灰痕迹的墓葬中，也可能存在木质葬具。如属于大汶口文化中期阶段的野店第四期墓葬，就有存在熟土二层台的墓葬（如M50）。而同时期的野店M49，椁长3.1、宽2.1米，椁室大小与同一遗址一椁一棺的M51的椁室相若。所以，M49椁内也有存在棺的可能，只是由于破坏或者其他技术方面的原因而未能发现而已。

由此前推，时代更早的大汶口遗址早期墓葬中也有类似情况。如大汶口遗址早期墓地中有9座墓葬存在熟土二层台结构。其中最大的一座墓葬（M2005），时代为大汶口文化早期后段，墓室长3.6、宽2.28米，面积8.21平方米，熟土二层台内的空间为长2.74、宽1.3米，从大小来看，显然也是一个外椁室的空间。而其内的小框，则完全有可能是棺室[1]。

综上，海岱地区是最早发明和使用棺椁的地区之一。大汶口文化早期可能已经开始出现木质的椁或棺，早期后段至中期阶段，有可能已经出现一椁一棺集于同一墓葬的现象，到大汶口文化晚期阶段，这一做法扩展到了海岱地区的各主要区域，棺椁作为埋葬礼仪制度的重要内容，开始逐渐确立下来。龙山文化阶段，棺椁制度得到了进一步完善，并且日趋等级化、规范化和制度化。

三　随葬品中礼器的出现和发展

所谓礼器，是指那些专门用来从事礼仪性活动的器具。从礼器的形制、类别和数量，可以折射出当时社会礼仪活动的类别、等级和规模，进而为我们判明礼制的起源、形成和发展水平提供了重要依据。

礼仪活动的种类和形式是多种多样的，涉及社会的方方面面，如宴享、盟誓、婚嫁、祭祀、丧葬等，都是早期社会中比较重要的礼仪活动内容。随着社会分层的产生和发展，礼仪活动开始注入了分层社会所赋予的新内涵，即通过所谓的礼来规范人们的行为，对社会成员之间业已产生和形成的社会地位方面的高低、贵贱和所处的不同等级采用制度化的方式加以确认，礼制随之形成。当然，从礼制开始萌芽到形成规模化、制度化的礼制，有一个相当长的发展变化和不断完善的过程。表现在考古材料上，最常见的是由墓葬和礼制载体的礼器来体现社会成员之间的等差。墓葬资料所反映的主要是丧葬礼制方面的内容，墓室大小、棺椁制度等是其重要组成部分，而随葬品中的礼器则是另外一个重要内容。

1. 大汶口文化早期阶段

这一时期的墓葬随葬品中有一类比较别致和特殊的器形，即觚形杯。觚形杯的早期形态是一种较粗的束腰筒形杯，大汶口文化早期后段发展成为一种形体细长、因内部空间较小而容量有限的陶容器。从觚形杯的头重脚轻、重心不稳并且有的底部有穿透等现象看，其已经失去了实用效能。关于这种形态奇特的觚形杯的用途，至今没有一个合理的解释，或认为与原始宗教活动有关。如果结合后来一些礼器类器物的发展分析，我认为觚形杯应是一种祭祀用器具。所以，它不独在墓葬中出现，遗址的其他堆积中也时常出土。

做一简单统计就可以发现，大汶口文化早期墓葬中细长觚形杯的分布是较为普遍的，是同时期墓葬中陶器随葬品的基本组合成员之一，多数有陶器随葬的墓葬都有觚形杯。从分布面上观察，它不仅在较大的墓葬有，较小的墓葬也可以使用，只是在数量上有所差异而已。如王因墓地清理了899座墓葬，有随葬品的为537座，其中329座随葬有觚形杯。由此看来，觚形杯虽然是一种礼仪活动所用的器具，但在使用方面基本上不反映社会成员之间的地位差异，而属于一种社会内部普遍实行的

---

[1]　山东省文物考古研究所：《大汶口续集——大汶口遗址第二、三次发掘报告》，科学出版社，1997年。

礼仪活动的载体。换言之，它在社会成员之间还不具有独占性。

同一时期可以认为是礼仪用器的还有花纹艳丽而繁缛的彩陶，从器形上看主要有盆、钵、豆三类器物。与觚形杯不同，上述三类彩陶的数量甚少，并且绝大多数只见于大汶口文化早期阶段的后段偏晚时期。统计后发现，这些彩陶主要发现于那些在本墓地中墓葬规模较大、随葬品数量较多的墓葬之中，其分布上向较大较富墓葬集中的倾向已经开始显现。

2. 大汶口文化中期阶段

进入大汶口文化中期阶段之后，前一时期数量甚多的觚形杯，不仅形制发生了较大变化，数量也锐减，主要出现在一些规模较大的墓葬之内。如野店四期9座较大的墓葬中，有7座墓葬共使用19件觚形杯，除了1座（M34）墓葬因破坏十分严重而随葬品组合不全，余下的只有1座墓葬没有发现觚形杯。

这一时期的另一个新变化是出现了典型的鬶类器物。鬶的特色十分鲜明，它采用一种罕见的高岭土为原料，烧成后的颜色呈白色，在以红、灰、黑色为主的陶器群中可谓鹤立鸡群。鬶的用途也不十分明确，但与瘦长形觚形杯不同，鬶具有实用效能，过去有学者曾认为鬶是温酒器。考察鬶在墓葬中的分布发现，使用陶鬶随葬的墓葬不多，并且多为墓室面积较大、随葬品数量较多的富有墓葬。如大汶口墓地属于中期阶段的104座墓葬中，随葬陶鬶的墓葬只有15座，多数使用1件，墓室面积较大的M98则有3件。

钺是一种武器（不少文献中称为斧、铲），它既有实用的效能，也具有礼器的性质。一般说来，制作特别精致、没有使用痕迹的石质或玉质的钺，可以认为是一种礼仪用器。大汶口文化早期阶段，玉质钺基本不见，石钺则有一些，其中个别可能已经具有礼器的性质。到中期阶段，钺象征权力和威信的内涵逐渐显现，如野店的9座墓葬中，有4座使用石钺，其中最大的M49的石钺还涂成了红色。

3. 大汶口文化晚期阶段

这一时期墓葬的随葬品内具有礼器性质的器具中，出现一种由厚胎高足杯演化而来的陶器，即陶胎较薄近似蛋壳陶的黑陶高柄杯。这种高柄杯的造型典雅，学界公认其为具有礼器性质的器具。随着资料的增多，我们发现，在海岱地区内部的不同区域，重要遗址的墓葬随葬品中礼器的类别和数量存在着较大差异。

（1）野店遗址

地处泗河中下游的野店小区，大汶口文化晚期仍然存在觚形杯，只是其形制与夏商时期的觚已十分接近，数量明显减少，这种觚形杯主要发现于大型墓葬中。如野店遗址共出土12件，其中11件出自最大的M62之中。同时，这一时期鬶的数量明显增多，其在墓葬中的分布呈现向大、中型墓葬集中的倾向。如，野店墓地属于大汶口文化晚期的25座墓葬，共有11座墓葬使用15件陶鬶，墓地中最大的2座墓葬（M62和M51）各有3件，其余9座中等墓葬各有1件，小型墓则无鬶。

（2）大汶口遗址

位于泰山之阳的大汶口遗址，情况和野店有所区别。如这里没有发现晚期类型的觚形杯。大汶口遗址属于晚期的25座墓葬，共在8座墓葬中发现13件鬶，其中4座大、中型墓葬就占去9件。而薄胎高柄杯只发现7件，均出自最大的3座墓葬之中，其中M25就有5件之多，而该墓内还使用了2件陶鬶、6件玉石钺和5件骨雕筒，显然不是一般的墓葬[1]。这一时期发现的玉钺，不仅制作极为精致，并且没有使用痕迹，数量极少，应该是代表权力的特殊礼器。

（3）陵阳河遗址

地处鲁东南的陵阳河遗址，发现与野店五期和大汶口晚期时代相当的墓葬45座，其突出特点是随葬品中鬶和高柄杯的数量惊人，并且绝大多数都集中于大、中型墓葬。如该墓地最大的M6和M17，前者使用陶鬶6件，高柄杯93件，另有石钺、骨雕筒等；后者则有陶鬶15件，高柄杯83件[2]，远远超过了自身的需求，明显具有显示和标志身份、地位的意义。

4. 龙山文化时期

到龙山文化时期，前一阶段的薄胎高柄杯演化为蛋壳陶高柄杯，成为名副其实的没有实用价值的礼器。从总体上看，这一时期随着墓葬内随葬品数量的减少，贵重器物被大、中型墓葬独占的倾向越来越明显。这种差别不仅表现在遗址内部，遗址之间的差别也十分悬殊。

（1）呈子遗址

呈子遗址共发现87座龙山文化墓葬，有随葬品的墓葬只有35座，占40%，其中只有4座墓葬使用陶鬶（占总数的5%）和10座墓葬使用高柄杯（占总数的11%）。发掘者将呈子的墓葬划分为四类。第一类的墓室较大，有葬具和二层台，并且都有高柄杯和猪下颌骨，多数有陶鬶，其中最大的M32不仅墓室最大，有木质葬具，并且使用了1件陶鬶和2件高柄杯，还有13件猪下颌骨。第二类的墓室略小，葬具不普遍，随葬品丰富，少数有高柄杯。第三、四两类则没有或极少随葬品，更没有陶鬶和高柄杯[3]。

（2）三里河遗址

三里河遗址共发现98座龙山文化墓葬，有随葬品的墓葬68座，占69%，其中12座使用14件陶鬶（占总数的12%）和26座使用36件高柄杯（占总数的27%）。与呈子遗址相同，三里河墓地使用鬶和高柄杯的墓葬，均为墓地中墓室面积较大、有葬具和随葬品数量多的墓葬，但是这两类器物在墓葬中的分布面和所占比例明显高于呈子遗址。

（3）尹家城遗址

尹家城遗址共发现65座龙山文化墓葬，有随葬品的墓葬39座，占60%，其中7座墓葬共使用13件陶鬶，占总数的11%，14座墓葬使用16件高柄杯，占总数的22%。从比例上看，尹家城与三里河的数据十分接近，但尹家城龙山文化墓葬之间的差别要远远大于呈子和三里河，至少可以划分为五个等级。同时，尹家城龙山文化遗存的时代拉得比以上两处遗址都要长，中晚期墓葬数量较多。

（4）西朱封遗址

西朱封遗址只发现了3座龙山文化大型墓葬。M1，鬶5件，高柄杯6件，罍1件[4]；M202，鬶4

[1] 山东省文物管理处、济南市博物馆：《大汶口——新石器时代墓葬发掘报告》，文物出版社，1974年。

[2] 王树明：《陵阳河墓地刍议》，《史前研究》1987年第3期。

[3] 昌潍地区文物管理组、诸城县博物馆：《山东诸城呈子遗址发掘报告》，《考古学报》1980年第3期。

[4] 山东省文物考古研究所、临朐县文物保护管理所：《山东临朐县史前遗址普查简报》，《海岱考古（第一辑）》，山东大学出版社，1989年。罍在龙山文化中数量甚少，其制作十分精致，一般认为是比较少见的礼仪用器。

件，罍3件，有高柄杯（未能复原）；M203，鬶5件，罍7件，有高柄杯（未能复原）[1]。西朱封3座大墓中鬶、高柄杯和罍的数量明显多于其他遗址的同期大、中型墓葬，显示了较高的社会等级。同时，西朱封的龙山大墓中还发现了制作工艺高超的玉钺、多孔玉刀、透雕玉冠饰、玉簪和用于镶嵌的大量绿松石片等，显然不是一般社会成员可以使用的礼器。

综合分析以上龙山文化时期的几处遗址，三里河和呈子的时代相若，但两遗址之间差别比较明显，三里河遗址的墓葬规格和富有程度要高于呈子。所以，我们认为呈子可能是最低一级的聚落或接近最低一级的聚落，而三里河则明显高于呈子，属于中等级别的聚落。尹家城和西朱封两遗址的等级又明显高于三里河。但尹家城墓葬中鬶和高柄杯的数量和比例与三里河差别并不十分悬殊，当与年代因素有很大关系，即时代越晚，鬶和高柄杯越向大型墓葬集中，普通墓葬中出现的机率越低，而尹家城龙山文化大墓均属于中期，晚期则没有发现大型墓葬。同时，玉礼器更是只见于都城级的中心遗址中的大型墓葬，西朱封3座属于"王"的级别大墓的情况就清楚地反映了这一点。由此看来，在西朱封附近发现都城级的遗址只是一个时间的问题。

四　墓葬分化与社会分层

海岱地区丰富的墓葬资料为我们了解当时社会内部的分化提供了重要依据。经过系统整理和分析，我们认为可以从遗址之间和遗址内部两个方面来考察墓葬所体现的社会分化。而在时间上，又可以将这一发展过程划分为五个大的阶段，即北辛文化及其以前，大汶口文化早、中、晚期和龙山文化时期。

1. 北辛文化及其以前

后李文化和北辛文化时期的墓葬发现不多，墓葬数量略多的墓地有属于后李文化的章丘小荆山和属于北辛文化的灌云大伊山、汶上东贾柏和泰安大汶口。小荆山墓地发现的21座墓葬，整齐地分为三排，方向一致，墓室的大小相若，除了个别有一、二件装饰器，没有发现其他类别的随葬品。大伊山发现的墓葬略多，共有62座，除了1座相距较远之外，另外61座分布相对比较集中，可以区分为两大组若干小组。大伊山的墓葬特点较为鲜明，均为石棺墓，墓室狭小，多数墓葬有1～5件随葬品，超过5件只有3座墓葬，随葬品以日用陶器为主，这些现象体现了墓主们生前的关系较为平等。大汶口墓地只有10座北辛文化墓葬，情况与大伊山相似，存在石棺墓，随葬品的数量均在5件以内。东贾柏遗址发现北辛文化中晚期墓葬23座，除了单人葬之外，开始出现多人二次合葬墓，但墓葬的大小和随葬品的数量等方面差别不大。所以，可以认为后李、北辛文化时期的海岱地区，墓地和墓葬方面虽然出现了些微贫富分化，但相对于数千年的发展时间而言，变化的速率十分缓慢，并且社会内部的分化也很不明显。这种现象与同一时期聚落形态所反映的情况相同。如聚落之间较为平等，尚未出现分层级的聚落结构，聚落内部的差别也不大。由此可知，这一时期社会分层现象尚未产生，社会内部处于一种相对平等的时期。故可以称为平等社会时期。

---

[1]　中国社会科学院考古研究所山东工作队：《山东临朐朱封龙山文化墓葬》，《考古》1990年第7期。

2. 大汶口文化早期阶段

大汶口文化早期阶段的墓葬资料十分丰富，数量在百座以上的墓地就有王因、刘林、大墩子三处，其中王因墓地发掘出来的墓葬多达899座。此外，还有像野店、大汶口、小徐庄等墓葬数量略少但十分重要的墓地。从总体上看，这一时期墓葬之间的差别较之此前的北辛文化有了明显的变化，这种变化主要表现在以下三个方面：一是随着时间的推移，无论是同一墓地还是不同墓地之间的变化速度呈明显加快的趋势。大汶口文化早期阶段延续的时间大约有六七百年，在这一年代跨度之内，即使是同一墓地，变化也是相当明显的，变化速度远远超过后李、北辛文化时期。如发现墓葬最多并且等级不高的王因墓地，早段平均每座墓葬的随葬品数量是1.06件，中段为1.87件，而晚段为3.57件，晚段是早段的3.4倍。时代相同而等级最高的大汶口墓地，也呈现出相同的趋势，其早段平均每座墓葬的随葬品是6件，中段为24.9件，晚段则多达33.4件。二是同一墓地内部的墓葬之间差别扩大。这一差别在单个墓葬之间和不同的墓群之间都有体现。单个墓葬随葬品的数量在北辛文化时期多数在1~5件，5~10件之间的甚少，没有超过10件者。而到大汶口文化早期，这种现象有了明显的改变，不仅出现了一定数量的超过10件随葬品的墓葬，而且在大汶口和大墩子这样等级较高的遗址，还出现了超过50件甚至百件的墓葬。墓群之间的差别也显而易见，如，等级最高的大汶口墓地可以分为四群，最多的第一群19座墓葬有551件随葬品，平均每座墓葬29件，而最少的第三群10座墓葬共有随葬品64件，平均每座墓葬只在6.4件，两群之间相差4.5倍之多。等级较低的王因墓地可以分为四区，最多的中区696座墓葬使用了2077件随葬品，平均每墓2.98件，而最少的南区，43座墓葬只有30件随葬品，每座墓葬的平均数只有0.70件，与中区之间相差4.3倍。由大汶口和王因的情况可以看出，无论是等级较高还是较低的聚落，其内部代表着一定社会组织的单位之间的差别和分化是同步发展的。三是墓地与墓地之间的差距也明显凸现出来，并且随着时间的推移然而不断加剧。如等级最高的大汶口墓地，平均每座墓葬的随葬品数量是14.6件，而等级较低的王因墓地，这一数字则为1.76件，两者相差8倍。所以，如果说北辛文化时期的社会分化只是十分缓慢的发展，那么，到了大汶口文化早期阶段，则是海岱地区社会分化加速的起步阶段。

3. 大汶口文化中期阶段

大汶口文化中期阶段是海岱地区全面加速发展的时期。从墓葬和聚落两个方面来看，出现了一批堪称小区域中心的聚落遗址，如汶河流域的大汶口、泗河流域的野店、苏北西部的花厅、鲁北中西部的焦家等。这些遗址的共同特点是：一是聚落遗址的面积明显较大。如大汶口遗址，面积达82万平方米，野店遗址为56万平方米，花厅遗址也有50万平方米；二是从墓葬反映的富裕程度较高。大汶口、野店、花厅墓地的整体富裕程度明显高于其他遗址，与其他中下层遗址之间的差别较之早期阶段进一步加大。如野店此期墓葬随葬品的平均数为33.1件，而五村和前埠下两遗址分别只有0.8件和3.3件，它们之间的差别在10倍以上，明显高于早期阶段。三是关于埋葬方面的礼制开始萌芽。如中心遗址中的大型墓葬开始使用棺、椁，随葬品中也出现了可以称为礼器的器具等。所以，综合起来分析，可以认为社会分层现象在这一时期已经开始（可能在此前的早期阶段个别地区业已开始，如大汶口地区），至少在一些先行发达起来的小区域中（如前述的大汶口、野店、花厅等所在的小区）出现了三层结构的聚落形态，代表着社会结构由平等社会向分层社会的过渡和发展。

4. 大汶口文化晚期阶段

大汶口文化晚期阶段是海岱地区史前社会的重要转折时期。从宏观上看，前一阶段开始出现的区域中心聚落，这一阶段在海岱地区内部进一步发展、壮大和扩展。如中期阶段就已经比较发达的大汶口、野店、花厅等区域，这一时期进一步发展，至少从墓葬反映的情况表明社会内部又发生了较大变化。像野店墓地M51、M62这样墓室面积较大、有一椁一棺和大量精美随葬品的墓葬，远远超过了中期阶段的同类墓葬，大汶口墓地的情况也是一样。而在原本社会分化不甚清楚的地区，如鲁东南沿海一带，这一时期也出现了与上述地区相同的景象，陵阳河墓地的发现就是其中一个显著的代表。从墓葬方面看，墓地之间和墓葬之间的分化进一步加剧，社会组织内部显现出来的社会结构普遍发生了重要变化。如鲁东南的莒县盆地，中心聚落陵阳河和二级聚落大朱村、杭头的墓葬之间，就存在着明显的差别。同时，在各自的聚落内部，墓地与墓地之间、墓葬与墓葬之间，也存在相当大的差别，这种差别的形成，应该是社会分层和阶级分化的结果。此外，埋葬方面所体现的礼制萌芽继续发展，礼器的使用逐渐地向社会上层集中。如墓室面积的差异、棺椁的使用、贵重礼乐器具的随葬等，无不呈现出巨大的反差。这种反差，也是随着社会的发展，为了适应已经改变了的社会关系，避免在无休止的动乱中共同消亡，首先由社会上层成员创造出来一套限制人们行为的规范，即礼制。礼制应该体现在社会的各个方面，我们从考古学上比较容易观察到的多是墓葬资料。从聚落形态上看，大、中、小三级金字塔状结构的聚落形态在这一时期成为比较普遍的现象，如莒县盆地发现的40余处大汶口文化晚期遗址，明显地呈现大中小三级的金字塔形聚落结构，中心聚落只有陵阳河一处，而二级聚落则有大朱村等五、六处，其余的均为处于金字塔最下部的小聚落。这种情形与墓葬所反映的社会结构是完全一致的。

5. 龙山文化时期

龙山文化时期可以说是海岱地区史前文化发展的巅峰时期。这一时期在考古学上最重要的现象就是城址的普遍出现。据目前的发现，可以完全确认的城址有近十处，而有城址线索的则多达二十余处。在中国的古代文献中，曾把中国早期社会划分为"大同"和"小康"两个阶段，而进入"小康"社会的第一条标准就"城廓沟池以为固"，即用于战争防御工程的城池的出现。其实，分析目前的考古发现，城址的产生可以上溯到大汶口文化晚期阶段，甚至更早，这在中原地区和江汉地区已经发现了确凿的证据。从墓葬方面来看，龙山文化时期的海岱地区，聚落之间、同一聚落内部的墓地之间，相互差别又有较大发展。这一时期，出现了像西朱封、尹家城那样高规格的墓葬，即墓室宏大、使用重椁一棺、随葬有成套的礼乐器的大型墓葬，这种规格的墓葬，应该是当时社会上层中的最高统治者，即王或其近亲的墓葬。而在同一聚落内，墓葬之间的差别极为悬殊，如尹家城墓地内的65座墓葬，依墓室面积、棺椁的多少和有无、随葬品的数量与质量等因素，可以划分为五个甚至更多的等级。这种现象足以显示当时的社会结构方面的变化。而不同的聚落之间，这种差别也毫不逊色。如尹家城、三里河、呈子遗址的墓葬，就应该代表了三种不同等级的聚落。

综上所述，我们认为海岱地区墓葬所反映出来的社会分化，肇始于北辛文化时期，大汶口文化早期后段和中期阶段加速，大汶口文化晚期产生了质的变化，龙山文化时期则进一步发展。据此，可以认为后李文化、北辛文化至大汶口文化早期前段的社会，基本上属于平等社会时期，大汶口文化早期后段至中期阶段，为由平等社会向分层社会发展的过渡时期，而大汶口文化晚期到龙山文化，则进入了分层社会时期，相当一部分地区已诞生了早期国家。

（原载《日本列岛祭祀的起源——日本国学院大学国际学术会议论文集》，日本国学院大学，2005年）

海岱地区古代社会的复杂化进程

海岱地区是一个考古学术语，又称为海岱文化区或海岱历史文化区，它是在中国考古学发展到一定阶段提出来的。海岱地区的空间分布是以泰沂山系为中心，主要包括了黄河和淮河下游地区，东临大海，西接中原，南北两侧则分别与环太湖、燕辽两大文化区相邻。

海岱地区的史前文化自成体系，也是构成中国新石器时代文化的几个主要的区系之一。这一体系先后经历了后李文化、北辛文化、大汶口文化、龙山文化和岳石文化等五个时期，而后经过商周两代的发展和融合，最终融入秦汉一统的中华古代文化洪流之中，成为中华古代文化的主要来源之一。

在古代文献的记载中，东方是夷人的居住地。西周时期，以海岱地区为主的东方被称为"东夷"，商代晚期的甲骨卜辞中则称为"人（夷）方"，记载夏代史实的相关文献则为各种不同的夷，或称"九夷"。而夏代之前，则只有伯益、皋陶、蚩尤、少昊和太昊等，他们与后来的夷人具有一脉相承的传承关系。由于具有这一层关系，所以学术界一般认可东方史前文化的创造者为东夷族系。

在考古学上，海岱地区是与黄河中游地区的中原地区相对应的两个文化区，而两者负载体分别为古代东夷和华夏两大族系。

与其他地区一样，海岱地区古代社会的发展也经历了一个由简单到复杂的过程，即由简单的平等社会到复杂的分层社会，这一过程表现为社会组织和社会结构方面的深刻变化。从发展的历程分析，这一变化过程可以划分为三个大的阶段。

一　平等社会阶段

距今8500～7000年前后的后李文化属于这一阶段。

这一时期聚落内部的特点是出现了环壕，聚落内的房子分区分组，单间房子的面积较大并且有组合灶址。环壕是一种公共的防御设施，居住于环壕之内的人们当属同一个社会组织；聚落内的房子在空间上可以分为不同的聚居区，每区有十余座房子不等；而房子区内又聚合成不同的组，每组三、四座；单间房子的面积均较大，具有独立的消费功能的一般都在30～50平方米，并且存在由几个灶组成的组合灶，表明共同生活的人口数量较多，显然不是三、五人的核心家庭。由以上分析可知，这一时期的聚落内部应该存在着四级结构，即"聚落－房子区－房子组－单体房子"。与以上聚落形态相对应，应该存在着四级社会组织，即"氏族联合体－氏族－家族－大家庭"。后李文化时期聚落遗址的数量较少，在空间分布上相距较远，相互之间难于比较，故尚不清楚是否存在比聚落更高的社会组织形式。

后李文化的房子内部只保存着日常生活必需的陶器和工具，而墓葬之间排列整齐，墓坑大小相若，没有或极少有随葬品，反映了一种社会生产力水平较低、社会财富较为贫乏、社会内部的分化尚未出现的社会现象。所以，一般认为这时还处于较早时期的平等社会时期。

二　由平等社会向分层社会的过渡阶段

距今7000～5500年，海岱地区进入了北辛文化和大汶口文化早期阶段。从社会发展方面观察，这一时期的海岱地区属于从平等社会向分层社会的过渡时期。

这一时期的聚落内部产生了一个显著的变化，就是可供独立生活的单体房子规模变小，使用面积基本上都在20平方米以下，多数不超过10平方米。这种情况表明已经出现了人口数量较少的社会组织单位，如果要把这种人口规模的单位和我们所知的社会组织相对应，那只能和核心家庭相联系。聚落形态显示聚落内部仍然为四级结构，即"聚落－房子区－房子组－单体房子"，只是聚落内部最小的组织单位裂变为核心家庭。

这一时期海岱地区发现的聚落遗址只有100余处，宏观聚落资料的不足使我们无法准确地分析聚落与聚落之间的关系，不过从这一时期的聚落数量明显超过后李文化，并且分布上也要密集得多，所以，聚落之间可能出现了小范围的社会组织。如果和已知的社会相对应，应该是部落这一层级。到大汶口文化早期阶段后期，像比较发达的大汶口一带，应该出现了相互之间有等级差别的聚落群，中心遗址开始形成。

这一时期墓地中墓葬的聚合状况，一般表现为三级结构，即"墓地－墓群－墓组"，可分别与前述聚落分析中的前三个层次相对应，从而与聚落形态反映的社会结构相吻合。

北辛文化到大汶口文化早期阶段，社会生产在缓慢发展，社会财富也在逐渐地积累之中。我们从聚落特别是墓葬资料中看到的情况是，社会成员之间在占有社会财富方面的差别已经出现但并不严重，但不断向前发展的趋势则是十分明显的。以至到大汶口文化早期的后期，在个别地区这一发展的速度明显加快，像大汶口遗址出现的墓室较大、有木棺葬具、随葬品多达一百余件的富有之墓，则是分化速度加快的集中体现。

从总体上说，这一阶段海岱地区的社会内部已发生变化，开始由平等社会向不平等的分层社会发展过渡。当然，不同的区域在分化程度上存在相当大的差别。

三　分层社会阶段

距今5500～3500年，海岱地区处在大汶口文化中晚期、龙山文化和岳石文化时期。

大汶口文化中期是海岱地区发生重大变化的时期，社会生产力水平有较大提高，社会生产获得较大发展。在外部，大汶口文化的势力开始向中原地区扩张，而内部，社会分化的速度加快，程度加剧。在区域聚落形态方面，一批具有中心地位的聚落遗址开始出现，如邹县野店、新沂花厅、章丘焦家、泰安大汶口等，聚落群内部的等级结构已经形成。在聚落内部，小型的家族墓地开始兴起，墓葬之间的分化日益明显，处于分层社会的形成时期。

大汶口文化晚期，聚落群普遍出现，而由大、中、小型聚落遗址构筑成的三层结构的金字塔形聚落群明确形成。如陵阳河地区的聚落群，在发现的42处大汶口文化晚期遗址中，大型聚落遗址只有陵阳河一处，而中型聚落遗址则有大朱家村等六、七处，小型聚落遗址多达30余处。其中一些中心聚落开始出现城防设施，如五莲丹土遗址，就发现了大汶口文化晚期的城址。这一时期小型家族墓地成为墓葬的主流，墓葬之间的分化十分严重，这种分化不仅表现在单个墓葬之间，也表现在代表家族的墓地之间。墓葬中代表礼制的器具增多并逐渐形成制度。

到龙山文化和岳石文化时期，三层结构的聚落群在海岱地区已经十分普遍，个别地区甚至出现了四层聚落形态，如日照两城地区[1]。这一时期聚落形态的一个显著特点是多数中心聚落有构筑的城墙及环绕城墙的壕沟，面积一般在10～30万平方米之间，最大者接近百万平方米。墓葬以家族墓地为主，不同家族之间的分化严重，在临朐西朱封、泗水尹家城等遗址发现了重棺一棺、墓室面积超过20平方米、随葬有成套的精美礼器的大型墓葬。而小墓贫墓不仅一无所有，而且墓室也小得可怜，相当数量面积只有1平方米左右，仅可容身。社会分层已经成为一种制度固定下来。

综上所述，海岱地区古代社会的演进可以归结为：后李文化、北辛文化和大汶口文化早期阶段，社会处在平等社会及向分层社会的过渡时期，或可称为部落社会时期；大汶口文化中期阶段，聚落内部的社会分化加剧，聚落之间至少形成中心聚落和普通聚落两级聚落形态（个别地区可能形成了三级聚落形态），文明社会的因素不断积累和增加；大汶口文化晚期阶段，具有"都、邑、聚"结构的三级聚落形态比较普遍，具有早期国家形态的古国开始产生，从这一意义上说，可以认为某些发达地区开始进入古国时代的文明社会。龙山文化时期，具有早期国家性质的古国不仅更为普遍，而且某些先进地区可能已经产生古国联盟，进入方国时代；而岳石文化时期，已经步入了古代文明发展的一个新阶段——王国时代；秦汉帝国一统天下，中国开始了帝国时代。所以，中国古代由原始到文明，进而循着"古国－方国－王国－帝国"的方向不断向前发展。

（原载《文史哲》2004年第1期；后被《新华文摘》2004年第7期全文转载）

---

[1] 栾丰实：《日照地区大汶口、龙山文化聚落形态之研究》，《中国考古学跨世纪的回顾与前瞻（1999年西陵国际学术研讨会文集）》，科学出版社，2000年。

海岱地区的史前聚落演变与早期文明

一　概论

（一）海岱文化区的自然环境

1. 地理位置和地貌特征

海岱文化区（以下简称海岱地区）地处中国的东部，属于黄河和淮河下游地区。本区的东侧为茫茫黄海，胶东半岛向东伸入黄海之中达300余千米，从而使这一地区海岸线的长度大增，并隔海与朝鲜半岛和日本列岛相望，东北部跨过狭窄的渤海海峡，即进入东北亚大陆最南端的辽东半岛。因为庙岛群岛像陆桥一样散布在胶东半岛和辽东半岛之间最窄的位置，从而为两地古代先民的渡海联系提供了便利，这也是后来辽东半岛南部地区能够成为海岱文化区之一部分的地理基础。海岱地区北侧的东半部濒临渤海，西半部及西侧、南侧则为低洼的黄淮冲积平原，分别与燕辽文化区、中原文化区、太湖文化区相邻。由于海岱文化区这种地理形势，决定了其向外寻求发展和扩张均以西部的中原地区为首选，而南、北及东北一带，都只能是处于从属的位置。

海岱地区的全盛时期，在地理区划上包括了山东全省、苏皖北部、豫东和冀东南部以及辽东半岛的南部，总面积约25万平方千米（图一）。从宏观上区分，这一地区的地貌只有两种大的类型，即丘陵区和平原区，但如果细分则比较复杂。

海岱地区的水系，一般认为是以黄河为主，而实际上，则由三大部分组成：流域面积最大的应是淮河水系，泰沂山以南的大部分地区属于淮河流域；其次就是各自分散独流入海的水系，主要分布在胶东半岛、泰沂山系的北侧地区及鲁东南的日照地区和苏东北的连云港市一带，这些河流大都比较短促，现今都成了季节河，但在古代多数水源还比较充足，常年流水不断。其中较大者如马颊河、徒骇河、小清河、潍河、胶莱河等，均位于泰沂山系以北地区；流域面积最小的是黄河，而在古代，黄河不从现在的位置入海，据地质地貌学的研究，黄河从河南折向北去至天津一带入海，如果是这样，它对于海岱地区来说，几乎就是一条界河。

如果从地理地貌方面区分，海岱地区主要有三大块，即以泰、沂、蒙山为中心的鲁中丘陵及其周围地区、胶东半岛及其沿海岛屿地区（辽东半岛南部可划归此区）和环鲁中丘陵北西南三面的平原地区。前两者以较为低洼的胶莱平原为界，各自成为相对独立的地理单元。如果结合人文地理分析，可以将海岱地区分为三大区六小区[1]。

---

[1]　山东省地方史志编纂委员会编：《山东省志·自然地理志》，山东人民出版社，1996年。

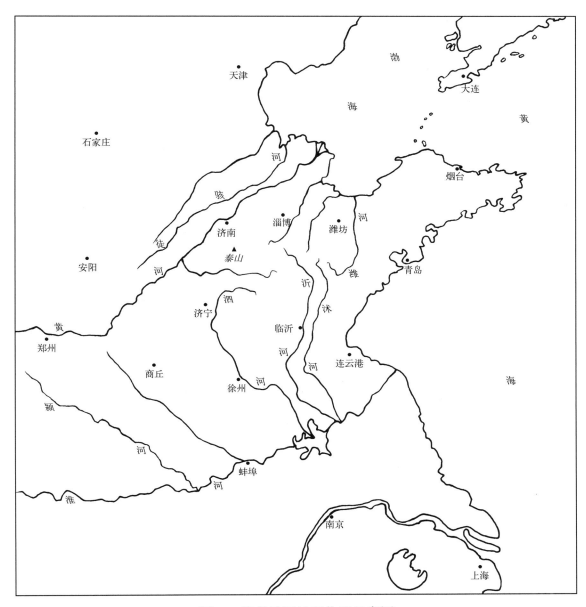

图一　海岱地区地理位置示意图

　　三大区即胶东半岛、泰沂山北侧地区和泰沂山南侧地区。六小区则是将后两区进一步划分，泰沂山北侧分为东西两小区，东部以潍、弥河河流域为主，西部以古济水流域为中心；泰沂山南侧又可以分为三个小区，东部是鲁东南和苏东北一带，中部则以汶、泗流域为主，西部则到了鲁豫皖相交接的地带。

2. 自然气候
　　海岱地区属于典型的温带季风大陆性气候，有明显的冬夏季风。冬季相对寒冷干燥，夏季则炎热多雨，四季分明[1]。

---

[1]　山东省地方史志编纂委员会编：《山东省志·气象志》，山东人民出版社，1994年。

全年的平均气温为11.0℃～14.2℃，呈由东向西递减的趋势，东部沿海地区大约在13.5℃左右，西北部地区则要低一些。

年平均降水量在543.1～915.7毫升之间，东南沿海较多，西北内陆较少，呈现由东南向西北递减的趋势，内陆平均年降水量为600毫升左右，沿海地区则超过750毫升，最多的鲁东南和胶东半岛东南部地区可达850毫升以上。全年的降水时间比较集中，据现代气象资料统计，每年6～9月份的降水量占全年总量的60%～70%。全年蒸发量大于降水量，其中40%以上集中在春季。

全年平均无霜期为173～250天。概括地说，东南部地区的无霜期超过200天，而西北部和海拔较高的山地则均在200天以内，其中最少的地区只有150天左右。

以上所述均为当代的自然气候数据。新石器时代的海岱地区，自然气候较之现代有一定差别，并且也是在不断地变化过程之中。据第四纪地质的研究，末次冰期结束之后，地球表面的温度开始上升，到距今6000～5000年前后，达到了全新世最暖期，平均温度比现代高3℃～5℃，海平面较现在要高出4米左右。此后，温度又开始逐渐回落，到距今4000年前后，又进入一个相对凉爽的时期。就海岱地区的考古发现而言，也有迹象可寻。如兖州王因北辛文化晚期和大汶口文化早期的遗存中，发现数量较多的现今只生存于长江流域的动物，如扬子鳄、各种蚌类和鱼类以及植物的孢粉等[1]。而到大汶口文化中期，在鲁北的广饶五村遗址中，仍然发现一些现今只生存于南方地区的动物种属[2]。

从总体上分析，海岱地区新石器时代的气温、湿度和降水量，均要高于现代。其变化的趋势是，气温逐渐降低，降水量不断减少，气候趋向于干燥，植被也越来越差。

总之，相对独立的地理位置，相近的气候和相似的自然生态环境，对海岱文化区在长达数千年时间内保持着相对稳定的文化体系，具有一定的制约作用。

3. 资源

海岱地区较为复杂而多样化的地理地貌，蕴藏着极为丰富的各种各样人们赖以生存的资源，而不同地区之间又有所差别。

鲁中及胶东半岛地区是大范围的低山丘陵，埋藏着人类生存所必需的各种矿藏（石、玉、铜、锡、铅等）。为史前居民的玉石器制作、铜器的发明和冶炼等，提供了优越的资源条件。

鲁中丘陵之周围则为广袤的冲积平原，如东侧有胶莱平原，北侧和西侧为鲁西北平原，南侧则为黄淮海平原。此外，在鲁中丘陵的周围地区，大小湖泊星罗棋布，具有丰富的水资源。据统计，仅在现山东省的范围之内，就有长度在10千米以上的河流1500余条，其中有近20条的长度超过了80千米。这片美丽富饶的土地上盛产各种水陆生物，其中仅淡水鱼类就达119种，贝类40余种，还有虾、蟹等[3]。而平整肥沃的土地，更是发展早期农业的优越条件。

海岱地区的东半部具有长达3000多千米的海岸线，近海地区还分布着300多个大大小小的岛屿，

[1] 高广仁、胡秉华：《王因遗址形成时期的生态环境》，《庆祝苏秉琦考古五十五年论文集》，文物出版社，1989年；中国社会科学院考古研究所：《山东王因——新石器时代遗址发掘报告》，科学出版社，2000年，附录三～五。
[2] 孔庆生：《广饶五村大汶口文化遗址中的动物遗骸》，《海岱考古（第一辑）》，山东大学出版社，1989年，第122页。
[3] 山东省地方史志编纂委员会编：《山东省志·水产志》，山东人民出版社，1991年。

超过100平方千米的浅海海湾就有近10处。据统计，现在还存在的海洋鱼类多达220余种，海水虾蟹类数十种，海贝类170余种。漫长的海岸线和广阔的海洋使得本区兼有渔盐之利。这一切，都为海岱地区史前人类的生业活动，提供了丰富的海洋资源基础[1]。

（二）海岱地区史前文化的基本发展序列

1. 史前文化的基本序列

海岱地区的考古工作起步较早，如果算上日本学者鸟居龙太郎在辽东半岛地区进行的考古调查和老铁山龙山文化积石墓的发掘，则比1928年发现城子崖遗址的时间还要早二三十年。

海岱地区的考古发掘和研究工作，以龙山文化的发现和确立为起点，后来又陆续发现了早于龙山文化的大汶口文化、北辛文化和后李文化以及晚于龙山文化的岳石文化等，从而使海岱地区的新石器文化序列逐渐建立起来。目前，进入农耕社会以后的海岱地区已经梳理出了一个较为完整的文化体系，以时间先后为序依次是后李文化、北辛文化、大汶口文化、海岱龙山文化、岳石文化和珍珠门文化。其中岳石文化和珍珠门文化已经进入了青铜时代，相当于三代时期。而且，珍珠门文化由于受商周文化东进的压迫，已经渐次退居海岱地区东部的滨海地区及沿海岛屿一带。

（1）后李文化

后李文化是最近十几年来在海岱地区新发现的一支新石器文化。就目前的资料而言，其主要分布于泰沂山北侧的山前平原地带，海拔高度多在50米以下。东起潍河，西到泰山西北麓，东西狭长，长度超过200千米，南北较窄，最宽处也不足30千米，基本上呈一长条形。迄今为止，发现的后李文化遗址不过十余处，其中以长白山西侧一带较为密集。经过发掘的主要有临淄后李、章丘西河、小荆山、长清月庄、张店彭家庄和潍坊前埠下等。西河和小荆山为保存相对较好的两处后李文化聚落遗址，后者还发现整齐的墓地，并钻探出周长达1130米的近三角形围壕[2]。

后李文化的生产工具以石器为主，器形有锤、斧、锛、凿、铲、犁形石器、磨盘、磨棒以及打制的刮削器、尖状器等。也有一定数量的骨器、蚌器和牙器，制作相对较为精致。石质支脚较多是这一文化的显著特色。

后李文化陶器的特色鲜明，无论是制作方法，还是器形，均与周边地区同时期诸文化明显不同。陶器中未见泥质陶，表明尚未发明过滤和沉淀的淘洗泥土技术，夹细砂陶最多，而相当一部分则是采用未经处理的自然陶土制成，东部个别遗址存在大量的夹滑石陶，应是一种区域性特征。陶器颜色以红褐色和红色为主。制法古朴，有模制、泥条盘筑和泥圈套接等不同的方法。陶器的规整性较差，烧成温度也低。器表装饰以素面为主，有纹饰者甚少，刻划纹和附加堆纹较为常见，也有少量锥刺纹、指甲纹等。陶器的种类比较单一，器物造型相对较为简单，圜底器最为常见，也有少量的圈足器和多乳足器。流行叠唇作风，而反叠部分的外缘往往刻有短条形纹或戳印有各种不同的

[1] 山东省地方史志编纂委员会编：《山东省志·海洋资源志》，山东人民出版社，1993年。
[2] 山东省文物考古研究所：《山东考古的世纪回顾与展望》，《考古》2000年第10期。

纹饰，部分器形有舌形鋬耳。器形以筒形圜底釜最为常见，其数量占到陶器总数的70%～80%，此外还有罐、钵、盆、壶、碗、匜、杯、器盖和支脚、纺轮等。其中匜的造型较为复杂，整体近似椭圆形，前端有流，后部有高起的环形提手。

关于后李文化的年代，现有7个碳–14测年数据，高精度树轮校正年代在公元前6500～前5700之间。综合几处典型遗址的文化层堆积、以陶器为代表的主要文化遗物的演化关系和碳–14测年数据，可以将后李文化的年代大体定在公元前6500～前5500年之间。随着新材料的发现和研究工作的深入，其上下限有进一步向两端延伸的可能。

由于后李文化发现的时间不长，发现和发掘的遗址也不多，特别是几处主要遗址的发掘资料尚未全面公布，一些基础性问题仍在讨论之中。例如：关于文化的命名，就有后李文化和西河文化的不同提法，甚至有人提出新的文化命名；关于后李文化与北辛文化的关系分歧更大，或认为两者是一脉相承的前后两支文化[1]，有人在此基础上进一步认为两个阶段的文化遗存属于同一文化，即北辛文化[2]，或认为北辛文化只是部分地继承了后李文化[3]，或认为两者是在泰沂山南北两侧地区并列发展的两支文化[4]。

（2）北辛文化

继后李文化之后兴起的是北辛文化。关于北辛文化的分布区域，学术界存在相当大的分歧。概而论之，主要有三种不同的观点。第一种观点认为，北辛文化兴起于鲁中南地区，到晚期才扩展到鲁北。第二种观点认为，从器物群的基本组合和其他方面综合分析，北辛文化的分布包括了山东省大部和苏北地区，即胶东半岛的白石村类型和苏北地区的原青莲岗文化均属于北辛文化的范畴。第三种观点认为，北辛文化的范围不仅包括整个山东、苏北，并且可以扩大到太行山以东地区[5]。本文取第二种观点。

北辛文化的发现可以追溯到1959年，当年在连云港二涧村的发掘就已经发现属于北辛文化的遗存，由于种种原因，直到1978年北辛遗址的大面积发掘之后，才最终确立了北辛文化在海岱地区史前文化发展序列中的位置。目前发现的北辛文化遗址已超过100处，其中20余处经过了不同规模的发掘，比较重要的有滕州北辛、汶上东贾柏、泰安大汶口、连云港二涧村、灌云大伊山、烟台白石村、福山邱家庄、章丘王官、邹平苑城、临淄后李等。

目前一般将北辛文化分为早、中、晚三期。早期遗存发现较少，仅见于北辛、西桑园、张官等少数几个遗址。中期遗存增多，从苏北、鲁南到鲁北和胶东半岛都有发现。晚期遗存数量最多，已遍及整个北辛文化的分布区[6]。

以往，在没有发现后李文化时，不少学者曾一度将北辛文化与裴李岗诸文化视为同时并行的史

[1] 王永波：《后李文化与北辛文化的关系》，《中国文物报》1993年4月18日。
[2] 张江凯：《后李早期陶器的类型学研究》，《中原文物》1998年第4期。
[3] 栾丰实：《试论后李文化》，《海岱地区考古研究》，山东大学出版社，1997年。
[4] 张学海：《西河类型、后李文化的发现和意义》，《中国文物报》1993年1月31日。
[5] 张忠培、乔梁：《后冈一期文化研究》，《考古学报》1992年第3期。
[6] 论述北辛文化的论文主要有：郑笑梅：《试谈北辛文化及其与大汶口文化的关系》，《山东史前文化论文集》，齐鲁书社，1986年；王永波：《关于后李文化的谱系问题——兼论北辛文化的内涵和分期》，《青果集——吉林大学考古专业成立二十周年考古论文集》，知识出版社，1993年；栾丰实：《北辛文化研究》，《考古学报》1998年第3期；张江凯：《略论北辛文化及其相关问题》，《考古学研究（四）》，科学出版社，2000年。

前文化。随着后李文化的发现和相关测年数据的增多，北辛文化的绝对年代逐渐清晰起来。分析已测定的20余个碳-14测年数据，北辛文化的下限年代比较明确，一般认为在公元前4200年前后。上限年代认识不太一致，主要是因为出自北辛遗址H501的一个标本，经测定为距今4775±200年，高精度校正值在公元前5630～前5243年之间，明显早于其他同期数据。考虑到H501是开口于第二层下的灰坑，可暂时存疑。舍此，其他数据均在公元前5000年之内，联系到周边地区同期文化的年代（如半坡类型、马家浜文化、赵宝沟文化等），根据目前已有的碳-14测年数据，可以将北辛文化的绝对年代推定在公元前5000～前4200年之间，延续了近1000年的时间。

北辛文化的生产工具以石器为主，数量甚多。制作技术以打制和磨制共存是其特色，各种器物的形态已经比较规范。器形有斧、锛、凿、铲、刀、镰、磨盘、磨棒以及锤、砍砸器、刮削器等。其中磨制精良的大型石铲数量极多，是最具有代表性的工具类型。

骨、角、牙、蚌器也十分发达，制作甚为精致，除了部分生产工具，如凿、镰、镞等，主要用于生活用具和装饰品，如带针眼的骨针、磨制光滑且有不同装饰的骨笄等。

北辛文化的陶器以黄褐色为主，泥质陶少于夹砂陶，手制。较之后李文化，北辛文化的陶器制作技术有了较大进步，主要表现在以下四个方面。一是出现了泥质陶，表明处理陶土的技术有了进步，产生了淘洗陶土的工艺；二是制作方法以泥条盘筑为主，晚期出现慢轮修整的现象，为后来轮制技术的出现奠定了基础；三是器表装饰的种类和数量有所增多并渐趋复杂，如附加堆纹和刻划纹甚为流行，还有乳丁纹、篦刮纹、锥刺纹、指甲纹、压划纹等，此外，还出现了彩陶这一新的装饰门类；四是器物种类增多和造型复杂化，如三足器的大量出现等。北辛文化的陶器种类有鼎、釜、罐、壶、盆、钵、碗、豆、器盖、器座、支脚等，其中鼎的数量多，造型复杂，是北辛文化最具代表性的器类。

（3）大汶口文化

早在20世纪50年代初，就在苏北的新沂花厅遗址和鲁南的滕州岗上遗址发现了典型的大汶口文化遗存，但直到1959年泰安大汶口墓地的发掘，才开始将这一类遗存从仰韶文化和龙山文化中独立出来，命名为大汶口文化。其在学术界被广泛接受，则要迟至20世纪70年代末期。

全面继承北辛文化而来的大汶口文化，是海岱地区新石器时代的重要发展阶段。其发展过程是海岱文化区不断壮大并走向辉煌的时期。由于其延续的时间较长，目前一般把大汶口文化划分为早、中、晚三大期[1]。这一分期方案，不仅揭示了大汶口文化的文化演变轨迹，也体现了社会的不同发展阶段。大汶口文化的碳-14测年数据有70多个，结合文化内涵的分析比较，可以把各期的绝对年代推定为：早期阶段为公元前4200～前3500年，中期阶段为公元前3500～前3000年，晚期阶段为公元前3000～前2600年。

早期阶段

这一时期的遗存最早发现于邳州刘林遗址，曾被称为刘林期、刘林类型或刘林文化[2]。后来在苏北和山东各地陆续发掘了邳州大墩子、邹城野店、泰安大汶口、兖州王因、蓬莱紫荆山、福山邱家

---

[1] 高广仁：《试论大汶口文化的分期》，《考古学报》1978年第3期；栾丰实：《大汶口文化的分期和类型》，《海岱地区考古研究》，山东大学出版社，1997年。

[2] 纪仲庆、车广锦：《苏北淮海地区新石器时代诸文化的再认识》，《考古学文化论集（二）》，文物出版社，1989年。

庄、长岛北庄、平度韩村等典型遗址。综合这些遗址各类器物的演变，还可以将早期阶段进一步划分为前、后两期，两期的分界约在公元前3800年前后。

本期遗存中居住遗迹发现较少，而墓葬资料十分丰富，仅王因遗址就发现属于此期的墓葬899座。由此，我们可以窥见当时社会一些极具特色的习俗，如：埋葬方式多样化，既有单人葬，也有各种合葬；在墓葬中，死者有手握獐牙的习俗；不少墓葬开始用猪、狗随葬，而随葬陶器中以鼎和杯最为常见；死者生前流行拔除上颌侧门齿和头骨枕部人工变形，也存在少量齿弓变形的现象。

生产工具以石、骨器为主，石器加工技术较之北辛文化有所进步，磨光石器的数量增多，而打制石器明显减少。北辛文化时期甚为流行的大型石铲和石磨盘、石磨棒的数量锐减，以至最终退出了工具领域。

陶器以红褐色为主，灰陶和黑陶有增多的趋势。使用慢轮修整的现象增多，器表仍以素面为主，纹饰有乳丁纹、刻划纹、附加堆纹、锥刺纹、指甲纹、弦纹、镂孔等。彩陶由少到多，无论是颜色和技法，还是纹样母题和图案，均渐趋复杂，成为本阶段最具有特色的文化内容之一。陶器器物群的种类不断增多，其基本组合有釜形鼎、钵形鼎、无流壶形鬶、钵、三足钵、钵形豆、罐、觚形杯等。

大汶口文化早期阶段的遗存尽管在某些地区十分丰富，但分布很不均衡，许多地区至今还是空白。所以，依据区域特征所划分的地方类型，目前比较确定的只有三个，即鲁中南地区的王因类型、苏北地区的刘林类型和胶东半岛的紫荆山类型。而其他一些地区，如泰沂山北侧地区的东部和西部及鲁东南地区，很可能也存在不同的类型。由于资料贫乏，目前尚无法论定。

在对外文化联系和交往上，本阶段的文化输入要大于输出。在分布区内，经常可以发现来自中原地区庙底沟类型仰韶文化的因素，也有不少源于长江两岸地区龙虬庄文化、崧泽文化和北阴阳营文化的因素。而在辽东半岛和长江下游一带，也有相应的大汶口文化因素发现。

中期阶段

此期遗存是从苏北的新沂花厅和鲁南的滕州岗上遗址开始发现的，曾一度被称为花厅期或花厅类型。此后，在邳州大墩子、泰安大汶口、曲阜西夏侯、邹城野店、枣庄建新、诸城呈子、广饶五村和傅家、潍坊鲁家口和前埠下等遗址陆续发现这一时期的典型遗存。通过这些典型遗存的年代学比较，可以把中期阶段再细分为前、后两期，两期的分界约在公元前3200年前后。

这一阶段聚落遗址中居住遗迹的发现有所增加，但仍以墓葬资料为主。较之早期阶段，由墓葬等所反映的习俗略有变化，例如：多人合葬墓和二次葬明显减少，成年男女合葬墓增多；部分墓葬开始使用木质葬具；墓葬之间的分化迅速扩大。而其他方面，更多的是延袭了前一时期的传统。

生产工具方面的变化主要表现在，磨制石器已经成为石器的主流，单纯使用打制方法生产的石器较为少见。值得注意的是，在若干个遗址都发现了象牙制品，如大汶口遗址发现的镂刻各种纹样的象牙雕筒，堪称绝代佳品。

陶器方面的变化比较明显。灰黑陶所占比例进一步提高，在有的遗址甚至已经成为最主要的陶系。同时，还出现采用高岭土为原料制作的白陶。制作工艺方面，在较多地运用轮修技术的基础上，局部地区开始出现拉坯成型的快轮制陶技术，这是陶器制作历史上一个划时代的进步。器表装饰以大镂孔编织纹最具时代特色，新出现了篮纹和绳纹，而其他纹饰的数量都不多。彩陶仍然较为流行，与早期阶段相比，这一时期的彩陶艺术已经形成自己的风格，但纹样种类多而散，没有形成集中而突出的代表性纹样图案。并且，随着时间的推移开始趋于简单化。需要指出的是，在流行彩陶的同时，还出现一部分彩绘陶。器物种类有所增多，其基本组合是釜形鼎、盂形鼎、实足鬶、背壶、壶、罐、大镂孔豆、觚形杯和高足杯等。

区域性特征仍然十分明显，据此，可以将其划分为不同的地方类型。目前一般认为，这一阶段存在着五个地方类型，即鲁中南地区的大汶口类型、苏北地区的花厅类型、鲁中北地区的五村类型、潍河流域的呈子类型、胶东半岛的北庄二期类型。而其他一些地区，如鲁东南地区、鲁西北地区和皖北豫东地区，资料尚少，目前难以划分出独立的类型。

随着大汶口文化的逐渐走向繁荣，对外扩张和影响的势头有所增强。其主要表现在两个方面。一是在皖北地区出现了较为单一的大汶口文化遗存，从而表明大汶口人向外扩展的脚步首先迈向了鲁西、皖北和豫东地区。二是在豫东西部乃至豫中地区的仰韶文化遗址中，出现了较为典型的大汶口文化遗存，如郑州大河村遗址发现的大汶口文化墓葬等，这种情况表明，已经积蓄了足够力量的大汶口文化，拉开了西进中原浪潮的序幕。

晚期阶段

这一阶段的遗存首次发现于安丘景芝镇遗址，由于缺乏可资比较的资料，当时将其归入龙山文化。随后，又陆续在泰安大汶口、曲阜西夏侯、邹城野店、泗水天齐庙、枣庄建新、滕州西拱桥、莒县陵阳河和大朱村、日照东海峪、诸城前寨、胶州三里河、茌平尚庄、栖霞杨家圈、邳州梁王城、蒙城尉迟寺、郸城段砦等遗址发现同期典型遗存。此期遗址的数量明显增多，经过发掘的遗址已近50处。近些年来的研究表明，此期又可以进一步分为前、后两期，两期的分界约在公元前2800年前后。

随着田野工作的开展，本期居住遗迹的数量增加，出现了像尉迟寺那样大面积揭露的聚落遗址。墓葬资料仍然十分丰富，分布的区域也比较均衡。从总体上看，这一时期在继承传统的基础上，又出现一些新变化。例如，合葬的埋葬习俗除了在个别偏远地区尚有保留外已基本消失；表现在多个方面的墓葬之间的分化进一步加剧；在此前已有木质葬具的基础上，出现了最早的棺和椁，作为商周礼制重要组成部分的棺椁制度已经开始产生；死者手握獐牙的习俗仍然极为流行，并且蔓延到了大部分地区。

生产工具中的石器均经过精磨，玉石器的钻孔普遍采用管钻法。玉器的数量有所增多，骨、角、牙器较为常见。

陶器的变化十分明显，主要表现在：陶器颜色中灰黑陶所占比例又有较大幅度的提高，尤以墓葬的随葬品为甚，红陶已退居次要位置，白陶和橙黄陶也占有一定比例；快轮制陶技术开始得到推广和普及，或认为此时已经进入陶器的专业化生产阶段；器表装饰以篮纹为主，其他还有附加堆纹、刻划纹、绳纹、镂孔、弦纹等，彩陶已经趋于消失。陶器的种类有较大变化，基本组合为罐形鼎、釜形鼎、袋足鬶、盂、背壶、壶、罐、尊、瓶、碗、高足杯和薄胎高柄杯等。

随着人口迁徙活动的频繁发生，不同区域之间在文化面貌上的共性逐渐得到加强，但地域性特征仍然十分明显。据此，一般把大汶口文化晚期阶段区分为更多的地方类型，在认识上比较一致的就有鲁中南地区的西夏侯类型、沂沭河流域的陵阳河类型、鲁北东部的三里河类型、鲁西北地区的尚庄类型、胶东半岛的杨家圈类型、皖北豫东地区的尉迟寺类型等。此外，苏北地区也可能存在另外一个类型。

　　大汶口文化晚期阶段向外发展的主要流向是中原地区。如果说中期阶段大汶口居民向西发展还只是刚刚开始或属于分散的行为，而在这一时期，向西迁徙逐渐成为一种风潮。由此形成的现象是，我们在皖北和豫东地区发现了数量可观的大汶口文化晚期遗址。而小批量的人群向西一直扩散到豫中和豫西甚至更为遥远的区域，他们渗透到了中原地区居民的内部，并且经过一段时间之后便与他们融为一体。

　　（4）龙山文化

　　1928年章丘城子崖遗址的发现，导致了一个新的文化——龙山文化的确立。随后，特征类似的发现几乎遍及半个中国，为了加以区别，遂出现了各种不同的龙山文化的名称。海岱地区的同期遗存，也从龙山文化衍生出典型龙山文化、山东龙山文化、海岱龙山文化等不同的称谓。

　　龙山文化的分布范围较之大汶口文化晚期阶段又有所扩大，向南发展到淮河以南的江淮之间，西北方向则跳跃到冀中地区东部，东北地区南端则在长期移民的基础上，改变了辽东半岛南部地区史前文化的文化性质，使之成为龙山文化一个新的分布区[1]。至此，海岱文化区达到了历史上的全盛时期。

　　已发布资料的龙山文化遗址有1200余处。章丘城子崖、邹平丁公、阳谷景阳冈、茌平教场铺、泗水尹家城、兖州西吴寺、日照两城镇和尧王城、潍坊姚官庄、诸城呈子、胶州三里河和赵家庄、临朐西朱封、临淄桐林、寿光边线王、栖霞杨家圈和北城子、连云港藤花落、永城王油坊、大连老铁山积石墓等，则是这一时期的典型遗址。

　　龙山文化的编年研究开展得最为充分，结果也较为准确和细致。目前，至少可以将其细分为依次发展的六期，根据研究的需要，一般又合并为两个大的发展阶段，即前期阶段和后期阶段。龙山文化的碳-14测年数据已有60多个，经过认真的分析比较，我们认为可以将其绝对年代推定在公元前2600～前2000年之间。其上限已与大汶口文化末期契合，下限则与后续的岳石文化基本衔接[2]。

　　这一时期经过发掘的聚落遗址不少，但缺乏像北庄、尉迟寺那样的系统资料。城址的普遍出现是龙山文化时期的一个重要社会现象。墓葬的数量仍然相对较多，分布也算均衡，但与大汶口文化相比，则要少得多。这一时期在继承当地历史文化传统的基础上，又有所发展和变化。例如，城址普遍出现并且面积在不断地扩大；铜器的产生表明冶铜技术已经开始被人们所掌握；墓葬反映的社会分化进一步加剧；作为礼制的重要内容的棺椁制度基本具备；陶器和玉器中的专用礼器已经形成固定的组合，等等。

　　龙山文化时期虽然发明了铜器，但生产工具领域仍然是石、骨、蚌器的天下。石、骨、蚌器的种类与大汶口文化晚期基本相同，变化主要表现在器类的数量方面。例如，作为农具的石铲、石

　　[1]　栾丰实：《辽东半岛南部地区的原始文化》，《海岱地区考古研究》，山东大学出版社，1997年。

　　[2]　综合论述海岱龙山文化的论文主要有：吴汝祚、杜在忠：《两城类型分期问题初探》，《考古学报》1984年第1期；邵望平：《对龙山文化的再认识》，《新中国的考古发现和研究》，文物出版社，1984年；韩榕：《试论城子崖类型》，《考古学报》1989年第2期；李权生：『山东龙山文化の编年と类型—土器を中心として—』，『史林』第75卷第6号，1992年11月；赵辉：《龙山文化的分期和类型》，《考古学文化论集（三）》，文物出版社，1993年；栾丰实：《海岱龙山文化的分期和类型》，《海岱地区考古研究》，山东大学出版社，1997年。

镰、石刀、蚌铲、蚌刀在工具中所占的比例明显提高，武器也趋向于专门化和正规化。玉器的数量增多，并形成了以钺、大型刀、牙璧、圭等为基本组合的玉礼器群，在社会中扮演着越来越重要的角色。

陶器生产的空前发达是龙山文化时期手工业领域最重要的成就。陶器以黑陶数量最多，并且陶胎较薄，泥质陶纯净细腻，夹砂陶细而均匀。陶器制作普遍采用了拉坯成型的快轮制作技术，生产的陶器无论大小，皆中规中矩，美观灵巧。同类器形，即使出自遥远的异地，形态也极其相似，故我们推测这一时期的陶器生产已经进入了专门化的商品生产阶段。龙山陶器的器表装饰不尚浮华，追求朴素典雅，故纹饰中除了轮制留下的凹凸弦纹外，其他种类的纹样都较少，而绝大多数是经过磨光处理的素面。龙山文化陶器群的数量达到了空前绝后境地，据统计，以大类计有30余类，以小类计则可多达60余种。其基本组合为罐形鼎、盆形鼎、甗、鬶、甑、罐、盆、盘、壶、匜、豆、盒、各种杯等。

龙山文化内部的统一性较之大汶口文化晚期进一步加强，但区域性差异仍然存在。据此，可以把龙山文化划分为不同的地方类型。在划分方法上，有把整个龙山文化作为一个整体来划分和先分为两期或三期、再按期划分两种基本意见。按前一种意见，一般倾向于划分为六个地方类型，即鲁西北地区的城子崖类型、潍河和淄河流域的姚官庄类型、汶河和泗河流域的尹家城类型、鲁东南地区的尧王城类型、胶东半岛及其沿海岛屿的杨家圈类型、鲁西南皖北豫东地区的王油坊类型。此外，辽东半岛、河北省东南部及江苏省的苏北和江淮之间，都有可能是龙山文化向外扩展后形成的新的地方类型。

（5）岳石文化

我们今天称之为岳石文化的遗存最早发现于城子崖遗址，当时所谓的黑陶期城墙就属于岳石文化。后来陆续又有包括平度东岳石村在内的不少同类遗存被发现，但直到20世纪70年代末，人们在追寻龙山文化的去向时，才开始注意到这批遗存，进而提出岳石类型和岳石文化的命名[1]。因为岳石文化一类遗存独特的文化面貌和具有公认的时空界限，故该文化一经提出，很快就得到了学术界的认可。

岳石文化的分布范围与鼎盛时期的龙山文化基本一致，即山东全省、豫东、皖北、苏中以北和辽东半岛南部这一广阔的地区。到岳石文化晚期，随着商人势力的东进，岳石文化的分布区渐次向东退缩。商代晚期，在东部滨海地区演变为其后续的珍珠门文化。经过发掘的岳石文化遗址已有30多处，其中较为重要的遗址有平度东岳石、牟平照格庄、青州郝家庄、桓台史家、邹平丁公、章丘城子崖和王推官、泗水尹家城和天齐庙、菏泽安邱堌堆、邳州梁王城、沭阳万北、高邮周北墩、夏邑清凉山、鹿邑栾台、杞县鹿台岗和大连双砣子等。

与前几个时期相比，岳石文化的考古发现不甚丰富，不仅聚落资料十分贫乏，而且至今在主要分布区内没有发现明确的岳石文化墓葬，从而给相关的研究增加了难度。据现有资料，可以把岳石文化粗略地划分为前后连续的四期，前三期大体上与中原地区的二里头文化同时，第四期在年代上则已经进入了商代前期。关于岳石文化的绝对年代，依据文化之间的横向比较和碳-14测年数据，可

---

[1]　黎家芳、高广仁：《典型龙山文化的来源、发展及社会性质初探》，《文物》1979年第11期；严文明：《龙山文化和龙山时代》，《文物》1981年第6期。

以大体推定在公元前1900～前1500年前后，东部地区的下限年代可能更晚一些[1]。

岳石文化的整体风格较之龙山文化有较大变化，如文化堆积中多包含水锈斑点，灰土较多；遗址数量显著减少，至今未见墓葬；青铜器开始出现；陶器变的粗放厚重，新出现一定数量的彩绘陶，等等。

虽然已经发现不少青铜刀、锥、镞等小件器物，但岳石文化的生产工具仍以石、骨、蚌器为主。石器制作相对较为粗糙，如不少器形只是刃部经过磨光处理，器孔均采用两面对琢的钻孔技术。石器中新出现一种大型长方形器形，两侧或三侧有刃，中部有长方形大孔，被称为石镢或石锄。它连同半月形双孔石刀、梯形或长方形扁薄石铲，一起构成了岳石文化最为典型的石器工具组合。岳石文化的工具中蚌器的数量也相当多，器形有铲、镰、刀、镞、锥等。

岳石文化的陶器极富特色。夹砂陶以红褐色为主，多为手制，看起来较为粗糙；泥质陶以黑陶居多，多采用轮制技术制成，显得比较规整。器表装饰仍以素面为主，纹饰的种类主要有附加堆纹、刻划纹、弦纹、绳纹、方格纹、之字纹、圆圈纹、乳丁、镂孔及云雷纹、变体夔纹等。彩绘主要见于泥质陶器，颜色以朱、白为主，偶见黄彩，纹样以涡纹、卷云纹、变体夔纹、条带纹、折线纹等较为常见。器物种类较之龙山文化减少，基本组合为袋足甗、鼎、罐、瓮、盆、豆、尊、碗、盒和器盖等。

岳石文化的区域性特征仍然比较明显，据此，研究者一般将其划分为七个地方类型，即胶东半岛地区的照格庄类型、潍河和淄河流域的郝家庄类型、鲁西北地区的王推官类型、鲁中南地区的尹家城类型、鲁东南地区的土城类型、鲁豫皖地区的安邱堌堆类型和苏北地区的万北类型。

岳石文化的实力在许多方面有所加强，而并不是像有的学者认为的那样进入了一个大衰退时期，这从岳石文化的对外影响一直保持着龙山文化以来的势头方面可以得到证明。岳石文化时期继续保持着与龙山文化基本相同的分布范围，就连龙山文化时期文化性质归属尚有不同意见的豫东皖北地区、辽东半岛地区，至岳石文化时期学术界一致认为它们都属于岳石文化的分布区，而江苏中部的江淮地区，也发现了典型的岳石文化遗存。此外，在海岱地区的周边，岳石文化的影响扩展到了更为遥远的地带，如南方的太湖地区、西南的江汉地区、西面的中原地区中西部、北方和东北地区以及朝鲜半岛一带等，都发现有明确的岳石文化因素。

2. 关于海岱文化区的概念

海岱文化区是随着黄淮下游地区考古发现不断增多，文化发展序列的逐渐建立而从考古学上提出来的一个历史地理和人文地理概念。

众所周知，自1930年代发现龙山文化以后，经过50年的时间，在黄淮下游地区陆续发现和确立了大汶口文化、北辛文化和岳石文化，由此在这一地区建构起北辛文化－大汶口文化－龙山文化－岳石文化的考古学文化发展序列。这一以"大汶口－龙山文化"为核心的文化序列展示了该地区史前文化不断地发展、变化和走向繁荣壮大的历史过程。对这一具有明确自身文化传统的区域，最初

---

[1]　关于岳石文化分期方面的文章较多，主要有：吴玉喜：《岳石文化地方类型初探——从郝家庄岳石遗存的发现谈起》，《考古学文化论集（三）》，文物出版社，1993年；王迅：《东夷文化与淮夷文化研究》，北京大学出版社，1994年；栾丰实：《岳石文化的分期和类型》，《海岱地区考古研究》，山东大学出版社，1997年；方辉：《岳石文化的分期与年代》，《考古》1998年第4期。

在考古学上多称之为山东地区或黄河下游地区，但实际上这一文化序列分布的区域并不限于山东或者黄河下游地区。

1984年，高广仁、邵望平先生在比较了各种不同的提法的基础上，结合历史文献的有关记载，首先提出了"海岱历史文化区"的概念[1]。由于这一概念的提出既有历史文献根据，又与50多年来的考古发现和研究成果相吻合，所以很快就得到了学术界的广泛认同。

稍后，郑笑梅先生在自己的研究中提出了"泰沂文化区"的概念[2]。虽然两个文化区在具体的空间范围上略有差异，但在文化内涵方面则基本相同。

海岱地区（可以认为是海岱历史文化区、海岱文化区的简称）作为一个考古学的专业术语，应该有明确的时空界限，对此，目前学术界尚有不同看法。按我的理解，在空间分布上，海岱地区是以泰沂山区为中心，不同时期的分布范围有一定差别，在总体上呈现一个逐渐扩大的趋势。在时间上，大约包括了目前已知的新石器时代和青铜时代，经历了一个产生、发展、鼎盛和融合的过程，最终汇入到日益壮大的中华古代文化的洪流之中，成为中华古代文化的主要来源之一。

根据以上考古学文化的发展和演进过程，海岱文化区萌芽于后李文化时期，北辛文化和大汶口文化早期是其形成和初步发展阶段，大汶口文化中期开始，其向外扩展的速度加快，大汶口文化晚期、龙山文化和岳石文化是其鼎盛时期，此后，由于中原中心的形成，在对方的强大压力下不断后退，最终作为中原文化的一分子融于其中。后李文化时期，其分布仅限于泰沂山北侧地区，泰沂山以南则不清楚，由于皖东北小山口等同期遗存的发现，不能排除鲁南地区存在后李文化的可能性。北辛文化和大汶口文化早期，文化的分布基本上遍及了山东大部和苏北地区，大汶口文化中期开始，文化的触角开始向外延伸，至大汶口文化晚期，广大的豫东皖北地区已进入海岱文化区的范围。龙山文化和岳石文化时期，海岱文化区尽管又略有扩展，如辽东半岛南部地区和江淮地区开始并入其中，但基本的文化格局没有大的变动。商代前期偏后开始，海岱文化区开始了与中原文化区进行实质性融合的进程，并且一直持续到东周时期才最终完成。而其流风余韵，直到两汉时期还有着不同程度的保留。

二　后李文化时期

1. 主要的考古发现

如前所述，后李文化发现时日尚短，资料相对较少。到目前为止，共发现后李文化遗址11处，即临淄后李，章丘西河、小荆山、摩天岭和绿竹园，邹平孙家，张店彭家庄，寒亭前埠下，历城盛福庄，长清万德和月庄。后李、西河、小荆山、孙家、彭家庄、前埠下和月庄遗址都经过了试掘或发掘，其中西河和小荆山是两处聚落遗存保存较好、时代比较单纯的遗址。

（1）西河遗址

西河遗址西距济南市约25千米，位于章丘市和历城区的交界处，东至著名的城子崖遗址仅有1.6

---

[1] 高广仁、邵望平：《中华文明发祥地之一——海岱历史文化区》，《史前研究》1984年第1期。
[2] 郑笑梅：《论泰沂文化区》，《海岱考古（第一辑）》，山东大学出版社，1989年。

千米。1991年调查发现[1]，同年和1997年，山东省文物考古研究所先后两次发掘该遗址[2]。遗址现存面积约10万平方米，在不足2000平方米的范围内先后清理出后李文化房址21座，此外，通过勘探和在砖窑破坏之余的断崖上，还发现若干座后李文化的房址。合计共有30余座，大致分布在遗址的东北部、中部和东南部的三四个地段之内，而实际数量可能更多。由此可见，这是一处保存较好，文化内涵十分丰富的聚落遗址。

（2）小荆山遗址

小荆山遗址位于长白山最西端的小荆山之阴，故名。其西南至西河遗址的直线距离只有22千米。该遗址于1991年发现，同年和1993、1999年，济南市文物处和山东省文物考古研究所等单位进行了三次发掘。主要收获是发现了后李文化时期的环壕、聚落和公共墓地[3]，其中在南北100余米的范围内发现后李文化房址30余座，已发掘清理房址10余座[4]。

此外，在泰沂山南侧地区，除了安徽省东北隅的宿州小山口和古台寺遗址也发现与后李文化极为相似的文化遗存外，其他地区尚未见同类遗存。由于小山口和古台寺的发掘面积都很小，出土的早期遗物均为破碎较甚的陶片，故目前还不能明确它们与后李文化是属于同一考古学文化，拟或仅仅是因为时代相近（或双方互有影响）而形成了一些类似的文化特征。

2. 聚落形态分析

（1）房址的分类

经过正式发掘的后李文化房址有30多座，结构均为半地穴式，平面形状为圆角方形或圆角长方形。这些房址存在着两个显著特点：一是房址的面积相对较大，多数在20平方米以上，有的甚至超过50平方米；二是不少房址内存在由两组或两组以上的单灶构成的组合灶。根据灶的有无，可以将后李文化的房址分为两大类。

A．第一类，有灶址的房址

依灶的数量多少又可分为两小类。

a．有两个或两个以上灶的房址

西河和小荆山遗址均有发现，并且在已发现的有灶类房址中占据多数。此类房址的特点是，房屋面积较大，绝大多数在30～50平方米之间。房址内部一般又可以区分为居住区、炊煮区和活动区等不同的功能区。居住区往往经过特殊处理，即先涂抹一薄层泥膏，再加以火烤，用以防潮。炊煮区在灶塘及其周围，灶塘多采用组合灶的形式，即由2～3个单灶组成，每个灶均由三个呈鼎立状埋设于半地下的石支脚组成，并且相互依存。灶有主副之分，一般说来，主灶与门道的位置相对，支脚较粗大，有的其上还遗有圜底釜。活动区一般也经过烘烤。有的房内一角放置成组的陶器，可能

[1] 山东省文物考古研究所：《山东章丘龙山三村窑厂遗址调查简报》，《华夏考古》1993年第1期。

[2] 佟佩华、魏成敏：《章丘西河新石器时代遗址》，《中国文物报》1994年2月20日；山东省文物考古研究所：《山东章丘市西河新石器时代遗址1997年的发掘》，《考古》2000年第10期。

[3] 山东省文物考古研究所：《山东章丘小荆山遗址调查、发掘报告》，《华夏考古》1996年第2期；王守功：《章丘市小荆山后李文化遗址》，《中国考古学年鉴·2000》，文物出版社，2002年。

[4] 刘伯勤：《章丘县小荆山新石器时代遗址》，《中国考古学年鉴·1992》，文物出版社，1994年；章丘县博物馆：《山东章丘县小荆山遗址调查简报》，《考古》1994年第6期。

是用来储藏物品的。

此类房址的居室面积存在一定差别。一般说来，有两个灶的居室面积相对较小，三个灶的居室面积则要大一些，而同为三灶的居室面积也有大小之分。这显然和房内居住的人口数量密切相关。

如西河F1，位于遗址东北部。平面近圆角方形，长7.4、宽6.8米，面积约50平方米。室内大致可以分为居住区、炊饮区和活动区三个部分。居住区位于西半部，面积达20多平方米。这一部分的居住面以及与之相连的整个西壁和南北两壁的西半部，均涂抹了一薄层黄色泥膏，并用火加以烧烤，表面呈青灰色，局部龟裂严重。炊饮区位于中部，灶址为组合灶，由一组主灶（位于南侧）和两组副灶（位于主灶的东北、西北两侧）合成，其中一组灶上还残留着一件陶釜。活动区位于室内东部，地面亦经过火烤，呈暗红色，其北侧放置着十余件陶器[1]。从F1睡眠区域的面积推算，此房当可居住10人左右。

再如小荆山F11，位于遗址中部。平面略呈圆角长方形，活动面长6.25、宽5.08米，面积约32平方米；台阶状门道位于南壁东侧。四壁涂抹一薄层黄泥膏，并经火烘烤，四壁下有10个柱洞；室内中部有三组灶互相依存，每组各由三个石支脚构成，合成一完整的组合灶；西北部地面经过火烤；室内遗有陶釜、石磨盘等遗物（图二，1）。

b．只有单灶的房址

此类房址的数量较少，面积都在30平方米以下，形状为圆角方形和圆角长方形。其特点在许多方面与第一类大房址相似，但面积较小，室内通常只有一个单灶。此类房址也是人们的居住场所，只是容纳的人口数量较之多灶房间要少。

如西河F58，位于遗址中部。平面为圆角长方形，长5.75、宽3.6～4.45米，面积约23平方米。斜坡式门道位于南侧，室内中部有一灶，由三个石支脚组成。室内放置大小陶釜17件。室内东北部较为平坦空旷。

B．第二类，无灶址的房址

这一类房址的面积略小一些，形状既有圆角方形、圆角长方形，也有个别近似椭圆形者。其特点是，居住面和穴壁多不做烘烤处理，室内不设灶塘，内部结构似乎也没有什么功能上的区别，有的房内存在大量碎陶片。这些特点表明，此类房址用于储藏物品的可能性较大。

如西河F55，位于遗址中部。平面为圆角长方形，长6.6、宽3.56～3.74米，面积约24.1平方米。斜坡式门道位于西南角的南侧，室内的穴壁和地面均未经火烤，也没有灶址。室内没有遗物（图二，2）。这一类房址很可能是用来储藏物品的库房，当然，也不能完全排除住人的可能。

（2）聚落内部房址的空间结构和社会组织

西河和小荆山遗址的房屋分布十分密集，因两个遗址均未全部揭露，故其房址的总体数量和布局尚不清楚。

西河遗址的房址就已知情况而言，可以分为三区，其中1997年发掘的部分，在1350平方米范围内，共发现后李文化房址19座，分布在一个东西长、南北窄的空间内（图二，3）。西河遗址的后李文化堆积分为四层（即第3～6层），所有房址均开口于第3层之下，其延续的时代可能不是很长。但

[1] 佟佩华、魏成敏：《章丘西河新石器时代遗址》，《中国文物报》1994年2月20日。

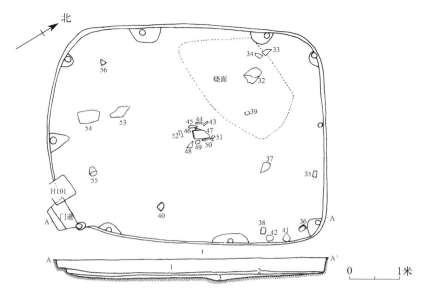

1. 小荆山遗址F11平、剖面图（32、47、55. 陶釜 33、34、43~46、48~52. 石支脚 35~42. 石块 53、54. 石磨盘） （据山东省文物考古研究所，1996，图四）

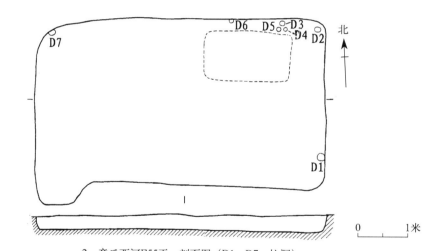

2. 章丘西河F55平、剖面图（D1~D7. 柱洞）
（据山东省文物考古研究所，2000，图六）

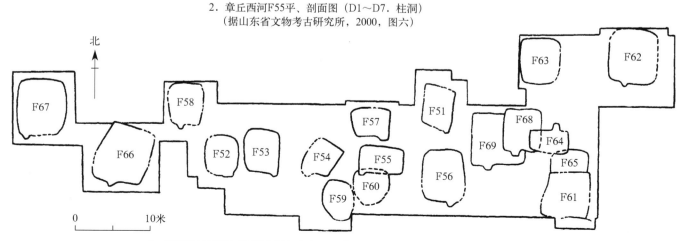

3. 西河遗址1997年发掘区房址平面图 （据山东省文物考古研究所，2000，图三）

图二 小荆山与西河遗址房址平面图

19座房址内又存在3组打破关系，涉及到7座房址，由此可知，这19座房址也不是同时并存的。3组打破关系均在此区中部及以东位置，一组是连续打破，即F64→F68→F69；一组是F64、F61→F65；一组是F55→F60。因为房址和一般的灰坑不同，其使用时间相对可能略长一些，那么，从房址之间的这种打破关系分析，此区的房址就有可能经历了两或三个小的时期（因为F64是没有灶址的乙类房址）。尽管由于资料尚未全部公布，我们现在还无法详细地分析这些房址之间的共存关系，但如果按两个连续的时期推算，同时存在的房址大约为8～10座或略多。

从房址的平面布局上看，有灶的房址共有8座，均分布在东西两端，而无灶的房址大部分位于中部，即在有灶房址的中间部位。由此，可根据有灶房址的分布情况将此区的房址分为东西两组，每组各有4座有灶房址。如前所述，这批房址如果按连续的两个时期推算，那么，每一时期东西两组就分别有两座有灶房址及两三座无灶房址[1]。

按上述分析，西河遗址的后李文化聚落内部，在空间关系上应该存在着四级或者四层结构，即单间房子－房子组－房子区－整个聚落[2]。

小荆山的房址破坏较为严重，在南北100多米的范围之内皆有房址发现，分布也相当密集。从房址的大小、房内布局、灶的数量等方面看，与西河遗址基本相同。由于发掘面积不大，特别是该遗址被砖窑工场取土严重破坏，具体的分区、分组情况不详。

小荆山遗址的一项重要收获是发现了后李文化时期的环壕。环壕平面呈圆角三角形，北段长280、东南段长430、西段长420米，周长1130米，环壕内东西约300、南北约400米，总面积约12万平方米。环壕的宽度不一，最窄的北段及东南段东部只有4～6米，而西段及东南段的西部则宽达19～40、深度在2.5～5米[3]。环壕之内是密集的房址，而墓地则规划在环壕之外（图三）。环壕的发现表明，居住在同一环壕聚落之内的人们之间具有密切关系，这多半应该是属于血缘关系，共同生活在一个社群组织之内。

综合分析西河和小荆山两处遗址的情况，依其聚落内部的房屋结构及相互关系，可以将后李文化聚落内部划分为四层社会组织。

A．单间房子

与最低一层社会组织相联系的居址是单间房子，这种房子内部有灶址及与日常生活配套的器具，能够满足平时的消费需要。这种单间房子面积小者20平方米，大者超过50平方米，一般在30平方米左右。其居住的人口数量可能有一定差别，但不会少于六、七人，多者会超过10人。这样的人口规模显然大于核心家庭，而应与大家庭或扩大家庭相联系。

[1]　有灶房址的数量有可能还多一些，原因有二：一是已发现的房址中可能有的灶址被破坏，如东部的F69，面积较大而未见灶址；二是东西两端的外围基本上没有发掘，不能排除还存在新的房址的可能。所以，各组的房址数量可能要多一些，而每组房屋的人口总量也会多一些。山东省文物考古研究所：《山东章丘市西河新石器时代遗址1997年的发掘》，《考古》2000年第10期。

[2]　当然，西河聚落遗址内部的空间结构也可以从另外一个角度进行分析。仍以发现数量较多，并且发布了平面图的中区为例。这里的房址大体可以分为东西方向排列的三排：第一排在北，已发现者仅有2座，即F62、F63；第二排在中，共有7座，自西向东依次为：F67、F58、F57、F51、F69、F68、F64；第三排在南，共有9座。自西而东依次为：F66、F52、F53、F54、F55、F60、F56、F62、F65；此外，还有1座（F59）在此排之南，如果勉强归入第三排也未尝不可。当然，以上第二排和第三排之内都存在打破关系，显然都不是同时并存的。如果以排为一个单位，房子区是第二层单位，整个聚落是第三层单位，那么，整个聚落遗址的内部结构，也构成了三级或三层的空间结构。但显然不如前述的分组更为合理。

[3]　山东省文物考古研究所、章丘市博物馆：《山东章丘市小荆山后李文化环壕聚落勘探报告》，《华夏考古》2003年第3期。

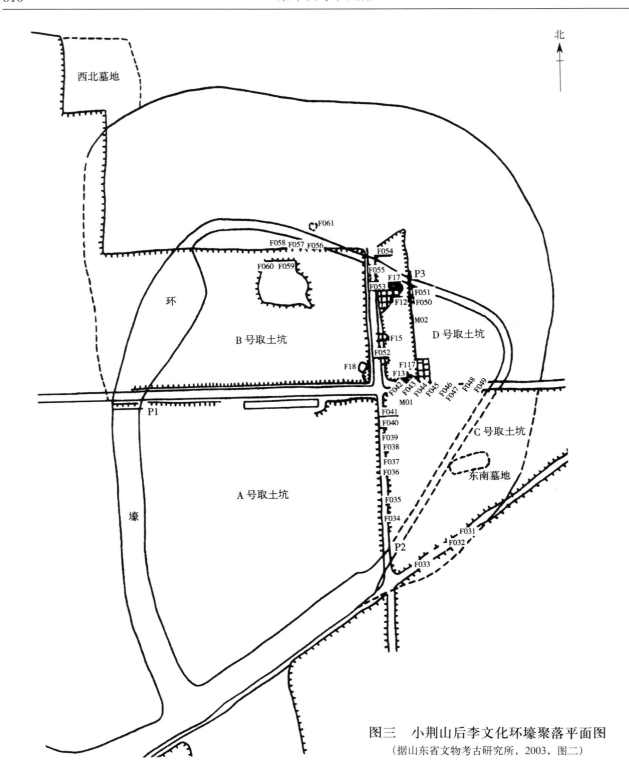

北

图三　小荆山后李文化环壕聚落平面图

（据山东省文物考古研究所，2003，图二）

B. 房子组

第二层社会组织的居住形态表现为房子组，它由两座有灶的房址（有的可能超过两座）和两三座无灶的房址构成。这种规模的房子组所容纳的人口数量一般都在10余人以上。这一时期的房址面积相对较大，房内多数都有由主灶和副灶合成的组合灶，这两种现象在以后的新石器文化中极为罕见。因为房址面积和居住人口数量相关，而灶的大小和多少也与共同生活、一起吃饭的人数密切联系在一起。所以，以上两种现象反映了一个基本事实，即社会基层组织内部的人口数量较多。因此，我们有理由认为，这一时期的基层社会组织，是一个包括了三代甚至四代之内的具有直系亲属关系的社会成员共同体，能够与这样的人口规模相联系的多半是家族。如果做进一步的推测，或许可以认为这种家族或大家庭是以母系继嗣来传递的。

C. 房子区

再上一层社会组织的居住形态为房子区，它至少由两组或两组以上的房子组构成[1]。那么，这样的房子区所代表的人口数量至少可以达到数十人甚至更多，与其相应的社会组织，显然要高于和大于家族。按目前的一般认识，这种社会组织形态应该是氏族一级。在房子区的内部，不同的组别之间，在房址的建造水平、所处位置、房址大小及房内物品的数量和质量等方面，都反映出一种没有明显差别的较为平等的社会关系，这种平等的社会关系在已发现的小荆山墓地中表现得更为清楚。

西河遗址中区的聚落形态，至少可以分为东西两组，一个有趣的现象是，有灶的房址面积一般较大，在位置上分居东西两端，而无灶的房址多数面积较小，基本上集中于中部一带。并且，无灶的房址在数量上多于有灶的房址。这种现象意味着什么，值得深思。在资料还不多的情况下，我们或许可以做这样的推测：以房子区为代表的社会组织——氏族，在经济上可能有着更为密切的关系，即主要的生产活动是由氏族为单位来进行的，中间区域的无灶房址，既可以是氏族集体用来储存各种资源的库房，也可以给不同家族的青年人或客人居住。而以房子组为代表家族（或大家庭），主要是一种消费单位，可能也独立地从事一些小规模的生产活动，但尚未构成生产单位的主体，但以家族为单位的生产活动的形成和发展，已经在削弱氏族作为社会生产主要组织者和控制者的地位。至于夫妻加子女的标准式核心家庭，或者还没有产生，或者也只是处于萌芽阶段。

D. 聚落

最高一级社会组织的居住形态则是完整的聚落遗址，它的内部应该包括了两个或者两个以上的中间一层社会组织。由西河遗址不完备的聚落资料可知，该聚落内部可能包括了三个或者更多的以房子区为代表的氏族。这些不同的房子区，共处同一个聚落之内，已有证据证明它们的周边环绕以围壕，进而表明它们之间必定具有从社会群体上联系在一起的理由，而其原因很有可能是基于血缘上的。所以，这种更高一级的聚落形态所代表的社会组织，应该和民族学上通常所说的胞族一类组织相联系。

综上所述，后李文化聚落内部的社会组织可以划分为四级，并分别与不同的居住形态相联系，即：

大家庭——单间房子

家　族——房子组

氏　族——房子区

胞　族——整个聚落

在以上四级社会组织中，氏族应该是主要的社会生产单位，而家族和大家庭则是基本的消费单位，胞族则在一些更高层次的社会活动方面，如战争、大型庆祝和祭祀活动、与邻近聚落的交往

---

[1]　揭露面积较大的西河遗址中区，也只有1350平方米，属于此区的房址并未全部发掘，所以，一般说来，一个房子之内应该包括了更多的大小略有差别的房子组。

等，起着统一筹划、统一组织等作用。

（3）聚落的空间分布

目前发现的11处后李文化遗址，均分布于泰沂山北侧海拔高度在50米以下的区域。以长白山为界，可以分为东、西两个部分。东部只发现3处，即张店彭家、临淄后李和寒亭前埠下。西部已发现8处，除了万德、月庄两处在济南以西的长清区外，其余6处（历城盛福庄、章丘西河、摩天岭、绿竹园、小荆山和邹平孙家）均位于长白山北、西两侧。所以，就目前的发现而言，长白山西侧和北侧地区应是后李文化的集中分布区。

如果对分布比较密集的长白山西、北两侧地区进一步分析就可以发现，摩天岭、绿竹园和孙家三处遗址只发现数量极少的陶片，虽然可以确定是后李文化遗址，但无法在年代上确定遗址之间的共时关系。不过，从已发现的资料看，西河和小荆山两处遗址的面积都比较大，延续时间也长，发现的房址较多，可能分别是这一区域之内的两个中心。至于它们之间的关系是胞族还是部落，仅就目前的资料还不足以探讨这个问题[1]。

3. 墓葬分析

后李文化的墓葬资料主要发现于小荆山和后李两处遗址。后李遗址的墓葬有土坑竖穴墓和土坑竖穴侧室墓两种[2]，具体的数量和分布情况则不清楚。

小荆山遗址在居住区东南部的环壕之外发现一处排列整齐的同期墓地[3]。墓地位于窑场取土后残留下来的一长条形横梁上，东、南、北三个方向已完全破坏无存。在横梁上残存有21座墓葬。墓葬似有长方形土坑浅穴，因为所有墓葬均直接埋于生土之上，墓坑极难分辨。葬制除1座为成人与儿童合葬外，余者均为单人一次葬，葬式为仰身直肢，头向大部分在6°～18°之间。无葬具，绝大多数没有随葬品，个别（墓主人）手握一蚌壳。

21座墓葬分为3排，北排11座，中排6座，南排4座。因为三面遭受严重破坏，排数和每排的墓葬数均非墓地之原貌。并且多数墓葬已被破坏的残缺不全（图四）。

据勘探资料，在环壕之外的北侧，也发现了一处同时期的墓地。那么，后李文化时期，小荆山遗址至少存在两处公共墓地。当然，由于没有经过发掘，我们还不清楚两处墓地之间是共时关系还是前后关系。不过从后来的考古发现上推测，以共时关系的可能性较大，即分区埋葬的死者生前应分属于不同的社会组织，而且这种社会组织以氏族的可能性最大。如果这一推测成立的话，后李文化时期每一个聚落内部应该包含有不同的氏族。这从聚落形态与后李文化最为接近的兴隆洼文化中可以得到旁证[4]。

至于墓地之内如何再做划分，可否以排作为更小的单位，由于资料太少，目前尚难做进一步的

[1] 张学海认为每一个聚落是一个氏族，相邻的两个聚落组成胞族，并进一步推测此区已形成了部落。参见《西河文化初论》，《张学海考古论集》，学苑出版社，1999年。佟佩华等则认为西河遗址中区就存在几个氏族，并组成一个胞族。参见《山东章丘西河新石器时代早期遗址试析》，《摄芬集——张政烺先生九十华诞纪念文集》，社会科学文献出版社，2002年。

[2] 济青公路文物工作队：《山东临淄后李遗址第三、四发掘简报》，《考古》1994年第2期。

[3] 济南市文化局文物处、章丘市博物馆：《山东章丘小荆山遗址第一次发掘》，《东方考古（第1集）》，科学出版社，2004年。

[4] 兴隆洼文化兴隆洼遗址也发现有环壕，环壕内部的近百座房址成排分布，并且分为两区，每一区都存在一座大型房址，当代表了两个相对应的社会组织，这种组织一般认为应是氏族。而时代略晚的白音长汗遗址，南北并排分布着两个环壕聚落（面积各有1万多平方米），当代表了两个对应的社会组织，与兴隆洼聚落内部的两大区的情况相似。

分析。不过，已有人提出以排为序进行划分的意见，认为同排的墓葬之间具有更密切的联系[1]。

4. 社会经济状况

（1）生业类型

直接反映后李文化社会生产和社会经济状况的资料不多。可以从生产工具和发现的相关遗存进行分析。

后李文化石器工具的种类和数量相对较少。工具的种类有斧、锛、凿、铲、镰、锤、磨盘和磨棒等。按通常的认识，斧、锛、凿、锤一类属于加工工具，铲、镰是农业工具，磨盘和磨棒则是加工粮食或其他植物的工具。从数量上看，石斧和磨盘、磨棒略多，制作比较规整，其他器形特别是用于农业的工具则相对较少。

后李文化发现有一定数量的骨、角、牙、蚌器，其中也有少量工具，如凿、镖、镞、锥、针等。从功能上说，基本上属于加工、渔猎和缝纫等范畴，没有与农业直接相关的器形。

后李文化石磨盘和石磨棒的数量较多，而且使用痕迹十分明显。对于这两类配套使用的工具，或将其作为农业存在并比较发达的证据和标志。对此，需要略加说明。磨盘和磨棒是用于植物脱壳或其他加工活动，这一工作程序不属于粮食的生产环节。换言之，这两类工具的加工对象，既可以是农作物，也可以是采集的野生植物等。所以，不能以它们的存在及数量多少判断农业生产的发展程度。

直接反映社会经济的另一个方面是家畜饲养和渔猎经济活动。据小荆山遗址的资料，在已发现的22种动物遗骸中，绝大多数为野生种属，其中除了近半数为水生动物，如各种蚌类、青鱼、草鱼和鳖等，还有栖身于草地、灌丛和山林丘壑等的各种鹿、貉、狐和狼等[2]。这一情况告诉我们，在后李文化时期，平均气温比现在要略高，降水丰富，遗址的立地环境相对温暖、湿润、多水。动物遗骸中明确属于家畜类的有猪和狗，而牛、马、羊仅有个别牙齿，并且不能鉴定到种一级。家畜中猪的数量最多，有十余个个体，其特征是下颌骨较长，牙齿较大。在小荆山和西河遗址还发现了陶猪，吻部明显较长，与发

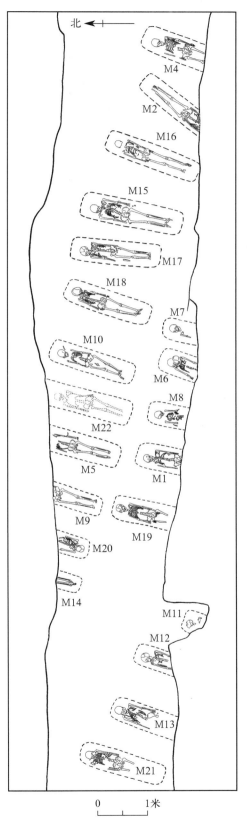

图四　小荆山墓地平面图

（据济南市文化局文物处，2004）

[1]　魏峻：《海岱地区史前墓葬研究》，北京大学博士论文，2002年。

[2]　孔庆生：《小荆山遗址中的动物遗骸》，《华夏考古》1996年第2期，第23页。

现的猪骨较为相似。所以，研究者一般认为这一时期的家猪还处于较原始的类型或半驯化状态。

就总体情况而言，后李文化农业工具的种类和数量都较少，加之当时的人口也不多，可供采集利用和捕获的自然资源比较丰富。所以，后李文化的农业水平并不高，家畜饲养也不发达，它们在社会经济中不占主导地位。而采集和渔猎等经济活动，对于维持人们的生计，则具有更为重要的地位和作用。

与此同时，后李文化的手工业生产也较为落后。如较能反映史前时期手工业水平的制陶业，后李文化时期尚处在较早阶段。这一时期的陶器生产规模小，技术简陋原始，尚未发明淘洗陶土的工艺，陶器的造型简单，烧制火候很低，产量也十分有限。所以，尽管这一时期的制陶业已经离开了陶器生产的发明阶段，但往前走的路并不很长。

（2）财富分布状况

后李文化时期的社会财富分布情况可以从聚落和墓葬两个方面加以考察。

西河和小荆山两处遗址发现的后李文化房址，大部分室内较为完整地保留着当时人们日常生活的设施和器具，特别是后者，当能体现各个不同的社会基层单位的财富占有情况。在已经发现的房址中，没有发现存储的粮食等遗物，而不同质料的器具主要有两类，一类是以炊器和盛储器为主的陶器，一类是生产工具。房址相互之间的差别甚小。如小荆山遗址公布的8座房址（表一），保存的遗物数量偏少，虽然大部分房址受到破坏，房内遗物可能不全，但还是可以大致反映出当时的实际情况。每座房址内的陶器主要是用作炊器的陶釜，其他类别较少，而生产工具以石磨盘、石磨棒和磨石最多，其次为石斧、角锥等，均为日常生产和生活所必需的器具。

表一　小荆山遗址1993年发掘房址出土遗物统计表

房 号	陶 器	石 器	骨角器	其 他	合 计	备 注
F11	2	3			5	完整
F12	3	3		1	7	残破
F13	1	5	1	5	12	残破
F14	7	1			8	残破
F15	2	1			3	残破
F16	5	3			8	残破
F17	3	2	2		7	残破
F18	4	6			10	残破

小荆山遗址的21座墓葬规模大小相若，基本上没有随葬品，处理死者的方式相同，人们之间的贫富分化及社会等级观念等现象尚未产生。所以，可以认为由墓葬所反映的情况体现了当时社会成员之间平等的社会关系。

综合上述，后李文化时期由于人口数量较少和技术水平的落后，人们征服自然的能力还不强，社会生产水平在总体上看是较为原始和低下的。所以，我们估计当时的社会财富较为贫乏，在满足人们维持生计的最低的需求之后（在许多时候很可能并不能满足人们的需求），似乎没有或极少有剩余产品。由此看来，后李文化时期的人们共同生活在一个社会生产水平较低、经济生活不富裕、而人与人的关系较为平等和谐的社会之中。

5. 小结

以上根据现有的考古资料，从聚落形态和墓地两个方面对后李文化进行了分析。可以得出以下初步结论。

第一，聚落的规模相对较大，环壕聚落业已出现。从聚落内部的房屋布局看，存在着单间房子、房子组、房子区和整个聚落四层结构，可分别与大家庭、家族、氏族和更高一级的胞族等社群组织相对应。而作为社会基层的大家庭和家族应是基本的社会消费单位，高于家族的氏族则是主要的社会生产单位，胞族则是氏族的联合体，他们之间以血缘关系作为联结的纽带。

第二，在对死者的安置方面，采用了将墓葬与居住区分开的方式，即把墓地规划在聚落的环壕之外。这种处理方式明确见于小荆山遗址，而西河遗址已发掘的近2000平方米的范围内和遗址中窑场取土形成的较长断崖上均没有发现墓葬的踪迹，或可作为一个旁证。

第三，对比分析聚落和墓地资料，小荆山遗址公共墓地所代表的社会组织级别，大体上与西河遗址房子区的规模相当，即聚落内部房子区，应与聚落外的某一个公共墓地相对应。小荆山墓地内的死者分排安葬，那么，这种一排之内的墓葬，究竟是与辈份相关还是和房子组相对应，目前尚难下结论。

第四，社会生产水平相对较为低下，社会财富贫乏，虽然农业经济已经存在，但采集和渔猎仍然占有重要甚至主要地位。在聚落内部，无论是以房子区为代表的氏族之间，还是以房子组为代表的家族之间，都没有发现明显的贫富分化和社会不平等现象。而在仅有的小荆山遗址墓地之中，墓葬之间体现的显然是一种不富裕的平等关系。

第五，在目前发现的为数不多的后李文化资料中，以长白山为界的东、西部地区已经显示出一些差别，例如：西部的房址多有用石支脚建成有主副之分的组合灶，而东部则以浅坑式灶为主；西部的墓地与居住区明确分开，而东部据现有零星发现，墓葬和居住区是在一起的（如后李遗址）；西部陶器多夹细砂，而东部出现了大量夹滑石陶的现象（如前埠下遗址）。这些差别应该是区域性的，至于其能否构成不同的地方类型，尚需要更多资料来加以证明，至少应该有更多的遗址被发现，使具有不同的区域性特征的遗址有一个明确的分布区域，以证明其反映了不同的人群的活动范围和各具特点的行为方式。目前的资料还不足以支持我们做出将东西部划分成为不同的地方类型或不同文化的决定。

三　北辛文化时期

1. 主要的考古发现

北辛文化的发现较早，但真正得到确认也不过20年左右的时间。并且，目前学术界对北辛文化的时空范围还存在着较大的分歧意见。在这里，我们采取中间的立场，即海岱地区主要分布区内的同期遗存，都将其作为北辛文化来看待，而它们之间的差别，则以地方类型加以区别。

目前已发现的北辛文化遗址有百余处之多，以鲁中南、胶东半岛和连云港市等三个地区分布得较为集中，其他地区相对较少，造成这种现象的原因可能不只一个方面。经过发掘的遗址有滕州北辛、兖州西桑园和王因、济宁张山、汶上东贾柏、泰安大汶口、长清张官、章丘王官、邹平苑城、临淄后李、青州桃园、烟台白石村、福山邱家庄、邳州大墩子、连云港二涧、灌云大伊山等。其中大汶口、东贾柏、大伊山、二涧等遗址的聚落和墓葬资料相对丰富一些。

（1）大汶口遗址

大汶口遗址位于泰安市大汶口镇，坐落在大汶河两侧，20世纪70年代的两次发掘，共发现属于北辛文化晚期的房址18座，墓葬10座[1]。

（2）东贾柏遗址

东贾柏遗址位于汶上县城东南，地处汶、泗河之间。遗址现存面积4万多平方米，文化堆积以北辛文化为主。在两次发掘所揭露的1000平方米范围之内，发现北辛文化中、晚期的房址10余座，墓葬23座[2]。

（3）大伊山遗址

大伊山遗址位于江苏省灌云县城北，坐落在大伊山东麓的青峰岭岗地上，现存面积3000多平方米。该遗址的主要收获是发现了62座北辛文化时期的墓葬[3]。

（4）二涧村遗址

二涧村遗址位于江苏省连云港市之南郊，是海岱地区最早发现北辛文化遗存的遗址。该遗址发现了7座北辛文化墓葬[4]。

2. 聚落形态分析

（1）聚落资料

北辛文化的房址在大汶口、东贾柏、西桑园、大墩子、白石村、邱家庄等遗址均有发现，但保存情况和发现数量有较大差别。大墩子遗址仅发现五处烧土面和少量柱洞以及包含有植物秆茎的红烧土块，发掘者认为与房屋建筑有关[5]。白石村和邱家庄两处遗址相距不远，并且都属于胶东半岛沿海地区的贝丘遗址。在这两处遗址的北辛文化晚期，均发现一定数量的柱洞以及一面平、另一面有细圆木痕迹的草拌泥红烧土块[6]。以上三处遗址北辛文化居住遗存的发现，对于了解当时的居住情况提供了线索，但要据此来探讨其聚落形态，并进而分析当时的社会组织与社会结构，则显然是远远不够的。

[1]　山东省文物考古研究所：《大汶口续集——大汶口遗址第二、三次发掘报告》，科学出版社，1997年。

[2]　中国社会科学院考古研究所山东工作队：《山东汶上县东贾柏村新石器时代遗址发掘简报》，《考古》1993年第6期。

[3]　连云港市博物馆：《江苏灌云大伊山新石器时代遗址第一次发掘报告》，《东南文化》1988年第2期；南京博物院、连云港市博物馆、灌云县博物馆：《江苏灌云大伊山遗址1986年的发掘》，《文物》1991年第7期。大伊山少数墓葬的时代可以晚到大汶口文化早期，如M32等。

[4]　南京博物院：《江苏新海连市锦屏山地区考古调查和试掘简报》，《考古》1960年第3期；江苏省文物工作队：《江苏连云港市二涧村遗址第二次发掘》，《考古》1962年第3期。

[5]　南京博物院：《江苏邳县大墩子遗址第二次发掘》，《考古学集刊·1》，中国社会科学出版社，1981年。

[6]　烟台市博物馆：《烟台白石村遗址发掘报告》，《胶东考古》，文物出版社，2000年；严文明：《胶东原始文化初论》，《山东史前文化论文集》，齐鲁书社，1986年。

西桑园遗址是一处较为单纯的北辛文化遗址，由于发掘面积不大，只清理出1座椭圆形的半地穴式房址，房内堆积着大量与房屋建筑有关的各种红烧土块[1]。

东贾柏遗址经过两次发掘，第一次在近400平方米的范围内，发现房址8座[2]。两次合计发现房址10余座。这里的房址均为半地穴式，平面呈圆形或椭圆形。房址的面积都不大，一般在6～7平方米，已公布资料的F2，居住面积约为7平方米，而最小的只有3.4平方米。因为没有公布发掘区的平面图，所以我们目前还无法分析其聚落内部房址之间的空间结构关系。不过，从已经透露出来的信息，如第一次发掘的400平方米范围内，发现了8座房址，而没有发现同时期的墓葬，而第二次发掘的收获，则以墓葬为主。由此看来，东贾柏遗址北辛文化的墓葬和居住区是分开的[3]。此外，东贾柏遗址还在居住区的南侧发现一条东西向北辛文化时期的壕沟遗迹，已清理部分长25米，沟口宽3米，两壁斜直，深1.3～1.5米[4]，目前还不清楚其是不是环绕整个聚落遗址。所以，东贾柏遗址有可能是一处北辛文化的环壕聚落。

大汶口遗址1974、1978年两次发掘，在遗址中心部位的南北长约100、东西宽约70米的范围内，揭露面积约2000平方米。两次发掘共发现18座北辛文化晚期房址，其中5座因残损较甚或未完全在探方内出露而没有编号。

（2）北辛文化房址的特征

与后李文化相比，北辛文化的房址既有共性，也有许多明显的变化和新的特点。归纳起来，主要有以下几个方面。

一是房址均为半地穴式，平面形状以椭圆形和圆形者为主，其他形状的房址极少。房址的柱洞多数设置在穴外周边。

二是房址的面积普遍较小，迄今为止发现的北辛文化房址，面积基本上都在10平方米以内，超过10平方米的较少。如大汶口遗址的房址，多数在3.5～5平方米，如大汶口F207（图五）。而像后李文化较为常见的那种数十平方米的大房址，在北辛文化中基本不见。

三是房址内部的灶址数量减少，一房只有一灶，形制也明显不同。

四是均为单间小房，多有斜坡式门道。门道的方向不固定，各种朝向均有，应与房址之间的组合密切相关。

从有关遗址透露出来的信息看，这一时期的聚落外围仍设置有环壕。所以，在整体上仍然属于环壕聚落。

（3）聚落内部的空间结构分析

可以进行聚落内部的房址空间结构分析的只有大汶口遗址。大汶口遗址共发现北辛文化晚期的房址18座，按原报告的归并，分属于在时间上略有前后的三个小时期。

第一时期共有12座房址（其中5处未予编号），分布在相距不远的三个地点（图六）。

[1] 胡秉华：《兖州县西桑园北辛文化遗址》，《中国考古学年鉴·1989》，文物出版社，1990年。

[2] 胡秉华：《汶上县东贾柏北辛文化遗址》，《中国考古学年鉴·1990》，文物出版社，1991年；中国社会科学院考古研究所山东工作队：《山东汶上县东贾柏村新石器时代遗址发掘简报》，《考古》1993年第6期。

[3] 高广仁、邵望平：《海岱区早期农业文化的发现和研究》，《西安半坡博物馆成立四十周年纪念文集》，三秦出版社，1998年。

[4] 胡秉华：《汶上县东贾柏北辛文化遗址》，《中国考古学年鉴·1991》，文物出版社，1992年。

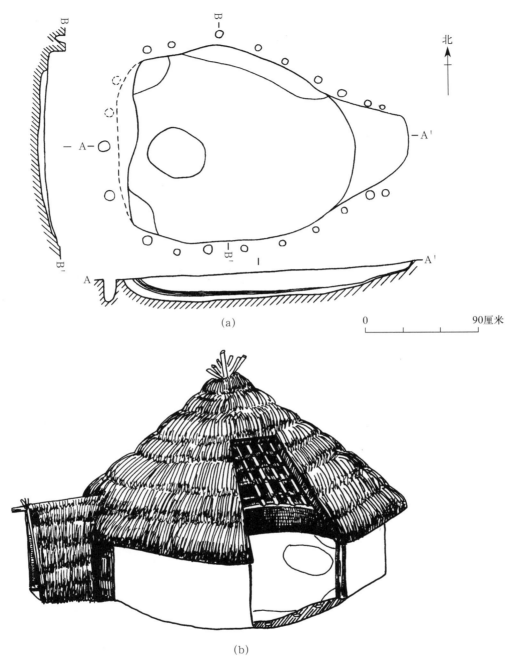

(a)

0　　　　　　　　　90厘米

(b)

图五　大汶口遗址F207平、剖面图

（a）平、剖面图　　（b）复原示意图　　（据《大汶口续集——大汶口遗址第二、三次发掘报告》，1997，图一一）

　　第一居住点在78Ⅰ区，有4座房址（F206、F211、F212、F209），前3座呈弧形分布，北侧的F212门道朝南，西侧的F211门道朝东，南侧的F206门道朝北，皆朝向中间的空地，应属于同一组；F209的位置与以上3座基本在一个圆圈之内，与北侧的F212东西并列，相距也不足4米，但其门道向北，与F212的门向相背，因为F209以东没有发掘，有可能此房属于另外的一组，但其与F212组的关系可能较为密切。

　　第二居住点在第一居住点之南约10米处，位置在78Ⅰ区和74北区之间，有4座房址（F207和其南

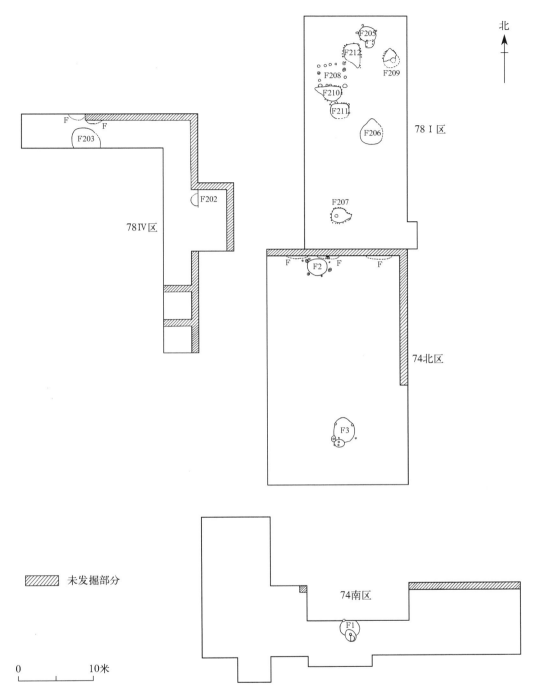

图六　大汶口遗址北辛文化第一期房址平面图
(据《大汶口续集——大汶口遗址第二、三次发掘报告》，1997，图三、五、七、九)

侧的三处活动硬面）。F207位于北侧，门道向东，其南5米之内有东西并列的3处圆弧形活动硬面，因为再向南没有同期的房址，所以，这4座房址当属于同一组。

第三居住点在第一居住点之西约30米之外的78Ⅳ区，有3座房址（F203和另外两处活动硬面）。F203在南侧，面积约10平方米，在同期房址中是比较大的一座，其门道朝北。F203北侧相邻的位置有东西并列的2处圆弧形活动硬面，应是2座房址。这3座呈三角分布的同时期房址应是单独的一组。

此外，在第二居住点和第三居住点之间还有1座房址（F202），因破坏保存不好，其北侧没有发掘，有可能是单独的一组。

综上所述，第一个时期的北辛文化房址可能有5组。完整的一组由3～4座房子组成。每组应该构成一个相对独立的基本单位，从聚落的空间分布分析，这样的单位应该是当时社会最基层的社群组织。因为这5组12座房址中，报告中明确告诉我们的只有F207存在灶址，而其他房址是否有灶，则不甚清楚[1]，附表中多数房址也未涉及是否存在灶址的内容。

在以上所划分的5组当中，F212组、F209组、F207组距离最近，均在10米的范围之内。因此，它们之间可能具有更为密切的关系。

第二时期共有3座房址，分布在三个地点。F210位于第一时期的第一居住点；F2在F210之南20余米之外；F1在更南的74南区，北距F2有50余米。这3座房址相距较远，且都只有1座房址，至于是其他的房址被破坏不存，还是它们原本一处只有1座房址，目前尚难下结论。

第三时期共有3座房址，分布在两个地点。F205和F208位于第一时期的第一居住点，2座房址相距仅5米左右，并且F205的门道朝南，所以，这2座房址应该为同一组。F3在74北区的南部，北距同期的F208约50米之远，门道朝南，应是单独的一组。

大汶口遗址的北辛文化聚落内部，最基本的构成单位应该是以上所划分的组，即由3～4座小房址集合成的单位。面积5平方米左右的房址，每座充其量也只能居住2～3人，如果全部都用来住人，一组房址所容纳的人口也不过6～10人，或者略多。这样的人口规模，如果与基层社会组织相对应，那只能是比核心家庭略大一些的大家庭。此外在第二、三两个时期，所发现的房子组，多数只有1座房址，这种现象究竟是反映了社会组织结构的变化（通常在这么短的时间之内不会产生如此大的变化），还是因为受到破坏或其他原因，没有反映出房子组的原貌，还有待于今后的田野工作加以证实。

在房子组之上，几个居住地点之间是否可以组合成一个更大的单位以及整个聚落内可以分成几个层次，因为受发掘面积等方面因素的局限，目前还不好蠡测。

（4）聚落的空间分布

北辛文化的聚落遗址主要集中分布在鲁中南、胶东半岛、江苏省的东北部几个地区，另外，鲁北一带近年来的发现也有所增加。统而观之，在迄今为止已发现的百余处聚落遗址中，聚落的分布相对较为稀疏，聚落之间的距离一般较远。这种现象的出现，应和调查工作开展得不充分有很大关系。换言之，可能有许多同一时期的聚落遗址尚未被发现。

发现遗址最多的是胶东半岛地区。早年透露的数量是38处[2]，最近有学者说已达到了73处[3]。其中属于北辛文化中期的很少，只有3处，而绝大多数是晚期。这些遗址多数分布在沿海台地和河流入海口附近，存在大量贝丘遗址。半岛内陆腹地的遗址数量相对较少。遗址面积通常都不大，似乎还

[1]　报告的附表一中，除了F207外，均未明确说有灶址存在。而正文的描述中又含糊地说"有的房址一些烧土面中，中后部小范围烧灼得厉害，当炊煮灶面"。参见山东省文物考古研究所编：《大汶口续集——大汶口遗址第二、三次发掘报告》，科学出版社，1997年，第21页。

[2]　严文明：《胶东原始文化初论》，《山东史前文化论文集》，齐鲁书社，1986年。

[3]　张学海：《山东史前聚落时空关系宏观研究》，《张学海考古论集》，学苑出版社，1999年。

没有形成后来那种密集的聚落群。

鲁中南地区的遗址数量略多，其中有些遗址的文化内涵已经十分丰富，如滕州北辛、汶上东贾柏等，后者还有环壕的线索。但当把目光集中到一个小区域范围内的时候，就发现聚落遗址的数量太少，无法进行空间聚落形态的分析。所以，这一时期聚落之间的空间分布形态究竟如何，至少在目前还不清楚。

连云港地区也发现过几处北辛文化遗址，如果加上日照南部，这一地区的北辛文化遗址也有10余处之多，其中一些比较重要，如大伊山、二涧村等。但是，问题与鲁中南地区一样，由于遗址数量太少，聚落的空间形态分析无法展开。

3. 墓葬分析

（1）北辛文化墓葬的基本特征

北辛文化发现的墓葬数量不多，总计也不过百余座，并且比较集中地分布在江苏省东北部的连云港市和鲁中南地区的汶泗流域。其他地区，如鲁北和胶东半岛地区只有零星的发现。所以，以下归纳的墓葬特征有可能是不完全的。

A. 墓葬绝大多数为长方形土坑竖穴

仅有少数例外，如烟台白石村遗址发现的两座墓葬，则没有发现墓坑，北辛和大汶口遗址发现过圆形、椭圆形墓坑等。墓坑的面积都不大，长度一般在2米左右，除了个别合葬墓，宽度均在1米之内。墓葬方向绝大多数为东向。

B. 存在一定数量的石棺墓

石棺的做法是先挖竖穴，用薄石板立于四壁，不铺底，尸体置于其中，以石板盖顶，形成石棺。完全相同的石棺墓在墓葬比较集中的两个地区均有发现，如连云港地区的大伊山遗址中的62座墓葬，有61座使用了石棺（图七），而大汶口遗址在10座墓葬中也发现2座石棺墓。

除了石棺之外，还在部分遗址发现少量婴儿陶棺墓（以往多称为瓮棺葬）。儿童陶棺墓在海岱中心区极为少见，过去我曾认为这是受到仰韶文化早期的影响而在局部地区产生的一种现象，并且一直没有得到推广和普及。

C. 埋葬习俗以单人一次葬为主，也有合葬和二次葬

一次葬的葬式多为仰身直肢葬，有少量的屈肢葬，其他葬式较少。合葬墓数量不多，有多人同性合葬、成年人与婴幼儿合葬墓等。与二次葬相对应，发现有少量的迁出墓。

D. 没有随葬品的墓葬数量较多

相当多墓葬没有随葬品。如东贾柏占多数，大汶口为40%，而大伊山和二涧村则接近三分之一。在有随葬品的墓葬中，随葬品的数量一般较少，绝大多数在5件以下，超过5件的甚少。以墓葬数量较多的大伊山墓地为例，在62座墓葬中，没有随葬品的为16座，1～5件的为43座，超过5件的只有3座，而最多者也只有7件。随葬品的种类基本上属于一般日用器具、工具和装饰品，而质料则以石、骨、陶器为主，其他类别，如玉器等极为罕见。

E. 海岱地区史前墓葬中的一些特殊习俗，在北辛文化中已经出现

如拔牙的习俗，东贾柏墓地成人的拔牙比例已占到约60%，且均为拔除上颌侧门齿；再如，后

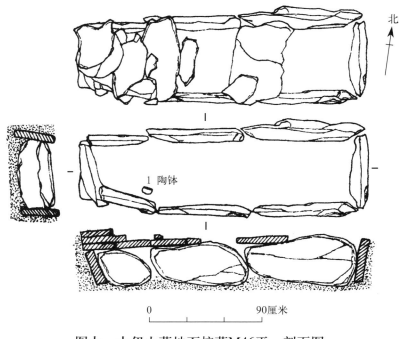

图七　大伊山墓地石椁墓M46平、剖面图
（据南京博物院，1991，图一一）

来大汶口文化等十分流行的用兽牙和猪下颌骨随葬的习俗已经开始出现。此外，在连云港地区常见用陶钵覆盖死者头部的习俗；鲁中南地区还发现举行祭祀一类活动留下的圆坑等遗迹，如东贾柏就在墓地附近发现过放置整猪和完整大龟甲的圆形坑。

　　F．墓地和居住区在空间上是分处不同区域的

　　目前发现北辛文化墓葬较多的遗址只有4处，即二涧村、大伊山、东贾柏和大汶口。在这些遗址中，北辛文化的墓葬均安置在与居住区有一定距离的公共墓地之内。其他一些发现墓葬数量较少的遗址，如后李、白石村、大村、北辛等，虽然不能肯定公共墓地的存在，但也不能证实墓葬分散于居住区之内。

　　（2）典型墓地分析

　　北辛文化发现的墓葬数量不多，单个遗址墓葬数量较多的主要有大伊山、东贾柏、大汶口和二涧村等4处。二涧村遗址发现的7座墓葬，分布在300平方米的范围之内，但原报告没有公布墓葬的平面图。东贾柏遗址发现了23座墓葬，均在第二次发掘的600平方米范围内，分布集中，显然是一处公共墓地，至于进一步的分组等分析工作，因为没有公布墓地平面图而无法开展。下面简要分析大汶口和大伊山两处遗址。

　　A．大汶口墓地

　　大汶口遗址只发现了10座北辛文化墓葬。其中8座分布在已发掘部分的南部[1]，即1974年发掘北区的南部到南区之间，与北侧的居住区遥相对应。至于在此区内发现的个别房址，时代应晚于墓

----

　　[1]　另外2座在74北区的北部，紧邻第二居住地点。这2座墓葬1座为婴儿陶棺葬，1座为十几岁的未成年人，并且两墓的下葬时间间隔了一个层位。可能与对未成年死者的特殊处理有关，故不能将这2座墓葬看作是一个墓群。

葬。这样，这些墓葬应该属于同一个墓群。

墓群内的墓葬分布较为疏朗，而且南、北两区之间还有20米宽的地带没有发掘。所以，这一墓群的实际墓葬数量当不只此数。就已有的发现而言，墓地之内还可以再分为东、西、北三组：东组只有3座墓葬，即M1003、M1009、M1011；西组也发现3座，即M1010、M1017、M1026；北组只有2座，即M1019、M1024。

由于整个墓群和各组的墓葬数量都较少，其所反映的社会组织结构不甚清楚。但从所有墓葬的方向基本一致、石棺墓见于不同的墓组之中等情况看，葬于墓群中的死者生前属于同一个社群组织当无疑问。

B. 大伊山墓地

大伊山遗址两次发掘共发现62座墓葬，其中绝大多数属于北辛文化，个别可能晚到大汶口文化早期，在时间上基本上是连续的。62座墓葬除了M40在墓区东侧18米处，M21具体位置不明确之外，其余60座大体可以分为两群（图八）。

第一群位于墓地的东北部，共有墓葬34座。据其空间分布情况，又可以分为两组。

A组，位于北侧，共有17座墓葬，均系1986年发掘的墓葬。自东而西可以分为6排，每排有2～4座不等。

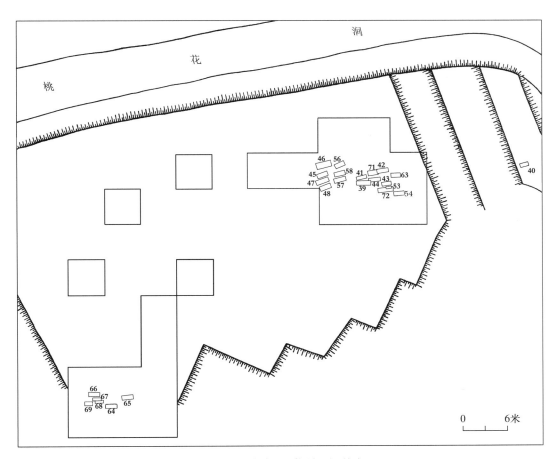

图八　大伊山墓地平面图

（据南京博物院，1991，图二）

B组，在A组的南侧略偏西，两者之间间隔约5米左右。此组共有17座墓葬，均系1985年发掘所得。因为没有公布墓葬的平面图，其排列情况不详。

第二群在墓地的西南部，与A群之间的距离在20米以上。此群共有23座墓葬。据其分布的情况，也可以分为两组。

A组，位于北侧，共有墓葬20座，均为1985年发掘。自东而西可以分成8排，每排有1~4座不等。

B组，位于南侧，与A组之间的距离为5米左右，共有墓葬6座，均为1986年发掘。如按南北向排列，也可以分为4排。由于此组的位置已在断崖的边缘，原来的墓葬数量可能要多一些。

此外，由于在第一群东侧近20米之外发现了M40，而整个大伊山墓地被破坏得十分严重，所以，此地和其他地段还应该存在另外的墓群。

（3）墓地所反映的社会结构和社会组织

比较已经公布资料的几处遗址，以大伊山墓地所反映的组织结构最为清楚。如果仅就已有的发现而言，大伊山墓地至少可以分为三个层级，即墓区－墓群－墓组。具体言之，大伊山已发现的墓区代表的是第一个层次，在这一墓区内，埋葬习俗相同，如头向均朝东偏北，普遍流行使用石板砌成的石棺，都有用陶钵覆盖头部的习俗，等等。这些共同的埋葬习俗表明，墓区内埋葬的死者生前有着共同的血缘或其他亲密关系，并共同生活在一定的社会组织之内；墓区之内可以划分为两个或两个以上的墓群，即第一群、第二群以及其他已被破坏了的墓群，墓群一级就构成了低于墓区的第二个层次；墓群之内还可以划分，目前比较明确的两个墓群，内部各自还可以再划分成两个墓葬数量不等的墓组，墓组应构成了第三个层次，也是最低的一个层次，这个墓组所代表的实体应是社会构成中的基本单位。如果进一步和目前一般认可的一连串社会组织形态，即核心家庭、大家庭（或称为扩大家庭）、家族、氏族、胞族、部落等相联系，那么，大伊山墓地不同的层级所代表的社会组织形态可以概括为：

墓组——大家庭

墓群——家族

墓区——氏族

考虑到一个聚落遗址往往并不只限于一个墓区，所以在墓区之上有可能还存在更高一级的社会组织。如是，一个聚落遗址的社会组织结构可能由四个层级构成。即大家庭、家族、氏族和更高一级的组织（氏族联合体或称为胞族）。

如果用大伊山墓地的分析结果来衡量其他几处墓地，彼此可以相符。

大汶口遗址的墓群和墓组，与大伊山的第二、三两个层次相当，至于大汶口墓群的墓葬数量不多，其原因可能与发掘的面积、位置有关。

东贾柏遗址，尽管我们没有看到墓葬分布的平面图，但就文字描述的资料分析，已发掘的墓葬区很可能相当于大伊山的第二级，即墓群一级。

二涧村的7座墓葬分布在不大的范围之内，头向一致，一般说来，应与大伊山的第三个层次——墓组一级相当。

由此看来，大伊山墓地所反映的社会组织结构，在北辛文化中具有广泛的代表性，可视为这一时期聚落遗址内部的社会基层组织和结构的基本模式。

4. 社会经济状况

（1）社会生产

北辛文化时期的社会生产发展水平较之后李文化有了明显的提高。主要表现在生业经济和手工业经济等方面。

首先是农业经济成分有了显著发展。已发现的农作物有粟和稻两种。炭化粟或者粟痕在滕州北辛[1]、济宁张山[2]和邳州大墩子[3]均有发现；连云港二涧村则在红烧土中发现有稻壳痕迹[4]。生产工具中农业工具的种类和数量均有所增加。农具的种类有石铲、石刀、石镰、角锄、蚌铲、蚌镰等。石铲的数量明显增多，如北辛遗址发现石铲残片1000余件，苑城遗址采集的200余件石器中，石铲的数量超过一半，王因遗址北辛文化有石铲21件，在各类工具中数量最多。石铲的个体较为宽大，也比后来的石铲要厚。石镰、蚌镰的形制已与后世的镰完全相同。因为缺乏针对性工作的原因，目前还没有发现相应的农作物遗存，但从上述农具的种类和数量的变化可知，北辛文化的农业生产水平较之后李文化有了较大幅度的提高。

发掘资料表明，这一时期的家畜饲养业也有相当发展。如北辛遗址经过鉴定的动物有十余种之多，其中排在第一位的就是家猪。而大汶口遗址的北辛文化遗存，"兽骨中以猪为主，也有不少鹿等遗骨"[5]。在胶东半岛地区，家畜饲养也是以猪为主，如荣成河口和福山邱家庄遗址，在所发现的哺乳动物中，家猪所占比例超过50%[6]。当然，渔猎和采集在当时的社会经济中仍然占有相当重要的地位。如胶东半岛地区各遗址均发现大量贝壳堆积，其他地区也有大量的野生动物遗骨发现。

北辛文化的手工业包括多个领域，如制陶、石骨蚌器制作、纺织、建筑等。其中制陶业的资料较为丰富。这一时期的制陶业与后李文化相比有明显进步，主要表现在以下几个方面：首先，在原料的配制上出现了泥质陶和夹砂陶之分，掌握了淘洗陶土的技术；其次，制作技术方面产生了最早的慢轮修整工艺，这就为后来大汶口文化时期轮制技术的出现奠定了基础；第三，装饰工艺的突破是彩陶的出现，尽管数量不多，但开启了海岱地区彩陶艺术的先河；第四，器物的种类增多，器形趋于复杂化，如三足器和圈足器的数量大增等。

（2）社会财富分布状况

截至目前，还没有揭露出一处比较完整的北辛文化聚落遗址，所以，由聚落资料所反映的社会财富情况还不清楚。不过，就现有资料而言，各个遗址所反映的实际情况，聚落之间和聚落内部的组成单位之间，还没有出现明显的财富分化现象。如房屋均为半地穴式，房间的面积都比较小，多数在10平方米以内，房内的陈设较为简陋，等等。

---

[1] 中国社会科学院考古研究所山东工作队、山东省滕县博物馆：《山东滕县北辛遗址发掘报告》，《考古学报》1984年第2期。

[2] 济宁市文物考古研究室：《山东济宁市张山遗址的发掘》，《考古》1996年第4期。

[3] 南京博物院：《江苏邳县大墩子遗址第二次发掘》，《考古学集刊·1》，中国社会科学出版社，1981年。

[4] 李洪甫：《连云港地区农业考古概述》，《农业考古》1985年第2期。

[5] 山东省文物考古研究所：《大汶口续集——大汶口遗址第二、三次发掘报告》，科学出版社，1997年，第69页。

[6] 中国社会科学院考古研究所：《胶东半岛贝丘遗址环境考古》，社会科学文献出版社，1999年，第72～73、91页。应该说明的是，胶东半岛地区北辛文化时期的遗址发掘面积都甚小，所以，这一统计数字可能存在较大的或然性。

以上现象在墓葬资料中反映得更为清楚[1]。从总体上说，北辛文化的墓葬资料不甚丰富，发现过成组墓葬的遗址只有四处，即二涧村、大伊山、大汶口和东贾柏。东贾柏的资料尚未公布，情况不详，其他三处需要略加分析。

每个遗址内部的墓葬之间，随葬品的数量、质量和墓室面积等指标的情况是：墓室面积均较小，一般只是可以容身，最大者也不过2平方米左右；随葬品的种类均为日常生产生活所必需的实用器具，没有使用贵重品随葬的现象；墓葬之间随葬品的数量虽然略有多少，但总量较低，如在已发现的近百座墓葬中，数量最多的也不过七、八件，相互之间的分化程度较轻，反映的是一种平等社会的现象（表二）。

表二　北辛文化墓葬随葬品及墓室面积分级统计表

遗　　址	无随葬品	比例	1～5件	比例	5～10件	比例	墓室大于2平方米	比例
二涧村	2	29%	4	57%	1	14%	不详	
大汶口	4	40%	6	60%			1	10%
大伊山	16	26%	43	69%	3	5%	不详[1]	

1. 大伊山第一次发掘未公布墓葬面积，在报告正文介绍的3座墓葬中，只有1座面积为2.1平方米，并且也是双人合葬。
说明：二涧村的墓葬没有发现墓室；大汶口超过2平方米的墓葬系两人合葬墓。

在遗址内部的墓葬群、组之间，随葬品的数量方面虽有差别，由于是总量较低的差别，所以就显得不那么明显。如大伊山墓地第一、二两群之间，平均每座墓葬相差不到1件，其中还包括了第二群B组，由于破坏，平均每座墓葬仅有0.3件随葬品。从统计数字上看，四个墓组之间的差别略大，最多的为3.6件，最少的只有0.3件，这在很大程度上是与墓葬被破坏、随葬品已被取走相关，其实际差别可能要小得多（表三）。

表三　大伊山墓地分群分组墓葬随葬品统计表[2]

第一群（平均2.4件）						第二群（平均1.5件）					
A　组			B　组			A　组			B　组		
总件数	墓数	平均	总件数	墓数	平均	总件数	墓数	平均	总件数	墓数	平均
18	17	1.1	62	17	3.6	36	20	1.8	2	6	0.3

说明：大伊山墓地第二次发掘的24座墓葬中，有15座为受到不同程度破坏的残墓，其中10座已空无一物，第一群A组中有8座为残墓，第二群B组的6座墓葬均为残墓。

[1]　随葬品的数量多少和质量优劣，在一定程度上反映了死者生前的社会地位、身份、富裕程度等政治和经济状况。但墓葬随葬品并不能直接和完整地反映死者生前占有社会财富情况，它的使用受多种因素的制约，如文化传统、风俗习惯、死者后代的意识等。所以，以随葬品来分析当时的社会关系和财富分化，存在一定的或然性。因此，在没有更好更准确的指标之前，这里和后面的论述只是作为一种基本的参考。

[2]　大伊山墓地1985年发掘资料中关于随葬品的统计，墓葬登记表中合计为99件，正文中记述为90件，两者不合，这里以墓葬登记表为准。详见连云港市博物馆：《江苏灌云大伊山新石器时代遗址第一次发掘报告》，《东南文化》1988年第2期。

不同遗址之间的差别似乎也已经出现，其与上述墓群之间的情况类似，即相互之间存在差别，但由于随葬品的总量较少，差别并不明显。如二涧村、大汶口和大伊山三处遗址之间，最多的是二涧村，最少的是大汶口，两者之间相差1.4倍（表四）。考虑到这两处遗址发现的墓葬数量都较少，存在着一定的或然性。

表四　二涧村、大汶口和大伊山三处遗址墓葬随葬品统计表

遗　址	随葬品总数	墓葬数量	平均	备　注
二涧村	16	7	2.3	
大汶口	9	10	0.9	
大伊山	119	62	2.0	其中有15座受到不同程度的破坏
合　计	144	79	1.82	

综上所述，由聚落和墓葬两个方面所反映的情况可知，北辛文化时期的社会，无论是社会成员之间，还是不同层次的社会组织内外，在财富的占有上虽略有差别，但程度比较轻微，并且总量也极为有限。所以，可以认为当时还处在一种社会生产相对不甚发达的平等社会发展阶段。

5. 小结

综合以上分析，可以得出以下的初步结论。

第一，北辛文化时期的聚落仍然为环壕聚落，居住区和墓葬区分开。但与后李文化不同的是，前者墓葬区设在环壕之外，而北辛文化时期，墓葬区可能开始移入聚落之内。如在大汶口、东贾柏、二涧村等遗址看到的情况都是如此。但在聚落之内，墓葬区和居住区仍然是分开的，而只是随着时间的推移，两类区域的位置在不断变化。

第二，北辛文化聚落内部房址的空间分布形态，较之此前的后李文化有较大变化。最明显的是房址的规模变小，房内面积一般都不足10平方米，一室只有一灶，多灶现象已不复存在。房址的空间形态，在有限的范围内，可能存在两个层级的结构，即以数座小型房址的集合为单位的房子组和两三组房子组集合成的房子区。从居住人数方面考虑，与这两级聚落形态相对应的社会组织应该是大家庭和家族。同时，在与房子组并存的还发现一些只有一座房址的现象，而这种情况则应与对偶家庭的情况吻合。

整个聚落应是更高的社会组织单位，因为缺乏证据，我们还不能肯定以聚落为代表的社会组织和以房子区为代表的家族之间是否还存在中间一层组织形态。但如果从宏观上分析，应该存在这样一级社会组织。

单个聚落之上的情况虽然并不复杂，但现有的资料尚不足以做出有说服力的分析。

第三，较之居住遗迹，墓葬方面的资料更充分一些。特别是大伊山墓地的发掘，虽然遭受到严重破坏，但对于认识北辛文化的社会组织和社会结构，还是提供了重要依据。以大伊山墓地的资

料为主，结合其他几处墓地的情况，我们可以得出这样的认识。北辛文化时期的社会基层组织和结构，至少应该由"大家庭、家族、氏族"三级组成。如果能够证明一个聚落有两处或两处以上的墓地，那么，就可以认为在氏族之上还有一层更高的社会组织。种种迹象表明，北辛文化时期有可能存在这种情况。如果那样，在聚落这一个空间之内，应该存在着四级社会组织形态，即大家庭、家族、氏族和更高的胞族（或称为其他名称）。

第四，北辛文化的房址绝大多数为半地穴式，房址的居住面积较小，房址之间的差别也很小。这种情况反映的是一种社会成员之间较为平等的生活画面。同类现象在墓葬中表现得更为清楚。在已发现的100多座墓葬中，墓室大小差别甚小，一般长度在2米左右，宽度不足1米，墓坑较浅，属于正常的可以容身的尺寸范围。均无木质葬具。在使用随葬品方面，没有随葬品的约占30%，随葬品在1~5件之间的约占60%左右，而随葬品超过5件的不足10%，迄今还没有发现1座墓葬的随葬品超过10件。随葬品的种类有生产工具、生活用具和装饰品，均为日常生产和生活中的实用品。随葬品的质料以陶器和石器最多，占全部随葬品的80%以上，而其他类别，如骨、牙、玉器较少。

如果说墓室大小、葬具和随葬品的有无及多少等指标代表了社会成员之间的差别的话，那么，北辛文化目前所发现的墓葬资料，说明这一时期的社会在各个不同层面上，如各级不同的社会组织之间和社会成员之间，都表现为一种较为平等的状态。所以，可以认为北辛文化是一个以氏族血缘关系为基本纽带的平等社会。

第五，北辛文化几个主要的分布区域之间，在社会经济类型方面存在一些差别。鲁中南地区、连云港及其周围地区和鲁北地区，社会经济以农业为主，兼有渔猎和采集。而胶东半岛及其沿海岛屿一带，遗址多有大量的各种贝壳堆积，俗称贝丘遗址。在这些遗址中，至今没有发现农业的相关信息。所以，这一地区的主要经济来源应是狩猎、捕捞和采集。那么，在这种经济形态下的社会组织结构与以农业为主要生业类型的地区的社会组织结构，有什么相同之处和差别，还需要在今后的研究中注意并加以解决。

四 大汶口文化时期

大汶口文化是海岱史前文化发展历史上一个极为重要的时期，这不仅表现在文化的发展日益繁荣，分布区域迅速扩大，对外的文化传播和影响也达到了空前的水平，而且大汶口文化社会内部也产生了前所未有的深刻变化。

大汶口文化的延续时间长达一千五六百年之久，可以分为早、中、晚期三个大的发展阶段。综观这三大期，社会组织和社会结构既有内在联系，又发生了重大甚至本质的变化。因此，以下按早期和中晚期两个时间段进行分析和探讨。

（一）早期阶段

大汶口文化早期阶段的资料比较丰富，特别是发掘了若干个重要的遗址和墓地，并且多数资料已经公布。但这些资料也存在着明显的不平衡性。

一是墓葬资料较多，居住方面的资料较少。这一时期的墓葬资料应该说是十分丰富的，不仅有像王因、刘林、大墩子这样较为完整的墓地，也有像大汶口、野店那种墓地结构明确的资料。但与墓葬形成对照的是，居址材料相对较少，目前比较丰富的只有长岛北庄一处，而其他遗址只发现有零星居住遗迹。

二是现有资料在地域分布上极不平衡。此期的海岱地区横跨山东和苏北，而已有资料中，墓葬主要见于汶、泗河流域，其他地区基本没有或者甚少；居住遗迹更是如此，目前所知以远离文化分布中心的胶东半岛北侧的庙岛群岛最为丰富，而整个大陆地区则只有零星发现。

大汶口文化早期阶段可以进一步划分为前后两期，每期可以再分为两段。

1. 聚落形态

大汶口文化早期阶段的居住资料以长岛北庄遗址最为丰富，而其他地区的发现均较少。

（1）聚落资料

大汶口文化早期阶段的聚落资料主要见于王因、野店、大汶口、大墩子、刘林、邱家庄、白石村和北庄等遗址。

野店遗址只是在第Ⅳ区发现2座此期的房址。房址均为圆形半地穴式，使用面积不足10平方米[1]。

大汶口遗址共发现3座房址，均为方形，有半地穴式和地面式两种。房址面积大小相差悬殊，小的只有3～5平方米，大的则为16.8平方米。3座房址相距较远，并且各自所在区域的外侧均未发掘，是否还有其他房址与其相连则不得而知[2]。

刘林和大墩子遗址只发现几片范围不大的红烧土地面，可能与房屋建筑有关，但详细情况则不清楚。

邱家庄和白石村遗址相当于大汶口文化早期阶段的堆积内，发现了大量与建筑有关的柱洞遗迹。柱洞数量甚多，分布极为密集，多数较深，有的深达1米以上。柱洞有简单和复杂之分。简单者只有一个比柱洞略粗的坑，复杂者则是有较大的柱坑，在坑内立柱。由于这些柱洞的开口层位难于确定，所以很难复原其所承载房屋的结构。

北庄和王因遗址发现的房址数量较多，保存得也相对较好，对此，将在后面予以详细分析。

（2）房址特点

大汶口文化早期阶段的房址呈现比较复杂的现象。从房址结构方面看，有半地穴式和地面式建筑两种，其中绝大多数为半地穴式，地面式建筑甚少。

房址的平面形状有圆形、椭圆形、方形和长方形四大类别。就目前的发现而言，既有一个遗址的所有房址形状比较相近的现象，如长岛北庄遗址一期，房址基本上都是圆角方形。也有在同一个遗址之中，房址平面形状呈现多元化的情况，如王因遗址，在发现的14座房址中，椭圆形6座，圆形3座，长方形4座，方形1座。

[1] 山东省博物馆、山东省文物考古研究所：《邹县野店》，文物出版社，1985年。
[2] 山东省文物考古研究所：《大汶口续集——大汶口遗址第二、三次发掘报告》，科学出版社，1997年。

房址的墙体结构以木骨墙为主。起支撑作用的柱子，则多排列在半地穴内的四周边缘，中部一般有一或两个中心柱。此外，也有不少在半地穴外围地面上立柱的现象。在部分遗址中，还发现在半地穴式房址四周设较窄的台的处理方式，以用于存放物品。

房址内部地面多经过特殊加工。门道的方向并不固定，主要是与房址之间的组合关系相联系。一般一房一灶，只有个别遗址（如长岛北庄）还存在一房多灶的情况，可能与其社会发展阶段滞后有关。

综合房址的结构和面积，这一时期的房址可以划分为三类。

第一类，面积在20平方米以上。此类在大汶口文化早期已属于较大型的房址，在同一个遗址中发现的数量较少。

第二类，面积一般在10～20平方米之间，属于中型房址。此类房址在大汶口文化早期阶段的数量也不多。

第三类，面积一般在10平方米之内，多数在5平方米左右，属于小型房址。此类房址在一般的大汶口文化早期遗址中数量较多。如王因发现的14座房址，其中7座为此类；野店的2座房址则均为此类。

（3）聚落布局与空间结构

现在可以进行聚落布局和空间结构分析的只有王因和北庄两处遗址。

王因遗址，位于鲁中南地区的兖州市西南，属于泗河流域，处在大汶口文化的腹心地带。历次发掘共发现14座房址，此外，还有一些零星分布的柱洞[1]。14座房址从平面分布上看，主要位于遗址的南、北两大片，即为南、北两个居住区。两区被遗址中部密集的墓葬区所间隔。由此看来，王因遗址大汶口文化早期阶段至少存在着两个居住区（图九）。

北侧居住区的编号房址共有10座，还有25个不知所属的柱洞，再加上此区南部因为现在道路有南北宽10～20米的范围没有发掘。所以，北侧居住区的房址实际数量当远不只10座。10座房址和25个柱洞分属于三个时期，亦即报告划分的早、中、晚三期。

早期有4座房址，均分布在此区中部的数百平方米的范围之内。最大的F9面积约30平方米，其余3座在其北、东两侧五六米的距离之内。从层位关系分析，F9与其北侧的F11、F13与F14分别有重叠或打破关系。因此，4座房址不大可能是同时并存的。同时，考虑到王因大汶口文化早期阶段延续了长达二三百年的时间，仅仅这4座房址也远远不够。因此，仅凭现有资料无法说明王因聚落遗址内部的细部空间结构。

中期有4座房址，此外16个没有归属的柱洞也分布在北区中部的F3东西两侧，按柱洞的分布情况分析，至少还有5座或者更多的房址已遭受破坏。由现有的4座房址的分布可知，这一时期的房址至少可以划分为三组。南部的F2为一组；中部的F7打破F3，两者具有先后关系[2]；西北部的F1为一组。每组都只保存有1座房址，由中部的情况可知，其实际情况有可能并非如此。

晚期只有2座房址，此外还有9个零星分布的柱洞。2座房址中，1座（F8）在中期南组的F2近旁；1座（F5）在中期的中部，并且，9个柱洞都在F5的东北30米范围之内。

---

[1]　中国社会科学院考古研究所：《山东王因——新石器时代遗址发掘报告》，科学出版社，2000年。

[2]　F7东西50米之内散布着不少柱洞，所以，这里原本可能不仅仅是一组。

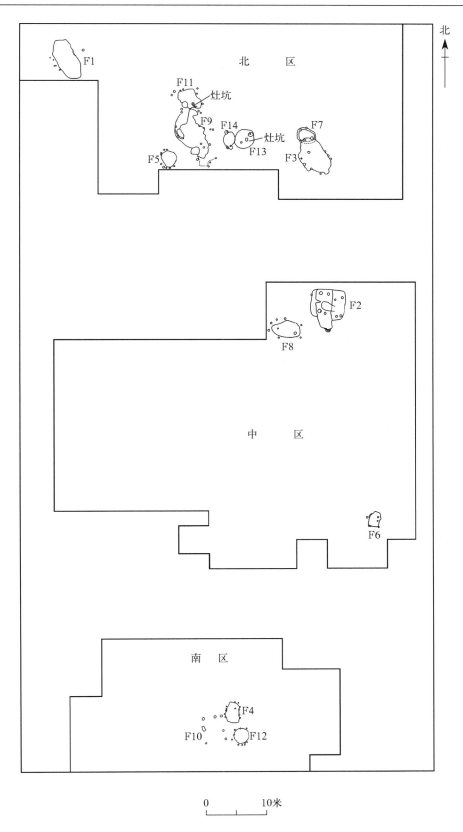

图九 王因遗址大汶口文化早期房址平面图
(据《山东王因》，2000，图四九～五一)

　　由上述的粗略分析可知，王因北侧居住区的房址，在不同的时期还可以进一步分成若干不同的组，至于每组的房址数量，目前所知都只有一或两座。

　　南侧居住区共有编号房址4座，此外还有十几个零星分布的柱洞。此区内部也有相当一部分位置没有发掘，所以，其房址的实际数量可能更多一些。

　　综合分析王因遗址不甚完整的居住区资料，大体可以得出这样的结论：王因聚落遗址内部的房址空间结构自上而下是由三个层次构成的，即：聚落－居住区－房子组。

　　北庄遗址，位于渤海与黄海之间的庙岛群岛之大黑山岛东部，东邻海岸悬崖，整个遗址坐落在一北高南低的坡地上。北庄遗址是一处保存相对较好和较为完整的大汶口文化早期聚落，这里发现的房址极具特色，例如：房址的面积略大，多数在10～20平方米之间；平面均为圆角方形，结构则为半地穴式；房内有1～3个较大的箕形灶址；相当一部分房址在穴壁外的四周设置土台以存放物品；房内周壁和中部立有明柱[1]。从发展的角度看，随着时间的推移，四周有台的房址逐渐增多，但多与无台房址共存。如F64，面积19.8平方米，四周有台，室内设置2个箕形灶，门道位于东壁中部（图一〇）。

　　北庄遗址历年共发掘出大汶口文化早期阶段房址90余座，其延续时间长达七八百年之久。据研究，这些房址至少可以划分为前后连续的7个年代组[2]，每组的延续时间约百余年。按照常规，像北庄这种史前时期的房址，一次使用期一般不会超过30年，加上不断地修葺改造，一座房址要使用上百年也是很勉强的。所以，北庄大汶口文化聚落同时共存的房址，就已经发掘的范围而言，即使是最为繁盛时期，可能也只有20余座。如以每座房址居住5～7人计算，北庄聚落已发掘部分的总人口数不超过200人。

　　北庄遗址的西部为墓葬区，东部为居住区，两者相邻。居住区内部有明显的区划，分成南、北两区，中间有约30米的间隔[3]。以论文形式公布的第四年代组的房址平面图，为分析北庄的聚落结构提供了线索。

　　北庄第四年代组共有房址17座，在聚落布局上分为南、北两区。北区有11座房址（另有2座的使用上限或许在此年代范围之内），南区有6座房址（另有3座的使用期或可进入此年代范围之内）。两区房址的中间有较大间隔，东部相距25米左右，西部的间距则超过了30米（图一一）。

　　北区的11座房址，大体分布在东西45、南北22米，面积约1000平方米的范围之内。综合房址的平面位置和距离、面积大小、门道朝向等因素，可以归并为四组。

　　A组，由东南部的F93、F53和F82等3座呈弧形分布的房址组成，此组或许还可以加上后来的F92，有逐渐向东南移动的趋向。

　　B组，由中北部的F39、F42、F71等3座房址组成。这3座房址，F39面积较大，位置居中，F42和F71则分立两侧，门道朝向于F39。这3座房址显然存在密切联系。至于距F39门前只有2米的F65，因

　　[1]　北京大学考古实习队等：《山东长岛北庄遗址发掘简报》，《考古》1987年第5期。

　　[2]　张江凯先生认为，原北庄一期遗存可以分为两期；早期可以早到邱家庄下层，属于白石村类型阶段；北庄一期又可以分为三段，每段还可以分为两个年代组，总计则至少有7个年代组（即把属于早期的遗存视为一个年代组）。参见张江凯：《论北庄类型》，《考古学研究（三）》，科学出版社，1997年；《北庄类型前期的房屋建筑与聚落结构》，《苏秉琦与当代中国考古学》，科学出版社，2001年。

　　[3]　严文明：《中国新石器时代聚落形态的考察》，《庆祝苏秉琦考古五十五年论文集》，文物出版社，1989年。

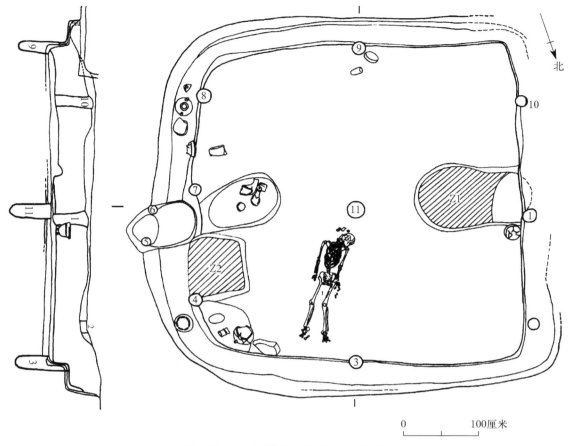

图一〇　北庄遗址F64平、剖面图

（据张江凯，2001，图二）

破坏较甚，难以确定两者是否属于同一组，也可能在年代上有偏差。

C组，位于中部偏西，由F44和F46组成。F44的门道朝东南，而F46破坏较为严重，但其东半部没有发现门道，故推测其门道在西半部，应与F44相对应，两者构成一组。

D组，由西北部的F64和F62组成。由于F64以西的位置没有发掘，所以，发掘者认为西侧可能还存在没有揭露出来的小型房址，并且它们可能与F64同属一组。

南区的6座房址，在分布区间上，东西较长，达60余米，南北较窄，只有10米左右。此区的房址较之北区略显复杂，如果按上述北区的标准，也可以进一步分为三组。

A组，位于西部，由F8、F2、F9、F12等房子组成。由于前2座房址是由前一个时期延续下来的，而F12可能是使用上限进入此年代组，所以，这4座房址大约不能同时共存。即先有2座，后陆续增加后2座，而此组房址同时保持的数量当在2~3座。

B组，位于中部偏东位置，由F20和F22组成。这2座房址的门道朝向基本一致，前面有较为宽阔的活动场地。由于F22之下叠压着同一年代组的F35，表明它们（至少是F22）是在F35废弃之后才予以兴建的。所以，本组房址的时代可能偏晚。

C组，位于东南部，由F38和F37组成，由于已到发掘区的边缘，所以不排除东部还有属于此组

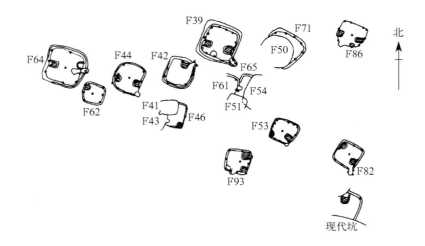

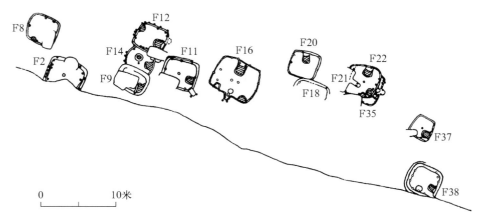

图一一　北庄遗址第四年代组房址平面图
(据张江凯，2001，图六)

的房址存在。当然，从另一个角度分析，此组房址有包括F35在内的可能。

综上所述，北庄遗址第四年代组南、北两区的房址各自可以进一步划分为三或四组。每组的房址数量和大小都不完全相同，表明其所代表的社群组织大小有所差别。因为每座房址都有数量不一的灶址，至少是一个可以进行消费的单位。所以，以单间房址为基准的单位在社会活动中应该具有相对的独立性，从而在一定程度上构成一个社会基层单位。如是，北庄大汶口文化早期聚落的内部结构可以进一步分为"单间房址－房子组－房子区－聚落"这样四个层级。

（4）聚落的空间分布

大汶口文化早期阶段，聚落遗址的数量较之北辛文化有一定增长，遗址分布的区域也进一步扩大，但总体数量仍然偏少[1]，在空间分布上尚难觅其规律。北辛文化时期，已发现的遗址近百处左

---

[1]　截止2002年，各文物考古杂志公布的调查、发掘资料中，共有大汶口文化遗址约500处，其中有早期阶段遗存的不到100处，中期阶段不到200处，绝大多数属于晚期阶段。

右，尽管目前缺乏大汶口文化早期阶段遗址的准确数字，但从遗址的分布上，可以发现两者之间在数量上的差别。如在鲁中南和苏北地区，除了原来北辛文化遗存不甚丰富的遗址，到大汶口文化早期迅速发展起来之外（如大汶口、王因、大墩子等），还出现了一批单纯的大汶口文化遗址，如邹城野店，兖州夏村、李堂和堌城村，曲阜尼山，邳州刘林等。其他地区也存在类似的情况。

大汶口文化早期阶段遗址分布的地域也更为广阔，除了以上所涉及的鲁中南和苏北地区之外，其他地区也发现有大汶口文化早期阶段的遗址。如鲁西的聊城地区，鲁北中北部的淄博、滨州、潍坊和东营地区，胶东半岛及其沿海岛屿地区等。

由于缺乏以聚落形态研究为主导的调查工作，这一时期发现的遗址数量还相对较少。所以，我们尚不清楚在小区域之内聚落遗址的分布、结构和空间关系，以至于是否形成了隶属关系的聚落群。但有一点可以肯定，这一时期即使出现聚落群，其规模也必然较小，与其大致同时期的豫西地区铸鼎原仰韶文化庙底沟类型那种规模较大、等级较高的聚落群，在大汶口文化早期阶段似乎尚未形成。

（5）聚落形态所反映的社会结构和社会组织

王因和北庄两处遗址的大汶口文化早期阶段的聚落形态在基本结构上极为相似。例如均存在"房子组－房子区－聚落"这三级结构，由于北庄的房址保存较好，并且每座房址内都有灶址，所以，我们可以初步确定其在房子组之下还存在单间房子这一层级，而王因的房址保存不好，是否存在这一层级则不甚明确。综合两遗址的基本情况，我们可以大体认定大汶口文化早期阶段聚落遗址的内部结构存在着四级形态，即"聚落－房子区－房子组－单间房子"，并且可以依次与"胞族－氏族－家族（个别为大家庭）－核心家庭"等社会组织单位相联系。依据北庄遗址的实际情况，各级社会组织的人口规模可以做以下推测。

整个聚落——胞族；人口规模为100多人。

房　子　区——氏族；人口规模为50～70人。

房　子　组——家族（包括一部分大家庭）；人口规模为10～24余人不等。

单间房子——核心家庭；人口规模一般为5～7人[1]。

作为核心家庭承载体的单间房子，内有维持日常生活所必需的设施和物品，如灶和生活用具等，所以，它的主要功能应该是最基层的消费单位。房子组所代表的是由几座房址联结而成的紧密实体组织，有的房子组内还存在大小房址之区别，我们推测，这样的实体应该是维系生产活动的基本单位，这种基本的生产单位与后李文化时期相比，其规模发生了显著的变化，即生产单位的整体规模变小。

房子区代表的是更高一层社会组织形态，通常可以由若干个房子组所代表的家族构成，社会尚未分化或分化还不严重的时期，这样的社会组织正好和氏族一级相当，他是使社会可以正常运转的一级重要的组织形态。一般而言，各种规模略大而重要的社会活动，往往是依托氏族来进行的，如各种祭祀活动、庆祝活动、对外的械斗等。大汶口文化早期阶段是社会制度发生转折的时期，所有制形式或

---

[1]　F53内居住面上遗有5具人骨，由不同年龄、性别的人员组成，当是一座房屋内居住的一个基层单位的人口数，其人口规模和人员构成应与核心家庭相联系。F53的面积约为9.6平方米，在北庄遗址中属于面积偏小的房间，而那些面积在10～20平方米之间的房间，居住的人口数可能会略多。所以，我们估计北庄聚落遗址的单间房址所承载的人口数量为5～7人。

者承担社会生产任务的基本单位，由氏族向家族转化。当然，这一过程可能从北辛文化时期就已经开始了，其完成当是在大汶口文化中期阶段，个别发达地区（如大汶口遗址）完成的更早一些。

像北庄这样处于相对封闭的海岛之内的聚落遗址，对外交通十分不便，而且，据调查得知，与其相近的岛屿上均未发现同时期遗存。所以，北庄聚落南北两大居住区所代表的两个氏族，相互之间应该是通婚的。由此，也可以对我们认识大陆地区聚落遗址内部的相互关系有所启示。

2. 墓葬分析

大汶口文化早期阶段的墓葬资料十分丰富，据不完全统计，目前已发掘出同期墓葬1400多座。但这些资料的区域分布极不平衡，基本上都集中在鲁中南和苏北的泗河、汶河流域，其中兖州王因、邹城野店、泰安大汶口、邳州刘林和大墩子等五处遗址就占据了绝大多数，而其他地区只有零星的发现。

（1）埋葬习俗与墓葬特点

首先，大汶口文化早期阶段的墓葬基本上都安置在与居住区有所间隔的公共墓地之中。这从王因、刘林、野店、大墩子等规模大小不等的墓地中可以得到证明。

其次，在埋葬制度上延袭了北辛文化时期那种分区、分群、分组的埋葬方式，这种现象应该是与当时的社会组织结构形式紧密联系在一起的。

第三，墓葬的埋葬习俗较为复杂，即多种不同的葬俗同时存在。例如：从总体上看是以单人一次葬为主，也有一定数量的合葬墓，但不同地区和不同遗址之间存在相当大差异；合葬墓中二次葬者较多，与二次葬相对应的是发现了一部分迁出墓，也有一定数量的一次合葬墓，合葬墓多为同性合葬，也有少量成年男女合葬墓；人骨的头向以东向为主，而部分遗址（如苏北的刘林）则为北向；在反映葬俗的随葬品方面，不少遗址的墓葬有使用獐牙（或加骨柄做成复合的獐牙勾形器）、龟甲器随葬和殉狗的习俗，但不同地区有所差别。

第四，如果以随葬品为主要指标来衡量，多数遗址的贫富分化并不突出，社会成员所占有的财富基本上是平等的。但有两个值得注意的趋势：一是随着时间的推移，开始出现分化的现象，即后期从不同的遗址都反映出分化业已出现，但程度不严重；二是遗址之间的差别开始加大，即部分遗址到后期，财富开始集中，分化较为严重。

第五，从随葬品种类的差别可以看出，这一时期男女之间的差别主要表现为劳动分工方面的不同，而社会地位的差别并不明显。

（2）墓地的空间结构分析

这一时期墓葬资料比较丰富的主要有王因、刘林、大墩子、大汶口和野店五处遗址。下面着重分析刘林、野店和王因三处。

刘林遗址位于江苏省邳州市西北30千米处，面积约2.4万平方米。1960年和1964年，南京博物院先后两次发掘该遗址，揭露面积4025平方米，共清理大汶口文化早期阶段墓葬197座，在分布上形成相对集中的六群[1]。

---

[1]　栾丰实：《大汶口文化的社会发展进程》，《古代文明（第2卷）》，文物出版社，2003年。

　　在这六群墓葬中，除了第一群由于受发表资料的限制而情况不太清楚之外，其余五群根据分布的疏密程度和相互关系，又各自可以区分为三组。下面着重分析第六群。

　　第六群现有墓葬47座，除了西北部可能有少量墓葬在未发掘的区域外，绝大多数都已清理出来。47座墓葬可分为三组，M84以东的22座为A组，M78以西的17座为B组，M198以西的8座为C组（图一二）。

　　A组的22座墓葬分为六排，除北数第3排为2座和第6排为1座外[1]，其余每排4～5座。22座墓葬计有24人[2]，其中19座墓葬属于下层，3座属于上层。如果按大汶口文化早期阶段四段论的分期标准，这22座墓葬中的18座分属第1～3段（其余4座因无随葬陶器而无法准确分期），如果设定A组墓地是连续使用的，其延续时间当在300年左右。如果把古代每代人的年龄差设定为25～30岁，则A组墓地延用了10～12代人，每代人的平均人数为2～2.4人。这里有两个因素应该予以考虑。一是A组墓葬的葬入者在时间上不是均等的，如属于第1段的墓葬只有3座3人，而属于第二段的则有9座10人。二是整个A组墓葬没有婴儿墓，而儿童墓也只有1座，这显然不符合常规。据研究，时代早于大汶口文化早期的仰韶文化半坡类型，婴儿死者的比率约占40%[3]，而时代较晚的西夏侯大汶口文化中晚期墓葬，婴儿死者的比率约占16.7%，儿童死者的比率约占13.3%。刘林墓地的时代介于两者之间，其婴儿和儿童死者的比率应与西夏侯相当或略高。据此，我们推定A组墓葬每代人的平均数目约为3～4人，其盛期应超过此数。在正常情况下，一个社会基层消费单位会同时包含两代或三代人。那么，A组墓葬所代表的日常人口数量当在6～12人之间，如果取平均值，大约9人左右。这一由不同年龄性别人口组成的9人左右的社会单位，小于家族，而明显大于由一对夫妻及其未成年子女所构成的个体家庭（这种家庭或称为核心家庭），应该是介于两者之间的一种大家庭。

　　B组的17座墓葬大体可以分五排，其中属于下层的两排比较整齐，每排5～6个人，与A组的情形相似，而属于上层的人数较少。因此，B组墓葬使用的时间比A组要短一些，但社会基层单位的规模则大致相当。

　　C组只发掘出8座墓葬，均属于上层，约当大汶口文化早期第3、4段，与A、B两组在时间上有交错，但整体上要晚一些。

　　综上，刘林第六群墓葬所代表的日常人口大约在20人左右，这样一个社会单位的人口规模和一个家族大体相当。因此，刘林第六群墓葬的社会组织应属于一个家族[4]，它由A、B、C组墓葬所代表的二、三个同时存在的家庭组成。

　　其他墓群与第六墓群的情形大体相同，每一个墓群也可以分为二或三组，各自代表一个家族单位。在各墓群的使用时间上，第三、四墓群以第二期墓葬为主，第二、五墓群则均为第一期墓葬，而第一、六墓群的沿用时间包含第一、二期。这样，同时存在的墓群大体是四个，如果刘林遗址已经发掘的区域为一个墓区，那么，这个墓区同时存在着四个墓群。

---

　　[1]　第6排的1座墓葬之西正好被破坏，不排除还有其他少量墓葬存在的可能。

　　[2]　按原报告，第六群A组有2座墓葬为双人合葬，均为下层。在文化分期的归属上，M102为第一期第2段，M97为第二期第3段。

　　[3]　严文明：《横阵墓地试析》，《仰韶文化研究》，文物出版社，1989年。

　　[4]　王震中先生认为，刘林遗址一个墓群代表一个近亲家族联合体，即宗族组织（《中国文明起源的比较研究》，陕西人民出版社，1994年，第130～132页）。如果从人口规模上看，两者不甚相符。

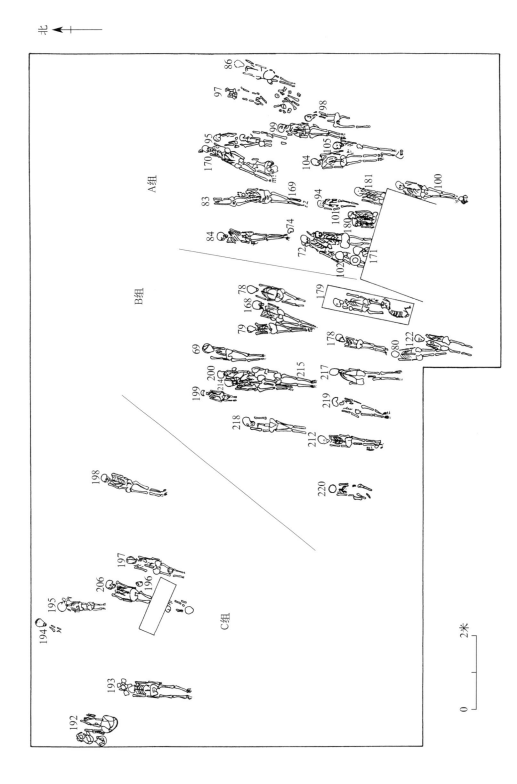

图一二　刘林遗址第六墓群平面图
(据南京博物院，1965，图五)

　　野店遗址第二区是一处比较集中的大汶口文化早期阶段墓群[1]。在东西30、南北10米的范围内，清理了45座早期墓葬，按分布的疏密程度和相互关系可以划分为三组（图一三）。此外，C组之西约60米处还发现3座同期墓葬，从两者的间隔距离看，其似乎属于另外的墓群，这里暂将这3座墓葬作为单独的一组（D组）。

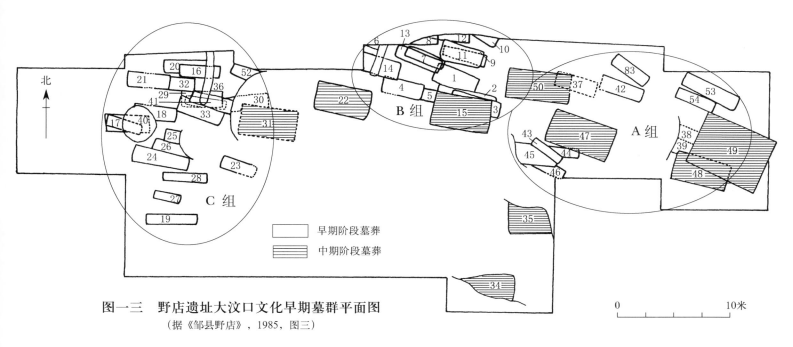

图一三　野店遗址大汶口文化早期墓群平面图
（据《邹县野店》，1985，图三）

　　A组在东，共有11座墓葬，分布较为松散，北部和中部都可能存在已被完全破坏的墓葬，所以其实际墓葬数量当更多一些。此组墓葬自东而西可以分为三排。

　　B组居中略偏北，共有14座墓葬，分布密集，此组北邻一条路沟，有三、四座墓葬受到路沟的破坏，估计原本墓葬数量还要多一些，现有的14座墓葬自东而西分为四排。

　　C组在西，共有20座墓葬，分布密集，除北侧可能还有少量墓葬伸到路沟外，基本得到完整揭露，自东向西分为五排。

　　以上三组墓葬的时代大体相当，相互之间的距离不足5米，应属于同一个墓群。

　　王因遗址的发掘面积达10180平方米，而探方所涉及的范围则超过了2万平方米。这在王因遗址中心区6万平方米的总面积中，也只是占到了三分之一左右。在发掘范围内，又分为北、中、南、西四区。各区均发现有规模不等的墓地，其中以中区的墓地规模最大。四区墓地之间有比较明显的间隔，距离约在30～50米之间[2]。

　　墓区之内又可以分为不同的墓群。以中区第2层墓葬（晚期墓）为例：此层发现的墓葬，自西而东又可分为A、B、C、D、E五群。其中位于最西侧的A群有墓葬近百座，而最少的B群只有36座墓葬，其他一般在50～60座左右（图一四）。

　　墓群之内又可以进一步分为不同的墓组。仍以中区第2层墓葬为例，A、B、E三群各分为两个墓

　　[1]　山东省博物馆、山东省文物考古研究所：《邹县野店》，文物出版社，1985年。
　　[2]　中国社会科学院考古研究所：《山东王因——新石器时代遗址发掘报告》，科学出版社，2000年。

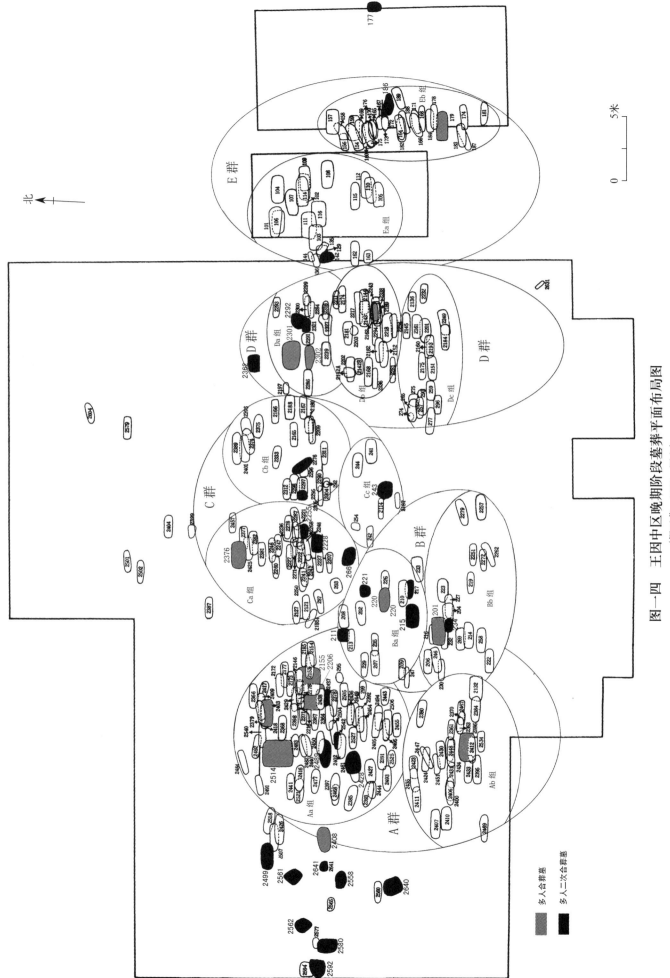

图一四 王因中区晚期阶段墓葬平面布局图

（据王芬，2003，图六）

多人合葬墓

多人二次合葬墓

组，C、D两群各分为三个墓组：A群的墓葬多而分布密集，北组有68座，南组有27座；B群的墓葬较少并且分散，北组有墓葬16座，南组有20座；C群的三组呈三角鼎立式分布，西北组有31座，东北组有23座，南组只有7座；D群的三组为南北方向排列，北组15座，中组22座，南组19座；E群的两组呈东南－西北排列，西北组有22座，东南组有29座。

综上所述，王因遗址已发现的墓葬，在空间分布形态上，自下而上应该存在着四层结构，即：最小的墓组；由二、三个墓组构成的墓群；由若干个墓群组成的墓区；由不同的墓区合成的聚落墓地[1]。

（3）墓地所反映的社会结构和社会组织

刘林遗址六个墓群的墓域，局限在一个南北约130、东西约60米的范围之内。同时，它们的埋葬习俗相同，如绝大多数墓葬的头向为北偏东，除极个别之外葬式均为仰身直肢，不少墓主有手握獐牙的现象等。因此，可以认为整个墓地的葬入者生前属于同一个社群组织。刘林墓地所反映的社会结构可以分为三级。

整个墓区为第一级，就已揭露的部分而言，同时期的日常人口的数量不足100人。

墓群为第二级，一个墓群为一个家族，日常人口在20人左右，是由血缘关系亲密的若干家庭组成的，由于发展的不平衡性，各家族的人口规模有相当大的差别。

墓群内的墓组为第三级，一个墓组代表一个家庭。在当时的社会生产力水平和生产条件下，拥有较多的劳动力是维系生存的基本保证。因此，这种家庭通常表现为人口较多、劳动力充裕的大家庭形式，或称为扩大家庭、扩展家庭。

野店遗址二区的早期墓群的规模与刘林第六墓群基本相当，几个墓组之间的间距甚近。由于受发掘面积的局限，可以认为这是一个更大的墓地的一部分。从性质上说，他应该是墓地内的第二层形态，即家族墓群。而墓群内的三个墓组，则是有所差别的三个最低一级的基层社会组织单位——家庭。

王因墓地的情况有些差别，主要是表现为墓葬数量较多。在不同的时期，王因墓地也可以分为不同的墓区、墓群、墓组三个层次。其中相当一部分单位在时间上具有较强的继承性。与其他几处墓地的情况不同，王因墓地的葬俗比较复杂，特别是多人合葬的现象较其他遗址为多。这种现象可能反映了王因遗址的社会组织发展的滞后性。所以，王因墓地中的墓组这一层次，很可能代表着母系大家庭和父系大家庭这两种不同的社会组织形态。

综合刘林、野店和王因三处遗址的墓葬可以认为，这一时期的埋葬方式和墓葬布局显示了自下而上的"墓组－墓群－墓区"的三级结构形态。

这种"墓区－墓群－墓组"的墓葬空间形态，同样可以在大墩子、大汶口等发现墓葬较多的遗址得到证实。所以，我们认为由墓葬空间分布形态所体现的这种社会组织结构，在当时是具有普遍意义的。

王因遗址的资料告诉我们，在墓区之上还存在着聚落墓地这一最高一级的层次。从而使整个遗址的社会组织和结构表现为四级的形态，即在刘林的墓区一级之上还应该存在着更高一级的层次。所以，这一时期由墓葬空间分布形态所对应的社会组织为：

聚落——胞族（氏族的联合体）

墓区——氏族

墓群——家族

墓组——家庭（或大家庭）

---

[1] 王因墓地的结论和插图均采用了王芬的意见，详见王芬：《王因墓地分析》，《考古学报》2006年第1期。

4. 社会经济与财富的分布

（1）社会经济状况

农业在社会经济中占有重要地位。由于种种原因，这一时期的农作物遗存发现较少。长岛北庄遗址发现有黍壳[1]，兖州王因还检测出水稻的花粉[2]，因为曾在苏北地区的北辛文化中发现过稻作遗存，所以，大汶口文化早期存在水稻也是完全可能的。农具发现的数量较少，种类也只有石铲、石镰和石刀等，而用于砍伐和加工的斧、锛、凿等相对较多。如刘林遗址文化层出土的石器中，铲、镰、刀等农具为11件，而斧、锛、凿三类加工工具则多达92件[3]。大汶口遗址同一时期的发掘资料也有类似情况[4]。

这一时期的家畜饲养业已经相当发达，家畜主要有猪和狗，也有牛和羊。如刘林遗址一条灰沟底部有20个猪牙床堆放在一起，而文化层内出土的猪牙床计有171件、牛牙床及牛牙30件、狗牙床12件和羊牙床8件[5]。野店遗址发现的两座猪坑，每坑一猪，刘林和大墩子早期墓葬中还有用整狗随葬的现象。

陶器生产仍以手制为主，同时也采用了慢轮修整技术，从而使陶器的规整程度有所提高。按钟华南的研究，这一时期在北辛文化发明慢轮的基础上，已经开始采用转速较快的"惯性陶轮成型法"制作陶坯[6]。陶色以红陶为主，彩陶相对较为发达。在大墩子、刘林、王因、大汶口、野店、北庄等遗址发现的彩陶，有黑、赭、红、白多种颜色，纹样种类也较多，如花瓣纹、回旋勾连纹、圆点、八角星等，色泽鲜亮艳丽，图案布局严谨，线条明快流畅，其中一些精品，应出自技艺高超的画工之手。大墩子M102，经鉴定为一50余岁的男性，墓中除了放置较多陶器之外，还有5块绘制彩陶的天然赭石颜料，研磨所得赭红色粉末与彩陶上的颜色完全相同[7]。因此，或认为此人生前系专事生产陶器的工匠，有可能就是一名技艺出众的彩陶画师。这一时期的陶窑，形状清楚者仅在大墩子遗址发现一座，窑室已遭受破坏，整体由火门、火塘和长方形窑室组成，窑室面积较小。在窑室附近还有多处圆形或椭圆形烧土堆积，发掘者认为可能也是陶窑[8]。像大墩子遗址这样既有专门的陶匠，又发现成组的陶窑，表明其陶器生产已具有相当规模。

（2）墓葬反映的财富分化和集中

关于社会财富的分布和占有状况，我们目前还只能通过分析墓葬随葬品的数量多寡和质量优劣来加以推定。以下拟从三个方面进行定量分析，即：随葬品人均数量的变化；同一聚落内部墓区、墓群、墓组以及个人之间的分化；聚落与聚落之间的分化。

随葬品人均数量的变化，既在一定程度上体现了社会成员占有财富的状况，也反映了人们思想意识和观念方面的一些变化。总体而言，这一时期的社会生产较之北辛文化有了相当程度的发展。

---

[1] 吴诗池：《山东新石器时代农业考古概述》，《农业考古》1983年第2期。

[2] 高广仁、胡秉华：《王因遗址形成时期的生态环境》，《庆祝苏秉琦考古五十五年论文集》，文物出版社，1989年。

[3] 南京博物院：《江苏邳县刘林新石器时代遗址第二次发掘》，《考古学报》1965年第2期，第19页。

[4] 山东省文物考古研究所：《大汶口续集——大汶口遗址第二、三次发掘报告》，科学出版社，1997年，第103页。

[5] 南京博物院：《江苏邳县刘林新石器时代遗址第二次发掘》，《考古学报》1965年第2期。

[6] 钟华南：《大汶口——龙山文化黑陶高柄杯的模拟试验》，《考古学文化论集（二）》，文物出版社，1989年。

[7] 上海纺织科学院研究文物整理组：《江苏邳县大墩子出土的颜料石分析》，《考古学集刊·1》，中国社会科学出版社，1981年，第47页。

[8] 南京博物院：《江苏邳县大墩子遗址第二次发掘》，《考古学集刊·1》，中国社会科学出版社，1981年。

北辛文化时期大汶口、二涧村和大伊山三处遗址的79座墓葬中，共出土各类随葬品144件，平均每座墓葬1.82件（表四）。而鲁南苏北地区的五处大汶口文化早期阶段的遗址，1372座墓葬中共出土各类随葬品5526件，平均每座墓葬4.03件（表五），较之北辛文化时期明显增多。

表五　大汶口文化早期阶段五处遗址墓葬随葬品数量统计表[1]

遗　址	随葬品	墓　葬	墓均数量	人　数	人均数量	备　注
大汶口	904件	46	19.65件	62	14.58件	6座合葬
大墩子	1131件	182	6.21件	186	6.02件	2座合葬
野　店	240件	48	5.00件	52	4.62件	4座合葬
刘　林	991件	197	5.03件	205	4.83件	8座合葬
王　因	2264件	899	2.52件	1285	1.76件	110座合葬
合　计	5526件	1372	4.03件	1790	3.09件	

大汶口文化早期阶段延续了长达六七百年的时间，在其发展过程中，随葬品数量所反映的社会生产和财富的变化也是十分明显的。按各遗址的分期，大汶口文化早期可以划分为前中后三个阶段，每个阶段经过了二三百年的发展。前段，各墓葬随葬品的数量与北辛文化时期差别并不很大；中段，从随葬品的总量和平均数量来看，增长速度明显加快；晚段，这一现象达到了一个新的高度，较之早段，平均增长幅度达2倍以上，其中差别最大的大汶口遗址则超过了4.5倍。从中可以发现，这一时期社会生产的发展和财富的分布，自中段开始出现加快的趋势，晚段达到一个前所未有的高度。但是，也应该看到，各个遗址之间的发展是不平衡的，如大汶口、野店和王因三处遗址，就代表了三个层次和等级不同的聚落（表六）。

表六　大汶口文化早期阶段三处遗址不同时间段墓均随葬品数量变化一览表

遗　址	前　段			中　段			后　段		
	墓葬	随葬品	平均	墓葬	随葬品	平均	墓葬	随葬品	平均
大汶口	6	36	6	24	597	24.88	8	267	33.38
野　店	4	9	2.3	17	86	5.1	21	145	6.9
王　因	121	128	1.06	376	702	1.87	402	1434	3.57
合　计	131	173	1.32	417	1381	3.31	431	1846	4.28

在遗址内部，财富的分化现象开始出现并逐渐扩大，这从墓区与墓区、墓群与墓群、墓组与墓组之间差距的渐次拉大中可以看得比较清楚。

---

[1]　由于对部分特殊质料的随葬品（如兽牙、小块动物骨骼等）是否计入总数存有异议，所以在不同的文章中计算的各墓地随葬品数量略有差异，本文的统计数字包括了各种质料的全部随葬品。

全面揭露的大汶口文化墓地只有王因遗址，在这里，前段四个墓区之间差别甚小，基本上是平等的；中段的四个墓区之间，差别开始加大，如中区是西区的2倍、是南区的3倍多；后段四个墓区之间的差别进一步扩大，中区是其他三区的5.7～9.1倍。同时，我们还注意到，作为王因墓地最大墓区的中区，随着时间的推移，墓均随葬品的数量成倍增长，而其他三个墓区不仅没有增长，甚至还略有下降（表七）。

表七　王因遗址各墓区大汶口文化早期不同时间段墓葬随葬品数量变化一览表

期别	中　区			西　区			北　区			南　区		
	墓葬	随葬品	平均	墓葬	随葬品	平均	墓葬	随葬品	平均	墓葬	随葬品	平均
前段	83	90	1.08	18	15	0.83	18	20	1.11	2	3	1.5
中段	289	603	2.09	16	17	1.06	38	61	1.61	33	21	0.64
后段	324	1384	4.27	55	37	0.67	15	7	0.47	8	6	0.75
合计	696	2077	2.98	89	69	0.78	71	88	1.24	43	30	0.70

墓群之间的差别已经出现，但由于拥有财富的整体水平不高，所以绝对数量的差别并不显得突出。而且，不同等级的遗址这种差别有着相当距离。如在等级较低社会生产水平也不高的王因遗址，同一墓区内的墓群之间差别较小，而不同墓区的墓群之间则差别较大。而等级较高的大汶口遗址，情况则完全不同，墓群之间的差别明显拉大。如第一墓群平均为29件，是第三墓群（平均为6.4件）的4.5倍，差别的幅度远远高于其他同时期遗址（表八）。

表八　大汶口遗址早期不同时间段墓葬随葬品数量分群统计表

墓组	前　段			中　段			后　段			合　计		
	墓葬	随葬品	平均	墓葬	随葬品	平均	墓葬	随葬品	平均	总墓数	总随葬品	平均
一群	4	29	7.25	11	373	33.91	2	149	74.5	19	551	29
二群	2	7	3.5	3	80	26.67	6	118	19.67	13	206	15.85
三群				6	61	10.17				10	64	6.4
四群				4	83	20.75				4	83	20.75
合计	6	36	6	24	597	24.88	8	267	33.38	46	904	19.65

说明：一群有2座、二群有2座、三群有4座墓葬因为没有随葬品或随葬品较少而难以断定时代早晚，所以只计入总量计算。

墓群内的墓组之间也有差别，但还不十分突出。由刘林遗址的第五、第六墓群和野店二区墓群等三个墓群的统计资料可知，在普通聚落中，墓群内的墓组之间已经出现差别，但这种差别应该说是比较小的，或者说是低水平的差别（表九）。至于等级较高的聚落，目前还缺乏可以比较的资料。

表九 野店遗址大汶口文化早期不同时间段墓葬随葬品数量分组统计表

墓组	前 段			中 段			后 段			合 计		
	墓葬	随葬品	平均	墓葬	随葬品	平均	墓葬	随葬品	平均	总墓数	总随葬品	平均
A组	1	3	3	4	21	5.3	6	39	6.5	11	63	5.7
B组	3	6	2	4	16	4	3	13	4.3	14	35	2.5
C组				9	49	5.4	9	53	5.9	20	102	5.1
D组							3	40	13.3	3	40	13.3
合计	4	9	2.3	17	86	5.1	21	145	6.9	48	240	5.0

说明：B组有4座墓葬、C组有2座墓葬因为没有随葬品难以断定时代早晚，所以只计入总量计算。

个人之间的差别尽管不能说是很大，但已经感觉到了它的存在。从发现墓葬较多的王因、刘林、野店、大墩子和大汶口五处遗址的统计中可以发现，相当数量的墓葬一无所有和少数墓葬使用了超出个人需要范围的较多随葬品，因而形成了鲜明的对比（表一〇）。在刘林、野店和大墩子遗址，随葬品在5件以下的墓葬均在60%上下，而王因遗址的这一比例高达87%。拥有20件以上随葬品的墓葬只占很低的比例。大汶口遗址较为特殊，随葬品在5件、10件以下的墓葬的比例，明显低于以上三处遗址，而随葬品在20件以上的墓葬，占到总数的近1/3，是上述四处遗址同一比例的10倍以上，显示了较强的经济实力和较高的整体富裕程度。

表一〇 大汶口文化早期阶段五处遗址墓葬随葬品数量分级统计表

遗址	0件	%	1～5件	%	6～10件	%	11～20件	%	21～50件	%	＞50件	%	总墓数
王 因	363座	40.0	423座	47.1	81座	9.0	25座	2.8	7座	0.8			899座
刘 林	34座	17.3	92座	46.7	47座	23.9	19座	9.6	5座	2.5			197座
野 店	9座	18.8	23座	47.9	8座	16.7	7座	14.6	1座	2.1			48座
大墩子	18座	9.9	87座	47.8	48座	26.4	22座	12.1	5座	2.7	2座	1.1	182座
大汶口	7座	15.2	13座	28.3	6座	13.0	6座	13.0	9座	19.6	5座	10.9	46座
合 计	431座	31.4	638座	46.5	190座	13.8	79座	5.8	27座	2.0	7座	0.5	1372座

聚落遗址之间的差别在不断扩大，特别是这一时期的后段，差别已经达到相当惊人的水平。在以上五处遗址中，王因的发掘面积最大，发现的墓葬也多，较为全面地反映了这一遗址的情况。刘林遗址与之相似。野店的情况则有些不同，该遗址的总面积超过50万平方米，并且在中晚期阶段发现了一批具有相当规模和较为富有的大、中型墓葬，特别是中期阶段，一个墓地的9座墓葬均为大、中型墓，这与规模较小的早期阶段墓葬（两者在时间上前后衔接）形成极为强烈的反差。所以有可

能目前所见的早期阶段墓葬只是当时一个较为贫穷的社会下层家族墓地，而较富有的家族墓地尚未发现。作为普通聚落的刘林和野店早期，随葬品的占有情况基本相当，王因遗址更差一些，而大墩子则略多，这从表五和表一〇的随葬品平均统计及分布统计中可以得到体现。而大汶口遗址则明显不同，其平均占有量是其他四处遗址的3～7倍，富有程度是其他四处同期聚落所不能比拟的。实际上，大汶口遗址财富的膨胀是从早期阶段后期（按三段划分则从中段）开始的。在当时条件下，这种超出常规的财富可能不是依靠本聚落的劳动积累起来的，当是对周围其他聚落剥夺的结果。

上述分析表明，私有财产在大汶口文化早期阶段已经出现。在普通聚落中，虽然贫富分化已经开始，但步伐比较缓慢，这可能与社会生产的发展水平相对较低有直接关系。在等级较高的聚落中，从后期开始，家族间的贫富分化突然加大加快，如大汶口第一墓群代表的富有家族和第三墓群代表的贫穷家族。在富有的家族之间，财富是与权力、社会地位联系在一起的。值得注意的是，聚落与聚落之间的贫富差别变得相当悬殊，并且，这种富有的聚落是与大型聚落联系在一起的。

（3）社会分工

大汶口文化早期的社会分工主要反映在性别方面，属于自然分工的范畴。男性墓葬多见石、骨、角、牙、蚌等质料的生产工具，女性墓则多使用纺轮，斧、锛、凿类加工工具较少。如王因遗址，男性墓葬出土斧、锛、凿、铲等生产工具218件，而女性墓葬只有27件；女性墓多见的纺轮（出土23件），男性墓葬仅发现2件[1]。所以，大汶口文化早期阶段在社会分工方面已经呈现出"男主外、女主内"的趋势。

男女不同性别在社会地位方面的差别较小，这从墓葬随葬品的分布中可以得到说明。在普通聚落中，男女两性使用随葬品的数量基本相等。如王因遗址，除了前段男性（平均1.21件）略多于女性（平均1件），而中后段均为女性略多于男性；而刘林遗址的情况与之相仿，男性（平均5.8件）则略少于女性（平均6.1件）。在等级较高的大汶口遗址，两性之间的差别在前中段并不明显，而是进入后段之后突然加大的（表一一），当然，这和发现的墓葬数量较少而可能存在偶然性具有一定关系。

表一一　大汶口遗址早期男女随葬品数量分段统计表

时间段	男			女			性别不明			合　计		
	墓葬	随葬品	平均	墓葬	随葬品	平均	墓葬	随葬品	平均	总墓数	葬品总数	平均
前段	3	12	4	2	20	10	1	4	4	6	36	6
中段	10	287	28.7	5	141	28.2	9	165	18.33	24	597	24.88
后段	3	178	59.33	4	44	11	1	45	45	8	267	33.38
合计	17	477	28.06	12	205	17.08	11	214	19.45	46	904	19.65

说明：另有男女墓葬各1座，因没有随葬品而无法分段，故只计入总数。

---

[1]　王芬：《王因墓葬分析》，《考古学报》2006年第1期。

这一时期从墓葬资料中尚未发现社会组织之间的分工现象。不过，在某些特殊职业领域，开始出现专门的人员。如龟甲器的拥有者，可能是当时社会上专门从事"巫或医"这一特殊职业的人员。

（4）社会结构和社会组织的变革

以上分析表明，大汶口文化早期阶段聚落内部的结构可以分为四个层级，其在聚落和墓葬中分别表现为：聚落遗址－房子区－房子组－单间房子；聚落墓地－墓区－墓群－墓组。实际上，这四层结构的社会组织是自北辛文化继承而来的。由各墓地所反映的财富分化和集中的情况可知，大部分遗址与北辛文化时期相比，虽有变化（这一变化在大汶口文化早期阶段正处于发展时期），但不显著，尚未达到一种质的临界点。所以，这一时期社会内部的变化还主要是处在量变的积累过程之中，或者说在绝大多数地区和聚落遗址中是如此。基于此，我们判断大汶口文化早期阶段的社会结构和社会组织，依然是家庭（包括部分大家庭）、家族、氏族和胞族（即氏族联合体）这样的四级组织结构。但其中的变化也是明显的，如家族的势力日益增长，甚至大家庭也不仅仅是一个消费单位了，而氏族在生产领域的作用逐渐削弱等。

在承认大汶口文化早期阶段多数地区的社会结构并未产生质变的同时，我们也注意到当时社会发展得不平衡性，即一部分发达地区的社会内部已经发生了重大变化，比较典型的就是像大汶口遗址这样的聚落。那么，我们如何来看待这类聚落内部的变化呢，或者说如何界定其社会结构和社会组织的情况呢？

由前述的分析可知，大汶口遗址由墓葬随葬品所反映的财富拥有量，远远超过了同时期的大墩子、刘林、野店和王因等遗址。并且，其内部的分化也十分严重，这种分化尤以代表家族的墓群之间的差别为显著。同时我们还注意到，大汶口遗址的这种变化有一个发展过程，早期阶段的前期与其他遗址虽有差别，但尚不显著。而到后期，相互之间的差别突然增大，特别是大汶口遗址第一墓群，按同期相比，随葬品的平均数量是第三墓群的6倍多。所以，第一墓群在当时社会中确实有鹤立鸡群的感觉。而第一墓群中还出现了像M2005这样墓室面积超过8平方米、随葬品过百件的大型成年男性墓葬，按郑笑梅先生的说法，其北侧一座无头男性墓葬是作为M2005"墓主的陪殉者"[1]。

基于以上分析，可以认为父系家族作为基本的生产单位在大汶口遗址已经初步确立，而大小不等的家庭则主要是隶属于家族之下的独立性还不强的消费单位。相应地，家族之上的社会组织，也发生了相应的变化。换句话说，像大汶口遗址这种父系家族已经不可能在旧的氏族制度下存在。所以，我比较倾向于认为，高于父系家族的社会组织已经改变，即由过去的氏族过渡到了新的父系家族联合体，这种联合体就是后来在中国流传甚久的宗族。宗族制度基于父系家族，而父系家族冲破氏族社会的藩篱，形成新的宗族社会，在外壳上并没有大的变动。所以，我们从聚落和墓地的外表结构上看，似乎没有巨大的变化，但其内部的变革，已使原来的氏族制度慢慢地成为历史，而流行数千年之久的宗族制度开始登上了中国历史的舞台。

---

[1] 郑笑梅：《东方文明的历史进程——纪念城子崖遗址发掘60周年》，《纪念城子崖遗址发掘60周年国际学术讨论会文集》，齐鲁书社，1993年，第71页。

（二）中晚期阶段

与早期阶段相比，大汶口文化中晚期阶段的资料状况有所变化。首先是聚落资料要多于早期阶段，特别是聚落遗址的数量有较大增加；其次是墓葬的总量虽然不如早期阶段多，但分布的地域较为均衡，即在海岱地区内部的各个小区都发现有一定数量的墓葬。

1. 聚落布局和空间形态分析

（1）房址特点

与早期阶段相比，大汶口文化中晚期阶段的房址既有继承又有变化。

首先，这一时期除了半地穴式建筑之外，地面式建筑显著增多，在一些遗址甚至已经超过半地穴式占据多数。墙体结构则以挖槽立柱的木骨墙为主。

其次，房址平面形状的种类与早期阶段基本相同，但不同形状的数量却产生了较大变化，即方形和长方形成为最主要的房址形状，而圆形和椭圆形房址的数量锐减。

再次，局部地区开始出现两间或两间以上的排房建筑。这种现象主要见于地处大汶口文化分布区西南部的豫东和皖北一带，考虑到中心分布区一直也未出现这种形式的建筑遗存，所以，这种建筑形式应是中原文化影响下的产物，而非为自身文化的固有特征。

（2）聚落内部房址的空间形态分析

中期阶段的居住资料见于呈子、五村、野店、建新等遗址，其中只有建新遗址数量略多，其他遗址的发现甚少，不成系列。

建新遗址早期相当于大汶口文化中期阶段偏晚，发现的4座地面式房址属于同一时期[1]。其中3座房址呈"品"字形分布，F19、F20位于东侧，两者南北在一条中轴线上，F16位于上述两房之间的西部（图一五、一六）。F19的面积为40多平方米，门向西开，房内有五、六个柱洞，但分布不甚规律。F20在F19正北，因受到破坏而门道不详，从柱洞的分布并结合3座房址的关系分析，门道也应开在西墙上。F16为东西长而南北窄的长方形房址，双间，发掘者认为门道在东间的北部，向北开，考虑到3座房址的关系，南墙上两个相距较宽的柱洞之间，似乎也有一门。这样，就把3座房址联成了一体。此组房址附近有数座形状颇为规整的窖穴，当与此组房址有关。因此，我们可以把这3座房址看作是一个整体。北侧不甚规整的F20可能用于储藏物品，南、西侧的F19和F16用于炊煮和居住，可能共居的人口较多，所以两座房址内部都做了间隔。

晚期阶段的居住资料略多一些，见于杨家圈、三里河、西夏侯、建新、西公桥和尉迟寺等遗址，其中以尉迟寺遗址的资料最为丰富，其次是建新，其他遗址均为零星发现。

尉迟寺遗址位于皖北地区，在淮河的两条支流——北淝河和浍河之间。1989～2003年，经中国社会科学院考古研究所安徽队十三次发掘，揭露面积约10000多平方米，有环壕、成组成排的房址和墓地等多项重要发现[2]。

---

[1] 山东省文物考古研究所、枣庄市文化局：《枣庄建新——新石器时代遗址发掘报告》，科学出版社，1996年。

[2] 中国社会科学院考古研究所：《蒙城尉迟寺——皖北新石器时代聚落遗存的发掘与研究》，科学出版社，2001年；中国社会科学院考古研究所、安徽省蒙城县文化局：《蒙城尉迟寺（第二部）》，科学出版社，2007年。

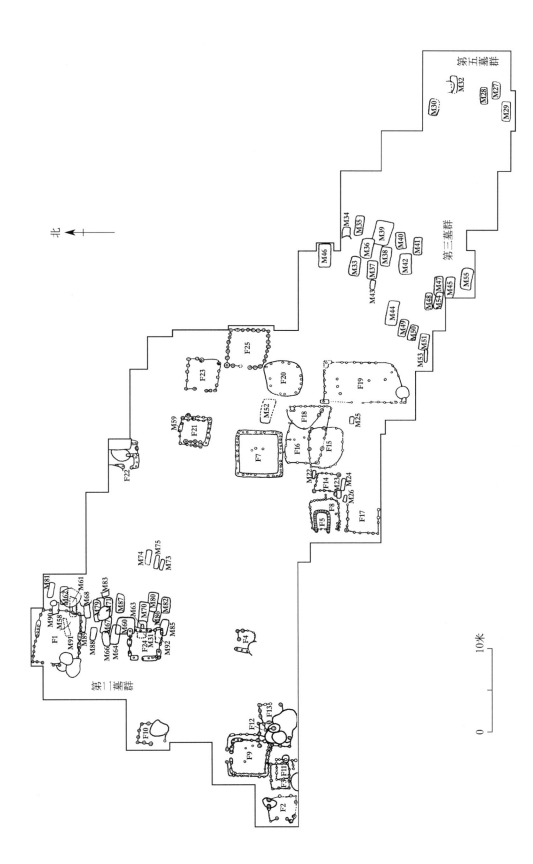

图一五　建新遗址中区、东区大汶口文化房址和墓葬平面图
（据《枣庄建新》，1996，图四）

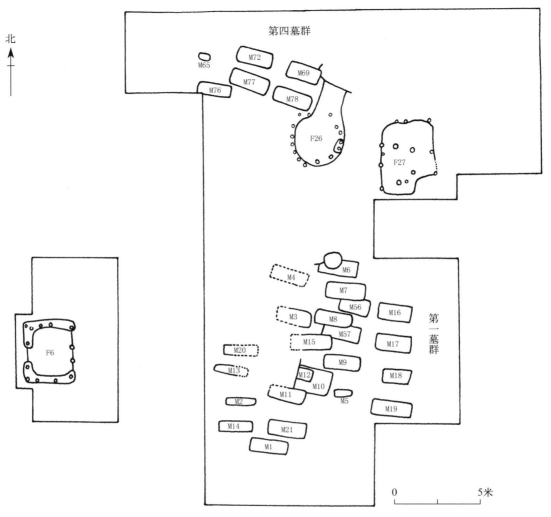

图一六 建新遗址中区、东区大汶口文化房址、墓葬平面图

(据《枣庄建新》, 1996, 图四)

大汶口文化晚期阶段的房址共发现73间[1](图一七),其组合情况比较复杂。从总体上看,是以多间相连的排房为显著特点。细分之,则有13间排房(分2组)、11间排房(分2组)、5间排房、4间排房、3间排房、2间排房六类。房子的朝向主要有两种情况:一种是东西成排而面向南偏西者,此种数量较多,超过总数的70%;一种为南北成排而面朝东(或朝西)者,数量较少,不足全部房址的30%。连间排房的每个房间之间有墙相隔而互不连通,各有一个或两个独立的门道通往户外。房间有大小两类:大房间的面积相差较悬殊,最大者约32平方米,最小者只有9.5平方米。一般在11~18平方米之间,平均约为15平方米,此类房间多在屋内后侧设有灶台,其功能当为起居和炊饮之场所;小房间的面积相差不大,在3.9~5.9平方米之间,平均为4.9平方米,皆不设灶,其中一座(F22)内部还挖有一个较为规整的长方形浅穴,用途当为储藏物品。由于是失火的特殊原因,各类房屋内布满遗物,基本上保持着使用时的原貌。

---

[1] 中国社会科学院考古研究所、安徽省蒙城县文化局:《蒙城尉迟寺(第二部)》,科学出版社,2007年,第14页。

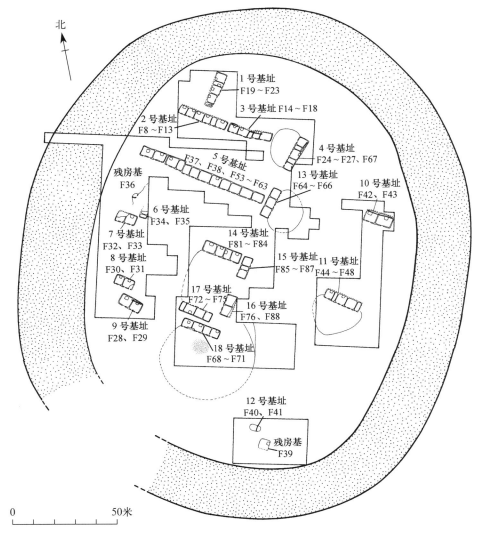

图一七　尉迟寺大汶口文化聚落遗址平面

（据《蒙城尉迟寺（第二部）》，2007，图八）

13间和11间长排房各发现1处。5号基址有13间，西北—东南方向，西部5间为一组（F37、F38、F53～F55），其中有两个小房间，东部8间为一组（F56～F63）。2号、3号基址有11间，西北—东南方向，西部6间为一组（F8～F13），东部5间为一组（F14～F18），两组各有一个小房间。

单独的5间排房共发现3组，分别有3大间2小间，只是大小间的分布位置略有不同。1号基址（F19～F23）和4号基址（F24～F27、F67）为南北向，门道相背。11号基址（F44～F48）则为东西向。

4间排房共发现3组，均东西向，结构不同。14号基址（F81～F84）和18号基址（F68～F71）为四大间，17号基址（F72～F75）为三大间一小间。

3间排房共发现2组，均南北向，门道方向一东一西。13号基址为三大间（F64～F66），15号基址（F85～F87）为两大间一小间。

2间排房最多，有7组，多数为东西方向，少数为南北方向。多为两个大间，也有两个小间者。有的还可以和另外的小间房址相匹配，如7号基址（2个大间）和6号基址（2个小间）。

　　依据房址之间的位置和相互关系，发现的73间房址可以划分为19组。每组应是一个基本单位，共得19个基本单位。如果每一个大间按居住5人[1]，小房间专门用为储存物品。那么，可供居住的房间约有50余个，已发掘部分居住的人口总数约为250～280人。每组房屋居住的人口数量应在10～30人左右。

　　每组之内，还包含2～5个有灶台的大房间和数量不等的小房间。我们发现，凡是有灶台的房间之内均有相应的炊煮用器和其他器具，可以满足人们日常生活的基本需求，所以，这样的房间所代表的至少应该是一个独立炊爨的消费单位。如1号基址，门向朝东，为3大间2小间结构。从大小间的分布和房间的排列情况看，1号基址又可以分为两或三个单元：北侧的3间前墙平齐，并较之南侧的2间略微向前突出，其由2大间加中间1小间组成，这3间可能为一个单元，也可能为两个单元，但相互之间的关系当更为密切；南侧1大间和1小间显然属于一个单元，小间在南，大间在北（图一八）。这样的单元所承载的人口规模大体在5人左右，面积较大的房间（如面积超过30平方米的F43）居住的人口可能还要多一些，但也不会超过10人。这种人口规模的单位显然应该和核心家庭相联系。

　　从房址的空间形态分布分析，在房子组之上还可以集合成更大一些的单位——房子区，一个房子区一般由2～4个房子组构成，例如：

　　2号基址、3号基址和4号基址，前两者为一横排，中间只有2米宽的间隔，4号基址位于3号之东，并且门向朝西，与2号和3号基址合成一个近似封闭的居住区，应是一个高于房子组的单位。

　　5号基址，是一个长达13间的长排，中部略有间隔和错位，也应是高于房子组的单位。

　　1号基址面向东，其东、北一带应该还有尚未揭露的房址与其相匹配。

　　7号、6号基址和F36等是一个单位，这里受到较为严重的破坏，其原有房址的数量可能还多一些。

　　8号、9号基址是一个单位，向南没有发掘的位置可能还有相应的房址。

　　18号基址是一个独立的单位，向西向南可能还有未发掘出来的房址。

　　13号基址与5号基址相背，门道朝东，应该是一个独立的单位，向东还有未揭露出来的房址。

　　14～17号基址，由北、东、南三面合成一个近似封闭的空间，从门道的方向看，应该属于一个房子区。

　　10号基址、11号基址、12号基址三处基址，周围都应该有尚未清理的房址，各自分属于不同的房子区。

　　统算下来，已经发掘过的部分，大体上可以划分为11个高于房子组的房子区。房子区这一单位的人口规模不甚一致，小的可能只有20人左右，大的则可达40人以上（如2号、3号、4号基址组合成的单位）。

　　尉迟寺聚落遗址的外围为一条封闭的椭圆形环壕，壕宽25～30、深约4.5米，在环壕的西南角有一段宽约20米的缺口，应是聚落的出入口。挖掘这种外浅内深的环壕之目的，显然是用于防御。围壕的长径约230～240、短径约220米，环壕之内可供居住的聚落面积约2万平方米。如果按已发掘面

---

[1]　长岛北庄遗址大汶口文化早期阶段的F53，面积约9.6平方米，屋内居住面上遗有5具年龄不等的人骨。发掘者推测此5人就是房址的主人，因为特殊原因死后一起葬在房中（详见张江凯：《北庄类型前期的房屋建筑与聚落结构》，《苏秉琦与当代中国考古学》，科学出版社，2001年，第253、254页）。由此可知，尉迟寺遗址10～20平方米的房屋，居住的人口数量当与其相仿，也在4～7人左右，仅从人口规模考虑，应与核心家庭联系。

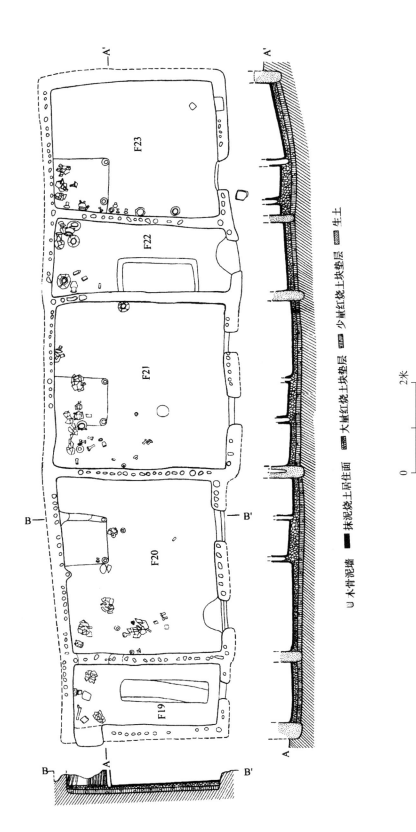

图一八　尉迟寺遗址1号基址平、剖面图
（据《蒙城尉迟寺（第二部）》，2007，图四九）

⨆ 木骨泥墙　▬ 抹泥烧土居住面　▨ 大量红烧土块垫层　▥ 少量红烧土块垫层　▨ 生土

0　　　2米

积内房屋分布的平均数来计算，当时居住于环壕内的人口总数不超过400人。这些居民共同居住在由同一环壕环绕的聚落之内，必定属于一个有密切关系的共同体，这一共同体就是尉迟寺聚落最高的社会组织。

（3）聚落遗址所反映的社会结构和社会组织

综上所述，尉迟寺聚落遗址包含了"单间房址－房子组－房子区－整个聚落"四层结构，其中房子组应是最基本的社会生产单位。对照尉迟寺四层结构的聚落单位，综合考虑聚落空间的分布形态、人口规模和房内物品的情况，它们大体与以下社会组织相对应：

单间房址——核心家庭

房　子　组——大家庭或小的家族

房子组群——大家族

整个聚落——家族联合体

相当于大汶口文化晚期阶段的建新遗址中晚期，房址发现较多（图一五、一六）。中期（属于大汶口文化晚期阶段偏早）共有11座房基，还有相当数量没有归属的柱洞。从11座房址分布的位置关系上看，它们分属六组，自西而东依次是：F6；F26和F27；F11、F12和F13；F4；F22；F21、F23和F25。其中数量较少的房址附近，都还发现数量不等的柱洞，应是被破坏了的房屋遗存，所以，每组房址都不是孤立的一座。前两组距离略远，但中间有未发掘的空地，有可能属于一小群。中间两组相距不足10米，应属于一小群。东侧两组距离五、六米，应属于一小群。在相应的各小群房址周围，都有一定数量的灰坑。

建新遗址大汶口晚期（属于大汶口文化晚期阶段偏晚）发现的12座房址均在中区，周围也散布有相当数量的单个或几个相连的柱洞。在分布上，12座房址可以分为三小群。西北侧一群只发现一组（之西被现代沟破坏，之北没有发掘）3座房址，较大的F1（约38平方米）在北，较小的F24、F10在相隔5米的南侧。西南侧一群也只发现一组（之南没有发掘）3座房址，较大的F9（约28平方米）在北，较小的F2、F3在F9西南。东南侧的一群有两组：靠东北的一组有4座，较大的F7（约30平方米）在北，较小的F15、F14在其正南，相距不足5米，紧邻F15的东北侧有F18；西南一组发现2座（之南之西没有发掘）。

如上所述，建新遗址已发掘部分的房址，早期有一小群两组，中期有三小群，晚期也有三小群。群下有组，每组一般有三、四座房址。每组房址适合居住的人数约在10人左右或略多，这么多人口的单位恰是一个大家庭或小的家族规模。从大汶口文化中晚期的社会发展水平分析，这种大家庭的成员应该包括父系家长和他的妻子、已婚和未婚的子女及其第三代，其性质属于父系大家庭。两个或两个以上的父系大家庭组成一个父系家族，其聚落形式就是小群。这种家族还保持着当时社会基本生产单位的地位，他们活着的时候聚居住在一起，死后则埋葬在同一家族茔地内。但从一些迹象看，家族经济已受到来自内部的父系大家庭的侵蚀和挑战。在家族之上，还有更高一级的社会组织。这样，建新遗址聚落形态可以构建成以下四级结构：即单体房子－房子组－房子区－整个聚落遗址。

综合尉迟寺和建新两处遗址的聚落资料，大汶口文化中晚期阶段，聚落的空间形态已经形成四个层级的聚落结构，自下而上依次是：单体房子－房子组－房子区－整个聚落。

2. 聚落的空间分布和相互关系

中期阶段的聚落遗址有所增加，但仍缺少小区域的系统资料。我们推测，像大汶口、野店、花厅这种规模的中心遗址周围，应该存在一定数量的中、小型聚落遗址，如果今后有针对性地开展野外专题调查，必定在这一方面会有所突破。晚期阶段的遗址数量迅速增多，目前已公开发表的就有近500处，其实际数量可能还要多得多。由此可见，在大汶口文化长达一千五六百年的发展过程中，随着聚落遗址数量的大幅度增加，人口也有了成倍的增长。下面以资料较为丰富的陵阳河区为例进行分析。

陵阳河区系指沭河上游的莒县盆地一带，这里四面为低山丘陵环绕，形成一个河谷盆地的地貌，面积在1500平方千米左右。陵阳河遗址大约在莒县盆地的中心位置。历年考古调查成果显示，仅在莒县盆地就发现大汶口文化晚期遗址41处[1]。综合考虑遗址的面积大小、所处位置、已发掘遗址的重要遗迹和采集的重要遗物等因素，可以将这41处遗址划分为呈金字塔状分布的三个等级（图一九）。

（1）第一级

1处，即陵阳河遗址。遗址西距沭河约5千米，面积约15万平方米[2]。因为陵阳河遗址没有进行过系统的钻探，也没有发掘当时的居住区，所以我们对陵阳河遗址的了解是不全面的。陵阳河遗址周围（大约半径5千米范围）还分布着11处同时期的大汶口文化遗址。其中北侧的略庄、西侧的杭头和西南方向的张家葛湖3处遗址，面积在6~9万平方米之间，它们的规格和等级应在陵阳河之下，而又高于其他小聚落。因为这些遗址距离陵阳河遗址甚近，应与陵阳河有直接关系。

（2）第二级

6处，这些遗址均分布于陵阳河遗址的周围，距离在30千米之内，面积在6~10万平方米之间。同时，这些遗址的周围还有多少不一的面积更小的遗址，形成六个小的遗址群。这些中型遗址就是这些小遗址群的中心，分别是大朱村、八里庄、仕阳、前牛店、古迹崖和后果庄遗址。

以上述六处中型遗址为中心的六个小遗址群，就是相对独立的六个小区，它们都围绕着陵阳河遗址，即使小区中心遗址的规模和等级也都明显低于陵阳河。因此，我们认为陵阳河遗址与这六个小区之间具有隶属关系。这样，就形成了一个上有陵阳河，中间大朱村等六个二级中型聚落，下有数十个小型聚落的三级聚落结构体系[3]。

3. 墓葬分析
（1）墓地的空间结构分析

就目前的发现而言，大汶口文化中期和晚期阶段的墓葬资料不如早期丰富。在多数墓地，中期和晚期阶段是连续使用的，两个时期的墓葬不易截然分开。因此，这里把中、晚期阶段的墓葬资料放在一起进行分析讨论，在方便或需要的时候仍将分开论述。

[1] 这里采用了莒县博物馆的调查资料，详见《莒县文物志》，齐鲁书社，1993年，第39~62页。
[2] 关于陵阳河遗址的面积有多种说法。《发掘简报》说2万平方米，《莒县文物志》说15万平方米，莒县博物馆的苏兆庆先生1997年曾告诉我30万平方米，而刘云涛在《浅述沭河流域的新石器时代文化》一文中又说50万平方米（《先秦史研究动态》1998年第1期）。由于笔者未对遗址面积做实地勘察，这里暂取15万平方米的说法。
[3] 栾丰实：《日照地区大汶口、龙山文化聚落形态之研究》，《中国考古学跨世纪的回顾与前瞻（1999年西陵国际学术研讨会文集）》，科学出版社，2000年。

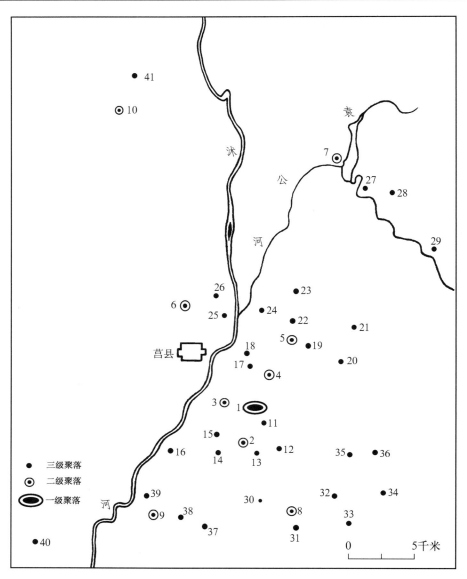

图一九　陵阳河区大汶口文化晚期聚落遗址分布图

1．陵阳河　2．张家葛湖　3．杭头　4．略庄　5．大朱村　6．八里庄　7．仕阳　8．前牛店　9．古迹崖　10．后果庄　11．西山河　12．王标大前　13．项家官庄　14．北台子　15．孙家葛湖　16．前夏庄　17．张家围子　18．大宋家村　19．小朱村　20．周家庄　21．徐家村　22．东沟头　23．前集　24．李家城子　25．魏家村　26．沈家村　27．桑庄　28．三角山　29．寨村　30．春报沟　31．陡崖　32．小窑　33．孙由　34．河峪　35．南楼　36．西涝坡　37．杨家崮西　38．公家庄　39．前李官庄　40．刘家苗蒋　41．官家林　（据栾丰实，2000，图一）

　　时代单一的中期阶段墓葬，主要有野店二区、呈子、花厅南区、前埠下、北庄等遗址。中期和早期阶段墓葬混合在一起的主要是大墩子遗址。中期和晚期阶段墓葬混杂的遗址较多，主要有大汶口、建新、西夏侯、六里井、西公桥、三里河、五村、傅家、李寨、尚庄、花厅北区和傅庄等遗址。时代单纯的晚期阶段墓葬主要有陵阳河、大朱村、杭头、前寨、景芝镇、尹洼、赵庄和尉迟寺等遗址。

　　下面对大汶口、花厅、陵阳河和建新四处墓地进行分析。

　　A．大汶口墓地

大汶口墓地位于宁阳堡头村西，在南北100、东西30米的范围之内，清理大汶口文化中晚期墓葬

133座，其中中期阶段有95座，晚期阶段有25座，无法分期的墓葬13座[1]。据墓葬之间的空间分布关系，这13座墓葬中的10座大体可以归入中期阶段（另有3座即M92、M74和M70难以归并，故未将其计入），合计得105座。又，属于中期阶段的M14远离墓区，故在分析时没有涉及。于是，以下分析的墓葬共有104座。从平面布局和排列关系分析，这104座墓葬可以划分为四个墓群[2]（图二〇）。

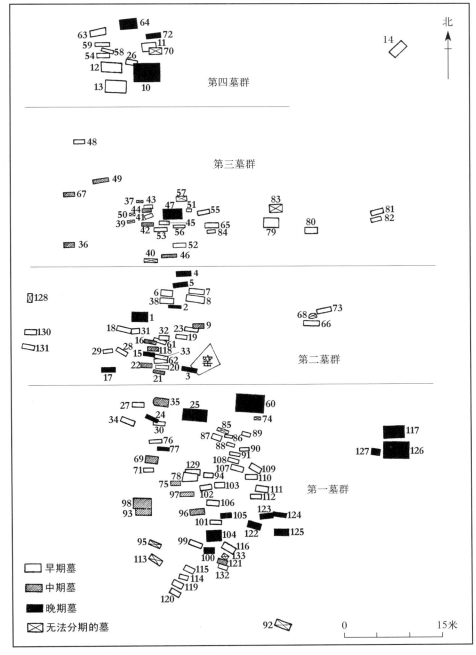

图二〇　大汶口墓地平面图
（据《大汶口》，1974，图二）

[1]　山东省文物管理处、济南市博物馆：《大汶口——新石器时代墓葬发掘报告》，文物出版社，1974年。

[2]　栾丰实：《大汶口文化的社会发展进程》，《古代文明（第2卷）》，文物出版社，2003年。

第一墓群，位于墓地的南部，共有43座墓葬。内部又可以分为A、B、C、D四组，分别有11、12、13、7座墓葬。

第二墓群，位于第一墓群之北，包括东、西两侧10米之外的6座共有26座墓葬。这一墓群还可以进一步分为A、B、C三组（不包括东、西两侧的6座墓葬）分别有12、4、4座墓葬。

第三墓群，位于第二墓群之北，共有27座墓葬。这一墓群东西分布较长，整体布局不甚紧凑。

第四墓群，位于墓地的北部，共有8座墓葬，整体上可以看作是一组。

如上所述，大汶口墓地中期阶段的墓葬，在空间形态上存在着三层结构，即墓组－墓群－墓区。考虑到大汶口遗址的面积达数十万平方米，其同时共存的墓地显然不只一个。所以，大汶口聚落内部至少还存在着高于墓区一级的社会组织[1]。那么，大汶口遗址在"墓组－墓群－墓区"之上至少还可以加上整个聚落这一级，进而形成四级的墓葬结构。

B．花厅墓地

花厅遗址已经发现的墓葬有南、北两个墓区。北区共发掘出62座墓葬[2]，可分为南北两个墓群[3]，两个墓群相距约40米（图二一）。北侧墓群共有36座墓葬，又可以分为三组，大型墓葬基本上都在东北侧一组，其余两组以中、小型墓葬为主。南侧墓群共有23座墓葬，均为中、小型墓葬，可分为两组，每组11～12座。两个墓群从规模上看应各自代表一个家族，由墓葬级别和殉人、随葬品等方面反映的情况可知，北侧墓群的社会地位明显较高，应是一个握有统治权力的强势家族。而这两个相距不远的家族墓群，有可能属于一个更高的社会组织。于是，花厅遗址的墓区内就形成了"墓组－墓群－墓区"这样三层结构。如果加上整个聚落这一最高层次，就形成了完整的四级结构，这与大汶口遗址所显示的墓葬结构基本相同。

C．陵阳河墓地

陵阳河墓地位于遗址的东、北部边缘，主要部分在陵阳河河滩南侧。经过发掘的45座墓葬均属于大汶口文化晚期阶段，在空间分布上可以划分为四群[4]（图二二）。第一群位于陵阳河主河道南侧河滩，共发现25座墓葬[5]，大体可分为9排，陵阳河遗址墓室面积在3平方米以上的24座大、中型墓葬均属此群。第二群在第一群之西北约50米处，亦在现今河滩之内，共有10座墓葬，此群均为小型墓葬。第三群位于第一群东南60余米处，共发现墓葬6座，其中西部4座集中在一起，均为小型墓葬。第四群分布在遗址东部，西北距第一群150余米，共发现3座墓葬，其中1座相距较远，亦均为小型墓葬。此外，还有1座（M30）游离于以上四群墓葬之外。

D．建新墓地

建新遗址位于枣庄市西北的薛河流域，现存面积3万多平方米，属小型聚落遗址。在近3000平方

[1]　大汶口遗址的面积甚大，据说达80万平方米，北辛文化和大汶口文化早期遗存主要分布在西半部，而中晚期遗存则主要分布在东半部。概而论之，中晚期阶段的遗址面积也当在三四十万平方米。按常规的人口计算方法，大汶口遗址中晚期的人口数量不会少于2000人，而本墓地推算出来的日常人口数量不足百人，只是遗址人口数量的数十分之一。所以，墓区之上可能存在着不只一级社会组织。

[2]　报告公布的总数是62座，但在发表的平面图中只有60座，参见《花厅——新石器时代墓地发掘报告》，文物出版社，2003年，插页。

[3]　燕生东、春夏：《花厅墓地的分期与文化性质》，《刘敦愿先生纪念文集》，山东大学出版社，1998年。

[4]　山东考古所、山东省博物馆、莒县文管所：《山东莒县陵阳河大汶口文化墓葬发掘简报》，《史前研究》1987年第3期；王树明：《陵阳河墓地刍议》，《史前研究》1987年第3期。

[5]　由于河水的冲刷和发掘面积等原因，陵阳河第一墓群目前发现的25座墓葬，应该不是该墓群的全部。所以群内墓葬数量偏少，群内墓组的区分不甚清晰。

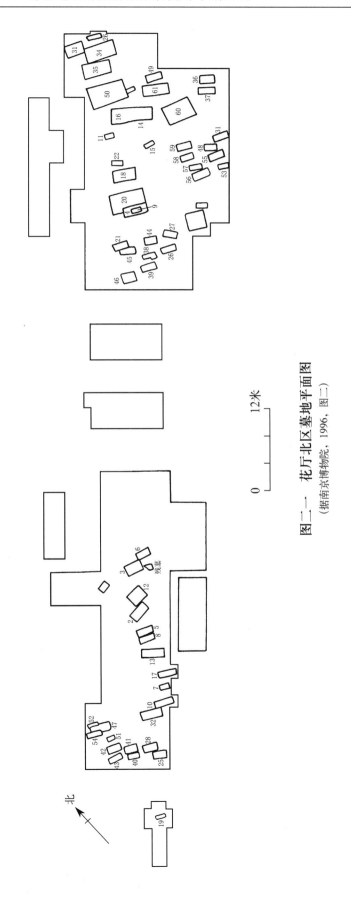

图二一 花厅北区墓地平面图
（据南京博物院，1996，图二）

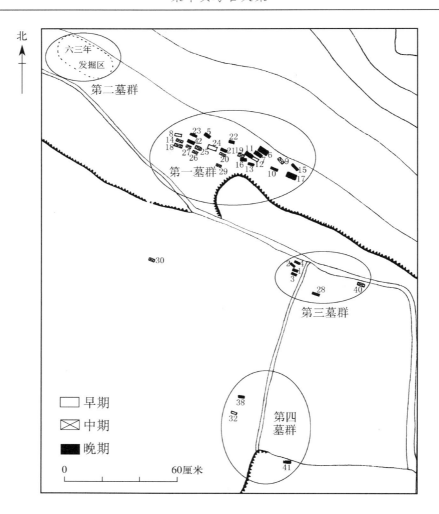

图二二　陵阳河大汶口文化墓地平面图
（据山东省文物考古研究所，1987，图一）

米的范围内清理大汶口文化中晚期墓葬92座[1]。这批墓葬主要集中分布在五个地段，别为五群。

　　第一墓群在遗址的西北部（即发掘的西区），共发现23座墓葬（图一六）。第二墓群在遗址的北部（即发掘的中区），共有29座墓葬，可分为三组（图一五）。第三墓群在遗址的东部（即发掘的东区），共有22座墓葬，可分为三组。第四墓群在第一墓群之北，两者相距约10米，共发现6座墓葬，北侧未予发掘。第五墓群在第三墓群之东约15米之外，共发现5座墓葬，东、北、南三面均未发掘。五个墓群之间均有一定距离的间隔，但相互之间的关系并不完全相同。第一、二、三墓群之间的距离均在30米以上，并且中间有同时期的房屋相隔，所以它们应是各自独立的墓群，所代表的日常人口规模在15～25人之间。第四、五两个墓群的情况则有所不同。第四墓群与第一墓群相距只有10米左右，第五墓群与第三墓群相距在15米之内，它们的时代大体相当，相互之间也没有同期的房屋相隔，所以，可能存在着更为密切的关系。

　　就目前的情况而言，建新遗址的墓葬结构主要是两级，即"墓组－墓群"。当然，因为发掘面积的局限，情况并不完全清楚。如第一墓群的西侧、第二墓群的北侧和第三墓群的南侧均没有发掘，是否还有未发掘的墓葬则不得而知。

建新遗址的现存面积只有3万多平方米，如果每一时期遗存的分布是均衡的，该遗址所容纳的人口规模当在200～300人之间。整个聚落遗址应该构成一个更高一级的单位。所以，从墓葬方面分析，建新聚落明确存在"墓组、墓群和整个聚落"这样三个层级，而在墓群和聚落之间是否存在墓区这一中间级别的单位则不清楚。

其他如大朱村、三里河、前寨等遗址，发现的都是与陵阳河、建新遗址相似且规模不大的家族墓地。

（2）墓葬所反映的社会组织结构

大汶口文化中晚期阶段墓葬的空间分布形态不尽一致，除了个别特大型遗址之外，一般说来有两种基本类型：一是可以自下而上分为四级结构，即"墓组－墓群－墓区－整个聚落"，其中，墓群一级是最重要的或者说是最基本的墓葬单位；二是在墓群中缺少墓组这一最低的层次，如前埠下、五村、陵阳河、建新一群、三里河等墓地都是这种情况。

在同一个遗址或不同的遗址之中，墓群的规模和大小并不相同，有的差别较大，这种情况应符合当时社会的实际。一般说来，中等墓群所代表的日常人口规模大约在15～25人左右。这样一个人口规模的社会单位，显然要大于家庭甚至扩大化的大家庭。与人类学和古代文献所记载的情况类比，当与家族这一单位的规模相当。所以，如果把考古学上最常见的墓群这一层级的单位和社会组织相联系，则可以比定为家族。那么，小于家族的单位，就应该是家庭。家庭也有大小之分，一般的家庭通常称为核心家庭，指夫妻加未成年的子女，这样的家庭人口数量不多，当在5人左右。而包括了三代人在内的家庭，则应理解为大家庭，其人口规模自然要大出许多，有时候甚至可以超过10人。正因为如此，我们看到的情况就格外复杂。

前述第二种情况，即一些墓地的墓群内部没有墓组这一层级的单位存在，应如何解释呢？我们认为，虽然不能把墓群进一步分解为不同的墓组，但不能据此确定墓群内部（即当时现实生活中）没有更低一级的社会组织存在。根据现代人类学的资料，由于家族具有强大的凝聚力，尽管其内部是由不同的家庭所组成，但血缘纽带仍然起着重要的联结作用。所以，同一家族内部的成员死亡之后，通常是以家族为单位并且按辈份来安排其在墓地中的位置的。近代的山东地区农村还存在着这样的现象，即属于直系三代之内的家庭之间，对子女的称谓是按照出生先后顺序统一排列的。而对死者的处理上，一个家族有共同的墓地，墓域内并不以家庭为独立单位，而是按辈份、长幼及死亡时间来统一排列墓葬位置，辈份相同的人死后安葬在同一墓排中是一种基本形式。

在墓群之上，多数遗址存在墓区这样一个级别的单位。一般由两个或两个以上的墓群组成，人口规模达到了四五十人，甚至更多。这样人口规模的单位，在平等的史前社会中，通常判定为氏族。像刘林墓地的几个墓群所合成的墓区，我们就曾这样认为。而到了大汶口文化中晚期阶段，社会发生了深刻变化，社会成员之间的关系和地位呈现明显的两极分化现象，氏族社会旧有的平等社会的秩序已被冲破，应该被新的社会制度所取代。这种新的社会组织所依托的社会制度，应是后来商周时期普遍实行的宗族制度。所以，以墓区为代表的一级社会单位，到大汶口文化中晚期阶段，至少是在一部分发达地区，已经由氏族社会过渡到了宗族社会时期。而这种现象的出现，可以上溯到大汶口文化早期阶段的后期。

墓区之上，一般而言就是整个聚落遗址（个别特大型聚落除外）。我们说过，在同一个聚落遗址之中，墓葬在多方面存在着较强的同一性，它们当属于同一个更高一级的社会组织，这一组织形式在平等的史前社会中，一般认为是胞族。而到大汶口文化中晚期阶段，则应该是一种宗族联合体性质的组织。

综上所述，我们可以把墓葬所反映的聚落内部的社会结构划分为四级，并且分别与相应的社会组织相联系，即：

墓组——大家庭

墓群——家族

墓区——宗族（一部分可能还是氏族）

聚落——宗族联系体（一部分可能还是胞族）

4. 财富分化和社会分工

（1）社会经济的发展

大汶口文化中晚期阶段的社会经济较之早期阶段又有较大发展，下面选择比较重要的农业、家畜饲养业和手工业中的制陶业加以分析。

A. 农业

大汶口文化中期阶段，农作物的发现有所增加。如枣庄建新、莱阳于家店、广饶傅家等遗址均发现过粟粒和粟壳，农具中新出现了有肩石铲和骨锄、角锄及蚌刀、蚌镰等，用于收获的刀和镰在农具中的比例明显增加。如枣庄建新遗址文化层出土的石器中，有铲、镰、刀12件，斧、锛、凿为26件[1]，高于早期阶段的刘林和大汶口遗址。

大汶口文化晚期阶段，关于农作物的考古发现进一步增多。如胶县三里河遗址不仅出土了数量惊人的炭化粟，还从红烧土块上鉴定出粟叶的痕迹[2]。而在蒙城尉迟寺遗址的植物硅酸体分析中，发现了大量的粟类植硅体和栽培水稻的植硅体，两者的统计数字随着时间的推移呈相反的变化趋向，即粟的植硅体由早至晚逐渐减少，而水稻的植硅体则从早到晚不断增多[3]。这一时期制作农具的材料拓宽，石、骨、牙、蚌器均有。农业工具逐渐定型化，如龙山文化最为流行的长方形双孔石刀已在大汶口文化中出现。

上述分析表明，大汶口文化中晚期阶段的农业经济不断发展，随着生产水平的提高，粮食已经有了剩余。如在三里河遗址曾发掘出一座储存粮食的仓库，发现时房内窖穴中还保存着1.2立方米的灰化或炭化粟粒[4]，由于几千年的腐朽灰化，体积已大大缩小，很可能原来是装满窖穴的[5]。窖穴的容积约为2.8立方米，一窖穴粟的重量当有数千斤之多。

B. 家畜饲养业

家畜饲养业在大汶口文化中晚期阶段也获得进一步发展，家猪的数量空前增多。墓葬中盛行用

[1] 山东省文物考古研究所、枣庄市文化局：《枣庄建新——新石器时代遗址发掘报告》，科学出版社，1996年。

[2] 中国科学院植物研究所：《三里河遗址植物种籽鉴定报告》，《胶县三里河》，文物出版社，1988年，附录一。

[3] 王增林、吴加安：《尉迟寺遗址硅酸体分析——兼论尉迟寺遗址史前农业经济特点》，《考古》1998年第4期。

[4] 中国社会科学院考古研究所：《胶县三里河》，文物出版社，1988年。

[5] 严文明：《山东史前考古的新收获》，《考古》1990年第7期。

整猪、猪头或猪下颌骨随葬。例如，大汶口墓地的133座墓葬中，有43座墓使用猪头，其中M13猪头就多达14个[1]；三里河有18座墓葬随葬猪下颌骨144件，其中M302使用的猪下颌骨多达37件[2]。这种现象在花厅、陵阳河、前寨、尚庄等遗址都可以见到。经过鉴定，大汶口遗址的猪骨中成年母猪骨骼占较大比例，大墩子遗址发现有饲养至两年的大猪遗骨。大墩子遗址还发现一件陶畜圈模型，三里河在一个灰坑中发现了5头幼猪。此外，大汶口文化还发现一些仿家畜器物和雕塑艺术品，如花厅遗址的猪形罐、三里河遗址的猪形鬶、大汶口遗址的狗鬶（或认为是猪鬶），等等。这一切风习固然是某种信仰的体现，同时也说明了大汶口文化中晚期家畜饲养业的兴旺发达，已成为社会物质财富的象征和重要来源之一。

C．制陶业

中期阶段的制陶技术水平较之早期有明显提高，主要表现在两个方面。一是发明了快轮拉坯成型技术。在西夏侯下层墓葬中已经出现拉坯成型的小件陶器，如M4：39实足小陶豆底部就发现有"偏心涡形纹理"，系线绳勒割的轮制痕迹[3]；二是陶器烧制技术的多样化。在早期阶段已出现黑陶的基础上，灰黑陶所占比例迅速上升，形成红陶和灰黑陶各占半数左右的局面，同时还新出现一种陶质细腻的青灰陶，少见于其他文化。

晚期阶段的陶器生产有了更为显著的进步。轮制技术逐渐推广和普及，许多陶器已经采用拉坯成型的快轮技术进行生产，生产效率明显提高。黑陶和灰陶在数量上已经超过红陶而占据多数。白陶和薄胎黑陶的出现是晚期阶段制陶业的两项重要成果。白陶的原料是烧造瓷器的高岭土，这种原料黏性较差，成型难度远远大于一般黏土，白陶的烧成温度较高，通常认为要达到1000℃以上，远远超过一般陶器；薄胎黑陶主要见于高柄杯一类器物，它与白陶一起代表了大汶口晚期阶段制陶工艺的最高水平。

随着社会生产的发展，社会财富的总拥有量较之早期不断增多，这从墓葬随葬品总量和平均数量方面可见一斑。据对分布于不同地区的大汶口、野店、大墩子、花厅、五村、呈子和前埠下等7处发现墓葬数量较多的遗址的统计，在472座墓葬中共使用各类随葬品5862件，平均每座墓葬为12.4件，是早期阶段刘林等5处遗址平均数量的3倍。到大汶口文化晚期，这一数字又有所提高，据大汶口、野店、陵阳河、大朱村、三里河、尉迟寺和建新等7处遗址的统计，在493座墓葬中共发现随葬品7649件，平均每座墓葬为15.5件，高出中期阶段1/4，是早期阶段的近4倍。

（2）社会财富的分化

A．中期阶段

距今5500年前后，海岱地区进入了大汶口文化中期阶段。早期阶段已经出现的财产贫富分化，在本期明显加剧并普遍化，这种分化主要表现在聚落内部及聚落之间。

在聚落内部，个人之间的贫富差距较之早期进一步扩大，表一二是对大汶口、大墩子和前埠下三处墓地随葬品数量的分级统计，由多到少明显呈现金字塔形态。在大墩子遗址，拥有21件以上随葬品的墓葬，大汶口文化中期阶段（占9.2%）是早期阶段（占3.8%）的2.4倍多。

[1]　山东省文物管理处、济南市博物馆：《大汶口——新石器时代墓葬发掘报告》，文物出版社，1974年。

[2]　中国社会科学院考古研究所：《胶县三里河》，文物出版社，1988年。

[3]　李文杰、黄素英：《黄河流域新石器时代制陶工艺的成就》，《华夏考古》1993年第3期。

表一二　大汶口、大墩子和前埠下遗址大汶口文化中期阶段墓葬随葬品数量分级统计表

遗　址	0～5件 %	6～10件 %	11～20件 %	21～30件 %	31～40件 %	41～50件 %	51～100件 %	100件 以上%	墓葬总数 %
大汶口	40座	21座	27座	7座	3座	5座	1座	1座	105座
	38.1	20.0	25.7	6.7	2.8	4.7	1.0	1.0	100
大墩子	61座	45座	34座	11座	1座	1座	1座		154座
	39.6	29.2	22.1	7.1	0.7	0.7	0.7		100
前埠下	21座	6座	4座	1座	1座				33座
	63.7	18.2	12.1	3.0	3.0				100
合　计	122座	72座	65座	19座	5座	6座	2座	1座	292座
	41.8	24.7	22.3	6.5	1.7	2.0	0.7	0.3	100

在家族墓群内部，代表父系大家庭的各墓组之间，差距较早期阶段显著扩大。与之同时，作为家族的墓群之间贫富分化也进一步加剧。试以大汶口和野店为例分析之（表一三）。

大汶口墓地四个墓群内部随葬品的平均数量，最多的墓组（如第二墓群）是最少的墓组的3倍。家族墓群之间的差别更大，如大汶口第四墓群是第三墓群的5倍多。除了随葬品的数量多少之外，差别还表现在墓室的大小、有无葬具、随葬品的种类、质料和质量的优劣等方面。如墓室面积超过3平方米的墓葬，大汶口第四墓群有3座，第一墓群B组和第二墓群A组各有1座，而这三组也恰恰是最富有的墓组。一些代表权力、身份和地位的物品，如玉石钺、骨牙雕筒、象牙有领环、龟甲器等，也是以最富有的第四墓群最多，而较贫穷的第三墓群则绝然不见。

表一三　大汶口、野店遗址大汶口文化中期阶段墓葬随葬品数量分群分组统计表

墓　群	A　组			B　组			C　组			D　组			合　计		
	墓葬（座）	随葬品（件）	平均（件）	墓葬（座）	随葬品（件）	平均（件）	墓葬（座）	随葬品（件）	平均（件）	墓葬（座）	随葬品（件）	平均（件）	墓葬（座）	随葬品总数（件）	平均（件）
大一群	11	76	6.9	12	237	19.8	13	97	7.5	7	69	9.9	43	479	11.1
大二群	12	248	20.7	4	27	6.8	4	54	13.5				26	397	15.3
大三群	18	83	4.6	5	53	10.6	4	54	13.5				27	190	7.0
大四群	8	288	36										8	288	36
野店二区													9	430	47.8

　　野店二区的中期墓群，9座墓葬排列有序（图一二），墓室面积均在3平方米以上，最大的M49超过10平方米，在3座墓葬遭受严重破坏的情况下，每座墓葬随葬品的平均值仍接近50件，其中还包括相当数量的玉器、骨牙雕筒和猪头及猪下颌骨等贵重物品。从整体水平上看，这一墓群的社会地位显然超过了大汶口遗址等级最高的第四墓群，应是野店中心聚落遗址统治者的墓地。

　　聚落与聚落之间的财富分化和集中现象也甚为明显。对此，我们统计分析了不同地区7处遗址的随葬品情况（表一四）。野店、花厅和大汶口三处遗址的面积较大，是各自小区域的中心遗址，其墓葬随葬品的数量也最多，特别是野店遗址，因为发现的9座墓葬均为大、中型墓，所以随葬品的数量明显偏多。花厅遗址的多数墓葬属于中期，少数为晚期早段，其平均数量也是十分惊人的[1]。大墩子在早期阶段整体水平就高于刘林，属中等偏小的聚落遗址，其等级低于野店、花厅和大汶口，但不是最低一级。呈子的情况比较特殊，12座墓葬中有5座是合葬墓，所以尽管遗址等级不高，而随葬品的平均数量不低。前埠下的时代属于中期阶段偏早，并且是一处等级较低的聚落遗址，所以随葬品的数量明显偏少[2]。五村遗址的墓葬，多数属于大汶口文化中期阶段，一部分可以延续到晚期阶段。这里的墓葬也分区埋葬，相互间的叠压、打破关系十分复杂，60%以上的墓葬没有随葬品，最多也只有4件，75座墓葬共有62件随葬品，这种现象是反映了五村遗址的整体水平较低，还是这里只是一个贫穷的下层墓群，而等级较高的墓群还没有发现，这需要以后的发掘加以证明[3]。

表一四　大汶口文化中期阶段七处遗址墓葬随葬品数量统计表

遗　址	随葬品	墓葬数量	墓均	总人数	人均	备　注
野　店	430件	9座	47.8件	13人	33.1件	有4座双人合葬墓
大汶口	1358件	105座	12.9件	111人	12.2件	有4座双人、1座3人合葬墓
花　厅	2189件	85座	25.8件	85人	25.8件	有8座墓殉18人，未计入总数
呈　子	171件	12座	14.3件	21人	8.1件	有5座合葬墓，共14人
大墩子	1440件	154座	9.4件	158人	9.1件	有4座双人合葬墓
前埠下	211件	33座	6.4件	64人	3.3件	有2座多人合葬墓，共33人
五　村	62件	75座	0.8件	81人	0.8件	有4座双人、1座3人合葬墓
合　计	5862件	472座	12.4件	533人	11.0件	

　　[1]　花厅遗址前后经过四次发掘，已发现大汶口文化墓葬的数量，第一次是1座（1952年），第二次是19座（1953年），第三次是26座（1987年），第四次是40座（1989年），累计为86座。由于第一次发掘的1座墓葬随葬品的数量没有公布，故未将其包括在表一四的统计数字之内。另外，花厅墓葬随葬品的统计数字中还未包括猪下颌骨和其他动物骨骼。
　　[2]　前埠下33座墓葬中有2座多人合葬墓，所以按人平均随葬品数量只有3件。
　　[3]　五村墓地中婴幼儿的墓葬所占比例较高，在可以鉴定年龄的69具人骨中，15岁以上的有37人，13岁以下者有32人，几占一半。这也是五村墓地随葬品人均数量明显较少的原因之一。

B．晚期阶段

大汶口文化晚期阶段的墓葬资料比较丰富，其中墓葬数量在25座以上，并且公布了全部资料的遗址就有大汶口、野店、西夏侯、建新、陵阳河、大朱村、三里河、尉迟寺等8处。从中可以发现，大汶口晚期社会的贫富分化较之中期又有新的发展。

在聚落遗址内部，如果以墓葬随葬品的数量作为衡量的指标，这一时期的新变化体现在两个方面：一是随葬品的整体拥有量较之中期明显提高，如10件以下随葬品的墓葬数量，晚期比中期明显减少；二是个人之间的差别继续拉大，中心聚落百件以上随葬品的墓葬已超过5%，而各种级别的聚落都存在随葬品超过50件的墓葬（表一五）。

表一五　大汶口文化晚期阶段八处遗址墓葬随葬品数量分级统计表[1]

遗　址	0～10件 %	11～20件 %	21～50件 %	51～100件 %	＞100件 %	墓葬总数	随葬品总数	平　均
大汶口	4座	7座	5座	7座	2座	25座	1165件	46.6件
	16	28	20	28	8			
陵阳河	10座	9座	16座	7座	3座	45座	1766件	39.2件
	22.2	20	35.6	15.6	6.7			
野　店	19座	8座	3座	2座		32座	407件	12.7件
	59.4	25	9.4	6.2				
大朱村	6座	10座	9座	6座		31座	802件	25.9件
	19.4	32.3	29.0	19.4				
西夏侯	9座	3座	6座	6座	1座	25座	812件	32.5件
	36	12	24	24	4			
三里河	27座	16座	21座	2座		66座	1066件	16.2件
	40.9	24.3	31.8	3.0				
尉迟寺	184座	6座	2座			192座	457件	2.4件
	95.8	3.1	1.1					
建　新	43座	17座	15座	1座	1座	77座	1084件	14.1件
	55.8	22.1	19.5	2.3	1.3			
合　计	302座	76座	77座	31座	7座	493座	7649件	15.5件
	61.3	15.4	15.6	6.3	1.4			

----

[1]　陵阳河第一墓群的25座墓葬均位于陵阳河的河滩之中，其中有8座遭受严重破坏，且多数为大、中型墓葬，随葬品明显偏少，如M15，墓室面积5.28平方米，仅有10件随葬品。因此，陵阳河第一墓群随葬品的实际数量应该更多一些。

以墓群为代表的家族之间的贫富分化更为明显。在等级较高的陵阳河遗址，四个墓群之间不仅在随葬品的数量上相差极为悬殊，而墓室面积和随葬品的种类、质量也相去甚远。如第一墓群的25座墓葬，除了1座（M10）被严重破坏之外，其余24座的墓室面积均在3平方米以上，而其他三个墓群的墓葬均在3平方米以下。属于普通聚落的建新遗址，时代相若的第三墓群和第一墓群，除了随葬品的平均数量前者是后者的3倍多之外（表一六），而第三墓群的墓室普遍较大，其中超过3平方米的约占三分之一，有的还使用了木质葬具，而第一墓群的墓室均在3平方米以下，随葬品也只是普通的陶器和石器。

表一六　陵阳河、建新和三里河遗址大汶口文化各墓群随葬品数量统计表

遗　址	第一墓群			第二墓群			第三墓群			第四墓群*		
	墓葬	随葬品	平均	墓葬	随葬品	平均	墓葬	随葬品	平均	墓葬	随葬品	平均
陵阳河	25座	1461件	58.4件	10座	166件	16.6件	6座	95件	15.8件	3座	27件	9件
建　新	23座	207件	9件	29座	123件	4.2件	22座	666件	30.3件	11座	132件	12件
三里河	24座	340件	14.2件	40座	641件	16.0件	2座	85件	42.5件			

*　建新遗址此栏统计数字为第四、五两墓群之和。

以上述及的八处遗址明显可以分为三个层次：大汶口、陵阳河和野店为等级较高的中心聚落遗址；大朱村、三里河、西夏侯和尉迟寺为次一级的聚落遗址；而建新则为第三级聚落遗址。关于不同遗址之间的分化，可以从八处遗址墓葬随葬品的数量统计中得到部分说明（表一五）。大汶口和陵阳河相当，建新在最低一个层次，大朱村则居中，位于两个层次的遗址之间。野店、西夏侯、三里河和尉迟寺四处遗址需要略加分析。

野店墓地随葬品的平均数量偏少，当与该墓区中婴幼儿的比例过高、已发掘的部分主要是中、小型墓葬分布区和大型墓葬集中分布的第四区只发掘了其中的2座（M51、M62）等因素有关。因此，尽管野店墓地随葬品的平均数量不多，仍然应该将其归入第一级的中心遗址之中。西夏侯遗址的面积超过10万平方米，其随葬品的平均数量达30多件，明显较多，但考虑到该遗址发掘的墓葬总数不多，而随葬品中绝大多数为明器，代表身份和地位的玉钺、象牙器等基本不见，所以，其等级显然低于大汶口、陵阳河遗址，故其随葬品数量虽多，但仍应将其归入第二等级聚落遗址之中。至于三里河遗址，如果单纯看随葬品的平均数量更接近于建新遗址，但仔细分析一下其内容，就很容易发现两者之间的差别。例如，三里河有相当数量的玉器，而建新没有；三里河共出土了144件作为财富象征的猪下颌骨，而建新的77座墓葬则仅有1个猪头。因此，尽管三里河墓葬随葬品的平均数量只是略高于建新遗址，我们还是应该把它们作为不同等级的遗址来看待[1]。尉迟寺遗址的情况又有所

---

[1]　三里河遗址共发掘了三处大汶口文化墓地，发现的66座墓葬中有64座位于一、二区，三区由于人为破坏和发掘面积较小，只清理了2座墓葬。其中较大的M302，墓室面积超过4平方米，出有包括玉器和37件猪下颌骨在内的64件随葬品。小一点的M301，也出有包括6件猪下颌骨在内的21件随葬品。两墓平均超过40件，并且随葬品的品位较高，故不排除这里可能是社会地位较高的家族的墓地。

不同。首先，其聚落和墓葬不完全属于同一时期，一般说来，聚落的时代略早，墓葬的时代略晚。由后述的聚落分析可知，该遗址已经出现了一定的分化，但并不十分严重。而墓葬方面表现出来的差别更小一些[1]。当然，这可能与分布的区域不同而习俗有别存在一定关系，但从尉迟寺聚落和墓葬两个方面反映的情况看，它不属于区域中心聚落，充其量也只是第二等级的聚落。

随葬品的数量差别固然从一个方面体现了社会财富的分化和集中的状况，而更能反映社会分化和分层的是代表权力和地位的遗存。如大汶口墓地的25座墓葬，墓室面积超过3平方米的接近半数，其中有6座超过5平方米，M60和M10则分别为13.9、13.4平方米。陵阳河的45座墓葬中有24座墓室面积超过3平方米，其中超过5平方米的有10座，M6和M17则分别为17.3、14.9平方米。而三里河和建新遗址各只有1座墓葬刚刚超过5平方米。在随葬品方面，大汶口遗址不仅数量多质量优，而且种类齐全，如代表权力和地位的玉钺、象牙器、骨牙雕筒、鼍鼓和财富象征的猪头等，即使是最常见的陶器，也因为出土了大量的洁净白陶和精美彩陶而与众不同。与大汶口相比，陵阳河虽然也有石钺、石璧、骨雕筒、牛角号、薄胎黑陶高柄杯等品位较高、质量优良的器物，但数量和种类较之大汶口则大为逊色，不过，陵阳河遗址发现的图像文字则未见于大汶口遗址。与大汶口和陵阳河相比，建新等遗址则差之甚远。

墓葬是活着的人对死者的安葬方式，其对现实生活的反映只是一种折射，而保存好的聚落遗址才是当时人们各种现实状况的直接体现，由于种种原因，我们很难发现保存着当时生活现状的聚落遗存，尉迟寺遗址为我们提供了一个难得的实例。在前面的讨论中，我们曾把尉迟寺聚落遗址内的房址分为区、组和有灶的单体房间三个层次。由于特殊的原因，尉迟寺各个房址中基本保持着使用时的状况，这对我们了解和认识当时聚落内部的生活场景提供了便利。下面分析尉迟寺聚落内部的相互关系。

首先是房址之间，这里面有两种情况需要分析：一是整个聚落遗址的单体房子之间；二是房子组内部的房址之间。已经公布资料的73间房址（表一七），除了F87（大间）与F86（小间）为里外套间之外，其余房屋均不连通。其中面积在9.5至32平方米之间的大间为58间，其中有灶的36间（还有少量不清楚是否有灶）配备有炊爨、盛储等陶容器和部分生产工具等，应属于独立炊爨（有灶有炊器）的消费单位。这36个房间中，有8间受到不同程度的破坏，已非原貌，其余28间，遗物最少的为F11，只有8件，最多的F33，多达83件，后者是前者的10倍多。在居室面积方面，最大的F43为31.8平方米，而最小的F8只有9.5平方米，相差3倍多。由此看来，尉迟寺遗址聚落内部的基本消费单位之间存在着较大的差别。但房内保存的遗物种类均为日用器具，未见具有礼器性质的高级别器物，如玉器、象牙器等，陶器中也少见薄胎高柄杯等礼仪类器物。所以，从单体房子所反映的情况分析，尉迟寺聚落内部虽然存在一定程度的分化，但这种分化并不严重，而且普遍缺乏表示等级和身份的物化遗存。所以，造成这种差别的原因很可能是由于每间房屋居住的人口数量有多有少。当然，由于尉迟寺遗址是特殊原因失火而焚毁的，不排除人们已将贵重品抢运出去的可能。特别是规模最大的第三区，为两组长达13间的排房，东侧的B组有8个房间全为大间，只有2间有灶，并且房间内的遗物较少，或许此组是聚落领导层的居住地，其功能和性质与其

---

[1]　尉迟寺墓葬中成人墓葬只占总数的三分之一，从而降低了其随葬品的平均数量。但是，即使扣除这一因素，尉迟寺随葬品的平均数量仍然偏少，无法与鲁南地区相比。

他区、组有所区别。

房子组内部的房址（指基本消费单位的房间）之间，无论是房屋的面积，还是房内所遗留的遗物数量和种类，相互之间的差别则要小得多。这种现象表明，作为家族的房子组内部，各个家庭之间则是平等的。我们分析，实际情况很可能是，基本的生产活动是在以房子组为代表的家族内共同实施，而日常消费的基本单位，则是以有灶的单体房间为代表的家庭，家庭消费资料的来源当是家族集体。所以，每一房子组内专供储存物品用的一间或数间小房址，面积一般在4~6平方米之间，它们并不属于那一个大房间（家庭），而是属于房子组（家族）。

其次是房子组之间，也包括两种情况，即同一房子区内的房子组之间和聚落内的房子组之间。在房子区内部，各房子组之间的差别显然是存在的，但差别是原因可能有所不同。如第二区内的三组，A组有五个消费单位，B组有四个消费单位，C组只有两个消费单位，那它们之间的差别可能更多地是基于人口数量的多少而形成的。而第五区的A、B两组，均各有两个消费单位，房址面积大小相若，但A组的遗物是B组的一倍多，A组的工具种类和数量也多，这就反映了两者之间的差别。

如果在聚落内部看各房子组，它们之间的差别就要大得多。如第四区B组和第五区A组，平均每间房址的各种遗物均在40件以上，而像第二区各组、第五区B组等，每一消费单位的房间出土遗物的平均数量只有十几件，显然要少得多。房子组的面积也是如此，最大的第六区A组是最小的第二区A组的两倍多。所以，以房子组为代表的家族之间的分化不仅已经出现，有些差别已经比较大。

房子区之间显然存在差别，但由于绝大多数房子区没有完整揭露出来，所以，目前还难以开展区与区之间的比较。

我们之所以把尉迟寺遗址定为聚落群内中间一层（即三个等级中的第二级）的聚落遗址，除了以上分析的原因之外，该遗址还发现了一部分具有特殊含义的遗存：如遗址偏南部有规模较大的广场；发现若干件刻有与陵阳河完全相同的图像文字的大口尊；2002年春的发掘中，发现一件造型奇特的陶器，由上下两个部分组成，上部为圆锥体，两侧各有两支向外伸出的羽状飘带，顶端为一立鸟造型，下部为一圆柱体，近上部有孔，整个器形通高达60厘米，当是一件戴有羽冠的祖先崇拜的神器[1]。综合上述，我们认为可以把尉迟寺遗址作为一处小聚落群的中心遗址来对待。

表一七　尉迟寺聚落遗址房址分区分组分间统计表

| 房区 | 房组 | 房址编号 | 居室面积 | | 门道数量 | 灶址 | 室内出土遗物数量 | | | 功能 | 备注 |
			房间	组均			房间	组	群		
第一区	A组	F19	4.09	15.62	单门	无	3	83 (27.7)	83 (27.7)	储藏	内有浅穴
		F20	12.36		双门	有	26			居住	
		F21	13.98		双门	有	30			居住	
		F22	5.78		单门	无	11			储藏	内有窖穴
		F23	10.64		单门	有	13			居住	

---

[1] 王吉怀、陶威娜：《大汶口文化惊现罕见器物》，《中国文物报》2002年5月1日第1版。

第二区	A组	F8	9.49	13.13	单门	有	17	58 (11.6)	172 (17.2)	居住	
		F9	11.39		双门	有	18			居住	
		F10	12.74		双门	有	10			居住	
		F11	11.02		双门	有	8			居住	
		F12	5.9		单门	无	3			储藏	破坏
		F13	15.11		双门	有	2			居住	破坏
	B组	F14	15.35	21.3	双门	有	16	78 (26)		居住	
		F15	13.81		双门	有	18			居住	
		F16	5.5		单门	无	10			储藏	
		F17	13.7		单门	有	22			居住	
		F18	15.54		单门	无	12			居住	无灶
	C组	F24	3.86	17.65	门残	无	毁	36 (18)		储藏	残
		F25	13.78		双门	有	17			居住	
		F26	4.55		单门	无	5			储藏	
		F27	13.11		单门	有	14			居住	
		F67	10.2		单门	无	无			？	保存较差
第三区	A组	F37	17.71	21.65	双门	有	66	95 (32)	？	居住	第三区B组的8间房子均为大间，但6个房间内无灶，或许这一组是整个聚落的核心，这些无灶大房间为聚落公用
		F38	15.75		双门	有	23			居住	
		F53	3.12		残	无	无			储藏	
		F54	18.06		双门	有	3			居住	
		F55	10.32		单门	无	3			储藏	
	B组	F56	10.6	？	单门	无	无	？		？	
		F57	14		单门	无	无			？	
		F58	19.11		单门	无	12			？	
		F59	16.38		单门	有	5			居住	
		F60	14.44		单门	无	18			？	
		F61	15.12		单门	无	17			？	
		F62	19.27		双门	有	10			居住	
		F63	14.21		单门	无	无			？	残
第四区	A组	F34	4.48		不详	无	27	35	124 (62)	储藏	残
		F35	4.6		不详	无	8			储藏	残
	B组	F32	15.6	16.52	单门	？	6	89 (44.5)		居住	残
		F33	17.43		双门	有	83			居住	
	C组	F36	？		？	？	毁	0		居住	破坏
第五区	A组	F30	12.01		双门	有	39	82 (41)	116 (29)	居住	
		F31	14.78		单门	有	43			居住	残
	B组	F28	15.4	16.92	单门	有	24	34 (17)		居住	
		F29	18.43		双门	有	10			居住	

区	组	房号	面积	组平均面积	门	灶	遗物			用途	备注
第六区	A组	F42	22.93	27.37	双门	有	29	37 (18.5)	37 (18.5)	居住	
		F43	31.81		单门	有	8			居住	局部破坏
第七区	A组	F44	14.13	17.54	残	有	16	51 (25.5)	51 (25.5)	居住	
		F45	4.65		残	无	2			储藏	
		F46	14.17		残	有	33			居住	
		F47	14.28		残	？	毁			居住	残
		F48	5.38		残	无	毁			储藏	残
第八区	A组	F40	4.58	14.78	残	残	毁	0	38	储藏	残
		F41	10.2		残	残	毁			居住	残
	B组	F39	16.71	16.71	双门	有	38	38		居住	残
第九区	A组	F64	12.77	？	单门	无	无	？	？	？	？
		F65	13.51		单门	无	15			？	？
		F66	13.3		单门	无	无			？	？
第十区	A组	F81	17.8	19.91	单门	有	35	123 (31)	？	居住	
		F82	11.78		单门	有	21			居住	
		F83	9.36		单门	有	10			居住	
		F84	15.58		单门	有	20			居住	
		F85	10.88		未露	？	20			？	多半未清
		F86	4.65		单门	？	2			储藏	套间
		F87	9.6		单门	无	15			？	
第十区	B组	F72	5.46	？	单门	无	1	？	？	储藏	此组6个房间只有1个有灶，情况较特殊
		F73	13.6		双门	有	24			居住	
		F74	15.12		双门	无	5			？	
		F75	9.99		单门	无	30			？	
		F76	16.32		双门	无	4			？	残
		F88	15.45		双门	无	7			？	残
第十一区	A组	F68	13.65	19.31	单门	有	39	81 (27)	81 (27)	居住	
		F69	17.6		单门	有	22			居住	
		F70	11.52		单门	无	7			储藏	
		F71	15.17		单门	有	13			居住	

说明：居室面积的单位为平方米；房子组平均面积以有灶的房间数计算；屋内出土遗物单位为件。

（3）社会分工

A. 男女分工和性别差异

与早期阶段一样，男女在社会生产中的角色差别主要表现为自然分工。男性多从事加工、狩猎以及战争等危险性较高的外部活动，女性则以从事家庭劳动或与家庭劳动关系密切的生产活动，如纺织、编织、缝纫等。在墓葬的随葬品中，男女两性的陶器拥有数量差别不大，有的墓葬甚至女性还多一些，而差别主要表现在他们所从事的生产活动和社会活动方面。男性墓葬随葬的武器和生产工具明显多于女性墓葬。如大汶口文化中期阶段的大墩子遗址，在79座男性墓葬中，有30座使用斧锛凿一类加工工具，25座出土钺、匕首一类武器，9座有鱼镖一类捕鱼工具，其中M106为一成年男性，使用了包括5件石锛、2件石凿、2件石钺、3件鱼镖以及镰和镞等在内的23件随葬品；而46座女性墓葬中，随葬斧、锛、凿的有6座，出土钺和匕首的有5座，未发现鱼镖，而另有7座墓葬发现有石质和陶质纺轮。再如以大汶口文化晚期阶段为主的三里河墓地，男女两性在生产工具方面的差别较大，在经过鉴定的33座男性和20座女性墓葬中，男性的人均生产工具是女性的近3倍，有16座男性墓葬随葬31件斧、锛、凿类加工工具，女性只有2座墓共随葬2件同类工具；作为武器的钺，同样是以男性墓葬占绝对优势，共有16座男性墓随葬17件石钺，女性只有1座墓随葬1件石钺；而纺织用的纺轮的情况则相反，有6座女性墓出土纺轮，男性墓则只有1座。

　　与早期阶段男女两性的随葬品数量基本持平的情况相比，大汶口文化中晚期阶段产生了明显的变化。首先是男性随葬品的数量多于女性。据表一八的统计，除大汶口墓地晚期一处例外[1]，其余遗址均为男性多于女性。当然，这种差别并不是特别大，但与早期阶段相比确实产生了变化。其次是在墓室面积方面。男性墓葬的墓室面积平均数量大于女性，如大汶口墓地，14座男性墓葬的平均面积是2.40平方米（如果去掉1座最大的墓葬则为2.02平方米），16座女性墓葬的平均面积是2.18平方米（如果去掉1座最大的墓葬则为1.43平方米）；再如三里河遗址，33座男性墓葬的平均面积为2.50平方米（其中超过3平方米的有9座），20座女性墓葬的平均面积为2.01平方米（超过3平方米的有3座）；又如建新遗址，38座男性墓葬的平均面积为2.25平方米（其中超过3平方米的有6座），14座女性墓葬的平均面积为2.06平方米（其中超过3平方米的只有1座）。第三，在每一聚落遗址的最高一级墓葬中，除了极个别的例外（如大汶口M10为一老年女性），墓室宏大、使用木质葬具、随葬品丰厚、拥有较多礼仪器具的墓葬均为男性成年个体。如大汶口M125，陵阳河M6、M25、M7、M19，野店M62，大朱村M26、M66，三里河M2110、M302，建新M46、M39，等等。大汶口M117是一未成年的男性个体，竟然也拥有面积达7.2平方米的墓室和70多件随葬品，其中还包括玉钺、玉笄、象牙雕筒、骨雕筒、白陶、彩陶等在内的表示权力和地位的礼器，其身份非同一般，应属于执掌权力家族中的王位继承人一类性质。这种现象表明权力的传递可能是在某一特定家族内部进行的，与夏商时期已经没有质的区别。

　　B．职业分工

　　大汶口文化中晚期阶段社会的职业分工主要分布在两个领域：社会文化和社会经济。

　　社会文化领域内，一些特殊的活动已经出现由专人掌握和控制的现象。如骨牙雕筒，这是一种特殊的器具，据分析，形制复杂的骨牙雕筒与良渚文化玉琮的功能类似，应属于专事祭祀等宗教活动的法器。骨牙雕筒主要见于大汶口文化中晚期阶段的大、中型遗址，并且绝大多数出自等级较高的成年男性墓葬之内，数量有限，故认为这一时期的宗教活动已为特定的阶层所控制，其拥有者的身份为祭司或巫师[2]。

　　[1]　大汶口墓地的晚期只有25座墓葬，而鉴定出男女的共有8座，其中女性只有3座，数量偏少。因为全墓地随葬品最多的M10为一老年女性，所以导致了女性随葬品多于男性。

　　[2]　栾丰实：《骨、牙雕筒——大汶口文化特殊器物之一》，《故宫文物月刊》142，1995年1月。

表一八　大汶口文化中、晚期阶段男女随葬品分群数量统计表

分　期	遗　址	一　群		二　群		三　群		四　群		合　计			
		男	女	男	女	男	女	男	女	男	平均	女	平均
中期阶段	大汶口	6	5	2	4			4	1	9	25.7	13	11.8
		59	53	134	58			42	38	231		153	
	大墩子									79	11.5	46	8.3
										910		383	
晚期阶段	陵阳河	14	2			5	0	3	0	22	43.5	3	30.3
		850	91			79		27		956		91	
	大汶口									5	37	3	90
										185		270	
	野　店									8	22.5	7	14.9
										180		104	
	三里河	10	9	22	10	1	1			33	21.5	20	14.6
		194	114	450	156	64	21			708		291	
	建　新	12	4	12	4	11	3	2	3	38	17.8	14	11.1
		126	31	64	28	440	55	38	41	675		155	

说明：每一遗址上栏的单位为座，下栏的单位为件，合计中平均数的单位为件。

　　龟甲器系由经过刻意加工的龟之腹甲和背甲合成，内中一般装有骨针和小石子，其最早发现于裴李岗文化，一直延续到龙山文化时期。龟甲器主要发现于中、小型墓葬之中，墓主绝大多数为成年男性。关于龟甲器的功能，学术界历来有不同意见，我个人倾向于其拥有者的身份为医者。由于古代的医者也使用巫术（不仅是古代，近代也有类似的实例），所以可以将其称为巫医[1]。

　　社会经济方面的分工情况可能更为复杂一些。所谓职业，是指人们从事着社会经济的不同行业，而分工，则意为专门或者主要从事社会经济的某一专业。分工的出现是随着社会发展和技术进步而使某些专业的生产逐步专门化的结果，它的出现，又极大地促进了社会生产的发展和社会内部的变革。职业分工的萌芽可能产生较早，至少在新石器时代中期即已出现。如裴李岗文化那些造型特殊、制作精致的骨角器，特别是六音俱全的骨笛，断非普通民众所能制作出来的；再如兴隆洼文化的玉器，尽管发现的数量不多，但其娴熟的技法和工艺，也应该是出自专业人员之手；又如后李文化胎体较薄、器体硕大的圜底釜，也不是普通人可以制作的。至仰韶时代早中期，像半坡、庙底沟类型中的彩陶、红山文化的玉器、河姆渡文化的象牙骨木器加工等，非专业人员恐不能达那样高的水平。当然，我们并不认为这一时期已经形成独立的专门化的相关专业，但具有专门技能的人员已经出现了。大汶口文化早期，具有专门的手工业技能的人才可能更多了。人们所熟悉的大墩子

[1]　栾丰实：《龟甲器——大汶口文化特殊器物之二》，《故宫文物月刊》143，1995年2月。

M102，不仅随葬较多的陶器，而且还有绘制彩陶的颜料石。M38的55件随葬品中，有38件为包括半成品在内的骨角牙器，并有磨制用的砥石[1]，他们都应是相关手工业领域的从业者。

与此前相比，大汶口文化中晚期阶段的职业分工情况有了较大发展。首先是制陶业，随着快轮技术的发明，制陶业进入了一个快速发展时期。大汶口文化中晚期的陶器，无论是陶器种类、数量、质地，还是陶器的规范化和标准化程度，均发生了重大变化，除了轮制技术的逐渐推广之外，制陶业专门化程度的提高不能不说是一个重要原因。或者说，轮制技术的发明和普及与专门化生产之间存在着互动关系。其他方面，如礼仪用器中的骨牙器和玉器制作以及酿酒业等，可能都已经过渡到了专门化生产阶段。随着社会分层的发展和复杂化程度的提高，社会对这些高等级礼仪用器的需求，数量增多，质量标准提高，这只有专业的工匠才能满足日益增长的需要。所以，作为社会经济领域的分工也就获得了长足发展。

5. 小结

大汶口文化中晚期阶段的社会结构和社会组织状况，可以从以上对聚落和墓地的分析中得出结论。如前所述，尉迟寺和建新所代表的聚落内部结构，均呈现"单体房子－房子组－房子区－整个聚落"四级形态。墓地的情况略显复杂，大体存在两种类型：第一种是自下而上由"墓组－墓群－墓区"所构成的三级结构，可以大汶口墓地和花厅北区墓地等为代表。这里作为墓区基本构成部分的墓群，在空间分布上虽略有间隔，但整个墓区内部存在着较强的统一性则是不容置疑的。第二种的规模较小，一个墓地之内只显示两层结构，即"墓组－墓群"，随着时间的推移，采用这种类型墓地的聚落有呈现迅速增多的趋势，至少到大汶口文化晚期阶段已占据多数，如陵阳河、大朱村、三里河、建新等，均为这一类型的墓地。

整合居住区和墓地的资料，它们之间的对应关系及社会组织为：

单间房子—— ？ ——核心家庭
房 子 组——墓组——大家庭（或扩大家庭，以父系为主）
房 子 区——墓群——家族（多半为父系家族）
聚 落 1 ——墓区——宗族
聚 落 2 —— ？ ——宗族的联合体（或不同的宗族）

以上对应关系反映了这一时期聚落遗址内部的社会结构是比较复杂的，至少存在着四级和五级结构两种情况[2]。换言之，小型聚落遗址内部只存在四级结构，从墓地结构上看缺少墓区一级，而整个聚落可能就代表了一个宗族组织，如建新、三里河等遗址[3]。当然，这种结构的聚落有时候可以把最低的两级视为一层，因为它们之间可能不存在直接的上下关系，它们都是作为家族的组成部分，这也是其复杂性所在。大、中型聚落遗址内部应该存在五级结构，如花厅遗址，同时期的墓地显然有南北两区，尽管北区偏晚，南区略早，但两区应该是同时共存过，那么整个聚落所代表的社会组

---

[1] 南京博物院：《江苏邳县大墩子遗址第二次发掘》，《考古学集刊·1》，中国社会科学出版社，1981年，第46页。
[2] 因为大汶口文化中晚期阶段处在一个社会组织和社会结构的转型时期，这里所说是指一般情况而言，并非所有地区都是如此。我们承认，在一部分地区，特别是那些经济不发达的偏远地区，很长时间还停留在以前的社会发展阶段。所以，这一时期甚至更晚一些时期，海岱地区的社会组织和社会结构是比较复杂的，社会发展也不完全同步。
[3] 这里并不能说第二种类型墓地结构（即墓组－墓群）的遗址就一定是这种情况，如陵阳河遗址可能就不是这种情况。

织就高于任何一个墓区所代表的社会组织。大汶口遗址也是这种情况，甚至更为复杂。

单个聚落之上即区域之间，聚落群已经普遍出现，大汶口文化晚期阶段的聚落群内部多数呈现出三级结构的聚落形态，前面分析过的陵阳河区（莒县盆地）就属于这种情况。这种大、中、小型聚落在数量上呈现金字塔形结构，而空间方面则是以大型聚落为中心的向心式分布形态。如果再结合各类聚落内部的财富分化和集中情况，就可以大体说明他们相互之间具有上下隶属关系，也就是说具有了领导和被领导、统治和被统治的关系。

从各地区不同遗址的比较中，还可以看到这样一种情况，即多数遗址从大汶口文化中期开始，社会财富有了较大幅度的增加。同时，不同社群之间贫富分化的步伐也逐渐加快，呈现愈演愈烈之势。大汶口文化在黄河、长江流域的崛起[1]也恰恰在这一时期。那么，导致大汶口文化迅速崛起、实力大增的原因又是什么呢？

过去，我们曾力图从生产力水平的提高来说明这一问题，而在考古学上，作为生产力水平标志的生产工具则是要首先论及的。经过多年的观察发现，在大汶口文化的发展过程中，作为生产工具主体的石、骨、蚌器等，无论是质料，还是器形和数量，都没有出现大幅度质的变化。因此，单纯强调生产工具的改进导致生产力水平的提高是不太符合实际情况的。那么产生这种现象的直接原因是什么呢？我认为应是生产关系发生了变革，即出现了与生产力发展水平相适应的新型生产关系。这种新型生产关系较大地调动了生产者的积极性，刺激了他们的生产热情，因而，使社会生产在较短时期内出现了一个飞跃，这种现象无论是在历史上还是在今天的社会中都可以观察到。这种新型生产关系，就是父系家族作为基本的生产单位，取代了以往的氏族集团，财产的私有成为合法并为人们所追逐，从而导致了私有制的出现。再进一步，父系家族内部父系大家庭的作用逐渐显现，慢慢地从消费单位向生产单位发展过渡。在私有制度下，人们为了追逐更多的财富，可以大幅度提高效率的专业化生产开始在某些领域出现。而另外一些人，为了财富甚至可以采用各种不光彩的手段，其中就包括剥削和战争掠夺。

生产关系的更新和社会生产的进步、发展是一种互动的关系。生产的进步使剩余产品增加，部分人占有之后就导致了贫富分化的持续发展和加剧，于是，社会分层开始出现并不断分化和重组。社会分层的发展过程，实际上也就是阶级分化的过程，发展到一定程度，社会成员之间分成统治者和被统治者两大阶层，阶级随之形成，国家也就登上了人类历史发展的舞台，文明社会最终形成。在海岱地区，这种情况最初产生于大汶口文化中期偏后，如花厅、野店、大汶口等遗址所反映的情况就是如此。我们相信，到了这一阶段，至少在一些经济发达地区已经跨进早期国家的门槛。从横向上比较，它们与以瑶山、反山等为代表的良渚文化发达地区在时间上大体同时，形成南北呼应之势。

五　海岱龙山文化

在海岱文化区的历史上，龙山文化是其发展的鼎盛时期。这一时期，无论是社会经济、精神文

---

[1]　从中期阶段开始，大汶口文化向周边地区的文化传播、影响大大加强，甚至还伴随着人口的迁徙，波及的范围包括北方、中原和西南等广大区域。这一形势有力地说明了大汶口文化在中期阶段实力大增，在全国各大区系中跃居前列。

化，还是社会内部的社会组织和社会结构的变化，不仅在本区的发展史上是空前的，即使是在当时整个黄河、长江流域的几个主要区域之内，都当之无愧地居于领先地位。因此，探讨这一时期的聚落形态及其社会组织和社会结构，对于研究中华史前文化的发展及中国文明起源与形成的途径等课题，均有十分重要的意义。

龙山文化延续的时间不长，前后只有600年左右。但这一时期却处在中国古史上一个十分重要的转折时期，许多人将其与古史传说中的"唐尧虞舜"时代相联系。

1. 主要的考古发现

龙山文化自1928年发现以来，其发现和研究经历了两个高潮。一个是龙山文化发现之初，即20世纪30年代，在黄河下游地区发现和发掘了一批龙山文化遗址，使人们对龙山文化乃至当时的史前社会架构有了基本的认识。第二个高潮是20世纪80年代以来，相当一批遗址经过较大面积的发掘，特别是大量龙山文化城址的发现，为探索中国史前社会的复杂化进程和早期国家的产生提供了十分重要的资料。检视海岱地区龙山文化的考古资料，有两个显著特点。

（1）发掘的遗址数量很多

截至目前，经过发掘的龙山文化遗址已达到近百处之多，并且在分布上也几乎遍及海岱地区的每一个小区。如胶东半岛发掘了杨家圈、北城子、砣矶大口、北庄、紫荆山、小管村、司马台等；潍弥河流域则有姚官庄、三里河、鲁家口、狮子行、邹家庄、后于刘、谢家埠、西朱封、桐林、边线王、凤凰台、郝家庄、赵铺、呈子、前寨等；鲁西北地区有城子崖、邢亭山、乐盘、宁家埠、大辛庄、丁公、史家、景阳冈、教场铺、尚庄、南陈庄、邢寨汪等；沂沭河流域有两城镇、尧王城、东海峪、丹土、六甲庄、大范庄、后明坡、化家庙、化沂庄、大兴屯、西道庄、二涧村、下庙墩、藤花落等；汶泗流域有尹家城、天齐庙、西夏侯、南兴埠、西吴寺、龙王店、野店、程子崖、皇殿岗、前掌大、二疏城、高皇庙、梁王城等；鲁豫皖地区有莘冢集、安邱堌堆、尉迟寺、小山口、造律台、王油坊、黑堌堆、三里堌堆、栾台、段寨、坞墙、鹿台岗等。此外，在辽东半岛南部、冀东南、苏中地区等，都有经过发掘的龙山文化遗址。

（2）缺乏完整揭露的聚落遗址或墓地的考古资料

尽管经过发掘的龙山文化遗址数量甚多，但与大汶口文化相比尚有明显的不足之处。如聚落方面缺乏像北庄、尉迟寺那种较为完整揭露的聚落资料；墓葬则少有像王因、刘林、大墩子、大汶口那样完整或基本完整的墓地资料。因此，在进行聚落形态分析时仍然由于资料不足而存在着相当大的困难。

2. 聚落形态分析

（1）聚落特征

与大汶口文化相比，龙山文化时期无论是整体的聚落形态，还是具体的房址特点，均产生了较大变化。归纳起来，主要有以下几点。

首先，聚落遗址的数量显著增加。据已公开发表的资料统计，大汶口文化时期的聚落遗址约有500处，而龙山文化遗址已超过了1200处，数量大为增加。

其次，中心遗址和聚落群的普遍出现是龙山文化聚落形态的主要特点之一，大小聚落分化明显。中心遗址中相当多的表现为有城墙和城壕的城址，与分布于其周围的不同等级的聚落，在数量上构成金字塔的形态。海岱地区已经出现数十个形态清楚、等级分明的龙山文化聚落群。

第三，地面式建筑成为龙山文化时期最主要的建筑形式，个别地区已开始产生高出地面的台基式建筑，如东海峪F301（图二三）。以石灰、土坯等作为房屋建筑的材料，已经开始逐渐地得到普及和推广。

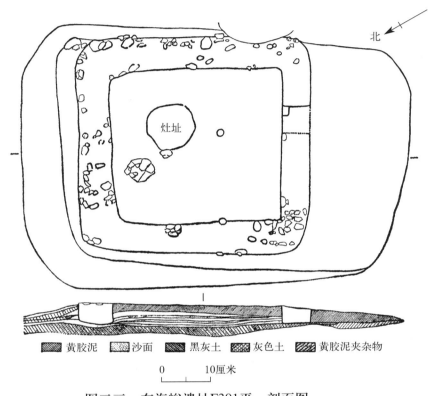

图二三　东海峪遗址F301平、剖面图
（据山东省博物馆，1976，图五）

第四，这一时期的房屋建筑仍以单间为主，多间者较少。平面形状以方形和长方形者居多，也有圆形及椭圆形者。墙体结构呈现多样化的趋势，挖槽立柱的木骨墙体、夯土墙体和土坯墙体是几种最主要的墙体结构。地面形态则存在普通硬面、烧烤面和白灰面等不同种类。灶址更趋于简化，多数仅比地面略高或略低，未经特殊加工。

第五，房间面积呈现两极分化的现象，即大的更大，小的更小，而在总体上则趋于小型化。较之大汶口文化，龙山文化的房间面积更小，绝大多数在10平方米左右或以下。当然也有超过30平方米的大型地面式房屋。

（2）聚落内部房址的空间分布形态

如上所述，尽管经过发掘的龙山文化遗址数量其多，但缺乏经过大面积发掘且保存较好的聚落遗址。因此，给我们分析龙山文化时期聚落内部的布局和房址之间的相互关系带来较大困难。下面选取尹家城和东海峪两处遗址试析之。

A．尹家城

尹家城遗址位于泗河流域的泗水县，为一高出周围地面10余米的高台地遗址，现存面积只有4000平方米。在经过揭露的2000平方米范围内，发现了龙山文化不同时期的房址20座，其中属于龙山文化第二期的房址数量较多，共发现9座，保存也略好[1]。

9座房址中有8座为半地穴式建筑，另外1座地面式房址（F2），从建筑结构到开门方向均与其他8座不同，时代应略晚。8座房址主要分布于北半部和东南角两个部位，可称为北区和南区。

北区共发现3座，即F1、F5和F111。F1位置略偏北，其西、南两侧均未发掘，所以F1当是单独的一组，其实际数量当不止这1座。F5和F111两座呈东北、西南分布，之间相距仅3米左右，应为一组，由于与F111相邻的东西南侧均被岳石文化的沟状堆积破坏殆尽，所以，此地周围是否还有另外的同期房址，也不得而知。两组之间的距离约为10米。

南区共发现5座。F107、F11位于北侧，东西并列，相距约3米；F3、F205和F204等3座略偏南，南北呈一列纵向排开，门道清楚者均在南墙的西端。5座房址至少可以分为两组，即F11和F107为一组，其他3座为一组[2]。两组之间的距离较近。

尹家城遗址的8座龙山文化房址，室内地面上均放置有数量可观的日用陶器和生产工具，有的房内还遗有老人、儿童的骨架。陶器的品种齐全，既有炊煮用的鼎、甗和饮食用的鬶、盘、盆、碗、杯等，也有储存用的罐、瓮等，从用途上看完全可以满足一个社会基本生活单位的日常需求。由此看来，这些房址至少应是独立炊煮饮食的生活单位。

综上所述，尹家城遗址这一时期的聚落结构是由四个层级的单位构成的，即"单个房址－房子组－房子区－整个聚落遗址"。

B．东海峪

东海峪遗址位于日照市的黄海之滨，东距大海仅2千米，海拔高度不足4米。1973、1975年，前后经过三次发掘，1975年秋在近800平方米的范围内发现龙山文化房址12座，时代分属于龙山文化早期阶段的中、上层两个时期[3]（图二四）。

明确属于中层的房址有5座。在空间分布形态上分为南北两组：北组有2座（F301、F312），南北相连，此外，其东侧还有2座时代不明，不过从其中1座被上层房址打破的层位关系看，也有与中层时代相同的可能；南组有3座（F309、F310、F311），间距在4米之内。南北两组房址相距20余米。

上层的房址共有4座。分布在一个南北长不足30米的范围之内。从空间分布上看，似乎也可以分为两组，即北侧的2座和南侧的2座各为一组。

东海峪的房址大小差别不大，面积一般在10平方米左右或略大，房内西北侧有灶，可以构成一个独立的生活单位。由此看来，中上层的房子组都是由这样两三个单体的房址单位构成的。至于房子组以上的单位，仅就目前的资料尚不能确定，但从已有迹象分析，在房子组和整个聚落单位之

---

[1]　山东大学历史系考古专业教研室：《泗水尹家城》，文物出版社，1990年。

[2]　因为后3座房址的东侧邻近悬崖，西侧战国至汉代堆积破坏较甚，所以是否有同期房址已不可知。按前一组的排列分析，如果东西两侧还有被破坏的房址，这3座房址有可能分属不同的组。

[3]　山东省博物馆、日照县文化馆东海峪发掘小组：《一九七五年东海峪遗址的发掘》，《考古》1976年第6期。

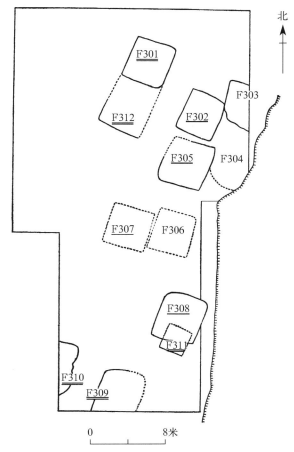

图二四　东海峪龙山文化房址平面图
（据山东省博物馆，1976，图四）

间，似乎应该有中间的层次。如果如此，那么东海峪的聚落形态与尹家城遗址所反映的情况大体相同，即也是由"单体房子－房子组－房子区－整个聚落"这样四级聚落单位组成的。

除了以上两处遗址之外，发现龙山文化房址较多的还有潍县鲁家口遗址。该遗址的龙山文化房址以圆形者为主，面积多数较小，一般都不足10平方米。目前已发现的11座龙山文化房址分属于三个层位[1]。从空间分布上看，这些房址大体位于三个互有间隔的位置。所以，这里的龙山文化房址也是成组分布的，只是由于发掘面积较小，我们无法对其进行具体划分。

总括上述，龙山文化时期聚落内部房址的空间分布形态，与大汶口文化中晚期有着较为直接的传承关系，"单体房子－房子组－房子区－整个聚落"这一模式的聚落形态在龙山文化时期应该具有普遍适用性。

（3）城址的发现及其特点

龙山文化城址的发现可以追溯到1930年发掘的城子崖遗址，由于种种原因，使得这一重要发现很长时间没有引起学术界的重视。20世纪80年代以后，随着中国文明起源与形成研究的升温，人们开始关注城址的发现和研究。截至目前，可以确认的龙山文化城址有边线王、城子崖、丁公、桐

---

[1]　中国社会科学院考古研究所山东工作队等：《潍县鲁家口新石器时代遗址》，《考古学报》1985年第3期。

林、景阳冈、丹土、两城镇和藤花落等8处（表一九），此外还有十几处虽有线索，并且在不同的文献中有所披露[1]，但尚存疑问。

表一九　海岱龙山文化城址简况一览表

名　称	位　置	形　状	重　数	面积（万米²）	聚落群	备　注
边线王	寿光边线王	圆角方形	2	1；5.7	70	
城子崖	章丘龙山镇	不规则方形	1	20	43	
丁　公	邹平丁公	圆角方形	2	6；11	33	
桐　林	临淄田旺	近方形	2	约15	30	
景阳冈	阳谷景阳冈	近长方形	1	35	19	
丹　土	五莲丹土	不规则长方形	3	9.5；11；18		内圈的时代可早到大汶口末期
两城镇	日照两城镇	近长方形	3	？	83	包括丹土在内
藤花落	连云港西诸朝	圆角方形；长方形	2	4；14	不详	

从宏观上归纳，龙山文化的城址有以下特点。

城址的平面形状以方形或近似方形的长方形为主，如边线王、丁公、桐林、藤花落等，也有少数因地势（主要是考虑到河流的走向和地貌特点）而形状略有变化者，如丹土、城子崖。

城墙的宽度多数在10～15米之间，两侧均呈坡状，一般说来，内侧较缓，外侧较为陡直。城墙的修筑方法均为平地起建[2]，筑城技术以上下分层堆筑为主，局部（如城门等部位）有采用版筑技术修筑的现象。城墙的使用期通常较长，使用期间，往往伴随着程度不一的增筑和修葺活动。

城壕位于城墙外侧，宽窄不一，一般在20～50米之间，表现为不甚规则的状态，使用时期较长者，中间经过数次规模不等的清淤。个别城址还就近利用天然河道作为一侧城壕。

城址多数四面有城门，个别两侧或三侧有门。有的城址还发现排水系统。城内的房屋建筑往往比较密集，由于目前缺乏对城址的大规模揭露，故对城内布局尚不清楚。

城址多经历了较长时间的发展。除少数城址不甚清楚，多数都存在早（内）、晚（外）两道城圈和城壕，有的甚至还存在三道城壕，如两城镇遗址。城址多建于龙山文化早期，个别可早到大汶口文化晚期，早期的城址规模一般较小，随着社会的发展，城址开始向外围扩大，即早期较小的城址被废弃，在原址的外围重筑城墙和挖掘新的城壕。例如：

边线王城址，有早、晚两圈城墙。早期城址较小，只有1万平方米左右，时代属于龙山文化早

[1]　主要见于一般性报道和个人的论文之中，正式的发掘报告未刊布。如教场铺、尚庄、乐平、大尉、王集、王家庄、皇姑冢（以上7座见《鲁西发现两组八座龙山文化城址》，《中国文物报》1995年1月22日第1版）、前赵（见《张学海考古论集》第123页注1，学苑出版社，1999年）、尤楼（见《薛国故城考古又获重要成果》，《中国文物报》1994年第25期第1版）。此外，还有一些存在龙山文化城址的遗址，如尧王城、庄里西等，均无正式报告予以公布。

[2]　龙山文化城墙的修筑，层位清楚的均为在略加整平的地面上直接堆筑，不挖基槽。据报道，边线王龙山文化城址有较深的基槽，从目前所知情况推测，这一宽而深的基槽很可能是城外的壕沟，而城墙除局部保存之外，大部分已被破坏不存。

期；晚期城址较大，面积达5.7万平方米，时代属于龙山文化中期[1]。

　　丁公城址，有早、晚两圈城墙。早期城址在内部，面积约6万平方米左右，时期为龙山文化早期；晚期城址向四周扩大，城内面积达11万平方米，时代为龙山文化中晚期[2]。

　　丹土城址，有三圈城墙和城壕。内圈最小，时代为大汶口文化末期至龙山文化初期；中圈略大，时代为龙山文化早期；外圈最大，一直延续到龙山文化中期偏晚阶段[3]（图二五）。

　　藤花落城址，有内外两圈城墙。内圈城址在外圈城址内部西南一端，呈圆角方形，面积约4万平方米；外圈城址为圆角长方形，面积约14万平方米[4]（图二六）。据其他若干处城址的同类情况分析，藤花落的内外城址也应该是先后关系。

　　桐林[5]和两城镇[6]的情况也大体如此，均延续了较长的时间。而城子崖遗址内部没有发掘，就目前已有的资料看，主要属于龙山文化中晚期。所以不排除现在发现的城址属于龙山文化中晚期，而

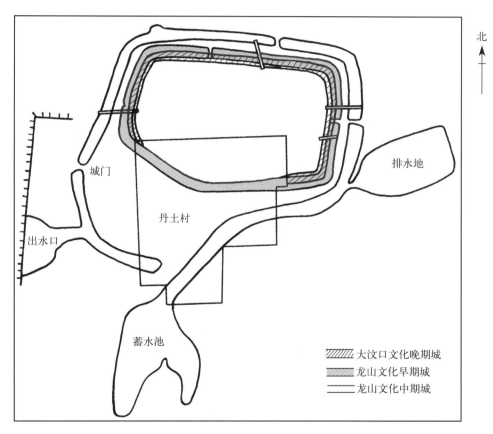

图二五　丹土龙山文化城址平面图

（据山东省文物考古研究所，2001，插图）

[1]　杜在忠：《边线王龙山文化城堡的发现及其意义》，《中国文物报》1988年7月15日第3版。
[2]　栾丰实：《邹平县丁公大汶口文化至汉代遗址》，《中国考古学年鉴·1994》，文物出版社，1997年。
[3]　山东省文物考古研究所：《五莲丹土发现大汶口文化城址》，《中国文物报》2001年1月17日第1版。
[4]　林留根：《江苏连云港藤花落遗址》，《2000中国重要考古发现》，文物出版社，2001年。
[5]　魏成敏：《临淄区田旺龙山文化城址》，《中国考古学年鉴·1993》，文物出版社，1995年。
[6]　中美两城地区联合考古队：《山东日照市两城镇遗址1998～2001年发掘简报》，《考古》2004年第9期。

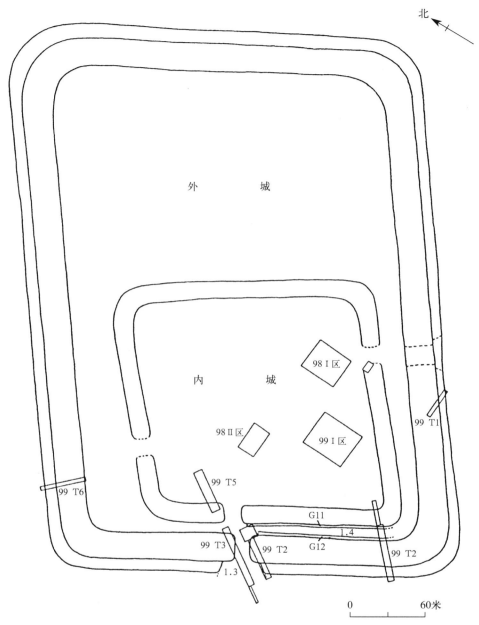

图二六　藤花落龙山文化城址平面图
(据国家文物局，2001，第2页插图)

其内部还有早期的城墙尚未发现的可能[1]。景阳冈的情况也大体相同，从发掘出来的遗迹看，以龙山文化晚期为主，属于中期很少，或者此城是在龙山文化较晚时期才建筑起来的[2]。

　　海岱地区的城址出现于大汶口文化晚期甚至更早时期当无疑问，丹土大汶口文化晚期城址的发现提供了确凿的证据。而只是到了龙山文化时期，城址才像雨后春笋般地出现，并遍及海岱地区，这已是不争的事实。

[1]　山东省文物考古研究所：《城子崖遗址又有重大发现　龙山岳石周代城址重见天日》，《中国文物报》1990年7月26日第1版。
[2]　山东省文物考古研究所等：《山东阳谷县景阳岗龙山文化城址调查与试掘》，《考古》1997年第5期。

目前所发现的8座龙山文化城址，除了两城镇与丹土相距甚近之外（相距只有4千米），余者相互之间均有一定间隔，明显不在同一聚落群之内。以鲁北中部东西一线排开的4座城址为例。城子崖位置在最西边，东北至丁公的直线距离约50千米，丁公东距桐林约35千米，而桐林东南距边线王也不足40千米。

上述城址的周围均存在一定数量龙山文化聚落遗址，从而构成相对独立的聚落群。由城的存在和城内发现的其他遗存可知，这些城址应为各自聚落群的政治、经济和文化中心，或称为中心聚落遗址。各聚落群的遗址数量不一，据现有普查资料，多数在30处以上，有的更多。

各个城址的面积相差较大。最大的两城镇遗址，外圈壕沟所环绕的范围约七八十万平方米。而比较小的藤花落内圈城址，面积只有4万平方米。一般而言，城址面积多数在10～35万平方米之间。这些城址各有自己相对独立的聚落群，位置上也有相当距离的间隔，所以，相互之间似乎不存在统属关系的层次差别。换言之，这些面积相差不十分悬殊的城址包括各自周围的聚落群，应分属于不同的并且相互独立的政治实体。至少在当前，我们还不能确知，除了东南沿海地区之外，在上述各自独立的政治实体之上是否还存在更高一级的组织管理机构。

（4）聚落的区域空间形态

较之大汶口文化，龙山文化时期的聚落遗址数量有较大增长，已正式公布资料的就多达1200余处，其实际数量应该更多。相应地，这一时期的人口数量也急剧增加，据研究，龙山文化的人口数量，保守地说已达到200万人左右[1]。龙山文化的聚落空间分布呈现出新的特点，即聚落群的数量增多和规模扩大，聚落群内部的遗址数量增多，聚落群内外的统属关系也出现新的变化。

从总体上看，龙山文化时期的聚落群已经遍及海岱地区的大部分小区。据初步统计，这样的聚落群已达到30个左右[2]。下面以城子崖区和两城区为例予以分析。

A．城子崖区

位于济南市东部的章丘市和历城区地界之内，其四至大体是东抵长白山脉西部，南到泰山北麓边缘一带，北达白云湖周围。向西边界不详，主要是因为历城区的调查工作开展得力度不够，发现的遗址甚少。从中心聚落城子崖遗址位于章丘、历城交界的位置推测，此区的西界当在市区的东侧一带。仅从章丘一侧计算，此区的面积接近1000平方千米，如果加上历城一侧，总面积至少在1500平方千米以上。

城子崖区东部的章丘一侧共发现龙山文化遗址42处（图二七）。分析这42处遗址的立地和占地面积，大体可区分为三个等级。

第一级只有1处，即城子崖遗址。该遗址的位置南北适中，面积达20万平方米，并且发现城墙等重要设施。

第二级有5处，分别是小坡、牛官庄、季官庄（或马安庄）、马彭南和黄桑院遗址。这些遗址的

[1] 王建华：《黄河中下游地区史前人口研究》，科学出版社，2011年。
[2] 张学海：《山东史前聚落时空关系宏观研究——苏秉琦学术思想在山东考古的再实践》，《苏秉琦与当代中国考古学》，科学出版社，2001年。

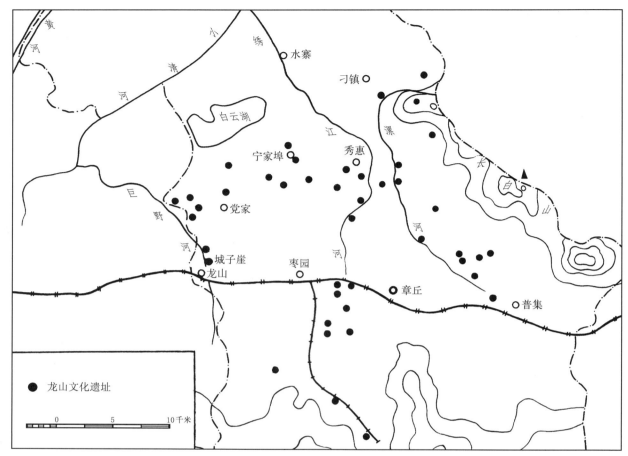

图二七　城子崖龙山文化聚落群遗址分布图
(据张学海，1993，附图)

面积一般在3～6万平方米左右[1]。这5处遗址分布于城子崖的外围，其周边各有数量不等的小型聚落遗址，从而构成大聚落群内的小聚落群。

第三级有36处，分布于整个区域之内，其中以小清河的三条支流——漯河、绣江河和巨野河两侧分布较为密集。以上5处二级聚落遗址分别位于三条河的流域范围之内。数量较多的三级遗址，占地面积一般在3万平方米以下，有的只有数千平方米，应属于最低一个层次的遗址。

城子崖区的龙山文化遗址分布较为密集，与东侧的丁公区有明显的间隔，应分属于不同的聚落群。其内部的遗址面积和数量关系呈现一种典型的金字塔形态，上下构成一个由少到多的三级聚落结构。

城子崖区在大汶口文化时期就已存在，只是发现的遗址数量较少（12处）。位于城子崖遗址北侧不远、同属巨野河流域的焦家遗址，面积也超过10万平方米。由于盗掘，曾在这一遗址被破坏的墓葬中发现了数量可观的玉器，时代属于大汶口文化中晚期[2]。该遗址应是大汶口文化时期本区的中心遗址。

[1]　这些遗址的面积均为20世纪80年代文物普查时的原始调查数据，未做进一步的核对。
[2]　章丘市博物馆：《山东章丘市焦家遗址调查》，《考古》1998年第6期。

B．两城区

两城区有广义和狭义之分，狭义的两城区是指以潮河流域及其两侧地区；广义的两城区则以今之日照市为主，包括周围的胶南、诸城南部和沂南东部、莒南东北部在内的区域，总面积超过6000平方千米。广义的两城区内，又可以分为四区，即丹土区、尧王城区、陵阳河区和前寨区[1]（图二八）。

丹土区，包括潮河流域和吉利、白马河流域一带，面积1000多平方千米。此区内已发现龙山文化遗址100余处，可细分为8个小聚落群。

尧王城区，包括傅疃河和绣针河流域地区，面积1000多平方千米。已发现龙山文化遗址40余处，可进一步细分为6个小聚落群。

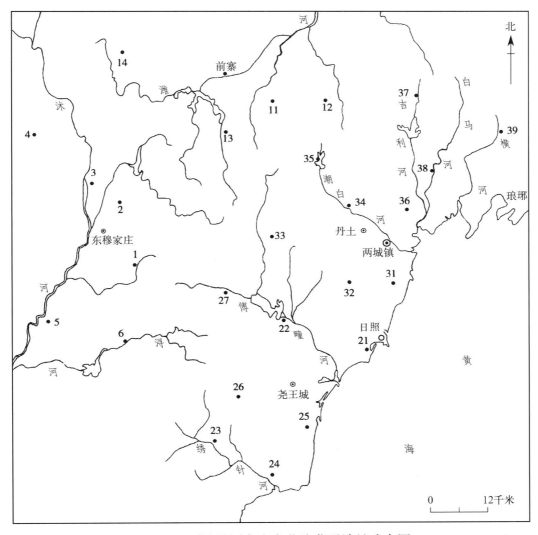

图二八　两城地区龙山文化聚落群遗址分布图

1．薄板台　2．后店　3．马家店　4．曹河　5．西心河　6．马家西楼　11．李家庄　12．呈子　13．西郭村　14．孟家洼　21．东海峪　22．小代疃　23．西辛兴　24．竹园　25．西村子头　26．大土山　27．邱前　31．苏家村　32．大桃园　33．东城仙　34．刘官庄　35．窑沟　36．甲王墩　37．石河头　38．西寺　39．河头　（据栾丰实，2000，图二）

[1]　栾丰实：《日照地区大汶口、龙山文化聚落形态之研究》，《中国考古学跨世纪的回顾与前瞻（1999年西陵国际学术研讨会文集）》，科学出版社，2000年。

陵阳河区，以沭河中游的莒县盆地为主，面积约2000平方千米。此区莒县界内已发现龙山文化遗址63处，可细分为7个小聚落群。如果加上西侧的沂南、沂水两县东部，遗址的数量和小聚落群还可以增加一些。

前寨区，位于潍河上游地区，面积1000余平方千米。已发现龙山文化遗址20余处，可分为5个小聚落群。

以上四个区域，从大汶口文化时期开始就存在着极为密切的关系。如在各中心遗址（丹土、尧王城、前寨和陵阳河等）均发现有相同的刻划图像文字，其文化面貌也基本相同。不仅如此，日照沿海地区的大汶口遗存出现较晚，目前所知者均为大汶口文化末期，而时代更早的遗址则基本不见。因此，我们推测东部沿海地区的这些大汶口居民是从莒县盆地一带迁徙过来的。那么，两城镇特大型聚落的出现，应是陵阳河区大汶口文化中心东移并进一步发展的结果。

上述分析表明，以日照为主的东部沿海地区的聚落形态与内陆地区有所不同，其差别主要表现为增加了一个更高的层次，即出现了聚落群的联合体，聚落形态的结构和等级由三级变为四级。两城镇遗址就是这一联合体的中心。

总括上述，我们认为龙山文化时期聚落的空间分布形态是复杂的。一般说来，大部分地区已进入自上而下呈大、中、小三级结构的聚落形态阶段，个别地区（如日照沿海地区）发展出以特大型聚落中心统领的四级聚落结构，而在一些边远地区和文化不发达地区，则还停留在小聚落群的两级结构状态。

3. 墓葬分析

与大汶口文化相比龙山文化的墓葬资料不算丰富，但也有相当数量。截至目前，已发现龙山文化墓葬共500余座。数量超过40座的有三里河、呈子、尹家城、丁公、两城镇和尧王城等。

（1）龙山文化墓葬特点

较之大汶口文化晚期，龙山文化的墓葬又出现一些新的特点。

首先，墓葬区与居住区相混杂的现象增多。除了三里河、呈子、大范庄等遗址还存在比较明显的与居住区互相间隔的墓地之外，多数遗址发现的墓葬与居住区混在一起，如尹家城、西吴寺、丁公、两城镇、东海峪、尧王城等。

其次，墓地规模变小，一个延续数百年的墓地，一般只有数十座墓葬，这种现象实际上是承袭之大汶口文化中晚期。数百座墓葬集于一地的大型公共墓地已不再存在。这种现象当与社会组织、社会结构的变化和社会基本组成单位的小型化密切相关。

第三，埋葬习俗方面出现一系列变化。如单人一次葬成为最主要的葬俗，二次葬和合葬的现象已极为罕见；葬式以仰身直肢葬为主，其他形式均甚少；头向以东（包括以东向为主者）最多；土坑竖穴一直是墓葬的主流，但在沿海地区仍然存在少量石板墓；墓主手握獐牙和生前拔牙的习俗逐渐式微。

第四，埋葬制度逐渐规范化。作为埋葬制度的直接体现，就是葬具和随葬品。葬具方面，出现无棺、单棺、一椁一棺和重椁一棺等明确的等级分化；至于随葬品，其数量较之此前的大汶口文化明显减少，但质量提高，墓葬之间的差别加大。

（2）典型墓地分析

这一时期的墓地规模都不大，至今尚未发现超过百座墓葬的墓地。下面选择尹家城和呈子两处墓地做进一步分析。

A．尹家城墓地

尹家城遗址坐落在泗河上游的两条小支流汇合处，因河水冲刷侵蚀，现为一高出周围地面10余米的台地，面积仅存4000余平方米。1973～1986年，山东大学考古专业先后五次发掘该遗址，揭露面积2000平方米，发现龙山文化墓葬65座[1]（图二九）。该遗址的龙山遗存延续时间贯穿龙山文化始终，可分为基本连续的六期，又进一步归并为前后两大阶段[2]。除第三期外，每一时期都发现数量不一的墓葬。

属于前期阶段的墓葬只有8座，其中7座为第一期，早于第二期的房址。这8座墓葬明显地分处南北两地，属于不同的两组，两组最近处相距约30米。南组6座，分为3列，东西两列各有1座，中列4座；北组只有2座，时代分属一、二期，也许是因为到了发掘区的边缘，在未发掘的区域中可能还分布有一定数量的同期墓葬。尹家城遗址没有发现与本期墓葬同时的房址，时间略晚的房址，也分为南北两区，立地与墓葬错开。它们在布局上呈现一个共同特点，即墓葬均位于居住区的西北侧。与房址的数量相比，墓葬的数量偏少。所以，我们还难以贸然将两者联系在一起。不过有一点需要注意，即这一时期的龙山房址是突然焚毁而消失的，属于灾难性质。加上不少房内有老人和儿童尸体而不见成年人，所以，也不能排除两者之间存在某种联系。

后期阶段的墓葬数量较多，其分布是第四期33座，第五期12座，第六期8座，另有4座期别不明。综合分析墓葬数量、墓室规模、随葬品的质量和数量等因素，第四期是尹家城遗址最为繁荣和发达的时期，可能是泗河上游地区聚落群的中心。此后，随着遗址规格和地位的下降就渐次衰落，最终沦为一般性聚落遗址[3]。

从总体上看，尹家城遗址后期龙山文化墓葬可以分为三个墓群[4]。第一群位于北部，墓葬数量较多，所有的大型墓葬均位于此群之内。第二群位于南端，发现的墓葬数量不多。第三群位于中部，均为小墓。

第一群共有37座墓葬，其中明确属于第四期或根据层位关系可归属第四期的有22座，第五期6座，第六期8座，另有1座期别不明。第四期墓葬又可以细分为五组，每组有1座大型墓葬（M15、M4、M126、M134、M138）。第五期墓葬可分为三组，A组位居于发掘区的北缘，只发现3座；B组位于中部偏北，只有M5一座，这一位置正好在岳石文化沟状堆积的最深处，可能有的墓葬已被破坏；C组位于中部偏南，只有2座，其南侧位置没有发掘，可能还有墓葬没有揭露出来。第六期只有两组，北侧一组7座，南侧一组只有1座。

---

[1] 山东大学历史系考古专业教研室：《泗水尹家城》，文物出版社，1990年。报告墓葬平面图中只公布了63座，其他2座即M8和M11，因范围不清而没有出现在平面图上，但计入了墓葬总数。

[2] 栾丰实：《龙山文化尹家城类型的分期及其源流》，《华夏考古》1992年第2期。

[3] 这一推测只是根据已发掘范围的情况做出的。当然，也不排除在未发掘的范围内存在较晚时期规格较高的大型墓葬和其他遗迹。不过，从尹家城遗址5座龙山第四期大墓中的多数，在当代就遭受盗扰的情况分析，可能该遗址龙山第四期之后就迅速衰落了。

[4] 在南北两群之间的中部发现有4座墓葬，可能是独立的一群，因为数量过少，故未单独分群讨论。此外，还有2座幼儿墓葬（M8、M11）在平面图上未标出来，其准确位置不详。

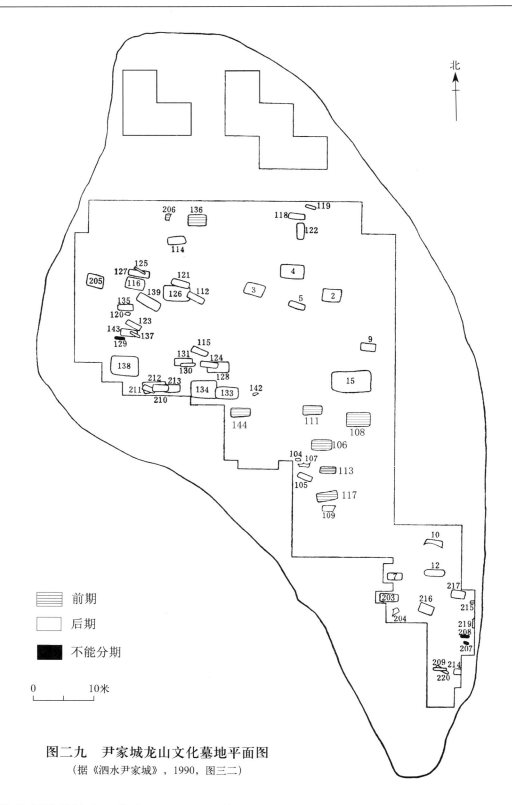

图二九　尹家城龙山文化墓地平面图

（据《泗水尹家城》，1990，图三二）

　　第二群的墓葬数量较少，共有14座，可能是东西两侧均未发掘的原因，这里的墓葬分布较散。其中第四期9座，大体上在同一组的范围之内，可分为4列。第五期3座，集中在发掘区（也是遗址）的最南端。另有2座期别不明，从分布上看，属于第四期的可能性较大。

第三群位于一、二群之间，只发现4座墓葬，由于其西侧没有发掘，不排除还有尚未被发现的墓葬。由于此群的南北均有同期的房址，故不宜将其归入另外两群之中。

从尹家城遗址的墓葬空间形态上看，这里的墓葬结构存在着两个层次：即墓组－墓群。

B．呈子墓地

呈子遗址位于诸城市东南15千米处，现存面积仅2万平方米左右。1976～1978年曾经过三次发掘，前两次发现龙山文化墓葬87座[1]。呈子遗址的龙山文化墓地基本上是连续使用的，发掘报告将这里的墓葬分为早、中、晚三期，相当于海岱龙山文化的前期阶段。

呈子遗址的87座龙山文化墓葬中，可以分期的只有31座，占三分之一强，多数墓葬因无随葬品而无法进行分期。所以，下面将从总体上来分析呈子墓地的空间形态。

不少学者对呈子龙山墓地的空间形态进行了分析，发掘者分为北、西、东三区，不少学者分为东、西两区[2]。综合考虑墓葬的空间分布和每区的墓葬数量及年代关系，以分为东、西两区为宜，即为东西两个墓群（图三〇）。

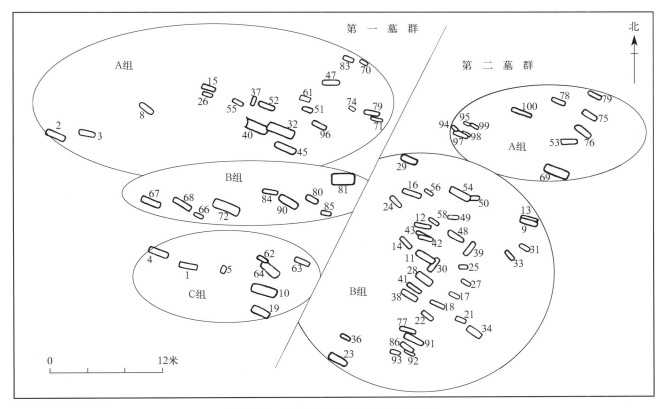

图三〇　呈子龙山文化墓地平面图

（据昌潍地区文物管理组，1980，图四）

---

[1]　昌潍地区文物管理组、诸城县博物馆：《山东诸城呈子遗址发掘报告》，《考古学报》1980年第3期。1978年第3次发掘资料未发表。呈子龙山文化墓葬存在一些问题：87座墓葬，平面图上只标出了86座，应缺M35；平面图上M33和M64各有2座，据表中所列墓室大小及文中描述推测，东区的M64应为M14之误，东区南端的M33应为M23之误；文内将M33列为晚期，M99列为中期，表中均未注明。

[2]　刘莉：《山东龙山文化墓葬形态研究》，《文物季刊》1999年第2期；魏峻：《海岱地区史前墓葬研究》，北京大学博士论文，2002年。

第一群位于西部，共发现墓葬37座。依墓葬的聚合与间隔，又可以区分为三组。A组在北侧，共有20座墓葬，其中包括5座早期墓、1座中期墓、2座晚期墓和12座不明期别墓；B组的位置居中，共有9座墓葬，其中包括2座早期墓、4座中期墓、2座晚期墓和1座不明期别墓；C组位于发掘区的南侧，共有8座墓葬，其中包括2座早期墓、3座中期墓和3座不明期别墓。

第二墓群位于东部，共清理墓葬50座。依其分布特点可以划分为两组。A组位于墓地的东北部，共有12座墓葬，其中包括3座早期墓和9座不明期别墓；B组在南侧，共有37座墓葬，其中包括4座早期墓、3座中期墓、3座晚期墓和27座不明期别墓。

上述墓葬的空间形态分析表明，呈子龙山文化墓地结构自下而上存在着三个层次，即墓组－墓群－墓区。

综上所述，呈子和尹家城两处墓地分别代表了龙山文化时期两种不同类型的墓葬制度。呈子遗址的墓地规模较大，包含的层次较多，一个墓地内部就存在着"墓组－墓群－墓区"三级结构。这种情况与大汶口文化时期的一些墓地（如大汶口、花厅等墓地）有着明显的传承关系。尹家城墓地与呈子明显不同，其不仅时间拉得长，分布上比较散，墓葬规模小且数量也少。最大的后期第一墓群，也只有37座墓葬，只相当于呈子遗址墓地中一个墓群的规模和等级。所以，尹家城遗址的同一片墓地中，至多存在着两级结构，即墓组和墓群。这种类型的墓地在大汶口文化晚期阶段就已经十分流行，如建新、陵阳河、三里河、大朱村等，莫不如此。龙山文化时期只是延续了这一文化传统和墓葬制度。

4. 财富的集中和社会分工的发展

（1）社会经济和人口数量

龙山文化时期的社会经济较之大汶口文化又有长足发展，下面着重从农业、家畜饲养业和手工业等几个方面进行分析。

A. 农业

龙山文化农业的发展表现在许多方面，最能反映其发展状况的是农作物、农业生产工具以及与粮食有关的遗存等。

首先是农作物的种类较之大汶口文化明显增多，除了继续种植旱作农业区最常见的粟和黍之外，在许多遗址都发现了稻作遗存。如日照两城镇、尧王城，栖霞杨家圈，临淄桐林，滕州庄里西，安徽蒙城尉迟寺等。这些遗址的分布基本上遍及了海岱地区各个小区，特别是在两城镇遗址进行了系统的浮选工作，发现水稻的数量比粟等多出许多。同时，有迹象表明，在龙山文化的遗址内已经出现麦类作物。20世纪80年代发掘的兖州西吴寺遗址已经发现疑似小麦的花粉[1]，而近几年在两城镇遗址发现的炭化小麦[2]，则进一步证实了我们关于龙山文化存在麦类作物的推测[3]。水稻和麦类作物的引进，极大地丰富了龙山文化时期的农作物种类，从而使农业的发展与日益增长的人口数量相适应。

---

[1] 周昆叔、赵芸芸：《西吴寺遗址孢粉分析报告》，《兖州西吴寺》，文物出版社，1990年，第250页，附录一。

[2] 凯利·克劳福德、赵志军、栾丰实等：《山东日照市两城镇遗址龙山文化植物遗存的初步分析》，《考古》2004年第9期。

[3] 栾丰实：《山东龙山文化社会经济初探》，《山东龙山文化研究文集》，齐鲁书社，1992年，第247页。

龙山文化的农业工具在全体工具中的比例较之大汶口文化时期又有较大增长，并且形成了以不同质料（主要是石骨角蚌）的铲（松土和中耕管理）、镰和刀（收获）为主体的基本农具组合。其中收获用的镰和刀的大幅度增加，表明农作物的收获量呈现稳定增长的态势。此外，形制考究的各种窖穴、大型陶容器的增多和酿酒业的发达等，都间接地反映了农业生产的发展。

B．家畜饲养业

龙山文化的家畜饲养业十分发达，"马牛羊，鸡犬豕"这六种主要畜禽均已驯化。其中数量最多的猪，已经成为财富的象征，这从许多大、中型墓葬使用数量不等的猪下颌骨随葬可见一斑。鲁家口遗址可以鉴定到种属的315件动物骨骼标本中，有201件为猪骨，几近三分之二[1]。而尹家城的大、中型龙山墓葬中，均发现有数量较多的猪下颌骨，其中多数为幼猪。

龙山文化时期渔猎经济成分在社会经济中的比重明显下降，这从各遗址出土野生动物骨骼的数量和所占比例中可以得到证明。如公布了统计数字的鲁家口和尹家城遗址，野生动物骨骼所占比例约在30%～40%之间，远远低于家畜的数量。所以，渔猎经济在龙山文化时期只是家畜饲养业的补充。

C．手工业

龙山文化的手工业门类较多，如制陶、冶铜、玉器制作、石骨蚌器制作、建筑、纺织和编织、酿酒等均已达到较高的水平，其中以制陶业和冶铜业最具有代表性。

制陶业是龙山文化时期成就最为突出的手工业部门，其进步性主要表现在：技术先进，这一时期的陶器制作普遍采用了快轮技术，不仅极大地提高了生产效率，制作出来的陶器也极为规范；工艺合理，根据陶器的不同用途和功能，对原料进行特殊的加工和处理，泥质陶质地细腻，夹砂陶颗粒均匀，器表均经过特殊处理，光洁明亮；烧制工艺复杂，整体烧制火候较高，不少陶器的烧成温度在摄氏千度以上，同时，里外漆黑的标准黑陶在温度、封窑和渗碳等方面均有较高的技术要求；器形种类丰富多样，龙山文化陶器的器形多、种类全，最多时有30多类，可以说已经达到了陶器生产历史上的巅峰状态。根据龙山文化陶器的规整程度和陶窑的发现情况，我们推测这一时期的陶器制作已经进入作坊式的专门化生产阶段。

龙山文化另一个重要手工业部门是冶铜业。铜器是社会生产力发展到一定阶段的产物，由于其生产过程的复杂性，在技术水平、生产工艺和组织管理等方面有着更高的要求，其工艺流程显然比陶器生产要复杂得多。所以，不少人都把铜器看作是新的生产力的代表，甚至将其作为进入文明社会的要素之一。龙山文化发现的铜器不多，但其存在并无疑问。最早经过科学检测的是三里河遗址出土的两段黄铜锥，系铸造而成[2]。此后，在杨家圈、尧王城、大范庄和河南鹿邑栾台等遗址都有少量发现。龙山文化目前发现的铜器虽少，但其在社会经济活动中的作用和意义不容低估。

D．人口状况

龙山文化时期的遗址数量不仅较之大汶口文化晚期阶段明显增多，即使与以后的岳石文化、商代时期相比，也多出了许多。据中美联合考古队在山东省日照市进行的区域系统调查，截止到2000

[1] 周本雄：《山东潍县鲁家口遗址动物遗骸》，《考古学报》1985年第3期，第349页。
[2] 中国冶金史编写组：《三里河遗址龙山文化铜器鉴定报告》，《胶县三里河》，文物出版社，1988年，第196页。

年，共调查了约400平方千米的范围，发现龙山文化遗址199处，大汶口文化和岳石文化遗址不足10处，而商代遗址不足20处[1]。所以，如果遗址数量和遗址占地面积在一定程度上代表了人口数量的话，龙山文化时期的人口数量是中国历史上的第一个高峰期。

据测算，龙山文化时期的海岱地区总面积约为25万平方千米，早中期人口仍然呈上升趋势，晚期开始下降。龙山文化的人口规模，据抽样分析后统计，早期约为200万人左右，中期达到260万人，晚期回落，下降至180万人[2]。

（2）社会财富的分化与集中

龙山文化的墓葬资料，无论是墓地的数量还是墓葬总数，均少于大汶口文化时期。同时，我们还发现，龙山文化墓葬随葬品的绝对数量也比大汶口文化晚期有所减少。造成这种现象的原因还需要进一步分析和研究。不过，在其他方面，如墓葬规模、葬具的数量和质量、随葬品的品质等，龙山文化时期遗址内部和遗址之间的差别都在进一步扩大，有的呈现出巨大的反差。

在聚落遗址内部，人与人之间的贫富分化日趋严重。首先表现为贫穷者的队伍在新的基础上迅速扩大。据统计，在陵阳河、大朱村、野店、大汶口、三里河和建新等六处遗址发现的275座大汶口文化晚期墓葬中，没有随葬品的墓葬仅有19座，只占总墓数的7.0%。到龙山文化时期，没有随葬品的墓葬的数量较之大汶口文化早期阶段有明显增加，据表二〇的统计资料，发现25座以上墓葬的尹家城、大范庄、呈子、三里河和尧王城等五处遗址，共清理龙山文化墓葬315座，其中没有随葬品的墓葬为133座，占总墓葬数的42.2%。其次，是个人之间的差别不断地加大。据尹家城等六处遗址统计的318座墓葬（表二〇），随葬品在10件以下的高达80.5%，11~50件的占15.4%，而超过50件的只有4.1%。在社会经济获得较大发展的龙山文化时期出现这种情况，只能说明贫富分化日趋严重，财产迅速向少数人及其周围集中。如前所述，随葬品的数量只代表了财产的一个方面，特别是在大汶口文化晚期阶段大量使用明器的情况下，这种特点就表现得更为突出。龙山文化时期个人之间的差别，除了随葬品数量方面的多寡之外，其他方面有着更为深刻的反映，如墓室规模、葬具的有无和等级、随葬品的种类和品质等。如尹家城遗址规模最大的5座墓葬，随葬品数量多达333件，超过整个墓地65座墓葬随葬品总量的半数；墓室规模宏大，最小的M4也有8.28平方米，其他4座均在10平方米以上；均有两重（一椁一棺）或两重以上的木质葬具，创同时期发现之最；作为财富象征的猪下颌骨，5座墓葬出土102件，占全墓地出土总数的86%[3]。

聚落内部代表家族的墓群之间，两极分化的情况也十分严重，并且，越是等级高的遗址，这种差别越明显（表二一）。呈子遗址的面积只有2万多平方米，即使后代有些破坏，其实际面积也不会太大，基本上属于小型普通聚落的范围，其墓葬随葬品十分贫乏似乎也说明了这一点。呈子遗址第一群和第二群墓葬之间差别十分明显，例如：呈子第二群50座墓葬的随葬品总数仅是第一群37座墓葬的零数，平均数量仅是后者的1/5强；呈子第一群中墓室面积超过2.5平方米的有4座，并且有8座使用木棺，而第二群中这两个数据各为2座，数量较少，比例更低；而呈子墓地中的猪下颌骨（8座墓

---

[1] 中美两城地区联合考古队：《山东日照地区系统区域调查的新收获》，《考古》2002年第5期，第10页。

[2] 王建华：《黄河中下游地区史前人口研究》，科学出版社，2011年。本文所用数据，是在该文的基础上略加修改而计算出来的。

[3] 山东大学历史系考古专业教研室：《泗水尹家城》，文物出版社，1990年。

葬共35件）均出自第一群，第二群1件不见[1]。尹家城遗址虽然面积不大，但因为发现了5座大型墓葬而使人们对这一遗址刮目相看。该遗址墓群之间的差别较之呈子等中、小型聚落遗址要大得多，例如：囊括了全部大型墓葬的第一群，随葬品的平均数量是第二群的近5倍和第三群的20多倍；尹家城第一群中墓室面积超过3平方米的有15座，占全群墓葬的2/5，并且3/5的墓葬使用了木质葬具，而其他两群的同类数据则要低得多。

表二〇　龙山文化六处遗址墓葬随葬品数量分级统计表

遗　址	0件 %	1～5件 %	6～10件 %	11～20件 %	21～30件 %	31～50件 %	＞50件 %	随葬品总数	总墓数	每墓平均
西朱封							3座	205件	3座	68.3件
尹家城	26座	19座	7座	3座	2座	4座	4座	642件	65座	9.9件
	40	29.2	10.8	4.6	3.1	6.2	6.2			
大范庄	0	5座	4座	5座	4座	2座	6座	747件	26座	28.7件
	0	19.2	15.4	19.2	15.4	7.7	23.1			
三里河	30座	32座	12座	22座	2座			554件	98座	5.7件
	30.6	32.7	12.2	22.5	2.0					
呈　子	52座	25座	5座	4座		1座		182件	87座	2.1件
	59.8	28.7	5.7	4.6		1.2				
尧王城	25座	13座	1座					31件	39座	0.8件
	64.1	33.3	2.6							
合　计	133座	94座	29座	34座	8座	7座	13座	2361件	318座	7.4件
	41.8	29.6	9.1	10.7	2.5	2.2	4.1			

说明：西朱封3座墓葬中有1座受到破坏，尹家城5座大型墓葬中有3座遭受破坏，其随葬品的数量受到一定程度的影响。

表二一　龙山文化三处遗址分墓群随葬品数量统计表

遗址	一　群			二　群			三　群			合　计		
	墓葬	随葬品	平均	墓葬	随葬品	平均	墓葬	随葬品	平均	墓葬	随葬品	平均
尹家城	37座	525件	14.2件	14座	41件	2.9件	4座	2件	0.5件	53座	568件	10.7件
三里河	12座	97件	8.1件	83座	454件	5.5件	3座	3件	1件	98座	554件	5.7件
呈　子	37座	141件	3.8件	50座	41件	0.8件				87座	182件	2.1件

---

[1]　昌潍地区文物管理组、诸城县博物馆：《山东诸城呈子遗址发掘报告》，《考古学报》1980年第3期。

　　墓群内代表家庭的墓组之间也存在差别，但与墓群之间的差别相比则不显著。等级较低的遗址如呈子，较富裕的第一群三组之间，随葬品的平均数量基本持平，而较贫穷的第二群两组，相差也不大（表二二）。等级较高的尹家城遗址，第一群最发达时期的五组之间，由于每一组都有一座大型墓葬，所以相差也不悬殊。由此看来，龙山文化时期遗址内部的分化主要表现在墓群之间，即家族之间而不是家族内部。

表二二　呈子遗址龙山文化墓葬随葬品分群分组统计表

墓群	A 组			B 组			C 组			合　计			备注
	墓葬（座）	随葬品（件）	平均（件）	墓葬（座）	随葬品（件）	平均（件）	墓葬（座）	随葬品（件）	平均（件）	墓葬（座）	随葬品总数（件）	平均（件）	
一群	20	74	3.7	9	39	4.3	8	28	3.5	37	141	3.8	8座有木椁
二群	12	14	1.2	38	27	0.7				50	41	0.8	2座有木椁

　　遗址之间差别的情况如何，由于缺乏在同一聚落群内部（或者是同一区域）进行比较的资料，给这一关系的分析带来了一些困难[1]。在表二〇中我们统计了西朱封等六处遗址的资料，结合墓葬统计资料并综合分析遗址面积、重要遗存的发现情况等，这六处遗址可以划分为三个层次。西朱封和尹家城显然属于最高一个层次，是没有争议的中心聚落遗址。呈子遗址应该属于最低一个层次，属于小型普通聚落遗址。其他3处遗址则需要略加分析。

　　尧王城遗址始于大汶口文化末期，主要遗存属于龙山文化时期。该遗址的面积达56万平方米，1995～1998年的调查中，在遗址的西北部边缘发现了龙山文化城墙的线索，再加上历年发掘发现的台基式房址和土坯墙建筑，尽管该遗址目前发现的墓葬皆为十分贫穷的小型墓，我们认为仍然应当将其定为中心聚落遗址。

　　大范庄遗址位于沂、沭河两条河流之间，该遗址发现的26座墓葬均为龙山文化初期，有人甚至认为可以将其归入大汶口文化晚期[2]。后来的调查和发掘表明，这是一处持续时间贯穿龙山文化前半期、出土了包括玉牙璋和铜片等遗物在内的重要的龙山文化遗址。大范庄的26座墓葬，随葬品的平均数量达到28.7件，有21座墓葬的墓室面积超过了3平方米，最小的1座也有1.92平方米，有19座墓葬出土蛋壳陶高柄杯。由此看来，尽管由于人为破坏而遗址面积所剩无几，但不能否认其作为重要聚落遗址的地位。

　　三里河遗址在大汶口文化晚期是一处等级略低的中型遗址，到了龙山文化时期，从整体上看是下降了。首先，墓葬随葬品的数量明显减少，龙山文化98座墓葬共有554件随葬品，较之66座大汶口文化墓葬的1066件，几乎差了一半，而大汶口文化时期超过20件随葬品的墓葬有23座，占1/3强，而

---

　　[1]　聚落之间的比较最好是在同一聚落群内部不同等级的遗址之间进行，退而求其次则是范围大一些的相同区域，由于文化传统和习俗等方面的差异，跨区域的比较往往会影响到分析结论。大汶口文化时期，尽管资料也不完善，但至少能够基本满足上述要求，如陵阳河和大朱村属于同一聚落群，野店和王因、大墩子和刘林、花厅和大墩子等则属于一个共同的小区域。

　　[2]　王恩田：《龙山文化的渊源及其上限》，《山东龙山文化研究文集》，齐鲁书社，1992年。

龙山文化这一数据只有2座，所占比例仅为2%；随葬猪下颌骨的数量也明显减少，大汶口文化时期有19座墓葬共随葬144件，而龙山文化则为19座墓葬共有71件；墓室面积方面，大汶口文化超过3平方米的共12座，并有17座有木质葬具遗迹，而龙山文化超过3平方米的墓葬只有1座，没有发现任何葬具遗迹。综合以上各项指标，可以认为三里河遗址在龙山文化时期地位明显下降，已经属于普通的聚落遗址。

　　龙山文化时期还出现了一些特大型墓葬，比较显赫的如尹家城M15和西朱封的3座龙山文化大墓。尹家城M15的墓室面积达25.29平方米，重椁一棺，随葬品中除了精美的黑陶之外，还有20副猪下颌骨和3件鼍鼓；西朱封的3座龙山大墓位于遗址的西南部边缘，其共同特征是墓室规模宏大，葬具为重椁一棺或一椁一棺，椁内有特制的边箱和脚箱，随葬品的数量虽然不是特别多（在50～80件之间），但以玉、陶礼器为主，质地优良，制作精致[1]。如M202，一侧约1/3受到破坏，据测算，其原貌的面积达30.93平方米，是目前中国发现的新石器时代单人墓葬之最；葬具为一椁一棺，棺椁之间有边箱和成片的彩绘痕迹；共有随葬品73件（因为一侧受到破坏，已非原数），其中镂孔透雕、两面镶嵌绿松石的玉冠饰和鼍鼓等，标志着死者的身份决非等闲之辈。以上规模的墓葬在龙山文化时期是等级最高的，其性质当为王墓。

　　（3）社会分工的发展

　　A．两性分工与男女差别

　　龙山文化男女两性分工继续维持着大汶口文化晚期的发展趋势，即男性从事耕作、狩猎、木加工等野外作业，而战争作为一种职业更是男人的天下。如三里河遗址，出土锛凿一类加工工具的墓葬均为男性，而随葬纺轮的墓葬基本上是女性。

　　男女两性在拥有随葬品方面的差别依然存在，但并不严重，这与大汶口文化晚期较为相似。在等级较低的呈子遗址，男性墓葬随葬品的平均数量是女性的7.5倍，而猪下颌骨也均出自男性墓葬之中，女性墓没有发现。当然，这与经过鉴定的女性墓葬较少而可能存在或然性有一定关系。等级较高的尹家城遗址，男性墓葬随葬品的平均数量只是略多于女性[2]（表二三），而作为财富象征的猪下颌骨也只见于男性墓葬。在另外一些遗址，如三里河，女性墓葬随葬品的平均数量反而多于男性，但猪下颌骨的数量男性（9座墓葬共43件）多于女性（9座墓葬共25件）。

　　B．职业分工

　　与大汶口文化晚期相比，龙山文化时期社会经济领域的分工得到空前加强，而精神文化方面则缺少考古发现。

　　骨牙雕筒和獐牙勾形器这两类富有特色的器物，迄今在龙山文化中还没有发现。龟甲器虽有发现，但数量极少，并且未见于墓葬。所以，我们认为龙山文化时期精神文化领域可能产生了一些重要变化，或与颛顼时期的"绝地天通"的宗教改革有一定联系。

---

[1]　山东省文物考古研究所等：《临朐县西朱封龙山文化重椁墓的清理》，《海岱考古（第一辑）》，山东大学出版社，1989年；中国社会科学院考古研究所山东工作队：《山东临朐朱封龙山文化墓葬》，《考古》1990年第7期。目前所发掘的大汶口、龙山文化大型墓葬，其外椁室至墓穴壁均有一定距离，如野店M51和M62、大汶口M10、陵阳河M17、尹家城M15等5座墓葬、西朱封M202和M203等，而西朱封M1的外椁却紧靠着墓穴四壁，似不合规制，暂存疑。

[2]　这里面有几个原因：一是女性墓葬的数量偏少，经过鉴定的只有6座，不足男性墓的1/6；二是几座大墓因为遭受破坏，人骨不全或者全无，无法确定性别，而这些大墓属于男性的可能性较大。

表二三　龙山文化三处遗址男女墓葬随葬品数量统计表

遗　址	男			女			合　计		
	墓葬	随葬品	平均	墓葬	随葬品	平均	总墓数	随葬品总数	平均
尹家城	37座	315件	8.5件	6座	31件	5.3件	65座	642件	9.9件
三里河	44座	216件	4.9件	35座	267件	7.6件	98座	554件	5.7件
呈　子	19座	86件	4.5件	7座	4件	0.6件	87座	182件	2.1件
合　计	99座	617件	6.2件	48座	302件	6.3件	250座	1378件	5.5件

社会经济领域的社会分工获得进一步发展，一部分手工业部门的专业化程度得到加强。下面试举制陶和酿酒为例予以说明。

首先是制陶业。龙山文化时期陶器的制作技术、陶器的种类以及陶器的保有总量，都达到陶器生产历史上的巅峰状态。从制作技术方面分析，龙山文化的陶器制作已达到较高的专业化生产水平。如在日照两城镇遗址龙山文化陶器的研究中，发现这里的陶器从整体到某些部件（如陶杯把手）的生产，普遍采用了快轮成型技术，由各类器物的精细程度较高和相互之间差别极小的特点分析，已属于较高程度的专业化生产方式的产品[1]。龙山文化陶器的种类甚多，型式也极为复杂，如鬶、甗、斝、鬲等造型复杂的器物；许多龙山文化陶器的制作极为精致，如举世闻名的薄如蛋壳的高柄杯、造型别致并且使用特殊原料做成的陶鬶等。龙山文化陶器的数量巨大，这可能与其陶胎较薄而易损有关，但也需要有巨大的生产能力。关于龙山文化的陶器数量，可以两城镇为例予以分析。两城镇遗址最外一圈壕沟之内，填充了大量龙山陶器（基本完整或可复原者）和陶片，按目前发现的三条探沟的平均数计算，每米壕沟出土的陶器个体超过1000件，整个外圈壕沟的长度超过2000米，如果以每米1000件计算，仅沟内堆积中的陶器总量就在200万件以上，如果再加上遗址内和中、内圈壕沟的陶器和陶片，折算出来的陶器数量恐怕还要增加数倍。如此多的陶器（这还仅仅是一个遗址），若非专业化程度较高的作坊生产是无法完成的。

其次是酿酒业。酒作为一种在某种程度上可以使人麻醉的饮料，在人类历史上曾经起过并且还在起着不可替代的重要作用。酒究竟起源于何时何地，迄今还没有一个确定的结论。据饮酒器具的分析，海岱地区至少在大汶口文化早期就已经出现了酒，到大汶口文化晚期，饮酒之风已甚盛，而龙山文化时期更是有过之而无不及。同时，酒也是各种礼仪活动必不可少的重要物品。据我们对日照两城镇遗址龙山文化陶器的化学分析，发现了确凿的存在酒的证据，其中一种可能是米酒[2]。所以，我们推测龙山文化时期的酿酒业，至少是在一些中心区域，已经进入专业化生产阶段，即出现了专事酿酒这一职业的人员。

此外，像制玉（特别是西朱封龙山文化大墓出土的那种精美玉器）、铜器冶炼等，显然不是个人在业余时间内所能够生产的，它们都需要具有高水平技能的专业人员来从事制作和生产，应该已经形成了专业化的手工业生产门类。

---

[1] 范黛华、栾丰实等：《山东日照市两城镇龙山文化陶器的初步研究》，《考古》2004年第9期。
[2] 麦戈文、方辉等：《山东日照两城镇遗址龙山文化酒遗存的化学分析——兼谈酒在史前时期的文化意义》，《考古》2005年第3期。

5. 小结

（1）聚落和墓葬所反映的社会组织

龙山文化时期的聚落形态可以从聚落内部和聚落之间两个层面来进行分析。

在聚落内部，尹家城和东海峪两处聚落遗址具有一定代表性。尹家城龙山文化聚落资料尽管并不丰富，但其存在着四级结构则是基本清楚的，即有灶的单体房子、房子组、房子区和聚落遗址。东海峪的情况与其相似，单体房子和房子组两级是明确的，而整个聚落作为一级也可以成立，问题是房子组和整个聚落之间的层次，由于发掘面积的问题而没有获得确定的资料。不过，从东海峪遗址的面积和已发掘部分的房子分布情况分析，房子区一级是应该存在的。如果是那样，东海峪和尹家城的聚落结构就是相同的，即存在着"单体房子－房子组－房子区－聚落"等四级结构。

墓葬资料所反映的情况略有差异。尹家城的墓葬空间结构为"墓组－墓群"，墓群之上缺少"墓区"这一级，也可能是因为该遗址的面积过小的原因。而呈子遗址的墓葬结构与尹家城有所不同，前面我们已经指出，它们应该属于两种不同类型。呈子遗址的墓葬明确地存在"墓组－墓群－墓区"三级结构。两者的差别是呈子在同一墓地中多了墓区一层。当然，像尹家城这种情况，尽管是以墓群为单位来规划墓地，但墓群之间也当有亲疏之别，这种情况可能在大型遗址中会表现得更为明显。将尹家城和呈子两处墓地所反映的情况结合起来，仍然可以认为龙山文化的墓葬形态存在着三级结构，即"墓组－墓群－墓区"，而其中最重要的为墓群这一级。

综合聚落和墓地的资料，两者的对应关系为：

单体房子——　？

房　子　组——墓组

房　子　区——墓群

聚落遗址——墓区或几个互相分隔的墓群

从中可以发现，墓地中缺少可以和单体房子相对应的层次，这与大汶口文化时期是相同的。而聚落遗址和墓区的相对应，是以呈子遗址只存在已经发掘出来的这个墓地为前提的。像呈子这样面积甚小的遗址，这种情况或许是成立的，如果是大一些的遗址，这一对应关系就可能很成问题。道理很简单，因为较大的遗址无论从哪一个方面分析都不会是只有一个墓区（或者只有几个相对独立的墓群）。所以，以上的对应关系只适用于小型聚落遗址，而大、中型聚落遗址内部，在墓区和聚落之间还应该有中间层次，或至少应该有两个甚至更多的墓区。

明确了龙山文化聚落遗址的内部结构，再来分析其社会组织问题就相对容易一些了。如前所述，小型聚落一般存在着四层结构，按人口规模分析，单体房子可以与核心家庭相联系；房子组、墓组一级则与大家庭（或扩大家庭）的规模相当；房子区、墓群应与家族相对应；而家族之上的社会组织应该是宗族；而再往上推延，就应该是宗族联合体。

（2）社会复杂化的发展和早期国家的产生

根据目前发现的聚落居址和墓葬资料，龙山文化时期的聚落形态是比较复杂的。换言之，因为社会发展的不平衡性，各个区域的聚落形态所反映的社会结构和社会组织并不完全相同，甚至有较大差异，各区域之间的社会复杂化进程也不尽一致。在大部分地区，龙山文化的区域聚落形态可以分为大、中、小三个层次或等级。这里所说的区域，是指内部具有密切内在联系的聚落群的分布区，按目前所掌握的资料，这种聚落群的分布区域一般相当于一个中等大小的县市，其分布面积在1000～2000平方千米之间。

聚落群之内最高等级的中心聚落只有一处，如果把聚落群的遗址分为不同的等级，其属于第一等级，从目前发现的情况看，相当多的此类中心遗址已经修筑了城防设施。这一等级的遗址差别较大，面积一般都在10万平方米以上，最大者已经达到四五十万平方米的规模，甚至更大，从各个方面都表现出都城的姿态。

第二等级的遗址可称为中型聚落，在分布上多散布于中心聚落的周围，因当地的具体地理地貌而有所不同，不必呈环绕式或放射式，但总与中心聚落有着便利的联系方式和交通路线。这一类聚落遗址的数量略多，但没有明确的数量规定，面积一般在10万平方米以下，有的还小一些。

最低一级的遗址为小型聚落，其分布往往围绕着中型聚落，这一类遗址的面积较小，一般都在五六万平方米以下，承载的人口数量不多，属于当时社会的基层。一个聚落群的遗址数量多少不一，少的有二三十处，多的超过50处，甚至更多。从总体上说，龙山文化的聚落形态呈现横向分块、上下分级的结构，各个等级的遗址之间在数量上为金字塔形状态。

在一些特定地区，如日照沿海一带（其他个别地区也有可能存在），以特大型聚落遗址两城镇为中心，已经产生了四级结构的聚落形态，即在普遍出现三级结构聚落群的基础上又形成了更高级别的特大型中心聚落。四级结构聚落形态的出现，表明龙山文化社会复杂化程度较之大汶口文化晚期阶段有了进一步的发展。我们认为，如果说大汶口文化晚期到龙山文化时期的三级结构聚落形态已经进入古国时期，那么，这种四级结构的聚落形态当已进入中国早期文献所说的方国时期[1]。所以，龙山文化时期的海岱地区，应该说已经较为普遍地进入了中国早期国家的古国或邦国阶段，而小部分地区则进入了发展程度更高的方国阶段。

致谢：本文全部插图和部分数据，系王芬帮助绘制和计算，谨致谢意！

（原载《聚落演变与早期文明》，文物出版社，2015年；因为篇幅的原因，发表时有删节，现按原文刊出）

---

[1]　栾丰实：《日照地区大汶口、龙山文化聚落形态之研究》，《中国考古学跨世纪的回顾与前瞻（1999年西陵国际学术研讨会文集）》，科学出版社，2000年。

山东地区龙山文化城址的发现和研究

地处黄河和淮河下游地区的山东省，历史悠久，古代文化十分发达。这里不仅培育出了孔子、孟子、孙子、墨子等一大批对中国传统文化有巨大而深远影响的思想家和军事家，创造了举世闻名的齐鲁文化，而且还是中国古代文明的主要发祥地之一。

由齐鲁时期再上溯一两千年，就是目前学术界所说的龙山时代。所谓龙山时代，是指中国古代历史上夏代之前的一个时期，绝对年代大约在距今5000～4000年之间。这一名称是由于1928年在山东章丘市龙山镇城子崖遗址发现的龙山文化而逐渐延伸出来的。按照传统的看法，中国古代文明社会的形成和国家的诞生，是以夏王朝的建立为标志的，其年代约在距今4000年前后，而夏代之前，中国尚处在氏族制之下的原始社会。近些年来，随着中国考古学的飞速发展，关于龙山时代的考古新发现层出不穷，这些新发现已经或者正在改变人们长期以来积淀下来的传统观念和认识，逐渐把中国古代文明社会形成的时间提前到距今5000年前后。这也是人们习惯说"中华文明五千年"的根据所在。

在一系列足以改变人们旧观念的新发现中，最重要的是城址的普遍出现，而目前中国发现的龙山时代城址，多数分布在山东地区。因此，多数学者把山东地区作为探索中国文明起源的重点区域。

截止1996年，山东地区已发现龙山时代城址14座（见表一），此外，在蒙阴、费县、日照、东阿和桓台等地还发现一些龙山城址的线索。其中以边线王、城子崖、丁公和景阳冈四处城址工作做得较多，情况较清楚。

1. 典型城址

（1）边线王城址

位于寿光市孙家集镇边线王村北，1984～1986年修建益（都）羊（口）铁路时发现，分内外两城。外城为圆角方形，每边长约240米，城内面积5.7万多平方米。城内龙山文化时期的活动面已被破坏殆尽，但现存生土面仍明显高于周围地段。城墙保存基槽部分，基槽为斜坡沟状，槽口一般宽7～8、深6～7米。在基槽夯土层之内还发现一些人工挖出的小坑，内置完整的人、猪、狗骨架和可复原的陶器等，或认为是修筑城墙时的奠基坑。四边城墙中部各开一城门，已发掘的西、北两城门空当，宽度均为10米左右。小城位于大城之内，位置略偏东南，亦为圆角方形，每边长100余米，面积1万多平方米。小城四周也保存有城墙基槽，每边城墙上设一城门。通过对内外两城出土遗物的比较研究可知，位于内部的小城年代较早，而外侧的大城年代略晚。因此，发掘者认为龙山居民先在这里建造了小城，后来随着人口的增多，又进一步把小城向外扩建成较大的外城。边线王龙山城是新中国成立以来山东地区发现的第一座龙山文化城址，其对于启发人们深入思考龙山时代的社会性质和在山东地区寻找更多的龙山城址，具有不可磨灭的历史功绩。

表一　山东地区龙山文化城址一览表

名　称	位　置	形　状	面　积	备　注
边线王	寿光边线王村北	圆角方形	内城1万多、外城5.7万平方米	有内外二城，四面城墙正中各有一门
城子崖	章丘龙山镇东北	近方形	20余万平方米	另有岳石文化和东周城址
丁　公	邹平丁公村东	圆角方形	约11万平方米	城外有壕沟
桐　林	临淄田旺村东北	近方形	约15万平方米	城外发现祭祀坑
薛故城	滕州龙楼村东南	近方形	约2.5万平方米	压在薛故城之下
景阳冈	阳谷景阳冈村	近长方形	约35万平方米	城内发现两座台基
教场铺	茌平教场铺西北	近长方形	约40万平方米	城内发现两座台基
丹　土	五莲丹土村	圆角方形	20余万平方米	城内经常出土玉器
王家庄	阳谷王家庄西北	近长方形	约4万平方米	或认为此城始建于大汶口文化时期
皇姑冢	阳谷叶街村东	近长方形	约6万平方米	城内有夯筑台基
王　集	东阿王集村	近长方形	约3.8万平方米	
大　尉	茌平乐平铺东南	近长方形	约3万平方米	
乐平铺	茌平乐平铺北街	圆角方形	约3.5万平方米	
尚　庄	茌平尚庄村东	圆角方形	约3万平方米	下层有大汶口堆积

　　（2）城子崖城址

　　位于章丘市龙山镇山城村北的高地上，俗称城子崖，是龙山文化最初发现并赖以命名的地点。1930～1931年第一轮发掘时，将这里的文化层堆积划分为上下两层，上层属于东周，下层为龙山文化，上下两层中均发现有城址。1990年的第二轮发掘工作证实，1930年代发现的下层城址属于夏代时期的岳石文化，而在岳石文化城址之下又新发现了龙山文化城址，此项成果被评为1990年和"七·五"期间双十大考古新发现。城子崖的龙山城，平面近似于方形，东、南、西三面城垣较为平直规整，北侧则随地势而弯曲外凸。城址东西宽455、南北最长540米，面积20余万平方米。从解剖的情况看，筑城方法还比较古老，主要采用堆筑法建成，即在城垣的范围内层层堆土，并逐层夯打。采用这种方法建成的城墙的特点是，城墙两侧有一定坡度，一般为外侧比较陡直，内侧比较平缓。夯筑技术也比较原始，表现为夯层不规整，厚度不均匀，夯窝浅而稀疏，夯筑工具应是单木棍或河卵石，夯土的坚硬程度相对较差。据勘探和局部试掘，在南、北两墙中部各发现一城门，两门之间有道路相连。在龙山文化城址之上，有面积略小的岳石文化城，该城在筑城方法上已采用了进步的版筑技术。

（3）丁公城址

位于邹平县苑城镇丁公村东，地处鲁中丘陵和鲁北平原的过渡地带上，属小清河的支流——孝妇河流域。遗址的文化堆积平均厚度接近3米，包含有大汶口文化、龙山文化、岳石文化、商代和汉代等五个时期的遗存。1991年，山东大学考古实习队进行发掘时发现龙山文化城址。丁公的龙山城亦有内、外两座，外城平面为圆角方形，边长320～350米，面积约11万平方米，城墙宽度20米左右，现存高度1.5～2米。内城位于外城的中部，平面亦为圆角方形，边长230米左右，面积约6万平方米，城墙叠压于龙山文化中晚期堆积之下，破坏严重，宽度12米左右，保存较好处的高度接近1米。城墙均采用堆筑法建成，层层经过夯打，夯层清晰，但不规整。内、外两城的城墙外侧均有一周壕沟，沟的宽度一般在20～30米之间，局部地段接近50米，最深处距龙山文化时期的城内地面约4米。1996年10～12月，在外城的北城墙中部发现一座城门和木结构的排水设施，以后者较具特色。排水设施位于城墙下部，整体为巷道式，两侧有排列紧密的粗木柱，顶端架设横木，底部铺垫20余厘米厚的碎陶片。两端分别和城内的水沟、城外的壕沟相连接，形成一座完整的排水体系。城内已发掘2000余平方米，发现有房址、灰坑、陶窑、水井和墓葬等遗迹。最为引人注目的是，在城内的一座灰坑中曾发现一件刻有5行11个文字的龙山文化陶片。这件陶片上的文字笔画比较流畅，个个独立成字，整体排列较为规则，刻写也有一定章法，许多学者认为其已脱离了文字画阶段，全文很可能是一个短句或辞章。故有的专家将其称为"丁公陶书"，以示其与以往发现的单个陶文的区别。

（4）景阳冈城址

位于阳谷县张秋镇景阳冈村周围，地处黄河下游的冲积平原之上。遗址原为一高出周围地面数米的土岗，即闻名遐迩的武松打虎之景阳冈，由于历代人为取土取砂的破坏和周围地区的淤高，土岗的原貌已不复存在。1994年，阳谷县在景阳冈村西北修建公园，破坏了部分遗址。聊城地区文物管理委员会迅即对遗址进行了调查和勘探，发现这是一处龙山文化城址。同年冬至1996年，山东省文物考古研究所和聊城地区文管会对其进行了发掘。景阳冈龙山城址平面为弧边长方形，方向与该地区的河流方向一致，呈西南－东北向，长约1200米，两端较窄，北端宽约230、南端宽约300米，中部较宽，约为400米，面积约35万平方米。这在山东地区发现的十余座龙山文化城址中，是面积较大的一处。北、西、南三面城墙的中部有缺口，应为城门，其中西侧缺口经过发掘。城内筑有大小两座台基，大台基位于中部略偏南，平面呈长方形，面积9万多平方米，局部位置还保存一定高度。小台基位于大台基之北，形状与大台基相同，面积1万多平方米。在对小台基的发掘中，发现一部分灰坑，有的坑内置牛、狗骨架或部分狗、羊的头骨及肢骨，未见房址。因此，有的学者认为小台基是一座祭祀遗迹。

从全国范围看，龙山时代城址的发现始于20世纪70年代，一直到20世纪80年代末，发现的数量不多，人们对这为数不多的龙山时代城址的性质的认识，也存在着较大分歧。进入20世纪90年代以来，随着认识上的飞跃和有针对性的调查工作的开展，龙山时代城址的数量成倍增长，从而推动了龙山时代城址研究工作的逐渐深入。

2. 关于城的类型

综合分析山东地区的龙山时代城址，可以划分为两个基本类型，即环壕城和台城。

（1）环壕城

环壕城的特征是，其所立地的地貌较为平缓，城内外地面的高差较小，城墙周围有壕沟环绕，丁公龙山城属于此类。

（2）台城

台城则是选择地势较高的台地或土岗建城，城内外地面的高差较大，城墙筑于台地的周围，城子崖龙山城可能属于此类。

两相比较，台城的城墙用土量要少一些，可以节省劳动力，环壕城之外的壕沟，一方面解决了筑城用土的来源，同时还加大了城墙的相对高度，既有利于排水，也增强了防御功能。这一时期的筑城技术，除了局部（如城门、排水设施等）使用了版筑之外，主要是采用堆筑法修建城墙。所谓堆筑法，就是在城墙的内外两侧不加挡板，只是把土一层一层的铺垫起来，每层经过程度不同的夯打，一直堆到所需要的高度。使用这种方法修筑的城墙，内外侧均有一定的坡度。龙山时代两种类型的城，是当时人们根据城址立地的不同地貌环境而创造发明出来的，从而适应并满足了龙山时代普遍筑城的需要，构成中国城市建筑史上的一个重要阶段。

3. 关于城的功能和用途

在距今8000年之前的新石器时代偏早时期，中国就已经出现周围挖有壕沟的小型聚落，不少人认为早期聚落壕沟的功能主要是防御野兽侵袭。龙山时代的城，渊源就是这种简单的聚落壕沟防御设施，而又进一步发展为商周秦汉时期的设防城市。因此，防御应是龙山时代城的主要功能。龙山时代城的形制特点也反映了这一主要功能。如城墙外坡修整得比较陡直，难于攀登，内坡则较为平缓，便于上下；有的城在壕沟内缘、城墙外侧底部挖出一条较深的暗沟，以增强防御功能。龙山时代是中国历史上一个发生重要变革的时期，随着社会生产力的发展，早已出现的贫富分化和社会分层现象进一步加剧，战争频繁，并且规模越来越大，掌握着权力和财富的人们的安全已迫在眉睫，城址的普遍出现正是这一天下大势的折射和反映。此外，在一些特殊的地理环境下，城墙也可能有防水患的用途。如在地势低洼的聊城地区，有的城址面积很小，并且城址的分布过于密集，有的城与城之间的距离只有二三千米，因此，这类小城的主要功能应是防御洪水。

4. 关于城与聚落、城与城的关系

在已发现的龙山城周围地区，都分布着相当数量的普通聚落。一般说来，城址多处于交通比较便利的位置，面积较大，城内往往发现有较大的房屋和墓葬，并且有防御设施，有的还发现制陶等手工作坊；普通聚落多分布在城址的四周，面积较小，没有城墙等防御设施。因此，我们认为城内的居住者主要是社会中的上层人物和他们的亲属，以及为他们服务的各种人员等，而普通聚落的居住者则为一般平民，两者之间应是一种统治与被统治的关系。山东地区发现的龙山城，大者可达40万平方米，小者只有3～4万平方米，通常在10～20万平方米之间，这些城址的规格和等级是有差别的。这种差别有两重意义：一是以城址为核心的政治实体有大小、强弱之分别，如城子崖龙山城面

积20余万平方米,周围已发现40余处聚落遗址,丁公龙山城的面积仅11万平方米,周围已发现的聚落遗址只有20余处,显然前者较大,后者较小;二是在比较小的范围之内,存在规模相差悬殊的不同城址,如两城镇和丹土。通俗地说,前一种情况下的城址虽有大小之别,但各自代表一方政治实体,是大国之都与小国之都的关系;后一种情况则不同,应是同一政治实体之内都与邑的关系。所以,对城的性质问题不能只根据城址面积的大小来简单确定,必须从地理环境、文化面貌、城址的大小及城内重要遗迹、周围聚落遗址的数量与分布等方面综合考虑,在此基础上研究确定。

5. 关于城与文明社会的关系

文明社会的起源经历了一个比较长的发展时期,在这个过程中,一系列文明因素由孕育、产生到发展、壮大,最终形成了国家。因此,学术界一般把国家的产生作为文明社会形成的标志。研究文明起源的学者,大都把城市作为文明社会的基本要素,故又有人将文明社会到来的巨大变化称为"城市革命"。对此,中国古代学者已经有所认识,如先秦典籍《礼记·礼运》篇,就对"大同"和"小康"两种社会进行了描绘,把"城郭沟池以为固"作为出现阶级与国家的"小康"社会的标志之一。先秦时期的人认为城就是国,居住在城内的人自然被称为国人,故汉字中与国家有关的字,多加有表示城(□)的义符。由于中国文明社会初期阶段及其以前时期缺乏文字记载,所以在阐述这一时期的历史时,主要依赖于考古学的研究成果。那么,在文明社会诸要素中,尤以城所隐含的内容最为丰富且易于捕捉。如城本身就是一项大型公共建筑;城墙规模宏大,建造需要投入大量的人力和物力,而这种大规模的人力物力的调集和指挥,必定有进行管理和控制的公共权力机关;城是社会内外部矛盾发展到一定程度的产物,城和普通聚落的共存,本身也表明了政治、经济和文化上社会分层的加剧。因此,围绕着龙山时代城址的调查、发掘和综合研究,是今后中国文明起源研究取得突破的关键所在,理应引起学界的广泛关注。在这一方面,山东地区有着得天独厚的优越条件。

(原载《人文与自然》1998年第1期)

关于海岱地区史前城址的几个问题

　　随着中国文明起源和形成研究的日益深入，史前城址越来越受到学术界的重视。不少学者认为，城址的出现和发展，是史前社会复杂化进程中的重要变量，甚至有人把城址作为早期国家形成的基本标志。因此，城址在史前社会的发展和早期国家的产生等研究中具有不可替代的重要价值和意义。海岱地区是我国最早发现史前城址的地区，也是目前国内发现龙山时代城址最多的地区，其在中国史前城址的研究中具有举足轻重的地位。所以，有必要对海岱地区史前城址的发现和研究中存在的一些不确定因素进行讨论，以推进史前城址乃至中国文明起源和形成研究的深入。

一　关于城址的数量和面积

1. 城址数量

　　海岱地区的史前城址至今没有一个确切的数字，这也是许多研究者心存疑问的一个问题。据我们了解，这些年来见之于报道的城址有20余座。按发现时间的先后依次是：寿光边线王[1]、章丘城子崖[2]、邹平丁公[3]、临淄桐林[4]、滕州尤楼[5]、阳谷景阳冈[6]、王家庄[7]、皇姑冢、茌平教场铺、尚庄、王集、大尉、乐平铺、五莲丹土[8]、连云港藤花落[9]和东阿前赵[10]（图一）。此外，在费县古城、蒙阴吕家庄、滕州西康留[11]、日照两城镇[12]、尧王城和庄里西[13]等遗址也发现有龙山文化时期城址的线索，甚至有人推测兖州西吴寺也存在龙山文化时期的城址。

---

　　[1]　张学海：《寿光边线王龙山文化城堡遗址》，《中国考古学年鉴·1985》，文物出版社，1985年；杜在忠：《边线王龙山文化城堡的发现及其意义》，《中国文物报》1988年7月15日第3版。

　　[2]　傅斯年、李济、董作宾、梁思永等：《城子崖——山东历城县龙山镇之黑陶文化遗址》，中央研究院历史语言研究所，1934年；山东省文物考古研究所：《城子崖遗址又有重大发现　龙山岳石周代城址重见天日》，《中国文物报》1990年7月26日第1版。

　　[3]　栾丰实：《丁公龙山城址和龙山文字的发现及其意义》，《文史哲》1994年第3期。

　　[4]　魏成敏：《淄博市田旺龙山文化城址》，《中国考古学年鉴·1993》，文物出版社，1995年；孙波：《淄博市桐林新石器时代至战国时期遗址》，《中国考古学年鉴·2003》，文物出版社，2004年。

　　[5]　山东省文物考古研究所：《薛国故城考古又获重要成果》，《中国文物报》1994年25期第1版。

　　[6]　山东省文物考古研究所等：《山东阳谷县景阳岗龙山文化城址调查与试掘》，《考古》1997年第5期。

　　[7]　王家庄及以下未注明的若干座城址均见于山东省文物考古研究所等：《鲁西发现两组八座龙山文化城址》，《中国文物报》1995年1月22日第1版；张学海：《鲁西两组龙山文化城址的发现及对几个古史问题的思考》，《华夏考古》1995年第4期。

　　[8]　山东省文物考古研究所：《五莲丹土发现大汶口文化城址》，《中国文物报》2001年1月17日第1版。

　　[9]　林留根等：《藤花落遗址聚落考古取得重大收获》，《中国文物报》2000年6月25日第1版；《江苏连云港藤花落遗址》，《2000中国重要考古发现》，文物出版社，2001年。

　　[10]　孙淮生：《东阿前赵龙山文化遗址》，《鲁西文博论丛》，齐鲁书社，2000年。

　　[11]　山东省文物考古研究所鲁中南考古队等：《山东滕州市西康留遗址调查、发掘简报》，《考古》1995年第3期。

　　[12]　中美两城地区联合考古队：《山东日照市两城镇遗址1998～2001年发掘简报》，《考古》2004年第9期。

　　[13]　燕生东、刘延常：《滕州市庄里西新石器时代至汉代遗址》，《中国考古学年鉴·2003》，文物出版社，2004年。

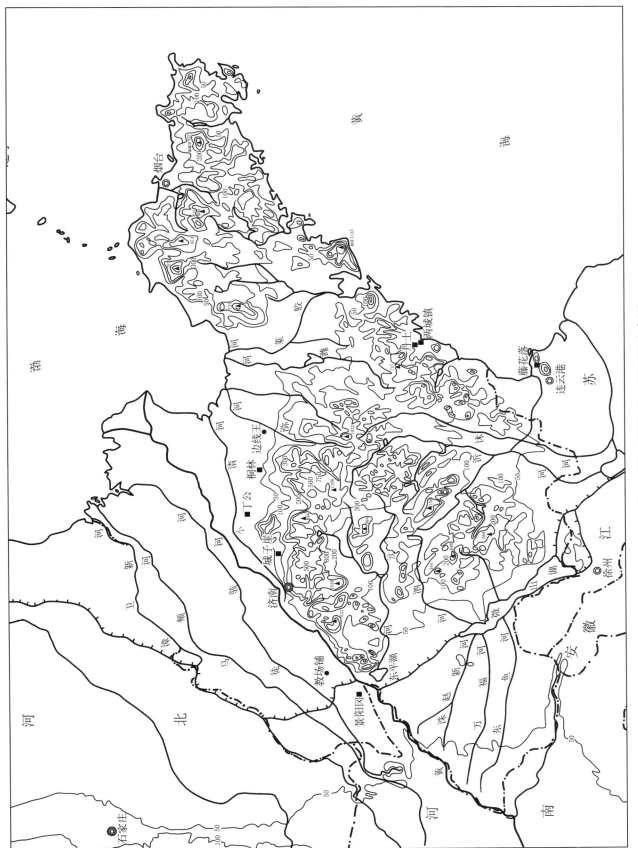

图一 黄河下游地区龙山文化城址分布图

细解这些龙山文化时期的城址，我们认为其中不少目前还难以确认。就其可靠程度而言，可以把上述城址分为两类：一类经过田野发掘的证实，因而是确凿无疑的；另一类主要是进行了地面调查和局部钻探，虽然有一些线索，但需要进一步开展工作方可加以确认的。前者有城子崖、丁公、桐林、景阳冈、丹土、两城镇、藤花落等7座。后者的数量较多，情况也比较复杂。像尧王城，从遗址断面发现的夯土和钻探的情况分析，存在龙山文化时期城址的可能性很大，其时代甚至可以早到大汶口文化末期，和丹土发现的同时期城址类似。但由于没有进行发掘，其面积和具体年代等基本问题均不清楚。其他一些，如临沂市的几处，一直没有确实的报道，而西康留和尤楼两座，经过后来的田野工作基本上可以排除。边线王的城址，目前看来也存在不少问题，后面将专门予以讨论。现在问题比较多的是鲁西平原地区的一些龙山文化时期城址。20世纪90年代，在鲁西聊城地区相继发现了9座龙山城址，除了景阳冈和教场铺2座之外，其他7座只是进行了简单的勘探，没有开展针对城墙的解剖发掘工作。所以，学术界对这些城址的确定性持谨慎态度，特别是最近几年中国社会科学院考古研究所山东队对教场铺遗址进行过多次发掘，最终确认的龙山文化城址[1]，不仅存在疑问，而且比原来调查钻探所公布的面积要小得多[2]，进而加重了人们的疑虑。同时，鲁西地区这一批城址的面积除了个别较大之外普遍较小，大多在4万平方米以内，相互之间的地理位置较近，如果不进行一定规模的发掘，其性质和功能也是一个难以确定的问题。所以，我认为在没有开展进一步的田野工作予以确认之前，可以暂时将其搁置。

2. 城址面积

城址面积的大小是判定其等级、人口数量等问题的重要依据，以往在城址面积统计方面也存在一些问题。一般说来城址面积的统计主要有三种数据：

一是城内面积，指城墙范围以内的城址内部面积，这个面积可以理解为居民居住的区域以及与居住相关的必要设施（如道路、水井、排水设施等的占地）的面积，或可以说是城址的有效面积。

二是包括城墙在内的城址面积，不少发掘资料公布的城址面积是这一类数据，其显然要大于城内面积。

三是不仅包括城墙，还加上了城墙之外的城壕。

因为早期城址的面积都不是很大，而多数城墙又经过若干次修整和向外侧扩建，城墙外侧的壕沟，时代越早，形态越不固定，宽窄差别十分悬殊。这样一来，同一个城址的三种数据之间就会有相当大的差别。以邹平丁公龙山文化城址为例。该城址有内外两圈城墙，就外圈城址而言，城墙以内的城址面积约为10万平方米，加上四周的城墙（墙宽在20～25米之间）就是13万平方米，如果把

[1] 中国社会科学院考古研究所山东队等：《山东荏平教场铺遗址龙山文化城墙的发现与发掘》，《考古》2005年第1期。

[2] 20世纪90年代中期，张学海先生在《鲁西两组龙山文化城址的发现及对几个古史问题的思考》一文中，认为教场铺"城平面呈横长方形，钻探得知龙山文化堆积的范围东西约1100米，南北300余米，面积约33万平方米，如加上城垣宽度，估计该城的面积达40万平方米左右"（《华夏考古》1995年第4期）；在《论山东地区的龙山文化城》一文中认为教场铺龙山城"平面呈圆角横长方形，龙山遗存范围东西约1100米，南北约360米，城面积约40万平方米"（《文物》1996年第12期）。到2003年，张学海先生对教场铺城址面积的看法有所改变，认为"中心城教场铺位于荏平西南境，面积约16万平方米"（《论龙山文化景阳岗类型》，《考古学研究（五）》（上），科学出版社，2003年）。最近中国社会科学院考古所山东队公布的发掘资料显示，教场铺"城址平面为东西略长、南北稍窄的椭圆形"，"城址东西长约230、南北宽约180米，城内面积近5万平方米"（中国社会科学院考古研究所山东队等：《山东荏平教场铺遗址龙山文化城墙的发现与发掘》，《考古》2005年第1期）。

城外的壕沟也计算进来（壕沟的宽度不一，最宽处超过50米），面积就达到了20万平方米，与第一个数据相差大约一倍。目前，我们在城址面积的统计上没有一个明确的要求和规定，只是由发掘者自行决定。这样一来，研究者如果只是把这些存在明显差别的数据集合到一起进行分析比较，势必会产生一些错觉和不确切的认识。所以，在不强求统一的前提下，公布调查和发掘资料时，至少应该告诉读者各自所表述的城址面积是哪一种情况下的数据，以免在分析和比较时产生错误。

二 关于多圈城墙之间的关系

海岱地区的史前城址中，使用时间较长者绝大多数不止一圈城墙。就目前所知，丁公、桐林、藤花落有两圈，丹土、两城镇有三圈（两城镇的内外圈只发现壕沟，只有中圈局部发现有城墙）。目前发现一圈的只有城子崖和景阳冈两处。城子崖的情况比较复杂，该遗址的龙山文化遗存延续时间很长，不同时期的文化堆积较厚，特别是以往只在遗址的外围地段进行了部分发掘工作。所以，城子崖内部有可能存在尚未发现的早期城圈。景阳冈城址的使用时间比较短，大体为龙山文化晚期阶段，所以只有一圈城墙也是比较正常的现象。

既然海岱地区史前城址内多存在不同的城圈，那么这些城圈之间的关系如何，是共时关系还是先后关系，这是一个首先要解决的问题，并且其重要性也是不言而喻的。从现有的一些迹象分析，我们认为这些不同的城圈之间在年代上基本上是先后关系，理由如次：

首先，比较明确的几座城址，均为内圈时代较早，外圈的时代较迟。如丁公遗址，从该遗址两圈城址的空间分布上看，依次为内圈城墙、内圈墙之外的壕沟、外圈城墙和外圈城墙之外的壕沟。在经过发掘的城址东部和北部，内外圈城墙之间仅仅隔着两圈城墙之间的壕沟。其建造程序是先建造和使用内圈城墙和壕沟，当内圈城址的大小不能满足需要时，城墙向外扩展易地再筑，并在新的城墙外侧重新挖沟，而内圈城墙随之废弃，壕沟也被迅速填平。于是，我们在内圈城墙和被填平的内圈壕沟上发现了密集的房子、灰坑等各种遗迹。而在使用期的外圈城墙上，除了靠近城墙墙体内侧的坡上有一些遗迹外，整个城墙上部基本没有同时期的遗迹分布。

再如丹土遗址。该遗址有三圈城墙，内圈城内面积9.5万平方米，中圈城内面积11万平方米，外圈城内面积18万平方米。中圈和内圈城墙的形状和走向甚为一致，只是在大部分地段中圈城墙直接叠压在内圈城墙之外的壕沟上。外圈的变化主要表现在南侧城墙大幅度外移，从而使城址的形状发生了较大改变，其他三侧则与中圈保持着相同的形状，只是略微向外移动，即外圈城墙叠压在中圈城墙之外的壕沟上。从几次发掘的情况看，三圈城墙的建造是"由里及外，由小到大，由早及晚逐渐扩建的"[1]，年代上的依次先后相继也就十分清楚和明确。

临淄桐林与上述情形相似，内圈面积较小的城址时代较早，外圈面积较大的城址时代较晚。两城镇情况略微复杂一些，内圈与中圈之间的间距很小，与其他一些城址的内外圈相似，而外圈与中圈之间的间距比较大。从发掘出来的文化内涵分析，在中圈城址的使用期间（外圈尚未出现），中圈和后来的外圈之间就可能有人居住，即外圈是在人们居住了一段时间之后才修筑起来的。

---

[1] 山东省文物考古研究所：《五莲丹土发现大汶口文化城址》，《中国文物报》2001年1月17日第1版。

　　情况不同的是连云港郊区的藤花落龙山城址，发掘者认为"内外城在建造年代或废弃年代上稍有先后，但两者之间存在着统一的使用年代，外城为生产区，内城为生活居住区，外城垣有明显的防洪功能"[1]。分析藤花落龙山城内外两圈城墙之间的平面位置可以发现，东南、西南、西北三侧（该城址的方向不正，为230°），内外圈城墙之间的间距只有不到半堵城墙宽，而只是在东北一侧较大幅度地向外做了扩展。所以，我们很难理解花费那么大的人力、物力，在这样一个十分狭小的空间范围内同时保留着两道城墙有什么实际的作用和意义。所以，我们倾向于内侧城墙的时代较早，外侧城墙的年代较晚，两者之间的关系是前后相继而非共时。

　　由此看来，海岱地区史前城址多数延续的时间比较长，大部分是从龙山文化早期开始，个别可早到大汶口文化晚期，往后一直延续到龙山文化中晚期，有的甚至到岳石文化时期还有城。在这期间，随着人口数量的增加和社会发展的需要，多数城址在使用过程中除了有规模不等的修葺和增补之外，还进行过较大规模的扩建。例如，丁公由6万多平方米扩大到10万平方米，丹土由9.5万平方米扩大到18万平方米，等等。从城址面积的变化再结合其他方面的情况可以知道，龙山文化时期社会的发展呈现一种加快的趋势，而社会内部矛盾也在不断地加剧和激化。

　　基于上述，我们认为在同一个遗址上发现不同城圈的城址，不宜称为内城、外城或者小城、大城，这种称呼容易给人一个同时存在大小城或内外城的错觉，甚至会把这种情形与东周及其以后的大小城或内外城的概念相混淆。所以，对史前城址的这种情况还是分别称为早期城、中期城、晚期城为好。

三　关于城墙和壕沟

　　众所周知，城是一个空间上封闭的可控制系统，其基本要素包括居住和活动区以及周围建有高耸于地面之上的城墙，并且在城墙的适当位置预设的可供进出的通道——城门，在古代这样封闭起来的聚落遗址就是城址。当然，如果细究，应该包括城墙及其外围的城壕，城内有道路系统、各种不同功能的房子、相关的生产生活设施、供水排水系统，等等。而普通的聚落遗址也有后面内容的全部或大部，但是对外则不设防，故不存在城墙。所以，城墙的有无是一个关键的因素。

　　既然如此，凡是在聚落遗址的周围建有封闭围墙的都可以称之为城址。纵观史前聚落遗址的发展演变，我们就会发现，它经历了一个从普通聚落到环壕聚落进而发展出城址这样一个递进过程。所以，城址的出现是比较晚的事情，在绝大多数地区是社会发展到一定阶段才出现的。环壕聚落产生的较早，大约在新石器时代早期偏晚阶段，也就是距今8000多年以前的裴李岗时代就已经出现了，如内蒙古的兴隆洼、白音长汗遗址等。当然，这种围壕多数是人工挖出来的，也有少数是利用了自然河道或者部分地利用了自然河道，特别是在南方水网密布地区，更具有这种得天独厚的条件。大体同时或者略晚，在一些遗址上除了围壕之外，还开始在围壕内侧出现土垅，其实这种土垅大概就是城的前身或者萌芽。这种做法可以理解为利用挖壕多出来的土，垫高围壕之内侧，以提高围壕的防护功能，起到一举两得之效用，湖南澧县八十垱遗址的发现就是类似的实例。

　　[1]　林留根：《江苏连云港藤花落遗址》，《2000中国重要考古发现》，文物出版社，2001年。

经过数千年的发展，到距今5000～4000年之间的龙山时代，城址在黄河、长江流域以及内蒙古中南部地区普遍出现，成为体现当时社会文化内涵的一项重要载体和引人注目的社会现象。这一时期的城址，除了北方地区部分建于山上的石城之外，中国主要地区如黄河流域和长江流域，基本上是以土城为主。有学者对这一时期的城址进行了归纳和分类，提出了不同的划分意见，并且把海岱地区发现的史前城址基本上都归入到台城的范畴。所谓台城，是指台形的城，外观高墙耸立，内看只有矮墙，或者为缓坡状土岭[1]。

分析目前所发现的海岱地区史前城址资料，我们认为基本属于环壕城的范畴，即城址周围有一圈城墙，紧贴城墙外侧则挖有一周壕沟。这种环壕城显然是由时代更早的环壕聚落演化来的。如前所述，距今8000年前后的八十垱土垅环壕，已经可以认为是龙山时代环壕城的滥觞。既然如此，环壕应该是海岱地区史前城址的基本要素之一。与高耸于地面之上的城墙不同，环壕因深陷于地面以下而最有可能完整保存下来。所以，在进行城址的专题考古勘探时，环壕是很容易被发现的。于是，对于在城墙之外没有发现壕沟的城址，我们需要格外予以注意。

这里试以邹平丁公城址为例，分析海岱地区史前城址的墙、壕结构和相互关系及其变化。丁公遗址延续时间较长，包括了大汶口文化、龙山文化、岳石文化、商周及汉代等不同时期的文化遗存。在最早的大汶口人到来的时候，丁公遗址周围的地势基本上是平整的，发现的大汶口文化遗存主要属于早中期，文化堆积较薄，许多地段没有发现同期的文化层堆积，所以其对地表形态的影响不大。龙山文化早期，首先建造的是规模较小的早期城，此时城内外地面是比较平整的，城墙之外有较宽较深的壕沟，从壕沟底部存在大量淤土和淤土的细腻程度来看，壕沟内经常积水。经过了大约考古学分期上的一期时间（100多年），较小的早期城址废弃了，在其外侧不远的位置，即内壕沟的外侧，筑起了晚期城墙，并在城墙之外挖出新的壕沟。城墙直接筑于平整的原始地面之上，几条探沟都没有发现基槽的痕迹。解剖结果表明，外城初期内侧因为已经有了大汶口文化和龙山文化早期的堆积，所以城内地面略高于墙外侧的地面。随着时间的推移，城墙本身也在不断地向外侧加宽，每次加宽的宽度在2～3米左右，于是，就出现了城墙叠压壕沟的现象。其实，只是这些数次加宽的部分叠压在了原来的壕沟之上。而城内地面也因为各种遗存不断地重复着"废弃－重建－废弃－重建"这样一个过程而缓慢地抬高。与此同时，城墙内侧则随着外侧的扩建加宽而相应地向外退缩，以致在城墙内侧开始出现各种不同的遗迹打破城墙的现象。但城墙始终保持着10～12米左右的宽度。最后，就形成了城内地面比较悬殊地高于城外地面的情况，这一高差，大体上也只是城址存在期间城内文化堆积的厚度。因此，这样形成的城址从本质上说，仍是内有城墙外有壕沟的环壕城，而不是什么台城。

不仅丁公龙山城址经历了以上由小到大的发展变化过程，桐林、丹土、两城镇、藤花落等城址莫不如此。从丁公两圈城墙的内部看，每一圈城墙在其存续时间内，也都经历了不断地修葺和增补的过程。所以，每一圈城墙都可以划分为不同的使用期别，与其相对应，城墙外侧的壕沟也随着清淤工作的开展和受城墙外移的影响而发生变化，进而也可以划分为若干不同的时期，并且可以大致与城墙的分期相对应。这样，我们就看到了一个城址在使用过程中不断发展变化的动态过程。

---

[1]　张学海：《论山东地区的龙山文化城》，《文物》1996年第12期。

四 关于边线王的"基槽"

除了早年发现的城子崖之外[1]，边线王是新中国成立之后海岱地区发现的第一座龙山城址。长期以来，由于边线王城址有着和所有龙山文化城址不同的结构，即存在着既宽且深的宏大基槽而没有发现壕沟，所以，总是显得与其他城址格格不入。对此，经过了较长时间的思考之后，我认为有必要作为一个问题提出来。

边线王遗址位于寿光市西南的边线王村北，一小部分压于村下，村外部分破坏比较严重。边线王城址的基本情况是，城址面积不大，分为早晚两期，晚期阶段为5.7万平方米，早期只有1万平方米。值得注意的是，该遗址由于平整土地而受到了十分严重的破坏，城内大部分地段文化层破坏殆尽，只是在局部残存着一些遗迹的底部，如灰坑等。从发掘的情况看，边线王龙山城墙地面以上部分已不复存在，保留下来的只是两圈所谓的城墙"基槽"。"基槽"一般宽7～8、最宽处为10余米，深约6～7米，结构为斜坡，尖底，北侧底部还发现顺着基槽方向的浅沟。填土中有数量较多的陶片。"基槽"上面还有一个显著特征，就是在出入口（城门）的位置保留着一个宽约10米的原始生土带，即进出口的位置没有向下挖槽，而其他部位则均挖有较深的槽。对于边线王的这种情况，我倾向于认为其本来就不是什么城墙基槽，而是一条环绕在遗址周围的壕沟，由于后来平整土地的破坏，沟之内侧的龙山城墙（如果确实有城墙的话！）已经完全被破坏不存，只遗留下了深埋于地下的壕沟。理由如次：

首先，海岱地区目前发现的史前城址均为有墙有壕，墙体和壕沟共同构成城址的基本要素。城墙墙体高耸于地面以上，壕沟则沉陷在地面以下，从保存的角度分析，位于深处的壕沟是最容易保留下来的。对照边线王的实际情况就可以发现，地面以上的墙体部分被全部破坏了，而地平面以下的部分尚存。就位置和性质而言，保存下来的部分最有可能是壕沟。并且，已经发现的几处城址，如丁公、丹土等遗址的壕沟深度都在3米左右甚至更深，这与边线王"基槽"的情况比较一致。

其次，边线王"基槽"内的填土和包含物也与同时期的城墙不符。主持发掘工作的杜在忠先生认为，"槽内填土大部分为灰土"，夯层的厚度不一，"从5厘米左右到15厘米，有的夯面还铺有一层细沙"。一般说来，城墙夯土的用土极少以灰土为主，多数为当地固有的各种生土及自然土，灰土出现的机率相对较少。而以灰土为主的填土本来应该是一般的沟内堆积物，边线王"基槽"内这种灰色填土的质地、层厚等，与丁公内侧城墙外壕沟内的堆积十分相似。此外，"大城堡基槽出土陶片相当丰富，常见鼎足有大鬼脸形、外侧鬼脸状的粗锥形、侧三角形等。鬶的流部一般较直且长，大型器较多"[2]。这种状况与填土的性质密切相关，一般的城墙夯土内，陶片数量甚少，并且多数陶片的个体较碎较小，大陶片比较罕见，更不用说发现相当多的大陶片了。所以，这种情形也与一般的龙山城墙夯土的包含物区别明显。

第三，当前所知的若干龙山文化城垣，城墙墙体之下没有发现基槽，而是直接在经过平整的地面上筑墙。既然如此，现在的问题是，为什么边线王这么一个小小的城址反而要挖出深达6～7米

---

[1] 20世纪30年代发现的城子崖下层城址，后来证明属于岳石文化，因为没有进一步发掘，所以叠压在岳石文化城之下的龙山文化城址当时并未发现。

[2] 此段引文均见杜在忠：《边线王龙山文化城堡的发现及其意义》，《中国文物报》1988年7月15日第3版。

的基槽呢？反过来说，人工挖出来的基槽再填以质量不高的灰土为主的夯土，其坚固程度可能还远远不如原生的黄土。所以，边线王城址的城墙"基槽"从功能和效率的角度看也存在难以解释的疑问。

第四，如果以上分析合理的话，那么如何解释"基槽"内存在的夯土呢？我想不外有两种可能：一，"基槽"只是一条环绕遗址的壕沟，本来就不存在什么城墙，最近在有的龙山文化遗址就发现过这样的壕沟[1]；二，"基槽"是埋于地下的城墙与壕沟的复合体，这种情况比较复杂，我们可以从一些城址城墙的使用过程来观察其特点。如丁公、丹土、桐林等遗址的城墙在使用期间均经过不同程度的修葺和增补，而增补的那一部分城墙均直接叠压在壕沟之内和壕沟之上。在这种情况下，如果将地面以上城墙完全去掉，留下来的只是位于地面下壕沟以内的部分，则可以看到增补的那一部分城墙，并且这一部分城墙的基部就在低于地平面的壕沟之内。20世纪80年代初，学术界刚刚开始接触龙山时期的城垣，在边线王这种受到严重破坏的特殊情况下，地面以上部分荡然无存，保存于地下壕沟内的增补城墙夯土不易理解，因而可能误将其作为基槽来认识和对待了[2]。以上两种情况应该说都有存在的可能，但最没有可能的是"城墙基槽"说。

以上是经过多年的思考对边线王城址"城墙基槽"的一种解释。当然，这种解释建立在对现有资料的分析和推测基础之上，要最终解决这一问题，还需要在边线王遗址开展一些新的发掘工作。边线王的报告尚未出版，希望在发掘报告完成之前，能够对这一问题做出一个科学的解答。

五　关于城址的年代

海岱地区史前城址的年代应该说是一个十分重要的问题。按有的学者所说，大汶口文化早期海岱地区就开始出现城址，大汶口文化晚期也有，到龙山文化时期显著增多。这种说法过于笼统，特别是大汶口文化早期的城址，至少目前尚不明确。如前所述，海岱地区目前比较可靠的史前城址只有7座，我们可以通过这些城址的文化内涵来大体确定其年代。

1. 丹土城址

目前所知年代最早的是丹土城址。丹土遗址位于鲁东南沿海的五莲县丹土村，城址分为三期，发掘者认为其依次为大汶口文化晚期、龙山文化早期和龙山文化中期。丹土遗址经过多次调查和三次具有一定规模的发掘，出土了一大批各类遗物，为我们认识其年代范围提供重要依据。许多学者做过大汶口文化的分期研究。过去我曾把鲁东南地区的大汶口文化晚期遗存划分为早晚两期并细化为四段[3]，从丹土遗址发表和未发表的资料看，其最早阶段的遗存为大汶口文化末期，也就是晚期第四段偏后时期，绝对年代不会超过距今4700年，很可能在距今4650～4600年之间。这一段遗存在临

[1] 高明奎、曹元启、于克志：《平度市逄家庄龙山文化与汉代遗址》，《中国考古学年鉴·2003》，文物出版社，2004年。

[2] 1984年冬我曾经到过边线王遗址发掘现场，目睹过遗址和城墙基槽的发掘，但当时对龙山城墙的认识十分肤浅。后来随着发现的增多，特别是自己亲自发掘了丁公、两城镇等遗址后，对龙山城址的认识逐渐清晰起来。大概从20世纪90年代初，我就对边线王遗址的城墙基槽产生了怀疑，这种想法曾与有关学者讨论过，其中包括主持过边线王遗址发掘工作的王永波先生，他觉得有道理。现在把这一想法公布出来，也是希望大家批评并在今后开展工作予以解决。

[3] 栾丰实：《大汶口文化的分期和类型》，《海岱地区考古研究》，山东大学出版社，1997年。

沂、莒县等地均有发现。由此看来，丹土早期城址的年代也应该在这一范围之内。丹土晚期城址的年代下限为龙山文化中期，大约为距今4300年左右。前后延续了三四百年的时间。

2. 丁公城址

丁公遗址位于邹平县丁公村东，城址分为两个时期，早期城面积较小，使用的时间不长；晚期城较大，使用时间较长。丁公遗址延续的时间很长，有大汶口文化、龙山文化、岳石文化、商代和汉代等不同时期的遗存，其中以龙山文化遗存最为丰富。早期城址为龙山文化早期，晚期城址为龙山文化中晚期，并延续到岳石文化时期。在没有发现龙山文化早期城址时，我们曾依据增补和修葺的层位关系把晚期城址分为四期，最早一期可能早到龙山文化早期后段，当时的主要依据是，发现一些龙山文化中期偏早阶段的灰坑打破晚期城墙内侧坡的夯土。发现内圈早期城墙之后，对两圈城墙之间的关系加以全面评估，我们把内圈城墙确定为龙山早期，外圈城墙确定为龙山文化中晚期和岳石文化早期。

3. 城子崖城址

城子崖的龙山城址目前只发现一个城圈。城子崖遗址的地层堆积较厚，延续的时间也长，大体经历了龙山文化、岳石文化、周代三个主要时期。从1990、1991年的发掘资料看，城子崖龙山文化遗存延续的时间比较长，上限可到龙山文化早期偏晚阶段，下限可到龙山文化晚期。据此，目前所确认的城子崖龙山城垣的时代，有可能早到龙山文化早期偏晚，晚到龙山文化晚期，大体上与丁公遗址晚期城址的时代相当。从城子崖城址披露的部分信息看，如"城墙大部分挖有基槽，有的部位在沟壕淤土上夯筑起墙"等[1]，有理由认为城子崖遗址可能存在面积较小的内圈城墙。

4. 桐林城址

桐林遗址过去也称为田旺遗址，空间上位于丁公和边线王之间，东南距临淄区驻地约7千米。该遗址因20世纪70年代发掘了一个出土系列鼎、甗、盆、罐的大型器物坑而受到广泛关注。2002~2005年，北京大学考古文博学院和山东省文物考古研究所等单位合作，三次发掘该遗址，对龙山城址范围和遗址的文化内涵有了明确认识[2]。桐林龙山城址的占地面积达20万平方米，外围的范围更大，粗略估计有一二百万平方米。遗址的文化层堆积最深处有4米之厚，时代则包括了大汶口文化、龙山文化、岳石文化、周代和汉代。其中龙山文化和周代遗存最为丰富。桐林遗址的龙山文化延续时间较长，大体上从龙山文化早期一直持续到晚期。所以，桐林龙山城址的时代可能包括了龙山文化的全部过程。

5. 景阳冈城址

景阳冈遗址位于鲁西阳谷县景阳冈村和西沙堌堆村之间，部分压于景阳冈村下。1995、1996年，山东省文物考古研究所等单位两次发掘该遗址，其最重要的收获是发现并确认了景阳冈龙山文

[1] 张学海：《章丘县城子崖古城址》，《中国考古学年鉴·1991》，文物出版社，1992年。

[2] 孙波：《淄博市桐林新石器时代至战国时期遗址》，《中国考古学年鉴·2003》，文物出版社，2004年。

化城址。城址呈西南－东北方向，与鲁西、鲁北地区的河流方向一致。城址长约1150、宽280～360米，包括城墙在内的城址面积约38万平方米。发掘者认为，"景阳冈城内发现的龙山文化遗存基本集中在龙山文化中期晚段至晚期的早段，一些遗存可能早至中期的早段，没有发现晚期晚段的遗存。延续时间大约为二三百年，绝对年代当在公元前2400～前2100年的范围内。[1]"这一结论与目前的发现基本吻合。由于景阳冈龙山城址上部受到严重破坏，其下限有进一步下延的可能。从文化发展的序列上讲，鲁西地区从北辛文化开始就有发现，并经过了大汶口文化、龙山文化、岳石文化等不同的发展阶段。但如果细究就会发现文化之间往往在时间上不相连接。如鲁西一些遗址发现过大汶口文化早中期不同阶段的遗存，但普遍缺乏大汶口文化晚期偏晚至龙山文化早期阶段的遗存，多数遗址的龙山文化是从中期开始的，经过一定规模发掘的尚庄、南陈、景阳冈、教场铺都是如此。像景阳冈这样从龙山文化一开始就出现了城址，是一种奇怪而重要的社会现象。

6. 两城镇城址

位于黄海之滨的日照市两城镇驻地。该遗址1936年经中国第一代考古学家梁思永等先生发掘后举世闻名。由于众所周知的原因，两城镇的发掘资料一直没有系统发表。经国家批准，1998～2001年，山东大学和美国耶鲁大学、芝加哥自然历史博物馆等单位合作，对两城镇遗址进行了全面勘探和重点发掘，发现内、中、外三圈壕沟，并在中圈壕沟内侧发现城墙遗迹。从发掘情况看，两城镇的三圈壕沟是由内向外依次挖建起来的，即内圈时代最早，外圈时代最晚。两城镇遗址的龙山文化遗存年代跨度较长，大体上从龙山文化早期一直延续到晚期，在其他遗址比较罕见的龙山最晚期遗存在这里也有发现。所以，两城镇龙山城址的时代应该是和龙山文化相始终的。

7. 藤花落城址

位于江苏东北部连云港市开发区中云乡南北云台山之间。1996年以来，南京博物院对该遗址进行了多次发掘，发现内外两圈龙山城址。藤花落龙山城址亦由城垣和城外壕沟构成，分为内外两圈。内侧较小的城址平面为圆角方形，面积约4万平方米。外侧较大的城址平面为长方形，面积14万平方米。藤花落遗址的龙山文化遗存延续时间亦较长，大约从龙山文化早期偏晚开始，一直延续到龙山文化晚期，并且还发现了比较丰富的岳石文化遗存。不过从文化遗存的丰富程度来看，龙山文化早中期较为繁荣，晚期遗迹和遗物都较少。所以，发掘者认为藤花落的龙山城址始于龙山文化早期偏晚，到龙山文化中期后段即已废弃。如前所述，我认为藤花落内外两圈龙山城址存在着时代差别，内圈小城址的时代较早，外圈大城址的时代较晚。从总体上说，内外城址从龙山文化早期偏晚持续到龙山文化中期。由于资料尚未公布，所以内外城址的分界尚不明确，估计在中期偏早阶段。

8. 边线王遗址

由于平整土地的破坏，边线王遗址的文化堆积所剩无几，从采集的遗物看，经历了大汶口文化、龙山文化、商代、周代和汉代，而残存堆积只有龙山文化和东周两个时期。发掘者认为，边线

[1] 王守功、李繁玲、王绪德：《试析景阳岗龙山文化城址——也谈海岱文化对中原文明的影响》，《东方考古（第2集）》，科学出版社，2005年，第127页。

王面积较小的内圈为1万平方米，时代较早，面积略大的外圈为5.7万平方米，时代较晚，"大城堡是在小城堡被破坏之后，就地扩展而重新建造的"。边线王遗址的年代主要是依据"基槽"内出土的陶片加以确定的。一般认为外圈为龙山文化晚期，内圈属于龙山文化中期或略晚。这里所用的分期概念，与我们今天的认识有相当大的差别。在20世纪90年代以前，学术界一般把龙山文化分为早中晚三期，可以邵望平先生的意见为代表。早期相当于我们后来把海岱龙山文化分为六期中的第一期，中期相当于第二期，而晚期主要相当于第三期，个别可延伸到第四期偏早阶段。这样，认为边线王的内外两圈聚落是龙山文化中晚期，实际上就是现在所说的龙山文化早期后段到中期。同时，如果边线王的"基槽"是壕沟，则壕沟内的陶片应该主要是遗址使用过程中的遗物，而不是建造时期或更早时期的遗物。所以，由这些遗物所确定的边线王遗址的年代可能比其开始的年代略晚。综上，可以认为边线王早期较小的内圈壕沟应该为龙山文化早期，晚期较大的外圈壕沟大体相当于龙山文化中期，其上限有可能早到早期偏晚，但显然没有延续到龙山文化晚期。

综上，就目前海岱地区发现的较为明确的城址而言，时代最早的丹土城址始建于大汶口文化末期，其他均为龙山文化早中期，到龙山文化晚期，部分城址衰落甚至消失。岳石文化时期，只有少数遗址还存在城址。所以，龙山文化早中期是海岱地区史前城址的繁荣期，这也与同时期海岱地区龙山文化遗址的数量空前增多和文化内涵极为发达的情况相吻合。

六 关于城址的功能

关于史前城址的功能问题，学术界存在着不同的看法，主要有两种基本观点：一种认为城址是抵御敌对势力攻击的防御性设施；另一种认为是防洪水工程，即防止洪水淹没和冲毁聚落建筑，保护人的生命和财产安全。

讨论龙山文化城址的功能，不能脱离开当时的社会历史背景。史前社会的历史发展进程，经历了由平等社会向分层社会发展演变的不同历史阶段，社会组织结构也呈现出逐渐复杂化的趋势。

新石器时代偏早的裴李岗时代，社会生产力的发展水平还比较低下，社会生产所创造和积累的财富较少，只能够甚至不能够满足人们维持生存的基本需求。植根于这种经济基础之上的社会，内部成员之间的关系较为平等。这一时期在部分地区发现了环绕遗址的围沟。这种围沟的宽度一般较窄，深度也较浅。如兴隆洼遗址的围沟宽度为1.5～2、深度0.55～1米；白音长汗遗址发现的两条围沟，宽度和深度均与兴隆洼遗址的相仿。这种较窄较浅的围沟，其功能大约只能起到防止聚落内饲养的牲畜走失和野兽侵入聚落的作用。

仰韶时代是中国史前社会加快发展的时期，在社会生产力获得较大发展的基础上，人口数量有了较快增长，社会生产的规模不断扩大，创造的社会财富也日益增多。这一时期社会的内部结构，开始了由平等社会向分层社会的发展过渡。表现在聚落形态上，就是分层分级的聚落群的产生和发展，其中中心聚落的作用不断加强，逐渐具有了政治、经济和文化中心的性质。与此相对应，至少到仰韶时代的偏晚阶段，开始在一些中心聚落周围修筑城墙和挖掘壕沟。如河南郑州西山仰韶文化城址的发现，就是这一新形势的直接体现。人们之所以花费庞大的人力物力来修筑城墙设施，其目的只有一个，就是社会发展到了一种需要坚固的工事来保护一部分人的生命和财产安全。仰韶时代晚期黄河流域开始出现人工营建的城垣和壕沟，尽管数量较少，城垣的规模也比较小，但其昭示着一个新时代的开始则毋庸置疑。

龙山时代，前面所说的情况又有巨大变化。以农业为主的社会经济获得了较大发展。聚落遗址的数量剧增，表明当时社会的人口数量达到一个前所未有的高峰。聚落分化进一步加强，表现在两个方面，一是金字塔式聚落结构的层级增多，形成三级甚至四级的聚落结构，二是金字塔式聚落结构的聚落群在黄河、长江流域等主要地区逐渐普及，成为龙山时代社会的普遍现象；礼制已经度过了萌芽阶段，逐渐地成熟起来，并向着规范化和制度化的方向发展。不同文化区之间的文化交流、碰撞、融合的力度加大，主要区域之间一体化进程的速度加快，等等。在这一复杂多变的历史背景下，龙山时代的城址数量显著增多，并且城址的大小差别也十分明显，表明其代表的政治实体有所差别。在这种形势下出现的城址，基本上可以认为是社会矛盾激化、社会内部和外部武装冲突加剧的产物，即社会属性是城址产生的主导因素，进入了古代文献中所记载的"城廓沟池以为固"的历史时期。

当然，修筑城址也可能有其他功能，如防洪水的功能。具有防洪功能的城址，至少应该满足两方面的条件：一是数量要多，不能只是聚落群的中心有城墙，一般的聚落也应该有类似的设施，如果未来能够确认鲁西地区的若干小龙山城址的存在，那么它们有可能属于这一性质；二是在城墙的结构上有所区别，如城墙的内外坡度不必有显著的差别，外坡也不必刻意修筑成陡坡状。

（原载《东方考古（第3集）》，科学出版社，2006年）

黄河下游地区龙山文化城址的发现与早期国家的产生

　　黄河下游地区是中国古代文化和文明的重要发祥地之一。由于历史上的黄河不断改道，从河南东部分界，或向东北注入渤海，或向东南流入黄海。所以，所谓的黄河下游有广义和狭义分。广义的黄河下游包括泰山南北两侧的鲁北、冀东和皖北、鲁南、苏北　等广大地区。而狭义的黄河下游，则专指以豫东北部和山东泰沂山北侧为主的现今黄河下游地区。本文所涉及的范围只限于山东北部地区，亦即所谓狭义的黄河下游地区。

　　本文所说的黄河下游地区，地理地貌呈现出南高北低的变化趋势，从总体上看，大体由三部分组成：一是南部的山区，海拔高度在100～500米之间，个别区域超过500米。这一部分主要分布于泰沂的北麓，属于泰沂山系的组成部分，其南界为南北地区的分水岭，在地势较低的丘陵地带，发现有大汶口、龙山文化及其以后各个时期的聚落遗址；二是中部地势略高的山前平原地区，海拔高度一般在30～100米之间，从地貌上看，属于由丘陵和黄河及其他河流冲积平原的过渡地区，这一地带发现的遗址数量最多，从距今8000年以前的后李文化一直延续到历史时期，不同时期的中心聚落和城址主要分布于这一地区；三是北部的黄河冲积平原，由于黄河和其他较大河流（如小清河、徒骇河、马颊河等）的泛滥淤积较厚，这一地区发现的古代遗址数量甚少。

　　龙山文化时期的城址均分布于上述第二地带，即海拔20～100米的山前平原。这一地带，南依泰沂山，北为一望无垠的广袤平原，自然形成一个东西向走廊，是自古以来连接东西方的交通要道。目前发现和发掘的龙山文化城址，基本上都处在这一交通线上（图一）。所以，可以认为交通条件的便利与重要程度，是决策者们选择适当地点建造龙山文化城址的重要立地条件。

　　黄河下游地区龙山文化城址的发现可以追溯到1930年代发掘的城子崖遗址。城子崖的发现之后，龙山文化城址的考古工作沉寂了五十余年，直到20世纪80年代以来又陆续开始发现一些新的龙山文化城址。截至目前，这一地区见之于报道的龙山文化城址多达13处。从空间分布上看，可以分为东西两部分：一是济南以东的山前平原地区，共有4处，自西而东依次为章丘城子崖、邹平丁公、临淄桐林和寿光边线王；二是西部的聊城地区，见于报道的共有9处，即阳谷的景阳冈、皇姑冢和王家庄；茌平的教场铺、大尉、乐平铺和尚庄；东阿的王集[1]和前赵[2]。

　　上述城址除了一部分进行过一定面积的发掘之外，多数并没有进行系统的勘探和发掘工作，所以，关于这些城址的确定性方面学术界还存在着不同意见，需要今后进一步的田野考古工作来加以确认。

　　[1]　山东省文物考古研究所等：《鲁西发现两组八座龙山文化城址》，《中国文物报》1995年1月22日第1版；张学海：《鲁西两组龙山文化城址的发现及对几个古史问题的思考》，《华夏考古》1995年第4期。

　　[2]　孙淮生：《东阿前赵龙山文化遗址》，《鲁西文博论丛》，齐鲁书社，2000年。

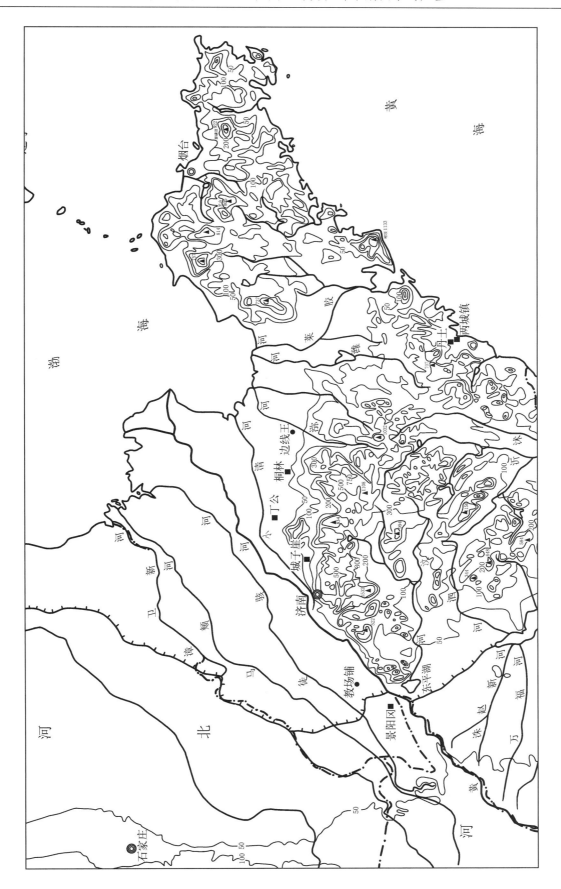

图一　黄河下游地区龙山文化城址分布图

存在疑问的城址主要是聊城地区除了景阳冈以外的8处，另外边线王城址也多有疑惑之处。以下予以简要的讨论。

首先是聊城地区的龙山文化城址。1994年以来，山东省文物考古研究所和聊城地区文物研究室在这一地区先后发现过9座龙山文化城址，除了景阳冈和教场铺两处做过较大面积的发掘和系统的勘探之外，其余7座只进行了简单的勘探工作。聊城地区地处鲁西平原，地势低洼，是历史上黄河泛滥并频繁改道的地区。这里的河水流向多为西南－东北方向，如现为黄河干流的古济水、徒骇河、马颊河均是如此。在这种自然环境的作用下，以聊城为主的鲁西北地区历史上形成了众多大小不一的西南－东北向土沙混合的冈丘。为了躲避水患，人们在这一地区选择聚落立地时，绝大多数将聚落营建在地势较高的冈丘之上。这就是为什么这一地区（也包括邻近地势同样较低和易受河水侵害的豫东、皖北地区）的古代遗址绝大多数发现于明显高于地表的冈丘和堌堆之上的内在原因。为了便于居住，人们在开始选择这种土质中沙性较多的冈丘营建聚落时，通常先将冈丘的表面做一番有铲除、有填补的平整工作。这样，就产生了局部有人为加工痕迹的现象，特别是冈丘类遗址边缘地段，这种人为加工的痕迹比较明显。正是因为如此，如果不开展系统的考古发掘工作，就有可能把这种边缘地段的局部铺垫、平整等加工现象，误认为是人工修筑的与城址有关的设施。所以，我们认为有必要对已经报道过的聊城地区的龙山文化城址，开展系统的勘探和发掘工作，弄清楚只是上述所描述的经过局部加工的普通聚落遗址，还是存在着环绕遗址周边的城墙和城外壕沟。只有确认了存在环绕整个遗址的城墙，才能说其为城址。在没有开展这一类工作之前，对以前所报道的若干处龙山文化城址，应该持谨慎的态度。

其次是寿光边线王。边线王龙山文化城址发现于1984年，与第一个龙山文化城址——城子崖的发现相隔50余年。该遗址位于寿光市西南的边线王村北，一小部分压于村下，村外部分破坏比较严重。边线王城址的基本情况是，城址面积不大，分为早晚两期，晚期阶段面积为5.7万平方米，早期的面积只有1万平方米。值得注意的是，该遗址由于平整土地而受到了十分严重的破坏，城内大部分地段文化层破坏殆尽，只是在局部残存着一些遗迹的底部，如灰坑等。从发掘的情况看，边线王龙山城墙地面以上部分已不复存在，保留下来的只是两圈所谓的城墙"基槽"。"基槽"一般宽7~8、最宽处为10余米，深约6~7米，结构为斜坡，尖底，北侧底部还发现顺着基槽方向的浅沟。填土中有数量较多的陶片。"基槽"口部还有一个显著特征，就是在出入口（城门）的位置保留着一个宽约10米的原始生土带，即进出口的位置没有向下挖槽，而其他部位则均挖有较深的槽[1]。对于边线王的这种情况，我倾向于认为其本来就不是什么城墙基槽，而是一条环绕在遗址周围的壕沟，由于后来平整土地的破坏，沟之内侧的龙山城墙（如果确实有城墙的话！）已经完全被破坏不存，只遗留下了深埋于地下的壕沟。所以，相关部门应该组织对该遗址进行新的田野考古工作，以确定其是否存在龙山文化时期的城址。

比较明确的城址主要有城子崖、丁公、桐林和景阳冈4处。

城子崖城址。位于章丘市（原为历城）龙山镇驻地东北，遗址坐落在武原河之东的一个高出周围地面2~4米的台地上。1930~1931年的发掘，便发现了黑陶期的城址[2]。后来因为种种原因，许多

[1] 杜在忠：《边线王龙山文化城堡的发现及其意义》，《中国文物报》1988年7月15日第3版。
[2] 傅斯年、李济、董作宾、梁思永等：《城子崖——山东历城县龙山镇之黑陶文化遗址》，中央研究院历史语言研究所，1934年。

人并不承认这一城址的时代可以早到龙山文化时期。所以，又有了1990年和1991年的第二轮发掘。这次发掘成果表明，城子崖遗址经历了龙山文化、岳石文化、周代三个时期，并且三个时代都存在城址。其中龙山文化时期的城址面积最大，平面近似方形，东、南、西三边较直，唯北边因地形而外凸。城址南北最长540、东西宽455米，面积约20万平方米[1]（图二）。城墙系采用堆筑和版筑相结合的方法筑成，并在南北城墙各发现一个城门。从出土遗物分析，城子崖遗址的上限不早于龙山文化早期偏晚阶段，下限可到龙山文化晚期。据此，目前所确认的城子崖龙山城垣的时代，有可能早到龙山文化早期偏晚，晚到龙山文化晚期，大体上与丁公遗址晚期城址的时代相当。城子崖的龙山城址目前只发现一个城圈，但从相关报道披露的信息看，如"城墙大部分挖有基槽，有的部位在沟壕淤土上夯筑起墙"等[2]，有理由认为城子崖遗址可能存在面积较小并且时代更早的内圈城墙。

丁公城址。位于邹平县苑城镇（现合并为长山镇）丁公村东。1985~1996年，山东大学考古实习队前后7次发掘该遗址，确认该遗址存在着大汶口文化、龙山文化、岳石文化、商代和汉代等不同时期的遗存，其中以龙山文化遗存最为丰富。1991~1996年进行的第三至七次发掘，有一系列的重要考古发现，如龙山文化城墙、壕沟、城门、排水道和刻字陶片等。丁公龙山城址的平面形状为圆角方形，分为内外两圈，分属两个时期：早期城面积较小，约为6万平方米，使用的时间不太长，时代为龙山文化早期；晚期城面积较大，不包括城墙南北350、东西310米，城内面积约11万平方米[3]，晚期城墙在使用过程中经过了多次增筑和修补，在北侧城墙的中部，曾发现过一座废弃的城门，然后在其外侧修建了木结构的排水道。丁公外圈城址的存续时间较长，时代为龙山文化中晚期并一直延用到岳石文化时期。丁公城址内的遗迹和遗物十分丰富，发现有大量的房址、灰坑、水井及墓葬

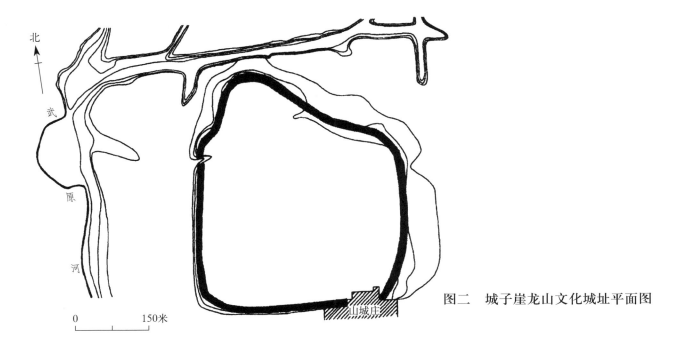

北

武

原

河

0   150米

山城庄

图二　城子崖龙山文化城址平面图

---

[1]　山东省文物考古研究所：《城子崖遗址又有重大发现　龙山岳石周代城址重见天日》，《中国文物报》1990年7月26日第3版。

[2]　张学海：《章丘县城子崖古城址》，《中国考古学年鉴·1991》，文物出版社，1992年。

[3]　山东大学历史系考古教研室：《山东邹平丁公遗址第四、五次发掘简报》，《考古》1993年第4期；栾丰实：《邹平县丁公大汶口文化文化至汉代遗址》，《中国考古学年鉴·1994》，文物出版社，1997年。

等，在2000多平方米的发掘范围内，发现各类遗物5000余件。发现的龙山文化刻字陶片为一大平底盆的底部，其上排列着5行11个文字，字体排列整齐，笔道刻划流畅，许多学者对这一发现进行过深入研究[1]。

桐林城址。由于位置在桐林村和田旺村之间，亦称为田旺遗址。桐林城址的空间位置在丁公和边线王两遗址之间，东南距临淄区驻地约7千米。该遗址因1982年发现了一个出土系列鼎、甗、盆、罐的大型器物坑（H5）而受到广泛关注。1992年，山东省文物考古研究所通过勘探和对路沟剖面的分析，发现并确认了这一龙山文化城址。城址平面近方形，南北约450、东西约400米[2]。2002年和2003年，北京大学考古文博学院和山东省文物考古研究所等单位合作，两次发掘该遗址，对龙山城址的范围、结构和遗址的文化内涵有了比较清楚的认识[3]。该遗址的文化堆积比较复杂，最深处厚达4米，包括了大汶口文化、龙山文化、岳石文化、周代、汉代等不同时期的遗存，其中以龙山文化和周代遗存最为丰富。桐林龙山城址也有内外两圈，内圈时代较早，外圈时代略晚。外圈城址占地面积达20万平方米，遗存外围的范围更大，粗略估计有一二百万平方米。桐林遗址的龙山文化延续时间较长，大体上从龙山文化早期一直持续到晚期。所以，桐林龙山城址的时代可能包括了龙山文化的全部过程。

景阳冈城址。位于鲁西阳谷县张秋镇景阳冈村和西沙堌堆村之间，部分压于景阳冈村下，是中国著名历史小说《水浒传》中所描写的武松打虎之景阳冈所在地。为了开发旅游事业，阳谷县于1994年动议在这里修建景阳冈公园，从而发现了龙山文化城墙的线索。1995、1996年，山东省文物考古研究所等单位两次发掘该遗址，确认了龙山文化城址的存在。城址呈西南－东北方向，与鲁西、鲁北地区的河流方向一致。城址平面近似长方形，中间略宽，两端稍窄，长约1150、宽280～360米，包括城墙在内的城址面积约38万平方米（图三）。北、西、南三侧中部各发现一个城门。发掘者认为，"景阳冈城内发现的龙山文化遗存基本集中在龙山文化中期晚段至晚期的早段，一些遗存可能早至中期的早段，没有发现晚期晚段的遗存。延续时间大约为二三百年，绝对年代当在公元前2400～前2100年的范围内。"这一结论与目前的发现基本吻合。由于景阳冈龙山城址上部受到严重破坏，其下限有进一步下延的可能。城址内部发现了五个台地，最大的3号台地面积达9万平方米，其上有夯土堆积，可能是大型建筑遗存[4]。景阳冈遗址的文化堆积分为三个大的阶段，即龙山文化、汉魏和唐宋时期，其中以龙山文化时期的遗存最为丰富，除了城址之外，在出土物中还发现一件刻划有文字的陶片[5]。

从文化发展的序列上讲，鲁西北聊城地区从北辛文化开始就有遗址存在，并经历了大汶口文化、龙山文化、岳石文化等不同的发展阶段。但如果细究就会发现这些文化的遗存往往在时间上不相连接。如鲁西一些遗址发现过大汶口文化早中晚期不同阶段的遗存，但普遍缺乏大汶口文化晚

[1]　栾丰实：《丁公龙山城址和龙山文字的发现及其意义》，《文史哲》1994年第3期；王恩田等：《专家笔谈丁公遗址出土陶文》，《考古》1993年第4期。

[2]　魏成敏：《淄博市田旺龙山文化城址》，《中国考古学年鉴·1993》，文物出版社，1995年；张学海：《试论山东地区的龙山文化城》，《文物》1996年第12期。

[3]　孙波：《淄博市桐林新石器时代至战国时期遗址》，《中国考古学年鉴·2003》，文物出版社，2004年。

[4]　山东省文物考古研究所等：《山东阳谷县景阳岗龙山文化城址调查与试掘》，《考古》1997年第5期；王守功、李繁玲、王绪德：《试析景阳岗龙山文化城址——也谈海岱文化对中原文明的影响》，《东方考古（第2集）》，科学出版社，2005年。

[5]　王守功：《景阳岗城址刻文陶片发现的意义》，《鲁西文博论丛》，齐鲁书社，2000年。

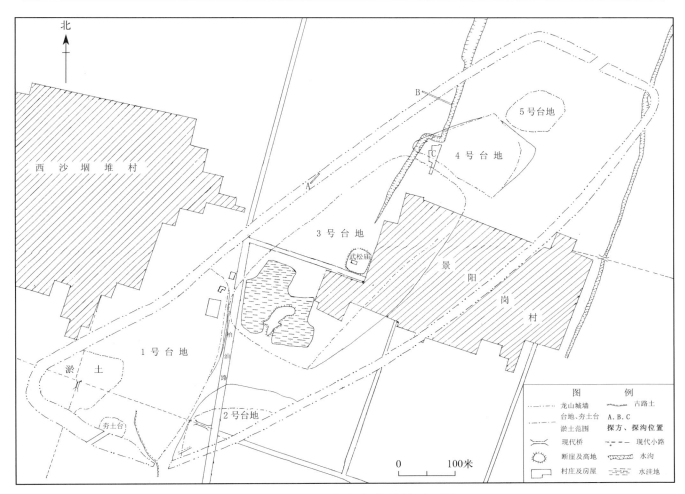

图三　阳谷景阳冈龙山文化城址平面图

期偏晚至龙山文化早期阶段的遗存，多数遗址的龙山文化是从中期开始的，经过一定规模发掘的尚庄、南陈庄、景阳冈、教场铺都是如此。像景阳冈这样从龙山文化一开始就出现了城址，是一种重要而又引发出许多思考的社会现象。

近几年为了配合中华文明探源工程预研究，2001年以来，中国社会科学院考古研究所山东数次发掘茌平教场铺遗址，对1994年在这里发现的面积达40万平方米的龙山文化城址[1]，有了完全不同的认识。教场铺遗址位于茌平县和东阿县交界处的乐平铺镇教场铺村西北。2004年春的发掘中，找到了龙山文化时期的城墙。城址形状介于椭圆形和长方形之间，东西长约230、南北宽约180米，城内面积约4万平方米，是海岱地区目前发现的城址中最小的一座（图四）。按发掘者的意见，教场铺的龙山城墙分为前后两期，两期城墙上下叠压，之间有内含大量陶片等遗物的所谓"祭祀坑"，两期城墙的时代应该前后连续，晚期城墙被理解为是对早期城墙的一次大规模增筑[2]。城墙内外两侧均有壕沟，外侧壕沟比较清楚和规整，应是环壕。内侧壕沟不甚规整，发掘者认为是挖土筑城所遗留下

[1]　张学海：《鲁西两组龙山文化城址的发现及对几个古史问题的思考》，《华夏考古》1995年第4期。
[2]　中国社会科学院考古研究所山东队等：《山东茌平教场铺遗址龙山文化城墙的发现与发掘》，《考古》2005年第1期。

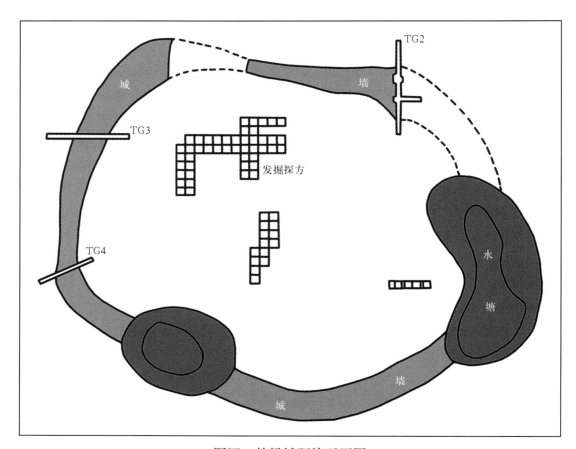

图四　教场铺环壕平面图

来的。教场铺的城址近似椭圆形的形状，与目前发现的海岱地区龙山文化城址均以方形（包括少量长方形）为主明显不同，城墙的夯土也有待于进一步确认，故学术界对教场铺龙山文化城址的城墙存在着不同看法。从目前的情况看，教场铺属于环壕聚落的可能性较大。所以，我们认为今后有必要通过新的田野发掘工作加以证实。教场铺龙山文化遗存的年代比较明确，大体上处在龙山文化中晚期阶段。教场铺遗址的文化内涵以龙山文化为主，堆积最厚处超过4米，出土遗物除了大量日用陶器和生产工具之外，还发现有经过烧灼的卜骨和浮选出大量粟、水稻、小麦等植物遗存，其中以小麦的发现最为重要[1]。

　　泰沂山系以北的黄河下游地区，是海岱文化区的重要组成部分，后来曾孕育出在中国有重要影响的周齐文化。按中国的古史记载，齐文化兴起之前这一地区就存在十分发达文化。《左传·昭公二十年》记载了晏子对齐地历史沿革的追述："昔爽鸠氏始居此地，季萴因之，有逢伯陵因之，蒲姑氏因之，而后太公因之。"就是说，在周代姜齐之前的商代、夏代乃至更早的时期，这一地区就已经进入了国家阶段。

　　考古发现表明，黄河下游地区从新石器时代较早阶段以来，文化的发展就连绵不断。距今

　　[1]　赵志军：《两城镇与教场铺龙山时代农业生产特点的对比分析》，《东方考古（第1集）》，科学出版社，2004年。

8500～7000年前后，这一地区首先出现了海岱地区目前所知年代最早的后李文化。后李文化遗址主要分布于泰沂山系北侧的山前平原地区，尤以济南地区为多。后李文化时期的社会生产力水平比较低，尽管农业已经产生，但采集和狩猎在社会经济生活中还占有相当重要的地位。这一时期产生了最早的环壕聚落，如章丘小荆山遗址的考古发现就属此类。人们建造和使用一种面积较大的房子，房屋内部存在一种以三个单灶合成的组合灶。表明一起吃饭、居住和共同生活的人数较多，换言之，社会基层最小组织的人口数量较多。大概为七、八人甚至还多一些。这样的单位应该高于后来成为社会组织基础的核心家庭。从已经发现的后李文化聚落内部结构、聚落之间的关系以及墓地的情况等方面分析，这一时期的社会处在一种相对平等的社会阶段。

继后李文化而起的北辛文化，在这一地区有着比较广泛的分布，聚落遗址的数量明显增多，社会生产力水平的发展水平及其所反映的社会经济状况都有了一定进步。从社会组织结构方面看，如果和后李文化相比，北辛文化时期的一个重要变化就是房子的面积普遍变小，一般都在10平方米以下。这样大小的房子所居住的人口数量，大概不会超过四、五个人，这一数目人口的组织只能是核心家庭。也就是说，居住在一起并共同生活的基层组织应该是核心家庭。这一时期的核心家庭很可能仅仅是一个消费单位，但它的出现，应该是社会组织发展过程中一个重要的进步，对以后社经济的发展、私有制的产生、阶级的分化和社会分层的出现等，都有积极而重要的意义，从某种意义上甚至可以说是奠定了基础。综合各方面的情况，这一时期的社会较之后李文化虽然有发展和进步，但在总体上仍然处在平等社会阶段。

距今6100～4600年的大汶口文化时期，是黄河下游地区古代社会快速发展的阶段。对于这一延续时间较长的考古学文化，我们一般将其划分为早、中、晚期三个大的发展阶段。早期阶段，承接前此的北辛文化，但社会生产力水平和社会经济的发展都明显加快。聚落的扩散表明人口数量增多，聚落之间和聚落内部的分化出现并日益发展。同时，不同的区域之间在社会经济发展状况、财富的拥有量和分化程度方面的差异也开始显现出来，如大汶口地区和王因、刘林等地区就存在着十分明显的差别。前者明显出现了社会分层的现象，甚至可以说在其较晚阶段已经进入了分层社会，而后两者所在的区域发展较为缓慢，虽然社会分化有不断加大的趋势，但整体上仍然可以认为处于平等社会阶段。所以，我们将这一时期的社会归结为由平等社会向分层社会的过渡阶段。

距今5500～5000前后的大汶口文化中期，情况有了明显的改变。像早期阶段大汶口所在地区的那种社会分化比较突出的个别现象，这一时期较为普遍的出现，并且有了发展。如野店、花厅、焦家等，都可以认为是进入分层社会的小区。如野店遗址，出现了等级较高和较为富有家族的专用墓地。而苏北地区的花厅遗址，富有家族和一般家族的墓地是分开的，相互之间的差别十分显著。黄河下游地区的焦家遗址也存在类似的情况。

到距今5000年前后的大汶口文化晚期，聚落和墓地两个方面所体现出来的社会分化达到了前所未有的高度，特别是一部分比较发达的小区，空间聚落形态呈现大中小三级结构。在一个聚落群中，大型的中心聚落只有一处，而中等聚落则有数处，小型聚落的数量较多，整体表现为金字塔状结构。如沭河中游的莒县盆地，发现大汶口文化40余处，等级最高的中心遗址只有陵阳河一处，而中等聚落有六、七处，小型聚落则有30余处。如果考虑到陵阳河墓地的规模、富有程度、礼仪制度、等级分化、文字的出现以及与其他级别墓地（如大朱家村、杭头等）的比较等因素，可以认为这一地区在大汶口文化晚期阶段，已经进入早期国家阶段。其他像大汶口、野店、焦家等地，也存在相似的情况。

龙山文化时期，在大汶口文化晚期经济、文化高度发展的基础上，城址像雨后春笋般地涌现出来。我们说，城址在龙山文化时期被大量建造绝非偶然，它是社会矛盾发展到一定阶段的必然产物。这一时期，三级结构的聚落形态成为比较普遍的社会现象，而个别地区甚至产生了四级的聚落结构。位于金字塔顶端的中心聚落多数发现有城址，成为名副其实的都城。如城子崖城址所在的章丘和历城地区，就发现了30余处龙山文化时期的遗址[1]，在这些遗址中，除了城子崖这一处于最高等级上的中心城址之外，还有6处面积在5～10万平方米左右的二级聚落遗址，此外，则均为面积为3、4万平方米以下的小型聚落遗址，从而，大中小聚落在数量和等级上构成了一个金字塔状结构的聚落遗址群（图五）。这种结构的聚落形态在龙山文化时期是较为普遍的形式，这些聚落群的中心城址，不少经过了较长时期的使用，并且随着政治实体发展的需要，在早期较小城址的基础上扩建为较大的城址，如丁公和桐林等即属于这种情况。而聚落内部，无论是等级较高的城子崖、西朱封、

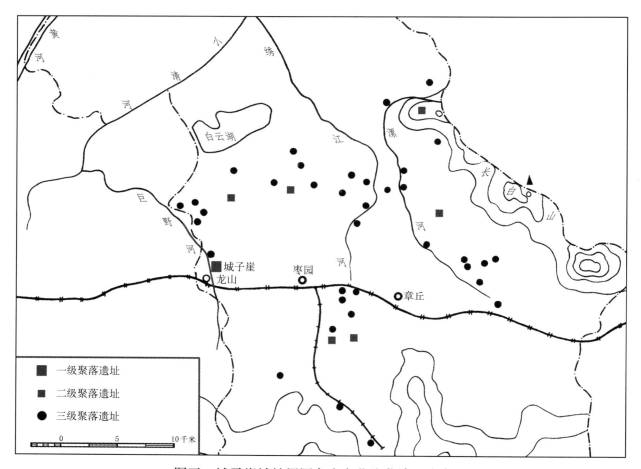

图五　城子崖城址周围龙山文化聚落遗址分布图

---

[1] 因为这只是章丘地区的统计数字，城子崖位于章丘、历城的交界处，历城一侧也应该有一定数量的龙山文化遗址，所以，城子崖地区龙山文化遗址的总量应该更多。

丁公、桐林和景阳冈，或是中等级别的三里河，还是等级较低的呈子，都从墓地与墓地、墓地内部两个方面显现出明显的阶层分化。所以，社会分层从聚落之间和聚落内部两个层面得到发展并且固定下来，逐渐地成为一种被社会认可的制度。

（原载《黄河的变迁与东亚海文明——日本学习院大学国际会议论文集》，日本学习院大学，2005年）

海岱地区史前聚落结构的演变

以黄河和淮河下游为主的海岱地区，是中国新石器文化的重要分布地区之一。根据目前的发现和研究，最早的新石器遗存发现于泰沂山中段的沂源县扁扁洞遗址，测定年代在距今11000～9600年之间[1]。其后，则依次为后李文化（距今8500～7000年前后）、北辛文化（距今7000～6100年）、大汶口文化（距今6100～4600年）和龙山文化（距今4600～4000年），龙山文化之后就进入了青铜时代的岳石文化和商代[2]。

近年来，随着聚落考古工作的开展，特别是考古调查工作的进展与重点城址的发掘和研究，我们对海岱地区史前时期聚落形态变迁的认识逐渐清晰起来。以下就海岱地区史前聚落形态演变的阶段性和大汶口晚期、龙山文化时期的聚落结构进行简略分析。

一 海岱地区史前时期聚落形态演变的阶段性

综观海岱地区新石器时代聚落形态的演变，大体上经历了三个发展阶段，在第一、二个阶段之间存在着一个较长的缓慢过渡时期。

第一阶段为北辛文化早期、后李文化及其以前阶段，绝对年代为距今6600年以前。这一阶段发现的遗址数量不多，空间分布相对比较稀疏。而且遗址之间和遗址内部的分化均不明显，属于比较典型的平等社会阶段。

如后李文化遗址数量最多的长白山北、西两侧地区，目前已经发现孙家、小荆山、绿竹园、摩天岭、西河等5处遗址，这些遗址之间的距离较远，最近的也超过5千米。从现有资料分析，这些遗址之间似乎不存在统属关系。

经发掘的西河和小荆山遗址，发现了比较丰富的房址和墓葬。西河遗址的房址数量较多，均为半地穴式，房址有大有小，但房屋结构和房内遗留的物品则没有差别[3]。小荆山的房址情况与西河相似。而小荆山遗址发现的20余墓葬，为整齐的三排，方向一致，墓室大小相近，均没有葬具，除了极个别的小件简单装饰，没有别的随葬品，甚至像后来极为普通的随葬陶器和石器都完全没有。所以，可以认为这一时期的社会结构属于一种低水平的平等社会关系[4]。

---

[1] 孙波、崔圣宽：《试论山东地区新石器时代早期遗存》，《中原文物》2008年第3期，第23～28页。

[2] 栾丰实：《海岱地区考古研究》，山东大学出版社，1997年。

[3] 山东省文物考古研究所：《山东章丘市西河新石器时代遗址1997年的发掘》，《考古》2000年第10期。

[4] 济南市文化局文物处、章丘市博物馆：《山东章丘小荆山遗址第一发掘》，《东方考古（第1集）》，科学出版社，2004年，第405～448页。

在聚落内部的结构方面，后李文化时期开始出现环壕聚落。如小荆山遗址就是目前海岱地区发现的最早的环壕聚落。小荆山环壕平面呈圆角等腰三角形（图一），北段长280、东南段长430、西段长420米，周长约1130米，环壕内东西约300、南北约400米，总面积约12万平方米。环壕的宽度不

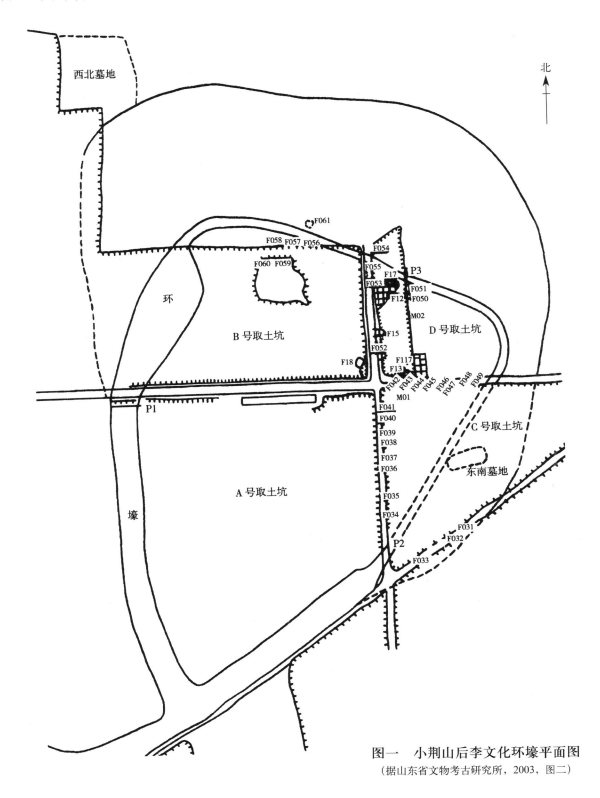

图一　小荆山后李文化环壕平面图

（据山东省文物考古研究所，2003，图二）

一，最窄的部位只有4～6、最宽处则有19～40米，深度在2.3～6米之间[1]。环壕之内是密集的房址，而墓地则主要规划在环壕之外，目前在东南和西北地区各发现一个墓地。

如果联系到同时期中原地区的裴李岗文化、北方的兴隆洼文化、南方的彭头山文化以及年代略晚的仰韶文化等，都发现了大小不一的环壕聚落。后李文化中出现环壕聚落也在情理之中。所以，我们可以认为这一阶段是环壕聚落的产生时期，而由聚落空间分布相对分散的特点看，当时聚落之间的关系尚未发展到分层的统属关系阶段。

第一阶段之后的北辛文化中晚期和大汶口文化早期偏早时期是一个过渡阶段，绝对年代大约在距今6600～5800年之间。海岱地区的聚落数量缓慢增加，随着生产力水平的提高、社会生产的发展和财富的积累，分化开始出现，但发展十分缓慢。这一时期的社会结构也开始由平等社会向分层社会发展过渡。

以上变化，从目前的资料看始于北辛文化中晚期，主要表现在聚落的空间分布密度有所加大，聚落内部开始出现了初步分化的迹象等。如属于北辛文化晚期的江苏灌云大伊山墓地，在发现的62座北辛文化墓葬中，墓群、墓组和单个墓葬之间似乎已经出现轻微的分化，但从整体上看并不明显[2]（表一）。

表一　大伊山墓地分群分组墓葬随葬品统计表

A 群（平均2.4件）						B 群（平均1.5件）					
甲 组			乙 组			甲 组			乙 组		
件数	墓数	平均	件数	墓数	平均	件数	墓数	平均	件数	墓数	平均
18	17	1.1	62	17	3.6	36	20	1.8	2	6	0.3

说明：大伊山墓地第二次发掘的24座墓葬中，有15座为受到不同程度破坏的残墓，其中，10座已空无一物，A群甲组中有8座为残墓，B群乙组的6座墓葬均为残墓。所以，以上比例未必能完全反映当时的实际情况。

北辛文化虽然目前尚未发现明确的环壕聚落，但也有线索可寻。如经过发掘的汶上东贾柏遗址，在居住区的南侧发现了一条东西向北辛文化时期的壕沟遗迹，已清理部分长25、沟口宽3米，两壁斜直，深1.3～1.5米[3]。由此看来，东贾柏遗址很有可能是一处北辛文化中晚期的环壕聚落。

大汶口文化早期阶段在各个方面都直接承接北辛文化而又有所发展。如兖州王因、邳州刘林、泰安大汶口、邹城野店等遗址的大汶口文化早期遗存，虽然聚落内部的分化程度较之此前的北辛文化有所扩大，但仍然不很显著。所以，可以认为这一较长时间是海岱地区史前文化社会内部发展的量变积累阶段。

第二阶段为大汶口文化早期偏晚至中期阶段，绝对年代约在距今5800～5000年之间。这一阶段的聚落形态特点十分明显，主要表现在聚落遗址的数量显著增多，聚落之间和内部的等级分化日益

---

[1] 山东省文物考古研究所：《山东章丘市小荆山后李文化环壕聚落勘探报告》，《华夏考古》2003年第3期，第6～11页。

[2] 连云港市博物馆：《江苏灌云大伊山新石器时代遗址第一次发掘报告》，《东南文化》1988年第2期；南京博物院、连云港市博物馆、灌云县博物馆：《江苏灌云大伊山遗址1986年的发掘》，《文物》1991年第7期。

[3] 胡秉华：《汶上县东贾柏北辛文化遗址》，《中国考古学年鉴·1991》，文物出版社，1992年。

明显，至少已经出现了中心聚落和一般聚落两个等级的差别。

大汶口文化早期多数遗址的分化并不显著，继续处于由平等社会向分层社会发展的过渡时期。但也有个别遗址的情况不同。如泰安大汶口遗址，在其早期偏晚阶段就出现了明显的分化，既有墓室面积较大，随葬品数量较多，质量优良，甚至使用了木质葬具的较大墓葬，如大汶口M2005，也有墓室狭小而贫穷的墓葬[1]。所以，类似于大汶口这样的遗址已经成为一定范围聚落群的中心。到大汶口文化中期，大汶口遗址早期的这种情况逐渐成为较为普遍的现象。如果说早期阶段聚落之间的分化还是个别现象，那么到了中期，聚落分化为不同层级的结构这一现象逐渐成为一种潮流。如泰安大汶口、邹城野店、邳州大墩子、新沂花厅、章丘焦家等，无论是遗址的面积，还是遗址内部富裕和分化程度，均明显高于周围的中小聚落，成为当地聚落群名副其实的中心。所以，以大汶口遗址为代表的新现象，是社会内部产生质变的证据。此后，这一历史发展趋势就不可阻挡地在海岱地区漫延开来。

所以，我们认为至迟到大汶口文化早期阶段的后期，聚落分化速度加快，开始出现大小或上下两个层级的聚落结构。而到中期阶段，在早期大汶口遗址所见到的现象，在不同区域的许多遗址清楚地显现出来，并且有所发展。上下两级结构的聚落形态成为一种普遍现象，有的地区还出现了大中小或上中下三级金字塔状结构的聚落形态。

第三阶段是大汶口文化晚期和龙山文化时期，绝对年代在距今5000～4000年之间。这一时期的聚落形态在前期的基础上，又产生了一个根本性的变化，即城址的出现。城址的出现，标志着聚落结构的层次增多，中心聚落的地位和作用得到强化，其统辖和管理的功能日益凸现，由此表明社会的复杂化程度进一步加深。从目前的资料看，大汶口文化晚期是城址出现的阶段，大中小（或上中下）三级金字塔状的聚落结构开始增多。到龙山文化时期，三级的聚落结构成为一种常态，而局部地区很可能已经形成四级结构的聚落形态。

以上，我们大体勾勒了海岱地区史前时期聚落形态变迁的趋势和阶段性，从中也可以粗略地了解该地区由平等社会逐渐向分层社会发展演变的过程。上述发展过程既有量变的积累也有质变的飞跃。从国家的起源和形成这一角度分析，大汶口文化早期后段和大汶口文化中晚期之交可能是两个重要的发展关节点。大汶口文化早期后段是社会分层的重要启动时期，而大汶口文化晚期和龙山文化时期则进入了城市化的初期，说得明确一点可以认为已经产生了早期国家。

二　大汶口晚期至龙山文化时期的聚落结构

这一时期的聚落形态至少呈现出明显的三级结构，并各有自己独特的表现形式。最高一级出现城和壕相结合的防御设施，一般称为城址；中间一级则很可能具有围壕环绕，可称为环壕聚落；最下层一级为普通聚落。

1. 城址

海岱地区是最早发现史前城址的区域之一。这一地区发现的城址可以追溯到20世纪30年代城

---

[1]　山东省文物考古研究所：《大汶口续集——大汶口遗址第二、三次发掘报告》，科学出版社，1997年。

子崖遗址第一轮发掘时。20世纪90年代以来，随着城子崖遗址的重新发掘和丁公龙山文化城址的发现，使我们对龙山时代城址的认识产生了一个飞跃，即城址在龙山时代已经普遍出现，成为那个时代的重要特征和文化内涵的基本构成。已经发现的龙山时代城址面积多数相对较大，是其所在的聚落群中最大的遗址。城址的位置也比较适中，多在资源比较丰富、交通相对方便和地形地貌有利的战略位置。其中一些做过考古发掘的城址，在墓葬等方面呈现出较为明显的等级差别，并且形成了早期的礼制。

截至目前，海岱地区陆续发现了一批大汶口、龙山文化城址，其中可以确认的有，山东的城子崖、丁公、桐林、景阳冈、丹土、两城镇，江苏的藤花落和安徽的垓下等8座，其中丹土和垓下两座城址的时代可以早到大汶口文化晚期。此外，还有一批同时期城址尽管有过报道，但因为存在这样或那样的问题，需要进一步开展工作来加以研究确认[1]。

从总体归纳，海岱地区大汶口、龙山文化城址有以下特点：

（1）城址的分布有一定规律，遗址面积较大，位置适中，城址立地的交通和环境条件较为优越。如泰沂山北侧的城子崖、丁公、桐林等几处龙山城址，均处在海拔20～50米高度，并且分布在自古以来的东西交通干线上。

（2）城址的形状多数较为规整，以方形为主，少数为长方形，个别因所处地形的原因而略有变化。这与绝大多数为圆形或椭圆形的环壕聚落明显不同。

（3）城墙多数为内外两圈。如丁公、桐林、藤花落，有的为三圈，如丹土、两城镇。一圈的目前只有城子崖、景阳冈和垓下3座，城子崖城址内部基本没有开展工作，所以其内部极有可能存在小一点的早期城墙。景阳冈城址的年代相对较晚，使用时间也短一些，但也不排除城内的大型台基是一个小一点的城址的可能。垓下城址刚刚发现，目前只是在外围做工作，其内部是否存在更小一点的城圈还不得而知，需要今后加以注意。这些城址内外圈的关系应为依次而建，即内圈较早，外圈略晚。

城墙的宽度多数在10～15米之间，内外侧均呈坡状，一般说来，内侧较缓，外侧较为陡直。由于城墙在使用过程中多数是不断地向外扩建，所以内侧也在向外移动，因而会出现扩建之前的城墙内侧一带成为新的各种活动场所而出现打破城墙的情形。城墙均为平地起建，迄今为止还没有发现构筑城墙之前先挖基槽的现象。城墙的构筑方法以分层堆筑为主，局部（如城门位置）则采用了版筑技术。

城墙之外均有宽窄不一的壕沟，宽度多在20～50米之间。城墙与壕沟之间多数没有间隔，由于使用期间对城墙不断地进行修葺，多数是向外侧加宽和加高，而壕沟也不断地清淤，城墙与壕沟往往会出现交错叠压的复杂关系。

（4）城址的年代多数比较明确。目前已经确认的城址，除了丹土内圈和垓下为大汶口文化晚期之外，其余均为龙山文化时期修筑，个别城址可能延用到了岳石文化时期。

大汶口晚期和龙山文化时期的城址可以丹土和藤花落为例。

丹土城址

位于鲁东南沿海的五莲县丹土村，城址有内、中、外三圈，代表了三个不同的时期（图二）。

[1]　栾丰实：《关于海岱地区史前城址的几个问题》，《东方考古（第3集）》，科学出版社，2006年，第67、78页。

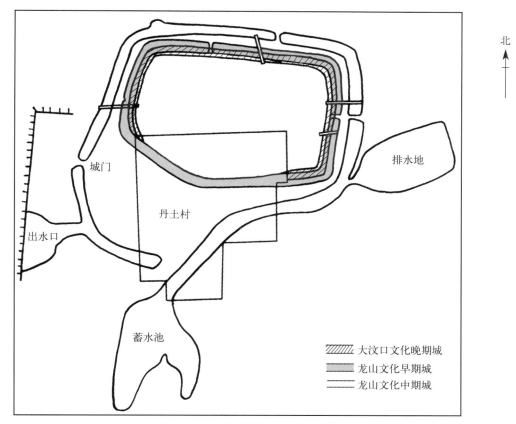

北

城门

排水地

出水口

丹土村

蓄水池

▨▨▨ 大汶口文化晚期城
▨▨▨ 龙山文化早期城
——— 龙山文化中期城

图二　丹土大汶口、龙山文化城址平面图
（据山东省文物考古研究所，2001，插图）

内圈为大汶口文化晚期后段，城内面积9.5万平方米，中圈为龙山文化早期，城内面积11万平方米，最大的外圈为龙山文化中期，城内面积18万平方米。中圈和内圈城墙的形状和走向甚为一致，只是在大部分地段中圈城墙直接叠压在内圈城墙之外的壕沟上。外圈的变化主要表现在南侧城墙大幅度外移，从而使城址的形状发生了较大改变，其他三侧则与中圈保持着相同的形状，只是略微向外移动，即外圈城墙叠压在中圈城墙之外的壕沟上。从几次发掘的情况看，三圈城墙的建造是"由里及外，由小到大，由早及晚逐渐扩建的"，是典型的城墙和壕沟相结合的环壕城址[1]。丹土城址经过多次调查、勘探和三次具有一定规模的发掘，出土了一大批各个时期的文化遗存和遗物。其中既有聚落房址等居住遗迹，也有不少墓葬，出土的玉质礼器不仅数量多，器形复杂，而且体量巨大，制作工艺高超，为海岱地区史前文化所仅见。这些资料为我们认识丹土城址的性质奠定了良好的基础。

藤花落城址

位于江苏东北部连云港市开发区中云乡南北云台山之间。1996年以来，南京博物院对该遗址进行了多次发掘，共发现内外两圈龙山文化城址。藤花落龙山文化城址亦是由城墙和城外的壕沟组成的环壕城，城址分为内外两圈（图三）。内圈较小，平面为圆角方形，面积约4万平方米。外圈较大，平面为长方形，面积约14万平方米[2]。藤花落遗址的龙山文化遗存延续时间比较长，大约从龙山

[1]　山东省文物考古研究所：《五莲丹土发现大汶口文化城址》，《中国文物报》2001年1月17日第1版。
[2]　林留根等：《江苏连云港藤花落遗址》，《2000中国重要考古发现》，文物出版社，2001年，第1~7页。

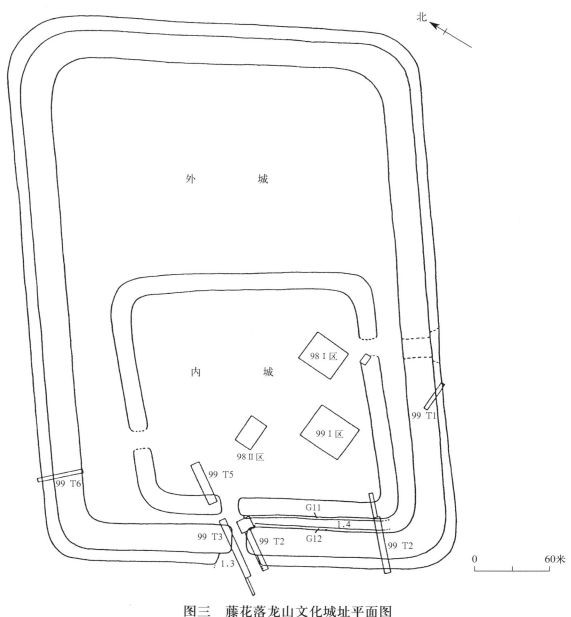

图三　藤花落龙山文化城址平面图
(据国家文物局，2001，第2页插图)

文化早期偏晚阶段开始，一直延续到龙山文化晚期，并且还发现了比较丰富的岳石文化遗存。从文化遗存的丰富程度来看，龙山文化早中期较为繁荣，晚期遗迹和遗物都较少。所以，发掘者认为藤花落的龙山城址始于龙山文化早期偏晚，到龙山文化中期后段即已废弃。如前所述，我们认为藤花落内外两圈龙山城址存在着时代差别，内圈小城址的时代较早，外圈大城址的时代较晚，两者应是前后相继的关系。

2. 环壕聚落

所谓环壕聚落，是指在遗址的周边有人工挖成的壕沟，这些壕沟将聚落的全部或主要部分封闭起来，形成一种保护的功能。环壕聚落在中国出现的很早，中原的裴李岗文化、北方的兴隆洼文化、南方的彭头山文化和东方的后李文化都有发现。以往我们一般认为环壕聚落和城是社会发展的两个不同阶段，现在看来，它们除了有前后关系之外，还有共时并存的关系。近几年来，在海岱地区发现大汶口晚期和龙山文化时期城址的同时，又陆续在一些中、小型大汶口晚期和龙山文化遗址发现有环壕，这是近年来海岱地区史前考古的重要收获之一。

截至目前已经发现环壕聚落多处，如：安徽蒙城尉迟寺、山东桓台后埠和李寨、平度逄家庄、黄岛南营、胶南河头、招远老店等。这些环壕聚落面积大小不一，大者接近10万平方米，小者不足5万平方米，整体上明显小于同时期的城址，在聚落遗址的规模上均属于中型聚落。

（1）尉迟寺环壕聚落

遗址位于皖北的蒙城县毕集村东，属淮河支流北淝河流域。环壕平面呈南北较长的椭圆形（图四），壕沟以内的遗址面积2万多平方米。1989年以来，中国社会科学院考古研究所安徽队经过多次发掘，揭露面积达1万平方米[1]。环壕内发现了排列整齐的排房建筑遗迹，也有数量可观的墓葬。综

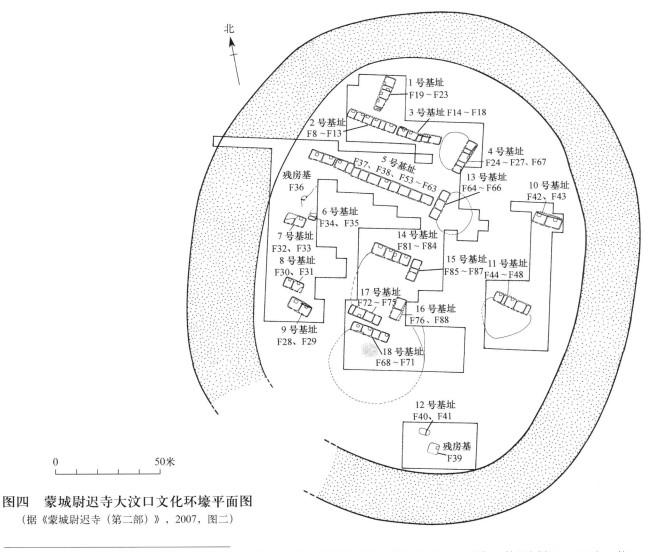

图四　蒙城尉迟寺大汶口文化环壕平面图
（据《蒙城尉迟寺（第二部）》，2007，图二）

[1]　中国社会科学院考古研究所：《蒙城尉迟寺——皖北新石器时代聚落遗存的发掘与研究》，科学出版社，2001年，第5、13～17页；中国社会科学院考古研究所、安徽省蒙城县文化局：《蒙城尉迟寺（第二部）》，科学出版社，2007年。

合分析壕沟内的出土遗物和环壕之内的文化遗存，发掘者认为尉迟寺环壕聚落的时代为大汶口文化晚期阶段。从环壕聚落的面积和房址的排列、大小、房内遗物的数量、质量等方面分析，尉迟寺环壕聚落只能是三级聚落结构的中间一级[1]。最近安徽省文物考古研究所在尉迟寺之东的固镇县垓下，发现了大汶口文化晚期城址[2]，进一步证实了我们这一观点。

    （2）李寨环壕聚落

    遗址坐落在桓台县田庄镇李寨村西南海拔14.8米的土岗之上。1996年以来，山东省文物考古研究所、淄博市文物局和桓台县博物馆多次对该遗址进行抢救性发掘，并对环壕进行了解剖和勘探。环壕平面近似圆形（图五），东西长260、南北宽240米，周长约800米，壕内面积5万余平方米。经过解剖的南侧壕沟宽11.5、深约3米。壕沟的断面呈锅底状，外壁较陡，内壁略缓。壕沟的时代约为龙山文化早中期。环壕内发现有龙山文化时期的红烧土分布区、房屋、灰坑、水井、陶窑及墓葬等遗迹[3]。

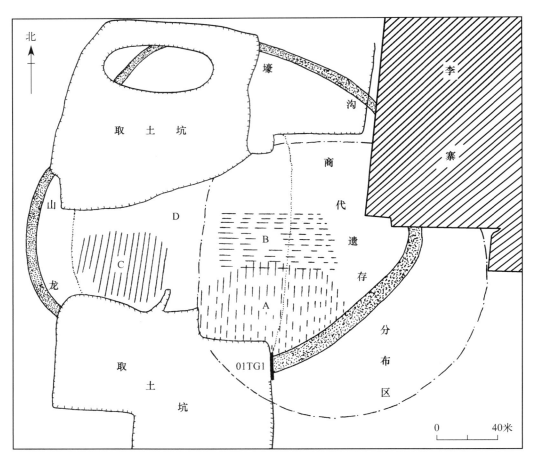

图五　李寨龙山文化环壕平面图

（据燕生东，2005，图一三）

    [1] 栾丰实：《史前聚落考古的新成果——读〈蒙城尉迟寺——皖北新石器时代聚落遗存的发掘与研究〉》，《考古》2004年第7期，第93页。

    [2] 《垓下首次发现新石器时代城址》，《安徽日报》2007年8月20日。

    [3] 燕生东等：《桓台西南部龙山、晚商时期的聚落》，《东方考古（第2集）》，科学出版社，2005年，第184～186页。

（3）后埠环壕聚落

　　遗址位于鲁北中部的桓台县后埠村，环壕平面呈椭圆形（图六），东西长450、南北宽260米，壕内面积近10万平方米[1]。从解剖的探沟来看，壕沟宽在7～8、深近2～3.3米，沟的内外壁均较为陡峭，沟内堆积以废弃的垃圾为主，底部有淤土（图七）。从沟内出土遗物分析，壕沟属于龙山文化中晚期。遗址内发现有龙山文化时期的房子、窖穴和墓葬等遗迹。

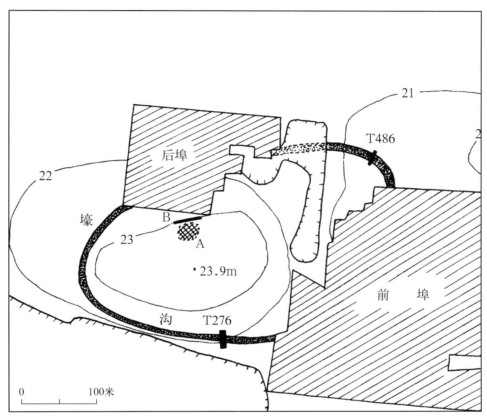

图六　后埠龙山文化环壕分布图

（据燕生东，2007，图九）

（4）逄家庄环壕聚落

　　遗址坐落在平度市逄家庄村东的缓丘上，西距胶莱河6千米。2002年，为了配合潍莱高速公路建设对该遗址进行了抢救性发掘，发现龙山文化的房基、窖穴、墓葬和环壕遗迹。环壕位于遗址中、南部的缓坡上，仅存东、西、北三面，从保存范围看，平面近似圆角长方形，东西约110～140、南北残长160米。沟宽12～14、深2米左右。沟的断面呈倒梯形，外坡较缓，内坡较陡，底部遗有较纯的浅黄褐色淤土。从沟内出土遗物分析，逄家庄环壕的时代约为龙山文化早中期[2]。

　　[1]　燕生东等：《桓台西南部龙山、晚商时期的聚落》，《东方考古（第2集）》，科学出版社，2005年，第183、184页。

　　[2]　高明奎、曹元启、于克志：《平度市逄家庄龙山文化和汉代遗址》，《中国考古学年鉴·2003》，文物出版社，2004年，第203、204页。

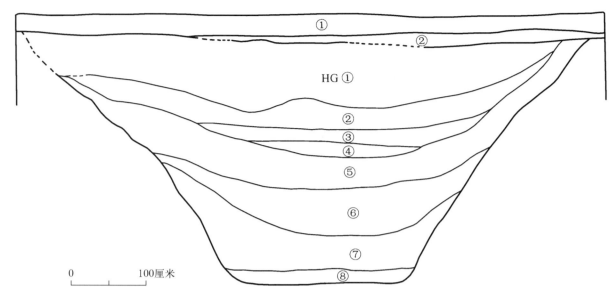

图七　后埠龙山文化环壕剖面图

①表土　②黄色粉砂土　HG：①深灰褐色黏土　②灰褐色黏土　③浅灰褐色黏土　④深灰褐色黏土　⑤黄褐色粉砂土　⑥浅黄褐色黏土　⑦灰褐色黏土　⑧浅灰色淤土　（据燕生东，2007，图九）

3. 普通聚落

　　所谓普通聚落，是指没有城墙和环壕的聚落。这一类聚落的数量最多，面积一般都在5万平方米以下，有的甚至只有数千平方米，聚落内的人口数量也比较少。在大汶口晚期至龙山文化时期，此类聚落处于金字塔状聚落结构的底部，是当时社会的基础。

　　上述分析表明，龙山文化时期的聚落结构，至少存在着城址、环壕聚落和普通聚落这样三个具有明显差别又相互联系的层级。大型或较大型的中心聚落多修筑有城墙，城墙周围还环绕着壕沟；中型聚落则主要表现为环壕聚落（不排除有的可能有城防设施存在），防御等级和聚落规模均介于中间的位置；大量的小型遗址则为不设防的普通聚落。

　　大汶口晚期、龙山文化时期逐渐形成的这种日趋稳定的"城址、环壕聚落、普通聚落"三级聚落形态，和后来中国古代文献里记载的"都、邑、聚"三级聚落结构有着惊人的相似之处。符合这种结构的聚落群，又能发现像大汶口墓地、陵阳河墓地、尹家城墓地、西朱封墓地这样社会分化显著的具体例证，则可以认为它们已经进入了早期国家阶段，即所谓古国或邦国时期。到这一阶段的后期即龙山文化阶段开始出现超大型城址，如两城镇，面积近百万平方米，该地区可能已经产生出四级结构的聚落形态，即在最上层的"城址"之中，由原来的一层演变为两层，出现特大城址和一般城址的区别，表现为聚落群的规模进一步扩大，这很有可能是通过战争兼并或者其他方式开始形成最早的古国联合体，即所谓方国。

　　（2009年为参加日本金泽大学的学术会议而撰写，后刊于《东方考古（第13集）》，科学出版社，2016年）

海岱地区史前祭祀遗存二题

祭祀作为人们精神文化活动的载体，大约产生于人类的早期阶段。在考古学产生之前，人们只能根据文献记载来了解历史时期的各种祭祀活动。考古学产生以后，使我们有可能通过追寻更早时期人们的各种祭祀活动，来认识我们早期祖先的精神活动。

从考古发现来看，祭祀活动至少在旧石器时代就已经出现，而到农业发明以后的新石器时代，各种祭祀遗存的数量和类别迅速增多。具体到海岱地区，至少从距今8000年之前的后李文化时期，就出现不同类别的祭祀遗存。而此后的北辛、大汶口和龙山文化时期，各种类别的祭祀活动又和社会分层的发展密切结合起来，形成了层次高低有别、规模大小不同、祭祀种类繁多的格局。从祭祀的内容来看，不外乎是自然与祖先两大类别。在由自然崇拜衍生出来的祭祀活动中，又以祭天（祭日）为代表的太阳神崇拜最为重要。以下我们拟从大汶口、龙山文化时期的相关遗存来探讨史前海岱地区的同类祭祀活动。

一 大汶口文化的祭天图像

自1960年以来，陆续在大汶口文化的陶器上发现了一些刻划图像，截至目前，已有8处遗址发现了30余个这样的图像标本，根据图像的内容和形态可以将其分为八类十余种之多[1]。其中最引人注目的是被释读为"旦"、"炅"或"昊"的两类图像。目前已经公开发表的出土这两类图像的地点共有4处。

（1）陵阳河遗址

位于山东省东南部的莒县，共发现4例。陵阳河是东南沿海地区十分重要的一处大汶口文化遗址，1963和1979年，山东省博物馆先后两次发掘该遗址，发现大汶口文化晚期墓葬45座[2]。从墓葬的规模和出土遗物分析，陵阳河被认为是莒县盆地一带大汶口文化晚期等级最高的中心聚落。

（2）大朱村遗址

南距陵阳河遗址约6千米，共发现2例。1979～1985年，山东省文物考古研究所和莒县博物馆在对大朱村遗址的发掘中，发现和清理大汶口文化晚期墓葬35座[3]。从墓葬规模和遗址面积等方面看，

[1] 栾丰实：《论大汶口文化的刻画图像文字》，《桃李成蹊集——庆祝安志敏先生八十寿辰》，香港中文大学中国考古艺术研究中心，2004年，第121～138页。

[2] 山东考古所、山东省博物馆、莒县文管所：《山东莒县陵阳河大汶口文化墓葬发掘简报》，《史前研究》1987年第3期。

[3] 山东省文物考古研究所、莒县博物馆：《莒县大朱家村大汶口文化墓葬》，《考古学报》1991年第2期；苏兆庆、常兴照、张安礼：《山东莒县大朱村大汶口文化墓地复查清理简报》，《史前研究》（辑刊），1989年。

其等级低于陵阳河而高于其他更小的遗址，属中等聚落遗址的范畴。

（3）前寨遗址

位于山东省东部的诸城市西南部，调查时采集到1例[1]。1980～1981年，北京大学考古实习队对该遗址进行过两次发掘，发现了一批大小不一的大汶口文化晚期墓葬。从墓葬的规模和分化程度看，与大朱村遗址的情况相似。

（4）尉迟寺遗址

位于安徽省北部的蒙城县，共发现5例。1989年以来，中国社会科学院考古研究所安徽队多次发掘尉迟寺遗址，不仅发现了保存完好的大汶口文化晚期环壕和完整的聚落房屋，还发现了大量墓葬，为研究大汶口文化向皖北豫东地区的扩展和人口迁徙，提供了十分重要的资料[2]。

此外，在日照尧王城和五莲丹土两处遗址的大汶口文化末期遗存中，也发现有这一类图像的残片[3]。

以上4处遗址发现的两类图像合计有12例，除了尉迟寺的1例出自祭祀坑，其他均发现于墓葬之中或为采集品。以上几处出土这两类图像的墓葬，时代均为大汶口文化晚期阶段，绝对年代大约在距今5000～4600年之间。

这些图像在结构上可以分为繁简两体。繁体由上、中、下三个部分组成。上部是一个大圆圈，中部为向上弯曲的弧形图案，下部则是五峰山形、火焰形或台形图案（图一）。简体只有上述的

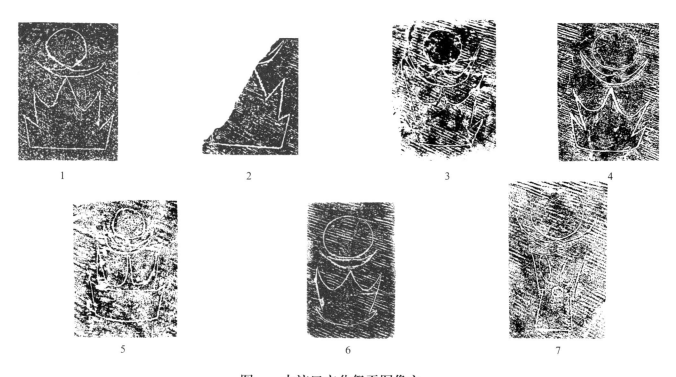

图一　大汶口文化祭天图像之一

1. 陵阳河采集　2. 前寨采集　3～5、7. 尉迟寺（JS4：1、M96：2、M215：1、M177：1）　6. 大朱村采集

[1]　诸城县博物馆：《山东诸城史前文化遗址调查》，《海岱考古（第一辑）》，山东大学出版社，1989年。

[2]　中国社会科学院考古研究所：《蒙城尉迟寺——皖北新石器时代聚落遗存的发掘与研究》，科学出版社，2001年。

[3]　中国社会科学院考古研究所：《尧王城遗址第二次发掘有重要发现》，《中国文物报》1994年1月23日第1版；山东省文物考古研究所：《五莲丹土发现大汶口文化城址》，《中国文物报》2001年1月17日第1版。

前两部分，即上部为圆圈，下部为向上弯曲的弧形图案（图二）。以上所发现的12例图像中，属于繁体的有8例，分别出自陵阳河、前寨、大朱村和尉迟寺遗址。简体的2例，发现于大朱村和前寨遗址。因为器物残破而只保存有上、中两个部分的2例，均见于陵阳河遗址。

  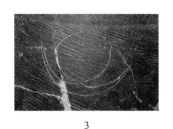 

1   2   3   4

图二　大汶口文化祭天图像之二
1、2. 陵阳河采集　3. 大朱村（M04：7）　4. 陵阳河（M7）

对这一类图像的释读和解释，存在着诸多不同意见，其根源在于对组成图像的几个部分有不同的认识[1]。具体说来，上部的大圆圈为太阳的摹画，学术界没有疑义。下部多数为五峰山形，似乎也没有分歧，只是近年在一些地点发现了有所变化的图形而出现新的观点。问题在于中间的图形，有"云气"、"火"、"鸟"等不同的隶定。不管是哪一种看法，似乎并不影响我们对这一类图像社会涵义的观点。

古史传说中有许多关于中国早期历史人物的记载，其中比较著名的太昊和少昊，就是世居东方的早期部族集团的代表。太昊的早期阶段，可能是居住在东部沿海地区一带。如果与考古发现相印证，则应与大汶口文化的时代相当。有趣的是，后来文献记载的太昊氏就是一个主东方之帝，如《淮南子·天文训》中说："东方，木也，其帝太皞，其佐句芒，执规而治春，其神为岁星。"《逸周书·月令篇》、《吕氏春秋·孟春纪》、《礼记·月令篇》等都有类似的记载。东方是日出之地，所以太昊是与太阳关系最为密切的部族或集团。《潜夫论·五德志》记载："大人迹出雷泽，华胥履之生伏羲，其相日角，世号太昊"。《太平御览》卷78引《皇王世纪》云："太昊……位在东方，主春，象日之明"。上述大汶口文化图像，最关键的部分也是上部的太阳。所以，图像所蕴涵的内容与太阳之间存在着密切关系。基于此，有的学者把这一类图像称为大汶口文化的"太阳神徽"[2]。这样，从地望（东部沿海地区）和内容（对太阳的崇拜）两个方面，就可以把大汶口文化和古史中太昊部族联系起来。

所以，上述图像的基本内涵应该表现了祭祀太阳神的活动。被祭祀的主体——太阳高高在上。而中部的图形，或释为"火"，或释为"云气"，是用来烘托太阳主体地位的，或释为负日运行的"神鸟（金乌）"，这些均应是作为太阳的辅助因素而存在的。而下部的五峰山或台形图形，则是进行祭祀活动的场所，或是在高高的山峰上，或是在筑起的高台上。当然，中间的火也可以认为是商代时期仍存的燎祭之火。

诚如是，我们可以认为大汶口文化时期有关太阳的图像，其本意是记载祭祀太阳的重要活动，

---

[1]　栾丰实：《太昊和少昊传说的考古学研究》，《中国史研究》2002年第3期。

[2]　杜金鹏：《大汶口文化与良渚文化的几个问题》，《考古》1992年第10期。

而这种祭祀，也可以引申为祭祀天的行为。这种祭祀活动在丘陵地区一般应该在山上进行，所以发现的同类图像下部多为山峰。而平原地区少山或无山，则出现了和台形图像相结合的现象。如安徽尉迟寺遗址，地处广袤的平川，出现了在平地筑台进行同类的祭祀活动。所以，我们认为，大汶口人自东方向西迁徙到皖北平原地区以后，除了继续保持原有的祭祀太阳和祭天的图像之外，又根据这一地区的特点，创造出了新的图像组合，以适应变化了的地貌环境特点。

二 大汶口、龙山文化时期玉石璋

璋，或称为牙璋、刀形端刃器、骨铲形玉器、耜形端刃器等。它是指一种形制特殊的玉质（部分为石或其他质料）器具，器身窄长，由器体、器柄（或称为内）和两者相交处的阑等三个部分组成。这种器物的出土范围十分广泛，并且散见于世界各大博物馆的藏品之中。对此，有不少学者进行过研究[1]。1994年，还在中国香港中文大学举办过专门的学术讨论会[2]。本文不拟系统论述这一问题，只想就此类器物的早期类型出土地点及用途、功能进行一些探讨。

1. 出土地点

早期的璋多为石质或玉质，主要发现海岱地区的东部沿海一带，目前所知共有4处出土玉石璋的地点。

（1）沂南罗圈峪村

1988年7月，村民为了建房而炸山取石，在山坡的裂隙中发现一组玉石器，共十余件，除2件玉器外，余者均为石器。有4件石璋（一件仅存残破的内部），形制不同，其中YL：10的形制最为原始（图三，1、3、4）[3]。从发现的情况看，埋藏玉石器的地点显然是一处远离人们居住区的窖藏类遗存。出土遗物中没有陶器共出，也不知附近是否有同类遗址。据出土的石器分析，均为大汶口文化至龙山文化时期的常见器形，其中1件玉镯，直径5.4、孔径4.6、高2.8、厚0.4～0.6厘米，镯体较高，与花厅大汶口文化中晚期之交的M18：8玉镯（直径5.4、孔径4.1、高2.2、厚约0.5厘米）[4]及三里河大汶口文化晚期后段的M279：14玉镯（直径7.8、高4.2、厚0.6～0.7厘米）[5]基本相同，而相同或相近的玉镯在海岱龙山文化中至今尚未发现。所以，罗圈峪地点中的部分玉石器的时代有早到大汶口文化晚期的可能，即年代上限有可能达到距今4700年（与三里河M279的年代相当）甚至距今5000年（与花厅M18的年代相当）前后。

（2）临沂大范庄遗址

1977年冬，农民平整土地时发现2件玉璋，较长的一件为灰绿色，略短的一件为灰白色（图三，2、5），出土情况不详[6]。大范庄遗址曾进行过两次发掘，不仅发现了一批墓葬，也出土了大量陶器

---

[1] 研究过璋类器物的学者甚多，可参见王永波：《耜形端刃器的分类与分期》，《考古学报》1996年第1期；王永波：《耜形端刃器的起源、定名和用途》，《考古学报》2002年第2期。

[2] 香港中文大学中国考古艺术研究中心编：《南中国及邻近地区古文化研究》，香港中文大学出版社，1994年。

[3] 于秋苇、赵文俊：《山东沂南县发现一组玉、石器》，《考古》1998年第3期，第90、91页。

[4] 南京博物院：《花厅——新石器时代墓地发掘报告》，文物出版社，2003年，第160、161页。

[5] 中国社会科学院考古研究所：《胶县三里河》，文物出版社，1988年，图二五，6。

[6] 冯沂：《山东临沂市大范庄遗址调查》，《华夏考古》2004年第1期，第6、7页。

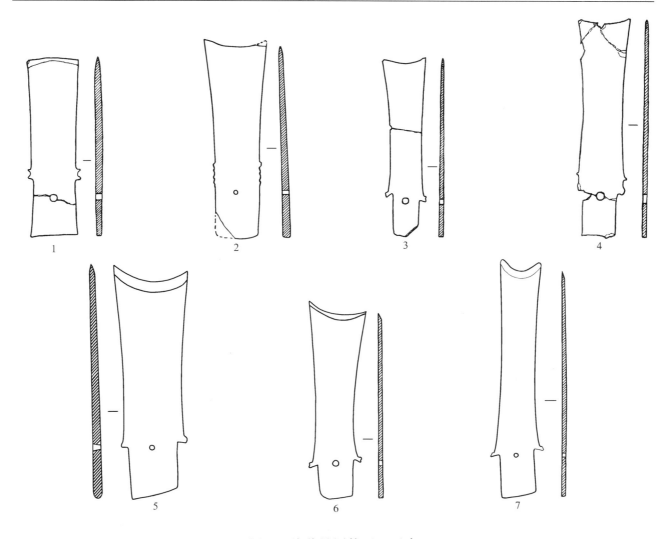

图三　海岱地区的玉、石璋
1、3、4. 罗圈峪采集　2、5. 大范庄采集　6. 司马台采集　7. 上万家沟北岭采集

等遗物[1]。将大范庄遗存置于海岱史前文化中予以定位，可将其时代确定在大汶口文化末期至龙山文化前期，绝对年代大约在距今4700～4300年之间。所以，大范庄遗址出土的2件璋，时代不会超出这一年代范围之内。

（3）五莲上万家沟北岭

1986年，当地农民在这里开山造田时发现一件完整的石璋[2]（图三，7），是否有其他遗物共出不详，但其地理位置与埋藏情况与沂水罗圈峪的一组石璋较为相似。据调查，在出土石璋周围5千米范围内，有一处大汶口文化遗址和数处龙山文化遗址，最近的一处龙山文化遗址是位于其东南方向2.5千米的岳疃村。所以，发现者和研究者都推测这件石璋的年代为龙山文化时期[3]。如果从上万家

[1] 临沂文物组：《山东临沂大范庄新石器时代墓葬的发掘》，《考古》1975年第1期，第13～22页。

[2] 补记：上万家沟北岭出土的牙璋后经鉴定为透闪石软玉。

[3] 王永波：《关于刀形端刃器的几个问题》，《故宫文物月刊》135，1994年6月，第20～22页。

沟石璋的形制分析，这一推测比较可信。

（4）海阳司马台遗址

1979年，农民在进行农田改造过程中，在距遗址底部1.2米左右的位置发现一件深绿色玉璋（图三，6），同出的还有玉牙璧、有领玉环和陶罐等[1]。司马台是一处文化内涵十分丰富的古文化遗址，经试掘，发现有大汶口文化、龙山文化、岳石文化和东周及其以后等不同时期的文化遗存[2]。分析玉璋的所在位置和共出的遗物，如陶罐就属于龙山文化时期，牙璧的形制特点也与龙山文化时期的相同，而司马台遗址的龙山文化遗存均为前期阶段，没有发现龙山晚期遗存。故推定同出的玉璋应该属于龙山文化前期，大约在距今4600～4300年之间。

通过以上分析可知，四处出土玉石璋的遗址的年代，罗圈峪和大范庄较早，上万家沟和司马台略迟。玉石璋的形制和制作水平也印证了这一年代顺序。而这4处地点出土的玉石璋，特别是罗圈峪和大范庄，是目前发现的玉石璋中年代最早的地点。

2. 关于璋的功能和用途

玉、石璋的功能和用途，历来就存在着不同的观点。归纳起来主要有军旅兵守、祭祀用器、权杖、礼仪用器等诸说。

璋是一种流行时间甚长、分布范围极其广泛的一类器物，其功能和用途不能一概而论。即在不同的地域可能用途有一定差别，而不同的时期，特别是进入历史时期以后，功能可能也产生了相当的变化。这里，我们着重讨论其初始阶段的功能和用途问题。

要讨论璋的功能和用途，就不能不考虑璋类器物的来源，即从其源头上分析其原初的内涵和功能。我认为，沂南罗圈峪出土的四件石璋中，整体呈窄长条形的一件（YL：10）形制最为古朴原始，与其相近的是大范庄的一件（77：2），只是略微复杂了一些。前者的两侧边各只有一组两个形制简单而向外突出的齿，前端的刃部平而略微外弧，后者侧边的突起则为两组四齿，并且前端的刃部略向内凹。

上述璋应是同类器物的最原初形态，特别是罗圈峪的一件，如果不考虑侧边外突的齿，其形态其实与平首的圭完全相同。如两城镇早年发现过的一件玉圭（原称为锛），形态就是如此。它们的共同特点是，器身均为窄长条形，体较薄，长宽比例罗圈峪（YL：10）在3.65～4.13之间，大范庄（77：2）为3.44，而两城镇玉圭的长宽比例则为3.6，可以看出它们的形制十分接近。我们还知道，两城镇的地理位置在鲁东南沿海，这一位置恰好在早期玉、石璋产生之初的分布圈的范围之内，表明它们之间当有联系。

我们发现，在其他地区同时或略早阶段也存在类似的器物。如大汶口M117：8，原报告命名为铲，其实这类器物前锋为双面刃，而真正用于耕作的铲类器形因为入土的角度不同，形成的刃部均为单面刃。所以，这件所谓的铲不可能是用于农耕的器形，而应与钺属于同一大类。由于其器身过窄（如长17.8、宽7.2厘米，长宽比例为2.47），与一般的钺（长宽比例均在2以内）又有所不同。所

---

[1] 王洪明：《山东海阳县史前遗址调查》，《考古》1985年第12期，第1061、1062页。

[2] 烟台市文管会、海阳县博物馆：《山东海阳司马台遗址清理简报》，《海岱考古（第一辑）》，山东大学出版社，1989年，第250～253页。

以，这应该是一类比较特殊的钺，与璋类器形似有一定联系。

另外，在新石器时代晚期，还由钺演化出一类特殊的器形——戚。从功能上讲，戚和钺可以归并到同一大类，但在形制上又有所不同。戚和钺最大的区别是，戚在钺的基础上，两个侧边偏后部增加了齿状突起，这一形制特点极类似于璋。大钺形器物侧边做出齿状突起的现象，目前所见最早的是五莲丹土遗址出土的钺形玉戚。不过，丹土玉戚两侧边齿状突起表现得较为复杂，如每侧的突起各有三组，每组有2～3齿，显然不是最原始的状态，其产生应该更早。所以，上述璋类器物可能与戚更为接近，如果从形态上对两者进行界定，窄身为璋，宽身为戚。由此看来，圭、璋、戚类器物最初均可能脱胎于钺类器形，它们之间当存在着内在联系。

钺、戚类器物的用途很明确，主要是属于武器的范畴，当然，也可能用于辅助的木加工作业。后来，一部分制作精致的玉钺就成了表示权杖的礼仪用器，从至高无上的"王"字就是钺（或大斧）的象形中可清楚地体察到这一层含义。随着社会复杂化的发展，相关的礼仪活动日渐复杂，作为礼制载体的礼器，也在不断地演化和发展。正是在这样的历史背景下，戚、璋、圭等器形被创造出来，并赋予了不同的功能。

从海岱地区四处发现早期璋的地点来看，两处出自居住区以外的山上。据此，我认为璋类器物的功能可能与特定的祭祀活动相关，而这种活动，最大的可能就是祭祀天神（也有可能祭祀大山）。这种现象与时代相去不远、属于同一地区的陵阳河等地发现的大汶口文化祭天图像下部为山峰的情况不谋而合。所以，我们认为图像表现的是祭祀活动的对象和地点，而掩埋于山野的玉石璋则应该是祭祀用器，活动结束后，一起掩埋于挖好的坑中，以留作永远的见证和记忆。

（原载《浙江省文物考古研究所学刊（第八辑）》，科学出版社，2006年）

日照地区大汶口、龙山文化聚落形态之研究

　　日照位于山东省的东南部，北邻青岛、潍坊两市，西、南两侧与临沂市相接，东南一隅与江苏省赣榆县相连，东为茫茫黄海。该市下辖东港区（原日照县）和莒县、五莲两县，考虑到古代文化分布的相似程度和自然地理的特点，此区还包括胶南市南部、诸城市南部及紧邻莒县的沂水县、沂南县和莒南县一小部分，总面积约6000余平方千米。所以，本文所说的日照地区实际上又略超出了现日照市的行政区划。

　　这一地区东北－西南分布着泰沂山的支脉——五莲山，地貌类型以丘陵为主。沭河自北而南纵贯西部，东部则有数条源自五莲山的短促河流由西北向东南直接注入黄海，其中以北部的潮白河、吉利河和中南部的傅疃河流域面积稍大，这些河流的下游沿海地区都有范围不大的冲积海积平原。北部河流的流向相背，经潍坊地区而注入渤海。就以河流为主干的自然地理形势而论，这一地区可以划分为三个部分。莒县的大部和东港、五莲、沂南、沂水的近莒边缘地带，此区为沭河水系，属于淮河流域，为和后面的古文化区相对应，可称为"陵阳河区"；东港区大部、五莲东南部和胶南的西南部为沿海地区，北部和南部又有所差别，北部以潮白河、吉利河流域为主，包括胶南的西南部和诸城东南隅，可称为"丹土区"，南部以傅疃河流域为主，包括东港南部至鲁苏交界地区的绣针河流域，可称为"尧王城区"；五莲中、北部和莒县东北隅则在泰沂分水岭之北，属渤海水系的潍河流域，向北包括诸城的南部，可暂称为"前寨区"。就地理地貌言之，以上三个部分之间，东、西联系更为密切一些。

　　以下我们重点讨论这一地区的大汶口、龙山文化。

一　考古工作的回顾

　　这一地区的考古工作始于20世纪30年代，60余年来，在海岱地区乃至全国有较大影响的工作主要有四次。

　　1936年，中央研究院历史语言研究所考古组的梁思永、刘燿、祁延霈等对两城镇遗址进行了较大面积的发掘，发现了包括50多座龙山文化墓葬和丰富而精美的陶器、玉器在内的龙山文化遗存[1]。后来关于龙山文化甚至中国新石器文化的许多新认识，如仰韶、龙山文化的东西二元对立、龙山文化的区域划分、龙山文化是循着自东向西的方向发展的观点等，都与这一遗址的收获有直接关系。新中国成立后的20世纪50年代，山东省文物管理处和山东大学围绕着两城镇遗址开展了一系列的考

---

[1]　尹达：《中国新石器时代》，生活·读书·新知三联书店，1955年；南京博物院：《日照两城镇陶器》，文物出版社，1985年。

古调查工作，除了对两城镇遗址有了进一步的了解并有重要发现之外，还发现了丹土、尧王城等一批重要的同时期遗址[1]。

1975年，山东省博物馆和山东大学考古专业等单位对东海峪遗址的发掘，不但再次发现大汶口文化和龙山文化的地层叠压关系，而且从器物形态的演变关系上找到了两者之间具有一脉相承的传承关系的证据，从而解决了龙山文化的来源问题[2]。

1979年，山东省博物馆发掘了陵阳河和大朱家村等遗址，发现了一批重要的大汶口文化墓葬，其中尤为引人注目的是，第一次找到了有具体出土层位和单位的陶器刻画图像文字[3]，从而使大汶口文化的研究愈加丰富多彩。此外，1978年发掘的尧王城遗址，除发掘出与东海峪遗址相同的台基式房屋外，还在山东地区首次发现龙山文化的土坯墙房屋。这些工作推进了海岱地区史前文化研究的深入[4]。

1995年，基于采用聚落考古的方法切入中国古代文明起源的研究，山东大学和美国耶鲁大学等组成联合考古队，选择两城镇遗址及其周围地区进行实践。四年来，联合考古队投入较大的人力物力调查了潮白河流域300余平方千米的范围，并开始对两城镇遗址进行考古发掘，取得令人鼓舞的阶段性成果[5]。

此外，自20世纪60年代以来，市县文物部门还多次对本地区进行了文物普查工作，发现和记录了大量各个时期的遗址。以上从点的发掘到面的普查工作，为我们进一步分析和研究日照地区史前社会奠定了坚实的基础。

上述考古调查、发掘工作的成果，初步建立了日照地区新石器时代至汉代这一漫长时期古代文化的发展脉络，其中最为丰富并对探讨中国文明起源具有重要意义的是大汶口文化晚期和龙山文化两个时期。

二 大汶口文化晚期的聚落形态

日照地区的大汶口文化遗址，明确属于早期阶段的只有后果庄一处，属于中期的遗址也不多，晚期阶段则不然，数量显著增多，达到50余处。

大汶口文化晚期阶段遗址的分布极不平衡，陵阳河区遗址十分密集，数量甚多。前寨区较少，但时代大体与陵阳河区相当。东部沿海两区大汶口文化遗址甚少，呈散点状分布，并且年代明显较晚，约略相当于陵阳河区的晚期。因此，这里着重分析陵阳河区大汶口文化的聚落形态。

---

[1] 山东省文物管理处：《日照两城镇等七个遗址初步勘查》，《文物参考资料》1955年第12期；山东省文物管理处：《山东日照两城镇遗址勘察纪要》，《考古》1960年第9期；刘敦愿：《日照两城镇龙山文化遗址调查》，《考古学报》1958年第1期；刘敦愿：《山东五莲、即墨两处龙山文化遗址的调查》，《考古通讯》1958年第4期。

[2] 山东省博物馆等：《一九七五年东海峪遗址的发掘》，《考古》1976年第6期。

[3] 山东考古所、山东省博物馆、莒县文管所：《山东莒县陵阳河大汶口文化墓葬发掘简报》，《史前研究》1987年第3期。

[4] 临沂地区文物管理委员会等：《日照尧王城龙山文化遗址试掘简报》，《史前研究》1985年第4期。

[5] 中美两城地区联合考古队：《山东日照市两城地区的考古调查》，《考古》1997年第4期； Anne P.Underhill et al, Systematic, Regional Survey in SE Shandong Province, China, *Journal of Field Archaeology*, Volume 25 Number 4 Winter 1998.

（一）陵阳河区

　　沭河上游的陵阳河区，四面有低山丘陵环绕，形成一个河谷盆地的地貌，面积在2000平方千米左右。陵阳河遗址大约在莒县盆地的中心位置。历年考古调查成果显示，仅在莒县范围内就发现大汶口文化晚期遗址42处[1]（图一中标出了41处，另一处在图范围外的东莞乡）。综合考虑遗址的面积范围、所处位置、已发现的遗迹和采集的遗物等因素，可以将这42处遗址划分为三个层次或等级（图一）。

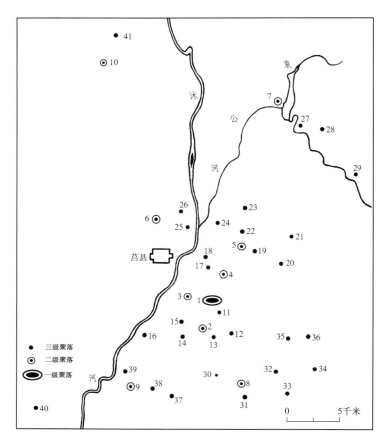

图一　陵阳河区大汶口晚期聚落遗址分布示意图

1.陵阳河　2.张家葛湖　3.杭头　4.略庄　5.大朱家村　6.八里庄　7.仕阳　8.前牛店　9.古迹崖　10.后果庄　11.西山河　12.王标大前　13.项家官庄　14.北台子　15.孙家葛湖　16.前夏庄　17.张家围子　18.大宋家村　19.小朱村　20.周家庄　21.徐家村　22.东沟头　23.前集　24.李家城子　25.魏家村　26.沈家村　27.桑庄　28.三角山　29.寨村　30.春报沟　31.陡崖　32.小窑　33.孙由　34.河峪　35.南楼　36.西涝坡　37.杨家崮西　38.公家庄　39.前李官庄　40.刘家苗蒋　41.官家林

（1）第一级

　　1处，即陵阳河遗址。遗址西距沭河约5千米，地势平坦而开阔，向东不远即进入丘陵地区。陵阳河遗址的范围东西约500、南北约300米，面积约15万平方米[2]。因为陵阳河遗址没有进行过系统

---

　　[1]　这里采用了莒县博物馆的调查资料，详见《莒县文物志》，齐鲁书社，1993年，第39～62页。关于莒县大汶口、龙山文化的调查资料，未加注明的均采自本书。

　　[2]　关于陵阳河遗址的面积有多种说法。《山东莒县陵阳河大汶口文化墓葬发掘简报》说2万平方米，《莒县文物志》说15万平方米，而莒县博物馆的苏兆庆先生1997年曾告诉我30万平方米，而刘云涛在《浅述沭河流域的新石器时代文化》一文中说50万平方米（《先秦史研究动态》1998年第1期）。由于笔者未对遗址面积做实地勘察，这里暂取15万平方米的说法。

的钻探，也没有对居住区进行发掘，所以我们对陵阳河遗址的了解是很不全面的。此外，在以陵阳河遗址为中心的半径5千米的范围内，就有大汶口文化遗址11处，如果将半径扩大到10千米，遗址的数量就增加到25处。这显然是一个以陵阳河遗址为中心的遗址群。对陵阳河遗址的了解主要是通过部分墓葬的发掘而获得的。发掘的墓地位于遗址的东、北部边缘，主要部分处于现今陵阳河河道之内。已发掘的45座墓葬均属大汶口文化晚期阶段，在空间分布上可以划分为四组。

第一组位于遗址北部，在陵阳河河道偏南的河滩之内。此组共有25座墓葬，排列比较整齐，可以分为九排，每排最多4座，最少1座，一般为2、3座。从年代上看，中部以西的墓葬较早，中部以东的墓葬较晚，除了个别墓葬微有打破关系外，多数间隔距离较为适中。陵阳河遗址已发现的长度在3米以上的19座大、中型墓葬均属此组。第二组亦在河滩，东南距第一组50余米，共10座。第三组位于遗址的东北部，西北距第一组60余米，共6座。第四组分布于遗址的东部偏南，西北距第一组150余米，共3座。第二、三、四组均为小型墓葬。陵阳河的大汶口文化墓葬属家族墓地性质，从墓葬规模、葬具、猪下颌骨的有无和多少以及随葬品数量、质量等方面分析，这一时期的社会成员占有财富的急剧分化，不仅表现在家族与家族之间，而且也出现在家族之内。

陵阳河遗址周围（大约半径5千米范围）还分布着11处同时期的大汶口文化遗址。其中北侧的略庄、西侧的杭头和西南方向的张家葛湖3处遗址，面积在6～9万平方米，它们的规格和等级应在陵阳河之下，而又高于其他小聚落。因为这些遗址距离陵阳河遗址甚近，应是在陵阳河的直接控制之下。

（2）第二级

6处，这些遗址分布于陵阳河遗址的周围，距离在30千米之内，面积在6～10万平方米。同时，这些遗址的周围还有多少不一的面积更小的遗址，形成多个小的遗址群。因此，我把这一类遗址称为第二级的小中心，即小区的中心。这6处遗址分别是：

大朱家村遗址

位于陵阳河遗址东北约6千米处，周围分布着面积在5万平方米以下的遗址6处，分别是小朱村、周家庄、东沟头、李家城子、前集和徐家村。大朱家村遗址的面积约为6万平方米，是这一小区中规模最大的遗址。两次发掘的35座大汶口文化墓葬[1]，至少分布在五个墓区。发掘报告的第二、三组和位于现代墓区西侧的M05三区，已发现者均为小型墓葬。而发掘报告的第一组和M02、M04两区，则有一定数量的大、中型墓。就墓葬的年代、数量和排列规律而言，大朱家村的大汶口文化墓葬应为家族墓地。墓葬较多的第一墓区（即第一组）共有24座，墓向均为东南方向，排列比较整齐，共有7排，每排各有一座规模较大的墓，出土图像文字的M26和M17，分列于中部的第三排和第四排正中。墓葬相互之间的贫富分化十分明显，至少可以分为大中小三个类型，代表了当时身份和地位有显著差别的不同阶层的人们。同时，大朱家村遗址发现了5件刻画图像文字标本，其数量仅次于陵阳河遗址。此外，1985年还在该遗址采集到一件长18.6、宽16.6厘米的大型浅绿色石钺，石钺的刃部为三个连弧形，极具特色。这些发现表明大朱家村遗址的规格相对较高，与小区中心的地位也是相称的。

---

[1]　山东省文物考古研究所等：《莒县大朱家村大汶口文化墓葬》，《考古学报》1991年第2期；苏兆庆等：《山东莒县大朱村大汶口文化墓地复查清理简报》，《史前研究》（辑刊），1989年。

该小区的李家城子遗址，位于大朱家村西北近4千米处，1982年群众取土至距地表1.5米深时，曾发现12件青绿色穿孔石钺叠置在一起，为进一步了解该遗址的功能提供了线索。

八里庄遗址

位于陵阳河遗址西北约10千米处，在县城西北。这一小区因处在县城之下及其周围，遗址发现不多，目前共有3处（还有魏家村和沈家村遗址）。八里庄遗址面积约6万平方米，可能是这一小区的中心。

仕阳遗址

位于陵阳河遗址东北约21千米处。这一小区共发现4处遗址，其他3处分别是桑庄遗址、三角山遗址和寨村遗址。遗址的特点是沿沭河支流——袁公河沿岸分布。从发现的遗址数量和分布情况看，这一小区的大汶口文化遗址当不止此数，如果进行仔细的调查，在仕阳遗址的东北和西南会有新的发现。仕阳遗址坐落在袁公河和另一条支流的交汇处，面积6万多平方米，1959年修水库时曾发现大量遗物，其中最重要的是一件有刻画图像文字的大口尊和若干件玉石钺。一件玉钺为青玉质，长26.6、宽9.4厘米，是大型玉钺精品。1988年在该遗址采集的一件石钺用白色变质灰岩制成，长28.8、顶宽15.4、刃宽16.6厘米，堪称钺中之王。虽然仕阳遗址未经发掘，但凭以上遗物，我们足可以认定居住在这一聚落的大汶口文化上层人物绝非等闲之辈。

前牛店遗址

位于陵阳河遗址东南约9千米处。这一小区共有8处同时期的遗址，除前牛店之外，其余7处遗址都在5万平方米以下，分别是小窑、孙由、春报沟、陡崖、南楼和西涝坡。前牛店遗址面积9万多平方米，应是这一小区的中心。

古迹崖遗址

位于陵阳河西南约12千米处。这一小区位居沭河之东，目前只发现4处遗址，分别是前李官庄、公家庄和杨家崮西。4处遗址之间相距较近，东西依次沿沭河的支流——小店河分布，并且面积都不大，保存较好的古迹崖遗址调查面积也只有4万多平方米。从遗址的分布和地貌特征分析，这一带应是一个小区，中心遗址暂定古迹崖。

后果庄遗址

位于陵阳河西北约25千米处。后果庄一带地处沂沭河之间，这里仅发现2处大汶口文化遗址（另一处为官家林遗址）。后果庄遗址面积不大，只有3万多平方米，但延续时间甚长，据考古研究所高广仁等先生考察，认为有北辛、大汶口、龙山文化和商周时期的遗存，这在整个临沂和日照地区尚属罕见。在后果庄遗址的北侧有东周时期（现在地面以上尚保存着城墙等遗迹）的茶城古城。这一带的大汶口文化遗址发现较少，或许与工作开展得不充分有关。可暂定为一小区。

以上述六个遗址为中心，其周围分布着或多或少的同时期大汶口文化遗址，我们将其划为六个小区。这六个小区都围绕着陵阳河遗址，即使中心遗址的规模和等级也都明显低于陵阳河遗址。因此，我认为陵阳河遗址与这六个小区之间存在着主从关系，这种关系具有统治与被统治的性质。除以上六个小区之外，推测在陵阳河的东西两侧还应有数个这种性质的小区，这需要通过今后有针对性的考古调查工作来加以证实。

（二）前寨区

前寨区地处潍河上游，以丘陵地貌为主，面积在1000平方千米以上。此区发现的大汶口文化遗址不多，目前所知属于大汶口文化中期的仅诸城呈子1处，晚期阶段则有5处，其实际数量当不止此数，其中以前寨遗址的等级较高。

前寨遗址

位于诸城西南隅，坐落在潍河故道之北的台地上。遗址面积为6.5万平方千米，1973年调查时曾发现刻有图像文字的陶尊残片[1]。1980、1981年，北京大学考古实习队对其进行了较大规模的发掘，清理了一批大汶口文化墓葬[2]。从调查和发掘的情况看，前寨遗址的时代属于大汶口文化晚期阶段，其延续时间与陵阳河、大朱家村等基本相同。就规模和等级而言，前寨则与大朱家村遗址相仿。如发现有图像文字、墓葬间的贫富分化较为严重、采集到精致而没有使用痕迹的石钺等。因此，可以认为前寨遗址的等级低于陵阳河而与大朱家村等相当，属第二级聚落的层次。

前寨周围的4处大汶口文化遗址分别是诸城的阎家同、玄武庵和五莲的程戈庄、留村。如果考虑到前寨大汶口遗存的特征与陵阳河区的同期遗存极为相似的实际情况，并且前寨区的大汶口遗址数量较少，则可以进一步认为前寨区大汶口遗存可能是从属于陵阳河区的一个部分。或就是从陵阳河区派生出来的。

（三）东部沿海两区

日照沿海地区（包括诸城东南隅和胶南的西南部），在南北近100千米的范围内发现大汶口文化遗址12处，其中尧王城区8处，丹土区4处。这些遗址均散布于沿海及其邻近地区，相互之间的距离在8～16千米，构不成群体。并且，这一地区大汶口文化遗址的时代偏晚，均属于大汶口文化晚期阶段的偏晚时期。在经过我们详细调查的丹土区300多平方千米的范围内，只发现2处大汶口文化遗址，与龙山文化时期遗址的数量完全不成比例[3]。基于此，我倾向于认为东部沿海地区的大汶口人是从邻近地区迁徙过来的，而这个邻近地区应是陵阳河区。

三　龙山文化时期的聚落形态

时间进入龙山文化时期后，这一地区的遗址迅速增多，据现有资料统计，龙山文化遗址至少已经达到230处[4]，较之大汶口文化晚期阶段成倍增加。以下分四个小区予以考察。

---

[1] 任日新：《山东诸城前寨遗址调查》，《文物》1974年第1期。

[2] 诸城县博物馆：《山东诸城史前文化遗址调查》，《海岱考古（第一辑）》，山东大学出版社，1989年。

[3] 其中的五莲丹土遗址，是在经过发掘之后才知道有大汶口文化末期遗存的。当然，因为绝大多数遗址并未进行过发掘，所以不排除一部分龙山文化遗址的下层会有大汶口文化遗存的存在。

[4] 这一数据由以下部分组成。莒县67处，东港区33处（原日照博物馆调查资料），莒南东北部4处，五莲县20处，诸城南部15处，胶南西南部7处，中美联合考古队前三次调查新发现88处（调查面积约100平方千米）。

（一）陵阳河区

此区龙山文化遗址63处（未包括沂水、沂南邻莒边缘属陵阳河区的六个乡镇的龙山文化遗址）。就县博物馆调查的遗址面积而言，10万平方米左右的有6处，分别是薄板台、任家口、李家城子、东穆家庄、马家店和曹河。6～7万平方米的11处，5万平方米以下的45处（图二）。仅从遗址的面积和数量看，似乎也有三个等级，并且面积越小的遗址数量越多，略呈金字塔形结构。但如果与大汶口文化时期的陵阳河区及其他地区的龙山文化相比，则这里显然缺少大型聚落遗址。出现这种情况有两种可能：一是工作开展得还不细致，本区的大型聚落中心尚未辨认出来；二是进入龙山文化时期后，政治、经济、文化中心外移。

陵阳河区的63处龙山文化遗址可以划分为七个小遗址群，即为七个小区（图二）。

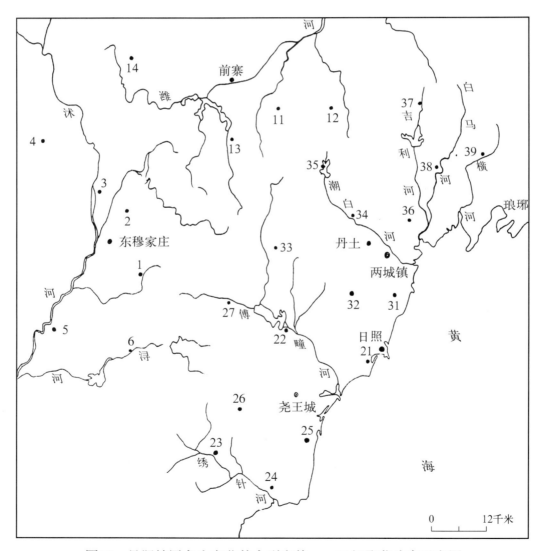

图二　日照地区龙山文化特大型和第一、二级聚落分布示意图

1．薄板台　2．后店　3．马家店　4．曹河　5．西心河　6．马家西楼　11．李家庄　12．呈子　13．西郭村　14．孟家洼　21．东海峪　22．小代疃　23．西辛兴　24．竹园　25．西村子头　26．大土山　27．邱前　31．苏家村　32．大桃园　33．东城仙　34．刘官庄　35．窑沟　36．甲王墩　37．石河头　38．西寺　39．河头

（1）第一小区

主要包括店子和城阳两个乡镇，东西横跨沭河两岸。共有遗址14处，其中位于中部的东穆家庄和李家城子两遗址相距不远，面积均为9万平方米，其中应有一处为中心聚落。两遗址东距两城镇约60千米。

（2）第二小区

主要在今之龙山镇界内。共有遗址10处，其中的薄板台遗址面积为12万平方米，是目前所知莒县境内最大的龙山文化遗址。但有意思的是，薄板台遗址并不在这一小区的中心，而是位于西北部，靠近第一小区。

（3）第三小区

主要在今之峤山镇界内。共有遗址6处，其中没有10万平方米左右的遗址，较大的后店和梁家崖头均为6万平方米。此区6处遗址分布密集而紧凑，应是一个小遗址群，从位置上看，以后店遗址为中心的可能性较大。

（4）第四小区

主要包括招贤和洛河两个乡镇，东西横跨沭河。共有遗址6处，其中马家店遗址面积为9万平方米，应是这一小区的中心。我们注意到，马家店子遗址也并不在此区的中部，而是在其南部。

（5）第五小区

主要包括果庄和安庄两乡。共有遗址4处，其中曹河遗址面积为9万平方米，应是这一小区的中心。

（6）第六小区

主要包括小店和夏庄两个乡镇。共有遗址11处，其中以西心河遗址的面积最大，为7万平方米，应为本小区的中心。与前几个小区相同，西心河遗址也不在本小区的中部，而是位于北部。

（7）第七小区

主要包括中楼镇和东港区黄墩镇，地处浔河上游地区。目前共发现遗址4处，此区中心暂拟为马家西楼遗址。

除了以上七个小区之外，在中部的陵阳乡、北部的棋山乡各有3处遗址，袁公河上游有2处遗址，从其分布相对集中看，可能各是一个小遗址群，代表着三个小区。

以上各个小区，以第一小区的遗址最多，分布也最密集，所处的位置恰好在莒县盆地的中心部位。同时，我们还注意到，第二、第四、第五、第六、第七小区的拟定中心遗址均位居指向第一小区的一侧。这些现象或许告诉我们，第一小区是龙山时期陵阳河区的中心所在，而目前付之阙如的陵阳河区第一级中心聚落，应在这一范围内去寻找。

（二）前寨区

此区龙山文化遗址较之大汶口文化明显增多，已发现22处。此区龙山文化遗址的调查资料多未经系统整理，缺乏详细的介绍。因此，这里只是根据遗址分布方面的集合及自然地理特征作一初步梳理和划分。已知的22处遗址可以划分为五个小遗址群体，即为五个小区（图二）。

（1）第一小区

主要在诸城枳沟镇界内。共有遗址4处，即前寨、凤凰岭、薛家庄和阎家同，其中以前寨遗址的面积略大，为6.5万平方米。前寨遗址东南距两城镇31千米。

（2）第二小区

主要包括五莲县北部的院西、许孟等乡镇。共发现龙山文化遗址3处，即九楼崖、李家庄和属于诸城市的王家戈庄，调查面积均较小。暂以李家庄为此区中心。

（3）第三小区

主要包括诸城郝戈庄和皇华两镇。目前发现遗址5处，即呈子、尚庄、桥上、朱泮和马家崖头。暂拟呈子为此区中心。

（4）第四小区

主要包括五莲县西北部的高泽、中至等乡镇。共发现龙山文化遗址4处，即西郭村、程戈庄、留村和丁家庄，其中西郭庄遗址的面积最大，约8万平方米，应为这一小区的中心。

（5）第五小区

主要包括潍河上游的莒县东莞和库山两个乡镇。共有遗址6处，面积普遍较小，其中以位居中部的孟家洼遗址面积最大，为6万平方米，应为此小区的中心。

前寨区目前尚未发现龙山文化时期的大型聚落中心遗址。这种情况的产生或是因为工作没有做到，拟或是此区本来就没有在政治、经济和文化上形成一个统一体，至少目前还不宜作最后的判断。不过，考虑到前寨区特殊的地理环境，即地处潍河上游，地貌特点为山区多而平地较少，不同的河流山谷之间交通不便，因而影响了凝聚力，有可能在较大的范围内还处于分散状态。

（三）尧王城区

此区目前发现龙山文化遗址27处，显然偏少，其间当有相当数量的遗址尚未发现。这27处遗址绝大多数没有系统地发表资料，据已公布的资料及我们对部分遗址的调查，如果按遗址面积作为分析的主要依据，大体上可以划分为三个等级。第一级只有1处，即尧王城遗址，面积达50多万平方米。其次，面积在10万平方米左右的遗址至少有3处，即东海峪、小代疃和西辛兴。第三级是众多面积在5、6万平方米以下的遗址。

（1）第一级

1处，即尧王城遗址。遗址坐落在傅疃河下游之南，西有低山丘陵，东为沿海平原，距黄海约7千米，东北距两城镇38千米。遗址南北长800余、东西宽约630米，面积超过50万平方米。1954年山东省文物管理处调查发现，1978～1993年，先后进行过4次发掘。在遗址的不同部位发现有台基式房屋、土坯墙房屋和小型墓葬等，出土了大量文化遗物。尤为重要的是笔者1995年12月对尧王城遗址进行调查时，在遗址西北角的一条深沟内，从西、北两壁的剖面上发现有夯土堆积，据其范围、宽度、走向和夯土的结构，判定其为城墙的西北部。1998年冬经山东省文物考古研究所和日照市博物馆的钻探，证实了这一看法。尧王城遗址还存在大汶口文化晚期偏晚时期的遗存，1993年的发掘，曾在大口尊的残片上发现刻画有被释为"皇"字的羽冠类图像文字。这一发现不仅表明这一遗址在大汶口文化末期就非同寻常，而且暗示了其与陵阳河区大汶口文化的内在联系。

  （2）第二级

  比较明确的有3处，即东海峪、小代疃和西辛兴。此外，还有四个值得注意的小区域（图二）。

  东海峪遗址

  位于傅疃河下游的黄海之滨，西南距尧王城遗址17千米。遗址东距黄海约1千米，坐落在一较矮的台地之上，海拔高度不足4米，东西、南北均300余米，面积近10万平方米。该遗址的文化堆积在2米以上，时代为大汶口文化晚期之末到龙山文化时期，与尧王城遗址大体相当。在20世纪70年代的发掘中，曾首次发掘出龙山文化的台基式房屋建筑，并发现使用精美的蛋壳陶高柄杯随葬的墓葬。在东海峪所在的傅疃河下游地区，还发现有3处龙山文化遗址（其中1处有大汶口文化末期遗存）。东海峪遗址应是这一小区的中心。

  小代疃遗址

  位于傅疃河中游，东南距尧王城遗址约15千米。遗址坐落在傅疃河南岸，东西长约400、南北宽约300米，面积约12万平方米[1]。该遗址的文化堆积较为丰富，厚度在1～2米之间，从采集的大量陶片分析，其时代与尧王城龙山文化遗存相当。在小代疃遗址周围8千米的范围之内还分布着3处龙山文化遗址，从遗址规模和所处位置等方面看，小代疃遗址是傅疃河中游这一小区的中心。

  西辛兴遗址

  位于东港区的西南角，东北距尧王城遗址22千米。遗址坐落在绣针河的北岸，面积近20万平方米。在属于绣针河上游的东港区碑廓镇和莒南县朱芦、坪上、团林三个乡镇，除西辛兴外还发现龙山文化遗址4处，即中峪子、潘家沙沟、崔家沙沟和址坊。西辛兴应是这一小区的中心。

  除了上述3处遗址的内涵和外围区域均较清楚外，在尧王城区内还有四个小区需予以注意。

  绣针河下游地区

  绣针河下游是鲁苏两省的界河，目前在山东一侧发现龙山文化3处，即竹园、卫东庄和前车水沟。暂拟竹园为中心，北距尧王城约21千米。

  涛雒镇和虎山乡一带

  此区东为黄海。已发现的西村子头龙山文化遗址，调查面积达20余万平方米，遗址西北距尧王城约10千米。尽管目前这里只发现一处龙山文化遗址，但应是一个值得注意的小区。

  大坡和巨峰两个乡镇一带

  东距尧王城遗址10余千米。发现3处龙山文化遗址，即大土山、辛留和孟家官庄，其中大土山遗址的面积近10万平方米，可能是这一小区的中心。

  傅疃河上游的三庄镇和竖旗山乡一带

  东南距尧王城遗址20余千米。目前只发现2处龙山文化遗址，即邱前和板石。

  尧王城区尽管目前发现的龙山文化遗址不是很多，但已有的近30处遗址，从面积和发现的遗迹、遗物及数量关系等方面分析，明显呈现出一种金字塔形结构。尧王城遗址范围之大，在海岱地区1000多处龙山文化遗址中仅次于两城镇而居于第二位。在面积不大的发掘中已发现台基式和土坯垒墙的房屋、铜器残片、精美的蛋壳陶器以及水稻作物等，特别是大型城墙设施的出现，一个具有

---

[1]　小代疃等东港区有关遗址的资料除了前引文献之外还见于：日照县图书馆等：《山东日照龙山文化遗址调查》，《考古》1986年第8期；《山东省志·文物志》，齐鲁书社，1996年；日照市博物馆调查资料。

都城性质的大型聚落中心实实在在地展现在我们面前。当然，此区还缺乏有明确目的并以聚落形态研究方法为指导的田野考古工作，但以目前所知并与相邻地区作简单比较后就可发现，这是一个有着极为广阔的研究前景的区域。

（四）丹土区

此区主要包括潮白河和吉利河流域，南北约40千米，东西约30千米，面积1000多平方千米，各县市调查发现龙山文化遗址31处。1995至1998年，中美联合考古队采用了系统的区域调查方法对两城镇周围地区进行了四次调查，野外实际工作时间94天，折合人步行调查路程累计约1万多千米，调查面积为308平方千米，新发现新石器时代至汉代遗址（其中包括一些只发现古代遗物的文物分布点，下同）400余处，其中龙山文化遗址130余处。如按此数合计，则丹土区的龙山文化遗址总数已达到160余处。

丹土区内众多的龙山文化遗址，就面积大小和发现的遗迹、遗物分析，应该存在着四个等级的聚落，即特大型和第一、二、三级聚落。特大型聚落只有两城镇1处，第一级聚落也只有五莲丹土1处，第二级聚落则至少有9处，第三级聚落的数量更多，它们分别和某一个第二级聚落有着密切的联系。此外，在联合调查中还发现了数量甚多的龙山遗物分布点，在这些地点中，只发现少量龙山文化遗物，而没有找到确凿的文化堆积。联合考古队的成员们对这一类"遗址"的性质及形成原因有着不同的看法和解释。我个人认为，这一类"遗址"的性质有四种可能：一是遗址的文化层没有暴露，故未发现；二，原本是龙山文化遗址，后来由于各种原因使遗址遭受毁灭性破坏，文化堆积已完全或基本不存；三，不是居住的聚落址，而是龙山时期人们的生产活动所遗留；四，是古代人（指龙山时代之后）或现代人将龙山文化遗址上的陶片"搬运"到了现地点。如果是前两种情况之一，这类地点毫无疑问是遗址。如果是第三种情况，那么它至少告诉了我们龙山时期人们的活动范围，我们甚至可以进而推断是什么生产活动，这无疑是很有意义的。如果是第四种情况就比较糟糕，它对于我们研究龙山文化没有什么价值，因此应该予以排除。这个问题在调查中一直困扰着我们，因为它将给调查资料的分析造成不确定的因素。但它又激起我们的思考，因为这个问题在中国（主要是历史上和现代人口密集的区域，如黄河流域和长江流域等）相当一部分地区具有代表性。经过几次调查工作，我们对遗址的认识也不断深化。调查中，除了采集文物并将发现文物的范围在地图上准确地标记下来，对区域地貌作详细观察并做各种记录之外，还综合各方面情况将遗址分为四个等级：A．发现有文化层的遗址；B．虽然没有发现文化层，但从各方面分析应该是遗址；C．亦未见文化层，但从发现遗物的数量、特点及遗址的位置关系等方面分析，可能是遗址；D．不是遗址。这样，我们就能够在调查资料的分析研究中分等级区别对待，使之比较符合客观实际，并为将来第二步工作打下基础。

以下我们来分析丹土区各等级的聚落及其空间分布规律。

（1）特大型聚落

1处，即两城镇遗址。

遗址位于潮白河下游的支流——两城河南侧，东距黄海6千米。遗址坐落在丘陵的边缘，东西约1050、南北约1000米，面积约100万平方米，东北角被两城河冲去一部分。1936年春，中央研究院历史语言研究所考古组在遗址的中部和西北部等三个地点进行了面积较大的发掘，发现龙山文化墓葬50余座，出土了包括玉器和精美蛋壳陶器在内的大量遗物标本[1]。据尹达介绍，其中"有一座墓葬的随葬品特别丰富，就中有玉质的带孔扁平式斧，它略似殷代的圭；……这一墓葬中还有绿松石凑成的东西，大约是头部的一种装饰品。据说就在这遗址的附近还有不少用玉器殉葬的墓葬，当地的工友曾经替我指明那些墓葬的出土地点。"[2]，20世纪50～80年代，省地县文物部门和山东大学多次调查该遗址，获得了玉器坑等重要遗迹和以刻有神徽图像的玉圭为代表的一大批珍贵玉器及包括兽面纹陶片在内的大量精美陶器的资料[3]，为认识两城镇遗址的等级和地位提供了证据。1995～1998年，中美联合考古队多次调查并试掘了该遗址，在遗址内发现成片的夯土堆积，更为重要的是，在遗址东南部和遗址南部偏西处两个地点发现龙山时期的夯土堆积，有可能是城墙遗迹。关于两城镇遗址文化内涵和城墙的全面揭示和认识，还有待于今后的大量脚踏实地的工作。不过，从以上发现所透露出的信息告诉我们，像两城镇遗址这样的规模、等级和重要程度，在海岱地区乃至全国同时期遗址中都是较为罕见的。所以，我认为两城镇遗址不仅仅是丹土区的中心，而应是更大范围的中心。

（2）第一级

1处，即丹土遗址。

遗址坐落在一个略为隆起的平坦台地上，西、南两侧紧邻两城河，东北距两城镇遗址直线距离4千米。遗址东西超过500、南北400余米，面积近30万平方米。该遗址1936年发现，20世纪50年代以后经多次调查，以村后有大片红烧土和出土大量精美玉器而广为人知。在我们的调查中，曾采集到数量较多的石器，其中相当多的是半成品。1995～1996年，山东省文物考古研究所对该遗址进行了钻探和发掘，发现了面积达25万平方米、平面形状近长方形的龙山文化城墙、壕沟[4]，并发掘出一批地面式房屋和墓葬等。这些发现表明，丹土遗址已具备了同时期古国都城的规模。同时，在丹土遗址还新发现了大汶口文化末期的遗存。

（3）第二级

离两城镇和丹土遗址稍远且周围有一定数量的第三级遗址环绕的有9处（图二）。这些遗址的面积不尽一致，大的有10余万平方米，小的在6万平方米左右，文化堆积都比较丰富。

苏家村遗址

位于丝山东侧，东距黄海约3千米，西北距两城镇10千米，距丹土14千米。遗址南北各有一条小河自西向东流过，面积10余万平方米。据调查资料，该遗址的文化内涵以龙山文化为主，亦发现少量大汶口文化遗物。苏家村周围已发现4处龙山文化遗址，如凤凰城、冯家沟等，面积一般在5万平方米以下。这一带西有南北向的丝山，东为黄海，南北有通往两城和日照的道路，是一个相对较为封闭的小区，苏家村显然是这一小区的中心聚落。

大桃园遗址

位于河山东南，坐落在大桃园村后一片平坦的台地上，东西两侧分别有小河自北向南流过，属傅疃河支流的上游，东北距两城镇12千米，北距丹土13千米，南距尧王城26千米。从大桃园到两

[1] 南京博物院：《日照两城镇陶器》，文物出版社，1985年。
[2] 尹达：《新石器时代》，生活·读书·新知三联书店，1979年，第60页。
[3] 刘敦愿：《记两城镇遗址发现的两件石器》，《考古》1972年第4期；《有关日照两城镇玉坑玉器的资料》，《考古》1988年第2期。
[4] 王学良：《五莲县史前考古获重大发现》，《日照日报》1995年7月8日第1版。

城、丹土一带交通便利，距离较近，故将其归入丹土区。遗址由市博物馆调查发现，面积10余万平方米。文化内涵以龙山文化为主，文化堆积的厚度在2米以上，包含遗物极为丰富。大桃园周围已发现龙山文化遗址11处，如辛家庄、前山前、上李家庄、北大村、林家村、城壕村、韩家村等，面积都在5万平方米以下。这一带东西两侧分别有较高的丝山、河山阻隔，南北地势则较为平坦，交通便利，大桃园遗址面积明显大于其他遗址，且位置居中部略偏北，是这一小区的中心应无问题。

东城仙遗址

位于五莲县南部的傅疃河上游，东距丹土约22千米，东南距尧王城约31千米，因距离丹土遗址较近，故归入此区。遗址东西约250、南北约200米，面积约5万平方米。东城仙周围发现龙山文化遗址4处，分别是王世疃、席家庄、牌孤城和中西峪，面积均在3万平方米以下。暂以东城仙为此区中心。

刘官庄遗址

位于五莲县东南部的潮白河、叩官两镇之间，坐落在潮白河与北侧一支流相交汇的地段，东南距两城镇12千米，距丹土5千米。刘官庄遗址破坏较甚，据五莲县文管所20世纪70年代调查，面积近10万平方米。刘官庄周围已发现龙山文化遗址多处，其中比较明确的有潮白河东南、潮白河西北、夏家庄、王石头、崖头等，遗址面积均在5万平方米以下。这些遗址均位于五莲山东侧的潮白河中游地区，其中刘官庄遗址位于交通最便利的潮白河近旁，位置适中，遗址面积较大，暂将其作为这一小区的中心。

窑沟遗址

位于潮白河上游地区，现大部分已没于户部岭水库淹没区之中，东南距两城镇24千米，距丹土20千米。窑沟遗址由县文管所调查发现，面积约6万平方米。就露于水面以上部分看，文化内涵以龙山文化为主，堆积较为丰富，除陶器外，在该遗址曾采集到数量较多的半成品石器和石料。窑沟遗址位于五莲山东北，向北不远就是渤海、黄海水系的分水岭。由于这一区域尚未开展系统调查，目前所知还只有窑沟1处，相信随着今后工作的开展，这一小区的遗址会有所增加。

甲王墩遗址

位于胶南市海青镇东南的甲王墩村后，东南距吉利河入海口仅4千米，西南距两城镇约10千米，距丹土约10千米。遗址面积近10万平方米，文化内涵以龙山文化和周汉代遗存为主，龙山文化堆积和遗物甚为丰富。甲王墩村东南至东北数里范围之内，分布着8个高大的封土堆，应为8个较大的汉墓，其中以村后遗址上的一个最大。甲王墩周围的海青、大场两镇区域内，已发现龙山文化遗址10余处。面积多在五六万平方米以下。这一小区地处潮白河和吉利河下游之间，龙山文化遗址数量较多，甲王墩遗址应是此小区的中心所在。

石河头遗址

位于诸城市东南部的石河头乡，地处吉利河上游地区，西南距两城镇34千米，距丹土32千米。据诸城市博物馆的调查，该遗址东西250、南北200米，面积约5万平方米。这一地区没有进行详细的调查，发现的龙山文化遗址不多，诸城境内还有东升、杨家庄子等。从地理位置和地貌形势分析，这一带应是一个小区，并且与丹土区的关系较其他地区密切，故暂定为石河头小区。

西寺遗址

位于胶南市西南部的塔山镇，西南距两城镇和丹土均约20千米。遗址东西300、南北200米，面积约6万平方米，文化堆积较厚，出土遗物丰富，发现遗存以龙山文化为主，也有少量大汶口文化晚期和岳石文化遗物。在白马河中上游地区还发现驼沟、张家大庄、王家屯、井戈庄和茶沟等5处龙山文化遗址。从遗址文化内涵和所处位置分析，西寺应是这一小区的中心。

河头遗址

位于胶南市西南部的张家楼镇，西南距两城镇约35千米，距丹土约36千米。遗址南北300余、东西约300米，面积6万余平方米。在横河流域及东部邻近张家楼、藏南和寨里三个乡镇交界地区，还发现高戈庄、崖上、纪家店子、东碾头、上疃和逄家台后等6处龙山文化遗址。河头应是这一小区的中心。

此外，还有一些面积较大、距离两城镇较近的遗址，如大界牌、项家沟等，其性质应是两城镇直接控制的二级聚落遗址。

四　分析和讨论

以上分区分析了沭河上游及其以东的日照沿海地区大汶口、龙山文化时期的聚落形态，讨论中在着重分析聚落的空间分布关系的同时，也根据目前所掌握的资料尽可能地分析了一些重点遗址的具体情况，并就其社会内部的形态结构进行了探讨。以下分别就几个重要方面再作综合分析。

（一）聚落分布特点

日照地区大汶口、龙山文化时期聚落遗址的分布，以河流中下游两侧的平坦地带最为密集，而河流的上游地区较为稀疏，山岭上只发现一些文物分布点。大、中型遗址多靠近沿海地区，地势最低的遗址海拔高度只有2米，而两城镇遗址最低的位置也只有4米左右。遗址多成群分布，形成大大小小的聚落群。从小区域的聚落空间存在形态进行总结，可以划分为三种类型。

（1）集中群落式

这种类型多处在地势开阔的平原地区，遗址数量相对较多，分布也比较密集，区域范围大体呈圆形或近似圆形。如大汶口时期陵阳河区的大朱家村小区等。由于日照地区的地貌以丘陵为主，较大的平原极少，故这一类型不多。

（2）散点式

这种类型的特点是聚落的数量较少，相互之间的距离略远，群体性不强。如大汶口时期前寨区和东部沿海区的聚落遗址，龙山时期深山区的聚落遗址，都属于这种类型。当然，这一类型的聚落有的可能与工作开展得不充分有关。

（3）长条形或枝杈式

这种类型分布于较小的河流沿岸，遗址数量多少不一，有的多达十余处，有的则只有四五处，区域范围的形状不甚规则。如大汶口时期陵阳河区的仕阳小区、古迹崖小区等，龙山时期各区的大部分小区。由于总体地貌的原因，这种类型的聚落群在日照地区占据绝大多数。

由以上聚落群的分类可以看出，聚落的分布和自然地理环境有着密切的联系。从整体上看，日照地区的地貌特点是以低山丘陵为主而兼有面积大小不一的河谷平原。这一地区的大汶口、龙山文化遗址基本上都分布在河谷地带，因此，河谷间平地的大小和形状与本区聚落分布特点有着直接的关联。换言之，自然地理地貌在一定程度上决定了聚落的空间分布特点。本文将日照地区划分为四个区域，就是综合了遗址的分布规律和自然地理地貌特点两方面的因素。

（二）聚落形态的演变

日照地区新石器时代的聚落遗址，目前所知最早为北辛文化和大汶口文化早期，但数量极少，尚未形成聚落群。大汶口文化中期遗址的数量开始增多，到大汶口文化晚期阶段，沭河上游的莒县盆地遗址已达到40余处，分布较为密集，成为一个规模不小的聚落群。在这一聚落群中，陵阳河遗址面积较大，规格和等级最高，是名副其实的中心聚落。而北侧毗邻的前寨区，同时期的遗址仅发现3处，且等级最高的前寨遗址也只是与陵阳河区第二级聚落相当。从文化内涵上分析，前寨区的大汶口文化与陵阳河区基本一致，并且还发现与陵阳河区相同的陶器刻画图像文字，因此，前寨区的大汶口文化应从属于陵阳河区。再看东部沿海地区，只是在大汶口文化晚期之末才出现与陵阳河等遗址相同的遗存，并且遗址数量很少，分布上呈散点式，尚未形成一个独立的区域。所以，此区的大汶口文化很可能是随着陵阳河区人口的增多而从莒县盆地迁徙出来的人们所创造的。如果以上分析不误的话，可以说大汶口文化晚期阶段日照地区的中心在沭河上游，即以陵阳河为中心的莒县盆地及其周围地区（陵阳河区）。其他地区，东部沿海此前尚少有人居住，北侧的潍河上游则处在南北两个类型的邻界区域，属于大汶口文化中期阶段的诸城呈子第一期，则可以在潍、涞河流域找到相同的遗存。

进入龙山文化时期后，日照地区的聚落遗址成倍增加，聚落之间的关系也由大汶口时期以陵阳河区为主的一大群发展为分处各地的四大群，即陵阳河区、尧王城区、丹土区和前寨区。聚落遗址分布的格局，陵阳河区没有大的变化，仍以莒县盆地为主，其中心聚落尚未确定，但不出莒县盆地中部地区。前寨区亦未发现大型的中心聚落遗址。而尧王城和丹土区则不仅发现了大型中心聚落遗址，还发现了与其相称的城墙、贵重的礼器等。与陵阳河区不同，尧王城区和丹土区的中心聚落并不位于各自区域的中心部位，而都偏居于靠近沿海的一侧，这应与经济上对海洋资源的利用及海上交通相关。丹土区更有新的问题需要加以讨论。

丹土区与其他各区最大的不同是，在极近的距离内发现了两处重要的大型聚落遗址，即两城镇和丹土。这两处遗址都发现有城墙，为龙山时期的城址；两者位居同一条小河流——两城河的南岸，遗址边缘相距仅4千米；都发现重要的夯土堆积和具有礼器性质的玉器、蛋壳陶器等。丹土城址面积约为25万平方米，如果将其放在海岱地区已发现的龙山城址中比较，属于中型较大者或大型较小者的位次，即大于城子崖龙山城址（20万平方米）而小于景阳冈龙山城址（35万平方米）。两城镇遗址的面积更大，约100万平方米左右。关于两城镇和丹土的关系，我们曾做过多种假设。其中一种解释为丹土的城址时代较早，两城作为中心遗址的时代较晚，即丹土区的中心最初在丹土，后来由于种种原因而迁到了靠海边更近的两城镇。不过，根据我们对两城镇遗址的调查，在遗址不同位置都曾采集到龙山文化早期的陶片，去年冬天进行的试掘又发现了属于龙山早期的成片夯土，也清理了一座出土蛋壳陶高柄杯的龙山文化早期墓葬。基于此，两城镇和丹土很有可能是同时并存的。如果如此，则两城镇应是统辖区域更大的中心聚落。即丹土遗址是丹土区的中心聚落，而两城镇遗址则是整个日照地区（甚至再大一些的区域）的中心聚落，相当于大汶口文化晚期的陵阳河聚落的地位，不过是随着社会的发展和人口的增多及统辖区域的扩大，规模得到进一步扩展，性质也有所变化。

日照地区大汶口、龙山文化时期聚落形态的演变，可以明确地区分为两个阶段。大汶口晚期只有一个主要的区域，中心在莒县盆地的陵阳河遗址，至晚期有向东方发展的趋向。至龙山文化时期发展为三个或四个区域，每个区域都有（或应有）自己的中心。而四个区域之间则存在着密切的内在联系（同由陵阳河区大汶口文化发展而来，相互间应为亲族关系），在此基础上就产生了规格更高、规模更大的中心聚落，即地处沿海的两城镇遗址。与常规的认识不同，无论是小区域中心还是地区中心，其所处位置似乎都不必拘泥于地理和距离上的中心位置，而具体的立地则主要是由经济、交通等因素决定的。从东部几个大小中心都偏居于沿海地区看，人们对海洋的开发利用似乎有了相当充分的认识。

（三）社会结构问题

下面首先来分析大汶口文化晚期阶段陵阳河区的社会结构和社会形态问题。

以莒县盆地为主的陵阳河区，总面积约在2000平方千米左右。大汶口文化晚期阶段的陵阳河区存在着三个等级的聚落。属于第一级的聚落仅有陵阳河一处，其面积在15万平方米左右。遗址的墓地从各个方面显示了贫富分化的加剧和等级差别的扩大，特别是发现了相当于"皇""王"一级的墓葬，并且创造和使用了反映不同身份、地位及包含不同内容的图像文字。我们有理由认为陵阳河遗址是一个地区性的中心聚落，如果说得更直接一点的话，那它就是最初的古国之"都"。第二级聚落有9个甚至更多，分属两种情况，邻近陵阳河遗址的3个，可能与陵阳河是一个群体，合成一个大的聚落群。而分布于外围的6个（或许可能再加上几个），各为一个小区的中心，其性质约略相当于后来的"邑"。这种小区的范围相差不会太大，一般统辖有5至10个小聚落，其面积可能与现在的大乡镇相当或略大。第三级聚落的数量较多，现在已经调查到的遗址，陵阳河地区共有30余个，实际上要超过此数。按中美联合考古队在日照地区的调查经验，估计陵阳河地区第三级聚落的数量当在60处以上，甚至更多。

陵阳河区的晚期大汶口文化，以家族为核心，以家庭、家族和宗族为社会基层组织的基本结构的新型社会形态已经逐渐走向成熟。而不同的宗族又结合成大小不一的宗族联盟网络体系，陵阳河聚落就是居于网络顶端的权力中心。表现在聚落空间分布形态方面的特点，就是不同级别聚落的数量结构呈金字塔状排列，大、小中心聚落似乎都占据着交通便利、地势相对开阔、资源较为丰富的有利位置。这样一种社会结构的地区，较之以往的平等社会发生了质的变化。我认为它已经建立了早期国家并进入了文明时代。有鉴于此，我们可以将这一地区的晚期大汶口文化称之为"陵阳河古国"。

社会发展到龙山文化时期后，聚落遗址的数量迅速增加，特别是东方沿海地区，龙山文化遗址更是成倍增长。区域中心从大汶口文化晚期阶段的陵阳河区一个，增加到龙山文化时期的三或四个。这些区域中心在性质上和陵阳河区是相同的，各代表着一个小的古国，而它们又聚合成一个更大的统一体。龙山文化时期各区聚落遗址的等级，如果把两城镇计算进来，就存在着四个层次。最高一级只有两城镇一处，第二个等级约有三至四处，第三个等级则有20多处，而第四个等级更是多达200处以上。这四个层次的聚落遗址在数量上亦呈金字塔形结构，但与大汶口文化晚期相比又有所变化。

首先是第一级和第二级聚落本身的面积显著扩大。大汶口文化晚期第一级聚落的面积不过15万平方米左右，而龙山时期的第一级聚落小的达到20余万平方米，尧王城则超过50万平方米。其次，龙山时期第二级聚落也达到了10余万平方米，如小代疃、大桃园、苏家村等，与大汶口晚期的第一级聚落相差无几，而大大超过了大汶口晚期的第二级聚落。第三，从墓地墓葬反映的社会结构看，呈子龙山墓地基本上与大朱家村大汶口墓地相仿，也是一种贫富分化比较严重的家族墓地。而呈子遗址只有2万多平方米，即使加上历代自然和人为因素的破坏，也不会太大，一般应属于第三等级的聚落遗址。第四，龙山时期第一级聚落已转变为原始城市，从尧王城、丹土都有城墙和海岱地区各地普遍发现城址来分析，城址在龙山时期的各个区域已普遍出现，而大汶口文化至今尚未发现城址，当然，很有可能城址在大汶口文化时期已经产生，只是目前还没有发现，但想必不会像龙山文化时期那么多。

更为重要的是，龙山文化时期又出现了像两城镇这样规模宏大、等级明显高出同时期各区域中心城址的特大型聚落中心。两城镇不仅仅是丹土区龙山文化的中心已如前述，它应是整个日照地区（甚至再大一些的区域）的统治中心。日照地区大汶口文化向龙山文化的发展，其趋向是遗址分布的范围明显扩大，遗址数量显著增多，相应地人口也随之成倍增加，而沿海地区大遗址的数量显然多于内陆地区。因此，我认为统治中心也应是随着这种变化而从原来的陵阳河区所在的莒县盆地，向东迁到了沿海的两城镇。从15万平方米的最初古国之"都"陵阳河，到有百万平方米宏伟气势的方国[1]之"都"两城镇，两者之间发展变化的轨迹，昭示了自大汶口晚期到龙山文化时期文明步伐进程的加快和国家形态由最初的古国发展出新的统辖范围更大的方国。

综上所述，在龙山文化时期的日照地区，已在"陵阳河古国"的基础上产生出一个屹立于海岱地区东方的强大政治实体——"两城方国"。

龙山文化晚期到岳石文化时期，日照地区已发现的聚落遗址不足30处[2]，较之龙山文化早、中期锐减80%以上，曾繁荣发达数个世纪之久的"两城方国"突然在海岱地区东方神秘地消失了。至于其消失的原因，目前的各种猜测都缺乏科学依据，还有待于今后多学科的综合研究。

本文在论述中使用了东港、莒县、五莲、莒南、胶南和诸城等县市区博物馆、文管所的文物普查资料，谨向以上单位表示衷心的感谢。

（原载《中国考古学跨世纪的回顾与前瞻（1999年西陵国际学术研讨会文集）》，科学出版社，2000年）

---

[1] 关于方国的含义，学术界有不同的理解。或以为是和王国相对应而位居周边地区的一种国家形态，以夏商时期为典型。笔者这里使用的方国概念，是指古国之后的一个阶段，按我的理解，中国的国家发展形态经历了四个阶段，即古国、方国、王国和帝国。距今5500年左右到距今4500年左右为古国阶段，距今4500至夏代是方国阶段，商周两代是王国阶段，秦汉开始进入帝国阶段。

[2] 据目前所知，在日照地区龙山文化遗址采集的遗物，基本上都为龙山文化早中期，属于晚期者极少。关于这一地区的岳石文化遗址，莒县发现10处，东港区发现5处，其他几个县市也很少。在中美联合考古队调查的300余平方千米范围内，仅发现2处岳石文化遗址，其数量之少令人不可思议。

鲁东南沿海地区龙山文化时期的聚落结构和人口

一　前言

　　鲁东南沿海地区是指以日照市为中心的南北狭长地带，东邻黄海，南到鲁苏交界的绣针河，北至胶南市和诸城市的南部，西界为东北－西南走向的五莲山脉。

　　这一地区的考古工作可以追溯到80年前的1934年春。当时为了在山东东部沿海地区寻找古代文化遗存，中央研究院历史语言研究所考古组委派王湘和祁延霈对这一地区进行了两个多月的野外考古调查，发现了十余处史前和历史时期的遗址，其中就包括两城镇、丹土、尧王城、刘家楼（即后来的苏家村）等著名龙山文化遗址[1]。在这次调查的基础上，1936年春夏之际，史语所考古组组织了两城镇遗址的发掘工作[2]。由于发现了大量龙山文化时期的遗迹和典型黑陶，两城镇成为当时享誉中外的龙山文化遗址。所以，后来中央、省、市等各级文物考古部门多次调查、勘探和发掘过两城镇遗址。

　　采用聚落考古学的方法探索和研究中国史前和历史时期社会的复杂化进程，逐渐成为近些年来中国考古学研究的重要内容。围绕着这一课题，经国家文物局批准，山东大学考古专业和美国耶鲁大学人类学系（后改为美国芝加哥菲尔德博物馆）合作，于1995年冬开始对鲁东南沿海地区开展了为期十多年的区域系统调查。最初的设想是以当时所知最大的龙山文化遗址——两城镇为中心，逐渐向周边地区扩大范围，以求了解这一地区史前及历史时期古代文化的变迁过程，进而达到从其变迁过程中认识和研究该地区古代社会的结构和演进特点。

　　截止2007年，经过前后十三年的野外工作，联合考古队调查的范围持续扩大，南北距离约80、东西宽度则在14~20千米，累计调查面积1400多平方千米，接近山东省整个面积的百分之一。调查区域内发现了大量各个时期的古遗址和古墓葬，其中龙山文化遗址和陶片分布点有534处[3]（图一）。这一基础性工作为我们深入讨论鲁东南沿海地区古代文化的演进和社会的变迁，提供了系统而详细的第一手资料。而龙山文化是这一地区史前时期最为发达的文化，不仅发现了大量遗址，而且遗址之间的等级分化也十分明显。所以，本文拟重点分析和讨论调查区域内龙山文化时期的聚落

　　[1]　李永迪：《1930年代中研院史语所山东地区龙山文化的发掘与调查工作》，山东大学东方考古研究中心：《东方考古研究通讯》2005年第5期，第13页。
　　[2]　刘耀：《山东日照两城镇附近史前遗址》，《两城镇遗址研究》，文物出版社，2009年。
　　[3]　中美日照地区联合考古队：《鲁东南沿海地区系统考古调查报告》，文物出版社，2012年。报告的阐释部分将发现的龙山文化遗址和地点合计为536处，遗址调查面积2297.1万平方米（见上册表四），但我们综合统计了《遗址信息表》（下册）和《聚落等级变更信息表》（上册表一）中的数据之后，全部龙山文化遗址和地点的数量为534处，全部遗址的调查面积为2302.86平方米，本文的相关数据以我们的统计为准。

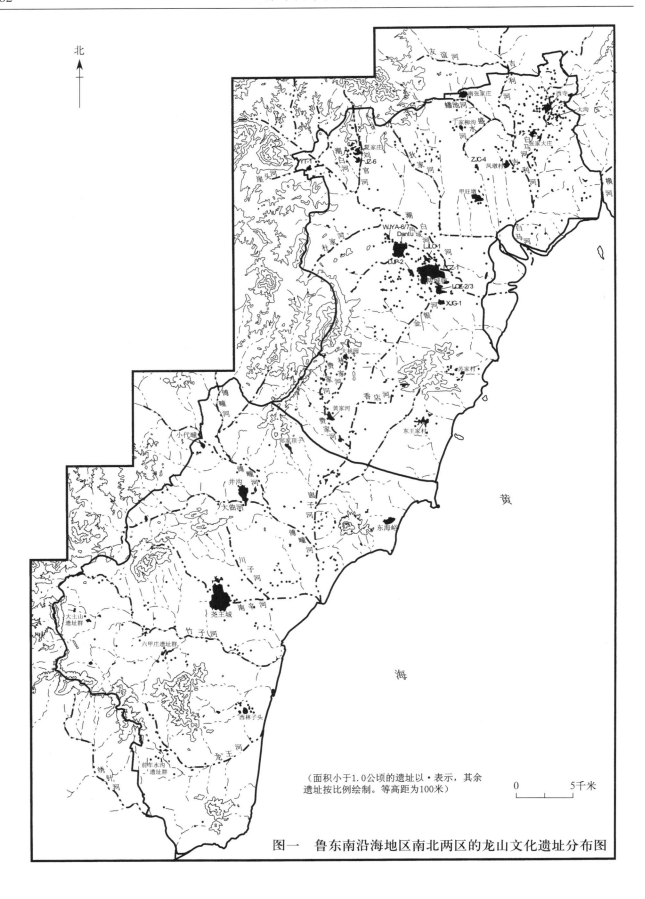

北

（面积小于1.0公顷的遗址以·表示，其余
遗址按比例绘制。等高距为100米）

0　　　　5千米

图一　鲁东南沿海地区南北两区的龙山文化遗址分布图

结构及其反映的社会形态。

调查工作是以地面步行踏查的方式进行，除了不适合人类活动的较高山岭之外，调查范围内的区域基本达到了全覆盖，所以这种调查方法也常常被称为全覆盖式调查。由于调查时所有人员是站成间距为50米左右的一排，一般按直线前行，在地面调查过程中，调查者的目光所及也只有二、三米的宽度。所以，这种调查仍然属于"拉网"式的。但就目前国内采用的所有调查方法而言，区域系统调查是一种能够最大限度地查出古代遗存的方法，相比较而言是最可取的。当然，对于中国这样一个幅员辽阔的国家，不同地区的地理地貌和环境差别巨大，特别是那些历经数千年垦殖的人口稠密区，保存下来的古遗址与原来的实况发生了较大变化，在对调查结果进行分析时需要做适当的调整[1]。

二　两城镇、丹土和尧王城

调查报告在公布资料的同时，对这一区域龙山文化时期的社会组织形态进行了探讨，认为以两城镇和尧王城为代表的两个一级中心聚落，分别统辖着北、南两个区域。并且认为，各个区域内部，都存在着四级聚落形态[2]。

在以往的讨论中，我曾经认为龙山文化时期的日照沿海地区（包括更西的沭河上游和潍河上游地区），可能在政治上已经形成了一个统一的实体，即以两城镇为中心的政治实体，内部存在着四级聚落结构，丹土和尧王城是两城镇之下的二级聚落中心[3]。后来，随着丹土、尧王城两遗址的发掘和南部地区持续数年的区域系统调查成果的公布，有必要重新讨论和认识这一问题。

如何认识调查区域内龙山文化时期的中心聚落，是分辨这一地区是一个统一的特大型聚落群还是两个大型聚落群的关键所在。综合分析这一地区历年来的调查和发掘资料，有资格成为区域内一级中心聚落的遗址主要有三处，即两城镇、丹土和尧王城。

首先，是两城镇和丹土遗址的关系问题。两城镇和丹土两个遗址离的很近，相互之间只有4千米，站在两城镇遗址的大堰堆上，可以清楚地看到丹土遗址。从1934年第一次发现这两处遗址开始，人们就认为两城和丹土都是以龙山文化为主的遗址。后来的发掘表明，这两个遗址的时代有重合，但也有明显的差别。即丹土遗址的时代相对早一些，在大汶口文化晚期末段和龙山文化初期就已经出现有墙有壕的城址，并且出土了数量可观的玉器。丹土城址一直延续到龙山文化早期和中期前段[4]。

两城镇遗址没有发现明确的大汶口文化遗存，其建造和使用了内、中、外三圈壕沟，中圈壕沟内侧部分地段还发现有底部用石块铺垫的城墙遗迹。从壕沟的解剖和遗址的发掘情况看，内圈壕沟的时代最早，面积约20万平方米，整体相当于龙山文化早期，目前所知这一时期没有发现城墙。由

[1]　栾丰实：《聚落考古田野实践的思考》，《考古学研究（九）——庆祝严文明先生八十寿辰论文集》（下册），文物出版社，2012年。

[2]　中美日照地区联合考古队：《鲁东南沿海地区系统考古调查报告》，文物出版社，2012年，第299～310页。

[3]　栾丰实：《日照地区大汶口、龙山文化聚落形态之研究》，《中国考古学跨世纪的回顾与前瞻（1999年西陵国际学术研讨会文集）》，科学出版社，2000年，第227～244页。

[4]　丹土遗址的调查面积达130万平方米，钻探到文化堆积的面积只有20多万平方米。城址的面积由小到大，从10万到20万平方米不等。

此看来，大汶口文化末期至龙山文化早期，这一区域的中心应该在丹土，到龙山文化早期，两城镇遗址的实际面积已经与丹土相当甚至有所超越，但其性质还是低一个层级的环壕聚落。

两城镇遗址的中圈壕沟和城墙是在内圈壕沟废弃之后建造的，局部发现的城墙墙体大部分压在内圈壕沟外半部之上，时代约当龙山文化中期偏早阶段，面积增大到35万平方米左右，远远超过了丹土的龙山文化城址。外圈壕沟向北向西有较大的扩展，而南侧两者则合为一体，面积接近70万平方米。从发掘和解剖的情况看，外圈壕沟与中圈壕沟的时代大体相当，主要属于龙山文化中期。由于在壕沟中发现有明确的龙山文化晚期堆积，并且在中外圈壕沟之间的居住区，也发现有晚期的文化遗存。所以，外圈壕沟使用的时间可能较之中圈壕沟长一些。

如此看来，两城镇和丹土两个遗址，就其繁荣期而言，大体可以认为是前后相继的。而在整个遗址的存续时间上，两者应在较长时间内共存过。我们初步判断，以潮白河流域为中心的北部地区龙山文化，其中心聚落最初在丹土，到龙山文化早中期之交，这一中心迁移到离黄海更近的两城镇。在两城镇作为新都替代了丹土的大部分中心聚落功能之后，丹土作为一个旧都性质的聚落，还存在了相当长一段时间，极有可能还分担着新中心两城镇的某些职能，这样才好解释丹土晚期城址与两城镇中圈城墙壕沟的共存关系。

其次是对尧王城遗址的认识。从现有资料看，尧王城遗址基本上是和丹土遗址同时兴起的。两个遗址都发现了大汶口文化末期的遗存，而且都出土过刻有图像符号或文字的大汶口文化陶尊残片。以往一般认为，出土陶器图像符号或文字的大汶口文化遗址，等级一般较高，不是普通的聚落遗址。所以，尧王城和丹土遗址一开始就应该是等级较高的中心性聚落遗址。近年来在尧王城遗址的勘探和发掘中，发现了明确的龙山文化城墙和壕沟，由此可以确定，在龙山文化时期延续并加强了其高等级中心性聚落的地位。

最初，一般认为尧王城遗址的面积约为33万平方米，后来扩大到50余万平方米。而两城镇遗址则有100万平方米左右，两者相差较大，在外观上形成一大一小的格局。现在看来，情况有所不同。近年来的勘探和发掘工作表明，尧王城遗址的面积可能更大。关于两城镇遗址的面积，一直存在着不同的说法，1930年代认为是36万平方米，1958年试掘后认为约55万平方米，20世纪70年代以后，一般认为有100万平方米左右。经过我们近年来的实地勘探和试掘，两城镇遗址包括外圈壕沟在内，面积大约70万平方米。这样两个遗址的规模已经没有多大差别，甚至可以说是旗鼓相当。据中美联合考古队的调查，两城镇遗址地面陶片分布的范围约为272.5万平方米，而尧王城遗址的这一面积则达到了367.5万平方米，大出两城镇遗址几乎三分之一。如何看待上述调查所得到的遗址面积呢？

关于两城镇遗址，首先是分布于其附近的几个遗址值得注意。一个是两城镇204国道之南的遗址（调查时记录为LCZ2/3），这个遗址南侧紧靠金银河，北依204国道，东界两石公路，调查面积达42.88万平方米。村中农民告诉我们，这一片土地恰好是地处遗址中心的两城七村等的土地，换言之，这一片农田里的陶片有可能是搭载着村民们的农家肥被搬运过来的。第二个是位于两城镇遗址之西约1千米的大界牌遗址，调查面积达23.64万平方米。发掘期间，一个偶然的机会，我们获知大界牌村南呈南北长、东西窄的这一片土地，是位于两城镇遗址中心位置的两城六村的一块飞地，其地表上的陶片，同样也是从两城镇遗址上搬运过去的。第三个是夏家村遗址，夏家村即两城九村，与两城三村一路之隔，调查面积8.68万平方米。两城镇和这些遗址之间，还发现一些小的陶片分布点，大的3万多平方米，小的数千平方米。如果将上述遗址和两城镇遗址合并计算，两城镇遗址地表的陶片分布范围将超过350万平方米，可以说与尧王城遗址不相上下。

尧王城遗址也存在类似情况。遗址叠压在南辛庄和安尧王城两个村庄之下，建房和取土积肥等生产和生活活动蚕食了遗址的大量文化堆积。现在南辛庄村后西北部，有一个呈拐尺状的大型深沟（深2米以上），深沟所在位置的土地属于小河西岸的张家庄子村。因为来往耕作不方便，在人民公社化期间，张家庄子村把这块属于他们的农田的土壤整体运走了。试想，运走的土中又包含了多少不同时期的陶片，而这些不会腐烂的陶片散落到了另外的土地，便又成了一个或数个新的"遗址"。所以，尧王城西北面积达数十万平方米的张家庄子遗址（ZJZZ4），其真实性显然存在问题，需要通过钻探和试掘来加以确认。

由上述分析可知，两城镇和尧王城两处遗址的实际面积和地表陶片分布面积十分接近，均发现有城墙、壕沟等重要遗迹，出土陶器的种类、数量之多和品质之高也是其他遗址所无法比拟的。所以，将其解读为龙山文化时期南北两个相对独立区域的中心可能更符合实际。

分析鲁东南沿海地区龙山文化时期南北两个区域的聚落形态，对于了解和认识其社会结构是至关重要的。调查报告将其划分为六级聚落形态，归属为四个等级，即第四、五、六级合为一个等级，前三个等级可能具有管理职能。

调查区域内的龙山文化遗存，一个十分显著的特征是，龙山文化前半时期的遗存十分丰富[1]，后半时期在比较短促的时间内急剧衰落，考虑到这一具体情况，我们认为可以把这一地区的龙山文化作为一个整体来讨论，而实际考察的内容主要涉及龙山文化的前半时期。

从调查区龙山文化遗址的分布上看，南北两区的分界大约在现在的日照市区，当然也有可能因为这一区域为密集的现代居住区，原有的遗址或者已被破坏，或者很不容易发现。但在城区以西位置，仍然可以找到一条遗址的空白地带。以此线为界，仅就已经调查过的区域而言，以丹土和两城镇为中心的北区大约为710平方千米，以尧王城为中心的南区则约为730平方千米。

三　关于遗址面积和人口问题

遗址面积是认识和运用考古调查成果时争议比较大的一个问题。遗址面积关乎到遗址的等级、遗址所承载的人口数量、对资源的获取和利用等一系列重要问题，在相当程度上会影响到后期研究的结论，其引起学界和研究者的重视是十分自然的。由于后期人类活动的频率和对遗址的作用力大小相差悬殊，不同区域自然环境的变迁对遗址的保存、破坏和存续的影响不一，所以，不同区域考古调查所得到的遗址面积又不能一概而论，应该通过实事求是的讨论和分析来加以确定。关于鲁东

---

[1]　龙山文化可以细分为六期，其中前半期指第一至三期，后半期指第四至六期。按早中晚期的划分，则第一二期为早期，第三四期为中期，第五六期为晚期。调查区域内发现的龙山文化遗存，绝大多数为龙山文化第一至三期，这里所谓的中期遗存，实际上主要是龙山文化中期前段。因为龙山文化整体延续时间不长，特别是相互之间连续发展，所以在以下讨论中把这一地区的龙山文化作为一个整体来对待。

南沿海地区区域系统调查所得到的遗址面积，我们曾经做过分析，此不赘述[1]。

调查区域地处农业经济高度开发的地段，其内村庄密布，人口众多，超过了历史上任何一个时代。绝大多数古遗址都坐落在明清以来的村庄之下或邻近村庄的地带，因而不同程度地受到了农民的生产（如取土积肥、平整和深翻土地、修建各种道路和沟渠、养殖等）和生活（如建房等）等活动的破坏。这些活动对古遗址的影响，主要表现在两个方面：一是遗址因受到破坏而消失或面积有不同程度缩减；二是由于人为因素搬运的原因，导致地表陶片散布面积增大，甚至出现了"假遗址"的现象[2]。如何解决这一问题，迄今没有一个令人满意的办法。当然，也不是完全没有，如果对发现的每一处遗址都进行钻探和试掘，则可以准确地了解遗址的现状。但就目前的人力、物力水平而言，尚无法对调查发现的每一处遗址都进行钻探和试掘。所以，采用抽样的方法进行校正也不失为一种补救措施。目前在没有开展这一工作的情况下，或许可以根据部分确知调查面积和实际面积两种数据的实例，通过比对的方法进行简单归纳，得到两者之间的比例关系，再以此来估算所有遗址的真实面积。

在调查区域内发现的530多处龙山文化遗址中，既有调查面积，也知晓现存文化堆积准确面积的遗址，大约有8处，其中包括了大、中、小不同等级的遗址，即两城镇、丹土、尧王城、东海峪、苏家村、大桃园、甲旺墩和罗川沟。现将这8处遗址的调查面积和钻探后确定的遗址面积之间的比例关系列如表一。

表一　两城镇等八处遗址调查面积和实际面积对比表

遗　址	调查面积（万平方米）	现存实际面积（万平方米）	两者之比
两城镇	272.5	74	3.68：1
丹　土	130.68	20	6.53：1
尧王城	367.5	56	7.5：1
东海峪	60	8	6.28：1
苏家村	51	8.9	5.73：1
大桃园	23.8	4.5	5.29：1
甲旺墩	52.06	2.5	20.82：1
罗川沟	2.58	0.5	5.16：1
合　计	960.12	174.4	5.51：1

据表一的8处遗址统计，区域调查所得到的遗址面积和有文化堆积的遗址面积之比，平均为5.51：1，即调查面积是有文化堆积遗址面积的5.5倍左右。考虑到遗址在存续过程中，也会被破坏掉许多，所以，在这里取3：1的比例进行计算，即实际面积为调查面积的三分之一。这样，我们在考

---

[1]　参见栾丰实：《聚落考古田野实践的思考》，《考古学研究（九）——庆祝严文明先生八十寿辰论文集》（下册），文物出版社，2012年，第787~800页。

[2]　古遗址除了受到人为因素的影响之外，也会受到自然因素如洪水、泥石流、冰川、海啸、海平面上升等的影响。

虑遗址等级和计算当时人口数量时，对遗址的调查面积按3：1的比例进行缩减，以求其接近原来的实际状况。

估算古代遗址承载的人口数量，有各种不同的计算方法。在这里，我们采取简便易行的人均占用聚落遗址面积的方法来推算当时的人口。关于人均占有聚落遗址的面积，按王建华的估算，海岱龙山文化时期人均占用遗址面积为149平方米[1]，折合每万平方米67.1人。而方辉等按鲁东南沿海调查区域内人均占有现代村庄面积来计算，折合每万平方米72.2人[2]，两者相差不大。所以，我们在这里取两者的中数，即龙山文化时期每万平方米遗址面积承载的人口数量大约为70人。

四　以两城镇为中心的北区

以两城镇遗址为中心的北区，已经调查过的面积大约为710平方千米，如果加上潮白河上游、吉利河上游等属于此区但尚未调查的区域，其实际控制的区域可能达到甚至超过1000平方千米。这一区域内龙山文化遗址的分布，除了两城镇周围较为密集之外，围绕着两城镇的周边地区至少还存在着10个规模或大或小的小聚落群，每一群中有一处规模小一些的二级中心聚落。这些中心聚落到两城镇遗址的距离均在20千米以内，即当天可以走一个来回的路程。两城镇以南地区大约有四处小聚落群（图二）。

（1）苏家村遗址

位于两城镇东南约8.5千米处，坐落在丝山东侧，离黄海较近。调查面积约为51万平方米。2011年，为了配合两城镇遗址的后续研究，我们对此遗址进行了钻探，发现了一周不甚规则的椭圆形龙山文化环壕，包括壕沟在内的遗址面积约8.9万平方米[3]。在苏家村遗址周围，还分布着一批小型遗址，应与苏家村遗址存在着隶属关系。

（2）东王家村遗址

位于两城镇东南约12千米处，遗址坐落在丝山东南侧，东邻黄海，调查面积约46万平方米。周围有数处小型龙山文化遗址，由于遗址向南已接近市区，发现的龙山文化遗址数量不多。

（3）大桃园遗址

位于两城镇西南约10千米处，遗址坐落在村北两条小河汇合的高地上，调查面积约23.8万平方米。遗址东侧和西侧不远处为南北走向的丘陵，小的水系属于南流的傅疃河流域。2011年春，在该遗址的钻探中发现了龙山文化环壕，环壕面积约4万多平方米。

（4）黄家河遗址

位于两城镇西南约14.5千米处，遗址在村下及村北、村西的坡地上，与大桃园遗址同属傅疃河流域。调查面积约24.88万平方米。遗址周围有若干处小型龙山文化聚落遗址。

两城镇以北地区大约有六处小聚落群，主要分布在东北方向，西北部可能由于进入五莲山区的

[1]　王建华：《黄河中下游地区史前人口研究》，科学出版社，2011年，第144～157页。
[2]　方辉、加利·费曼、琳达·尼古拉斯：《日照两城地区聚落考古：人口问题》，《华夏考古》2004年第2期。
[3]　聂政：《山东日照苏家村遗址调查勘探简报》，《中原文物》2012年第4期。

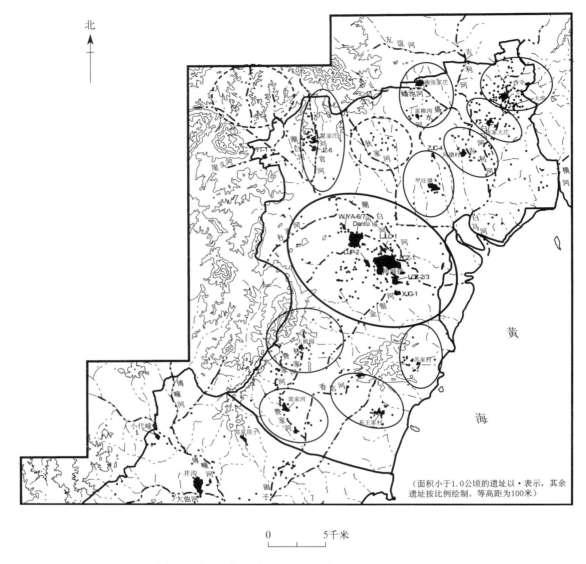

图二　鲁东南沿海地区北区的龙山文化聚落结构图

原因而较少（图二）。

（1）甲旺墩遗址

位于两城镇东北约7千米处，隶属于青岛胶南市。遗址的调查面积约52万平方米。2011年春，经钻探没有发现龙山文化时期的环壕，而遗址的现存面积只有约2.5万平方米。遗址周围发现有数处小型龙山文化遗址。

（2）凤墩村遗址

位于两城镇东北约10.5千米处，隶属于青岛胶南市。遗址周围地势平坦，北、西两侧均有小河流过。遗址调查面积41.28万平方米。遗址周围有多处小型龙山文化遗址。2011年春，经钻探未发现龙山文化环壕，现存遗址面积2万多平方米。

（3）张家大庄遗址

位于两城镇东北约14千米处，坐落在白马河和吉利河之间，隶属于青岛胶南市。遗址调查面积约31万平方米。周围密集分布着同时期的龙山文化遗址。

（4）西寺遗址

位于两城镇东北约16.5千米处，坐落在白马河西岸的西寺村下及村北，调查面积约55万平方米。西寺也是一个从大汶口文化晚期经龙山文化一直延续到岳石文化时期的遗址，这在整个调查区域中并不多见。西寺周边地区古遗址分布十分密集，其东南约1千米处还分布着调查面积达16万平方米的大沟遗址。

（5）南张家庄遗址

位于两城镇正北约14.5千米处，坐落在吉利河的支流蟠池河上游。遗址调查面积为41.87万平方米。因遗址紧邻调查区域的边界，周边发现的小型遗址不多。在南张家庄遗址之南约2千米处发现的丁家柳沟龙山文化遗址，地表陶片分布面积达到13万多平方米。

（6）夏家庄遗址

位于两城镇西北约11.5千米处，坐落在潮河支流刘官河的中游。这一地区东西两侧均为南北走向的丘陵，河流两侧有面积不大的冲积平地。遗址调查面积约127万平方米。夏家庄周边发现有若干处小型龙山文化聚落遗址，与其他地区相比数量不多。

除以上所述，还有两个小区应予以注意。一个是潮白河上游的户部岭水库及周围，东南距两城镇约20千米。这里也发现过具有一定规模的龙山文化遗址，因为现在位于水库淹没区内而无法开展调查。从地理位置来看，这一带也应属于两城镇遗址的控制区域。二是胶南市海青以北的狄家河流域，南距两城镇约9千米。这一带发现的小型龙山文化遗址较多，但缺乏具有一定规模的中等遗址。因为这一区域修建了一座较大的水库，大坝之下和水库淹没区内均发现有龙山文化遗址。所以，这一个相对独立的小单元，也应该是一个龙山文化小聚落群。

综上所述，以两城镇遗址为中心的北区，龙山文化时期大体存在着三个层次的聚落结构。从不同层次遗址内能够说明问题的大型遗迹看：第一级有城墙和壕沟，实际面积在20万平方米以上；第二级多有环壕，实际面积在5～10万平方米之间，有的略大一些；第三级则为普通的小型聚落遗址，实际面积在5万平方米以下。

北区的第一级聚落为两城镇和丹土，调查面积均在100万平方米以上，实际面积则在20万平方米以上。作为区域中心，这两处遗址前后有一个交替。而遗址周围5千米范围之内，还存在着一些由它们直接管控的小型聚落。

第二级聚落位于两城镇遗址的周边地区，目前所知约有12处，每一处周边都聚集着一批规模更小的聚落遗址。从前10处规模比较明确的二级聚落看，调查面积多在30万平方米以上，实际面积多数可能在10万平方米以内。作为二级聚落的大桃园和黄家河遗址，调查面积在10处二级聚落遗址中最小，为20多万平方米，其中大桃园发现了龙山文化的环壕。

第三级为最低一级的小型聚落，位于二级聚落周围数千米范围之内，数量不一，规模更小，实际面积绝大多数都在3万平方米以下，有的仅有数千平方米。

以两城镇为中心的北区，存在着以上三个等级的聚落遗址，这种聚落结构在遗址的数量上呈现出金字塔状形态，即顶端的高等级聚落只有一、二处，中间的二级聚落有多处，而底部的小型聚落数量最多。上述三个等级的聚落遗址，在分布上较为均衡，一级聚落两城镇位于交通便利、水源充足的中部位置，而二级聚落多数也在河流近旁，只是周围的活动区域略小而已。这一聚落形态显示出龙山文化的社会，已经进入"都、邑、聚"三级结构的早期国家形态。

如果按聚落遗址的面积来估算当时的人口规模，具体情况列如表二。三个等级的聚落人口规模，呈现出一种正相关分布，即金字塔底部的小型聚落数量最多，人口也最多。位于金字塔顶端的一级中心聚落，人口数量已经聚集到一定程度，但在区域人口总数量中并不占优势。而位于金字塔腰部的二级中心聚落，不仅聚落的数量介于一三级之间，人口规模也占据着相应的位置。所以，以两城镇为中心的北区，根据遗址面积推算的人口数量呈现出一种合理的分布态势。

表二　北区遗址数量、面积和人口数量一览表[1]

遗址等级	数　量	调查面积（万平方米）	实际面积（万平方米）	人　口
一　级	2	403	134	9380
二　级	10	494	165	11550
三　级	341	571	190	13300
合　计	353	1468	489	34230

五　以尧王城为中心的南区

以尧王城遗址为中心的南区，经过调查的面积大约为730平方千米，如果加上傅疃河上游、绣针河上游等属于此区但尚未调查的地段，这一区域的实际控制范围与北区差别不大。南区龙山文化遗址的分布情况，大体是北半部较为密集，南半部相对稀疏，特别是尧王城周围的"近畿"地区，基本没有成规模的遗址。尧王城遗址外围的小聚落群，就目前发现而言，可以区分出8处。尧王城以北地区有4处小聚落群，每一小群围绕着一处二级中心聚落（图三）。

（1）井沟遗址

位于尧王城以北约8.5千米处，遗址跨傅疃河支流大曲河的两岸，调查面积120.7万平方米。井沟周围的小型龙山文化聚落遗址不多，但其向东不远处有一调查面积约10万平方米的大曲河遗址。

（2）东海峪遗址

位于尧王城东北约16千米处，遗址东侧邻近黄海，海拔高度只有4米，而遗址本身文化堆积的深度就有3米左右。所以，大汶口文化晚期和龙山文化时期，东海峪遗址基本处于现在的海平面上。遗址调查面积约60万平方米。因为遗址现在成为市区的一部分，周围发现的小型龙山文化遗址较少。

（3）小代疃遗址

位于尧王城西北约12.5千米处，遗址坐落在村下和村西的河岸高地上，遗址调查面积约21.5万平

---

[1]　表二和表三是依据报告下册的《遗址信息表》和上册的表一汇总统计编制，但与报告中所列数据有所差别。主要在两个方面，一是遗址数量，报告统计为536处，本文表二表三合计为534处，较之报告的表四少2处；二是遗址面积，报告统计为2297.1万平方米，本文表二表三合计为2303万平方米，较之报告的表四多出约6万平方米。

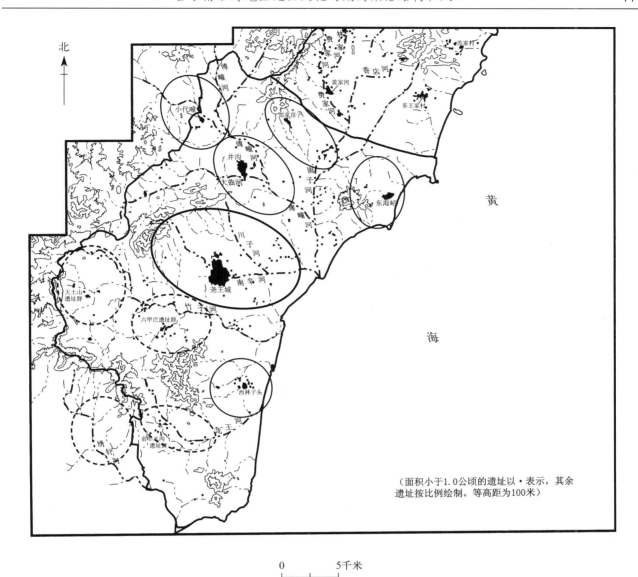

（面积小于1.0公顷的遗址以·表示，其余遗址按比例绘制。等高距为100米）

0 ___ 5千米

图三　鲁东南沿海地区南区的龙山文化聚落结构图

方米。由于小代疃遗址以上的傅疃河两侧适于人类居住的区域全部被日照水库淹没，周围地区发现的小型龙山文化聚落遗址不多。

（4）郑家顶子遗址

位于尧王城北偏东方向13.5千米处，遗址坐落在傅疃河的小支流区域，调查面积约27.5万平方米。周围地区的小型龙山文化聚落遗址较少，稍远的崮子河中段有一定分布。

尧王城以南地区，龙山文化遗址的分布规律不如北半部强，特别是从目前的调查情况看，可能的二级中心聚落规模都偏小。分析这一区域龙山文化遗址的聚集形态，可以分辨出4处小的聚落群。

（5）西林子头遗址

位于尧王城东南约9千米处，遗址坐落在西林子头村南，东距黄海约2千米，遗址调查面积约26万平方米。遗址周围小型龙山文化聚落遗址较少。

（6）六甲庄遗址群

位于尧王城西南约6.5千米处，遗址多数分布在虎山西北侧的竹子河中游及其南侧支流一带，其中最大的六甲庄遗址，调查面积约6万平方米，其附近的罗川沟遗址做过小规模发掘。

（7）大土山遗址群

位于尧王城以西约11.5千米处，遗址主要分布在竹子河上游地区。发现的十余处遗址或陶片分布点，面积均比较小，其中以大土山遗址最大，调查面积为9.22万平方米。

（8）前水车沟遗址群

位于尧王城以南约12.5千米处，遗址主要分布在龙王河的中上游地区，发现的十余处遗址或陶片分布点，面积均比较小，其中最大的前水车沟遗址，调查面积仅有5.74万平方米。

此外，本次未及调查的绣针河上游地区，在尧王城西南约20千米处。查阅以往的文物普查资料，在不大的范围内发现了西辛兴和下湖2处龙山文化遗址。按文物地图集记载的数据，西辛兴遗址面积达22.5万平方米，下湖遗址的面积为15万平方米[1]。在同时记载的鲁东南沿海遗址中，仅次于两城镇和尧王城，大于东海峪、井沟、小代疃等，值得注意。

综上所述，以尧王城为中心的鲁东南沿海南部地区，除了尧王城直接控制的周围区域之外，其掌控的外围地区至少有以上9处小聚落群。所以，这一区域也存在着由一级中心聚落、小聚落群中的大聚落（二级聚落）和小聚落（三级聚落）等组成的三级结构的聚落形态。

自大汶口文化晚期偏晚阶段到龙山文化时期，南区的第一级聚落一直在尧王城。遗址的调查面积超过300万平方米，在整个南区可以说是一枝独秀。并且，在尧王城遗址的调查、勘探和发掘中，还发现了城墙和壕沟、成片的房址、墓地、铜器残片、炭化稻米和刻有图像文字的大口尊残片等重要遗存。这些发掘成果都显示出尧王城非同一般的遗址性质，所以有人将其与帝尧相联系。

尧王城之下的小聚落群，聚集和分布较为明显，并且存在着各自的二级中心，从而表明尧王城管控整个区域是通过小聚落群的具体运作方式来实现的。南区区分出的8处小聚落群规模多数偏小，并且二级聚落中心也偏小，如除了井沟和东海峪两处遗址的面积较大，其他二级中心的调查面积均在30万平方米以下，有的甚至不到10万平方米，实际面积更小。这与以两城镇为中心的北区差别比较明显。

第三级为小型聚落，除了尧王城周边5千米以内的小型聚落（多数在尧王城的东侧）应由其直接管理之外，多数小型遗址是围绕着二级中心分布，调查面积一般在5万平方米以下，有的仅有数千平方米。从整体上看，南区小型遗址的数量明显偏少，总量不到北区的一半。

以尧王城为中心的南部地区，在龙山文化时期也明确存在着三级聚落形态，即具有都城性质的中心聚落、中等规模的二级中心聚落和众多小型聚落。这一聚落形态显示出龙山文化的社会，与以两城镇为中心的北区一样，也进入了"都、邑、聚"三级结构的早期国家形态。

南区的二级聚落和小聚落群的规模整体偏小，数量也比较少，这一状况在当时的人口规模上也有清楚的体现（表三），南区的人口数量明显少于北区。

---

[1] 国家文物局主编：《中国文物地图集·山东分册》，中国地图出版社，2007年，第620页。

表三　南区遗址数量、面积和人口数量一览表

遗址等级	数　量	调查面积（万平方米）	实际面积（万平方米）	人　口
一　级	1	368	123	8610
二　级	8	271	90	6300
三　级	172	196	65	4550
合　计	181	835	278	19460

六　结　语

由以上三、四节的讨论可知，鲁东南沿海龙山文化时期以两城镇为中心的北区和以尧王城为中心的南区，聚落的内部结构大体一致，即聚落形态均为大、中、小三级并在数量上呈现出金字塔状结构。作为区域中心的大型聚落，采用直接管理周边中、小型聚落和通过二级中心聚落管控外围地区的同时期聚落的手段，实现对全部区域的有效控制。各自在相对独立的管辖区域内形成了"都、邑、聚"三级结构模式的早期国家。

但南、北两区之间也存在着明显差别，就大处而言，有以下两个方面。

首先是在大体相当的领土面积内，南区的聚落数量和人口总规模及密度明显小于北区。表二和表三的统计数据表明，南区龙山文化时期聚落遗址的数量仅约为北区的一半，人口规模也不足北区的60%。

其次，南区的聚落形态是典型的金字塔状结构，即大型中心聚落只有1处，二级聚落为8处，而三级小型聚落多达172处。但人口规模却呈现出一种倒金字塔形态，即等级最高的中心聚落尧王城的人口规模达到了全区人口的40%以上，而8处二级中心聚落这一数据接近区域内全部人口的三分之一，等级最低的三级小型聚落，人口规模却只占全部人口的23%左右，约为一级聚落的一半。这种倒金字塔状人口分布形态，在地理地貌、环境和资源等自然因素没有明显差别的北区却正好相反。在正常的以农业、手工业为主的综合经济形态下，这种分布状况似乎并不合理，形成这一情况的原因，则需要进一步分析和研究。

总之，以尧王城为中心的南区，虽然也进入了早期国家的行列，但在整体经济实力和政治影响力等方面，应该明显小于和弱于以两城镇为中心的北区。

（原载《"城市与文明"学术研讨会论文集》，上海古籍出版社，2016年）

丁公龙山城址和龙山文字的发现及其意义

　　丁公遗址位于山东省邹平县苑城乡丁公村和石羊村之间，西南距县城约13千米。该遗址于1982年文物普查时发现，1985年起，山东大学历史系考古专业开始对其进行发掘。1987年，丁公遗址被定为山东大学考古实习基地，随后，在距遗址1.5千米的苑城乡驻地建立了山东大学邹平考古工作站。截止1993年，我们对丁公遗址先后进行过六次发掘和两次钻探，累计发掘面积2000多平方米，发现房址、墓葬、陶窑、水井和灰坑等各种遗迹2000余座，出土石、骨、蚌、铜、陶器等各类文物近5000件。

　　1991年秋进行的第四次发掘中，发现一座保存较好的龙山文化古城址，被评为1991年中国十大考古新发现之一。在室内整理时，又发现一件龙山文化刻字陶片。这两项重要发现公布之后，在国内外引起了热烈反响和广泛关注。

一

　　为了查清丁公遗址的准确范围和重要遗迹的分布情况，1991年夏，在山东省文物考古研究所的大力协助下，我们对丁公遗址进行了一次大孔距全面钻探。城墙线索的发现，是这次钻探工作的主要收获。而后进行的两次发掘，发现和确认了城墙与城壕的存在，并初步查明了城墙与城壕的走向、范围和结构。

　　丁公龙山文化城址平面呈圆角方形，南北约350、东西约310米，城址面积超过10万平方米。由于历代人为地破坏，城墙只剩现代耕土以下部分，地面之上已无踪迹。城墙宽约20米，若以当时地面计，早期城墙残存高度尚有1.5米左右，晚期城墙只保存有早期城墙外侧的附加部分，顶部已被全部破坏。城墙夯土为黄、白、棕等色土混杂而成的花土，局部还掺有淤土和细沙，夯土内包含文化遗物甚少。城墙系分层夯筑而成，夯层厚度不一，一般在5～8厘米之间，有的超过10厘米。夯层的结构主要有两类三种：一类是土层平堆平夯，形成的夯层基本呈水平状态，另一类是顺斜坡堆土，土层呈大斜坡或窄水平状，前者斜夯，后者则平夯。第一类主要见于第一期夯土，第二类则主要见于第二期及以后各期城墙外侧的加宽部分。夯窝为圆形圜底，较浅，直径5厘米左右，排列杂乱无章，属单棍夯，未见集束棍夯筑现象。此外，有的夯层表面光洁平整，未见夯窝。据已试掘部分的材料分析，城墙本身可划分为四大期。依层位关系和夯土内的包含遗物可知，第一期为龙山文化早期偏晚，第二期属龙山文化中期，第三期为龙山文化晚期，第四期则可能属于岳石文化时期。就保存情况而言，第一期最完整，第二、三期较差，第四期破坏最严重。

　　城壕位于城墙之外，并且直接与城墙相连接，两者之间没有过渡地带和间隔。城壕总宽度30

米左右，底部最深处距城内地面的深度超过3米。城壕内的堆积以淤土为主，按土质土色和堆积成因，主要有两大类：一类土色暗绿，呈比较均匀的薄层状分布，黏性大而结构紧密，应是由于积水的长时间浸泡，而逐渐形成的淤土层；另一类是粉砂状黄土，堆积层厚而变化不大，结构相对较疏松，当属洪水冲积时形成的一次性堆积。此外，局部还存在比较纯净的粗细砂堆积，亦呈薄层状分布，其成因则与流动的水有关。伴随着城墙的不断向外侧增筑加宽，城壕亦渐次向外拓展。在长期的使用过程中，城壕经过多次人工挖掘和清淤。依其堆积情况，可以划分为若干期，每期宽度多在10～20米之间，进而可以与每期城墙相对应。

1992年1月2日上午，在整理50号探沟的出土陶片资料时，由协助工作的丁公村女民工董建华首先发现一件龙山文化刻字陶片。陶片为泥质磨光灰陶，长4.6～7.7、宽约3.2、厚0.35厘米。文字刻于陶片内面，其上现存5行11个文字，除右起第一行为3个字外，其余4行每行均为2个字。此外，在陶片左上角有一刻划较浅的符号，有的专家认为也是一个文字。如是，则共有12个字。陶片左下角还有一刻划短线，向下伸出了陶片之外。综观这些刻字，笔画比较流畅，个个独立成字，整体排列比较规则，刻写也有一定章法，显然已经脱离了刻划符号和文字画阶段。刻字全文很可能是一个短句或辞章，记载着某种特定的内容。因此，田昌五和张学海等先生将其称为"陶书"，以示它与前此的大汶口文化单个图像文字的区别。从而表明，龙山文化时期已进入用文字记载历史的阶段。

刻字陶片出自50号探沟的H1235之内。H1235位于丁公龙山城内东部，1991年秋发掘了这一灰坑的北半部，另一半向南伸出探沟之外。在国家文物局考古专家组和省内部分专家查验层位关系之后，根据专家们的意见，1992年5月，我们采用扩方的方法，将H1235的另一半予以全部发掘。H1235的坑口为圆形，周壁略向外倾斜，呈袋状，平底，整体比较规则，废弃之前应是一个窖穴。灰坑西南侧被龙山文化晚期的H1818打破。坑内出有石、骨、蚌、陶器和兽骨、蚌壳等遗物。陶片以泥质黑陶和夹砂灰陶最多，器表装饰以素面磨光为主，还有少量弦纹、篮纹、绳纹、方格纹、附加堆纹和刻划纹等。器形有鼎、鬶、甗、鬲、瓮、盆、罐、盒、杯和豆等。此外，还出土有石牌、骨鱼镖、角锥、蚌铲、蚌镰和蚌刀等。

刻字陶片系大平底盆的残片。此类盆在海岱地区始见于大汶口文化晚期，龙山文化时期最为流行。其演变规律为：从大敞口、浅腹，向近直口直壁、深腹方向发展。刻字陶片属晚期形态，同坑内还出土一件可复原的同类盆。刻字陶片所在的H1235，一方面被属于龙山晚期的H1818打破，它又打破龙山文化的H1269、H1277等，层位关系十分确凿。灰坑内出土各类文物1400多件，经过认真、严格、仔细的检查，未发现任何晚于龙山文化的遗物。因此，在层位关系和包含物两个方面可以确证H1235属于龙山文化时期。细究之，坑内出土陶片中的侧装三角形足鼎、分档袋足鬶、素面鬲、卷筒状把手甗、近直壁大平底盆、矮子口盒、矮子口豆和筒形单耳杯等，均为龙山文化晚期阶段的典型器形。因此，H1235的时代可进而确定为龙山文化晚期阶段，其绝对年代在距今4200年前后。刻字陶片的年代最迟应不晚于这一年代。

丁公陶文公布之后[1]，得到许多专家的充分肯定[2]，但也有人提出了一些疑问[3]。对此，我们有

[1] 山东大学历史系考古专业：《山东邹平丁公遗址第四、五次发掘简报》，《考古》1993年第4期。
[2] 王恩田、田昌五、刘敦愿等：《专家笔谈丁公遗址出土陶文》，《考古》1993年第4期。
[3] 曹定云：《丁公遗址龙山陶文质疑》，《光明日报》1993年6月20日。

专文辨析，这里仅就大家关注的陶文层位问题，做一简要说明。

层位学（或称地层学）是指导考古发掘的基本方法，也是进行考古学研究的依据。那么，什么是层位学呢？按苏秉琦先生的归纳，"是地层堆积的层位上下、堆积时代的相对迟早关系的研究"[1]。就是研究文化层、遗迹（如房屋、灰坑、墓葬等）相互间的叠压、打破和共存关系，进而确定其相对年代。它们的基本单位是文化层的小层和遗迹单位（有的遗迹还可以划分为若干小层）。怀疑者认为，陶文在H1235中的具体位置不明，"就失去了确切的地层层位"，成为"一个最致命的要害问题"[2]。此说迷惑了许多不真正了解考古学的人。我国现行《田野考古工作规程》规定："地层及遗迹单位的遗物应全部采集，标明单位"。按单位存放出土遗物，是层位学的基本原则之一，我们在发掘工作中是严格遵守这一原则的。H1235出土包括陶片、石块、红烧土块、兽骨、蚌壳和螺蛳壳在内的遗物1400余件。凡目睹该坑出土物的人，都认为遗物收集工作十分仔细认真。众所周知，在发掘现场，发掘者的主要任务是依据层位学原理，正确判断、划分文化层和遗迹以及它们相互之间极其复杂的叠压、打破关系，并采用科学的方法加以发掘清理和收集遗物。一个考古工地，出土陶片往往多达数十万甚至上百万，在现场不可能把每块带土的陶片擦拭干净加以检查。这一点，凡是真正从事过田野考古操作的人都会有深切的体验。仔细观察自然可以留待室内整理时进行。对此，邵望平先生明确指出"虽然，陶文是在室内清理时才被辨认出来，但这并无妨于它的文化属性"，"事后发现，只要层位明确，其学术价值并不降低"[3]。如果说因为发掘者未能在现场从众多的出土遗物中，发现这块看上去极为普通、面积也很小的刻字陶片，就将其斥之为"失去了明确的地层层位"，进而否定其文化属性的话，那么，现今我国田野发掘所得出土遗物，除了极少数有具体坐标者之外，99%以上岂不都"失去了确切的地层层位"，从而也不可相信了吗？

关于刻字中的一些具体问题，例如，这些文字是烧前刻还是烧后刻？是刻在完整的陶盆之上还是刻在这块陶盆残片之上？抑或是刻在更大一些的陶片之上？刻字的性质如何？这种文字是甲骨文的前身（或来源之一）还是一种已经失传了的东夷古文字？等等。学术界的看法不甚一致。我们认为，这些文字是烧后刻。在20～30倍的显微镜之下，可以清楚地看出，文字笔画的边缘有许多崩磋，这种情况应是被刻物质较硬所致，而在较软的陶坯之上一般不会产生这种现象。同时，文字极有可能是刻在陶片之上。这是因为，陶盆残片系一接近底部边缘转角处的陶片，其右、下两侧之外还应有较大的空间，而这两侧边缘断裂线上均无文字，这很难用巧合来解释。但是，在左侧斜边上有一刻划短竖线，向下伸出陶片的边缘之外，因此，又不能完全排除是刻在完整陶器或更大一些陶片之上的可能。

二

丁公龙山文化城址的发现，对于认识"城"在龙山时代是否已经普遍出现，龙山时代城址的分布规律，以及城址与中国古代文明社会的关系等，均具有重要意义，我们可以从中得到许多有益的

[1] 苏秉琦、殷玮璋：《地层学与器物形态学》，《文物》1982年第4期，第1页。
[2] 曹定云：《丁公遗址龙山陶文质疑》，《光明日报》1993年6月20日。
[3] 王恩田、田昌五、刘敦愿等：《专家笔谈丁公遗址出土陶文》，《考古》1993年第4期。

启迪。

黄河流域历来被认为是中华古代文明的摇篮。尽管这一传统说法由于近些年来其他地区的一些重要发现而有所纠正，但作为文明的主要发祥地还是可以成立的。黄河流域的龙山城址[1]，截至目前共发现9座。按发现时间的先后依次为城子崖[2]、后冈[3]、王城岗[4]、平粮台[5]、边线王[6]、郝家台[7]、丁公、桐林[8]和孟庄[9]。丁公之前的城址，均属于被动发现，丁公城址的发现也在意料之外，而丁公之后的桐林，则完全是主动寻找到的。

丁公龙山文化城址发现的意义首先在于，它使我们对龙山时代"城"的认识产生了一个飞跃，就是说，在龙山时代，"城郭沟池以为固"已成为一种普遍现象，大大小小的城市伴随着初级阶段的国家到处出现。在黄河、长江中下游地区，可以预期，那些交通方便、位置适中和面积较大的龙山时代遗址，都有发现城墙或相类似重要遗迹的可能。

其次，龙山时代城址的分布似有一定规律。黄河流域的9座城址，皆在山东、河南两省。山东省的4座，均为方形，分布于泰沂山脉北侧的冲积平原之上。4座城址呈东西方向排列，每两座之间的直线距离40～50千米。如果取两座城址间的中点为半径，每座城所控制的区域在方圆百里左右，其大小与周初某些小封国的疆域相若，约略和今之大县相当。在这些城址之间，已不大可能还有尚未被发现的城址。按这一分布规律和龙山文化遗址现状，在山东省的范围之内，龙山城址至少应有20座以上。如果此论成立，今后在山东地区有计划有目的地开展这一工作，定会取得丰硕成果。河南省共发现5座龙山城址，多数亦为方形。5座城址从豫北一直延伸到豫中、豫东，相邻两座之间的距离，最远者为130千米，最近者也有80余千米，远远超过山东诸城址的间距。另一方面，城址的面积较山东诸城址为小，除孟庄之外，都在5万平方米之内。据此，我们认为上述城址之间多数可能还有未被发现的城址。河南省地处中原，位置居天下之中，史前文化相当发达，龙山时代的城址当不会少于山东。如果再把毗邻中原的山西、河北、陕西、安徽等地区考虑在内，龙山时代的城址当在百座以上，恰如群星璀璨，而在"亮度"和等级上又有强弱、大小之区别。这与"禹合诸侯于涂山，执玉帛者万国"的记载是多么的吻合。

长江中下游是中华史前文化十分发达的地区，尽管目前在这一区域发现的城址尚少，但存在城址是确定无疑的。如果大家把这一问题的认识提到应有的高度，主动开展专项工作，我们相信，这一广大区域的龙山时代城址（或类似的其他防御设施），会像雨后春笋般地涌现出来。

中华古代文明的起源问题，是当前中国考古学和历史学研究的重要课题。大家公认，深入开展龙山时代的考古发掘和研究工作，是解决这一课题的关键环节。既然城市在龙山时代已经普遍出

---

[1] 山东、河南两省大部分地区的河流并不注入黄河，我们这里取广义的大黄河流域概念，即泛指淮河以北和海河以南的广大区域。

[2] 傅斯年、李济、董作宾、梁思永等：《城子崖——山东历城县龙山镇之黑陶文化遗址》，中央研究院历史语言研究所，1934年；山东省文物考古研究所：《城子崖遗址又有重大发现　龙山岳石周代城址重见天日》，《中国文物报》1990年7月26日。

[3] 尹达：《中国新石器时代》，生活·读书·新知三联书店，1955年。

[4] 河南省文物研究所、中国历史博物馆考古部：《登封王城岗与阳城》，文物出版社，1992年。

[5] 河南省文物研究所、周口地区文化局文物科：《河南淮阳平粮台龙山文化城址试掘简报》，《文物》1983年第3期。

[6] 杜在忠：《边线王龙山文化城堡的发现及其意义》，《中国文物报》1988年7月15日。

[7] 河南省文物研究所、郾城县许慎纪念馆：《郾城郝家台遗址的发掘》，《华夏考古》1992年第3期。

[8] 齐天：《临淄田旺龙山文化城址面世》，《大众日报》1992年8月18日。

[9] 袁广阔：《辉县孟庄发现龙山文化城址》，《中国文物报》1992年12月6日。

现，那么，今后一方面选择典型城址进行大面积揭露，搞清其布局和文化内涵。同时，在一些重点区域，如海岱文化区、中原文化区、江汉文化区和太湖文化区等，对龙山时代城址进行系统的专题调查，大体摸清龙山时代城址的分布状况，其重要意义和前者是可以相提并论的。这两个问题理清楚了，不但龙山时代城址问题得以解决，中华古代文明的产生与形成也就有了头绪。

三

丁公龙山文化文字的发现和龙山城址一样，在学术上具有重要价值，在某种意义上甚至可以说，这一发现更重要、更珍贵。

首先，丁公龙山文化成组文字的发现，表明龙山时代不仅已产生成熟文字，并且开始用于记载和传递信息。

中国古代文字从萌芽到成熟，经历了一个相当长的发展时期。19世纪末发现的殷商甲骨文，在我国成熟文字中，时代最早。近百年来甲骨文出土甚多，仅单字就近5000个，运用了后世归纳的各种造字方法。作为汉字最主要组成部分的形声字，在甲骨文中已占相当比例。因此，学术界一致认为，甲骨文不是中国最古老的文字，它是经过很长时间的发展才达到这一水准的。而中国最古老的文字，应该到早于殷商时代的诸文化中去寻找。

从现有资料看，中国发现的早期文字或符号，主要有仰韶文化的刻划符号、大汶口文化的图像文字和良渚文化的文字。相比之下，丁公发现的龙山文化陶文书写流畅，多数为连笔，系早期草体字，已脱离了文字画阶段，更非刻划符号可比。尤为重要的是，多个文字按一定排列规则刻写，形成一组文字。这种"辞章"式的句子较之单字，显然又前进了一大步。

丁公龙山文字与殷墟甲骨文相比，有一定接近因素，但是两者之间的差异也十分明显。分析起来，大约有以下原因。

一是两者的年代有早晚之别。丁公陶文至晚产生于距今4200~4100年，而殷墟甲骨文的年代约在距今3400~3100年之间，两者有约800年的时间差距。

二是文字使用者的等级不同。丁公陶文至多是龙山时代一方国的文字，而殷墟甲骨文则是商代宫廷占卜文字。方圆百里的龙山小国和地广千里的中央王朝，在级别上是不可同日而语的。另外，两者的用途也应不同。

三是两者书体不同。丁公陶文的笔画比较连贯，为原始草体字，殷墟甲骨文刻写十分规整，类似于楷书。

四是两者的载体不同。丁公文字刻在陶片之上，材料相对较软。殷墟甲骨文则刻于龟甲和牛骨之上，材料比较坚硬，刻起来显然比在陶片上运作困难。

五是存在一个对中国文字起源如何认识的问题。汉字的起源应是经过了一个漫长的过程，其形成可能是多源一统，即文字最初在若干地区（如黄河流域、长江中下游和其他具有比较发达文化的地区）创造出来。由于这些地区之间，自古以来就存在着程度不同的经济和文化联系，文字也可能互相借鉴，因而具有一定相似性。先后控制中原地区的夏人和商人，应是继承、吸收了多方面的文字成就，从而发展和完善了自己的文字系统。从这一意义上讲，丁公龙山文化文字至少应是殷墟甲骨文的若干来源之一。

以上是我们对丁公龙山文化文字与殷墟甲骨文之间既有联系又有区别的基本认识。当然，丁公龙山文字和殷墟甲骨文有可能分属两个不同的文字系统。这一问题和商文化起源有较为密切的关系。

其次，丁公龙山文字的发现，对于认识和探讨中国文明起源和形成问题，同样具有十分重要的意义。

文明时代是人类社会发展的一个阶段。文明社会的形成，是经济基础和上层建筑各个领域发生一系列质变的结果。文明社会在考古学上的反映，可以用若干项要素来加以概括。依多数人的见解，文明诸要素中最主要的，或者说核心部分有四项，即文字、城市、铜器和礼制。

在文明社会诸要素中，文字的地位是相当重要和突出的。正如摩尔根在《古代社会》中指出的："文字的使用是文明伊始的一个最准确的标志，刻在石头上的象形文字也具有同等的意义"。已故著名考古学家夏鼐先生也认为，文明的诸标志中，"以文字最为重要"[1]。文字是适应日渐复杂化社会的需要而被创造出来的，也可以说文字是社会复杂化的产物。在人们活动范围狭小，接触交往面较窄的简单社会里，对相互沟通联系和传递信息的文字的需要并不迫切，或者说没有这种需要。随着人们交往空间和领域的扩展，尤其是王权的出现，记录和传递各种信息成为迫切需要，文字作为一种不可缺少的工具就应运而生。当然，文字的需求程度是不断增长的，文字的产生到形成也经历了一个与其相适应的过程。

作为文明时代标志的文字，应该是具有记录和传递信息之功能的成熟文字，按某些学者的看法，"至少要发展到辞章阶段，而不仅仅是一种简单的刻划符号或带有符号性质的单字"[2]。丁公发现的成组龙山文字，之所以被称之为"陶书"，就是因为它已非单个陶文可比，从而表明这一时期已经进入用文字记载历史的阶段。

丁公发现的具有"陶书"性质的文字，尽管目前还只有这一例，但它层位明确，年代确凿。结合其他文明因素的分析研究，如城市的普遍出现，铜器的产生，礼制的形成等，可以确证龙山时代已跨入了文明社会。

（原载《文史哲》1994年第3期）

---

[1]　夏鼐：《中国文明的起源》，文物出版社，1985年。

[2]　白云翔、顾智界：《中国文明起源研讨会纪要》，《考古》1992年第6期。

丁公龙山文化陶文辨析

山东省邹平县丁公遗址发现的龙山文化陶文公布之后[1]，受到国内外学术界的广泛关注，各新闻机构也做了相应的报导。在陶文资料发表的同时，《考古》、《光明日报》和海内外其他报刊，先后发表数篇有关学者的文章和笔谈，对丁公陶文展开学术探讨，这对于深入研究丁公陶文是十分有益的。最近，曹定云先生在《光明日报》发表的一篇文章，对丁公陶文的年代提出了种种疑问（以下简称《质疑》），进而全面否定这一发现[2]。尽管《质疑》的核心涉及的只是考古学常识，但对于广大的非专业读者，已经造成了认识上的混乱。基于此，我们作为丁公遗址发掘的主持人，有责任将陶文的发现、鉴定过程公诸于众，并对《质疑》作者的所谓"疑问"提出我们的看法和意见，以澄清事实真相。

一　陶文的发现和鉴定过程

丁公遗址位于山东省邹平县苑城乡丁公村东，地处泰沂山脉北麓的山前平原之上。1981年第二次文物普查时发现，1985～1993年，山东大学先后六次发掘该遗址。1991年7月，为了全面了解遗址的分布范围和堆积情况，特别是有没有城墙和壕沟等重要遗迹，对遗址进行了重点勘探。结果在遗址的外围发现一条环绕遗址一周的"淤土沟"。为了解开这条"淤土沟"的谜底，在当年秋季考古专业本科学生进行发掘实习时，考古队聘请山东省文物考古研究所的熟练技工刘洪山，来工地负责解剖"淤土沟"的发掘工作。这次发掘在遗址东、北两侧的边缘先后各布设一条探沟，以探明"淤土沟"的时代、性质及其与遗址的关系等情况。

发掘结果确认，夏天勘探发现的所谓"淤土沟"，实际上是环绕遗址的龙山文化时期的城墙，而城墙的外侧还有较宽较深的壕沟。这一重要发现，被评为"1991年中国十大考古新发现"之一。由于对地下文化遗存的复杂性估计不足，第二条探沟一直发掘到1991年底，因大雪封地而被迫停止野外工作，转入室内的资料整理。而参加实习的本科学生，已于11月下旬结束野外发掘转入室内工作，当时正在紧张撰写实习报告。为了加快探沟发掘资料的整理进度，我们挑选工作认真负责，并有数年考古工作经验的民工董建华，负责洗刷探沟出土的陶片和在部分陶片标本上写出土单位号等工作。

1992年1月2日上午11时许，董建华在陶片上写单位号时，发现一件表面刻有许多"道道"的陶

---

[1]　山东大学考古实习队：《邹平丁公发现龙山文化文字》，《中国文物报》1993年1月3日第1版；山东大学历史系考古专业：《山东邹平丁公遗址第四、五次发掘简报》，《考古》1993年第4期。

[2]　曹定云：《丁公遗址龙山陶文质疑》，《光明日报》1993年6月20日。以下讨论时所引述均见此文。

片，交与正在写探方记录的刘洪山，刘洪山立即把这一陶片送到了办公室，这就是众人瞩目的丁公龙山文化陶文（图一，另见第一册彩版8）。看到这一刻有多字的陶片，我们立即认识到这一发现的重大意义。后来回想，当时的心情可以说是既兴奋又深感责任重大。因为从未发现过时代这么早，并且一组文字成列分布的资料。我们首先核对了出土刻字陶片的H1235及相关遗迹的层位关系，逐片逐件地查验了H1235出土的全部陶片和其他遗物，最终确认均属于龙山文化，没有时代晚于龙山文化的遗物。同时，我们还对H1235的发掘清理、出土遗物的运输、存放、洗刷等中间环节做了详细了解，审慎地分析和讨论了各种可能性，逐一排除之后，最终确认这一重要发现是可靠无误的。

图一　丁公陶文

从发掘工地回到学校之后，我们立即将这一重要发现向考古教研室、历史系、山东大学和山东省文物局作了汇报。1月中旬，分别在山东大学历史系考古教研室、山东省文物考古研究所和山东省文物局召开了各单位主要业务人员参加的专题座谈会，在听取汇报和观摩标本之后，对刻字陶片进行了讨论。2月下旬，由山东省文物局牵头，邀请在济南的省直文博单位和山东大学的专家24人，对丁公发现的龙山文化陶文进行了专门的鉴定和论证，绝大多数与会专家明确予以肯定。3月下旬，在国家文物局的安排下，考古专家组的黄景略、徐苹芳、俞伟超、张忠培、严文明、张森水、叶学明等先生，抽出时间对丁公陶文进行了鉴定，并给予充分肯定。随后不久，严文明、俞伟超、张森水和张忠培诸先生还亲赴丁公遗址发掘现场考察，实地勘察H1235伸出探方壁之外的另一半，查看和检核H1235的全部出土陶片，对丁公龙山文化城址和陶文这两大重要发现，再次给予充分的肯定。1992年3～10月，我们还分别请中国社会科学院考古研究所的苏秉琦、陈公柔、邵望平，历史研究所的张政烺、胡厚宣、李学勤，北京大学的裘锡圭、高明等考古学和古文字学专家，观摩实物，对龙山文化刻字陶片进行分析和研读。专家们一致认为这一发现的价值和意义十分重大，"是应该大书特书的一件事情，是山东大学考古专业献给学术界的一份厚礼！"[1]

经过以上众多环节的审慎处理，1992年12月29日，我们在山东大学召开了新闻发布会，正式对外公布了这一重要发现。田昌五先生在发布会上将刻字陶片称为龙山文化"陶书"。之后，配合资料的正式发表，《考古》编辑部约请了李学勤、田昌五、刘敦愿、黄景略、严文明、张忠培、俞伟

---

[1]　严文明：《专家笔谈丁公遗址出土陶文》，《考古》1993年第4期，第346页。

超、高明、裘锡圭、陈公柔、邵望平、郑笑梅、蔡凤书、张学海、王恩田等16位专家撰写了笔谈[1]，对丁公陶文进行了初步的研究和评论（以下所引各位专家的意见，均出自此文）。至此，丁公龙山文化陶文的前期工作告一段落。

二　关于陶文的层位问题

考古地层学（或称为层位学）是指导田野考古发掘的基本方法，也是进行考古学研究的依据。那么，什么是地层学呢？按苏秉琦先生的概括，"是地层堆积的层位上下，堆积的相对迟早关系的研究"[2]。具体讲就是研究文化层和各种遗迹（如房子、灰坑、墓葬等）相互之间的叠压、打破和共存关系，进而确定其相对年代。它们的基本单位是文化层中的最小层次和各种遗迹（有的遗迹内还可以进一步区分为更小的堆积单位）。《质疑》作者认为，陶文在H1235中的具体位置不明，"**就失去了确切的层位关系**"，成为"**一个最致命的要害问题**"。从而给陶文年代的确定"**笼罩上厚厚的阴云**"。我们认为，这种说法如果不是抱有偏见，那么就是缺乏考古地层学的基本常识。

文化部颁布的《田野考古工作规程》规定："地层及遗迹单位的遗物应全部采集，标明单位"。按单位存放出土遗物，是地层学的基本原则之一。我们在发掘中严格遵守了这一原则。H1235出土了包括陶片、小石块、红烧土块、兽骨、蚌壳和螺蛳壳等在内的遗物1400余件，凡目睹该坑出土遗物的人，都认为遗物收集工作十分认真、仔细（因为小于手指盖的陶片和兽骨都收集了）。众所周知，在考古发掘现场，发掘者的主要任务是依据地层学原理，正确判断、辨认、划分文化层和各种遗迹以及它们之间复杂的叠压、打破和共存关系，并采用科学方法加以发掘清理。一个龙山文化遗址出土的陶片往往多达数十万片甚至更多，在发掘现场不可能也没有必要把每一块带土的陶片都擦拭干净加以检查。对此，凡是独立进行过田野考古发掘操作的人，想必都有切实体验和相同的理解，仔细观察和拼对陶片主要是室内整理时要开展的工作。所以，张忠培先生认为，"这本来是考古工作中常有的情况"。邵望平先生则明确指出，"虽然，陶文是在室内清理时才被辨认出来，但这并无妨于它的文化属性"，"事后发现，只要是层位明确，其学术价值并不降低"，"丁公陶文属龙山时代无疑"。这正如一件铸有铭文的青铜器，在发掘现场因锈蚀过重可能不会发现铭文，后来在室内去锈后显现出铭文，其可靠性和学术价值并不会有丝毫降低。如果说发掘者未能在发掘现场从众多的出土遗物中发现这块看上去极为普通、大小也很小的陶片上的刻文，就将其斥之为"**失去了明确的地层层位**"，进而否定其文化属性的话，那么试问，现今我国田野考古发掘所得到的出土遗物，除了极少数有具体坐标的小件标本之外，99%以上遗物都是没有具体坐标的陶片，岂不都失去了确切的地层层位？考古学总结出来的"按单位收集和存放遗物"的作业方法岂不也成为"疑问"了吗？

《质疑》作者在判定陶文"**没有准确的地层层位**"的前提下，进而提出了两种、实际上是三种可能性。

---

[1]　王恩田、田昌五等：《专家笔谈丁公遗址出土陶文》，《考古》1993年第4期。
[2]　苏秉琦、殷玮璋：《地层学和器物形态学》，《文物》1982年第4期。

一是"耕土层混入"。理由是H1235直接在耕土层下开口，**"稍有不慎，即可混入"**。对此，严文明先生有明确的阐述，"我在……丁公遗址发掘工地，看到出土陶文的灰坑H1235还有一半挂在探沟壁上。那是一个非常规整的圆形灰坑，底和壁的界线非常清楚，也看不出有任何田鼠洞和其他扰动痕迹，发掘中一般不会出现差错。由于该坑位置较高，上半部早已被破坏无存，揭去耕土即见残坑。出于慎重，设想是否有局部耕土没有去尽而把晚期陶片混进的情况。但检查全部陶片并没有发现有晚于龙山的，怎么会单单混进这块有文字的陶片呢？这可能性实在是微乎其微……看来这块刻文字的陶片非龙山文化莫属了。"

二是"其他地层单位陶片的混入"。这一假设更不成立。理由有三：首先，H1235所在的探沟（T50）位于遗址的东部边缘，距离主要发掘区有300米之远，平素与其他探方之间没有联系，野外期间绝不会有其他单位的陶片混入。其次，探沟（T50）共有文化层和遗迹单位20多个，全部属于龙山文化，且H1235是当时所知最晚的一个单位（打破H1235的H1818是1992年春天扩方发掘另一半时发现的，并且也是龙山文化时期）。再次，探沟（T50）的陶片是单独存放和单独洗刷的。并且出土陶片都置于封口的编织袋内运输和保存，洗刷、晾晒陶片也是以袋为单位进行。因此，除非是有意识的人为错乱，断不会发生"混入"的现象。退一步说，即使是混入，丁公遗址晚于龙山文化的有岳石文化、商代和汉代时期遗存，而H1235出土的1400多件出土物中没有发现任何晚于龙山文化的遗物，怎么会单单混进这一块刻字陶片呢？

三，认为是"恶作剧"，亦即"伪刻"。对此，严文明和张学海等先生在陶文鉴定过程中，都曾作过专门分析，并排除了这一可能。我们更是进行过彻底、严肃和细致的调查研究，在现有条件下做过检测和模拟实验，最终排除了这种可能性。反之，且不说"恶作剧"者是否具有"伪刻"的能力，单从易于被"发现"的角度，"恶作剧"者何不刻在大一些的陶片乃至可以复原的陶器之上？如果置一个科学工作者的道德与良知于不顾，何不一并伪造出具体坐标，那不是更可以令人"信服"吗？

三　关于文字的问题

丁公陶文发现之后，我们认为必须回答两个基本问题，即这些刻符是不是文字和刻写它们的年代。后者已如前述，其出自层位关系明确的H1235，属龙山文化无疑。根据同坑出土的其他陶片标本，可进一步推断为龙山文化晚期偏早阶段，绝对年代约在距今4100～4200年之间。至于前者，则需要古文字学的专家来研究并做出结论。

目睹过丁公陶文实物的古文字学家有胡厚宣、张政烺、李学勤、裘锡圭、陈公柔、高明和王恩田等先生。他们均认为是文字，没有异议。至于文字的性质，即是一种什么文字，学者们的分歧较大。归纳起来主要有三种基本看法。

第一种观点认为，丁公陶文是"上承大汶口文化中所谓的'日月山'陶文，而下接二里头、二里冈、藁城陶文的一系列属于殷商文字系统的一个重要环节"。此种看法以陈公柔等先生为代表。我们在公布陶文资料时曾认为，丁公陶文"有可能是甲骨文的前身之一"，也不排除"有属于单独一个系统（东夷系统）的可能"。

第二种观点认为，丁公陶文属于"中国东方的文字体系"，或"东夷文化系统的文字"。以张学海和王恩田等先生为代表。冯时先生等认为与古彝文属同一系统[1]。

第三种观点，认为丁公陶文与良渚、吴城和莱阳前河前等陶文一样，是"一种走入歧途的原始文字"，"是已被人们淘汰了的古文字"。以裘锡圭和高明先生为代表。

由于缺乏可资比较的同时期文字，出现上述不同看法是很自然的。但它至少给我们提出了这样一个问题，古汉字的起源是十分复杂的。

《质疑》作者对丁公陶文提出的"疑问"主要集中在以下三个方面：丁公陶文与大汶口文化陶文和甲骨、金文"毫无共同之处"；书体问题；刻字工具问题。

先谈第一个问题。《质疑》作者认为，**"传统的古汉字是象形字，这在大汶口文化陶文和同时代其他文化的陶文中，可以找到'源'，在以后的甲骨、金文中可以找到'流'"**。而丁公陶文**"同上述文字毫无共同之处"**。果真如此吗？我们不妨对照实物，看看学者的有关考释。李学勤先生认为，"二1（指第二列第一个字，下同——引者注）似为有尾巴的猿猴形，三2似为有角的走兽形，三1则似顾首短尾动物。这些象形均为侧视，三足只显一足，四足只作两足，同于甲骨文"。裘锡圭和陈公柔先生均认为此字与甲骨文的"夔"字相似。我们在《发掘简报》中释为"夋"，甲骨文中"夋"与"夔"为同一字的不同释法。《质疑》作者本人也认为该字为象形字。李学勤认为一2"可视为从'又'持一石斧形物（用两笔钩划），或即'父'字"。此字日本东京大学松丸道雄先生初释为"子"，见到李学勤先生的文后，从李改释为"父"字。第三列第二个字，陈公柔先生的见解与我们相同，释为"戈"字。同类符号，在山东莒县陵阳河遗址大汶口文化墓葬出土的陶大口尊上也发现过。如是，怎么能说丁公陶文与大汶口陶文、商周甲骨、金文**"毫无共同之处"**呢？这更不是将他人的释读简单地指斥一句**"均不可据"**就能遮掩过去的。此外，我们在《发掘简报》中将第三列第一个字释为"鬲"，也是基于此字具有鲁北龙山文化晚期素面陶鬲之形象。因为山东龙山文化之鬲与商文化之鬲，形态有所不同，故第三列第一个字与甲骨文鬲字有别，此点恰好证明丁公陶文出自龙山人之手，而非龙山文化之后的人所为。

第二个是关于书体的问题。对于丁公陶文的书写，李学勤先生指出："细看文字的笔顺，和商代甲骨文一样，多与后世的书写习惯不合。"基于丁公陶文多连笔字的特点，我们曾在《发掘简报》中认为其"与后代的行草相类，和通常见到的甲骨文差别较大，两者书体有别。"我们的本意只是认为当时可能存在着两种字体，即李学勤先生表述的"正体与俗体"。陶文属于俗体，书写比较随意潦草，类似于后代的行草，而决非说它是后代意义上的"草书"。张学海先生亦与我们持同一看法。《质疑》作者曲解我们的本意，偷换概念，大谈什么汉代及其以后的草书。对此，我们真不知道他究竟和谁达成了"共识"。丁公陶文的发现，给学术界提出了新的问题，引发出许多新的思考，诸如汉字的起源是一源还是多源等。对于丁公陶文多用连笔字的现象，正如李学勤先生所指出的，"过去我们想像原始文字，总是以为是像金文某些族氏徽号那样肖生象形。其实这些徽号时代颇晚，真正的原始文字未必一样。大汶口文化、良渚文化的符号，较多学者认为是汉字，它们有的很象形，有的则较为简化草率。后世文字有正体、俗体之别，也许在上古已有其萌芽。邹平丁公

---

[1] 冯时：《龙山时代陶文与古彝文》，《光明日报》1993年6月6日。

的陶片文字，或者就是当时的俗体"。

第三个问题是关于刻字工具。这本来是一个很简单的问题，而《质疑》作者却大加质疑，最后得出的结论说："**丁公陶文的刻写，决非石器和骨器所能达到的，也决非铜制工具所能达到的，而很可能是铁质的扁针状器所刻**"。这种纯粹的主观臆测实在不值得一驳。我们只是想问《质疑》作者，龟甲和兽骨的硬度不在龙山泥质陶片之下，并且因其有纹理而加大了锲刻的难度，在尚无铁器的商代，连篇累牍的甲骨文字又是用什么工具刻上去的呢？在比龙山文化还早数百年的良渚文化中，出土大量刻有精美花纹和图案的玉器，这些玉器上的图案构图繁缛，线条宛转流畅，有的比发丝还细。众所周知，软玉的硬度在摩氏硬度6以上，远远大于普通的石器，更别说是陶片。试问，这些时代比丁公陶文还要早数百年的玉器图案又是用什么工具刻上去的呢？难道也是铁器刻写不成？

其实，在龙山文化时期，能够用来在陶片上刻字的工具是不少的，如尖锐的玉器、石器，某些动物的牙齿和铜器等，都可以担当此任。山东大学考古教研室马良民先生曾经做过模拟实验，用直径约3毫米的黄铜丝磨出锋刃，完全可以在同类陶片上刻字，而山东龙山文化已经进入铜石并用时代则是尽人皆知的事实，山东胶县三里河龙山文化遗存中就发现过黄铜锥形器。

此外，《质疑》作者还提出，因为文字是刻写在破碎的龙山文化陶片之上，从而"**动摇了龙山陶文立论的根基**"，并说"**文字既然是陶器破碎之后才刻上去的，那凭什么断定，其上的字一定是龙山文化时代的人刻的呢？**"我们认为道理极其简单，就凭陶文是出在层位关系确凿、年代关系清楚明确的H1235之内，陶片本身年代又不晚于灰坑内同出遗物的年代，仅此一点即可定论。其实，古代以陶片为书写材料并非绝无仅有，著名的希腊城邦时代的"陶片放逐法"，就是以陶片为书写材料的事例。

丁公遗址龙山文化陶书文字的发现确实是中国考古学的重大收获，"是中国文明史上的一件大事"，正因为如此，我们才深感责任重大，采取了极为审慎和严肃的科学态度，对其进行了将近一年的详尽论证、分析和鉴定。而尽早公布这一资料的目的，是希望引起国内从事田野考古工作的同行们的重视，加倍注意各自工作中这一方面的信息，以期取得更多更重要的发现，进而推进中华古代文明研究的深入。

（本文1993年夏由栾丰实和方辉起草，定稿后由栾丰实、方辉和许宏三人署名寄给《光明日报》，未予刊用，今收入本文集）

试论山东龙山文化的社会性质

在中国上古史上，包含着既有区别又相互联系的若干支文化的龙山时代，处在一个氏族公社解体、阶级与国家产生的重要变革时期，从而为中国历史上第一个统一的奴隶制王朝的诞生铺平了道路。分布于黄淮下游地区的山东龙山文化，是龙山时代众多文化中非常重要的一支。因有着无与伦比的制陶术而著称于世的龙山先民们，以其创造性的劳动，使这一时期的社会经济在各个领域内都获得长足的发展，从而与中原地区一起，率先跨入阶级社会的门槛。因此，对龙山时代诸文化，尤其是山东龙山文化的社会性质进行探讨，将有助于原始社会的解体、阶级与国家的产生等重大课题的解决。从这一愿望出发，本文依据现有的考古资料，对山东龙山文化的社会性质做一初步探讨。

一

1928年发现城子崖龙山文化遗址以来的五十多年里，尤其是新中国成立之后，在讨论中国新石器时代文化的论著中，颇多论及龙山文化的社会性质。归纳起来，主要有以下几种观点：

（1）龙山文化处于父系氏族社会时期。认为龙山时期的生产力水平较之前此的其他文化有很大的提高与进步，男子在社会上逐渐占据主导地位，氏族公社内部已"由母权制过渡到父权制"。"社会形态似已进入父系氏族公社阶段。"[1]

（2）龙山文化处在原始社会末期的军事民主制时期。认为龙山文化时期正好处于夏代之前，相当于古史传说中的唐尧虞舜时代，"属于原始社会末期的军事民主制"时期[2]。或认为到龙山文化晚期"则已跨入军事民主制时代"[3]。

（3）龙山文化已进入文明时代。认为到龙山时期，阶级已经确立，国家权力已经出现，"典型龙山文化（即山东龙山文化——引者注）已进入文明时代"[4]。

另外，还有人认为山东龙山文化就是夏朝文化。建国之初，范文澜先生在《中国通史简编》修订本中，把龙山文化看作是"假设的夏朝遗迹。"稍后，有人提出夏代"是黑陶文化时代"[5]。不过，二者都认为夏代尚处在原始社会向奴隶社会过渡时期。近年来有人从年代、地域、部族关系和文化特征等方面进行分析比较，再次提出"典型龙山文化确是夏文化"[6]。

[1] 中国科学院考古研究所：《新中国的考古收获》，文物出版社，1961年；夏鼐：《解放后中国原始社会史的研究》，《历史教学》1963年第4期。

[2] 严文明：《龙山文化和龙山时代》，《文物》1981年第6期。

[3] 南京博物院：《江苏文物考古工作三十年》，《文物考古工作三十年》，文物出版社，1979年。

[4] 黎家芳、高广仁：《典型龙山文化的来源、发展及社会性质初探》，《文物》1979年第11期。

[5] 吴恩裕：《中国国家起源的问题》，《新建设》1956年第7期。

[6] 程德祺：《略说典型龙山文化即是夏朝文化》，《苏州大学学报（哲学社会科学版）》1982年第3卷第1期。

二

龙山文化是在其他文化的基础上发展起来的，自身也经历了一个较长的发展时期。因此，要正确地把握和判断山东龙山文化的社会性质，必须将其置于海岱地区新石器至青铜时代初期的历史长河中，分阶段予以考察。

海岱地区新石器至青铜时代初期的文化序列比较清楚，从早到晚依次为北辛文化、大汶口文化、龙山文化和岳石文化。

（1）北辛文化

由山东滕县北辛遗址而得名。北辛文化遗址发现较少，现有资料多集中在泰山以南地区。北辛文化所处的年代约在公元前5400～前4300年之间。泰安大汶口和兖州王因遗址的发掘资料表明，北辛文化与大汶口文化具有传承关系。

（2）大汶口文化

主要分布于山东和苏北地区，晚期扩及到皖北和豫东、豫中一带。大汶口文化跨越时间较长，可粗分为早、中、晚三个发展阶段。早期约从公元前4300～前3500年，中期为公元前3500～前3000年前后，晚期约为公元前3000～前2600年。整个大汶口文化前后延续了约1700余年的时间，其文化面貌和社会性质也发生了较大变化。

（3）山东龙山文化

分布范围与大汶口文化大致相同，文化传统也一脉相承。山东龙山文化可划分为早、晚两大期。早期以呈子龙山遗存和尹家城龙山1～3期为代表；晚期以尚庄龙山遗存、尹家城龙山4～6期和三里河龙山晚期部分遗存为代表。反映山东龙山文化绝对年代的碳-14数据有17个（见附表），树轮校正年代在公元前2815～前1810年之间。除去其中个别偏高或偏低的数据，山东龙山文化所处年代约在公元前2600～前2000年之间。早、晚期的分界在公元前2300年前后，而早期延续的时间可能稍长一些[1]。

（4）岳石文化

在大汶口-龙山文化的分布范围之内，继龙山文化而起的是岳石文化。据测定，岳石文化的绝对年代约为公元前1900～前1600年，部分地区结束的可能还晚一些，前后大约经历了300～400年的时间，大致与中原地区的二里头文化同步。

综观上述四种考古学文化的发展过程，有三个环节变化比较突出。一是大汶口文化早中期之际。进入中期之后，生产工具的种类和数量明显增多，质料也多样化，并较多地运用穿孔技术。生产工具的进步说明生产力水平有了较大提高。这一时期许多墓葬随葬有多少不一的猪骨，表明不仅动产私有已经出现，而且发生了贫富分化的社会现象。特别是早期习见的多人合葬墓的消失和成年男女合葬墓的出现，证明至迟到大汶口文化中期已进入了父系氏族社会阶段。二是大汶口文化中晚期之交。到晚期阶段，由墓葬材料反映出来的贫富分化达到了空前程度，氏族共产制已开始瓦解。三是龙山文化早晚期之际。龙山文化晚期，社会经济迅速发展，尤其是冶铜业的出现，标志着金属

---

[1]　栾丰实：《龙山文化尹家城类型的分期及其源流》，《华夏考古》1992年第2期。本文所引为作者1987年通过的硕士学位论文。

时代的开始。而城防设施的建造、各种质料礼器的生产和规模较大的墓葬的出现，则表明氏族社会内部已发生了质的变化（表一）。

表一

文化与分期		绝对年代（B.C）	社会发展阶段
岳石文化		1900～1600	奴隶制时代初期
龙山文化	晚期	2300～2000	
	早期	2600～2300	原始社会末期的军事民主制时期，原始社会向阶级社会过渡时期
大汶口文化	晚期	3000～2600	
	中期	3500～3000	父系氏族社会
	早期	4300～3500	母系氏族社会的繁荣时期，其末期已向父系氏族社会转化
北辛文化		5400～4300	

下面我们分别讨论大汶口晚期至龙山早期和龙山晚期的社会性质。

三

大汶口晚期与龙山早期是一脉相承的，从器物类型学和埋葬习俗等方面观察，其相互之间的联结十分紧密，以至于有人认为其分界尚不清楚。据测定的碳-14数据估算，这一时期经历了大约700年的时间。由于发展得不平衡性，东西地区之间略有差异。

这一时期是山东史前文化发展过程中一个很重要的阶段。由于生产力水平的提高，社会经济的发展速度越来越快。大汶口中期就已出现的财产私有现象进一步发展，贫富分化普遍存在并不断加剧。同时，精神文化领域也产生了相应变化。

社会经济的发展主要表现在农业、家畜饲养业和手工业等几个方面。

（1）以种植粟类作物为主的农业是这一时期的主要生产部门

铲、镰、刀、锄等农具的广泛使用，较大地提高了农业生产效率。胶县三里河遗址201号房屋内的一个大型窖穴中，曾出土一立方米之多的粟粒，这是当时农业生产比较发达，粮食有一定剩余的具体例证。

在农业发展的基础上，以养猪为主，兼有狗、羊、牛等家畜的家庭饲养业也获得较大发展。大汶口、西夏侯、三里河和呈子等遗址都发现有用猪头或猪下颌骨随葬的现象。其中三里河遗址一座墓葬中使用猪下颌骨多达32副，呈子龙山墓葬中也有五分之一的墓使用猪下颌骨。三里河遗址还发现一座猪圈，其内有五只幼猪骨架，这一实例表明，当时已采用了圈养的养猪方法[1]。

（2）手工业成就十分突出

首先是制陶业，快轮制陶技术的发明与推广，揭开了陶器生产历史新的一页。乌亮的黑陶，洁净的白陶，尤其是那精美绝伦的"蛋壳陶"，代表了这一时期制陶技术的最高水平。大汶口－龙山文化分布的广大区域之内，陶器从器类到作风，都表现出较大的一致性，联系到目前已发掘的30余处龙山文化遗址中尚未见到陶窑遗迹，不能不使我们认为，这一时期的陶器制作已经进入较大规模的作坊生产阶段。其次，这一时期的制石、制玉业，尤其是以玲珑剔透的骨、象牙雕筒为代表的制骨工艺，达到了令人叹为观止的高水平，如非专业工匠从事制作是不可能的。此外，在大汶口晚期的一座墓葬中，曾出土过一件绿色骨凿，经鉴定，含铜量为0.099。

建筑技术的进步主要表现在夯筑技术的发明与台基式建筑的出现上。在属于龙山早期的东海峪中层，发现了采用夯筑技术建造，由台基、护坡、室内地基和土墙组成的高出地面的房屋建筑，这在中国建筑史上是一个重大进步。

总之，这一时期的生产力水平较之大汶口文化中期有了较大幅度的提高，农业和家庭饲养业获得较大发展，手工业已开始成为独立的生产部门。

（3）财产私有化程度的进一步提高，贫富分化的空前加剧，是这一时期墓葬的主要特点

墓穴的大小和葬具的有无，是死者生前社会地位与身份高低贵贱的具体体现。大汶口墓地晚期墓中，接近半数的墓穴宽度不到1米，70%以上没有葬具。而大型墓葬的长宽分别超过3米和2米，并且以木椁为葬具。以面积计，最小的M123只有M10的十八分之一。邹县野店遗址也有类似情况。随葬品数量的多寡与质量的优劣，则是死者生前贫富的折射。大汶口墓地有晚期墓葬25座，共出土陶器465件，其中属于6座较大型墓者竟达370件之多，占总数的五分之四。尤其是M10，墓穴长4.2、宽3.2米，拥有用原木叠构而成的"井"字形木椁，其内壁涂朱。随葬有光洁的白陶、漆亮的黑陶和精美的彩陶，数量多达90余件。死者衣着已腐烂成灰，厚达2厘米。头、颈和胸部各戴着一串石质装饰品，手握獐牙，并有玉质的臂环、指环、铲和大型象牙雕筒、象牙梳。此外，还有猪头2个，猪骨15块和鳄鱼骨板84块[2]。这些大型墓葬与那些墓坑狭小到仅可容身，随葬品寥寥无几，甚至一无所有的小墓对照起来，不是明确地告诉我们，当时社会上已经出现了拥有大量财产的富人和穷困潦倒的贫民吗？

（4）礼器的出现是这一时期产生的又一重要社会现象

大汶口墓地出土的玉铲、骨雕筒和象牙雕筒，野店M62随葬的成套黑陶觚和镂孔高柄杯，等等。这些做工精致考究，质地优良，但又没有或少有实用价值的器物，应是当时人们举行祭祀或其他礼仪活动所使用的礼器。

（5）文化领域内最突出的成就，是这一时期出现的原始文字

在莒县陵阳河和大朱村遗址，共发现刻于陶尊上的文字17个，一器一个，多位于陶尊的颈部。此外，诸城前寨遗址还发现一件刻有一个文字的陶尊残片。这些文字，分别被释为"斤"、"戊"、

[1]　吴诗池：《山东新石器时代农业考古概述》，《农业考古》1983年第2期。
[2]　山东省文物管理处、济南市博物馆：《大汶口——新石器时代墓葬发掘报告》，文物出版社，1974年。

"炅"或"旦"、"凡"、"南"、"享"和滤酒图像[1]。对这些文字的释读，尽管各家还有不同看法，但有一点很明确，即大家公认它们和商代的象形文字是很接近的。唐兰先生曾据此认为，"大汶口文化已经是有文字可考的文明时代"[2]。

总之，大汶口晚期至龙山早期阶段，是一个极为重要的历史发展时期。社会经济的进一步发展，分工和交换的加强，人们社会地位的变化和贫富分化的加剧，标志着礼仪活动的礼器的出现，尤其是原始文字的产生，等等。说明这一时期阶级对立已经开始形成，原始社会逐渐解体，文明时代立即就要来到了。

四

历史发展到山东龙山文化晚期，在社会经济发展的基础上，新的因素不断涌现，社会组织内部发生了质的变化。

龙山文化晚期的农业较之前一阶段又有较大发展。生产工具是生产力水平的主要标志，这一时期农具在生产工具中所占比例较之龙山文化早期又有较大提高。例如，属于龙山晚期的茌平尚庄二、三期文化，共出土生产工具256件，其中铲、镰、刀等农具有111件，约占总数的43%[3]。这比属于龙山早期的呈子、鲁家口等遗址的同类数据（为20%～30%）要高得多。家畜饲养业仍以养猪为主，狗、羊次之。

这一时期的手工业生产水平也比前一阶段有显著提高。这首先表现在冶铜业的出现上。除了20世纪50年代河北唐山大城山遗址出土的两件铲形铜器，近些年在栖霞杨家圈、日照尧王城等遗址均发现过铜块或铜渣。胶县三里河遗址还出土两件锥形铜器，据鉴定是"铸造而成，锌的平均含量达23.2%"的黄铜[4]。因此，我们认为龙山文化，至少是在其晚期阶段存在着冶铜业是毋庸置疑的。这也是我们用以解释龙山晚期陶器生产达到顶峰之后逐渐衰退的原因之一。此外，这一时期的制玉、木业加工、纺织等手工业生产均有较大发展。特别是制玉，胶县三里河龙山文化墓葬内出土有雕琢精致的玉鸟等小件玉器，而日照两城镇遗址曾发现过出土大量玉器和半成品玉材的玉坑，其制作玉器的专业化规模是可以想见的[5]。

建筑技术方面，除了前一阶段出现的台基式建筑和发明了夯筑技术，又产生了用土坯为原材料，采用错缝叠垒砌墙来建造房屋的新技术。石灰作为建筑材料也开始得到广泛使用。另外，已经具备了设计建造较大规模城防设施的能力。

龙山文化晚期阶段，阶级矛盾激化的产物——城防设施应运而成。20世纪30年代发掘的城子崖遗址，曾发现一座南北长450、东西宽约390米的长方形城墙遗迹。如果说以前对龙山时期出现的城址尚属孤例，因而还有所怀疑的话。那么，随着大致处在同一时期的河南淮阳平粮台古城址和登封

[1] 王树明：《谈陵阳河与大朱村出土的陶尊"文字"》，《山东史前文化论文集》，齐鲁书社，1986年。
[2] 唐兰：《从大汶口文化的陶器文字看我国最早文化的年代》，《大汶口文化讨论文集》，齐鲁书社，1979年。
[3] 山东省文物考古研究所：《茌平尚庄新石器时代遗址》，《考古学报》1985年第4期。
[4] 北京钢铁学院冶金史组：《中国早期铜器的初步研究》，《考古学报》1981年第3期。
[5] 巫鸿：《一组早期的玉石雕刻》，《美术研究》1979年第1期。

王城岗古城堡的发现，这种担心渐渐消失了。尤其重要的是，1984年在山东寿光边线王遗址，发现一座属于龙山中期偏晚的古城址。这座古城址平面呈圆角梯形，东边长175、西边长220、中部宽225米，面积约4.4万平方米。从已发掘的东南角城墙建筑剖面，可清楚见到原始夯土加工痕迹，夯层7～10厘米，厚薄不等。在城墙内还发现了奠基的猪、狗和人骨架[1]。城防设施的出现，不仅是建筑营造技术上的重大突破，而且表明，社会已分割到需要相互设防的程度。联系到这一时期各种质料的箭头激增的事实，可以认为，战争已成为一种经常性的职业。

贫富分化加剧和阶级矛盾尖锐的状况，在这一时期的墓葬材料里表现得十分突出。尹家城龙山晚期墓地中，一般墓葬的墓穴较小，最小者宽度仅有0.3米，尸体只能倾斜着塞到里边去。多数墓葬没有葬具。而占总数只有十三分之一的五座大墓，墓穴长在3.6～5.5、宽在2.3～4.3米之间，并且均有椁和棺。以墓室面积计，最大墓是最小墓（不包括儿童墓）的40余倍。另外，有的墓内还发现被捆绑的人骨和在灰坑内抛尸埋骨的现象。一般墓葬的随葬品只有三、五件陶器，不少墓葬甚至一无所有，而大型墓葬的随葬品既多且精，均有几十件，并使用较多的猪下颌骨。例如M4，墓穴长3.6、宽2.3米，随葬有包括蛋壳黑陶高柄杯在内的8件精致陶器和6件猪下颌骨。再如M15，墓室规模宏大，东西长5.5、南北宽4.3米，拥有两椁一棺。墓内随葬有精细的成组陶器，还有20余副猪下颌骨、140余枚鳄鱼骨板和50枚低温烧成的陶质小圆锥体等[2]。写到这里，不禁使我们联想到，如果将其与二里头文化进行比较的话，不难看出，山东龙山文化晚期在墓葬材料方面表现出来的贫富分化和阶级对立状况，较之二里头文化也是不相上下的。

龙山文化晚期阶段，在意识形态领域里也发生了深刻的变化。如果说前一阶段的某些礼器还具有一定的实用价值，而到这一时期，情况就完全不同了。那薄如蛋壳的黑陶高柄杯，大盘口，细柄，圈足极小，圈足的底径不足口径的三分之一，摆放极不稳定，已经完全失掉了实用价值（图一，2）。而且这种高柄杯只见于极少数大型墓葬，它应是一种专为礼仪活动使用的器皿。成组的玉器，特别是玉斧、玉钺之类，更是权力的象征，标志着拥有者非同一般的身份地位。日照两城镇出土的几件玉圭、玉铲、玉刀和玉版，最薄者仅有0.2～0.5厘米。其中一件扁平长方形玉圭，呈墨绿色，长18、厚度仅有0.6～0.85厘米，显然不是实用器。在圭身上部，正反两面单线阴刻了两组纹饰，均以旋转曲线围绕着目纹展开，形成非常概括的兽面图案（图一，3）[3]，这无疑是一件礼器。另外，在两城镇等遗址出土的黑陶残片上，还多次发现过风格类似的卷曲流动的兽面纹和云雷纹（图一，4～7）。这类纹饰和后来商周时期青铜器上的同类纹样非常相似。值得提及的是，《西清古鉴》曾著录了一件造型独特并定名为"匜"的器物，实际上是一件铜鬶（图一，1），因而被许多学者所看重。有人根据山东龙山文化陶鬶中存在着铜鬶的祖型，进而推论"铜鬶的上限可早到公元前两千年以前"[4]，此说如果成立的话，那么这一时期不仅能制作小件铜器，并且能够铸造形制复杂的大件铜礼器了。

[1] 张学海：《寿光县边线王龙山文化城堡遗址》，《中国考古学年鉴·1985》，文物出版社，1985年。

[2] 于海广：《山东泗水尹家城遗址第三次发掘简介》，《文史哲》1982年第2期；山东大学历史系考古专业、济宁地区文物科、泗水县文化馆：《泗水尹家城遗址第二、三次发掘简报》，《考古》1985年第7期。

[3] 刘敦愿：《记两城镇遗址发现的两件石器》，《考古》1972年第4期。

[4] 邵望平：《铜鬶的启示》，《文物》1980年第2期。

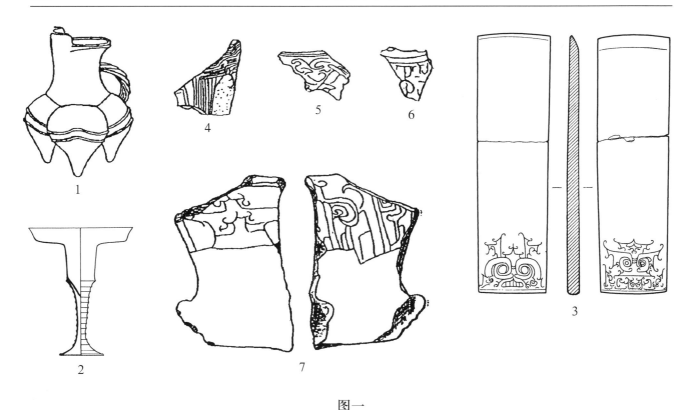

图一

1. 铜鬶　2. 蛋壳黑陶高柄杯（泗水尹家城出土）　3. 玉圭（日照两城镇出土）　4~7. 黑陶片（日照两城镇出土）

在礼器产生的同时，大型乐器可能也出现了。山西襄汾陶寺中原龙山文化墓地的发掘资料，给我们以很大启示。这里发现有用树干制作的鼓，外壁着彩，"鼓皮已朽，但鼓腔内常见散落的鳄鱼骨板数枚至数十枚不等，由之可证，原以鳄鱼皮蒙鼓，即古文献中记载的鼍鼓"[1]。此外，还常在鼓腔内发现高0.5~1、底径1~2厘米的低温陶质小圆锥体，推测为粘在鼓皮上做调音之用。应非巧合，尹家城龙山晚期大型墓葬内也有类似发现。如M15发现的140余枚鳄鱼骨板分三堆放置，同时，还出土50枚低温褐陶小圆锥体，其很有可能与陶寺墓地的乐器属于同一类。

山东龙山文化的文字资料发现甚少。除早年在城子崖遗址见到过几个，再就是1964年青岛赵村发现过一个[2]。不过后者系调查资料，细审发表的石陶器，其中有岳石文化遗物，所以其归属尚难遽定。此外，1985年秋，尹家城第4次发掘时，曾在一件白陶鬶残片上发现一个红彩图画，疑为原始文字。但此类资料毕竟太少。不过，我们认为，既然龙山文化是处在大汶口晚期与商代之间的一个环节，那么它理应有比大汶口文化更为进步的文字。因此，它的发现只是时间问题。

龙山文化晚期还发现有占卜用的卜骨。城子崖发现6片，为牛和鹿的肩胛骨，有钻、灼、无凿。茌平尚庄发现5片，皆为牛、羊肩胛骨烧灼而成，无钻和凿。这一时期发现的卜骨虽然数量不多，攻治方法也比较原始，但毕竟是作为一种新的社会因素登上了历史舞台。而那些操纵巫术利用卜骨进

[1] 中国社会科学院考古研究所山西工作队：《1978~1980年山西襄汾陶寺墓地发掘简报》，《考古》1983年第1期。
[2] 孙善德：《青岛市郊区发现新石器时代和殷周遗址》，《考古》1965年第9期。

行占卜的人，绝非一般的平民百姓。

综上所述，到龙山晚期阶段，即公元前2300年前后，地处黄淮下游的海岱地区与中原地区一样，社会经济得到较大发展，尤其是冶铜业的出现，标志着这一时期已进入了金属时代。城防设施的产生，墓葬材料反映的贫富两极分化的加剧和阶级矛盾的日益尖锐，象征着权力和地位的玉钺等礼乐器及神秘莫测的兽面纹和云雷纹的出现，以及带有宗教色彩的迷信活动的证据——卜骨的发现，等等。这一切明确地告诉我们："氏族制度已经过时了，它被分工及其后果即社会之分裂为阶级所炸毁。它被国家所代替了。"[1]至此，中国古代历史踏进了一个全新的时期——文明时代。

附表　山东龙山文化碳-14测年数据一览表

实验室编号	标本号	测定年代		校正年代	
		距今年数	历　年	距今年数	历　年
ZK-321	鲁家口T5④H6	3655±95	1705B.C	3975±115	2025B.C
ZK-364-0	三里河M134	3480±100	1530B.C	3760±145	1810B.C
ZK-390-0	三里河M214	3960±140	2010B.C	4355±170	2405B.C
ZK-363-0	三里河M2124	3660±80	1710B.C	3980±100	2030B.C
ZK-1096	尹家城F3	4080±70	2130B.C	4505±125	2555B.C
ZK-1097	尹家城H31	3940±110	1990B.C	4330±155	2380B.C
BK82034	杨家圈T51H6	3990±70	2040B.C	4390±130	2440B.C
BK82035	杨家圈T21③	4030±70	2080B.C	4440±130	2490B.C
BK82036	杨家圈T3③	3915±90	1965B.C	4300±140	2350B.C
BK82038	杨家圈T36②	3980±70	2030B.C	4380±130	2430B.C
BK82039	杨家圈T23②	3670±80	1720B.C	3995±100	2045B.C
BK82041	杨家圈T4③b	3850±100	1900B.C	4215±150	2265B.C
BK82001	前寨T102②b	3990±80	2040B.C	4390±135	2440B.C
BK80039	前寨H40	4050±80	2100B.C	4465±135	2515B.C

[1]　恩格斯：《家庭、私有制和国家的起源》，《马克思恩格斯选集》第四卷，人民出版社，1975年，第169页。

ZK-1191	店子H	4290±80	2340B.C	4765±135	2815B.C
ZK-1303-A	大口T2⑦A	4140±80	2190B.C	4585±135	2635B.C
ZK-1303-B	大口T2⑦A	4205±80	2255B.C	4660±135	2710B.C

说明：半衰期按5730年计算。距今年代从1950年算起，树轮校正值按达曼表推算。资料来源分别见于《考古》1977年第3期、1978年第4期、1979年第1期、1980年第4期、1983年第7期、1984年第7期和1985年第7期的《放射性碳素测定年代报告》。

（原载《山东大学学报（哲学社会科学版）》1989年第4期）